Macht und Makel der Bilder

Jacques Picard

Macht und Makel der Bilder

Gedächtnisrufe zu Kunst, Bilderstreit, Kultverboten und Erinnerungskultur

Deutscher
Kunstverlag

INHALT

PROLOG ZU EINER EXKURSION IN DIE KULTURGESCHICHTE

Auf unterschiedlichen Leinwänden, metaphorisch gesetzt für Bildbelege und Beispiele aus der Kunst, wenden wir uns einer immer wieder aufgeworfenen Frage zu, die im Kulturarchiv unserer Zivilisation schon länger- wie fortwährende Diskussionen auszulösen vermochte. Zwischen dem Verdacht, ein Gegenstand von Sucht, Kult oder Götzendienst zu sein, und der Überzeugung, dass die Materialisierung und Inkarnation von Ideen und des Transzendenten auch zum tätigen Leben gehören, wird bis heute der Streit um Bilder und Bildkritik ausgetragen. Denn Bilder machen seit je her einen Unterschied. Was Menschen als Wahrheit erachten, kam nicht nackt in die Welt, so glaubte schon die spätantike Gnosis zu wissen, vielmehr wird sie in Sinnbildern, Abbildern und Vorbildern in dieser Welt empfangen. Die Macht, die das Bild auf uns Menschen in vergangenen Zeiten immer wieder ausüben konnte, ist in seiner Janusköpfigkeit geradezu auch eine Kennzeichnung der Moderne, die Paul Valéry an die «wahnwitzigen Lichteffekte der Großstädte der Zeit» denken liess.[1] Es ist eine Frage der Macht, die Dinge auszurichten: Wer bestimmt, was gezeigt werden darf, hat politisch und diskursiv das Sagen. Wer Wahrnehmungen definiert, verfügt über die Sinne der Menschen und ihre kulturellen Orientierungen. Doch eben dies ist auf die Kooperation zwischen Absendern und Empfängern angewiesen. Dass Letztere ihren Augen womöglich nicht trauen, verweist auf die Kehrseite, dass Bilder sich auch als dubiose Zeugnisse und Fälschungen erweisen könnten. Dass Fotomanipulationen und Bildfälschungen so alt wie die jeweiligen Techniken sind, ist eine bekannte Tatsache, ebenso auch die Methoden, um Fälschungen – analog wie digital – zu entlarven oder ihre Echtheit und Provenienz zu beweisen.

Letztlich auf eine weit ältere politische Theologie zurückgreifend, sucht heute ein profanes medienkritisches Denken sich von solchen Machtansprüchen und Erbschaften abzuheben. Die Ambivalenz, wie sie aus Bilderstreit, Kultverbot und Kunstbewusstsein spricht, lässt sich dennoch treffend als eine kulturgeschichtliche «Ökonomie des Heiligen»[2] charakterisieren und lebt in eben dieser Doppelung, so scheint mir, in den postreligiösen Konzepten des kritischen Bild- und Kultdiskurses der Modernen weiter. Um die Macht und den Makel der Bilder – diese zwei großen «M», zwischen denen das irisierende dritte «M» des Magischen oszilliert – zu verstehen, kann nicht genügen, nur die letzten wenigen hundert Jahre in diesem Spannungsverhältnis von Bilderstreit, Kultverbot und Kunstbewusstsein zu betrachten. So verdienstvoll sich heute kritische Studien um drei andere «M» – um das sozial- und wirtschaftsgeschichtliche Verständnis von Kunst zwischen Markt, Mäzenen und Museen[3] – bemühen und auch die Ma-

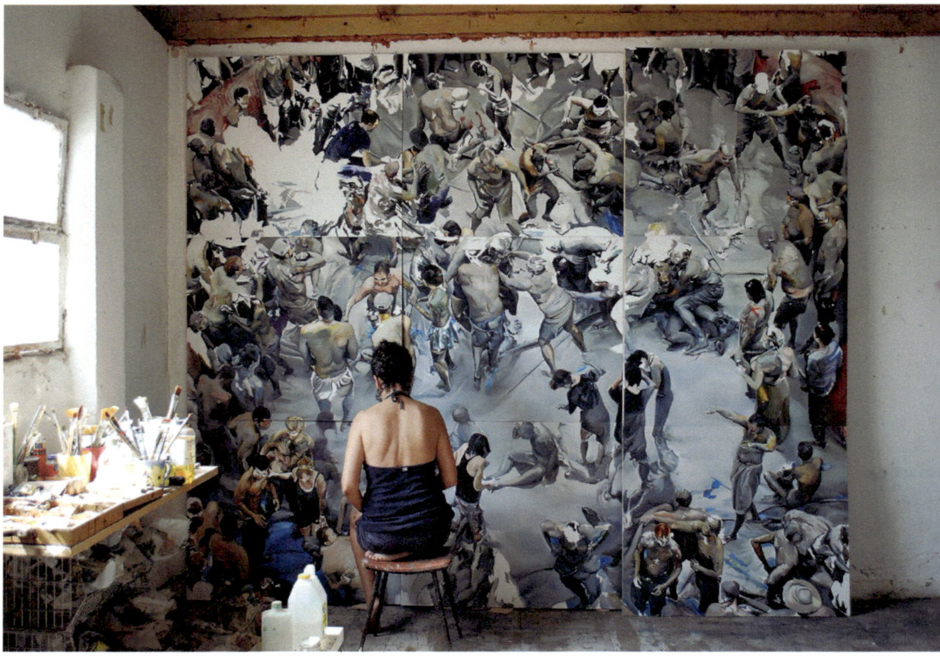

1 Neta Harari Navon malt eine der 18 Tafeln ihres Gemäldes *Judgment Day (Jüngstes Gericht)*, Tel Aviv 2020; The Israel Museum, Jerusalem.

nipulation der Bildwelten zum Thema machen, soll hier einer weiterreichenden kulturgeschichtlichen Betrachtung Aufmerksamkeit geschenkt werden. Es geht darum, dem stets widersprüchlichen, als schuldproduzierend und opferorientiert verstandenen «mimetischen Begehren» des Menschen, wie es René Girard ausdrückt, in Religionen und Ritualen, Kulturen und Politik von der Antike bis zur Moderne nachzugehen. Denn dieses Begehren ist keineswegs bloße Imitation, bloßes Abbilden.[4] Vielmehr eröffnet sich auch eine schon sehr lange von Gewalt und «Sündenböcken», von Kultproduktionen und Bilderzerstörungen geprägte Geschichte des Vandalismus und der Vernichtung. Uns Heutigen tritt nach dem Holocaust all dies als Abgrund im Bewusstsein von gegenwärtiger Vergangenheit entgegen.[5]

Bildern, vor allem figürlicher Kunst, als Trägerstoffen von Emotionen religiöser, kultischer oder kollektiver Art kommt offensichtlich eine wichtige Rolle bei der sozial oft genug konflikthaften Verwandlung von Welt zu. Es muss hier nicht entschieden werden, ob es «Religion als Kunst» oder «Politik als Kunst» oder eine «Kunst des Religiösen und Politischen» gibt, sprich: eine Ästhetisierung der Welt in Abbildern impliziert werden soll. Schon Moses Mendelssohn hat in kritischer Absicht seine Zeichentheorie unter dem Begriff einer «Religionsästhetik» subsumiert, um zwischen den angeblichen Gründen der Wahrheit und den politischen Begehrlichkeiten unter den Menschen Distanz zu markieren. Von Bedeutung aber bleibt das Faktum, dass über Jahrhunderte hinweg in ungezählten Debatten ein Weg gefunden werden musste, Religionen und Kulte als ein kulturelles System von Texten, Bildern, Riten und Symbolen zu begreifen und es in seinen literarischen, künstlerischen, musikalischen und theatralischen Erzeugungen zu verstehen. Was wir dabei heute mit dem – oft schattenhaften – Begriff «Mythos» bezeichnen, war stets ein Appell, dass sich das Erzählte oder ins Bild Gezeichnete nicht wiederholen soll und als tragisches Geschehen sich nicht noch einmal ereignen darf. Das setzt die Einsicht voraus, dass Symbole und Mythen lediglich ein Hilfsmittel der Kommunikation sind und nicht mit der Bedeutung des Gemeinten oder einem Bezugsobjekt oder einem tatsächlichen Geschehen verwechselt werden dürfen. Die Ineinssetzung eines Symbols mit eigentlich Gemeintem müsste fatalerweise dazu führen, dass die Gottheiten höchst persönlich genommen, viel Tinte aus Eifer unnütz vergeuden und auch kostbares menschliches Blut vergossen würde. Deswegen will der menschliche Geist die Mythen, Symbole und Bilder als irrig und verführerisch erkennen – als jenes falsche, beleidigte Beharren darauf, die bevorzugten Bilder und Erzählungen als Wahrheit zu rechtfertigen, als wären sie schon selbst die von ihnen übermittelte Botschaft.

So verstanden sind Mythen auch ein zweckdienlicher Versuch, die Aufklärung zu betreiben, ihre Durchsetzung zu vollziehen und neue Bündnisse mit höheren Mächten zu schmieden. Paradoxerweise sind deswegen Mythen – ihre Narrative, ihre Bilder – gleichzeitig eine Gefahr, wenn sie – statt schöpferisch oder regenerierend zu sein – als ein Widerruf wirken, als fixierende Anhaftung an ehern geglaubte Kultkonzepte, die alternative Wege verhindern. Deswegen werden von der Aufklärung Bilder und Narrative aus mythischen Stoffen dazu genutzt, Gegenerzählungen ins Feld zu führen und sie als zukunftsweisend zu deklarieren. Mythen dienen dann dazu, die Unmöglichkeit des Scheiterns zu behaupten und die Aufklärung als Notwendigkeit zu veranschaulichen, das heisst die Geschichte als «wirkliches» Geschehen und als soziale Realität darzustellen.

Bilder spielten und spielen in diesem Prozess der Aufklärung, den Max Horkheimer und Theodor Adorno beschrieben haben, eine wesentliche Rolle.[6] Die Zuordnung ihrer Funktionen in historische und politische Kontexte war und bleibt dabei hilfreich, um die Erregungen, die zur Herstellung von Bildern führen und durch Bilder ausgelöst werden, zu situieren. Denn Erregungen verweisen auf einen Kampf um die Herrschaft der Gefühle, um jene Souveränität zu erlangen, die es erlaubt, politische Gemeinschaften und individuelle Seelenlagen wirkmächtig kontrollieren zu können. Dieser Kampf war und ist stets auch ein Kampf für und wider die Bilder, und er wurde und wird je nach Lage und Kontext theo- oder kulturpolitisch intendiert. Wenn Bilderfreunde oder Bilderfeinde in unterschiedlichsten historischen Stunden für ihre Überzeugungen gar mit dem Leben eintraten, weist dies auf den Ernst solcher Auseinandersetzungen hin. Bilder, zumal Götter- und Herrscherbilder, sind dann nicht bloss eine Illustration von Religion, vielmehr sind sie Gegenstand des Glaubens selbst oder einer Weltanschauung, über die der Streit geht.

Die Vorstellung darüber, wie in den kultischen Praxen mit bildlichen Darstellungen und plastischen, dreidimensionalen Objekten zu verfahren sei, hat zu unterschiedlichen Zeiten und in verschiedenen lokalen Räumen, aber in allen religiösen Kulturen und deren Traditionsketten von Anfang an zu Differenzierungen geführt. In nicht wenigen traditionell geprägten Gesellschaften gibt es die Bitte, nicht gemalt oder fotografiert zu werden, aus Furcht, dadurch die Seele zu verlieren oder Schaden zu erleiden oder der Gemeinschaft oder einem Heiligtum seine Lebenskraft zu nehmen. Bilder mit sakralen Inhalten, die die Manifestation der Gottheit zum

Gegenstand der Darstellung haben, zogen ohnehin stets ikonoklastische Kritik auf sich. Diese Kritik nahm das Bild ernst, bedeutete doch das Bild die Herrschaft über die Gottheit. Was dem Bild geschieht, was ihm zugefügt oder weggenommen wird, trifft dann auf die Gottheit selbst zu. Auch der Name der Gottheit ist ein bedeutendes Mittel, Macht über die Gottheit und die Menschen zu erlangen. Und dennoch oder auch gerade deswegen war der Status dreidimensionaler sakraler Repräsentation, etwa von Cäsarenstatuen und Heiligenfiguren, die mit Gottesabbildern identisch schienen, immer strittig. Innerhalb des Judentums wie innerhalb des Christentums kam es deswegen zu Verboten der als Idolatrie verdächtigten Kunstwerke, was alsdann von Neuem zu Milderungen und geistvollen Ausdifferenzierungen führte, um die strengen Abweisungen teilweise zu relativieren.

Diese Ambivalenz klingt auch in Fällen nach, wo es um die Darstellung weltlicher Herrscher auf Bildern, Münzen, Briefmarken oder durch Statuen ging. Die Macht der Cäsaren verlangte nach Gesichtern, die man sehen konnte und die den Wert des Geldes und der Stabilität der politischen Verhältnisse gewährleisteten. Besonders in weiträumigen Herrschafts- oder Handelsräumen ist dies evident. So bezeugen im Nachgang zum Asienfeldzug Alexanders des Grossen antike indohellenistische, indoskythische und indorömische Münzen mit entsprechenden Götter- und Herrscherporträts das handelspolitische Ausgreifen bis in den Raum des heutigen Iran, Afghanistan, Pakistan und Indien.[7] Solche damals schon globalisierende Kontrollfunktion der Bilder ist selbst in heutigen Demokratien und vor allem Diktaturen immer noch einsichtig. Andererseits galt in der Antike die Verehrung von Kaiserstandbildern als Götterbilder jenen neu aufstrebenden Religionen, die sich vor einem unsichtbaren oder wenigstens nicht fassbaren Gott fürchteten, als höchst anstößig. Dies hat aber die Karriere der Cäsarenbilder keineswegs behindern können. Nach Einschätzung von Mary Beard gab es vor dem Ende des 19. Jahrhunderts in der westlichen Kultur «mehr Darstellungen römischer Kaiser als von allen anderen Persönlichkeiten, abgesehen von Jesus, der Jungfrau Maria und einer Handvoll Heiliger».[8] Man findet sie auf Porträts und Gemälden, als Büsten und Statuen, auf Schalen, Tapisserien und Intarsien, in Kabinetten und Schulräumen, als Gebrauchsgegenstände, Propagandastücke und Stoffe in Bühneninszenierungen. Und seit es das Kino gibt, spielt die Antike, vorab das römische Imperium und dann auch die alten Kulturen Ägyptens, Israels und Griechenlands, ihre grosse Rolle in den modernen Spielfilmen. Die Stoffe des Altertums und ihre Bilder und Erzählungen dienen dazu, das zeitgenössische Spiel der Projektionen und Identifikationen zu betreiben, wenn die Helden und Schurken definiert werden. Wir werden ein Beispiel, das dieses Verhältnis mit den Mitteln der Ironie und als Komödie angeht, in diesem Buch besprechen.

Im Altertum selbst aber waren die Cäsarenbilder noch engstens mit der Frage der Souveränität verknüpft gewesen. Das erste Panel von Aby Warburgs *Bilderatlas Mnemosyne* weist in noch frühere Zeiten zurück und zeigt babylonische Urkundensteine mit Sternbildern, die mit Herrscherporträts identifiziert wurden.[9] Die Geschichten und Gleichnisse der Midraschim bzw. des Talmuds berichten anschaulich, mit welchen Strafen bei Verletzung oder Verhöhnung der babylonischen oder römischen Kaiserstandbilder zu rechnen war – wer dies willentlich tat, musste mit dem Tod rechnen, wer versehentlich sich schuldig machte, wurde in den antiken Gulag, das heisst «ins Bergwerk getrieben».[10] Diese talmudische Vorsichtsregel, die implizit die Kritik am

Herrscherwesen und seinen Bildern zum Ausdruck bringt, hat unter den Modernen etwa Erich Fromm aufgenommen und im Sinne eines normativen Humanismus weitergeführt, indem er das politische Verlangen von Führerfiguren, sich als Gott zu gerieren und abbilden zu lassen, auf totalitäre Diktaturen bezog.[11] Aus der Perspektive der Götter – und deren irdischer Statthalter – selbst gesprochen war deren Verhöhnung durch die Menschen stets mit dem Risiko verbunden, dass die Götter sich rächen konnten und ihre Macht an ihren Verächtern und Beleidigern zeigen würden. Der Frevel an den Bildern war eben stets ein Frevel an den Gottheiten oder Cäsaren selber. Das gilt nicht minder für die Diktatoren und Gottesstaaten der heutigen Zeit. Zwar kommt die Theorie des demokratischen Staates auch ohne Kaiser und ohne Götter aus. Ihre Statuen werden vom Sockel geholt und dann in Museen abgestellt, wo sie sich den Büsten von Generälen und Philosophen beigesellen. Doch die Welt des Liberalismus ist lange noch nicht und überall mehrheitsfähig und von nötigem Wohlstand getragen. Die Kriegsherren und Diktatoren weltlicher und geistlicher Einkleidung sind nicht verschwunden. Die kommunistischen Führer des 20. und 21. Jahrhunderts sind nach dem letzten Aushauchen ihres Geistes zwar als mumifizierte Götzen in Mausoleen in Moskau, Peking und Pyöngjang zur Schau gestellt worden – leblose «Reliquien» des angeblich heilsgeschichtlichen Weges «ihrer» Völker. Ihre Abbilder auf Monumentalbannern, in Fernsehen und Internet aber sind weiterhin präsent, trotz der Opfer, die sie uns hinterließen und so das mimetisches Begehren steigern. So steht auch unsere Gegenwart, die mit der Tatsache konfrontiert wird, dass unsere Welt von Bildern und Bilderstreit bestimmt wird, in einem merkwürdigen Zusammenhang mit allerlei Varianten der Geschichtstheologie und Geschichtsphilosophie, die rechtfertigend oder kritisch das Feld des Politischen sekundieren.

Das Telos überlieferter und aktueller Geschichtserzählungen berührt deswegen nicht wenig auch die Essenz des Jüdischen und das Postulat des Idolatrieverbots, der tiefen Abneigung gegen die figürliche Vergötzung von Menschen und Materien. Allerdings wird die angeblich absolute Bildlosigkeit oder zumindest Bildferne des Judentums allzu eilig behauptet und gar auf das Feld der Kunst bezogen. Mit dieser Beobachtung setzt dieses Buch ein. Freilich wird man diese heute vergessene oder verdrängte Sicht, die vom «Gott der Juden» sprach und im 19. und frühen 20. Jahrhundert vorherrschende Leitidee der Ästhetik wie der Theologie war, weder verstehen noch dekonstruieren können, ohne gleichzeitig die eminente Streitfrage in den christlichen Traditionen und ihren theologischen Denkfiguren bewusst zu halten. Dem wird ebenfalls Aufmerksamkeit gezollt. In der westlichen Kultur haben die strittigen Fragen um so genannte «orthodoxe» und «häretische» Tendenzen in den unterschiedlichen christlichen Kultgemeinschaften dazu geführt, dass die Beteiligten mit- oder gegeneinander aushandeln mussten, was für sie im Kern das Bildnis ausmacht. Deren Bildgedanken wird ebenfalls Aufmerksamkeit gewidmet, zeugen sie doch von geistig hohem Bewusstsein der ästhetischen, theologischen und religionsphilosophischen Implikate jüdisch-christlicher Kulturen.

Solche Aushandlungsprozesse sind auch innerhalb der jüdischen Gemeinschaften erkennbar. Gerade in der Apokalyptik und im Messianismus, die mit Bildnis- und Bilderfragen in Zusammenhang stehen, dürften zudem wechselseitig christlich-jüdische Beeinflussungen vorliegen. Der Historiker Raphael Straus hatte inmitten dunkler Zeit, Ende der 1930er Jahre, gegen jede theologische Apologetik und ethnische Absonderung vermerkt, dass das Verhältnis zwischen den beiden Traditionen nur dann geklärt werden könne, «wenn über der Feststellung der Verschiedenheit der Religionen der Blick für die Gemeinsamkeit der Religion nicht verlorengeht».[12] Er verwendete dafür das Bild der Nachbarschaft, um die Notwendigkeit der kulturhistorischen Kontextualisierung der wechselseitigen theologischen, religionsphilosophischen und liturgischen Ausprägungen zu verdeutlichen. Nicht wenig kommt dabei nebst dem offenen Dialog und dem intimeren Austausch auch der Funktion des Schmuggelns von Wissen, Stoffen und Narrativen zu. Die zuweilen heimlichen Interaktionen zwischen jüdischen und christlichen wie auch islamischen Kulturen in den unterschiedlichen Epochen unserer Geschichte sind in allen ihren Facetten zunehmend ins Bewusstsein von Forschungen, Museen und Öffentlichkeit getreten.[13] Um auch ein Beispiel aus der Gegenwart zu nennen: Das Israel Museum stellte 2015 Werke prominenter jüdischer Künstler aus nahezu zwei Jahrhunderten aus, in denen sich generationenübergreifend die Wahrnehmungen von Jesus aus der europäisch-jüdischen, der zionistisch-vorstaatlichen und der israelischen Kunst dokumentieren.[14]

Was auch immer sich über den Kult mit Bildern feststellen lässt, betrifft dies in besonderer Weise die Fragen um Kunst und Bilderverbot, wenn auf den Rosensträuchern der Kunst eben mehr als nur eine Blüte wächst und gleichzeitig die Dornen stechen. Denn Bilder können als Aspekte von kulturellen Praxen verstanden werden, in denen der menschliche Alltag ebenso wie der Austausch von Ideen in den Formen der zwischenmenschlichen Kommunikation visuell und rituell Gestalt annimmt. Dort, wo die menschliche Seele Atem holte und ihr Gelingen oder Misslingen gestaltend zum Ausdruck brachte, sind immer wieder Bilder entstanden. Es ist also angemessen, die fraktalen Intelligenzen der Kunst, der Religionen und der Geisteswissenschaften in allen ihren Facetten zu verstehen.

Um indes in der Sprache des Politischen zu bleiben: Ein Traditionsbegriff, der davon ausgeht, dass schon alle Wahrheit definiert sei, ist in historischer Hinsicht in keiner Epoche vorhanden. Weder Judentum noch Christentum in ihren jeweiligen östlichen und westlichen Ausformungen – und auch nicht Islam, Buddhismus und die Reformbewegung im Jainismus[15], auf die ich in diesem Buch nur sehr selten eingehen kann – lassen sich im Kern dem Lager der Bilderfreunde oder der Bilderfeinde und solcherart einem abgrenzbaren geo- und kulturpolitischen Raum zuordnen. Vielmehr sind sie allesamt geprägt von der Frage, wie sich das Verständnis von Bildern kultisch und rituell jeweils ausformulieren und leben lässt oder nicht. Solche differenzierende Betrachtung aber war lange nicht selbstverständlich. Überdies waren sie von sprachlichen, regionalen und ethnischen Differenzen überschattet, aus denen unterschiedliche Bräuche und Sitten sprechen. Wir Heutigen aber sollten einem anderen Bestreben folgen. An der Wende zum 20. Jahrhundert wies Georg Brandes, der 1927 verstorbene dänisch-jüdische Literatur- und Kulturwissenschaftler, auf die Aufgabe des Beobachters und Forschers hin: Sie bestehe darin, sich um jene «doppelte Eigenschaft» zu bemühen, «uns das Fremde solchergestalt zu nähern, dass wir es uns aneignen können, und uns vor dem Eigenen solcherart zu entfernen, dass wir es zu überschauen vermögen».[16] Unterschiedliche Stränge zu berücksichtigen und ihre gemeinsamen Charakteristika ausfindig zu machen, ist also geboten und überdies fruchtbar. Denn dies erlaubt wiederum Einsichten in den historischen und aktuellen Prozess der Emanzipation zu erhalten – in diesem Fall in die Gewinnung der Autonomie des Künstlers und des Kunstwerkes als neuartiger Glaubenssatz säkularer Moderne und bürgerlicher Kultur.

Dieser Wandel hin zur Autonomie der Kunst dürfte bereits in der Frühen Neuzeit und gar vor der Zeit der Reformationen angebahnt worden sein. Dass aber, im Gegenzug, die Künste und ihre Bestimmung zur Verherrlichung des Religiösen eingespannt wurden und immer wieder werden, ist nicht bloß eine aktuelle zeitgenössische Befürchtung – Johann Wolfgang von Goethe bereits sah die Autonomie des Künstlers durch die Thesen von Romantikern wie Friedrich Schlegel, Ludwig Tieck und Wilhelm Heinrich Wackenroder bedroht und verwarf die Vermischung der Kunst mit der Religion als «klosterbruderisierendes Unwesen».[17] Die Verwandlung von Kunst in Glauben hat also zu allen Zeiten die Qualität der Bilder tangiert und entsprechende enthusiastische Zustimmung oder ablehnende Reaktionen ausgelöst. «Die Wahrheit ist hässlich», schrieb Friedrich Nietzsche mit Blick auf die Religionen, aber «wir haben die Kunst, damit wir nicht an der Wahrheit zu Grunde gehen».[18] Angesichts dieses harten Befundes hat auch Max Brod «endlich die Reaktion auf Nietzsche, die Freiheit, die Entspannung der Seele» im neuen Ton der Literatur bei Robert Walser gefunden, in den Bildern des «lieblichsten Frohsinns», die ihm als «Romantik unserer letzten, arkadisch-gegenwärtigen Strömung» erschienen ist.[19]

In solchen und allen Auseinandersetzungen zeigt sich, dass Bilder und Bilderverbote der Selbstvergewisserung wie ebenso der Rechtfertigung von Ansprüchen dienten. Darin und weit darüber hinaus zeigt sich hier ihre andere, bereits erwähnte Seite. Bilder haben immer wieder den Souverän selbst repräsentiert, seine Präsenz als Machtträger verkörpert, Revolten gegen solche Bildnisse provoziert und auch Vorwürfe der Gotteslästerung in den Raum gestellt. Bildnisse tun dies weiterhin auch heute. Die Indikatoren solcher Ambivalenzen sind Begriffspaarungen wie Stigma und Wundmittel, Ikonen und Gewalt, Inkarnation und Blasphemie, aus denen mittels Bilder und gegen Bilder die Verheissungen aller Art, der stets im Nacken sitzende Schrecken und die aus dem Innern drängende Hoffnung auf Erlösung gleichermassen sprechen konnten. Dass es Bilder eines Gewaltaktes und gleichzeitig der Hoffnungen und Verheissungen gibt, die sich an einen Betrachter wenden, weist Bilder auch als soziale Handlungen aus, denen stets ein Makel anhaftet. Die Macht der Bilder ist notwendig mit den Fragen nach dem Stigma, dem Makel, den Narben dieser Bilder verbunden. Das Fleisch und das Opfer, in den antiken Mythen stets mit inkarnierenden Gottheiten oder zumindest mythischen Heiligen verbunden, erscheint unter den Modernen unversehens als massenhafte Selbstverletzung des Menschen, wie dies in Weltkriegen und Genoziden wirklich geworden ist und seither mittels visueller und sprachlicher Bilder erinnert und kommuniziert wird. Den aktuellen Abschluss in eben dieser kommunikativen Auffassung bildet hier ein Kapitel zu den Grenzen und Möglichkeiten der Holocaust-Erinnerung, die nicht wenig mit den Fragen nach der Macht und dem Makel der Bilder verknüpft ist. Ob Bilder in Filmen, Fotografien und Kunstwerken die Imagination des Schreckens und Grauens abbilden oder sie nicht vielmehr beseitigen, ist also keine geringe Frage, so wenig wie die Einsicht, dass der Holocaust prinzipiell erklärbar ist, aber in unserem Reden, das heisst in unseren Schriften und Bildern, nie umfassend erklärt worden ist und vermutlich auch nie erklärt werden kann.

Die Darstellungen und Überlegungen in diesem Buch erachten Bilder nicht als eine Wirklichkeit abgesondert von anderen Bereichen, in denen mit ebenso viel Recht ein Ausdruck von Wirklichkeit gesehen werden kann. Vielmehr sind Bilder Teil eines weit umfassenderen Ganzen und so verstanden in ihrem Ausdruck offen, vielschichtig und widersprüchlich. Die Betrachtung von Bildern bieten uns punktuell Einsichten, die über das Bild hinausgehen und auf eine komplexe Tragweite verweisen. Dies fordert uns Annäherungen ab, ohne dass Erklärungen je eindeutig oder gar endgültig sein können. Wir können also nicht einfach von den Motiven und Formen her denken, sondern müssen die Herstellung, Verbreitung und Lesarten der Bilder mitdenken. Alle diese Widersprüche, in denen Ambivalenzen und Auseinandersetzungen zum Ausdruck kommen, sind Anlass meines Nachdenkens. Ich will hier vor allem zur Einsicht beitragen, dass das «Lesen» von Bildern eigentlich eingeübt werden muss, weil eben Bilderlesen zumindest so deutlich eine Kulturtechnik darstellt wie das Herstellen, Verbreiten und Verbieten von Bildern selbst. Das hier publizierte Ergebnis ist jedoch keineswegs erschöpfend und verdankt sich einigen zu nennenden Arbeiten auf dem Gebiet dieser Streitfragen. Dabei sollten wir uns bewusst halten, dass immer der Bezug zum pragmatisch-sozialgeschichtlichen Kontext den Rahmen bildet, wenn Bilder und Text zu deuten sind – die philosophischen und theologischen Hypostasen folgen als «Ideengeschichten» dann nach.

Die Verwandlung des Heiligen in Konzepte des Humanismus, die Umbildung von Traditionsvorstellungen in evolutionsgeschichtliche Perspektiven und säkulare Weltdeutungen sowie die Selbstbehauptungen der Menschen gegenüber einem Absolutum göttlicher Souveränität – all dies lässt sich bekanntlich in Fortschreibungen und Umdeutungen von Texten, die das Neue im Alten aufsuchen und das Alte ins Neue transformieren wollen, erkennen. Anschaulich und zugreifend werden diese kultur- und sozialgeschichtlichen Prozesse auch im Hervorbringen und Betrachten von Bildern, die die Geburt der Moderne bezeugen. Diese Geburt ging nicht allein aus dem Geist der kulturprotestantischen Bekenntnisse in all ihren neuzeitlichen Spielformen hervor, sie ist auch in den sehr viel früheren jüdischen, katholischen und orthodox-christlichen Geburtswehen seit der Antike ablesbar.[20] Sie wurzelt im Kampf gegen die Kultbilder, wie er in der antiken israelitischen Prophetenliteratur zum Zuge kam, um die mosaische Gottesidee hervorzuheben. Wir sollten den Kontrast dazu, das heisst die ältere heidnische Umwelt wie auch aktuelle neopagane Alltagsbräuche, nicht ignorieren. Von Interesse wäre aber auch, entsprechende Konflikte in islamischen, jainistischen und buddhistischen Archiven unserer Kulturwelten aufzusuchen, die ihre eigenen Bildwelten haben, aber nicht isoliert, sondern von Wechselseitigkeit geprägt zu verstehen sind, wenn sie um den Bestand und die Reformierung ihrer Kulturen ringen.[21] Verallgemeinernd gesagt: Die kulturgeschichtliche Krux liegt darin, zu verstehen, dass viele Menschen überzeugt waren und es immer noch sind, dass nicht die Erkenntnis von Wahrheiten, sondern das Heil und dessen Verlangen nach Bildern und Wundern besonders wichtig seien. «Immer wieder werden, im Fortgang und der Entfaltung des religiösen Bewusstseins, die religiösen [kultischen] Symbole zugleich als Träger der religiösen Kräfte und Wirkungen gedacht», vermerkt Ernst Cassirer, wenn es um die ineinandergreifenden Fragen von Heilserwartungen, Kultbildern und Bilderzerstörungen geht.[22]

Wenn mein Buch dazu beiträgt, dabei die Verwandlung des Heiligen in unterschiedliche, ja widersprüchliche Narrative in den säkularen Bildgedanken der westlichen Moderne nachvollziehbar zu machen und solcherart die heftigen Auseinandersetzungen um den Bildbegriff einfangen kann, hat es sein Anliegen erfüllt. Es folgt – das sei betont – keiner Kontinuitätsauffassung von Geschichte oder Darstellung von Abfolgen einzelner Epochen. Es präsentiert nicht eine jener strikten Blockteilungen in kulturgeschichtlichen Darstellungen, die den – jeweils gesonderten – christlichen, jüdischen, bürgerlichen oder modernen Lebenswelten zukommen, wenn wir sie – oft voreilig – in Disziplinen, räumliche Zonen oder Zeitabschnitte einteilen. Ohne solche chronologischen oder disziplinären Ordnungen zu missachten, wie sie sich als sehr wertvoll für analytische Kritik erweisen und überdies auch für fachweltliche Lesbarkeit sorgen können, lege ich vielmehr Schneisen und thematische Akzente, die in mehrere Richtungen führen können. Denn eine Denkfigur, die chronologisch ablaufend konzipiert worden wäre, müsste die Gleichzeitigkeit als ein Nebeneinander differenter Kulturen bzw. so genannter Religionen verfehlen.

Dass in der eigenen Kultur alle Ideen und Erwartungen früherer Zivilisationen aufgehoben und als überwunden erachtet werden sollten, erweist sich als eine unbescheidene, nicht haltbare Überzeugung, die lediglich dem Vergessen preisgibt, was zuvor als nützlich genug verwertet wurde. Wir vergessen – und dann verdrängen wir, dass wir es vergessen haben. Von einem solchen Sündenfall werden wir aber unversehens eingeholt, so dass wir uns von Neuem erinnern müssen. Die Tücken eines solchen Prozesses sind einzurechnen. Von Marcel Proust stammt in diesem Sinne die Einsicht, dass unwillkürliches Vergessen in eine Intensität des Erinnerns umschlagen kann, dessen Bilder dann wirklicher erscheinen als die Wirklichkeiten, die einst verdrängt und dann vergessen wurden. Walter Benjamin hat diese seine Proust-Lektüre auf die paradoxe Formel gebracht, es seien dies «Bilder, die wir nie sehen, ehe wir uns ihrer erinnerten».[23]

Um hier den Schlusspunkt zur Einleitung über Gedächtnisrufe zu setzen: Mein Schreiben ist gleichsam der Ausdruck eines Nomaden, der durch eine imaginäre, jedoch faktenbelegte Ausstellung aus verschiedenen Zeiten und Räumen streift, um sich die wechselseitige Angewiesenheit unterschiedlicher Kulturen über Zeiten und Räume einzugestehen. Ich setze mich damit dem Risiko aus, als Laie zu gelten, und ich bin es streckenweise auch, da ich weder die Kompetenz noch die Absicht habe, als gleichberechtigter Vertreter der einen oder anderen Disziplin in der jeweiligen innerfachlichen Diskussion aufzutreten. Was ich beanspruchen kann, ist allenfalls, dass ich bis zu einem gewissen Grad den Quellen, Kommentaren und wissenschaftlichen Diskussionen zu folgen und sie zu verstehen vermag. Was ich vorlege, sind Gedächtnisrufe, die sich dahingehend zusammenfassen und materialisieren lassen, als dass die vorgetragenen Erinnerungen sich als eine nicht vergehende Geschichte begreifen lassen, die sich auch in Bildern entfaltete und immer noch entfaltet. Im Sinne von Aby Warburg, dem Schöpfer einer Symboltheorie und Bildwissenschaft, der selber zwischen Kunstgeschichte, Ethnologie und weiteren Disziplinen oszillierte, lassen sich Bilder als lebendige Symbolformen lesen und können gleichsam auch «biologisch», das heisst als hervordrängende Zeugnisse der menschlichen Existenz verstanden werden.[24] Zeiten und Räume trennen zwar Epochen und Kulturen, doch die Bilder aus diesen Distanzen treten in einen Dialog und rufen jene Assoziationen hervor, die im Sinne der platonischen Dialektik das imaginäre Gespräch beflügeln. Wir befinden uns gleichsam auf einer Exkursion durch diese Zeiten und Räume. Der Leser, die Leserin wird gedanklich bzw. bildgedanklich öfters von einem Ausstellungsraum in einen nächsten mithüpfen müssen, um ein lineares und assoziatives Verstehen von Geschichte und Kultur kombinieren zu können. Ich wäre vielleicht verführt gewesen, dazu ein Drehbuch schreiben zu wollen, welches nur aus Zitaten und Leinwänden zu Motiven und Fragmenten und vor allem aus Kommentaren zu Bildern und Bildgedanken bestanden hätte, so wie es die traditionellen jüdischen Formen der *melitza* des Öfteren mit tradiertem Schriftgut tun. Nun ist es mehr geworden als ein farbiger Mosaikboden aus Steinchen aus Torah, rabbinischer Literatur, christlichen und postreligiösen Erzählungen, säkularen Reflexionen und den liturgischen Formeln der akademischen Konvention. Doch – und darauf kam es mir an – ist der intertextuelle und intervisuelle Charakter erhalten geblieben, und auch der Charme einer geführten Ausstellung oder Exkursion ist beibehalten. Wie auch immer, anstelle von strikt kultur- und bildwissenschaftlichen Kontinuitätsbeschaffungen lege ich also meine wohl sprunghaft anmutenden Gedächtnisrufe vor, um für den Leser, die Leserin hoffentlich anregende Erkenntnisse aus dem Archiv unserer Kulturgeschichten bieten zu können, die sie wiederum selbst weiterweben mögen.

TEIL I

DER RUF DER BILDER. ÜBER KUNST, BILDERSTREIT UND KULTVERBOT

KRUMME HÖLZER

Zwischen 1905 und 1930 fand im Quartier Montparnasse in Paris ein Kreis von Künstlern aus zahlreichen Herkunftsländern zusammen. Zu ihnen gehörten Chaim Soutine, Amedeo Modigliani, Jules Pascin, Marc Chagall, Emmanuel Mané-Katz, Rudolf Levy, Jacques Lipchitz, Sonja Delauney, Max Weber und vierzig weitere Künstler und Künstlerinnen. Fast allesamt waren sie Juden aus unterschiedlichen Herkunftsregionen. Die wissenschaftliche Publizistik in Europa versteht diesen Kreis als eine Art multinationale Schicksalsgemeinschaft, durch die jüdische Identität in künstlerischen Nuancierungen zum Ausdruck gebracht werden konnte.[25] Die kosmopolitische Pariser Künstlergemeinschaft wird in kunstgeschichtlichen Publikationen als spezifisch jüdisch, als «jüdische Enklave» charakterisiert. Dazu wird angeführt, dass die neu eroberten formalen und technischen Mittel diesen Malern die Möglichkeit gaben, ihre Empfindungen zu artikulieren und die Bildlosigkeit und Bilderfeindschaft des Judentums zu überwinden. Das «scheinbar zur Bildlosigkeit verurteilte Judentum» vermöge sich in der Konstellation der 1920er Jahre seinen «besonderen Prospekt» zu schaffen, indem magische Dingerfahrung ins Lyrische und Legendäre erweitert werde.[26] Ähnlich wie namhafte Kunsthistoriker argumentiert ein Autor in einem Begleitband zu einer Retrospektive des Werkes der schweizerisch-jüdischen Künstlerin Alis Guggenheim im Aargauer Kunsthaus. Im Geleitwort wird mit Blick auf die lokalen Familien- und Dorfbilder, die Szenen aus der jüdischen Lebenswelt zeigen, betont, die Bildvorstellungen der Künstlerin würden in dialektischer Entgegensetzung einer Tradition entspringen, die von prinzipieller Bildabstinenz und fundamentalem Bilderverbot bestimmt gewesen sei.[27]

Wir skizzieren nun einige Belege aus Literatur und Philosophie, um uns dem Gegenstand, dem behaupteten «Bilderverbot», anzunähern. Es sind zunächst drei Leinwände, die als Heranführungen an das Thema der angeführten Behauptung dienen können. Weitere werden folgen.

Erste Leinwand: Horror und Heiligkeit

Nicht jene, die Kultbilder zerstören, vielmehr jene, die sich ihrer Verehrung entziehen und sich dem Bilderkult verweigern – das sind die «Feinde», auf die in Joseph Roths Roman *Tarabas* sich die Wut von Bauern und Soldaten richtet und alsbald zum Pogrom steigert. Die Szene: In der

Scheune eines jüdischen Gastwirts vergnügen sich Soldaten in dessen Abwesenheit an Schabbat mit Schiessübungen an pornografischen Darstellungen von Frauen, die einer von ihnen auf die blau gekalkte Wand gezeichnet hat. Diese Wand offenbart ihnen wahrhaftig ein «Wunder». Als ein Gewehrschuss den Kalk löst und dahinter im rötlichen Glanz der Abendsonne anstelle der zuchtlosen Bilder das «selige, süsse Angesicht der Mutter Gottes» erkennbar wird, löst diese mirakulöse Erscheinung eine Kette an Ereignissen aus: Soldaten und herbeigeeilte Bauern fallen auf die Knie, sie stimmen Marienlieder an, stoßen mit den Stirnen gegen den Boden, fallen in Verzückung, wollen eifrig Busse tun und sich ihrer Schulden entledigen – und steigern sich in eine Stimmung des Hasses, die in der Nacht im Pogrom an den Juden endet: «Es war den Bauern, als hätten alle nicht nur die wunderbare Erscheinung [des Marienbildes] mit eigenen Augen gesehen, sondern auch, als könnten sie sich haargenau an die einzelnen schändlichen Handlungen erinnern, durch die der Jude das Bild beschmutzt und mit blauem Kalk zugedeckt hatte». Fünfzehn Jahre nach der Schreckensnacht ist der Ort des Geschehens eine Kapelle, die der Gastwirt, ein Jude, aus der Scheune hat machen lassen. Die Erinnerung an den Horror aber verblasst «vor der Heiligkeit des Bildes», aus dessen geschautem Antlitz Vergebung für die Reuigen strömt. Wo ein Gottesbild ist, da ist auch die Gottheit. Lange war sie hinter einer gekalkten Wand verborgen gewesen. Jetzt aber, als das Offenbarungsgeschehen samt seiner Gewalt verblasst, wird hier «am Sonntag die heilige Messe» gelesen, in Schenke und Dorf gibt es wegen der Wallfahrenden sehr viel zu tun, wie der christliche Knecht berichtet, und so «verdienen wir mehr als an den Tagen, wo Schweinemarkt ist».[28]

Zweite Leinwand: Blasphemische Tempelbilder

1879 malte Max Liebermann ein grossformatiges Bild, das den zwölfjährigen Jesus im Jerusalemer Tempel darstellt (Abb. 2). Der Schauplatz ist eine neuzeitliche Synagoge in Westeuropa, wohl in Hamburg, mit Leuchter, Lesepult und Bänken, der Innenraum dem Stil des zeitgenössischen Historismus des 19. Jahrhunderts nachempfunden, der Jesusknabe ohne die Aura des Heiligen. 25 Jahre zuvor hatte schon der hochgeachtete Adolph von Menzel einen *Christusknaben im Tempel* gemalt, der konträr zum frommen Malstil der Nazarener an den von Rembrandt gemalten Bibelgestalten orientiert war. Vor allem verlegte er das Bildgeschehen in das Ambiente des orientalischen Judentums. Menzel, der Meister des Realismus, malte oft Bildausschnitte, die wie zufällig wirken, aber sorgfältig arrangiert wurden. Stand Menzels Bild gleichsam in kontextueller Entsprechung zur Leben-Jesu-Forschung, erschien Liebermanns Jesus im Zuge des bürgerlichen Realismus als Knabe, der nach Wissen fragt. Beide Bilder vermitteln den Eindruck, dass man über die Verhältnisse in der menschlichen Geschichte aufgeklärt sein wollte. Liebermann gab dies auch den Anstoss, sein Verständnis des Jüdischen auszuformulieren. Wie Menzel verzichtete er darauf, Jesus mit der Glorie des Heiligen darzustellen, seinem Jesusknaben fehlt der auratische Schein; nur die langen, blonden Haare waren eine Konzession an das deutsche Publikum. Gerade die Abwesenheit des visuell Auratischen aber empörte Konservative, die über beide Künstler und ihre Bilder aufgebracht waren. Beide riefen Reaktionen hervor, die man als Skandal bezeichnen kann und die damals auch als genau dies empfunden wurden.

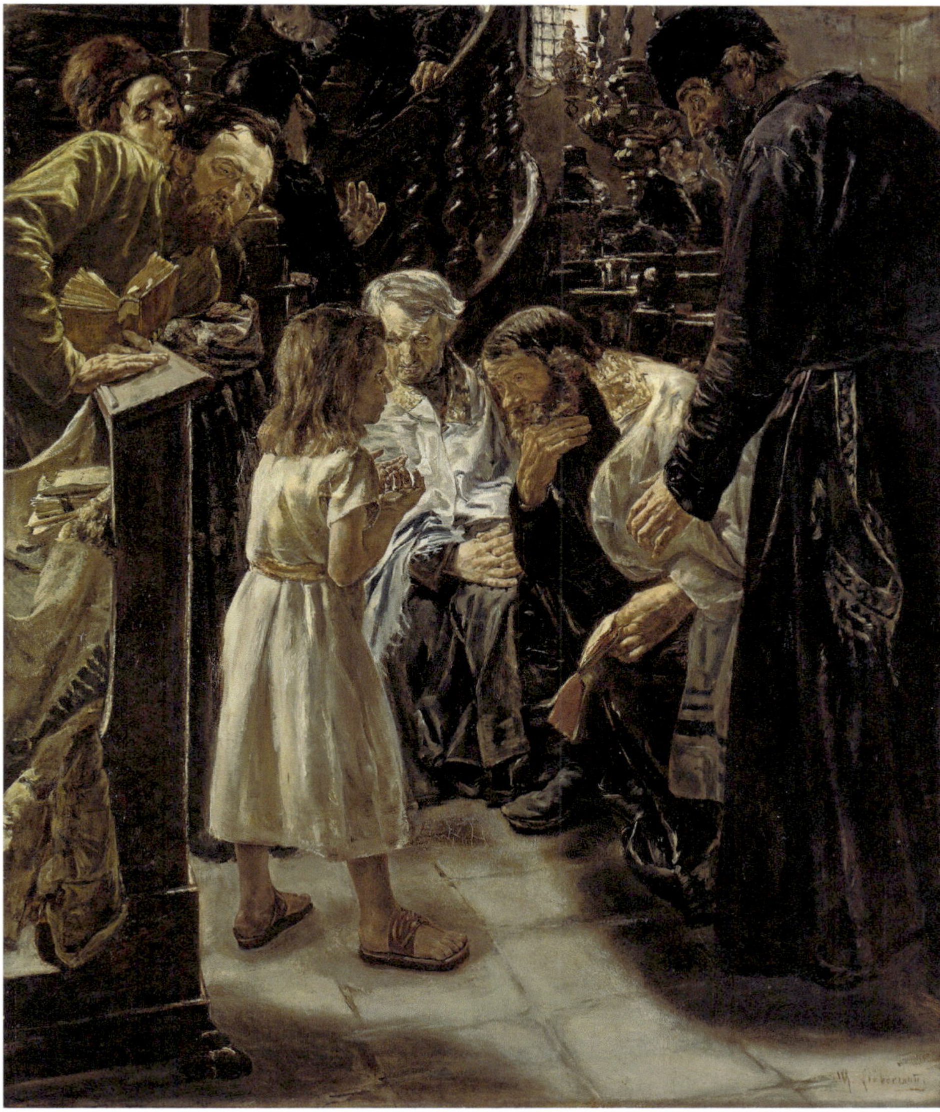

2 Max Liebermann, *Der zwölfjährige Jesus im Tempel,* 1879, Öl auf Leinwand, 149 × 130 cm; Hamburger Kunsthalle.

Die heftige öffentliche Kritik dokumentiert die Kluft zwischen Kirche und Kunst, die von den Nazarenern im Sinne der Romantik noch überbrückt schien, als sie ihre Kunst in Glauben wandelten. Im Vorlauf zum 20. Jahrhundert disputierten die deutschen Protestanten in einer oft polemisch geführten Debatte über das «Christusideal in der deutschen Kunst», wie der Titel einer 1896 in Berlin gezeigten Ausstellung lautete.[29] Zum Thema gemacht wurde die Frage, ob Gebrauchskunst nicht die hohe Kunst herabziehe oder wie das Empfinden durch angemessene

Christusdarstellungen im Sinne des philosophischen Idealismus zu heben wäre. Nicht zuletzt wurde in der Debatte auch der moderne, sprich historische Jesus berührt. Die frühen, am Anfang dieser Dispute stehenden Gemälde Menzels und Liebermanns sind im Kontext der gesamten Wilhelminischen Zeit zu sehen, zu der seit den 1870er Jahren das Aufkommen von Antisemiten-Vereinen zählt. Die öffentliche Skandalisierung von Liebermann operierte dabei nicht allein mit der Kritik an den Stilmitteln, sondern eben mit dem Vorwurf der Blasphemie, der Gotteslästerung.[30] Öffentlicher Hohn und Empörung machten diese beiden Fälle zu einem «Jesus-Skandal» in der zeitgenössischen Auseinandersetzung mit Kunst. Als hätte es den ersten, noch von Hegel inspirierten Anstoss eines David Friedrich Strauß, den historischen Jesus von einem Christus des Glaubens zu unterscheiden, nicht gegeben. Diesen Gedanken aber hatte bereits im 18. Jahrhundert Gotthold Ephraim Lessing in einer von Hermann Samuel Reimarus vorgedachten Unterscheidung angebahnt, als er zwischen der «Religion Christi» und der «christlichen Religion» die Trennlinie zog. Der von der Christologie befreite Jesus galt beiden als universelles Beispiel der Vernunftreligion, welche der Erziehung des menschlichen Gemeinwesens den Weg weist.[31]

Das krumme Holz der Freiheit: Jüdische Jesusbilder in der Moderne

Das Bild von Liebermann, das Jesus als jugendlichen Juden zeigte, kann sowohl auf die Ignoranz der christlichen Mehrheitsgesellschaft gegenüber geschichtlichen Tatsachen gemünzt werden wie auch als Kritik an der Ignoranz jüdischer Gemeinden gegenüber der Gestalt des historischen Jesus und der Apostelgeschichte gelesen werden. Beide Makel verdienen Beachtung, oft genug sind sie wider besseres Wissen ignoriert worden. Immerhin hatten jüdische Rabbiner und Historiker in Deutschland seit Mitte des 19. Jahrhunderts den geschichtlichen Jesus in einer der vielen Strömungen *innerhalb* des antiken Judentums situiert, und diese Deutungen der Jesusbiografie setzten sich im 20. Jahrhundert in unterschiedlichen Sprachräumen in markanten Beiträgen fort.[32] Sie waren nicht die ersten Stimmen auf europäischem Boden; bereits im Mittelalter hatten sich Rabbiner und Dichter zur Rolle von Jesus und auch Mohammed geäussert.[33]

Jesus wurde im 19. Jahrhundert zunächst biografisch als Teil des Judentums seiner Zeit verstanden. Er erscheint darin als Reformer der pharisäischen und protorabbinischen Bewegung oder als scharfer Kritiker dieser Bewegung, die er als Usurpatorin des universalen Geistes der hebräischen Prophetie anprangert. Jesus verteidigt darin das mosaische Judentum; er ist gekommen, um dessen Gebote zu erfüllen, und er ruft seine Hörer dazu auf, sich als treue Knechte Gottes vom Sinai her zu verstehen. Oder er wird religionsgeschichtlich als Rabbi, das ist als Lehrer, jedoch mit einer gewissen Neigung zu apokalyptischen Naherwartungen oder als Sympathisant der essenischen Bewegung gesehen. Deutlich ist auch die Entkleidung von Jesus aus seinen verschiedenen griechisch-hellenistischen Gewändern, die im Horizont der römischen Rezeption dazu dienten, ihn annehmbar zu machen. Nochmals anders wird jedoch gerade der hellenistische Einfluss, der im Judentum vor und zur Zeit Jesu eine eigene hebräische Weisheitsliteratur hervorbrachte und sich der jüdischen Diaspora verdankt, als universaler Horizont seiner Predigten hervorgehoben. Wiederum andere erkennen in Jesus einen eher konservativen jüdischen Predi-

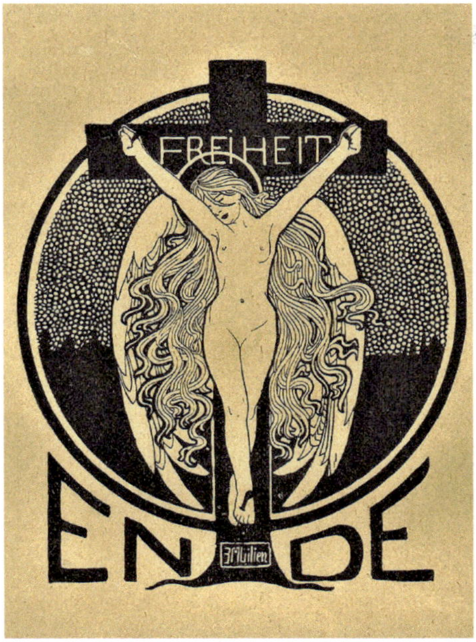

3 E. M. Lilien, *Illustration* zum Buchende des Romans von Johann von Wildenrath *Der Zöllner von Klausen,* 1898, 9 × 12 cm; Zentralbibliothek Zürich.

ger, der sich barmherzig an die Randständigen richtete und diese sozial verfemte Schicht in die Mitte der jüdischen Gemeinschaft einbinden wollte. Anderseits sind deutlich konfrontative Wege der jüdischen Auseinandersetzung beschritten worden, die nicht weiter vorrangig historisch-biografisch argumentieren. Dabei wurden der dogmatische und rituelle Gehalt in den Fokus gerückt und solcherart Abgrenzungen in Hinsicht auf Präexistenz, Inkarnation, Opferverständnis, Auferstehung und Messianismus verhandelt, die nicht nur zwischen, sondern auch innerhalb von Judentum und Christentum bestehen. Auffällig ist dabei eine gewisse Parallele zwischen jüdischen und christlichen Bemühungen, das «Wesen» in den Glaubenssätzen beider Religionen durch eine aktualisierende Theologie von Neuem als dialektisch interpretierte Wahrheit in die Gegenwart zu stellen. Es ist die Treue, das Gebot und der Trost, mit denen sich Jesus an die Bedrückten, die Leidenden und die Irrenden gewendet habe, so vermerkte dagegen 1938 Leo Baeck, doch diese seine Haltung sei bei Paulus nicht weiter ausschlaggebend gewesen, vielmehr einzig das Sakrament im Namen seines Meisters, indem hier „das Bild mehr als der Satz, das Geschaute mehr als das Erkannte" gilt.[34] Heute hat 2015 im Zeichen der Schoah eine Gruppe orthodoxer Rabbiner auf Initiative von Shlomo Riskin eine «Erklärung zum Christentum» veröffentlicht, die nochmals in eine andere Richtung weist, indem sie Jesus herzlich dafür willkommen heisst, dass er majestätisch eine doppelte Güte in die Welt gebracht habe: «Er hat die Torah gestärkt» und «die Götzen aus den Völkern entfernt».[35] Die Erklärung der orthodoxen Rabbiner von 2015 ist hier für uns insofern bemerkenswert, als sie Jesus das Verdienst anrechnet, das zweite Gebot, das die Verehrung von Götzen und die Anbetung von Bildwerken und Skulpturen

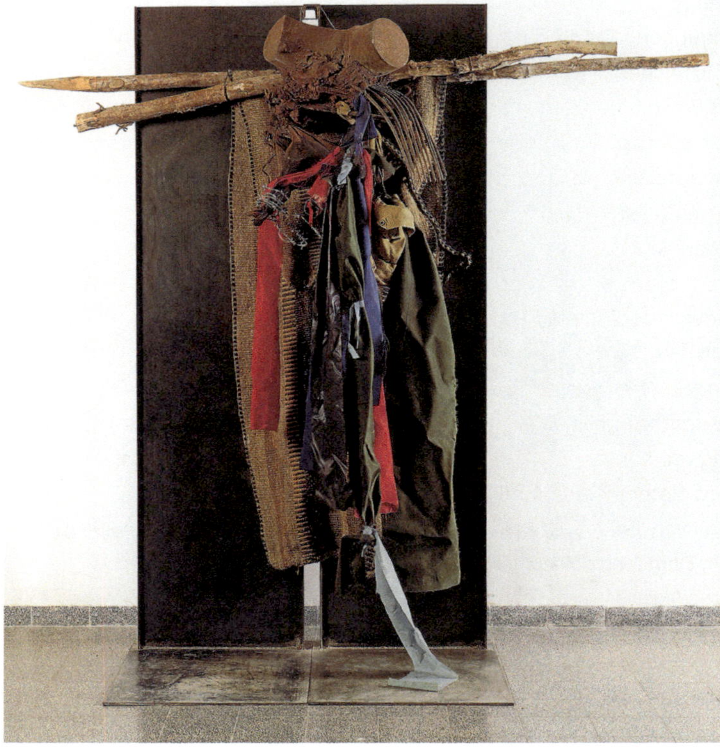

4 Igael Tumarkin, *Bedouin Crucifixion,* 1982, Holz, Stahl und Textilien, 211 × 206 × 80 cm; The Israel Museum, Jerusalem.

verbietet, in die Welt und unter die Völker getragen zu haben. Darauf werden wir noch später eingehend zu sprechen kommen.

Längst ist, zusammenfassend gesagt, also die Zeit, als das empathische Gemälde Liebermanns noch für Empörung in der christlichen Mehrheitsgesellschaft sorgen konnte, vorbei. Vielmehr erweist es sich nun als ein historisches Dokument, das wie vieles anderes auch die sozialen und theologischen Bedürfnisse der jeweiligen Epochen bezeugt. Die jüdischen Intellektuellen und Künstler äusserten und äussern ihre Gedanken dank jener errungenen, doch stets ungesicherten und ambivalenten Freiheit, die Isaiah Berlin nach einem Wort von Immanuel Kant bildhaft als das «krumme Holz der Menschheit» bezeichnete.[36]

Die Kunst jüdischer Provenienz ist von diesen Entwicklungen und ihren Fragen und Streitigkeiten der Deutungen keineswegs unberührt geblieben. Auf der Schwelle zum 20. Jahrhundert und darüber hinaus hat sie sich zunehmend mit Motiven aus dem Neuen Testament beschäftigt. Bereits Maurycy Gottliebs Bilder aus den 1870er Jahren zeigen Jesus vor seinen Richtern oder als Prediger in Kapernaum an Jom Kippur, am Versöhnungstag – ein Rabbi vor seinem jüdischen Publikum, unter das sich auch ein Römer gemischt hat. Die Reihe der jüdischen Jesusdarstellungen in der Geschichte der Kunst der Moderne ist bis heute anhaltend, wenn nicht gar, wie Amitai Mendelsohn gezeigt hat, als zuweilen obsessiv zu bezeichnen.[37] Das gilt nicht minder von dargestellten Kreuzigungen, die auf das eigene Leiden und Schicksal der Juden bezogen werden, im Zusammenhang mit der Schoah stehen (Abb. 80), als zionistische Metapher verwendet werden (Abb. 82) oder als Provokation gegen alle religiösen und politischen Konventionen gedacht sind. Die Illustration von Ephraim Moses Lilien aus dem Jahr 1898 – in der Zeit entstanden, als in Berlin die Debatte zur Ausstellung wogte, und kaum zwanzig Jahre, nachdem Liebermann seinen von Empathie geprägten Jesusknaben gemalt hatte – wäre wohl unvergleichlich mehr als Skandal empfunden worden: Eine sinnlich-sexuelle Frau mit wildem Haar als Figur ans Kreuz genagelt, kündet vom anarchischen Potenzial der Unterdrückten und Aufständischen in der Neuzeit (Abb. 3) und könnte geradezu ein Sinnbild für die lange Tradition der Justizmorde an Hexen bzw. Frauen abgeben. Liliens Illustration auf den Seiten eines sozialkritischen Romans erlangte indes zu wenig Bekanntheit. Darstellungen von gekreuzigten Frauen waren damals keine Seltenheit und haben auch Jahrzehnte später in Fällen von weit harscheren Bilddarstellungen zu Verhüllung oder Beschlagnahmung von Kunstwerken und zu Gerichtsurteilen wegen Blasphemie führen können.[38]

Keineswegs dieser Stossrichtung zugehörend ist ein israelisches Kunstwerk, im Gegenteil. In einer Installation von 1982, die damit mehr als hundert Jahre nach Liebermanns Bild entstand, stellte der 1933 in Deutschland als Peter Hellberg geborene israelische Künstler Igael Tumarkin seine *Bedouin Crucifixion* im Israel Museum aus (Abb. 4). Das im Titel zitierte christliche Symbol des Kreuzes ist erkennbar in universaler und sehr menschenfreundlicher Perspektive gedeutet – als nützliche Zeltstange im Alltagsleben von Wüsten- und Steppennomaden, die für ihre Behausungen auf die Verwendung dieser krummen Hölzer in ihrer Zeltarchitektur angewiesen sind, um gut leben und gar überleben zu können. Der einfache Holzpfahl und die Umdeutung des Kreuzes zum Werkzeug der Nomaden drücken die Empathie zu deren Existenzweise unweigerlich aus, ohne durch die Zitierung die Ambivalenz der religiösen Kultbilder aufzugeben.[39] Und ebenso thematisierte Michael Sgan-Cohen unter dem sprechenden Titel *Leaning Crucifixion* («Angelehnte Kreuzigung», Abb. 5) den Holzpfahl, auf den er eines seiner Selbstporträts nagelte, als wäre es die aus so vielen Gemälden bekannte Inschrift des gekreuzigten Jesus als König der Juden – doch eben dieser Pfahl blieb leer.[40] Anstelle einer Inschrift und einer Opferung am Kreuz erscheint ein kleines Selbstporträt, anstelle eines leiblichen Menschen das an Ikonen gemahnende Bild eines menschlichen Gesichts, das nach einem Du zu Du verlangt.

Dritte Leinwand: Der leere Pfahl

Unter Modernen in Europa, wie Max Frisch, ist das Bildnis und Bilderverbot eng mit der Vorstellung des «Jüdischen» verbunden, jedoch in einer im Vergleich zu Joseph Roth entgegengesetzten Perspektive: Das verinnerlichte wie äusserliche Bild macht nun jeden Menschen potenziell zum «Juden». Diese Operation wird von Frisch als tiefere Ursache für die Schuld der deutschen Kultur am Holocaust verstanden. Jetzt ist der Wunsch, sich dem Bild als falschem Kult zu ent-

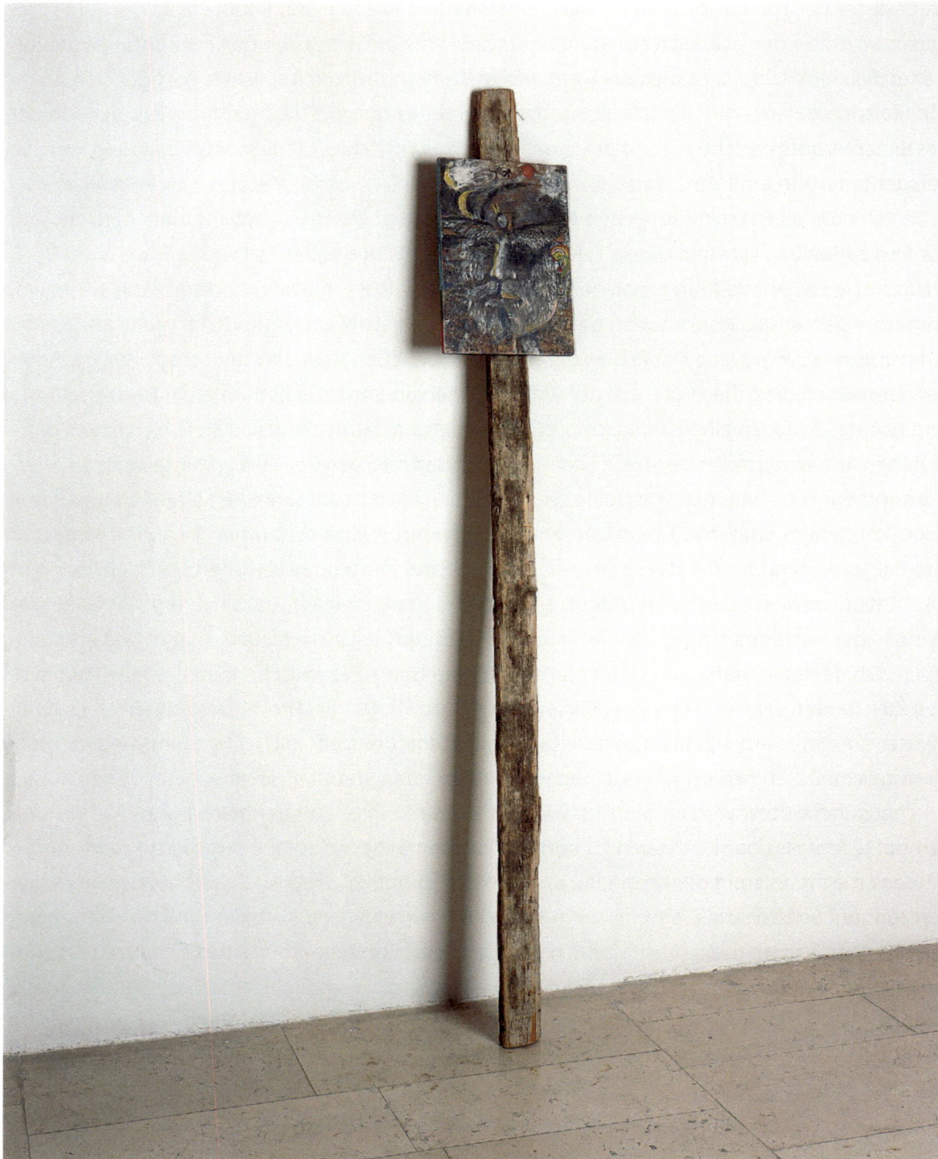

5 Michael Sgan-Cohen, *Leaning Crucifixion,* 1992, Acryl auf Holz und Plexiglas, 218 × 32 cm; Privatbesitz der Familie des Künstlers.

ziehen, der in der Erzählung von Joseph Roth der Auslöser zum Pogrom an den Juden ist, zu einem hohen Ideal der Modernen mutiert. Es gilt zu vermeiden, dass der wahren Universalität eine falsche Zuschreibung des Jüdischen anhaften könnte. Frisch weist in seinem Drama *Andorra* das Verhängnis, durch das die Figur des gesellschaftlichen Aussenseiters Andri zum «Juden» unter den Andorranern designiert wird, als schuldbehaftete Herstellung eines Bildnisses aus. Dieser Vorgang bringt Menschen an den «Pfahl». Frisch lässt im Übergang vom siebten zum achten Bild einen Sprecher, der als «Pater» auftritt, verkünden: «Du sollst dir kein Bildnis machen von Gott, dem Herrn, und nicht von den Menschen, die seine Geschöpfte sind».[41] Die Verletzung des Bilderverbotes erscheint als tieferer Grund für das Todesurteil, das an dem zum Aussenseiter gemachten Andri am Hinrichtungspfahl vollzogen wird.

Doch wie lässt sich dies inszenieren, ins Bild setzen? Erst die Zürcher Bühnenproben unter der Regie von Kurt Hirschfeld haben Frisch seine schriftstellerische Illusion, dass hier die Rechtfertigung und die Erzählung gleichzeitig stattfinden müssten, als kategoriale Falle kenntlich gemacht. Das Herstellen von Bildern zu kritisieren und gleichzeitig zum Schluss eben ein solches auf der Bühne zur Schau zu stellen – es wäre bloss Herstellung eines neuen Schreckensbildnisses gewesen. Eben dies, die leibliche Darstellung der Gewalt auf der Bühne, erschien dem jüdischen Direktor des Schauspielhauses sakrosankt. Das antike griechische Theater hatte einst die Ausmalung von Gewaltakten auf die Sprache, auf die Fantasie, aus der eine Bildwerdung nur innerlich hervorging, beschränkt. Hirschfeld redete jedenfalls Frisch aus, die Hinrichtung auf der Bühne visuell zu zeigen. Ihm erschien sie als «falsche Metaphysik, als metaphysischer Unsinn», das Theater sollte «Forum, nicht Kanzel» sein, die nur eine, ihre Wahrheit hat.[42] Und so ließ Hirschfeld stattdessen im Schauspielhaus nur den leeren Pfahl, der auf den Verurteilten wartet, als Sinnbild der Schuldhaftigkeit der Gesellschaft bzw. der Geschichte stehen.

Ob der leere Pfahl, den wir bei Sgan-Cohen schon angetroffen haben, vielleicht von einigen Zuschauern als säkulares Substitut des Kreuzes gesehen wurde, sei dahingestellt. Er ist ein Zwitter aus Holz und Schnitzbild, eine Übergangsfigur aus dem lebenden Baum und der noch nicht geschnitzten Skulptur, beide religionsgeschichtlich betrachtet heilige Gegenstände, die durchaus den Götzenverdacht auf sich gezogen haben.[43] Für Frisch markiert der leere Pfahl als Symbol jedenfalls das Skandalon des durchbrochenen Bilderverbots, das bei ihm aus Menschen «Juden» macht. Es steht gleichsam in Umkehrschub zu Joseph Roths beissender Darstellung der verdrängten Schuldverhältnisse. Die Deutung, in der Frisch nach 1945 die Schuldfrage hinsichtlich des Holocausts thematisierte, setzt letztlich eine Vorstellung des Judentums voraus, das zutiefst bildfeindlich gedacht wird. Dabei meinte es Frisch, der sich und seine Texte immer wieder hinterfragte, aufrichtig. Der Mensch, den wir lieben und deshalb nicht beschreiben können, ist im Bildnis nicht fassbar, wie er im *Tagebuch mit Marion* seinen Anspruch an sich selber formuliert. Dieser liess sich auch von ihm nicht durchhalten, wie er offen sagt: Die Liebe befreit aus jeglichem Bildnis, sich hingegen ein Bildnis zu machen, wäre «das Lieblose, der Verrat».[44]

Vierte Leinwand: Verhüllung eines Bannerbildes

Die fünfzehnte Documenta in Kassel, ein Höhepunkt des deutschen und internationalen Kulturbetriebes, stand 2022 im Zeichen «ausserwestlicher» Kunst aus Asien, Afrika, dem Nahen und Mittleren Osten und der Karibik, was rund 1500 Künstler und Künstlerinnen umfasste. Das monumentale Bannerbild des indonesischen Künstlerkollektivs Taring Padi zeigte unter vielen Figuren einen orthodoxen Juden mit SS-Runen und einen Soldaten mit Schweinsgesicht, dessen Helm

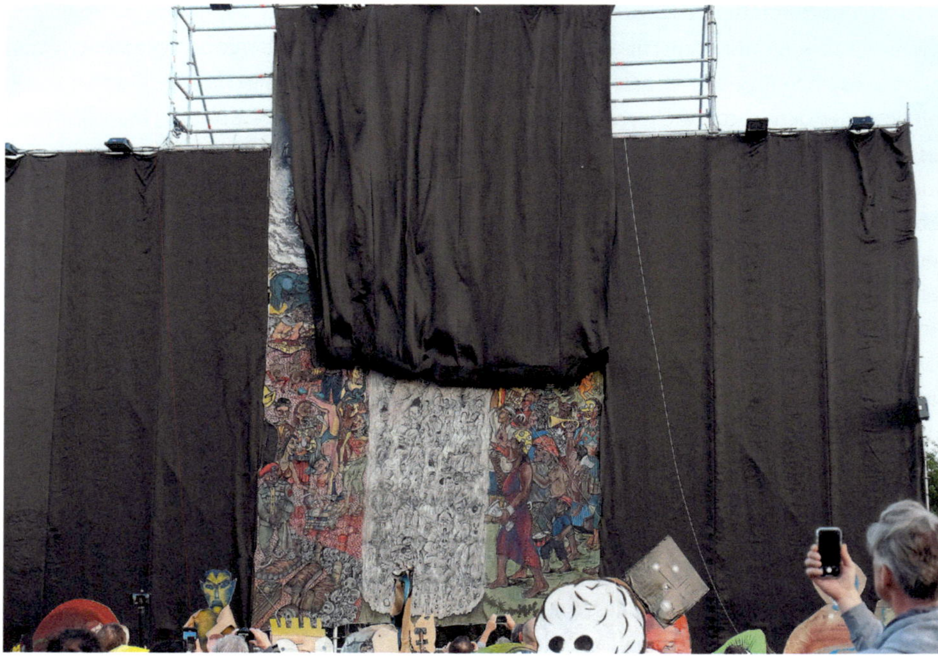

6 Verhüllung des Bannerbildes des indonesischen Künstlerkollektivs Taring Padi, Kassel 20. Juni 2022.

mit «Mossad» gekennzeichnet ist. Das Banner, ein buntes Wimmelbild, trug den Titel *people's justice,* was von Übersetzungsmaschinen mit der in Deutschland belasteten Vokabel «Volksjustiz» wiedergegeben wird. Unwillentliche Assoziationen mit NS-Gerichten und deren Willkürjustiz klangen an. Überschattet vom Vorwurf des Antisemitismus und gefolgt von einem soufflierten Bedauern der Verantwortlichen, dass die Darstellungen der Figuren vielleicht, aber unbeabsichtigt «antisemitische Lesarten» bieten könnten, fanden sich die deutschen Kuratoren unversehens heftig kritisiert. Das grossformatige Wimmelbild, das den Horror menschlicher Gewalt thematisierte, wurde auf Geheiss der Behörden zuerst verhüllt und danach abmontiert (Abb. 6).

Das wichtige Anliegen des globalen Südens, eine künstlerische Vielfalt präsentieren zu können, ging in dieser Operation öffentlicher Empörung unter. Der Schaden ist wohl dauerhaft. Die indonesischen Künstler wiederum entschuldigten sich, fühlten sich aber in einen deutschen Diskurs hineingezogen, der sachlich mit dem indonesischen Kontext, in welchem das Bild während der Suharto-Diktatur mehr als zwanzig Jahre zuvor geschaffen worden war, nicht identisch sein konnte. Die Selbstaussage des Künstlerkollektivs war bemerkenswert triftig: Man habe gewusst, was auf dem grossen Wimmelbild gemalt sei, man habe indes das selbst geschaffene Bild in den zwei vorangegangenen Jahrzehnten so oft gesehen, dass man nicht mehr haben sehen können, was es in Wahrheit auch zeige.[45] Enthüllungen und Verhüllungen griffen in dieser Selbsterkenntnis ineinander: Eine der vielen Wahrheiten erschien im Bildgewimmel, doch es gab und gibt eben darum kein Bild der Wahrheit.

Mit verkrampftem Blick auf das Fremde in Gegenwart und Geschichte und im Bemühen, kolonialistische und nationalsozialistische Schuld abzutragen, hatte man sich in Deutschland selbst in einen kulturellen Notstand manövriert. Das Skandalon, das solcherart zur Enthüllung gelangte und den Documenta-Verantwortlichen mit der eiligen Bildverhüllung auf die eigenen Füsse fiel, lag darin: Israelische Künstler, namentlich jüdische Israelis, waren 2022 nicht eingeladen worden. Sie blieben ausgeschlossen.[46] Dies musste erinnerungspolitisch als Implikat, ob beabsichtigt oder nicht, auf den historischen Anfang der Documenta in der Nachkriegszeit und die zentrale Absicht verweisen, die Arbeiten derjenigen Künstler der deutschen Öffentlichkeit nahebringen zu wollen, die während der Zeit des Nationalsozialismus unter der Bezeichnung «Entartete Kunst» verfemt worden waren. 1955 aber waren mit einer prominenten Ausnahme – Marc Chagall und seinen nostalgisch gelesenen Bildern einer «untergegangenen» Welt – überhaupt keine jüdischen Künstler ausgestellt worden; das änderte sich in den 1960er Jahren nur knirschend. Emil Nolde, Antisemit, Nationalsozialist und Unterzeichner des von Goebbels inszenierten «Aufruf der Kunstschaffenden» vom August 1934, wurde hingegen mehrfach und posthum geehrt und konnte dank der Documenta als «Opfer» gelten, dessen Kunst als «entartet» verfemt worden sei. Der historische Anspruch der Documenta kontrastierte in dieser Perspektive nunmehr 2022 mit einer merkwürdigen Exklusion des Jüdischen im Ganzen, aus der eine Dämonisierung Israels im Besonderen gelesen werden kann.[47] Offenkundig blieb einer Kultur, der grundlegende «Bildfeindlichkeit» nachgesagt wurde, der Zutritt verwehrt, da Juden schlechthin keine Kunst hervorzubringen imstande schienen. Dass einst fast die Hälfte der 21 Documenta-Gründer selbst NS-Parteigänger gewesen waren, lässt solcherart betrachtet die Documenta fast sieben Jahrzehnte später unversehens als bizarre Bühne einer Erinnerungspolitik erscheinen, die implizit unter den überlieferten stereotypen Vorstellungen eines bild- und kunstlosen Judentums leidet.[48] Was mit der Bildverhüllung des Bannerbildes nunmehr vorliegt, ist der Aufschrei einer deutschen Öffentlichkeit, die vor Augen geführt bekam, dass die jüdischen bzw. israelischen Künstler über Jahrzehnte hinweg verdrängt wurden, als wären ihre Werke Anlass für einen neuen Ikonoklasmus, der eben diesen Werken, und nur diesen Werken, und ihren «entarteten» Schöpfern gegolten hatte.[49]

Der deutsche Aufschrei ist keine bloße Katechese, vielmehr ist er ernst zu nehmen. Er macht die politische Seelenlage der Bundesrepublik in ihrem legitimen Verlangen, die verfassungsrechtliche Würde des Menschen zu deuten, diskursiv hörbar. Die Zeitenwende zu dieser Entwicklung, den 8. Mai 1945, hatte einst Theodor Heuss in soteriologisch anmutenden Worten als «tragischste und fragwürdigste Paradoxie der Geschichte» der Deutschen empfunden, weil «wir *erlöst* und *vernichtet* in einem gewesen sind».[50] Der auf unserer Leinwand skizzierte Vorgang erscheint – oft voreilig mit wenig sagenden Vokabeln wie «Antisemitismus» oder «Rassismus» oder «Postkolonialismus» vorgetragen[51] – im deutschen Kontext deswegen verschränkt mit der Geschichte des Holocausts und dem mühselig durchgehaltenen Willen, sich dieser Geschichte zu stellen. Er ist, darüber hinaus und weit allgemeiner gesagt, ein Lehrstück, wie Kunst in religiöser oder weltanschaulicher Hinsicht wechselseitig gedeutet wird. Eine Kunst im Zeichen politischer Theologie zu wandeln, wird schnell von Apologetik und Bilderverboten überschattet. Hinzu kommt als bittere Ironie, dass die indonesischen Künstler selbst sich einer kolonialisierenden Vereinnahmung durch einen westlichen Postkolonialismus ausgesetzt fanden und nun daraus neue Lehren in ihrem Verhältnis zu Juden und Israel ziehen müssten. Es gäbe für Israelis wie Indonesier genügend Anlass, den jeweils eigenen Inhabern von Regierungsgewalt gegenüber durch Kunst gewitzte Skepsis vor Augen zu halten. Ob sich aber eine Initiative entwickeln wird, damit sich Künstler von beiden Seiten her treffen können, um sich auszutauschen und so eine gemeinsame Zukunft zu erarbeiten, steht in den Sternen.

STIGMA UND WUNDMITTEL

Verschiedene Belege, nur im Kontrast vergleichbar, in unterschiedlichen Diktionen soeben auf vier Leinwände der westlichen Kulturgeschichte gezeichnet! Wie ist dies einzuordnen? Aus zeitlichem Abstand zu diesen Episoden muss vorerst festgestellt werden: Anders als in den Epochen lange vor Menzel und Liebermann bestand und besteht heute keine Gewähr des Glaubens, dass die Erlösung bereits stattgefunden oder je begonnen hätte. Weit mehr drängt sich dem historisch denkenden Betrachter die dialektische Einsicht auf, dass eine Kunst, die ihren ästhetischen Schein wie in der Erzählung von Joseph Roth religiös und diesbezüglich verklärend vorträgt, die Verheissung verrät, an der sie partizipiert. Nicht ohne Grund hatte Nietzsche in aller Kunst den Versuch erblickt, die Wahrheit zu verhüllen.[52] Seine Feststellung verwies ausdrücklich auf den die Leere – die Präsenz Gottes – verhüllenden Vorhang im antiken Jerusalemer Tempel. Der Vorhang markierte einst so die Differenz zwischen Bilderwartung und Bildlosigkeit. Solche Verhüllung und auch die Metapher der Verkleidung lassen die Enthüllung einer Wahrheit dann den Empörten unter den Modernen bloß noch als Restbestand einer Blasphemie erscheinen. Dass eben dies dem Gemälde von Liebermann zur Last gelegt wurde, zeigt die damalige Weigerung, das historisch-biografische Verständnis des Dargestellten als im Bild vermittelte, aber empirisch-geschichtliche Realität anzuerkennen.

Dieser Trug und Schein, so setzt Ernst Cassirer in einer Abhandlung über die Götternamen diesen Gedanken Nietzsches fort, «mag noch so fein gesponnen sein und er mag uns mit noch so bunten und reizvollen Bildern umgaukeln – so bleibt es doch dabei, dass das Bild keinen selbstständigen Gehalt, keine ihm eigene immanente Bedeutung besitzt». Die Selbsttäuschung darüber habe ihren Grund in der mythischen Welt, deren Spiel den menschlichen Geist in «jene schillernde Vieldeutigkeit, die ihr eigenes Erbteil ist, immer aufs neue verstrickt». Wenn aber vom Reich des Mythos, von der mythischen Beseelung und Hypostase in die Kraft des Logos übergewechselt werde, breche sich dem menschlichen Geist jenes Bewusstsein Bahn, dem das Wort wie das Bild und überhaupt jede künstlerische Darstellung zum «bloßen Begriffszeichen» werde.[53] Cassirers Theorie der symbolischen Formen fasst also den Mythos und mit ihm die Bild- und Sprachwelten als Aufhebung der dem Symbol inhärenten Distanz von Zeichen und Materie, von Bezeichnendem und Bezeichnetem auf, wie sie – darauf kommen wir zurück – bereits von Moses Mendelssohn semiotisch unterschieden worden sind.

Die späten Narben des Antijudaismus

Ich werde nun in einem ersten Schritt deutlich machen, dass diese Vorstellungen, wonach das figürliche Bild und die visuelle Kunst schlechthin in der Kultur des Judentums nahezu vollkommen abwesend gewesen oder bekämpft worden seien, falsch sind. Diese sich hartnäckig haltende Auffassung ist interessant genug und verdient, genauer untersucht zu werden. Denn «Bildlosigkeit» und «Kunstunfähigkeit» ebenso wie «Kultverbot» und «Bilderverbot» werden in den beigezogenen kulturgeschichtlichen Beispielen in eins gesetzt und in bestimmten Zuordnungen mit bestimmten Funktionen behauptet. Vor allem erscheinen Theologie und Ästhetik als identische Kategorien und begründen Kunst durch eine geschichtsphilosophische Mystifikation. Dem Gott der Juden wird darin eine falsche Karriere zugedacht. Die Leinwände aus dieser Karriere offenbaren ihre Ambivalenz durch falsche Zuschreibungen, die angebliche Bildverweigerung wird als Zeugnis der Emanzipations- und Kulturfähigkeit oder, im Gegenteil, als Unfähigkeit zur Kultur gelesen. Letztlich handelt es sich bei dieser Behauptung um Projektionen auf ein Opfer, wie dies kenntlich wird in den zitierten Narrativen von Roth und Frisch, die literarisch einen Sündenbock vorführen, der die aufflammende Aggressivität in einer dörflichen oder nationalen Gemeinschaft aufzeigt. Warum Menschen sich einen Sündenbock aussuchen, ja herstellen, hat René Girard dahingehend zu ergründen versucht, dass ausgerechnet das gegenseitige Vergleichen und die solchen Vergleichen zugrunde gelegten Bilder das soziale Ressentiment verstärken.[54] Die Wunden, die dafür geschlagen werden, und die Mittel, die zur Heilung im Haushalt der Emotionen angepriesen werden, gehen aus den Begierden hervor, die mimetische Wirkungen zeitigen. Ob solche Operationen erfolgreich sind oder ob sie scheitern, es ist gleichwohl die Gewalt, die immer wieder gewinnt. Denn insbesondere körperliche Gewalt – Züchtigung, Pogrom, Krieg – hat ausserordentliche mimetische Effekte, und diese Auswirkungen sind an den zitierten Bildern aus unserem Kulturarchiv abzulesen.

Vorausgesetzt wird hierfür die Erkenntnis des Lesers, der Leserin, an die kurz erinnert werden soll. Es sind judenfeindliche oder diesbezüglich ambivalente Darstellungen, die heute global verbreitet sind und immer noch werden, nicht zuletzt deshalb, weil Antisemiten unterschiedlicher Provenienz sich stets aus dem reichhaltigen Bilderrepertoire der westlichen Kulturgeschichte bedienen können. Wie über Jahrhunderte Juden und Judentum immer wieder wahrgenommen, verzerrt und verleumdet wurden, prägte sich in unzähligen Stereotypen und Ressentiments aus – angefangen beim angeblichen Verrat des Judas, hin zur mittelalterlichen Darstellung der «Judensau», des fiktiven Hostienfrevels und des gehörnten Judenteufels, schliesslich fortgeschrieben in den neuzeitlichen Karikaturen von hakennasigen und gierigen Figuren, die als geile Widerlinge und feindliche Monster rassentheoretisch unterlegt wurden. Die bizarre Vorstellung, dass Juden verantwortlich für das Unheil und Unglück der Welt seien, hat sich über Jahrhunderte in ungezählten Metaphern, Bildern und Filmen niedergeschlagen. Sie bedienten die nationalsozialistische Propaganda über Juden, die sie als Ungeziefer und Ratten darstellte, um die eigenen Mitbürger und Mitbürgerinnen zu entmenschlichen und sie als Verführer und Zersetzer der «Volksgemeinschaft» aus der Mitte der Gesellschaft auszustossen. Die NS-Mörder dachten sich für das Konzentrationslager Theresienstadt eine zynische Variante zur Täuschung über ihre Absichten aus – sie druckten Geldscheine in deutscher Sprache («Quittung») und in

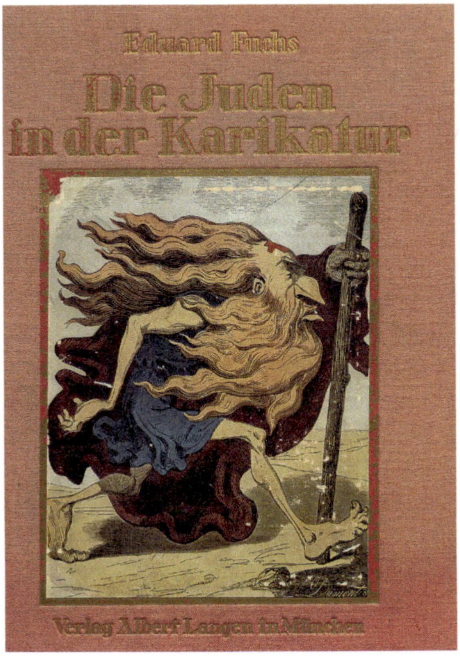

7 Titelseite des Buches von Eduard Fuchs, *Juden in der Karikatur,* 1921.

der Währung «Kronen», auf denen Moses mit den Gesetzestafeln abgebildet war.[55] Der Kulturkritiker Eduard Fuchs dokumentierte die karikierende Ikonografie des «Juden» bereits 1921 in einem beachtlichen Buch, die erschreckenden Bilder stehen seither vor Augen (Abb. 7). Walter Benjamin verwies 1937 auf die Bedeutung dieser Publikation, bei der sich heute die Frage nach Zerrbild oder Satire stellt.[56] All dies, so macht es den Anschein, kehrt heute trotz aller Aufklärung verdeckt wieder in Filmen, Zeichnungen und Collagen, die weltweit Juden als Ausbeuter, Parasiten, Kindsentführer oder Organräuber mit alten Stereotypen andeuten oder gar offen verleumden, sei es aus Ressentiment gegen Juden oder als Aversion gegen den Staat Israel. Es ist eine Welt, deren Bewohner derart krampfhaft am Antisemitismus festhalten, als hätte ihr Leben ohne Judenhass nicht weiter einen Sinn.

Künstler oder Kunstkollektive, die sich auf ihre Humanität viel einbilden, wie Banksy, Mear One, Giovanni Gasparro oder Mohammed Al-Hawajri, schrecken nicht davor zurück, ihre Profilierung auf dem Kunstmarkt provokant wie beliebig mit antisemitischen Versatzstücken zu betreiben, sei es in ironischer oder vermeintlich kritischer Absicht, sei es aus ideologischen Gründen oder aus marketingbasierten Interessen.[57] Kurz gesagt, den historischen Kontext zu erwähnen und hier auf die erwähnten Motive und Stoffe antisemitischer Provenienz hinzuweisen, kann an dieser Stellen nur stichwortartig und abrissartig erfolgen. Es soll aber klar machen, wie nachhaltig die lange Wirkungsgeschichte des Antijudaismus gewesen ist und es immer noch sein kann – gerade in Bildern aus dem westlichen Kunst- und Kulturarchiv und mit Hilfe der Transmission von solchen Bilderzählungen. Solcherart sind sie sichtbar als Stigmata der europäischen

Kulturgeschichte. Ihre Narben drohen immer wieder aufzubrechen und verlangen von Neuem nach Wundmitteln.

Leichtfertiger Hohn, pathologisierte Moderne

Jahrzehnte nach Joseph Roth und Max Frisch und fast 120 Jahre nach Liebermanns Gemälde, 1997, bot eine Abhandlung über Hegels Ästhetik die folgende Begründung: Die Juden hätten ihrer Kunst ein Bildverbot verordnet, das sich sogar aufs Wort erstrecke.[58] Hier ist die Behauptung Hegels geschichtsphilosophischer Dialektik geschuldet, durch die der Monotheismus in ästhetischer Sicht als Abschied vom Körper und Körperhaftem zugunsten der Poesie als der sublimen Kunst des Geistes erscheint. Das Argument verweist darauf, dass der Tod Christi bei Hegel als leibliche Negation des körperlich nicht fassbaren Geistes Gottes konstruiert wird. Künstlerische Darstellung soll deshalb dialektisch als Zurschaustellung ihres Ikonoklasmus verstanden werden, weil Kunst eben ihre Selbstaufhebung nur mit künstlerischen Mitteln propagieren könne.

Doch dann muss – unnötig, aber beredt – Max Nordaus Kulturtheorie, die den Begriff der Entartung verwendet hatte, dazu herhalten, die Idee vom Absterben der bildenden Kunst als jüdische Bilddesavouierung zu geisseln. Der Begriff der «Entartung» hatte sich gegen Ende des 19. Jahrhunderts als Konzept gegen die Gefühlswelt des *Fin de Siècle* – Ennui, Eitelkeit, Nervenschwäche, Heuchelei, Pessimismus – etabliert und wanderte alsbald und problemlos in die Vererbungslehren eines Eugen Fischers ein, der bei seinen prominenten Forschungen im deutschen Namibia zur Erkenntnis gelangte, dass die «Rassenkreuzung» dem deutschen Blut nur schädlich sein könne. Der deutsch-jüdische Arzt Nordau wiederum nahm den Begriff aus sozialen Gründen in Anspruch, um damit sein zionistisches Idealbild, den jüdischen «Muskelmenschen», in Gegensatz zum Stereotyp des unproduktiven, schwächlichen Diasporajuden zu propagieren. Die Kulturtheorie des deutsch-jüdischen Arztes Nordau sei, so der Autor der Studie von 1997 über Hegel, dann in der Stunde faschistischer Rassentheorien «zum Fluch [geworden], der über sein eigenes Volk kommen sollte, wie das Blut, das der leichtfertige Hohn der Juden vor Pilatus beschworen» habe.[59]

Diese giftige und polemische Kehre – leichtfertiger Hohn – mehr als hundert Jahre nach Nordau und fünfzig Jahre nach dem nationalsozialistischen Judenmord und dazu die zustimmende Zitierung des judenfeindlichen Blutrufs aus dem Matthäus-Evangelium (Mt. 27,25), gemäss dem sich die Juden selbst verfluchten[60], sollen offenkundig eine Barriere gegen eine Kritik an Hegels schemenhaftem Diktum errichten, dass die Juden es nicht geschafft hätten, ihren Gott visuell anschaulich zu machen. Das angebliche Unvermögen der Juden zur Kunst wird so für die Epoche der Moderne dem Arzt Nordau zugeschoben.[61] Mit dem zitierten Bild, das der in der Tat kruden Anthropologie Nordaus über die Verbindung zwischen der Vitalität des Körpers und der Gesundheit des Geistes entnommen wird, erscheint jene Judenverachtung, wie sie verschiedentlich aus Äusserungen seit der deutschen Romantik spricht. Hier wird eine romantische Hegelbegeisterung rezykliert, ohne dass das schwierige und rätselhafte Verhältnis zum Judentum bei Hegel selbst differenziert und kritisch reflektiert würde.[62] Was den zitierten Blutruf betrifft, so sei, um dies hier abzuschließen, kurz und bündig an das Wort Hesekiels erinnert, das die Verachteten, Unterdrückten und Liegengebliebenen ermutigt: In deinem Blut sollst du bleiben, um zu leben und gesalbt zu werden (Hes. 16,6). Die Passage wird auch heute am Pessachfest, neutestamentlich als letztes «Abendmahl» des Jesus und seiner Jünger erinnert, jeweils beim festlichen Zusammensein jüdischer Familien und Gemeinschaften aus der Haggada zitiert. Dabei ist es Brauch, beim Wort «Blut» den Finger in den Becher mit Wein zu tunken und über das festliche Pessachmahl zu verspritzen ...

Zu Max Nordau, dem Arzt, Zionisten und engen Gefährten Theodor Herzls, wäre der Hinweis auf Friedrich Nietzsche anstelle von Hegel und seiner Ästhetik weit dienlicher gewesen. Nietzsches Lebensphilosophie und ihre Betonung von Vitalität und Wille, von Macht und Mythos sowie die Rückweisung von – um diesen problematischen Begriff zu verwenden – als «degeneriert», als «entartet» erachteten Erbschaften aus Geschichte und Religion waren prägend. Seine These, die antike Tragödie sei an der – Sokrates zugewiesenen – Dominanz des Intellektuellen gegenüber dem Vitalen zugrunde gegangen, hätte geradezu Nordaus Absicht, die jüdische Nation wie einst in alten biblischen Zeiten politisch fit für das Überleben zu machen, zuspitzen können. Auf der Erzählung von der «Entartung» ganzer Völker liegt indes der Feinstaub aus Jahrhunderten. Sie lässt sich nachlesen bei Seneca und Tacitus und ist zumindest bei Hegel und Nietzsche auszumachen. Eben darauf bezog sich auch das Denken der frühen Zionisten. Die Rede Letzterer zielte auf den Typus des passiven, verängstigten und sich vor der Geschichte wegduckenden Juden. Die Ablehnung des archetypisch porträtierten Diasporajuden und das eugenische Interesse am «Neuen Menschen» gingen mit dem zionistischen Heldenepos im Medium des Körpers einher. «Ich bin Nietzscheaner [...] und kenne nur Macht, Macht, Macht!», schrieb in epigonenhafter Idolisierung Micha Yosef Berdyczeswsky, um die Forderungen nach körperlicher Fitness und geistiger Robustheit zum Ausdruck zu bringen.[63]

Nietzsche selbst hatte in antagonistischer Zuspitzung in den Revolutionen seit 1789 einen Sieg der Gerechtigkeit, einen «Sieg Judäas» in Massen erblickt, ja mit den Juden habe überhaupt begonnen, was sich als «Sklavenaufstand der Moral» bezeichnen liesse, so dass gerade der vom jüdischen Paulus propägierte Jesus Christus und das Evangelium der Liebe als Inbegriff des Jüdischen zu gelten hätten, wie er seine Provokation formulierte.[64] Nietzsche hatte die Juden in scharfer Frontstellung gegen Richard Wagner und dessen Schriften über die Regeneration eines antisemitischen «Christentums» verteidigt. Er machte die Juden zum *missing link* zwischen den antiken Hochkulturen und dem modernen Europa jenseits nationalistischer Engführungen. Der antisemitische Nationalismus sehe hingegen in den Juden lediglich «Sündenböcke aller möglichen öffentlichen und inneren Übelstände».[65] Nietzsche erblickt in den Juden stattdessen den «Wegzeiger» einer europäischen Kultur der Zukunft. Diese Deutung hat ihn wiederum nicht davon abgehalten, das Judentum als Kern einer antagonistischen Kraft darzustellen, die dann am Ende der Antike in der verkehrten Gestalt des paulinischen Christentums dem imperialen Rom den Untergang bereitet habe.[66]

Nordau und Nietzsche – zusammenfassend gesagt: Es muss in der zitierten Hegelapologie, die den Blutruf bemüht, Max Nordau, der schon früh den «Neuen Hebräer» als höheres Menschenbild propagierte, offenkundig dafür herhalten, als Sündenbock für die Kühnheit Nietzsches zu dienen, der der zukunfts- und heilsfrohen Geschichtsteleologie Hegels ein Ende bereiten wollte. Weit angemessener wäre es gewesen, an Nordau und seinen Gefährten kritisch anzumerken, was für viele Epigonen überhaupt zu erfragen wäre, nämlich dass sie im Gefolge ihres Meisters die Geschichte auf eine Frage der Macht reduzieren wollten und Wertsetzungen vertraten, in denen sich trübsinniger Ideenmüll und die Überzeugung zur eigenen Mission mischten, ohne dass je dem Zweifel auch nur Platz eingeräumt worden wäre.[67]

Die Kampagnen gegen eine pathologisierte Moderne und die daraus erwachsenen Boykotte gegen Kunstwerke, denen das Odium der Gotteslästerung anhaftete, wird man als Aversionen eines konservativen Bürgertums gegenüber schnell wechselnden Kunstströmungen, als Reaktionen auf einen verstörend empfundenen Kulturwandel, der auch Verletzungen religiöser Tabus durch moderne Künstler einschloss, einordnen und erklären können. Liebermann stellt hier nur ein Beispiel dar. In letzter, nicht absehbarer Konsequenz gipfelten später diese Kampagnen in den nationalsozialistischen «Säuberungen» von Museen und Sammlungen, die «entartete» Kunstwerke letztlich zu einem Raub- und Fluchtgut der Verfolgungspolitik haben werden lassen. Darin spielt das Argument des angeblichen jüdischen Bilderverbotes und der damit begründeten prinzipiellen Kulturunfähigkeit der Juden insofern eine Rolle, als sich damit ihr Ausschluss aus der deutschen «Volksgemeinschaft» und der nationalsozialistische Raub von Kunstwerken aus jüdischem Besitz rechtfertigen liessen. Wir werden auf diesen Zusammenhang nochmals zu sprechen kommen, wenn die Frage der Restitution geraubter Kulturgüter sowie die ästhetische Angemessenheit des Holocaust-Gedenkens bedacht werden.

Ebenso werden wir auf Hegel und unter anderem dessen später verdrängtes Verhältnis zu Moses Mendelssohn noch eingehen. Hier muss aber vorab gesagt werden, dass die Ästhetik des philosophischen Idealismus des 19. Jahrhunderts sich vor dem Hintergrund eines naturwissenschaftlichen Erkenntnisgewinns nach damaligem Stand bemerkenswert erbaulich, ja ignorant ausnimmt. Hegel und sein Jahrhundert wussten zwar, wie Hans Jonas vermerkt, «noch wenig von der Riesigkeit des Alls in Raum und Zeit und folglich von der Winzigkeit des menschlichen Platzes darin».[68] Von einem majestätischen Gang der Vernunft durch die Welt wie von einem Welttheater zu reden, fehlte aber schon damals schlicht die Evidenz.

Mythenmalerei: Theologie und Geschichte, Dramaturgie und Empirie. Und ein kluger Ratschlag

Friedrich Dürrenmatt urteilte über die Ineinssetzung von Ästhetik und Theologie scharfsichtig: «Was Hegel schrieb, ist Dramaturgie, die er der Geschichte unterstellte. Sie ist als Dramaturgie auf die geschichtliche Wirklichkeit bezogen belanglos, aber wie jede Dramaturgie eine Angelegenheit der Ästhetik. Darum die Wirkung auf jene, welche die Ästhetik mit Wirklichkeit gleichsetzen.»[69] Diesem Wort von Dürrenmatt kann man mit Jean-Pierre Vernant die Beobachtung beifügen, dass Aristoteles zufolge das Schattenspiel, das die Kunst der Illusion auf der Bühne zum Leben bringt, für das Denken wahrer werden kann als authentische und empirisch belegte Schilderungen, die vermitteln wollen, wie sich Ereignisse in der Vergangenheit historisch wirklich zugetragen haben.[70] Zugeschriebene und tatsächliche Wirklichkeit wären somit besser auseinanderzuhalten. Für die merkwürdige Fixierung eines angeblichen Bildverbotes und die designierte Abwesenheit von Kunst im Judentum sind diese Einsichten notwendig. Wenn es um die Schilderung der Wahrheit geht, ist das Leben mehr als eine Gleichung. Nochmals Dürrenmatt: «Denn wie der Stoff, ist auch die Wirklichkeit nie eindeutig; ein Gleichnis, das sie zu bannen versuchte, müsste mehrdeutig sein.»[71]

Will man die Ambivalenz oder Dialektik von Geschichte und Ästhetik verstehen, die das Verhältnis von Denken und Existenz abbildet und in den oben zitierten Leinwänden zum Vorschein kommt, muss man ihre Aufgehobenheit in der Bewegung der Figuren beobachten. Was ihnen – ob im Leben oder im Theatrum – jeweils als Ende und was als Anfang einer Denkbewegung gilt, ist von aussen betrachtet oft genug unentschieden. Und dennoch kann es zur Fixierung kommen: «Eine Philosophie als endgültig zu betrachten heisst sie vom geschichtlichen Prozess trennen und sie ausserhalb der Zeit stellen», merkt José Ortega y Gasset zu Hegel und Auguste Comte und dessen Phasengesetz kritisch an. Hegels Entdeckung der menschlichen Vergangenheit hätten ihn dem Irrtum ausgesetzt, den Entwicklungsprozess auf eine absolute Grenze mit einem endgültigen Ideal, seiner eigenen Philosophie, setzen zu wollen. Das aber bedeute, die «Geschichte *gefrieren* lassen, sie anhalten, wie es Josua mit der Sonne gemacht hat».[72]

Gefrorene Geschichte! Frühen und klugen Rat dagegen gab Ernst Troeltsch, ein im Welthorizont unterschiedlicher Religionen kundiger liberaler Theologe, der trotz einer gewissen Eingenommenheit ein entschiedener Verfechter demokratisch-rechtsstaatlicher Prinzipien war und auch als Ansprechpartner eines liberalen Judentums gesehen werden darf.[73] Am Beispiel des europäischen Mittelalters sprach er in seiner Abhandlung über die christlichen Soziallehren davon, dass uns heute die «mit dem zwölften Jahrhundert einsetzende Periode städtischer Kultur» politisch und wirtschaftlich als Beginn, das heisst «als Vorbereitung und Grundlegung der modernen Welt» erscheint, aber hinsichtlich philosophischer, ethischer und religiöser Denkfiguren nur das Ende bzw. der «Höhepunkt der Entwicklung des mittelalterlichen Geistes» gewesen sei und damit als eine Spätzeit der christlichen Entwicklung gelten müsse.[74] Dieses schlagende Beispiel einer sich gleichsam selber aufhebenden Konstellation des Neuen im Alten und des Alten im Neuen, das heisst einer historisierenden Theologie, muss ernst genommen werden: Das dramaturgisch inszenierte Absolute der vermeintlichen Geschichtsmalerei ist in der Empirie historisch oder sozial nicht wirklich auffindbar. Troeltsch weigerte sich, die Geschichte des Christentums «in irgendeiner Weise als die Geschichte der schrittweisen Verwirklichung von dessen Idealen zu behandeln», wie Hans Joas formuliert.[75] Dies muss auch für alle Religionen oder sonstigen Weltanschauungen säkularer Ausprägung gelten. Das Ideal erscheint, dialektisch gewendet, immer als durch die von der Erfahrung geprägte Unmöglichkeit abgeschwächt, sie wirklich sein zu können. Das Ideal wird sogar irregeleitet – und doch bewahrt es jene eherne Kraft, die als Motiv und Mobilisierung zu seiner weiteren Behauptung dient.

In verallgemeinernder Weise lässt sich also festhalten: Ohne Theorie, ohne Transzendenz, ohne ein Denken im Konjunktiv, kurz: ohne Ideen und Ideale wären Kultur und Wissenschaft blind für Kausalität und lahm in ihren Möglichkeiten, Assoziationen und Erkundungen anzustellen. Doch wird eben diese Möglichkeit auch immer die verführerische Einladung enthalten, dass wir die Empirie der physischen und sozialen Wirklichkeit abspalten, auf jegliche Induktionen verzichten und deshalb die polare Doppelung in diesem Vorgang ignorieren. Zwischen der Frage «Wer sind die verlorenen zehn Stämme» und der Frage «Stellen wir uns vor, sie würden wiederkehren» – oder anders gesagt: zwischen dem Indikativ und dem Konjunktiv – oszilliert die polare

Doppelung, die aus der Spannung zwischen Ideal und Wirklichkeit bzw. Illusion und Bedeutung hervorgeht.

Auf einer anderen Ebene finden wir die Kritik an Hegel und seinen Begriffen bereits bei seinem Zeitgenossen Arthur Schopenhauer, der im Monumentalgemälde der Dialektik Hegels nur eine unsinnige und leere Pathosformel, mit der die Welt aus einem selbstevidenten Fundament hergeleitet werden sollte, ausmachte. Dass der Mensch ein Irrläufer der Evolution ist und aus der Vergangenheit nichts lernt, war in Schopenhauers Weltbild dem optimistischen Fortschrittsglauben in Hegels Geschichtsphilosophie ganz und gar abträglich. Immerhin blieb doch tröstlich, dass die Kunst eine Erlösung aus diesem Daseinsjammer sein konnte. Schopenhauer räumt, in Gegensatz zu Hegel, dem Ästhetischen ohnehin einen höchst philosophischen Rang ein. Bei Schopenhauer gewährt die «Anschauung», im Sinne Goethes, als Modus der Erfahrung ganz zuerst das Erkennen von Wahrheit, die erst danach in Begriffen «niedergelegt» wird. Die Kunst, und mit ihr die Vorstellung, sich der Wirklichkeit kontemplativ anzunähern, ist so verstanden eine metaphysische Tätigkeit. Sie ist gleichzeitig eine Absage an die Heilserwartungen der Geschichte, die in aberwitzigen Theorien und hochtrabenden Begriffen nur die Gemüter verwirren. Schopenhauers Transzendenzdenken ist nicht-theistisch, es kommt ohne den Himmel aus, vielmehr bietet das philosophische Staunen über die Welt den Anlass, sich in den Formen künstlerischen Schaffens ein «reflektiertes Abbild» ins Bewusstsein zu heben. Schopenhauer misstraut den Begriffen und setzt deswegen das künstlerische Selbstverständnis an erster Stelle seines Denkens ein. So hat er als Zeitgenosse Hegels eine Tonlage angestimmt, die, wie Rüdiger Safranski festhält, das Selbstverständnis von Richard Wagner, Marcel Proust und Franz Kafka bis hin zu Arnold Schönberg, Wolfgang Hildesheimer und Samuel Beckett beflügeln konnte.[76] Doch dabei bleibt auch bei Schopenhauer ein höheres Prinzip, das sich nunmehr von der ästhetischen Anschauung her ergibt, als selbstevidente Erklärung der Welt bestehen, wenn er sie übergreifend als Selbsterkenntnis des Willens versteht.

In ähnlicher Weise, doch nochmals auf einer anderen Ebene hat Aby Warburg den Denkraum von idealen und empirischen bzw. begrifflichen und ästhetischen Entgegensetzungen betreten. Er tut dies mit der Referenz auf Antike und Renaissance. Wenn er von der «polaren Funktion des einfühlenden Bildgedächtnisses» spricht, ist wiederum, wie bei Troeltsch, die Konstellation des Neuen im Alten und des Alten im Neuen angesprochen, die nunmehr in der Betrachtung ihrer Kunsterzeugnisse nicht gegeneinander auszuspielen bzw. aufzuheben sind. Hier geht es um das Beispiel der «Wiederbelebung der dämonischen Antike [...], im Zeitalter des Faust, wo sich der moderne Wissenschaftler – zwischen magischer Praktik und kosmologischer Mathematik – den Denkraum der Besonnenheit zwischen sich und dem Objekt zu erringen sucht».[77] Nie aber wird es gelingen, die eine gegen die andere Seite in diesem Prozess endgültig auszuspielen: «Athen will eben immer wieder neu aus Alexandrien zurückerobert sein» – oder anders gesagt: die irrationalen, primitiven und paganen Kräfte werden stets in Rechnung zu stellen sein, auch wenn wir die Geschichte der Menschen viel lieber unter sich aufklärenden, humanen und weltoffenen Gesichtspunkten als einen Dialog auf Augenhöhe verstehen möchten. Was zu welchem dieser zwei Kraftfelder gehört, bleibt jedoch stets unentschieden. Ob die Renaissance das Ideal der säkularen Neuzeit oder einen wiederkehrenden alten Paganismus darstellt und ob das Mittelalter als kirchenzentriert oder bürgerlich, als primitiv oder zivilisiert, als trist oder farbig gelesen werden kann, ist nur durch die Fragen nach den Kontexten zu ermitteln. Auf der Ebene des Bildgedächtnisses gesagt: Der bilderlose Gott, obwohl ein emotionaler Ausdruck, steht wie der abstrakte Begriff und das mathematische Zeichen der Wissenschaft zwar jenseits des Bildes und jenseits von fest zustellbaren Kategorien. Doch bleiben unsere eigenen Aussagen darüber stets kontextgebunden und sind am Subjekt haftender Ausdruck einer bestimmten Kultur, die unterschiedliche Spielarten der Bildgebungen und des Bilderverständnisses hervorbringt.

Eben dies – die unterschiedlichen Spielformen desselben Kraftfeldes – war schon einem französisch-katholischen Aristokraten wie Michel de Montaigne, der noch auf dem ptolemäischen Weltbild beharrte, einsichtig; er hatte sie auf seiner römischen Exkursion gewonnen, als er höchst aufmerksam – wie mit dem Auge einer Kamera – die Rituale und Sitten in den unterschiedlichen jüdischen, katholischen, lutherischen und calvinischen Spielarten genauer studierte. Die Streitigkeiten zwischen den Angehörigen unterschiedlicher Konfessionen entzünden sich, so seine Erkenntnis, nicht an inhaltlichen bzw. dogmatischen Spitzfindigkeiten, vielmehr an den Praxen der alltäglichen Frömmigkeit – an empirisch verortbaren Ausschmückungen, lokalen Traditionen, eigensinnigen Riten, symbolhaften Handreichungen, wirtschaftlichen Interessen und nicht zuletzt sprachlichen, regionalen und mentalen Eigenheiten. In ähnlicher Weise hatte im 15. Jahrhundert in Spanien Joseph Albo, ein Rabbiner und Philosoph, der 1413 die jüdische Seite in der Zwangsdisputation von Tortosa verteidigte, in seinem *Sefer ha-Ikkarim* (hebräisch ספר העיקרים, *Buch der Prinzipien*) die gesetzlichen und praktischen Unterschiede zwischen den Buchreligionen als bloße Konventionen relativiert. Solche Spielarten waren gegenüber dem natürlichem Recht einerseits und göttlichen Geboten andererseits abzugrenzen, um sie als bloß konventionell zu charakterisieren.[78] Was gemäß seinem universalistischen Ansatz zählte, war die Vermeidung jeglicher Jagd auf Häresien und stattdessen die hetero- wie orthodoxe Anerkennung der Torah als Wahrheitszeugnis. Solch zeitgenössisch-kritischen Beobachtungen über Konventionen, Spielarten und Spitzfindigkeiten kamen, in die Moderne übersetzt, dem Wort vom «Narzissmus der kleinen Differenzen» nahe, mit dem später Sigmund Freud die Ablenkung von Aggression statt nach innen auf nahestehende, benachbarte und verwandte Gemeinschaften und einander sich gleichende Spielarten beschrieben hat.[79]

Was Montaigne vor Jahrhunderten, um 1580, beobachtete und als Emotionen und Verhaltensweisen beschrieb, auch wenn er sich in Zeiten des Religions- und Bürgerkrieges gehörig verstellen musste, um als konservativ genug zu erscheinen, ist in Wirklichkeit bereits eine Entzauberung der Theologie, die von ihrer Anbindung an Dogmen, Glaubenssätze und Heilsgeschichten entkoppelt wird. Dogmatische Entscheide waren stets geschichtlich bedingt, sie erfolgten innerhalb einer Begriffswelt, die inzwischen vergangen war. Deswegen wird dem Kameraauge des Beobachters die genauere Sicht auf die divergierenden Bebilderungen von Welt, in denen sich die religiösen und sozialen Gebräuche kundtun, eingeräumt. Die dann von Troeltsch, Freud und Warburg – auch von Leo Baeck und Franz Overbeck – anfangs des 20. Jahrhunderts präsentierten Erkenntnisse standen gegen Ende dieses Jahrhunderts, das nunmehr von der Herausforderung seitens eines naturwissenschaftlichen Wirklichkeitsverständnisses geprägt war, auch zeitgenössischen Theologen an der zweiten Jahrtausendwende vor Augen. Ein bemerkenswertes Beispiel bietet die Entwicklung des jüngeren Josef Ratzinger und des späteren Papstes Benedikt XVI.

Es geht hier beispielhaft um die Vorstellung der Transsubstantiation im katholischen Verständnis der Eucharistie, bei der die Gläubigen das Fleisch des Erlösers essen; dabei verwandelt sich während der Messe das Brot mit seiner Substanz, nicht aber mit seiner schmeck- und fühlbaren Form in den Leib Christi. Mit Blick auf die Frage der Transsubstantiation, die während der Reformationszeit zu einem Streit über die Wandlung von Wein und Brot in die reale Präsenz des Erlösers ausgewachsen war, verwies der junge Theologe 1967 darauf, «dass die Lehre von der Substanzverwandlung aus dem Denken des 12. und 13. Jahrhunderts, aus einem Weltbild heraus entwickelt ist», das alsbald im Vergehen begriffen war, so dass im Zeitalter des naturwissenschaftlichen Denkens nunmehr «die Frage unumgänglich ist, ob sie [die Lehre der Wandlung] für uns mit diesem [Weltbild auch schon] dahin gegangen ist».[80] Ihm konnte der theologische Kerngehalt von Sakrament und Kommunion einzig noch als ontologisches Substrat gelten, nicht aber im Sinne eines biologischen und physikalischen Faktums, wie dies einstmals noch fest geglaubt worden war, als man erst daran ging, den Unterschied zwischen Fleisch und dessen «Substanz» zu markieren. Biophysikalische Beobachtungen erschienen in der Moderne als empirische Tatsache nunmehr zu religiösen Überzeugungen in Widerspruch gesetzt, auch wenn eine solche Entgegensetzung von Geist und Natur heute kaum mehr fruchtbar für die Wissenschaft sein dürfte. Aber eine nicht vergehende Geschichte, die theologisch eine Heilsgeschichte ist, konnte eben nur Bestand haben, wenn, wie Ratzinger vermerkt, der lebendige Widerspruch ernst und als Konstrukt argumentativ wahrgenommen wurde. Damit erschien die Anbetung der Hostie ein Spalt breit als lediglich noch symbolischer Akt, der metaphorisch zu verstehen war.[81]

Ein solches Eingeständnis, wie es der Einsicht von Troeltsch und Warburg durchaus entsprochen hätte, aber kann wiederum von einer neuen Grenzziehung auf einer anderen Ebene geprägt sein. Als hätte er eine machtpolitische Schlaufe gefunden, um den theologischen Anspruch auf den alleinseligmachenden Heilsweg seiner Kirche behaupten zu können, setzte Ratzinger als emeritierter Papst eine sonderbare Verhärtungsklausel in die Welt. Das Zweite Vatikanum hatte zugunsten der Religionsfreiheit in der bürgerlichen Staatsordnung und für einen Dialog mit Anders- oder Nichtgläubigen plädiert. Dies war durch den tiefgreifenden Wandel des Verständnisses von Natur und Kosmos impliziert, was sich, wenn zwar nicht in denselben Kategorien, auch in der Globalisierung von Weltbildern schon länger manifestiert. Benedikt XVI. aber sah seine Kirche auf falscher Bahn, das Selbstbild und den souveränen Anspruch des Christentums in Gefahr, weil der «Unkultur des Relativismus» preisgegeben. Die Pluralisierung innerhalb der katholischen Kirche wie ebenso die Dynamik in den Weltbildern unterschiedlicher Gesellschaften dürften ausschlaggebend für diese Abwehrhaltung gewesen sein. Ein letzter Rettungsversuch lag dann darin, die seit dem Konzil postulierte Anerkennung des nie aufgekündigten Bundes mit Israel, die dem Judentum nach der Schoah wenigstens theologische Würde hätte zugestehen sollen, in Abrede zu stellen. Er folgte darin den vatikanischen Instruktionen von 1985, das Land und den Staat Israel ausschließlich profangeschichtlich und völkerrechtlich zu deuten. Benedikt verzichtete damit, das eigene Verständnis des Judentums als einen Schritt ins Offene, in eine universale Kultur gegenseitiger Anerkennung zwischen verschiedenen Religionen und Nichtreligionen, zu profilieren.

Der Vorgang ist präzedenzlos in theologischer wie politischer Hinsicht, geht es doch nicht nur um die machtvolle Inanspruchnahme und Deutung des Opfermotivs in der Hebräischen

Bibel, oder um den politischen Souverän bzw. Souveränitätsbegriff, wie ihn Carl Schmitt im frühen 20. Jahrhundert vor der Schoah umgedeutet hatte.[82] Die grundlegende Frage lautet: Wird hier das zunehmend verbreitete Phänomen kenntlich, die friedenspolitischen, sozialethischen und interreligiösen Diskurse abzukoppeln von den Idealen, den religiösen Glaubens- und Grundsätzen und den theologischen Implikaten? Und spiegelt sich darin, allgemein betrachtet, die weltweiten Entflechtungen sowohl innerhalb einer Kultur wie zwischen den Kulturen, die sich aus dem historisch überlieferten mimetischen Begehren herauslösen und stattdessen aggressiv den moralischen Anspruch des kulturell und religiös Eigenen auf einen diskursiven Opferstatus anmelden? Wie auch immer man diese Dynamik solcher polarisierender Entflechtungen, die mit moralisierenden Vereinfachungen komplexer Verhältnisse einhergehen, einschätzen mag – die Auffassung Benedikts XVI. zeigt uns, dass die Setzung von Idealen bzw. eines fixierten Weltbildes das geschichtliche Verständnis – in diesem seinem Fall der Kirche für das Judentum – der vergangenen wie der aktuellen Zeit ohne weitere Rücksicht auf die Befunde aus historischen, religionsethnologischen, archäologischen und altertumswissenschaftlichen Analysen einer fremdbestimmenden Deutung aussetzt. Oder wie ein Kritiker des deutschen Papstes, der katholische Theologe Herbert Jochum, anmerkt: «Die berechtigte Frage, ob ein bestimmtes historisches Geschehen argumentativ die Kraft hat, die Thesen einer systematisch operierenden Disziplin zu verändern, stellt der Papst zwar nicht, beantwortet sie aber widersprüchlich: Im Falle der Zerstörung Jerusalems und des Tempels bejaht er sie, im Falle des Holocausts und der Staatsgründung Israels verneint er sie.»[83] Wieweit – kontrafaktisch und im Irrealis gesprochen – diese Geschichtsklitterung im Grenzbereich zwischen sakramentaler und säkularer Geschichtsapologetik argumentativ noch greifen würde, wenn der wahnhaft messianische Drang in Gestalt religiös Radikaler tatsächlich zur Idolatrie einer Wiedererrichtung des Jerusalemer Tempels führen würde, sei dahingestellt.[84]

Abraham Geiger, der als Vater der jüdischen Reformbewegung im 19. Jahrhundert gilt, hätte wohl in solchen Aussagen und Möglichkeiten kaum einen Akt zur Freiheit gesehen, vielmehr ein pessimistisches Menschenbild, aus dem affektiv der Rest eines alten apokalyptischen «Aberglaubens» weiterlebt. Denn jede Lehr- und Konzilsentscheidung – ob christlicher oder jüdischer Provenienz – aus der Vergangenheit kann in historisch-kritischer Sicht niemals unbedingte Verbindlichkeit über Jahrhunderte beanspruchen, vielmehr versammelt jeder Begriff und jede Lehrforderung Vorstellungen und Denkstrukturen, die das, was sie zu erfassen suchen, niemals treffen können. Die Vollmacht, die sich eine Lehre gibt und wie sie der kirchliche Absolutismus hinter dem päpstlichen Machtanspruch verkörpert, wäre, wie ebenso die falsche Hoffnung auf einen wiedererrichteten Tempel, einem modernen Denker wie Aby Warburg einem Rückfall in ein zutiefst paganes Verhalten gleichgekommen – doch davon später!

Nochmals sei es deshalb gesagt: Der Preis dieser dialektischen Doppelung liegt allgemein gesprochen darin, dass eine Denkfigur oder ein Denkraum allzu leicht zum bloß noch Imaginären geraten kann, ohne weitere Relevanz für das politisch und sozial Angemessene oder gar menschlich Notwendige in der Gegenwart zu erlangen. Eine solche Denkfigur wird deswegen auch unkommentierter Mythos bleiben, statt kritisch gewogen zu werden. Das hat, wie schon Paulus wusste, durchaus seine Gründe und Abgründe. Und dieser Vorgang steht stets in einem Zusammenhang mit der Ästhetisierung des Ideals und der Idole, insofern diese an Wort- und noch mehr Bildmalerei als Medium für die Botschaft gebunden sind. Denn Ästhetisierung der Geschichte und damit auch die visuelle Darstellung des Ideals, das unter den Philosophen des 19. Jahrhunderts aus der Anschauung einer gleichsam gemalten Geschichte gewonnen werden soll, lässt sich mühelos als ein zweckdienliches Mittel zur Heroisierung des bürgerlich-liberalen Fortschritts und ebenso dessen entgegengesetzter konservativer Kritik ausmachen. Aus illustrierten Zeitschriften und den mit Metaphern und figürlichen Bildern bereicherten Geschichtsbüchern des 19. Jahrhunderts ist dies unschwer ablesbar. So warnte der Schweizer Historiker Herbert Lüthy, es sei «gefährlich, wenn Geschichtsbewusstsein und Geschichtswirklichkeit, und damit auch Staatsbewusstsein und Staatswirklichkeit, soweit auseinanderrücken, dass wir von uns selbst nur noch in Mythen sprechen können». Denn solche Denkschablonen würden weniger dazu dienen, «unsere Gegenwart zu gestalten, als uns vor ihr in Illusionen über uns selbst zu flüchten».[85]

Mit der Heroisierung des kulturellen Fortschritts geht also die Historien- und Mythenmalerei seit dem 18. Jahrhundert einher, der nicht wenig sakrale Bedeutung zugeschrieben wurde. Historiografie hatte damals ein Verfahren der «Geschichtsmalerei» zu sein. Heinrich Treitschke verstand seinen Geschichtsbegriff als «grandiose Idee einer Weltgeschichte vom Standpunkt der Schönheit», wie er sie der Auffassung einer «geschichtlichen Schönheit» aus der Kunstlehre von Friedrich Theodor Vischer entnahm.[86] Auch Jacob Burckhardt und weitere, oft aus Patriziat und Aristokratie stammende Gelehrte haben Geschichte als Poesie, als «schöne malerische Komposition» verstanden, um den «Durst nach Anschauung» zu befriedigen, als sie auch die «ästhetischen Motive des Landschaftsbildes dem Begriffe des Gesamtvaterlandes eingebaut» haben.[87] Der Historismus des 19. Jahrhunderts, der das Ideal des Fortschritts zu seinem Leitstern machte und dabei ästhetisch auf die gemalte Vergangenheit rekurrierte, war somit und vornehmlich eine Angelegenheit des Bildes und des Dramas und erst zweitrangig ein wissenschaftliches Verfahren zur Abstraktion, die das Ziel im Prozess des Erkennens sein konnte. Das wird man sich stets vor Augen halten müssen.

Warum es zu der hier angesprochenen eigentümlichen Modulation der Kulturgeschichte im Verlauf des 19. Jahrhunderts kam und wie sie bis heute gerade auch in Diskursen zur Geschichtsphilosophie und Ästhetik nachhallt, ist eine komplexe Frage, der sich inzwischen auch eine bildtheologische Reflexion angenommen hat.[88] Der Ästhetisierung der Geschichte, aus der die Historienmalerei seit dem Vormärz durch die Stimmen wie die zitierten Treitschke und Burckhardt sprach, hat dann Johann Gustav Droysen widersprochen. Sein Anspruch, Geschichte in den Rang einer Wissenschaft zu erheben, gründete auf der Reflexion der Methodik. Dazu gehörte die Einsicht, dass jenseits des Vergangenen alle Historiografie notwendig eine Konstruktion ist, die sich zur Anschaulichkeit erzählerischer und damit bildspendender Mittel bedient. Doch eben solche Hilfen können immer «nur ein Bild der Phantasie sein, da das, was abzubilden wäre, nicht mehr vorhanden ist, sondern nur in unserer Vorstellung sein kann.»[89] Ein Bewusstsein des Visuellen und Fiktionalen ist also unabdingbar für ein dramatisches Darstellen von Geschehenem in der Vergangenheit. Es stellt sich aber die Frage, ob es seine Bedingung und auch sein Ergebnis gleichermaßen sein kann. Die Empirie und das Bedenken entsprechender sozialgeschichtlicher Befunde, die im Sinne dieser methodischen Frage zu würdigen sind, sprechen ein gewichtiges Wort, an dem auch jeder ästhetisierende Gestus oder hegelianische wie theologische Prägestempel nicht vorbeikommt. Immerhin hatte einst schon Voltaire mit seinem *Candide* auf das krude Missverhältnis optimistischer Theoriebildungen und faktischer Wirklichkeit aufmerksam gemacht, wenn auch sein Held ohne jegliche Empathie agiert und zuletzt gar seiner gesamten Habe beraubt zurückbleibt.

Wir werden nun im Weiteren mehrere empirische Beispiele aus den jüdischen wie christlichen Bildwelten, die in unterschiedlichen Epochen *beide* und *gleichermaßen* von Bildbegeisterung und Bildfeindschaft, von Ikonophilie wie Ikonoklasmus geprägt waren, anführen. Besonders für die Zeit der späten Antike lassen sich entsprechende Leinwände ausfüllen. Die damaligen sozialen und politischen Verhältnisse spiegeln die Kraft der Ideale auf verschiedenen Ebenen – einer textuellen, symbolischen, figurativen, eschatologischen und ethischen – und verweisen darauf, dass beispielsweise das historische «Phänomen und die Phänomenologie des Kommens Jesu und seiner Passion vollkommen den Erwartungen, den sozialen Bedürfnissen, den Hoffnungen der Juden in jenen entscheidenden Dekaden des ersten und zweiten Jahrhunderts» entsprachen.[90] Eben in diesen und den späteren Jahrhunderten werden dann Differenzen zwischen und innerhalb des Judentums und Christentums manifest, die entlang der unterschiedlichen Theologisierungen der Bilder verhandelt wurden. Denn in den grundsätzlichen theologischen und philosophischen Fragen des Judentums und Christentums dreht sich der Streit um Bilder letztlich und oft implizit um die Frage, ob die Materie, sprich die alltagsreale Schöpfung von Bildern, als gut anzuerkennen oder ob dem Geistigen ein Vorrang gegenüber aller Körperlichkeit einzuräumen sei.

Fassen wir an dieser Stelle zusammen: Ein zentrales Element aller bilderfeindlichen Theologien aus den unterschiedlichen Lagern der Religiösen scheint eine ablehnende Sicht des Dinglichen, des Materiellen, des Empirischen zu sein. Der hegelianische Gestus beantwortet dieses Problem in seiner eigenen dialektischen Weise, eine Geschichte der Ideen und der Ästhetik zu skizzieren. Kritiker wie Troeltsch hingegen vertrauen auf die Offenbarung als empirische Fortschreibung von Geschichte, die durch menschliches Handeln lebendig wird. Man beachte das Paradox, dass Ideale, Symbole und Riten zwar zu inspirieren und Wirklichkeit zu schaffen scheinen, aber die reale und soziale Dimension des Kultischen in einer solchen Formel kaum hinlänglich ausgedrückt werden kann. Denn nicht die Symbole schaffen die Wirklichkeit, sondern die Menschen in ihren Interaktionen. Sie geben Zeichen und sie antworten auf Zeichen und etablieren damit ihre «Religion» als Antwort auf eine soziale Wirklichkeit, die wiederum aus ihrem Handeln entstanden ist.

Fünfte Leinwand: Vom Moses in Rom träumen. Michelangelos jüdischer Held in Marmor

Bekanntlich gehört Johann Gustav Droysen zu jenen deutlich vernehmbaren Stimmen, die den Antisemitismus eines Treitschke, der die Emanzipation der Juden in Deutschland widerrufen wollte, scharf kritisierten. Das hatte auch der Historiker Theodor Mommsen getan, der deswegen noch lange kein Freund der Juden war, während der Kunsthistoriker Herman Grimm sich deutlich hinter Treitschke stellte. Nietzsche hatte die Antisemiten aus akademischen Reihen als klein geratene «Benebelungen des deutschen Geistes und Gewissens» charakterisiert.[91] Droysen kritisierte mit seiner Stellung gegen Treitschkes Antisemitismus dann auch vehement das «Malen» falscher Bilder als politischen Glauben an eine herstellbare Kultur. Eine solche Auseinandersetzung zeigt uns heute, dass es Geschichten sind, die unser «Weltbild» und unsere Wahrnehmung prägen. Sie macht deutlich, wie gleichermaßen fragil und skrupellos unser Bemühen ist, Geschichte zu schreiben, genauer: sie zu malen oder plastisch darzustellen. Die dargestellte Wirklichkeit, das heisst gemalte Fakten, folgt oft genug einer Fiktionalisierung, die eben dadurch erst «Wirklichkeit» hervorbringt und ihr neuartige oder auch länger vergessene und verdrängte Bilder beschafft. Ob die alten Griechen damals, wie Paul Veyne sich und uns gefragt hat, an ihre Mythen auch wirklich glaubten, ist vielleicht eine verstörende, doch so wenig überflüssige Frage wie die, ob Juden an Moses und die Geschichten der Hebräischen Bibel, Christen an die leibliche Auferstehung Christi oder die Deutschen an die tragischen germanischen Helden, wie sie Richard Wagner auf die Bühne stellte, geglaubt haben oder immer noch glauben.[92]

Sich Helden oder Wunder auszumalen, um die eigene Selbstvergewisserung zu stärken, ist auch eine jüdische Modernisierungsstrategie gewesen. Die neuzeitliche jüdische Heldenfigur, die sich aus dem hebräischen Narrativ anbot, war par excellence – nebst Deborah, Samson, Gideon und David – der Anführer zur Befreiung aus der Knechtschaft: Moses oder auch Mose, wie er genannt wurde, in Hebräisch Moshe. Ihm kam im Mythos der Antike eine erhebliche Wirkungsgeschichte weit über die hebräische Kultur hinaus zu, und er ist denn auch in der Moderne als neuer Heros rezipiert worden.[93] Moses lebte natürlich auch weit verzweigt fort in christlichen, islamischen und bürgerlich-neuzeitlichen Formen, so etwa in Nordamerika, das Moses eine besondere Vorbildrolle in den Unabhängigkeitsbestrebungen zuweisen sollte. Er erscheint also als Gestalt jener mythologischen Prominenz, auf die das 19. Jahrhundert so ausserordentlich bedacht war und vorab griechische Figuren wie Odysseus, Elektra oder Ödipus umfasste. In der jüdischen Überlieferung selbst sind bildlich-figürliche Mose-Darstellungen, wie etwa in der mittelalterlichen Sarajevo-Haggada aus dem 14. Jahrhundert, keine Seltenheit (Abb. 12), auch wenn er selbst in den traditionellen Texten der Haggada zu Pessach kaum in Erscheinung tritt – so wenig dies seine Geschwister, der priesterliche Aaron und die mit Gesang triumphierende Mirjam, tun.[94] In der jüdischen Legendenbildung ist Moses als Gründerfigur aber vom rabbinischen Midrasch bis zum literarischen Schaffen in der Moderne ungezählt und populär. Ein Traum im Judentum der Moderne handelt zweifelsohne von einem Moses, der für gesellschaftliche Anerkennung, rechtliche Emanzipation und politische Freiheit zugunsten der unterdrückten Juden spricht. E. M. Lilien zeichnete ihn als assyrisch oder persisch anmutende Heldengestalt, voller Kraft strotzend und wagemutig das Risiko suchend. Theodor Herzl, der massgebliche Gründer des Zionismus, sah sich selbst als neuen Moses, auf Fotos zuweilen porträtiert mit Zylinderhut, der Insigne des Staatsmannes. Der visuell-plastische Ort zu seiner Betrachtung im späten 19. und frühen 20. Jahrhundert aber war nicht Berlin, Wien oder Paris, vielmehr stand dieser Moses in Rom, als Monumentalfigur aus der Renaissance, geschaffen von Michelangelo Buonarotti, der in Deutschland durchaus auch jüdisch gelesen wurde, wie das Gemälde von Moritz Daniel Oppenheim zeigt.

Die Darstellung des damals 17- oder 18-jährigen Kunststudenten Oppenheim präsentiert eben diesen Moses als Anführer der Israeliten, der sie aus der ägyptischen Knechtschaft befreite

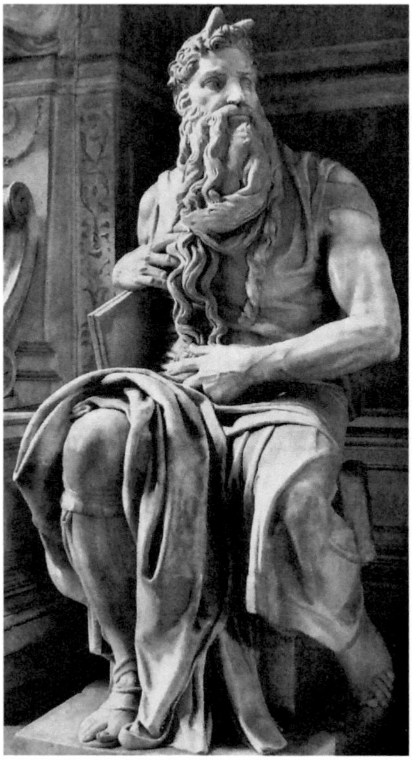

8 Michelangelo, *Moses,* nach einer Fotografie von Karl August Laux, Herausgeber der Neuausgabe von Herman Grimm, *Leben Michelangelos,* 1940.

(Abb. 9). Im Stil verband das 1817 geschaffene Monumentalgemälde die aus der christlichen Kunst geläufigen Darstellungsformen eines Propheten mit jüdischen Bezügen, um ihn mit den hebräisch beschrifteten Tafeln als «Mosche Rabbenu» (Moses, unser Lehrer) auszuweisen, der dem Volk Israel während der Wüstenwanderung den weiteren Weg kündet.[95] Kompositorisch spielt Oppenheim deutlich auf Michelangelos Moses an (Abb. 8), auch wenn er erst später dazu kam, Italien auf seiner mehrere Jahre dauernden Reise zu erkunden. Von einiger Bedeutung für die jüdische Selbstversicherung ist die Plastik von Michelangelo dann auch vor allem in den Essays zu ästhetischen Fragen aus der Feder intellektueller Protagonisten. Die italienische Renaissance selbst übte erhebliche Strahlkraft auf die deutsch-jüdische Befindlichkeit in der Neuzeit aus. Der oft genannte Kronzeuge neben Aby Warburg ist Sigmund Freud. Dessen Affinität zur italienischen Kultur ist bekannt. In seinem anonym publizierten Aufsatz von 1914 wird der Moses des Michelangelo dem biblischen Moses überlegen präsentiert, da Michelangelo darauf verzichtet habe, die gebrochenen Gesetzestafeln darzustellen und seinen Moses als «etwas Neues, Übermenschliches» vermittle: «Die gewaltige Körpermasse und kraftstrotzende Muskulatur der Gestalt wird nur zum leiblichen Ausdrucksmittel für die höchste psychische Leistung, die einem Menschen möglich ist, für das Niederringen der eigenen Leidenschaft zugunsten und im Auftrage

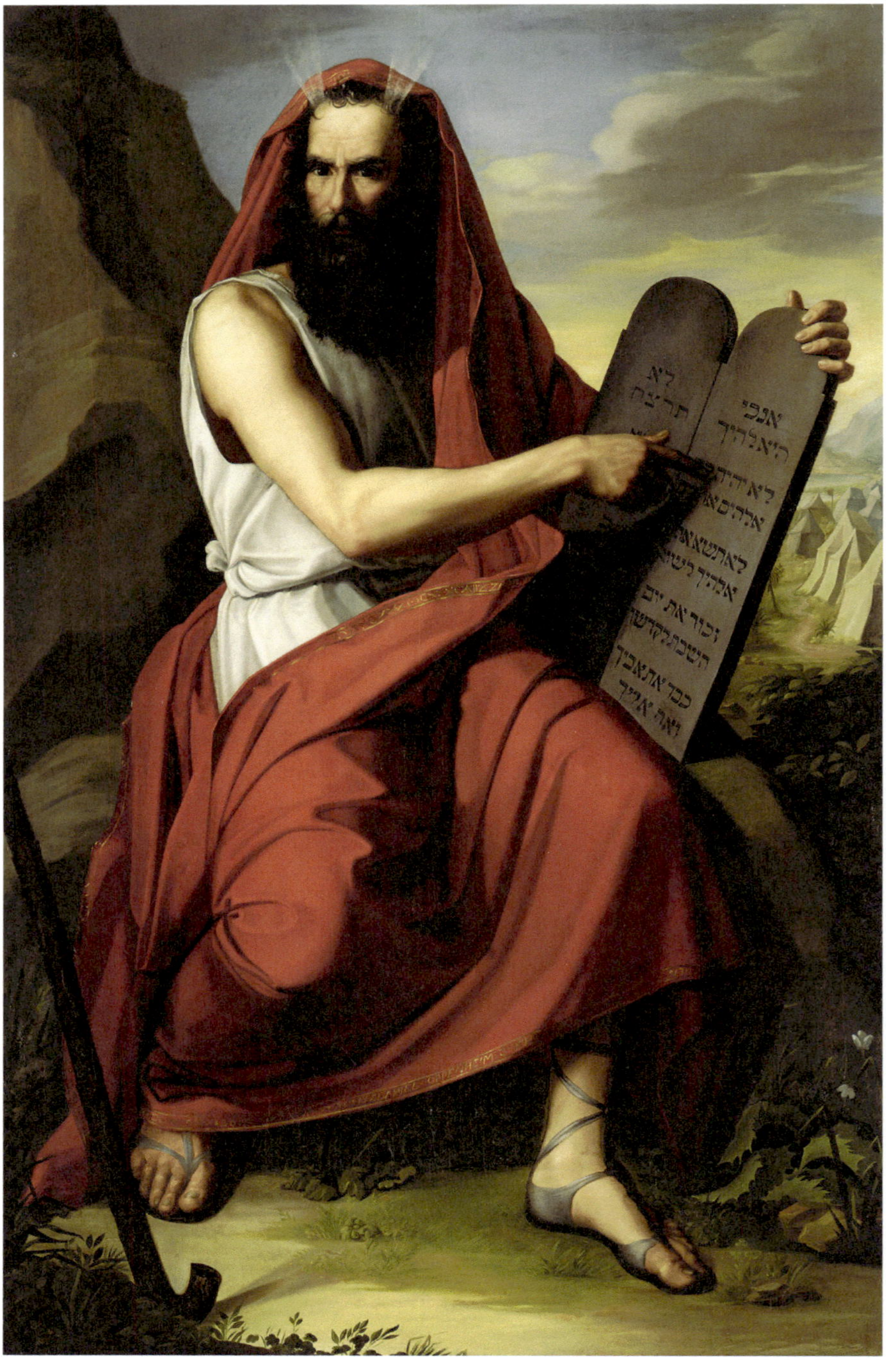

9 Moritz Daniel Oppenheim, *Moses mit den Gesetzestafeln,* 1817/18, Öl auf Leinwand, 219,5 × 151,5 cm; Jüdisches Museum Frankfurt.

einer Bestimmung, der man sich geweiht hat».[96] Das stand in offensichtlichem Kontrast zum Furor des Moses, der in Peter Paul Rubens Gemälde von 1659 die Gesetzestafeln zerbricht.[97] Dabei hatte Freud mit seiner eigenen Rolle bei der Suche nach seinem Moses erheblich kokettiert – seine Selbstdarstellung als zögerlicher, biederer Götzendiener, der sich der Kirche des Papstes nur über Umwegen nähert und zunächst von der Stadt am Tiber träumt, bevor er als Jude sich zitternd vor die Statue wagt!

Von Ernst Sellin, der als Religionsforscher zur Archäologie fand, über Freud, der dessen These vom politischen Mord am Urvater Moses aufgriff, bis hin zu Historikern wie Yosef Hayim Yerushalmi bleibt die Frage, die den Kern jüdischer Identität berühren musste und es heute immer noch tut: Wer war Moses? Dazu sind unzählige Publikationen erschienen, die auch Freuds Moses einschließen, eine Schrift, die zunächst als «historischer Roman» darüber, wie Moses den Juden geschaffen habe, in Arbeit ging.[98] Dabei stand auch Freud ganz und gar in der Kontinuität jüdischer Moses-Betrachtungen und jüdischer Kirchenbesucher in Rom, die mit ihren Besichtigungen der Kunst wie sich selbst als Juden Autonomie zu bestätigen wussten. Salomon Ludwig Steinheim, Arzt und eminenter jüdischer Gelehrter, der sich 1845 in Rom niederliess, wo er bis kurz vor seinem Tod im Jahr 1866 lebte, phantasierte in einer frühen Abhandlung den Moses des Michelangelo als sprechenden Moses, der Michelangelo erkennen lässt, dass der ikonoklastischen Gerechtigkeit Genüge getan werden müsse.[99] Der Künstler selbst wird in dieser Deutung zum Ikonoklasten, der den Versuch, die Plastik zu einem Ebenbild zu machen, in der Zertrümmerung der Figur enden lässt, so wie einst Moses selbst die Gesetzestafeln zertrümmerte, als er des Goldenen Kalbes ansichtig wurde. Keine Frage, dass Steinheims Phantasiestück durch Hegels Ästhetik inspiriert sein dürfte und die Aufhebung der Kunst allein der Kunst selbst zumass. In ähnlichem Sinne erkannte Hermann Cohen in Michelangelos Moses die künstlerische Darstellung, die es gebiete, «über den Götterkult den Menschengeist zu erheben». In diesem «Überfluss an menschlicher Kraft» werde in den Augen des Moses gleichzeitig auch seine Schwäche anschaulich, die «tief verschämte Melancholie», die der Erinnerung an eine versklavte Menschheit und der Scham vor seiner eigenen plastischen Gestalt Ausdruck verleihe.[100] So sieht Cohen, der spätere Kantianer, dem man an dieser Stelle wohl kaum neoplatonische Argumente zutrauen möchte, im Moses des Michelangelo das Urbild hervorklingen, aus dem sich die Hoffnung auf eine bessere Menschheit schöpft.

Die radikale Folgerung aus der Betrachtung des römischen Moses liegt bei den jüdischen Vertretern des philosophischen Idealismus also darin, dass diese Skulptur sie daran erinnert, sich dessen Gesetz als jeglichem Bild kompromisslos entgegengesetzt vorzustellen, um einem humanitären Ideal zu genügen. Der biblische Moses ist der Kontrastspender zum römischen Moses, der als Kunstkörper diesen Humanismus mehr als nur symbolisch vertritt. Denn spieltheoretisch liegen, wenn es um Verheissung, um das Land der Erlösung geht, keine Zugeständnisse drin: Der Moses aus der biblischen Erzählung besteht gegenüber dem Pharao kompromisslos darauf, dass zu der aus dem Kultbild entlassenen Kultfreiheit der Auszug notwendig sei – selbst das Kleinvieh muss dazugehören und in die Fremde aufbrechen (Ex. 8,21–24; 10,24). Es ist eben auch dieser biblische Moses, der die göttlich beschrifteten Gesetzestafeln zerstört, um sie dann von Neuem als menschliche Tafeln zu beschriften. Diese Tafeln als zweiter, gleichsam künstlerisch hergestellter Akt verkörpern physisch einen Humanismus, nicht ein von Gott geschaffenes Heiligtum, das durch das Zerbrechen verworfen wurde. Dies konnte den philosophischen Ikonoklasmus nur bestätigen.

An dieser Stelle sei festgehalten, dass die Versuche Cohens und Freuds, sich als jüdische Geschichtsdeuter zu üben, aus historischer und religionswissenschaftlicher Sicht empirisch nicht haltbar sind. Auch die Archäologen inner- und ausserhalb Israels und die Ägyptologen legen uns heute anderweitige Schlüsse nahe. Unter psychologischen und politischen Aspekten hingegen ist Moses als Idealfigur von Interesse, da die Schriften jüdischer Intellektueller wie ein Wundmittel der sozialgeschichtlichen Stigmatisierungen der Juden Paroli bieten wollten. Bei Freud ist die entsprechende jüdische Selbstbehauptung gewiss sehr anders angelegt als bei Cohen – das muss hier nicht weiter ausgeführt werden. Georg Simmel wiederum unterstrich den ästhetischen Dualismus, der die Form und die Materie dem imaginierten Ideal gegenüberstellt, ohne sich auf Spekulationen über die Geschichte einzulassen. In einem Aufsatz über die Renaissance, die er und seine Zeitgenossen zu entdecken sich anschickten, betont er am Beispiel des Moses von Michelangelo seine Auffassung, dass Natur und Gesellschaft sich sachlich in wechselseitiger Bewegung hervorbringen: Ohne den Widerstand des Marmors würde die Seele, «ihrer Freiheit unbeschränkt folgend, sich im Unendlichen verlieren, ins Leere fallen, wie der Meißelschlag des Bildhauers, wenn ihm nicht der Marmor eine harte Selbstständigkeit entgegenstellte.»[101] Das dürfte der Lektüre nach im Sinne von Herman Grimm gewesen sein, der sich sonst gegen Jüdisches feindlich und für «germanische Anschauungsweisen» in seinem Fach starkmachte, hier aber im römischen Moses die «Krone der modernen Skulptur» erblickte: «Nicht allein dem Gedanken nach, sondern auch in Anbetracht der Arbeit, die, von unvergleichlicher Durchführung, sich zu einer Feinheit steigert, die kaum weitergetrieben werden könnte.»[102]

Geradezu einen scharf irritierenden Kontrast zu all diesen Moses-Deutungen aus der jüdischen Adaption des Deutschen Idealismus bietet der Moses von Samuel Hirszenberg (Abb. 10). Sein lange vergessenes, doch nicht zu unterschätzendes Werk, das nicht wenige jüdische Künstler in Osteuropa beeinflusst hatte, verband die Moderne mit jüdischen Themen aus den sozialen Realitäten in Osteuropa. Der 1865 in Łódź in eine traditionelle jüdische Familie hineingeborene und 1908 in Jerusalem verstorbene Hirszenberg malte seinen Moses in einem seiner letzten Werke als Figur, die mit jenen Handstigmata gezeigt wird, wie sie sonst auf Bildern des gekreuzigten und auferstandenen Christus dargestellt werden. Mit offenen Armen, als wollte er die Welt umgreifen, steht er da, beide Handflächen mit vernarbten Wunden zeigend. Daraus strömt jene Kraft, mit der Moses auf Geheiss Gottes das Meer teilt und die Israeliten vor der Verfolgung durch den Pharao rettet. Der Hintergrund des Bildes zeigt einen Himmel, der wie in seinem legendären Gemälde *Das schwarze Banner* gemalt ist. Sein Schöpfer, der säkular lebende und polnisch akkulturierte Hirszenberg, der sich in Zeiten des Aufruhrs und des Wandels die Welt des Humanismus und des Universalismus zu eigen gemacht hatte, gibt uns hier doch Rätsel auf. Vielleicht sah er in Moses die Wiedergeburt der Juden im Land Israel und in den Stigmata von Christus das Symbol des «ewigen Juden» in der abendländischen Kultur. Ob beide Motive bei Hirszenberg in einem solchen Bild als intimes Anliegen kombiniert zum Ausdruck gebracht worden sind – wir wissen es nicht. Doch beide Motive sind unter den jüdischen Künstlern in Osteuropa und später in Israel keineswegs unbekannt, vielmehr reichlich vorhanden.[103]

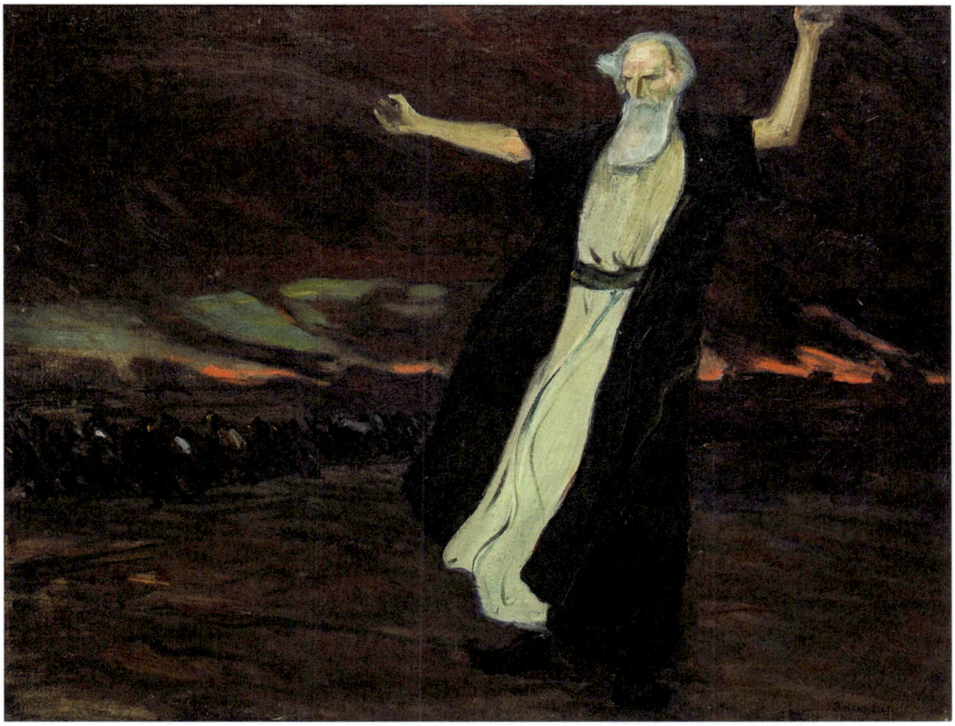

10 Samuel Hirszenberg, *Moses, das Rote Meer teilend,* 1908, Öl auf Leinwand, 50 × 66 cm; Hammersite Auctioneers, Tel Aviv.

Die angeführten Zeugen für den deutschen und deutsch-jüdischen Blick auf Italien legen wie auch die Werke osteuropäisch-jüdischer Künstler jedenfalls nahe, das Bewusstsein eines solcherart sprechenden, figürlichen und skulptural-körperhaften Moses im Auge zu behalten – wohl weit mehr als der so oft beschworene «ewige Jude», der bei Hirszenberg mit Jesus identifiziert wurde. Dieser Moses wird uns also später noch einmal beschäftigen. Die intensive Wahrnehmung von Jesus in jüdischer Perspektive, die sich über zwei Jahrhunderte belegen lässt, haben wir bereits erwähnt. In allen zitierten Belegen jüdischer Intellektueller des 19. und frühen 20. Jahrhunderts wird jedenfalls eine Begegnung des damaligen jüdischen Denkens mit plastischen Bildern deutlich, die sich nicht allein in der Skepsis oder Negation des eigentlich Plastischen ereignet, sondern die Affirmation der künstlerischen Autonomie intensiv kundtut, die in den Augen dieser jüdischen Sinnsucher in der Freiheit des menschlichen Geistes wurzelt. Auch Freuds, Cohens und Simmels Beschreibungen sind, wie Asher Biemann betont, ein genaues Bild der jüdischen Existenz dieser Zeit des späten 19. und 20. Jahrhunderts auf der Suche nach der menschlichen Anerkennung, die sie in der Zuneigung zur und in der Auseinandersetzung mit der Kunst lebte. In der «anikonischen Sensibilität», wie Barbara Mann diese Ambivalenz des deutsch-jüdischen Idealismus begrifflich eingefasst hat, paart sich die ikonoklastische Skepsis mit der jüdischen Bilder- und Kunstliebe in Malerei und Plastik, einer oft obsessiven Kunstliebe. Ideal und Empirie gehen auch hier ihre eigentümliche Beziehung, wie sie Troeltsch geschildert hat, ein. Als innerer Bildgedanken der jüdischen Moderne, die ihre Suche auch in der Sehnsucht nach Italien ausgelebt hat, wurden Heldengestalten wie der Moses von Michelangelo zu einem Treiber der jüdischen Selbstvergewisserung, die sich nicht dem Druck der Assimilation preisgeben wollte.

Auch die italienisch-jüdischen Protagonisten des Risorgimento wie der Dichter Giuseppe Revere haben in Michelangelos Moses das Ideal der Befreiung gesehen, welches nicht im himmlischen Jerusalem, sondern im irdischen Rom als emanzipative Selbstbehauptung zu verwirklichen sei. Moses Hess, mit seiner Schrift *Rom und Jerusalem* von 1862, nahm Italien, sprich die jüdisch gelesen schwierige Geschichte der mittelalterlichen Päpste seit Innozenz III. und die in Kontrast dazu positiv aufgenommene italienische Nationalbewegung in der Neuzeit, zum Ausgangspunkt seiner frühzionistischen und sozialistischen Forderung nach nationaljüdischer Selbstbestimmung. Doch die jüdische Tradition der Michelangelo-Bewunderung reicht sehr viel weiter zurück als nur ins 19. Jahrhundert, das heisst in die Renaissance selbst, wie Attilo Milano, der italienisch-jüdische Historiker, uns berichtet. Die Juden Roms selber und dann die jüdischen Romreisenden hätten seit der Zeit Michelangelos ihre Ablehnung gegen die Darstellung menschlicher Körpergestalt überwunden und seien im Verlaufe der Jahrhunderte in Scharen gekommen, um den Moses in Rom zu bewundern. «In ihm erblickten sie zum ersten Mal die Gestalt ihres Gesetzgebers, dargestellt in übermenschlicher Weise von Körperkraft und Herrscheranspruch, wie sich dies aus der Lektüre der Bibel in ihrem Denken eingeprägt hatte.»[104] Sie alle dürften diesen Moses als kunstvolles Zeichen und damit die Gesetze ihrer Religion als Antwort auf eine soziale Bedrängung verstanden haben, die ihnen gebot, sich der Wirklichkeit zu stellen. Moritz Daniel Oppenheim, in diesem Sinne Jude, Deutscher und Italiener, hatte seinen römischen Moses *mit* den Gesetzestafeln gemalt und so seine Identität dem deutschen Publikum ins Bild und Bewusstsein gesetzt.[105]

Ein Requiem aus Deutschland und Streit um «jüdische» Kunst

Eine weitere Spur in den kulturgeschichtlichen Kontext mag auch die folgende sein: Einerseits schloss der philosophische Idealismus bei seinem Verständnis von Kultur an die Gedanken Immanuel Kants an, wonach das Judentum eine bilderlose Verehrung Gottes hervorgebracht habe. Kants System aber wird im 19. Jahrhundert als «jüdisch» attribuierter Formalismus beargwöhnt, der den Menschen zum Objekt eines vernunftbestimmten Weltgetriebes degradiere – ein angeblicher Auswuchs, der als «jüdisch» verdächtigt wird. Aus historischer Distanz betrachtet zeigt sich hier, dass zugeschriebene und tatsächliche Nähe keineswegs immer auseinandergehalten wurden. In genauer Betrachtung hatte Kant die Hellenisierung des Christentums als eine Symbiose von Diesseitsreligion und Metaphysik aufgelöst und so eine scharfe Grenze zwischen moralischer Vernunftreligion einerseits und Erlösungsveranstaltung für die Seelenauffahrt andererseits gezogen. Hegel aber meinte, dieser als angeblich jüdisches Denken charakterisierten Denkfigur entgehen zu können, indem er die Entgegensetzung von Vernunft und Sinnlichkeit in der christlichen Kultur idealiter wie ästhetisch aufhebt. Damit konnten einander entgegengesetzte Kategorien wie Liebe und Gesetz, Subjekt und Objekt als versöhnt – das «Wort ist Fleisch geworden» (Johannes 1,14) – erscheinen. Zwar hatte sich dieser Gott sein Erscheinen nie leicht gemacht, aber um in ein anderes Sein zu gelangen, musste die Epiphanie Jesu der leeren Erhabenheit und Omnipotenz seines abstrakten «jüdischen» Vaters zu entkommen suchen. Umso mehr war nun die Tiefe der hebräischen Poesie bewundernswürdig. Daraus ist dann von theologischer Seite gerne die besondere Begabung der alten Hebräer zum Hören des Wortes abgeleitet worden.[106] In der hegelschen Denkfigur spielt dann für die Zusammenführung von Ideal und Wirklichkeit generalisierend das Unvermögen der Juden, überhaupt eine künstlerische Bildproduktion hervorzubringen, jene besondere Rolle, dank der sich Hegel von Kant kulturtheoretisch abzusetzen scheint.

In dieser Spur einer falschen Zuschreibung sollte dann für den romantischen Idealismus von Hegels Adlaten das Judentum schlechthin in der europäischen Kultur keinen Platz beanspruchen dürfen, eine oft polemisch vorgetragene Behauptung, welche Hegel selbst so gar nicht erhoben hatte.[107] Vielmehr hatte Hegel die «Bildlosigkeit der Gottesverehrung» in der jüdischen Poesie zu einem höchst wertvollen Beitrag in der Abfolge der menschlichen Kulturgeschichte verklärt. Doch eben dies statuierte eine historisch-kulturelle Vor- und Nachzeitigkeit von Juden- und Christentum.[108] Dabei wäre diese Denkfigur, wenn sie nicht als chronologisch ablaufend konzipiert worden wäre, auch als Gleichzeitigkeit, als ein Nebeneinander differenter Kulturen bzw. so genannter Religionen zu haben gewesen. Doch dies hätte die Weltentstehungslehre Hegels in eine Selbstbescheidung hineingeführt, die im Umgang mit dem «Weltgeist» auf ein übergreifendes, angeblich selbstevidentes Prinzip verzichtet hätte und stattdessen einem pragmatischen Pluralismus der differenten Anschauungen universalethisch den Weg geebnet hätte. Genau Letzteres wäre aber eingehender zu fundieren gewesen. Denn die kulturelle Vielfalt als Gleichzeitigkeit dokumentiert stets die selbstkritisch zu ziehenden Grenzen, die gegen jene pathetischen Überzeugungen stehen, dass in der eigenen Kultur alle Ideen und Erwartungen früherer Zivilisationen als aufgehoben und überwunden erachtet werden müssten. Solch falsche Grenzziehungen zeitigen lediglich ein Verständnis von «Fortschritt», welches in der Aneignung, im Verwerten und im Vergessen des Fremden nur sich selbst als unbescheidenen Maßstab geschichtlicher Genese setzt, ohne die Vielen und Anderen – in ihren jeweils ebenfalls partizipativen Selbstbescheidungen – zu anerkennen.

Im 19. Jahrhundert haben auch jüdische Gelehrte mit ihren Stimmen die hier beschriebene Orchestrierung mitgetragen, und dies durchaus auf einer Linie mit protestantischen Theologen, die sich den biblischen Gott zwar nicht gestaltlos, aber dem Reich der Bilder entzogen vorstellten. Damit standen also die zeitgenössischen jüdischen Denker – von Heinrich Heine und Heinrich Graetz bis Hermann Cohen und Julius Guttmann – ihrerseits vor dem Dilemma, diesem noch lange autoritativen Diktum der hegelschen Konzeption zu entkommen. Sie schlossen sich teilweise dem kantischen Ideal an, um das Bildverbot als Merkmal des Fortschritts umso intensiver in der Poesie des Wortes und im Ethos der biblischen Propheten zu rationalisieren. Zu den aufgebotenen Argumenten gehörte auch die Absage an jegliche personalisierte, sprich: bildhafte Vorstellung des Messianischen.[109] Kurz gesagt: Aus einem Vorwurf wurde eine Tugend gemacht. Oder, wie es Kalman Bland spitz und scharf formuliert, es wurde ein «germanophones Requiem der fehlenden jüdischen Bildkunst» angestimmt, welches den konstruierten Zusammenhang zwischen Bildlosigkeit und Judentum hervorzuheben und gleichzeitig zu überdecken suchte, um Anfechtungen zu entgehen.[110]

Das seltsame Requiem zeigte Wirkungen. Skizzieren wir daraus ein Bild, so könnten die Zweifel mehrerer Zeitgenossen am Stigma einer jüdischen «Kunstlosigkeit» herausgelesen werden. Zu Beginn des 20. Jahrhunderts meinte Martin Buber, dass es eine visuelle Kunst in der Vergangenheit der Juden gar nie gegeben habe und dies deshalb eine neue zionistische Zukunftsaufgabe sei – eine Sicht der Vergangenheit, die er erst viel später gegenüber dem Kulturhistoriker Heinrich Strauss revidieren sollte. Mit Vehemenz und in Widerspruch zu den Zielen des klassischen politischen Zionismus focht Buber kurz nach 1900 für die kulturzionistische Schaffung einer «inneren Heimat», einer «Jüdischen Renaissance». Über die Kunst erst sollte die «Wiedergeburt des Judenvolkes» in der Moderne seine «Gestalt» erhalten, sich als Volk zum bildnerischen «Kunstwerk» entfachen, die «Sehnsucht nach Schaffen und Schönheit» wie bei einer «Statue» und einem «Denkmal» sich zur festen «Gestalt» vollziehen.[111] Bubers Zukunftsmalerei initiierte als Ausdruck seiner existenziellen Glaubenserfahrung eine Gegengeschichte, wenn auch nicht eine Gegentheologie, als er den Begriff einer jüdischen Kunst – und entsprechend «jüdischer Musik», «jüdischer Literatur» und weitere – postulierte und als Sache der kulturzionistischen Bewegung publizistisch öffentlich machte. Unüberhörbar aber ist in diesem teils neoromantischen, teils nietzscheanischen, teils messianischen Pathos und seinen assoziativen Sprachfiguren der Ruf nach einer nationaljüdischen Subjektbildung im Sinne zionistischer Selbstbehauptung.

Die Initiative Bubers blieb in einigen Kernpunkten nicht unwidersprochen. Das Forum zu einer Auseinandersetzung bot die Zeitschrift *Ost und West*, zuerst noch mit dem Untertitel *Illustrierte Monatsschrift für modernes Judentum* erschienen, der Lilien die Bildgrafik für deren Titelseiten lieferte (Abb. 11). Sie widmete sich in programmatischer Absicht den künstlerischen, literarischen und wissenschaftlichen Leistungen der «Ostjuden», die den akkulturierten «Westjuden» vermittelt werden sollten. Gefördert wurden nach dem Willen der Herausgebergruppe Werke der Dichtung und der Malerei, in denen die ostjüdische «Volkskultur», in die «Gewänder der neuen Zeit» gehüllt, als Grundlage für eine künftige Identitätsfindung fungieren sollte.[112] In *Ost und West* meldete sich etwa Alfred Nossig mit einer Einleitungsrede zu Wort, als 1907 in Berlin die *Ausstellung jüdischer Künstler* – und nicht etwa «jüdischer Kunst» – gezeigt wurde. Er vermerkte, es sei «interessant, Anhaltspunkte dafür zu gewinnen, wie ein Stamm, den einerseits seine überlieferte Lehre, andererseits die historischen Verhältnisse von der Beschäftigung mit der bildenden Kunst Jahrhunderte hindurch abhielten, sich im letzten Jahrhundert, ja in den letzten Jahrzehnten mit Kunst beschäftigt hat».[113] Nossig grenzte sich nicht nur gegen die zionistische Bewegung ab, sondern stellte vor allem die Frage, ob es nunmehr den Juden, nach ihrer «Rasseneigenart in der Kunst», in der Moderne gelingen könnte, sich gleichsam als kunst- und kulturfähig für die künftige Zeit seit ihrer rechtlichen Gleichstellung zu erweisen.

Trotz oder gerade wegen der ethnischen Diktion wird in den Reden von Buber und Nossig auch ein Subtext erkennbar, der im Wort von der «überlieferten Lehre» das dogmatische Hindernis zu dieser kulturellen Teilhabe im sogenannten jüdischen Bilderverbot anklingen liess – auch wenn beide, wie aus ihren Beiträgen hervorgeht, um historische jüdische Zeugnisse bildender Kunst aus Antike und Mittelalter sehr wohl gewusst haben. Weit schärfer formuliert ist in dieser Hinsicht das Anliegen eines Künstlers, der in dieser Welt und ihren bildschaffenden Überlieferungen des Heiligen zu Hause war: 1922 notierte Marc Chagall im Rückblick auf die ersten Jahre

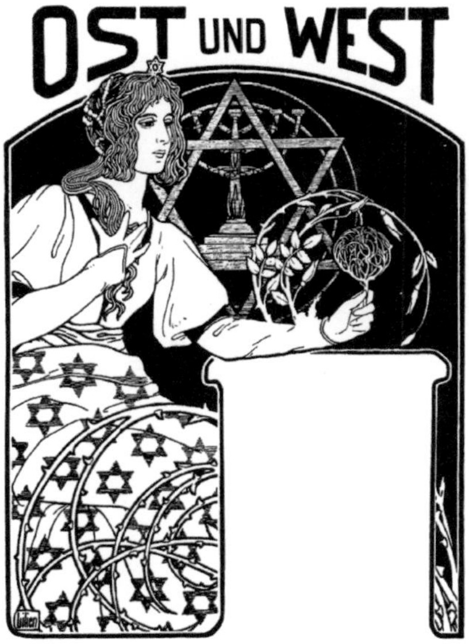

11 E. M. Lilien, *Titelseite* / Vorlage zur Monatsschrift *Ost und West,* 1901; aus Stefan Zweig, *E. M. Lilien, Sein Werk,* Goslar 1903.

der russisch-jüdischen Avantgarde, die in diesem Jahr an ihrer Existenz zweifelte, eine Hader- und Protestpredigt: «Wäre ich nicht ein Jude, und zwar in der ganzen Bedeutung, die ich diesem Wort zumesse, dann würde ich kein Künstler sein oder ich würde überhaupt jemand ganz anderer sein. Könnte es denn nicht sein, dass es [das jüdische Volk] der Welt nicht auch eine gewisse Art von Kunst zeigen würde? Bringt mich um, wenn dem nicht so wäre!»[114] Das Zitat zeigt, dass Chagall keineswegs den Behauptungen der prinzipiellen Kunst- und Inkarnationslosigkeit im Judentum zugeneigt war. So besehen ist ihm Kunst der Ausdruck einer Revolte gegen einen falschen Glauben.

Verhaltener wirkt ein weiterer Beleg aus der Welt der Akademie, der in dieser Sache sowohl die Eigen- wie die Fremdwahrnehmung des Jüdischen mitdokumentiert: Zur gleichen Zeit, als Chagall in Moskau in sein Tagebuch schrieb, wurde in Oxford der junge Erwin Goodenough, dessen spätere Arbeiten über jüdische Symbole und Kunst in der griechisch-römischen Antike in den 1950er Jahren einen akademischen Streit auslösen sollten, von seinen Mentoren freundlich belehrt, dass jüdische Schrift und Tradition es doch verbieten würden, sich Bildnisse überhaupt zu machen. Keine Gruppe, die ihrem Judentum loyal gegenüberstünde, würde auch nur wünschen, das Geringste mit Kunst zu tun haben. Auch ein älterer Kollege in Yale versicherte dem jüngeren Kollegen, dass es so etwas wie «jüdische Kunst» schlechthin gar nie gegeben habe.[115] Goodenough verinnerlichte später das Diktum teilweise, wenn er figürliche Kunst in antiken Synagogen bloß als Ausdruck randständiger oder häretischer Gruppen erachtete. Er sah darin allenfalls den Versuch, figürliche Darstellungen als Symbole zur Selbstbehauptung gegenüber hellenistischen Einflüssen zu verwenden, ohne dass sich damit ein eigenständiger schulischer Gehalt des Jüdischen verbinden lasse.[116]

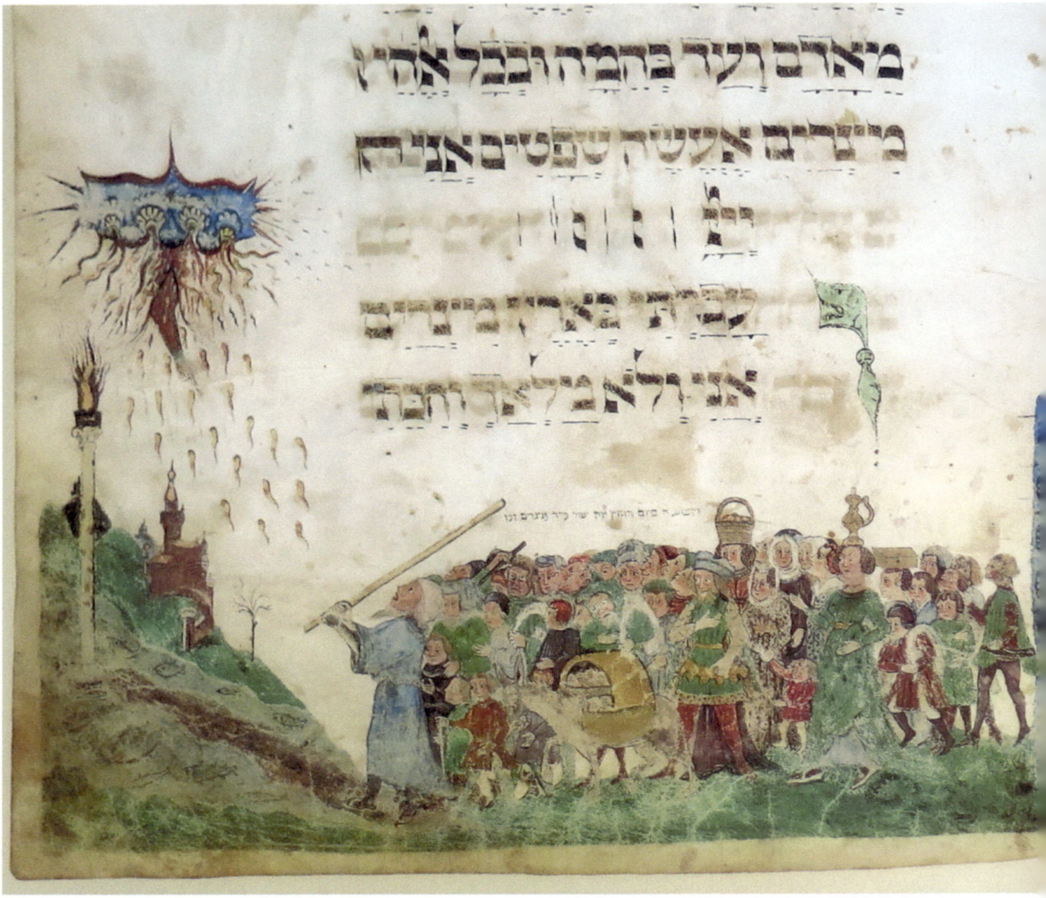

12 Pessach-Haggada mit Illustration von Joel Ben Simon Felbush, *Auszug aus Ägypten,* mit den vor dem Pharao fliehenden Juden und der Wolke Gottes, Deutschland, um 1450, Farben und Gold auf Pergament, 21,5 × 13,5 cm; British Library, London.

Mit Belegen dieser Art und vor allem dann seit der Entdeckung von Dura Europos, auf die wir noch zu sprechen kommen (Abb. 13), stand also die Frage im Raum: Wie verhält es sich mit dem Begriff einer «jüdischen Kunst» überhaupt? Vermutlich wurde im letzten Drittel des 19. Jahrhunderts von «jüdischer Kunst» akademisch erstmals in Russland gesprochen, soweit sich dies begriffsgeschichtlich nachvollziehen lässt. Wladimir Stassow, ein Kunstkritiker aus der Petersburger Akademie, besass Kenntnisse der archäologischen Ausgrabungen des britischen Palestine Exploration Fund und hatte 1878 auf der Weltausstellung in Paris Schätze aus Judaica-Sammlungen gesehen.[117] Mitte der 1920er Jahre postulierte Ernst Cohn-Wiener in seiner deutschsprachigen Geschichte *Die jüdische Kunst* zwar eine Vorherrschaft des Geistigen vor der künstlerischen Körperlichkeit, stellte aber ein Bildverbot deutlich in Abrede.[118] Der Autor formulierte die heute unhaltbare, damals aber im Licht des Idealismus verständliche wie ebenso archäologischen Befunden geschuldete Regel: Je weiter zurückliegend jüdische Kunst zu datieren sei,

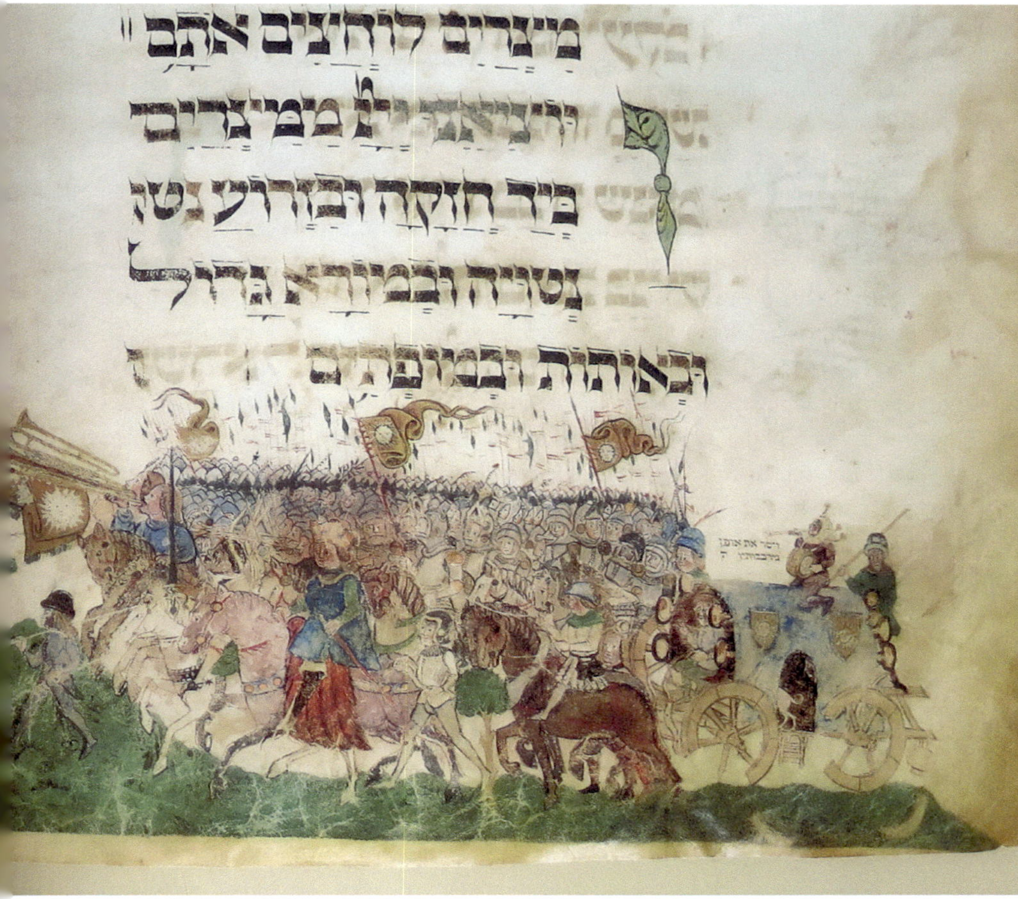

umso weniger sei sie der Produktion von Bildern und Plastiken abhold gewesen. Hiervon abweichend hielt Karl Schwarz in einem 1928 vom Heine-Bund herausgegebenen Buch fest: «Die unter dem Einfluss von Talmudisten und religiösen Eiferern des Mittelalters» herrschend gewordene Meinung der Kunstfeindlichkeit sei «zu allen Zeiten in weitgehender Weise durchbrochen» worden.[119] In diesen Jahren waren auch Richard Krautheimers Buch über mittelalterliche Synagogen und Rudolf Hallos Studien zur jüdischen Volkskunst ediert worden.[120] Die Pionierstudien von Rachel Wischnitzer zu Gestalten und Symbolen der jüdischen Kunst sowie eine Darstellung von Franz Landsberger standen bereits unter dem Stern der Verfolgungs- und Exiljahre, was die Rezeption in Deutschland über 1945 hinaus beschränkt haben dürfte, während beide Autoren mit ihren Arbeiten in Nordamerika und Israel Beachtung erhielten.[121] Cecil Roth arbeitete dann zwei Jahrzehnte an einem Dokumentband zur jüdischen Kunst, der vieles umfasste, was je von Juden künstlerisch geschaffen wurde, und sei es auch nur das Design für ein Warenhaus in Berlin oder New York. Damit überzog er den Begriff einer jüdischen Kunst, um den Beweis des Gegenteils der Nichtexistenz zu führen. 1951 kam Roth zum realitätsnahen Schluss, dass es im Verlaufe von mehr als 2500 Jahren stets schwankende Konjunkturen zwischen einer jüdischen Begeisterung für Bildproduktion einerseits und gewitzter Skepsis andererseits bis hin zu gelegentlich rigidem Ikonoklasmus gegeben habe.[122]

Der Weg von den Judaica-Ausstellungen im späten 19. Jahrhundert zu den Ausgrabungen von antiken Synagogen und Grabstätten im 20. Jahrhundert bot, zusammenfassend gesagt, jüdischen Intellektuellen die Möglichkeit, den Begriff «Jüdische Kunst» zu postulieren, um mittels einer Gegengeschichte die vorherrschende Meinung der Bild- und Kunstlosigkeit der Juden zu konterkarieren. Ein solches Postulat ist freilich immer strittig geblieben. Das galt neben den Künsten auch für wissenschaftliche Disziplinen, so wenn in Deutschland im Fach «Volkskunde» ein Streit darüber tobte, ob sich von einer spezifisch jüdischen Volkskunde reden lasse oder nicht.[123] Die Krux lag stets darin, dass mit der epistemologischen Separierung zwar eine gegengeschichtlich verfasste Nobilitierung jüdischer Lebenswelt beabsichtigt wurde, dass diese Kenntlichmachung aber zugleich als Ab- und Ausgrenzung eines Kollektivs verstanden werden konnte. Im Vergleich zu den Geisteswissenschaften ist hingegen in der Kunst, so der Eindruck, für das Schaffen von Bildern die Autonomie des Künstlers gegenüber allen vereinnahmenden Deutungen durch Kritiker entschieden hochgehalten worden. Wir werden darauf zurückkommen, wenn von Mark Rothko die Rede sein wird.

Die Konstruktionen einer jüdischen Kunst, die apologetisch gegen die jüdischen wie nichtjüdischen Behauptungen eines angeblichen jüdischen Bilderverbotes gestellt wurden, sind Zeugnisse einer ideologischen Auseinandersetzung, die nach und nach zu einer Differenzierung zwischen Politik, Theologie und Ästhetik führen musste. Sie dokumentieren die Ausformulierung einer säkularen jüdischen Identität in der Moderne. Die 1920er Jahre, wie oben skizziert, scheinen für das Für und Wider einer bildlichen und plastischen Kunst der Juden ein besonders turbulentes Jahrzehnt gewesen zu sein. Inzwischen sind wir durch die Fülle an Forschungen, anfänglich in Europa, dann in Israel und den Vereinigten Staaten, eines Besseren belehrt worden, auch wenn noch in den 1980er Jahren die amerikanisch-jüdische Schriftstellerin Cynthia Ozick das alte Argument weiterführte, dass im Judentum zwischen religiösem Glauben und religiöser Kunst, zwischen Geschichte und Imagination und zwischen Humanität und Ästhetik ein unüberbrückbarer Gegensatz herrsche.[124] Schon in den 1950er und 60er Jahren war es darüber in den USA zu Kontroversen gekommen.[125] Die Frage war, ob und unter welchen Bedingungen sich «jüdisch» und «Kunst» zusammen denken lassen würden, um jeweils eine Lebenspolitik der jüdischen bzw. nichtjüdischen Identität im Medium der Kunst und Ästhetik zu begründen.[126] Ein daraus erwachsenes eigenständiges Genre stellen etwa die Graphic Novels bzw. Comics dar, die als Bildmedium zu einer Selbstbefragung jüdischer Identität in den USA populär geworden sind.[127] Ähnliche Fragen nach Eigenbildern und Fremdbildern haben sich für die Moderne auch in Bezug auf die Musik gestellt, wenn aus einer Vielzahl von Lebensformen heraus der Wunsch nach einer spezifischen Identifizierung wach wurde.[128]

NACH DURA EUROPOS: KUNST, BILDNIS, KULTBILD, BILDERVERBOT

1937, im Jahr als in München die Ausstellung «Entartete Kunst» stattfand und das Konzentrationslager Buchenwald errichtet wurde, wurden in Wien die Befunde zu den Fresken der antiken Synagoge von Dura Europos in einer Publikation dem deutschsprachigen Publikum zugänglich. 1932 war in Syrien die Synagoge von Dura Europos aus dem dritten Jahrhundert freigelegt worden, deren figürliche Wandbilder die reichliche Fülle antiker jüdischer Kunst offenkundig machten (Abb. 13). Bereits zuvor kamen durch Ausgrabungen antiker jüdischer Fundstätten

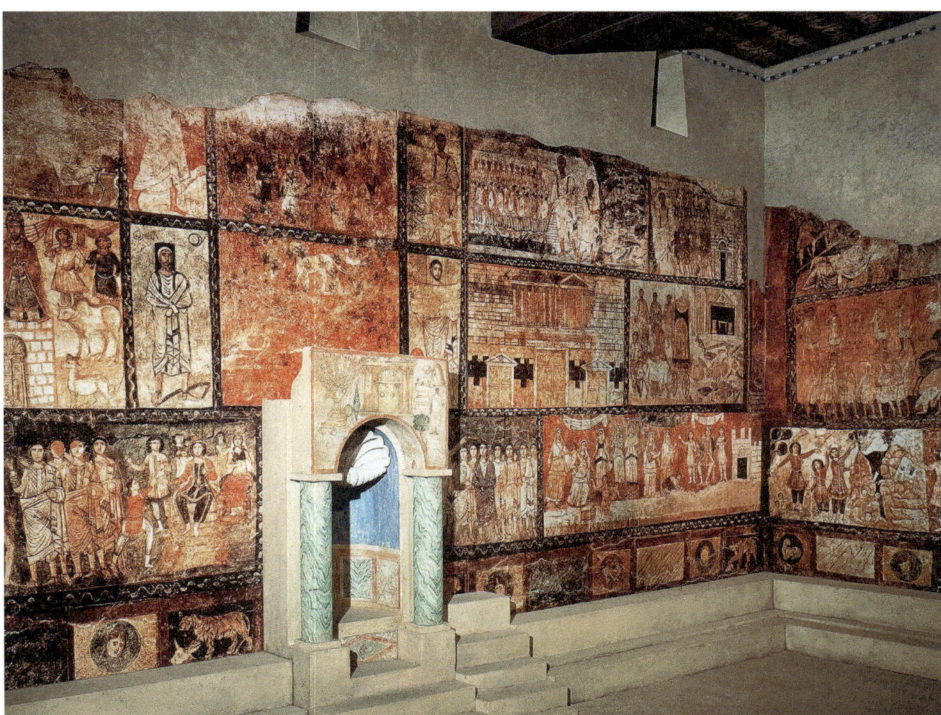

13 Synagoge Dura Europos, Raumansicht, darunter *Ezechiels Vision der Auferstehung,* Wandbemalung, 3. Jhdt.; Nationalmuseum Damaskus, Syrien.

Bilder aus Synagogen erstmalig zum Vorschein. Und obwohl die jüdische Bilderkultur bereits 1898 mit der Entdeckung der Sarajewo-Haggada ins gelehrte Bewusstsein vordrang, befasste man sich erst nach Dura Europos, dessen Bildprogramm als Sensation empfunden wurde, mit dem Phänomen der darstellenden Kunst in jüdischen Kultstätten. Und wiederum erst nach Flucht und Emigration zur Zeit der nationalsozialistischen Machtpolitik sind diese Bilder durch jüdische wie nichtjüdische Kunsthistoriker ausserhalb Europas thematisiert worden.[129] Sie bezeugen im Weiteren den rabbinischen Geist der antiken Epoche, wenn es hiess: «In der Zeit des Rabbi Jochanan ben Nappacha begann man die Wände von Synagogen zu bemalen, und er stellte sich nicht dagegen».[130]

Fundstellen: Antike, Mittelalter, frühe Neuzeit

Es hätte vielleicht nicht erst der Entdeckung von Dura Europos bedurft, um festzustellen, dass figürliche Darstellungen im Judentum populär gewesen waren und nicht als häretische Abweichungen gelten konnten. Erwähnenswert ist, dass bereits Flavius Josephus, die eminente jüdische Quelle aus der Antike, in seiner Schrift über jüdische Altertümer kaum einen Widerspruch zwischen Objekten und Orten mit künstlerischer Ausgestaltung in jüdischen Kultstätten einerseits und den kommentarlos berichteten Auseinandersetzungen für und wider Bilder andererseits sah oder vielleicht dies bewusst ignorierte.[131] Auch das Mittelalter bietet nicht wenige Quellen an. Bilder von Jagdszenen lassen sich in jüdischen Handschriftenilluminationen entdecken, Bauten und Landschaften sind von der Umgebungskultur inspiriert, wiederum andere sind auf Objekten wie Skulpturen, Wappen, Münzen oder Alltagsgegenständen zu finden. Katzenkrieger und Drachenköpfe wie ebenso Löwen und Gazellen und auch menschenähnliche Tierkörper und Vogelgestalten in Bibelillustrationen und Synagogen symbolisieren Vorgänge und Eigenschaften aus dem Kanon und den ihn umrankenden Legenden.[132] Dass jüdische Illustrationen, deren Vorhandensein im 14. Jahrhundert zunahm, in Stil und Inhalten vom christlich-monastischen Schaffen inspiriert waren und die Illustratoren sich auch nicht scheuten, neutestamentliche Szenen in einen jüdischen bzw. alttestamentlichen Deutungskontext zu adaptieren, ist durchaus plausibel, da eben dies der Selbstbehauptung dienlich sein konnte, wie Marc Epstein belegt hat.[133] Wo es zu Übernahmen christlicher Bildvorlagen kam, erfuhren die ikonografischen Inhalte eine Umdeutung. Zu den beliebtesten Themenkreisen mit hingegen inhaltlich eigenständigem Status gehörten die Befreiung aus Ägypten und Szenen aus der Sinai-Erzählung, die in einer Vielzahl von mittelalterlichen Handschriften variieren (Haggada, Abb. 12).

Auch die Frühe Neuzeit bietet Belege, die nicht übersehen werden sollten. Auf den Friedhöfen der sephardischen Juden, in Amsterdam, Hamburg oder Korfu, ist ein reichhaltiges ikonografisches Programm zu besichtigen; auch auf dem heute entdeckten und restaurierten Friedhof in Surinam finden sich entsprechende Zeugnisse. Die figürlich-skulpturalen Darstellungen auf den kunstvoll gestalteten Grabsteinen umfassen Vanitas- und Vergänglichkeitssymbole, wie zum Beispiel die geknickte Rose oder den Knochenmann, biblische Gestalten und Motive in zahlreichen Facetten, von den Patriarchen und Matriarchinnen über Könige bis zur Jakobsleiter oder

Sinai-Szenen, aber auch Tiere und Fabelwesen, die in jüdischen Legenden und Folklore eine Rolle spielten, wie Phönix, Pelikan oder Schmetterlinge. Die figürliche Körperlichkeit, die weltweit etwa auf den Friedhöfen der ehedem spanischen und portugiesischen Juden zu entdecken ist, findet sich auch auf Ritualobjekten wie dem Torahvorhang, den Torahschildern und -kronen, den Chanukkaleuchten und Amulettbehältern, aber auch Medaillen oder Gürtelschnallen.[134]

Die reichhaltigen visuellen Werke jüdischer Künstler werden in der Perspektive eines wechsel- und keineswegs einseitigen Kulturaustausches gedeutet. Das gilt für die Zeit des Zweiten Tempels und das jüdische Kulturerbe im Römischen Imperium wie ebenso für das jüdische Kulturleben im Hoch- und Spätmittelalter sowie der Frühen Neuzeit, wie mehrfach nachgewiesen wurde.[135] Die Liebe zu Büchern in der jüdischen Tradition reicht viele Jahrhunderte zurück, und sie mit Bildern zu schmücken, lässt sich von den Ursprüngen im frühen Mittelalter bis zur Gegenwart dokumentieren. Die Bildmalereien umfassen handillustrierte Versionen der Bibel, der Haggada, des Gebetbuchs und anderer jüdischer Texte. Ebenso waren Heiratsurkunden beliebt, um durch künstlerisches Schaffen Repräsentation zu vermitteln, wie die reichhaltige Sammlung von René Braginsky zeigt (Abb. 14). Auch die Bildinspirationen der Schreiber der so genannten Bücher der Gebote (unter dem hebräischen Kürzel *SeMaK* tradiert) entsprangen einer Vielzahl von Quellen.[136] Die Bilder beflügelten die religiöse oder auch weltliche Narration und Imagination, um die eigene Identität und auch Selbstbehauptung gegenüber der christlichen Mehrheitsgesellschaft zu stärken. Die Juden wählten in ihren neuen Heimaten das Leben, um an den kulturellen Möglichkeiten zu partizipieren.

Hinzu kommt der Befund, dass sich bereits in der späten Antike eine biblische Reisetätigkeit entfaltete – dies also zu einer Zeit, da das jüdisch-christliche Kontinuum noch keineswegs eindeutig profiliert gewesen war. Deren Umstände bleiben oft dunkel, sie sind wohl ein Phänomen des jüdischen Hellenismus und stehen in Kontrast und Parallele zur paganen Suche nach Mythenrelikten, wie René Bloch vermerkt. Für die Juden der Diaspora hatten der Berg Zion und die Stadt Jerusalem bereits vor der Zerstörung des Zweiten Tempels einen enormen Anziehungspunkt gebildet. Wenn ihnen dann nach dem Fall von Jerusalem anfänglich unter Hadrian die Wallfahrt nach Jerusalem verboten wurde, so setzen im Zuge der arabischen Eroberungen die Pilgerfahrten in der Levante von Neuem ein.[137] Auch das viel spätere Sightseeing christlicher Pilgerreisen war diesem Drang nach erlebbaren Reisebildern geschuldet, die im Mittelalter auf Kirchenwänden die Passionsgeschichte mit Darstellungen des damals realgeografischen Jerusalems umgaben.[138] Sie stehen in einem gewissen Kontrast zur mittelalterlichen Literatur der Jenseitsfahrten, von denen Gläubige in ihrer extraterrestrischen Reiseliteratur ebenfalls zu berichten wussten. Doch die Suche und das Aufsuchen der realgeografischen Orte des Heils wog zur Zeit der Antike und des Mittelalters schwer für das Ansehen der Pilgernden. Allgemein gesagt: Man wollte die Orte *sehen,* von denen man gehört oder gelesen hatte, und nicht darauf warten, bis man ihrer im Jenseitszustand ansichtig würde. Sie waren zwar innerweltlich als Bildnisse, als Gedanken schon vorhanden, und so suchten jene, die dies vermochten, sie denn auch realiter auf. Dass man danach zeichnete und malte, was man besucht hatte, liegt auf der Hand. Die Suche nach Orten und Relikten aus biblischer Zeit verweist auf die sakrale und oft spekulative Geografie, durch deren Begehung die biblischen Mythen an einem realen Ort *gesehen* werden wollten. Eben dieses Sehen kann uns auch als der wesentliche Antrieb zur Herstellung von

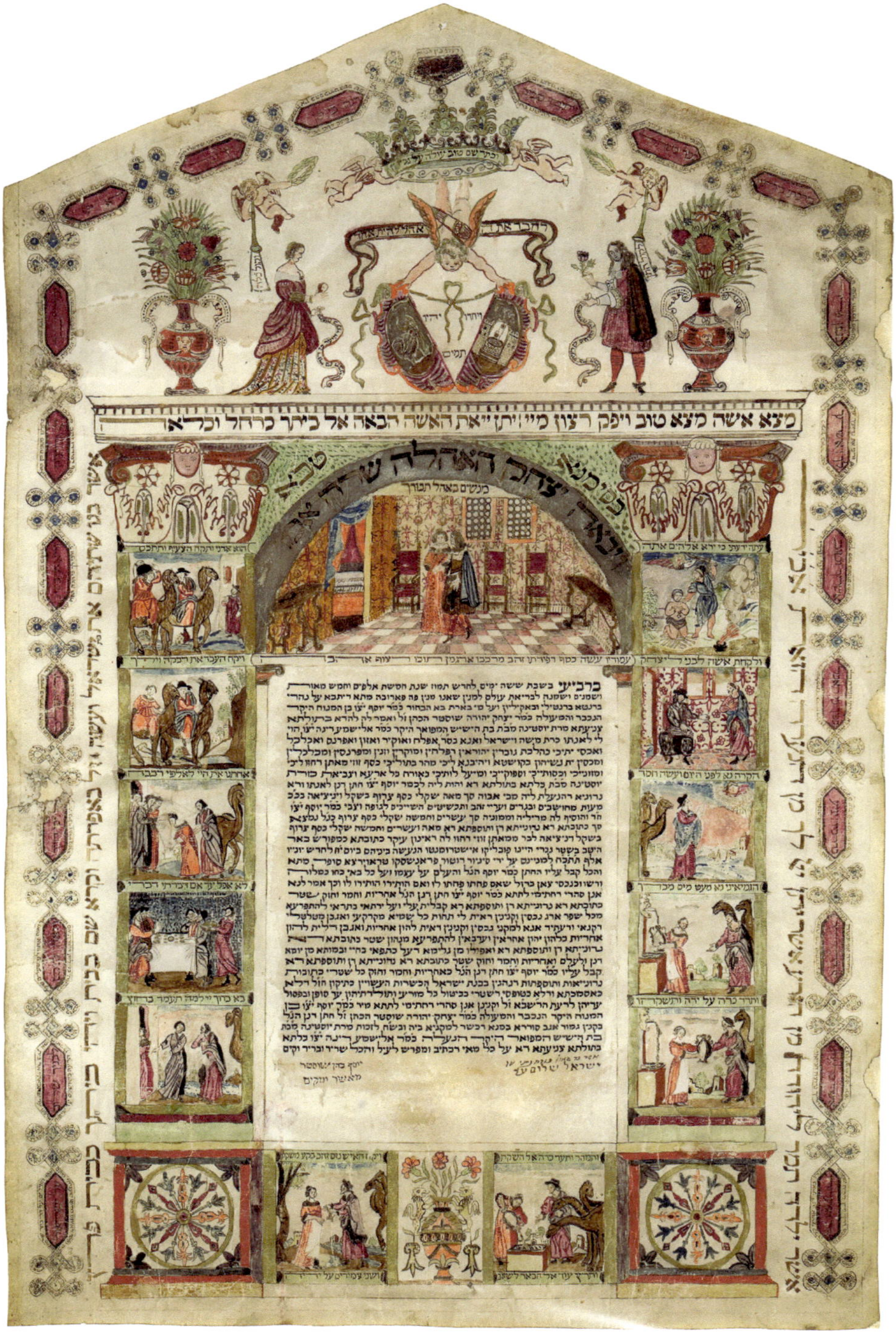

14 *Ketubah* (Heiratsvertrag) zwischen Joseph, Sohn des R. Isaac Judah Schuster ha-Kohen s. A. und Giustina, Tochter der Elishama Diena, Padua, 1828 (5588), Farben und Gold auf Pergament, 78.6 × 53.2 cm; René Braginsky Collection, Zürich.

künstlerischen Darstellungen biblischer Orte, Landschaften und Szenen in der Kulturgeschichte des Juden- und Christentums gelten, um die sich dann die Auseinandersetzungen über Kunst, Bildnis und Kultverbot drehten.

Alle diese unterschiedlichen Erkenntnisse legen nahe, dass das philosophische Ideal eines Bilderverbotes im Verlauf des 20. Jahrhunderts der näheren Differenzierungen bedurfte. Dass das behauptete Bilderverbot des Judentums und ebenso des Islams zu weiten Teilen ein westeuropäisches Konstrukt gewesen ist, weist darauf hin, dass historisch zwischen Europa und Orient, zwischen Okzident und Asien ein kultureller Gegensatz markiert wurde – auch wenn, wie im Fall der erwähnten Zeitschrift *Ost und West,* eben dies nicht intendiert, sondern hinterfragt wurde. Aus nichtjüdischer Sicht wurde einem figürlichen «hellenistischen» Anthropomorphismus gerne ein «orientalischer» Abstraktionswille ohne Bild und Gestalt gegenübergestellt. Den «semitischen» Künstlern fehlte, wie es in dieser politischen Diktion hiess, eben die «griechische» Empathie und solcherart die den Fortschritt taktierende Kulturfähigkeit, wie von Kunstwissenschaftlern gerne argumentiert wurde.[139] So erschien auch in damaligen jüdischen Wahrnehmungen figürliche Kunst als Stigma, das vom herrschenden Idealismus an einem im Kern strikt ikonoklastisch vorgestellten Judentum vorexerziert wurde. Liest man heute eine solche Aussage, ist man bald an die Frage erinnert, wie sie aus dem Talmud vorgetragen wird – ob Gott zuerst das Heilmittel schuf, ehe er seinen Geschöpfen eine Wunde schlug, oder nicht doch umgekehrt?[140] Das Wundmittel wurde, wie wir schon berichtet haben, im Verlauf des 20. Jahrhunderts allmählich in weiteren Funden bereitgestellt. Eine neue Leinwand füllte sich mit bisher Unerkanntem, das in Form von Realien der Geschichte zutage trat. Archäologen und Kunsthistoriker förderten eine Bilderwelt zutage, die unzweideutig jüdische Autorschaft trug und geeignet war, die prinzipielle Bilderabstinenz des Judentums als historisch-empirisch verfehlt erscheinen zu lassen.

Geschiedene Sphären: Theologie und Ästhetik

Es war keine Selbstverständlichkeit, der geforderten Einsicht zu genügen, dass ein dogmatisches Bilderverbot eine Chimäre war. Dies machte klar, dass das Verhältnis zwischen Theologie und Ästhetik in allen Konfessionslagern neu sortiert werden musste und eben dies geistige Revisionen erforderlich machte, die alles andere als leicht waren. Wenn wir Anfang der 1920er Jahre in Nordamerika gelebt und zur Befriedigung unserer Neugier zwei einschlägige Lexikawerke zur Hand genommen hätten, wären wir bald hin- und hergerissen gewesen. In der 1902 erschienen *Jewish Encyclopedia* hätten wir unter dem Stichwort «Kunst, Haltungen des Judentums» gelesen: «Es ist in gewisser Hinsicht nicht korrekt, von jüdischer Kunst zu sprechen», denn in biblischen wie in nachbiblischen Zeiten seien die Künste durch das Verbot der Götzenmacherei gemäss Exodus 20,4 ohnehin ganz bedeutungslos gewesen und die Herstellung von Bildern deshalb im Judentum entmutigt worden. Als Autor zeichnete hier Kaufmann Kohler, ein prominenter Gelehrter, Reformrabbiner und Chefredaktor der besagten *Encyclopedia.* Darin wird dem Christentum die Rolle zugewiesen, Schönheit in Gestalt von Töpfereien und Skulpturen hervorzubringen, dem Judentum hingegen die Aufgabe, eine «gute [...] Religion» der Gerechtigkeit zu sein, ohne sich von ästhetischen Vergnügungen des Schönen ablenken zu lassen. Die *Catholic Encyclopedia*

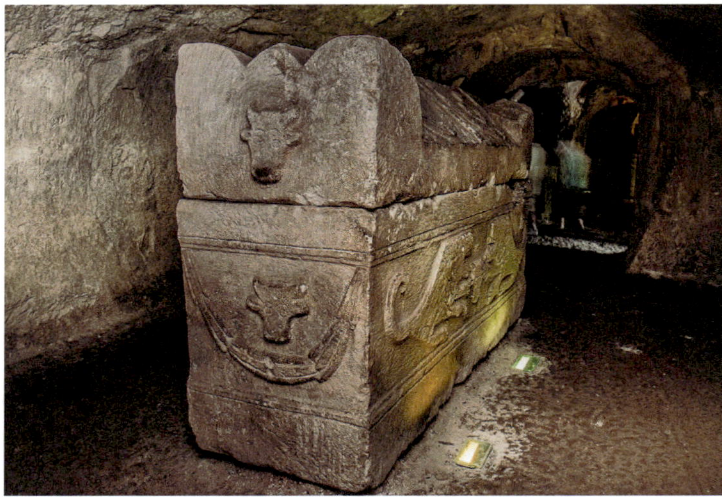

15 Beit Shearim, *Katakomben mit Steinsarkophag,* 2. Jhdt., Beth Shearim National Park, Israel.

war hingegen vom Gegenteil überzeugt. Offenkundig motiviert von der Absicht, gegenüber der Bilderfeindlichkeit der protestantischen Theologie die eigene religiöse Kultur zu verteidigen, betonte sie, dass durch die ganze Hebräische Bibel, das sogenannte Alte Testament, sich einschlägige Stellen fänden, die ein maßvolles Abbilden lebendiger Dinge durchaus zulassen würden. Eine Reihe von Abbildungen mit archäologischen Beweisstücken aus der jüdischen Antike – allesamt Bilder und Plastiken jüdischer Ritual- und Grabkunst – dokumentierte in der *Catholic Encyclopedia,* dass die frühen Christen ihre Kunst von den jüdischen Vorvätern übernommen hätten.[141]

In Deutschland wiederum fasste 1928 der Philosoph Fritz Bamberger – nicht zu verwechseln mit dem Maler gleichen Namens – noch einmal nach und erörterte die jüdische Tugend des im 19. Jahrhundert als absolut erkannten Bildverbotes im dritten Band von *Die Lehren des Judentums,* einem Kompendium, das einem durch Akkulturation und Säkularismus wie ebenso durch die politischen Entwicklungen verunsicherten jüdischen Publikum die Essenz des jüdischen Denkens nahebringen wollte. Bamberger betonte zwar die «Strenge des Bildverbotes», die seit der Antike selbstverständlich geworden sei, zog aber die Geltung auf den «eigentlich religiösen Bezirk» zurück, auch wenn selbst hierfür Zweifel kamen aufgrund der «Milderungen des Bildverbotes im Talmud» und wegen der frisch «ausgegrabenen Synagoge von Capernaum». Bambergers Verlegenheit gegenüber den Capernaum-Befunden wird im Schlussvotum sichtbar. Das Judentum habe trotz aller Milderungen seine «Gottesvorstellung von Trübungen freihalten können, die die Anfertigung und Verehrung von Bildern [der Gottheit] mit sich gebracht hätte».[142] Hier sind also deutliche, wenn auch vorsichtige Differenzierung zwischen theologischer und ästhetischer bzw. normativer und künstlerischer Sphäre spürbar, wenn Verschiedenes sehr wohl unterschieden, aber noch nicht genauer geschieden wird. Leo Baeck, in Deutschland eine führende rabbinische Autorität, der über Hegel promoviert hatte, stellte um 1900 gegen alle ontologische Versuchung immerhin klar, dass das Bildverbot sich nur auf Jenseitiges, auf den «Materialismus des Jenseits und des Kommenden» beziehe.[143] Die von ihm hochgehaltene Inkarnationslosigkeit im Judentum diente indes weiterhin als nützliche Apologetik gegenüber den judenfeindlichen Gegnern der Emanzipation.

Der empirische Befund aus einem langen Verlauf der Geschichte zeigt, so haben wir bereits festgestellt, lange anhaltende Perioden, in denen Juden figürlicher und skulpturaler Kunst gegenüber Zurückhaltung übten oder sie strikt ablehnten, doch dann wieder Perioden, in denen ein reichhaltiges ikonografisches Programm in Synagogen, auf Friedhöfen oder in wohlhabenden Haushalten vorhanden war. Für den jeweiligen Umschwung in der jüdischen Lebenswelt ist vermutlich nicht wenig der Einfluss der dominanten nichtjüdischen Umwelt mitverantwortlich. So waren die frühen christlichen und später die islamischen Kulturen ikonoklastisch im Vergleich zu den antiken vorislamischen bzw. römisch-katholischen Kulturräumen.[144] Auch wenn wir hier nur wenig informiert auf die islamische Bildgeschichte hinweisen können, so sei doch immerhin erwähnt, dass im Wandel der Zeit der Islam selbst figürliche Darstellungen des Heiligen, etwa die Himmelfahrt des Propheten Mohammed auf dem Burak, hervorgebracht (Abb. 16) hat und eine gewisse Akzeptanz gegenüber figürlichen Darstellungen, vorab in den schiitischen Traditionen, zuliess (siehe weiter unten Abb. 40). Wiederum gab es jene islamischen Traditionen, die figürliche Darstellungen im Zusammenhang mit dem Koran überhaupt als verwerflich erachteten und solche Kunstwerke verwarfen. Wie wir noch sehen werden, gilt dies in vergleichbarer Weise für die Räume und Epochen des Christentums, das in seinen Anfängen während der ersten Jahrhunderte keineswegs bilderfreundlich war und sich als scharf ikonoklastisch auswies.

Am Rande sei mit Blick auf das gezeigte Miniaturbild gesagt: Die Himmelfahrt des Propheten, die in den späteren Exegesen und Legendenbildungen auf Jerusalem bezogen wurde und immer noch wird, auch wenn der Koran nur einen «fernen Gebetsort» (Sure 17,1) erwähnt, spiegelt die Auffassung, dass die Juden Jerusalem und das Land Israel bewohnen sollen. Der Koran folgt in dieser Gebotsdiktion der alttestamentlichen Tradition und bekräftigt den Auszug aus Ägypten und die Verheissung des Landes Israel an die Hebräer bzw. die Juden, und dies sowohl in den in Mekka wie in Medina offenbarten Suren, die historisch-biografisch im Kontext des Auszugs von Mohammed gelesen werden können. Aus religionspolitischen Ansprüchen konnte damals eben dieser Imitationsgestus auch im Zusammenhang mit der Himmelfahrt gelesen werden – in der Zeit Mohammeds stand das Land Israel noch unter byzantinischer Herrschaft, bis dann später erst unter Umar Ibn al-Chattab der gesamte Vordere Orient erobert wurde. Andere islamische Traditionen und Versionen der Legendenbildung wiederum widersprachen der Interpretation, dass Jerusalem dieser Ort gewesen sei. Nicht zu ignorieren ist im Weiteren eine zuweilen judenfeindliche und auch gegen die damaligen Christen gerichtete Stossrichtung in den koranischen und post-koranischen Schriften.[145]

Was hier nun für die Geschichte des Judentums und Christentums betont werden soll und wohl auch für den Islam historisch zutreffen dürfte: Die machtvollen politischen Ansprüche, ob das Bild als kultisch zu verstehen und zu bewerten war und wem genau dieser Kult in zustimmender wie ablehnender Weise gelten sollte, gingen in der historischen Entwicklung zumeist voran, die theologischen Implikate aus diesem Traditionswandel aber wurden weit später herausgeschält und zu dogmatischen Konzepten für und wider die Bilder generiert. Dass dieser Wandel innerhalb des Judentums, innerhalb des Christentums und innerhalb des Islams

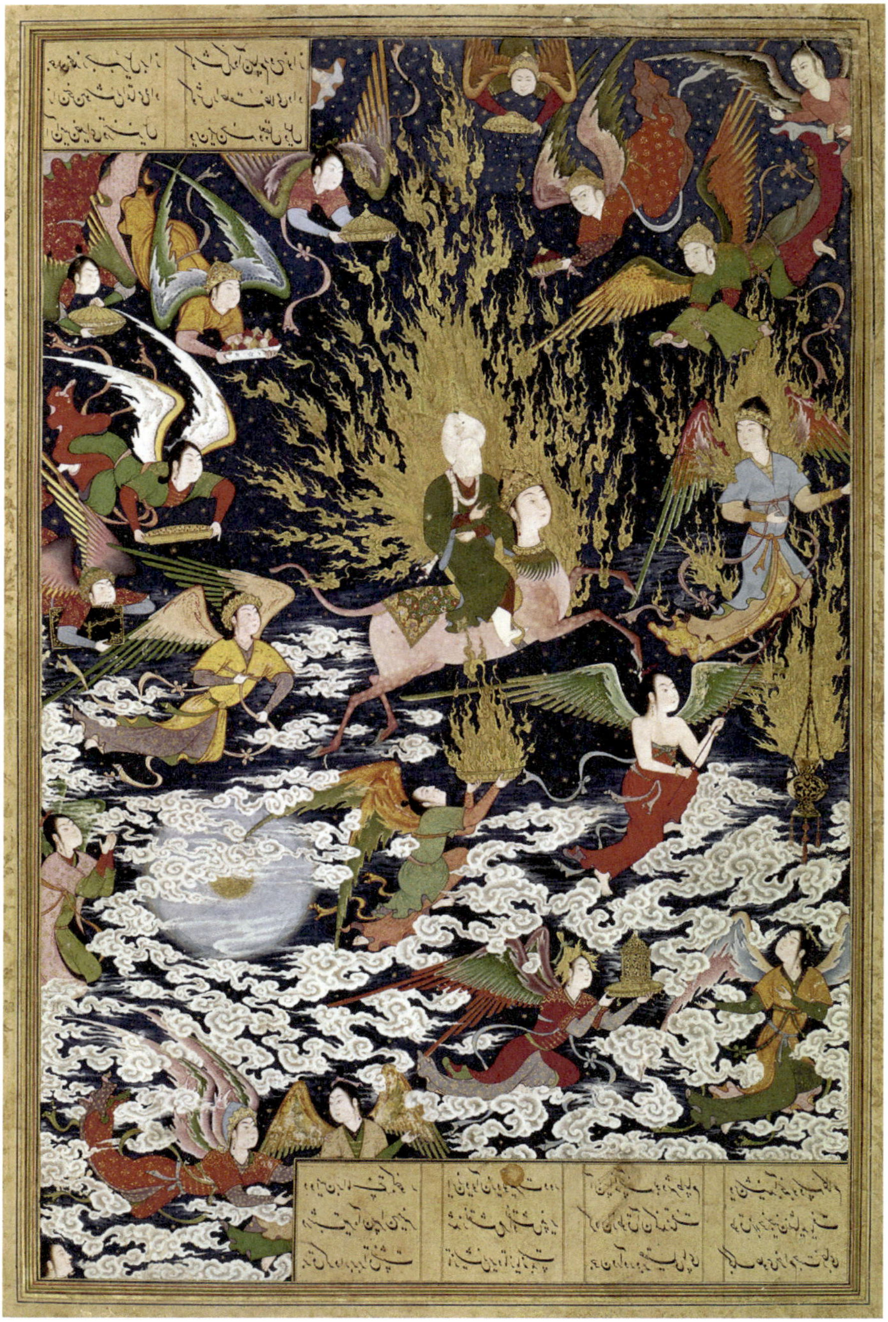

16 *Himmelfahrt Mohammeds auf dem Burak,* mit Wolken und dem Erzengel Gabriel, Miniaturmalerei am Hof des Sultan Muhammad, zu einem Manuskript der Dichtung Khamza des Nizami, um 1539 (570), 18,5 × 28,7 cm; British Library, London.

Konflikte zeitigte, lässt an den Bilderfragen deutlich werden, dass diese Religionen keineswegs homogen gewesen waren. Vielmehr formten sie unterschiedliche Traditionen aus. Sie verhielten sich jede für sich und in sich dabei keineswegs harmonisch. Schon dies allein verlangt nach analytischer Differenzierung. Othmar Keel und viele weitere Autoren und Autorinnen haben mit Entschiedenheit klar gemacht, dass das talmudische und rabbinische Judentum wie das frühe Christentum der byzantinischen Zeit «nicht Bilder schlechthin, sondern die kultische Verehrung von Bildern» ablehnten und sich darin «ganz und gar auf dem Weg der biblischen Tradition» sahen.[146] Die Sanktionen galten der Anbetung des Goldenen Kalbes bzw. Stieres und dem Rückfall in diesen Modus der Idolatrie. Wir werden auf Byzanz und den Islam in ihren Auseinandersetzungen mit Bildern und die Folgen dieser Sanktionen hier später nochmals zu sprechen kommen.

Festzuhalten sind für das Altertum nun diese Erkenntnisse: Das Kultbild in den Tempeln der Antike war ein Körper und kein Bild im Sinne einer figürlichen Darstellung, das heisst ein Körper, den das Fluidum der Gottheit beseelt und der solcherart als inkarnierte Gottheit in der realen Wohnstätte, das heisst in einem Tempel, auf die tägliche Versorgung durch den Menschen angewiesen war.[147] Dass eben deswegen eine Regulierung des Kultes, wie dies im zweiten Gebot durch das Bilderverbot zum Ausdruck kommt, für die Zeit des Zweiten Tempels in Jerusalem als notwendig empfunden wurde, verweist darauf, dass figürliche und skulpturale Darstellungen der Gottheit in den davorliegenden Perioden oder in benachbarten Regionen weitverbreitet waren oder sogar normativen Charakter hatten: Der Bannung von Kultskulpturen geht deren reichliches Vorhandensein voran. Doch ebenso folgten nach der Abgrenzung durch den Bann dessen Auslegungen in hermeneutischen Fortschreibungen späterer Jahrhunderte nach, die wiederum nicht wenig Milderungen und Lockerungen enthalten. Solche Milderungen lagen zum Beispiel darin, dass zwischen gemaltem Bild und skulpturaler Figur unterschieden wird. Dies machte, wie wir sehen werden, eine moderne Kritik an den Idolen bzw. den Göttern möglich, die ins geschnitzte oder gemeisselte Bild gefertigt wurden, ohne deswegen gemalte Bilder oder Darstellungen in Mosaiken zu verbannen. Die Kritik konnte aber – ganz ohne skulpturale oder gemalte Bilder – auch dem Text selbst gelten. Auch die Skepsis gegenüber «Textolatrie» (Marc-Alain Ouaknin), das heisst der Idolisierung eines sakrosankt geltenden Textes, gehört zum Verfahren der Kritik.[148]

All dies legt nahe, zuerst jüdische und dann christliche Konjunkturen in den Fragen des Ikonoklasmus wie der Ikonophilie zu studieren und diese – in sich wiederum differenten – Stränge ernst zu nehmen. Darin sollten wir die klassischen Streitpunkte zwischen Judentum und Christentum, Trinitätslehre und Christologie, auf die wir noch zurückkommen werden, weniger aus einer fundamentalen theologischen Differenz heraus verstehen, welche dann die Haltungen zu Bildnis und Abbildern akzentuiert hätten.[149] Gewiss mag es dies auch gewesen sein, doch zuerst und umgekehrt ist dies als Folge eines vorangehenden kulturgeschichtlichen Wandels zu verstehen, indem die Fragen nach dem Bildnis und seiner sozialen Repräsentanz in den Vordergrund rücken. Damit aber wird die Frage aufgeworfen, was je nach Zeit und Raum überhaupt unter dem Begriff «Bild» verstanden wurde. Was in den Diskursen und im Streit jeweils «Bild» genannt wird, konnte und kann je nach historischer Perspektive eine *verweisende* bzw. künstlerische oder eine *verkörpernde* bzw. kultische Funktion haben. Es geht also immer um die rituelle, soziale oder politische Rahmung, in der diese Funktionen jeweils bestimmend werden. Definitionen sind eben ohne Kontexte nicht zu haben, so wenig wie Kontexte ohne Definitionen zu verstehen wären.

Definitionen und Rahmungen: Bildnis, Kultbild, Bilderverbot in Juden- und Christentum

Das zweite biblische Gebot verbietet zwar geschnitzte oder gemeisselte Gottesdarstellungen sowie Bilder des Lebendigen, wenn sie den Schöpfungsakt Gottes durch den Menschen nachahmen sollen; was im zweiten Gebot (2 Moses 20,4) knapp gesagt wird, kommt im Deuteronomium wiederholt und nochmals verschärft (5 Moses 5,8 und 4,16–18) zur Sprache. In völligem Gegensatz dazu steht aber der Auftrag zur kunstvollen Gestaltung des Stiftszeltes, des Heiligtums, das mit einem reichlichen Programm kultischer Kunstwerke figürlicher und symbolischer Art (2 Moses 25,1–28 und 31,1) ausgestaltet wird. Selbst von den Gesichtern der Cherubim, die auf die Bundeslade montiert werden, ist die Rede. Darauf werden wir noch eingehend zu sprechen kommen. Vorerst sei einfach festgestellt: Die Hebräische Bibel präsentiert widersprüchlich erscheinende Aussagen zu Bildern, Kult und Bilderverbot. Historisch dürfte das Bilderverbot erst in einer späten Phase in den Bibeltext aufgenommen worden sein, um gegenüber der babylonischen oder sogar erst gegenüber der hellenischen Umwelt einer «eigenen definitorischen Eingrenzung» Raum und Geltung verschaffen zu können, wie Felicitas Heimann-Jelinek betont.[150]

Als Erstes vermerkt werden muss, dass wir heute ein Übersetzungsproblem vor uns haben: Der Gegenstand des Verbotes im hebräischen Originaltext wird hauptsächlich mit einem Wort – פסל *(pesel)* – bezeichnet, was nicht das «Bild» überhaupt bedeutet, vielmehr aber das figürliche Objekt, das im Bereich des Kultes verwendet wird. Hinzu kommt auch die Gestalt *(temunah)* und das Gesicht *(pnei)* als Ergänzungen der biblischen Textdeutung. Am treffendsten wird all dies mit «Kultbild» im Sinne einer Skulptur zur Anbetung wiedergegeben. Das Kultbild im Altertum ist immer ein dreidimensionaler Körper, nicht ein «Bild» im landläufigen Sinne der gemalten Darstellung oder ein Bildnis der inneren Vorstellung. Das hebräische *pesel,* das im Sinne einer Gestalt etwa für eine hölzerne Statue bzw. ein geschnitztes oder gehauenes Standbild in antiken Tempeln verwendet wurde, ist dann in der griechischen Septuaginta, die den Text der Hebräischen Bibel transkulturell anschlussfähig machte, mit dem Lexem εἴδωλον *(eídolon)* wiedergegeben worden. Das griechische Wort brachte die negativ konnotierte Verschmelzung von – auch gemalten – Bildern mit fremden Gottheiten schlechthin zum Ausdruck, um falsche Idole zu verwerfen und gute Götter annehmbar zu machen.[151] In der lateinischen Vulgata wiederum wird genauer und gleichzeitig neutraler von *sculptile* gesprochen, was später die Bedeutung der dreidimensionalen Skulptur betont haben dürfte. Hingegen meint der aus dem Akkadischen übernommene Begriff צֶלֶם *(zelem)* und spezifisch צֶלֶם אֱלֹהִים (zelem elohim) das, was wir als *imago dei* bezeichnen, das heisst, in deutscher Sprache unter der Vokabel «Ebenbild Gottes» kennen. Es ist in der jüdischen Anthropologie die Frage nach dem aufrichtigen Menschen, in der christlichen Theologie ein wesentlicher Kern der paulinischen Predigt, mit der der Apostel die heidnische Welt zu erschüttern vermochte.[152]

In der deutschen Sprache wird man klugerweise eine dreifache Dimension des ganzen semantischen Komplexes für Bilder im Sinne von *pesel* (פסל) und entsprechenden Abgrenzungen unterscheiden. Solcherart ist zu unterscheiden zwischen (1) *Bildnis* und Bildnisverbot, (2) *Kultbild* und Kultbildverbot sowie (3) *Bildern* und Bilderverbot. Ersteres, das *Bildnis,* ist eine psychologische Aussage, die auch innerweltliche Vorstellungen einschließt; Zweiteres, das *Kultbild,* impliziert den Verdacht der Götzenanbetung, die als Kult bekämpft wird und zu einem eigentlichen *Kultverbot* führen muss; und Letzteres, die *Bilder,* meint die in Frage gestellte Herstellung von figürlich-darstellender Kunst, um zu kommunizieren. Ob dann auch sprachbildnerisches Reden zu Ersterem oder Letzterem zählt, ist nicht entschieden. Deutlich aber muss bleiben, dass *pesel* (פסל) nicht das innerweltlich Geschaute oder ästhetisch Gelesene ist, sondern das Geschnitzte, Gehauene oder Gegossene. Es geht darin auch nicht um ein himmlisches Urbild, das irdisch nachgebildet wird und neoplatonisch zu verstehen wäre. Der Begriff *pesel* (פסל) verweist, so sei nochmals betont, vielmehr auf den kultischen Kontext von Skulpturen oder Schnitzwerk und eine entsprechende Gottesauffassung. Er lässt sich keineswegs auf einen Gegensatz zwischen Wort und Bild, zwischen Vernunft und Sinnlichkeit reduzieren, bei dem etwa die Poesie das Kunstwerk oder das Hören das Schauen zu substituieren hätte, wie der philosophische Idealismus seit Kant und Hegel diesen seinen konstruierten Gegensatz auf die früheren biblischen, jüdischen und christlichen Entwicklungen projiziert hat. Dies wäre, so Beniamino Fortis, ein «Missverständnis», das fatalerweise hartnäckig anhält.[153]

In der hier angeführten Differenzierung im Wortgebrauch gründet also die semantische Unterscheidung zwischen erkenntnistheoretischen Absichten (Bildnis), einem kulturell oder religiös überhöhten Ideal (Kultbild) und der Empirie der körperhaften Objekte und figürlichen Darstellungen (Bilder), wie wir sie in der Kulturgeschichte und entsprechenden Praxen und Produktionen vorfinden. Das Herstellen, Betrachten und Lesen von Bildern und ebenso ihre Verehrung und der Erlass von Bildverboten sind, zusammenfassend gesagt, ein spezifischer Ausdruck einer kommunizierbaren Strategie, deren Ausdrucksformen und Rituale dann mit theologischen oder ideologischen Gehalten immer wieder und von Neuem unterlegt wurden und noch immer unterlegt werden können.

Der Anikonismus bezog sich, um es nochmals zu betonen, speziell auf die Frage der figürlich-skulpturalen Kunstwerke, denen wegen ihrer Figürlichkeit kultbildnerische Funktionen zugemessen wurden, wenn ikonoklastische Reaktionen ins Spiel kamen. Beispielhaft für solche Reaktionen sind im Falle von Beschädigungen von römischen Kaiserstandbildern die harten Strafen, mit denen man zu rechnen hatte.[154] Definitionen stehen also stets in Bezug zu zeitlichen, räumlichen und medialen Rahmungen, die sie prägen. Als anikonisch müssen deshalb nicht zuletzt auch sachbezogene Gegenstände, etwa eine Reliquie, gelten, da sie materiell betrachtet keine Abbilder, sondern Materien sind. Kontextuell aber wurden und werden sie im Protestantismus mit einem Abbild- bzw. Bilderverbot belegt und entsprechend als Ausdruck von Kultbildern gewertet. Die «Reliquie», die im mittelalterlichen Altar verborgen wird und als Materie streng genommen kein Abbild ist, ist wiederum nicht jener «Reliquie» gleichzusetzen, die als Bezeichnung für Fotografien und Bilder angewandt wird, um ähnlich einem materiellen Objekt eine psychische Funktion anzunehmen – so wenn Heiligenbilder in Form von persönlichen Amuletten angeschaut und verehrt oder als kleine Trophäen mitgetragen werden. Auch hier spielen Kontext und konkrete Situation in den Gebrauch von Definitionen hinein. Wenn zum Beispiel Soldaten, wie im Zweiten Weltkrieg, Fotografien getöteter Feinde in ihren Brieftaschen als Trophäen zur magischen Abwehr der eigenen Verwundbarkeit mittrugen, werden die Grenzen, was nun als «Reliquie» oder als «Bild» anzusehen wäre, schwimmend.[155] Besonders neu oder unbekannt ist dieses Verhalten im geschilderten Beispiel übrigens nicht. Das zweite Buch der Makkabäer aus dem ersten vorchristlichen Jahrhundert berichtet von der Sünde gefallener jüdischer Soldaten, die unter ihren Gewändern Amulette trugen, um in der Schlacht Versehrung und Tod abzuwenden (2 Makk. 12,40).

Alle diese Rahmungen bestätigen indes unsere Einsicht, dass das figürlich-körperliche Bild und später auch die bildhaften Symbole als dessen Stellvertreter eine magische oder liturgische Realität aktualisierten und dies immer noch tun. Für das Altertum – und nicht nur für diese Zeit – war die Materie toter Stoff, ohne Leben. Um den Staub und Schlick zu beleben, bedarf es eines Fluidums, eines Hauches, einer Lebenskraft, die ungreifbar und unsichtbar erscheint. Bilder im Sinne von figürlicher und körperlicher Gestalt stellten und stellen im unbelebten Raum das Dekorum für die performativen Erfahrungen dieser «Beseelung» bereit. Aufgrund der Verbindung zum Ritus war dieser Lebensodem oder dieses Lebensfeuer stets mit Handlungen und Erzählungen über diese als heilig erachteten Betätigungen verbunden. In nicht geringer Weise sind solche Bühnen in der Wahrnehmung der Menschen gekoppelt an die Idee der Inkarnation, um das unfassbare, unsichtbare und manchmal unheimliche Reich mit Hilfe von geschnitzten, gehämmerten und gemalten Bildern erlebbar werden zu lassen und so das eigene Heil zu gewährleisten.

Fehlende Inkarnation – wahrer und falscher Glaube

Blicken wir auf den Anfang dieses Diskurses über das «Jüdische» in der Kunst und die Phase beginnender Ausgrabungen antiker Bilderzeugen des Judentums zurück, so lässt sich sagen, dass Bubers Proklamation und Nossigs Auffassungen zu Juden und Kunst aus der Zeit nach 1900 sich gleichermassen als kognitiv widersprechend wie kontextuell passend bezeichnen lassen: Sie gehören zu einem philosophischen Idealismus wie ebenso zu einem theologischen Denken, welche gleichermassen nicht erst seit Mendelssohn, Kant und Hegel die prinzipielle Inkarnationslosigkeit des Judentums behaupteten und die Transzendenz des Unendlichen durch kein Bild überbrückt wissen wollten. Dass die behauptete jüdische Inkarnationsfreiheit religionsgeschichtlich nicht zutrifft, erwies sich ebenfalls als eine Art falscher Glaube. Jedoch sollte die jüdische Theologie dies erst im Verlaufe des 20. Jahrhunderts zugestehen.[156]

Die volle Körperlichkeit Gottes wird in biblischen und unmittelbaren postbiblischen Zeugnissen abgelehnt, doch sein anthropomorphes Erscheinen – vom apokryphen dritten *Henoch*-Buch bis zur *Hekhalot*-Literatur – und erst recht die Manifestation seiner Botschafter in Engeln, Feuergestalten oder himmlischen Fahrzeugen bezeugen ein deutlich bildnisnahes Reden. In den hebräischen Schriften der früheren Zeit war die Gottheit kein abstraktes Wesen, vielmehr durch physische Merkmale wie in den gesamten umgebenden Kulturen des Vorderen Orients gekennzeichnet. Der biblische Gott aus dem nahöstlichen Umfeld erschien in einigen Beschreibungen in körperlichen und – aus späteren Zeiten gesehen – skandalösen anatomischen Formen, teils geschlechtlich, teils naturhaft, teils triebhaft, oft leidenschaftlich oder irgendwie ungeheuerlich riesig gezeichnet. Der theologischen Frömmigkeit späterer jüdisch-christlicher Exegesen konnte der göttliche Körper, wie er einst durchaus *en détail* beschrieben und vermessen wurde, allerdings nicht zupasskommen – auch wenn der Psalmentext «Du bist mein Sohn, heute habe ich dich gezeugt» (Ps. 2,7) eine fulminante Karriere in allerlei überdauernden Argumenten späterer Jahrhunderte genommen hat (Hebr. 5,5). Die Beschäftigung mit dem Körper Gottes wirkte in der christlichen Kultur weiterhin und hat die poetische und musikalische Phantasie darüber, welche Bedeutung den einzelnen Gliedern Jesu zukommen soll, nicht wenig beflügelt.[157] Anregend erwies sich später das Interesse an der Körpergestalt Gottes für das naturphilosophische und theophysikalische Denken, das allerdings stets durch die neoplatonischen Lehren eingehegt blieb, jedoch seit dem 18. Jahrhundert auch die gleichzeitige Loslösung in die naturwissenschaftliche Auffassung dokumentiert. Bereits Philo hatte in der Spätantike mit aller apophatischen Skepsis die schillernde Glorie des biblischen Gottes als unkörperlich verstanden und beschrieb ihn mit den Denkmitteln der neoplatonischen Philosophie als eine Art himmlisches Abstraktum.[158] Die dem philosophischen Idealismus verpflichteten reformjüdischen und postchristlichen Denker des 19. Jahrhunderts konnten ihm dankbar sein.

Ein wichtiger Zweig im Judentum aber hat diese Körperlichkeit sehr sublim und trotz – wie dank – neoplatonischer Verdünnung beibehalten. Es ist die theosophische Vorstellung der Einwohnung Gottes *(schechina)* in die Welt des materiellen Daseins, wie sie gemäß der jüdischen Mystik in Stufen und Emanationen *(sefirot)* erfolgt. Der *Ez ha-Chayim,* der Baum des Lebens, ist eine mystische Darstellung der – weiblich gedachten – Einwohnung Gottes, symbolisiert in zehn dominierenden Energien bzw. Sefirot, die untereinander durch Kanäle bzw. Relationen verbunden sind und so ein kosmisches Geschehen konstituieren. Gottesebenbildlichkeit bedeutet in diesem Konzept, das durch die Einwohnung Gottes sich das *en sof,* das Unendliche, in die menschliche Seele und in die Gemeinschaft einsenkt, die wiederum sich über die Sefirot aufsteigend an die göttliche Wirklichkeit anzuhängen versucht. Damit tritt an die Stelle eines falschen Kultbildes die lebendige Einwohnung Gottes im Wort und seiner Weisung, ikonografisch oft symbolisiert in der Wolke (vgl. Abb. 12), um die geistige Intention *(kavod)* auszudrücken. Die Form dieser Inkarnation wird also nicht durch das Kultbild vermittelt, vielmehr als prozesshafte schöpferische Bewegung, wie sie im Stiftszelt als mobile Wohnstätte der göttlichen Präsenz Gestalt annimmt und ikonografisch auch in der künstlerischen Darstellung des Baums des Lebens symbolisiert wird. Der Weg dahin sind in späterer Zeit des Exils das gemeinsame Gebet, die individuelle Meditation und die bewusste Einhaltung der Gebote. Dieses Konzept einer Introspektion ist seit dem frühen Mittelalter über Jahrhunderte vertieft worden und hat in der lurianischen Kabbala und im Chassidismus spirituell und sozial Gestalt angenommen. Gerade Martin Buber hat um diese eminente Tradition gewusst, und es ist durch die Forschungen von Gershom Scholem und weiterer Gelehrter und Rabbiner bekannt geworden.[159] Der Baum des Lebens (Abb. 57, weiter unten) war denn auch in künstlerischen Darstellungen des Judentums durchaus populär, und seine Darstellung wird heute nicht wenig in Judaica-Galerien gehandelt und in Touristenläden feilgeboten. Auch die «Jakobsleiter», jenes technohybride Symbol, das im Traum Jakobs erscheint, wenn er, das Haupt auf einen Stein gelagert, im Schlaf die Engel Gottes schweigend auf und nieder steigen sieht (1 Mose 28, 10–22), ist als Metapher in Kunst und Literatur eingängig geworden. Das Bild der Jakobsleiter hat kulturgeschichtlich jede atheistische Anfechtung überstanden und steht bis heute für die miteinander verbundenen zehn Sefirot, um die Inkarnation des göttlichen Lichtes in die Sprossen der menschlichen Seele darzustellen.[160]

Die sabbatianische Theologie im Judentum wiederum trug mit ihrer Deutung der kabbalistischen Lehren zur Verbreitung des Inkarnationsglaubens bei und beflügelte den jüdischen und christlichen Messianismus bis hin zum Aufruhr. Kein Wunder, dass der Historiker Heinrich Graetz in den kabbalistischen Lehren und im späteren Chassidismus und seinen schöpfungstheologischen Versionen einer göttlichen Inkarnation nur ein «eigentümliches, dummgläubiges Mittelalter» sehen wollte, über das er in seiner 1888 publizierten *Volkstümlichen Geschichte der Juden* urteilte: «[E]s entstand eine Zeit kabbalistischer Raserei, welche mit Zuchtlosigkeit und Herzensverderbnis Hand in Hand ging und nicht bloss die Wissenschaften, sondern auch den zur Nüchternheit anleitenden Talmud heruntersetzte.»[161] Doch die auf Isaak Luria und frühere Meister zurückgeführte Schule der Kabbala aus Safed und Tiberias und der davon inspirierte Chassidismus des 17. und 18. Jahrhunderts, der eben gerade den Aufruhr zu vermeiden half, waren alles andere als ein bloßes Randphänomen der jüdischen Geschichte, sondern kamen aus dem Innersten der jüdischen Tradition. Ihre Ideen wurzeln bis heute in den Vorstellungen des antiken Jerusalemer Tempels als Wohnstätte Gottes und in der Auffassung, dass Gott mit seinem Volk ins Exil zieht, um in dieser körperhaften Kollektivform das Werk der Schöpfung vollenden zu können und die Erlösung vorzubereiten. Im sichtbaren Geschehen der Geschichte, das dem Bildnis zugänglich ist, entdeckt die jüdische Mystik das Werden eines unsichtbaren Reiches, in dem Gott selbst seiner Erlösung – und diese kann als Paradox nicht anders als körperlich gedacht sein – entgegenstrebt.[162]

Diese Denkfiguren der Kabbalisten, die damit eine bemerkenswerte und eigentümliche Inkarnationsvorstellung transportierten, mussten nicht so weit gehen wie die der häretischen Sabbatianer, die von einem trinitarischen Gott auch im Judentum redeten, um mit einem solchen abgewandelten, verzerrten Bild das Vorhandensein von Islam und Christentum zu erklären.[163] Doch man muss gar nicht theologisch reden, wo es genügt, den Zusammenhang kulturgeschichtlich auszuloten: Raphael Straus entdeckte um 1930 in der Trinität gar «ein wundersam jüdisches Antlitz», da ihm Juden- und Christentum durch die zentralen liturgischen und philosophischen Traditionen unzweifelhaft, das heisst kontextuell-historisch verbunden waren – was eben als christliche Tradition erscheine, sei im Grunde jüdisch, womit er allerdings weit mehr das hellenistische Judentum als die pharisäisch-protorabbinische Tradition gemeint haben dürfte.[164] Es hätte aber auch genügt, von einem binitarischen Inkarnationskonzept auszugehen, um das Anhängen *(devekut)* der menschlichen Seele an die göttliche Sphäre und so die gegenläufige Einwohnung der Gottheit in die diesseitige materielle Welt *(schechina)* zu lehren. Der weiblich gedachte Körper des exilierten Volkes wurde so als eine Inkarnation seines Gottes verstanden, der mit diesem Volk litt und auf Erlösung hoffte. Das Votum jenes anderen jüdischen Traditionszweiges, der nicht von Kabbala und Chassidismus gespeist wurde oder heftig dagegen argumentierte, wird indes ebenso deutlich aus einer vom Jewish Theological Seminary edierten Sammlung von Texten und Responsen zur visuellen Kunst.[165] Sie sind alles andere als kunstfeindlich. Darauf werden wir nun zu sprechen kommen.

THEOMORPHE LEIDENSCHAFTEN, JÜDISCHE FUNDSTELLEN

So weit ist klar und kann vorausgesetzt werden: Rabbinische Meinungen belegen, dass das, was als «Bildverbot» in der zitierten Kulturwissenschaft existiert, sich ausschliesslich auf die Idolisierung durch den Kult, auf die Anbetung lebender oder toter Körperlichkeit als Gottheiten bezieht, um Macht, Ansehen und Reichtum zu generieren. Die bildliche, überhaupt künstlerische Darstellung des Heiligen wurde damit nicht in Abrede gestellt. Ihre Vorfahren, die Juden der Antike, waren mit der Hoffnung in Jerusalem in den Tempel gegangen, das Angesicht des lebendigen Gottes zu schauen; und Jesaja wie Ezechiel beanspruchten in der Torah, die Gestalt des thronenden Jahwes gesehen zu haben (Jes. 1,1–5; Ezechiel 1).[166] Für das Zeitalter des Talmuds, insbesondere das aggadische Schrifttum, hat uns Louis Ginzberg in seinen *Legenden der Juden* (1908–1913) eine Fülle theomorpher bzw. anthropomorpher Sprachbilder angeführt. Die Gottes-, Engel- und Himmelsbilder enthalten detaillierte Schilderungen und körperliche Ausmessungen.[167] So stehen sich theomorphe Leidenschaft und die Kritik des Kultbildes gegenüber, um dem menschlichen Denken ihre Differenz zu bezeugen und den Streit um Bilder, Bildnis und Kultbild zu befeuern.

Analogia entis und Kritik der Idole

Was sagen autoritative rabbinische Texte zum Bild- und Plastikverbot, wenn sie sich auf den biblischen Kanon beziehen? Ich komme auf jene Stelle im 2. Buch Moses erst später zurück, welche ausführlich berichtet, wie der Mann Bezalel berufen und mit dem Geist Gottes gefüllt wird, um kunstfertige Pläne für den Tempel anzufertigen und Opfergaben in Kunstwerke zur Preisung Gottes zu verwandeln (2 Moses 25,2–8 und 18–20). Ich referiere hier auch jene berühmte Stelle, wo die Fertigung des Goldenen Kalbes den Rückfall in die Idolatrie dokumentiert (2 Moses 32,1–14), nicht ausführlich. Auch der eminente Widerspruch im biblischen Text, der das Sehen Gottes zum Problem der jüdischen wie christlichen Deutung macht, kann hier nur kurz erinnert werden – wenn gemäß *Deuteronomium* Gott am Horeb (Sinai) nicht zu sehen war, während uns das Buch *Exodus* (2 Moses 23,9) erzählt, die Ältesten Israels hätten dort Gott zu sehen bekommen.

Es genügt festzustellen, dass die ausführlichste Diskussion in den frühen rabbinisch-tannaitischen Quellen der späten Antike sich gegen das Götzenstandbild, also gegen die Idolatrie in Gestalt von angebeteten Kultbildern wandte und nicht gegen ästhetische Ausdrucksmittel, denen wegen der Schönheit eine eigene Geltung zukommt. Letzteren, den Kunstwerken, wird in dieser Lesart nur materielle, sprich leblose Qualität zugesprochen und keine das Leben selbst spendende Schöpfung. Dennoch bleibt viel Skepsis feststellbar. Die sehr häufig zitierte Stimme unter den rabbinischen Autoritäten ist eine tannaitische Textstelle aus der spätantiken *Mekhilta de Rabbi Jischmael,* die sich Bildern jeglicher Art abhold zeigt.[168] Während des Mittelalters rekurrieren skeptische Stimmen nicht so sehr auf diese Quelle, vielmehr argumentieren sie, dass die Sitte, Synagogen mit Bildern zu bemalen, vom Gebet ablenke oder dass man gar während des Sprechens der Segenssprüche, bei dem sich die Betenden verbeugen, so tue, als ob man sich vor Bildern verbeuge. Jehuda ha-Chassid im 13. Jahrhundert führt an, dass womöglich Nichtjuden sagen würden, dass die Juden an Bilder glauben. Der große Raschi (Rabbi Schlomo ben Jizchak), die bedeutendste Autorität des Mittelalters in Westeuropa, empfahl im 11. Jahrhundert, den Blick von den Synagogenwänden abzuwenden, sprach sich aber nicht gegen deren Bemalung aus. Die Bilder, die er erwähnt, sind also keine Götzenbilder, es waren Wandbilder mit Motiven, die uns heute auch aus der jüdischen Buchmalerei bekannt sind. Anders gesagt, der Raschi-Kommentar ist eine Loslösung des Bilder-Begriffs von seiner Identifizierung mit dem Götzendienst. Es gab zwar die Vorbehalte gegen plastische Darstellungen, doch die Einwände gegen Malereien in Synagogen und Privathäusern waren sittlicher oder meditativer und nicht halachischer (religionsgesetzlicher) Art, ähnlich den Fragen der Kleidersitten oder des schicklichen Benehmens, die das Mittelalter begleiteten.

Auch Maimonides, die Autorität der mittelalterlichen jüdischen Scholastik, misstraute zwar der idolatrischen Wirkung von Statuen aus Holz, Gips oder Stein, nicht aber gemalten Bildern, die er für erlaubt erklärte. Bilder sind ihm abstrakte Konstruktionen, und Ausgaben der *Mishne Torah,* seiner umfassenden, streng logisch gegliederten Sammlung jüdischer Gesetze, sind durchaus selbst mit Buchmalereien illustriert worden.[169] Maimonides ist in seiner Meinung zu den Bildern übrigens konform mit islamischen Stimmen persischer bzw. schiitischer Provenienz. Vor allem bezog sich seine Grenzziehung auf die Anbetung, nicht auf die figürliche Kunst an sich, es geht ihm um kultische Repräsentation Gottes durch menschliche Medien, wie Moshe Halbertal und Avishai Margalit betonen.[170] Der Sinn des Kultbildverbotes liegt also darin, das Göttliche zu wahren und seine Verdinglichung in der kultischen Nachahmung zu verhindern. Deutlich wird dies auch bei mittelalterlichen französischen und spanischen Gelehrten, wie Rabbi Moses von Coucy und Rabbi Jakob ben Reuben, die auch Statuen als Kunst zuliessen, solange sie nicht als Kultbilder angebetet würden. In Deutschland stellte Rabbi Meir aus Rothenburg in Abrede, dass es mit einem Bilderverbot zu tun habe, ob in Gebetsbüchern auf Abbildungen verzichtet oder nicht verzichtet werde. Es ging ihm, so Katrin Kogman-Appel, um die pädagogische Qualität der Bilder, das heisst, nicht vom Gebet abzulenken, aber auch nicht auf gemalte Bilder zu verzichten, um homiletischen Bedürfnissen des Lernens zu entsprechen, was Illustrationen zuliess.[171] Populäre Textformate wie die haggadischen Bücher, die masoretische Notierung von Vokalen, Zeichen und eben auch zugefügte Bilder enthalten, dienten seit dem Mittelalter dem genaueren Lesen und Lernen. Das kann im weitesten Sinne auch von der Bemalung von

Synagogenwänden gesagt werden, weil sie im Gottesdienst dazu dienten, das gesprochene Wort mit visuellen Darstellungen zahlreicher Symbole und mystischer Anspielungen bedeutsam zu machen.[172]

Zusammenfassend gesagt: Bilder waren Teil der jüdischen Lebenswelt in Antike, Mittelalter und Früher Neuzeit. Sie fanden sich auf Gürteln und auf Sarkophagen, in Synagogen und Wohnstuben, in Gebetsbüchern und Kommentaren, sie dienten der Repräsentation, Verschönerung und Unterhaltung, wie beispielsweise in einem Festsaal.[173] Ein jüdischer Auftraggeber war in der Wahl gemalter Bildmotive weitgehend frei. Wenn solche Malerei überdauerte, gibt sie uns ein Zeugnis davon, wie Bilder das Leben von Juden in Alltag und Kultus begleiteten. Die jüdische Tradition wendet sich hingegen gezielt gegen Totalisierungen, gegen den mit Bildern betriebenen Machtmissbrauch und gegen die suchtmachende Abhängigkeit von einem Kultkonstrukt – sei es ästhetischer, religiöser, politischer oder pornografischer Art. Schönheit als Topos des rabbinischen Denkens ist dann seit dem späteren 19. Jahrhundert und bis heute dahingehend zu verstehen, dass Schönheit der Natur bzw. der Wahrnehmung der Körperlichkeit zum Anlass der vertieften Reflexion über das Verhältnis von Ethik und Ästhetik gemacht wird.[174]

Gegenüber der radikalen Opposition jüdischer wie christlicher Provenienz, die in Zeugnissen, denen sakraler Status zugesprochen wird, nur eine Versuchung oder Sinnestäuschung sehen wollen, führte Abraham Joshua Heschel, eine gewichtige theologische Stimme des 20. Jahrhunderts, ins Feld, es gehe nicht einzig darum, in den Ausdrucks- und Anschauungsformen des Heiligen eine anthropomorphe Qualität auszumachen. Vielmehr und entschieden gehe es darum, die Ergriffenheit, das «heilige Pathos» der Menschen, als *theomorphe* Leidenschaft, wie sie von den Propheten vehement durchlebt und vorgelebt wurde, zu würdigen.[175] Heschels Theologie geht von der fundamentalen Frage aus, ob es möglich sei, Gott zu *sehen,* und kommt in der Antwort zur Gegenfrage, ob es Gott möglich sei, den Menschen zu *sehen*. Denn der Mensch ist demzufolge das einzige Geschöpf, das sich vor Gott verbergen kann, wie es Adam und Eva taten, oder der sich, wie die Atheisten es tun, grundsätzlich abwenden kann. Gott sucht zwar den Menschen, aber es liegt am Menschen, sich zu zeigen und nach Ihm zu fragen, das heisst sich selbst zu offenbaren.[176]

Mit dieser anthropozentrischen Theologie stellt sich Heschel implizit wie explizit eher auf die Seite Hegels und gegen Kant und dessen Skepsis gegenüber aller Metaphysik. Letztlich ist es auch ein Positionsbezug gegen Plato, dem materielle Impulse und empirische Sinne nicht massgebend für Erkenntnis und Lebensmoral galten. Heschel ist die Ebenbildlichkeit Gottes, als *Analogia entis,* qualitativ erst in der sinnlichen, sozial konkreten Erfüllung der Mizwot, das heisst der Gebote durch den Menschen, verständlich, um den Humanismus in der Welt zu nähren. Eben dies wird als ein Co-Working-Space verstanden, der Heschel eine anthropozentrische Theologie überhaupt praktikabel macht, um human zu sein. Poesie und Kunst dienen solcherart als die sinnlichen Ausdrucksformen, mit denen erst die geistige Apathie des Menschen durchbrochen und das Verhältnis zu Gott erfahrbar werden kann.

Anders gesagt, die Frage nach den Gottesbildern ist den jüdischen Autoren und Autorinnen des 20. Jahrhunderts ein Mittel, jenseits von Willkür (wie sie Vergötzung der politischen Macht bzw. die Vergottung des Profanen bewirkt) und jenseits von Vorurteil und Intoleranz (wie sie aus dem antisemitischen Diktum der angeblichen Kunst- und Kulturlosigkeit der Juden spricht),

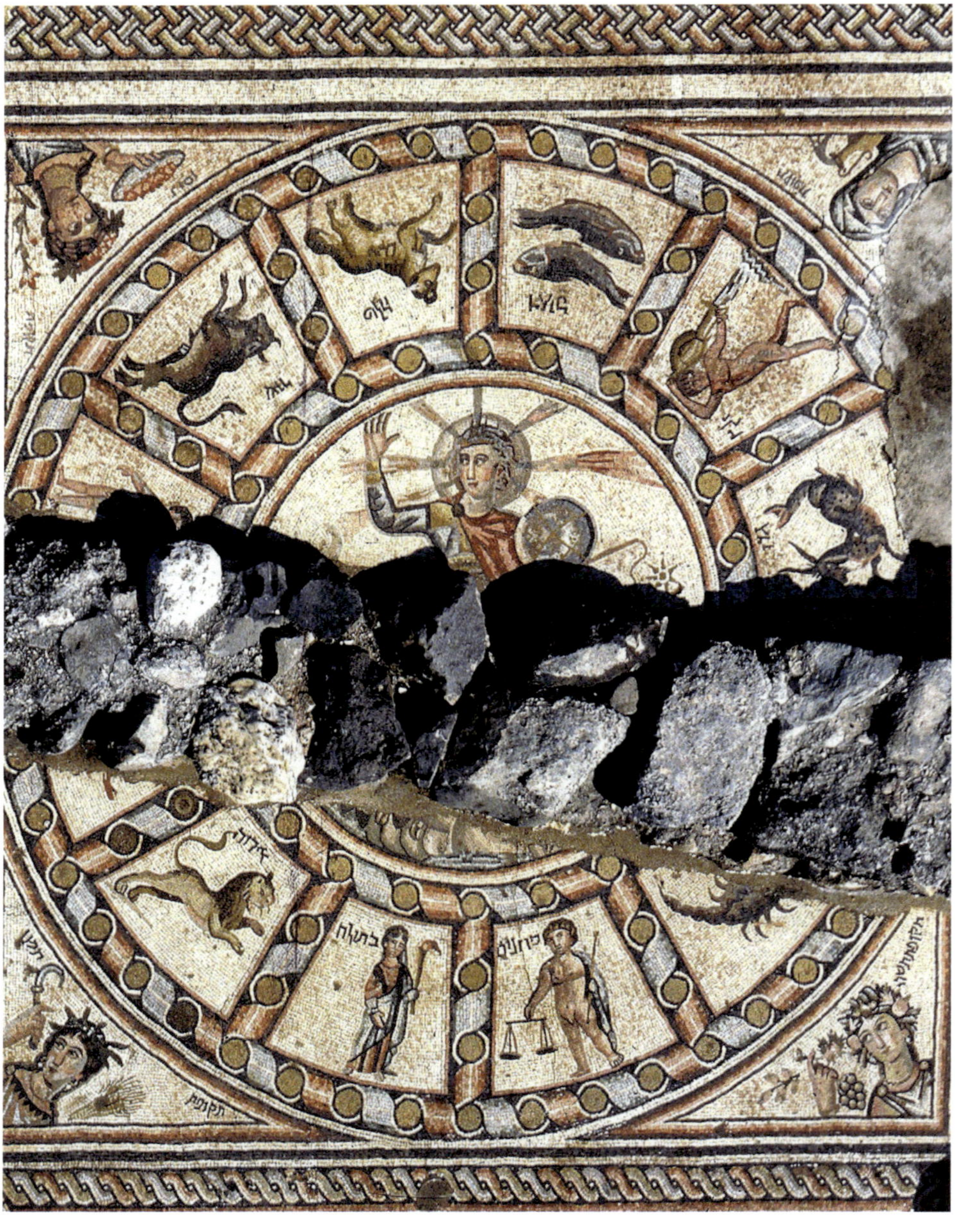

17 Synagoge von Hammat bei Tiberias, 4. Jhdt., mit *Zodiak und Sol-Invictus-Figur;* Tiberias, Israel.

am Heiligen festzuhalten und den ästhetischen wie ethischen Dignitätsansprüchen der schönen Künste gerecht zu werden. Das Kultbild- bzw. Götzenverbot ist hierfür ein Kriterium im Reden mit Gott, nicht aber im Nachdenken über die Gottheit, die durch den Menschen prinzipiell nur unvollkommen erfasst werden kann und deswegen durch Sprache und Bilder ausgedrückt werden muss. Die Unbegrenztheit des Göttlichen einerseits und seine materielle Engführung auf eine Skulptur oder eine bestimmte Örtlichkeit andererseits zeigen das Dilemma in dieser Denkfigur an. Wir werden weiter unten, bei der Schilderung der Freundschaft zwischen Proklos und Gamliel, nochmals darauf zurückkommen.

Nochmals Fundstellen: Sarkophage, Synagogen, Handschriften, Bücher

Wir können heute eine reichhaltige künstlerische Produktion der Kulturgeschichte der Juden heranziehen, um Wissen sowohl über Antike und Mittelalter als auch über Frühe Neuzeit und Moderne zu erhalten. Archäologische Funde aus der Zeit vor der Zerstörung des Zweiten Tempels und ebenso Bildmotive auf Sarkophagen und in Katakomben (Abb. 15, weiter oben), auf Synagogenböden oder Glasschalen der späteren Zeit zeigen nicht nur ornamentale oder tiersymbolische Motive, sondern auch biblische Szenen und ausserbiblische Figuren wie den römischen Sol Invictus – diese merkwürdige und populäre Fusion aus dem griechischen Helios und dem altpersischen Mithraskult – in einer Synagoge bei Tiberias.[177] Immerhin hatte der Prophet Maleachi von der aufgehenden «Sonne der Gerechtigkeit», deren Flügel denen Heil bringe, die bündnistreu bleiben, gesprochen (Maleachi 4, 3,20). Die anthropomorphe Sprechweise ist auch figürlich an der Hand Gottes sichtbar, auf dem Mosaik in der Synagoge Beth Alpha weist sie in der Szene der *Akedat Yitzhak* (Opferung Isaaks; 1 Moses 22,1–19) Abraham den Weg in ein neues Opferverständnis, das den freien Willen und die Menschenwürde postuliert.[178] Die antike Synagoge war also ganz und gar nicht bildlos, die Hebräische Bibel kannte kein diesbezügliches Bilder- oder Kunstverbot (Abb. 17 und 18).

Auch die spätere exilische Zeit nach dem Ende des Jerusalemer Tempels kennt durchaus die Visualisierung anthropomorpher Aspekte, die mit Gottes Erscheinen zusammenhängen. Seit dem 13. Jahrhundert gibt es ausgereifte Illustrationen zum Pentateuch, wobei eingeschobene Targum, Megillot und Haftarot jeweils Anlass zu Bebilderungen ausgesuchter Themen boten. Gleiches gilt auch für Haggadot, für die Erzählbücher über den Auszug aus Ägypten, deren Bildteile zum Beispiel zeigen, wie Gott während des Wüstenzuges das Mana vom Himmel fallen lässt.[179] Die hebräischen Handschriften sakrosankter Texte des Mittelalters scheinen stilmässig den Codices picturati vergleichbarer Gattungen der lateinisch-christlichen Kultur zu entsprechen. Jüdische Lehrliteratur ist nach dem verbreiteten Typus der Bilderhandschriften des späteren Mittelalters illustriert worden. Auch alltäglich-profane Motive figurieren in antiken Darstellungen, so in dem von den israelischen Archäologen Miriam Avissar und Elie Haddad ausgegrabenen Mosaik von Lod, das wohl zum Haus eines Reeders oder Händlers gehörte. Fischerszenen und zwei Handelsschiffe sind auf dem Mosaik im sizilianischen Stil zu sehen, im zentralen Medaillon auch Tiere, nicht aber der typische Orpheus oder Bacchus, was auf einen jüdischen oder christlichen Besitzer verweist.

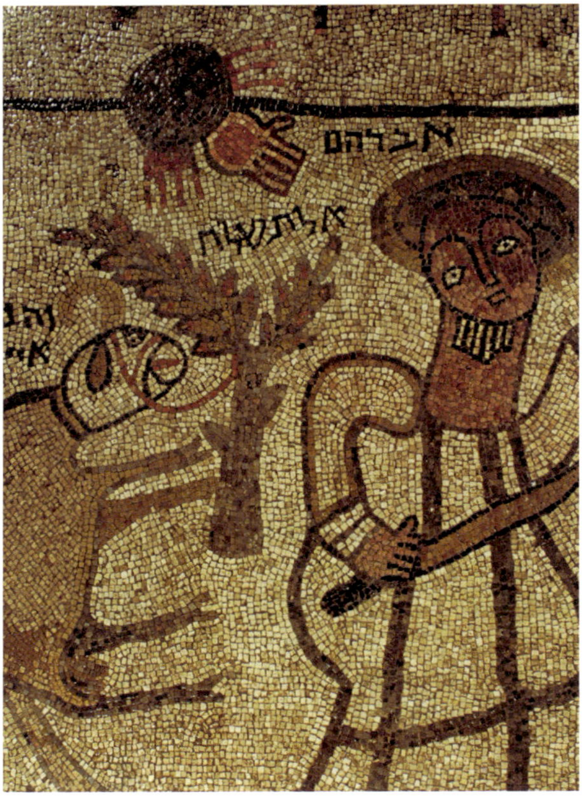

18 Synagoge Beth Alpha, *Opferung Isaacs (Akedat Yitzhak)*, 6. Jhdt., Detailansicht mit der Hand Gottes; The Israel Museum, Jerusalem.

Für die Frühe Neuzeit sind die von den russisch-jüdischen Künstlern El Lissitzky und Issachar Ryback um 1910 aufgenommenen Decken- und Wandmalereien in Holzsynagogen im Dnjepr-Tal (Abb. 19) zu nennen, mit ihrer bunten Welt aus biblischen Gestalten, Tieren und paradiesischen Fabelwesen, die im 19. Jahrhundert als Motive der jüdischen «Volkskunst» oder als Votivfiguren des Chassidismus gedeutet worden sind.[180] Dasselbe gilt im aschkenasischen Kulturraum für die Innenräume von Synagogen von Deutschland bis in die Ukraine, etwa im schwäbischen Unterlimpurg (Abb. 23) oder in dem zwischen Lemberg (Lwiw) und Czernowitz gelegenen Chodorov, beide mit Bemalungen auf Holztäfer aus dem frühen 18. Jahrhundert, die vor Zerstörung während des Zweiten Weltkrieges bewahrt bzw. rekonstruiert wurden und ein reichhaltiges Bildprogramm aus Vögeln, Säugetieren, Ranken und Symbolen zeigen.[181] Bemerkenswert ist auch, dass figürlich geschnitzte und bemalte Torahschreine aus dem 17. Jahrhundert nachweisbar sind. Die Inschrift auf den beiden Türflügeln des Schreins in der Bocian-Synagoge in Krakau (Abb. 20) zeigt ein psychologisches Verständnis, wie es sich in der Frühen Neuzeit mehr und mehr durchzusetzen begann, um den Willen zum Glauben zu stärken: «Sei stark wie ein Leopard, leicht wie ein Adler, schnell wie ein Hirsch und stark wie ein Löwe» (*Sprüche der Väter, Pirke avot,* 5,23). Diese theo-

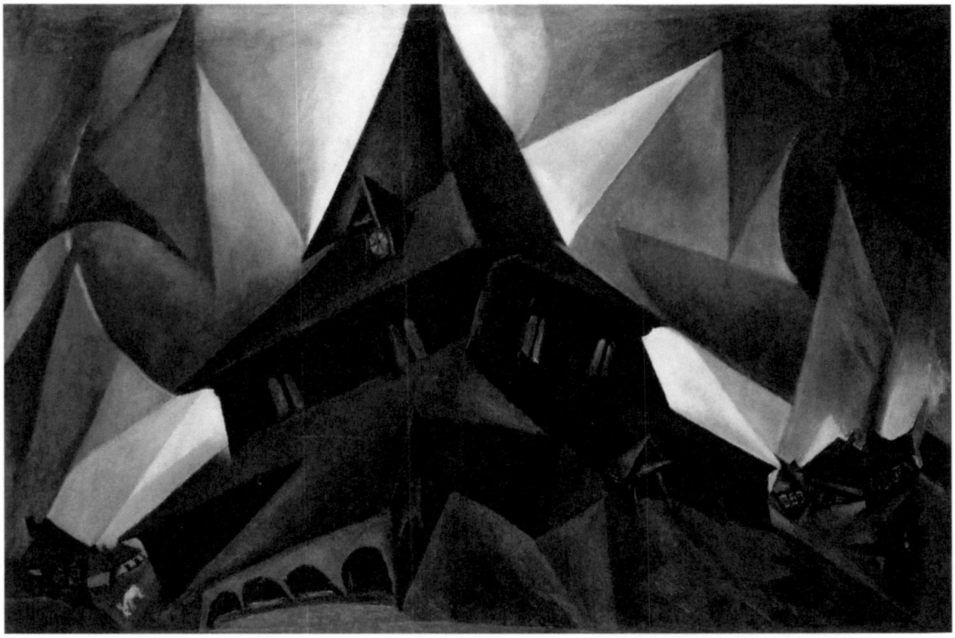

19 Issachar Ber Ryback, *Die Synagoge von Mohilev,* 1917, Öl auf Leinwand, 146 × 97 cm; Tel Aviv Museum of Art.

psychologische Wende, wie sie sich in Tiermotiven besonders zeigt, ist im 18. und 19. Jahrhundert und teilweise auch bereits früher an weiteren Ausgestaltungen in Innenräumen von Synagogen in Osteuropa und im Raum des Schwarzen Meeres ikonografisch ablesbar, so auch an den Vorhängen von Torahschreinen und -mänteln (Abb. 21).

Was für die von Transformationen geprägten Entwicklungen vom spätantiken und mittelalterlichen Judentum hin zum frühneuzeitlichen Judentum gesagt wurde, gilt damit für das Aufkommen des Chassidismus vom späteren 17. bis ins frühe 20. Jahrhundert. Die von chassidischen Meistern gestalteten Manuskripte und rituellen Objekte und die enorme Entfaltung der jüdischen Volkskunst in Ost- und Südeuropa bezogen ihre Legitimierung der Inhalte, Formen und künstlerischen Vorstellungen von kabbalistischen Quellen wie dem Zohar, den Mystikern aus dem Umfeld von Safed sowie dem jüdischen Pietismus in Deutschland. Zwischen scheinbar einfacher Volkskunst und komplexen konzeptionellen Anschauungen stehend, die visuell eigene Symbole und Formen hervorbrachten, verweisen diese Zeugnisse darauf, dass soziale und religiöse Erfahrungsaspekte wie das Ritual bedeutsam waren und auch in künstlerischen Darstellungen weitertradiert wurden. Die chassidischen Meister konnten sich auf biblische Zeiten und Orte berufen, vorab auf die Stiftshütte und den Tempel, deren genauere und vorstellbare Beschreibungen der künstlerisch gestalteten Ritualgegenstände und des Tempelinnern weiterhin in der Mischna und im Talmud tradiert worden waren. Als visuelle Orte galten sie den späteren chassidischen Meistern als «Otot ha-Brit», als sichtbare «Zeichen des Bundes», die weiterhin wesentlich für die massiv gewandelte Traditionsbildung während der Frühen Neuzeit waren.[182]

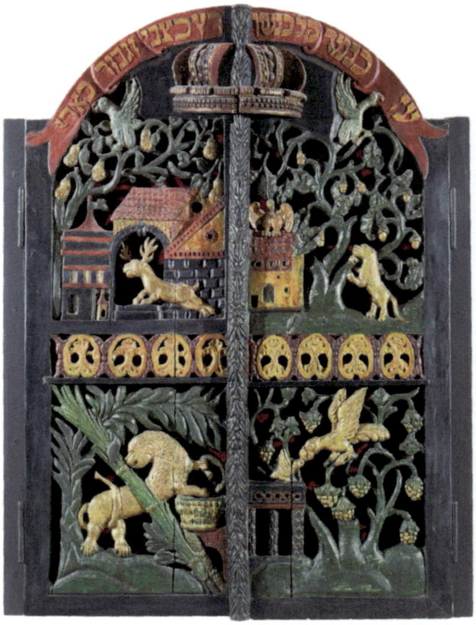

20 Torah-Schrein, Butzian Synagogue, Kraków, Polen, Holz, geschnitzt und bemalt, 130 × 96 cm; Sir Isaac and Lady Edith Wolfson Museum, Hechal Shlomo, Jerusalem.

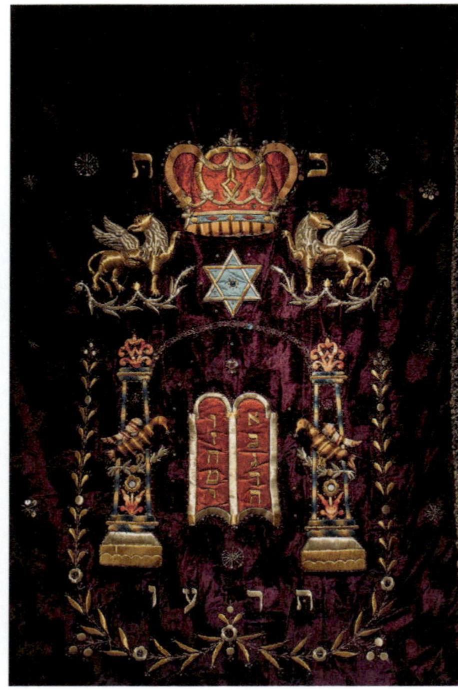

21 Vorhang zum *Torah-Schrein,* 19. Jahrhundert, 190 × 140 cm; Georgisches National Museum, Tbilisi, Georgien.

Sechste Leinwand: Schöpfung, Stiftshütte, Tempel

Von paradigmatischer Bedeutung für alle diese Wandlungen und disputierten Lesarten bleibt die in der jüdischen Traditionskette stets vorherrschende Verknüpfung zwischen der Schöpfungserzählung (1 Moses 1,1) und der Ausgestaltung der Stiftshütte (2 Moses 25,9). Der kosmogonische Mythos der *Genesis* wird in *Exodus* verknüpft mit dem Monotheismus der Treue, der thematisch das Vertrauen *(emuna)* auf Gott und, gegenteilig, auch den Abfall in die Idolatrie umreisst. Der Eröffnungsvers in der *Genesis* ist einzigartig, er setzt mit der Schaffung des gesamten Universums das Grundmuster der weiteren Schöpfungsakte. Dieser *Blueprint* des Lebens, der *tavnit,* prägt das Geheimnis, aus dem gemäß den biblischen Schriften (Sprüche Salomos 3,19–20) wie der rabbinischen Deutung alles Kreatürliche zwischen Himmel und Erde hervorgeht. Dasselbe Grundmuster, *tavnit,* soll auch die Ausgestaltung der Stiftungshütte, die unter der Leitung des von Gott künstlerisch begnadeten Bezalel (2 Moses 35,31) steht, bestimmen und wird Moses als Geheimnis der Schöpfung offenbart, nach dessen Muster die Stiftungshütte und später der Jerusalemer Tempel und ihre Gefäße künstlerisch auszugestalten sind. Die Beschreibung des Stiftszeltes erscheint als zweite Schöpfung, die mit der Geschichte des

Goldenen Kalbes als einem zweiten Sündenfall korrespondiert und kontrastiert, auf welchen dann am Sinai die Bundeserneuerung folgt. Im rabbinischen Denken wird diese historisch aus der Priesterzeit stammende Verknüpfung von Schöpfungswerk, Bundestreue und Stiftszelt als architektonischem Gefäß weiterhin erinnert – als exegetische Bezugnahme von Transzendenz und Kunstschaffen, die im Bauen des Tempels und dem darin stattfindenden Ritual der Erneuerung Gestalt annimmt. Der *tavnit* prägt später so auch die Merkmale des Gedenkens an den zerstörten Tempel. Es ist gleichsam das ästhetische Design des Gottesbundes mit dem Volk, das diesen Bund damit in der Erinnerung bewahrt. Wir haben es also beim Jerusalemer Tempel bzw. der Stiftshütte mit einer Kosmologie zu tun, die sich in der Hebräischen Bibel *performativ* äussert. In den jüdischen Quellen werden die Stiftshütte und ihre Gefäße sowie die Rituale des Tempeldienstes als kosmische Ausgestaltung oder als zeichenhafte Anspielungen auf die Schöpfung verstanden, wodurch die oberen und unteren Sphären der gesamten Welt als mit der göttlichen Offenbarung der Stiftshütte verbunden erscheinen und ein Muster offenbaren.

Die biblischen Beschreibungen, wie die Stiftshütte und später das Innere des Tempels visuell-räumlich gestaltet werden sollen, sind in der nachpriesterlichen *Exodus*-Schrift sehr genau. Die beiden figürlichen Cherubim auf der aus Gold gefertigten Stiftshütte bildeten mit ihren ausgebreiteten Flügeln einen offenen Raum, in dem sich die *Schechina,* die göttliche Präsenz, niederlassen und so mit den Kindern Israels wandern und weilen würde. Die figürlich genaue Beschreibung der Stiftshütte im zweiten Buch Mose, das gleichzeitig gebietet, sich keine plastischen Figuren zu machen (2 Moses 20,2–3), bietet uns hier also die klassische Paradoxie, wie zwei divinatorische Botschaften aufeinander- und zusammenstoßen. Die aus dieser Kollusion resultierende Vorstellung, dass diese Cherubim keine figürlich-plastischen Bildnisse darstellen würden, obwohl sie es unverkennbar sind, basierte auf der Idee eines *leeren* Raumes zwischen den ausgebreiteten Flügeln, dem ausschliesslich göttliche Präsenz zukam.[183] Der Leerraum – der eigentliche Anlass des *tavnit,* des Blueprints – gab auch das Modell zur Gestaltung des Jerusalemer Tempels ab. Indem der Priester sich Stufe für Stufe diesem Sanktuarium (היכול, *heichal*) näherte, ohne aber das Heilige im Heiligen (דביר, *dvir*), das diesen Leerraum repräsentierte, zu sehen bzw. zu betreten, schloss sich rituell der theologisch gedachte Kreis von Genesis und Offenbarung und damit die Aufrechterhaltung der Zukunft Israels.

Die in der biblischen und rabbinischen Phraseologie enthaltende Verknüpfung zwischen Weltschöpfung und Stiftshütte bzw. Jerusalemer Tempel mit der gleichzeitig implizierten Verheissung einer Heilsgeschichte an Abraham hat ihren visuellen Niederschlag in den Mosaikböden spätantiker Synagogen im Land Israel und in den Illustrationen mittelalterlicher Texte der Diaspora gefunden.[184] Sie traten als Substitute und durch künstlerische Anschauung anstelle des zerstörten Tempels. Die Synagogen von Hammat Tiberias (4. Jahrhundert) und von Beit Alpha (6. Jahrhundert) zeigen auf ihren Mosaikböden den Tempel bzw. die Stiftshütte mitsamt den heiligen Gefäßen (Abb. 22) und erinnern ihn als primordiales Symbol der Schöpfung. Auch während des vergeblichen Bar-Kochba-Aufstandes in den Jahren 132 bis 136 während der Herrschaft Hadrians wurden auf Prägemünzen der Tempel und seine Gefäße ein letztes Mal als Zeichen einer gewaltsam herbeizuführenden, messianisch aufgeladenen Restitution staatlicher Existenz und des zerstörten Heiligtums gezeigt.

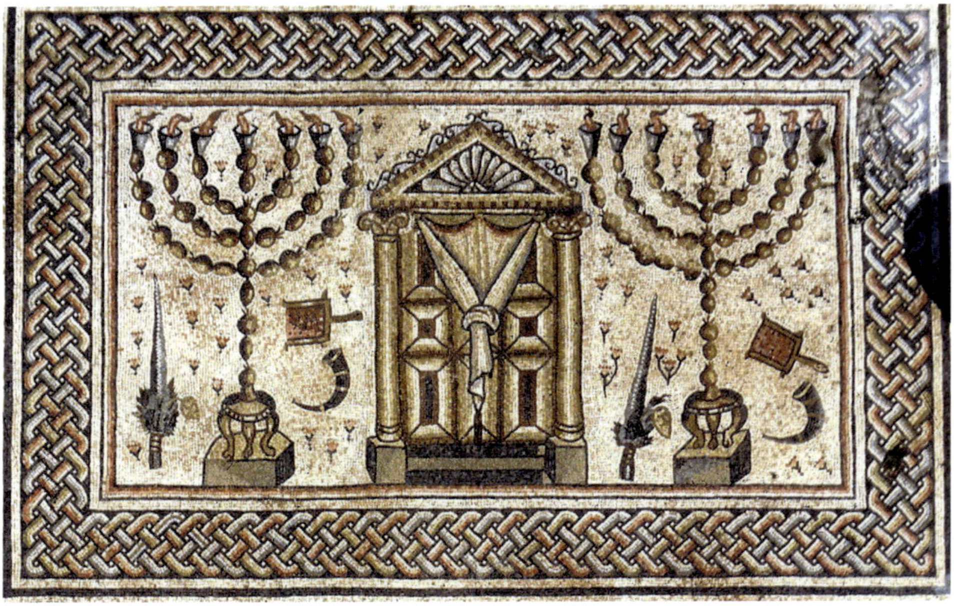

22 Synagoge vom Hammat Tiberias, Mosaikboden, 4. Jhdt., mit Tempel und heiligen Gefässen; Tiberias, Israel.

Der Tempel wurde nun aber fortan durch den Schrein ersetzt, der die Schriftrollen der Torah enthält, deren Mantel durchaus figürlich verziert sein konnte. In rabbinischen Erzählungen oder allegorischen Deutungen, wie Philo von Alexandrien sie populär gemacht hat, spiegelt sich dieser Sachverhalt bezüglich der transzendenzorientierten Kunstliebe, die aus der Verknüpfung von Weltschöpfung und Stiftshütte bzw. Tempeldesign ihren Schaffensdrang für die Zukunft beziehen konnte. Die Torah wurde zur – wie das von Heinrich Heine abgewandelte geflügelte Wort lautet – «portativen Heimat» eines exilierten Judentums, deren Träger sich in der Diaspora durchaus heimisch fühlten. Einst sollte der Gottesdienst im Tempel «im buchstäblichen Sinne zur Erhaltung der Welt beitragen», wie Zwi Taubes formuliert, um «das kosmische Gleichgewicht im Sinne des Schöpfungsberichtes der Genesis herzustellen»; dazu ist dann die Synagoge der «neugeschaffene Rahmen zur Verwirklichung der messianischen Sehnsucht», dabei das welterlösende Prinzip jedoch die Torah, um die «Harmonie in das Leben zu bringen» und durch das Studium ihrer Gebote «die gebundenen Kräfte, die in der Schöpfung gelegen sind, zu befreien».[185] Den legendären Verzicht des Rabbi Jochanan Ben Sakkai, einst beim römischen Kaiser angeblich den Wiederaufbau des Tempels nicht zu erbitten und stattdessen ein Lehrhaus einrichten bzw. eine Synagoge ausgestalten zu können, erkannte Sigmund Freud als *res gestae,* als bedeutsame Geste, die das Weiter- und Überleben erst gesichert habe. Erst durch die Zerstörung des Jerusalemer Heiligtums habe das «unsichtbare Gebäude» des Judentums erbaut werden können.[186]

Und so erst, könnte man Freud spekulativ ergänzen, dürfte auch das Christentum im Römischen Reich Legitimität und dauerhaften Bestand erhalten haben, den es vielleicht bei einem Weiterbestehen des Jerusalemer Tempels so nicht hätte gewinnen können. Wie auch immer, hier sei vermerkt, dass die Verknüpfung von Genesis und Stiftshütte bzw. Tempeldesign auch prägend für das orientalische Christentum geworden ist, indem das Christusgeschehen auf die Schöpfung, auf einen Ursprung bezogen werden konnte und solcherart in den byzantinischen Ikonen diese Idee visuell präsent gemacht und erinnert wurde. Jedenfalls spielte in der Auseinandersetzung zwischen Juden und Nichtjuden das mit Kunst ausgestatte Stiftszelt durchaus eine Rolle. Der Deckel der Bundeslade, auf den der Jerusalemer Hohepriester am großen Versöhnungstag rituell das Blut geschlachteter Tiere als Sühne- wie Brandopfer sprengte, um das verunreinigte Heiligtum von den Sünden des Volkes zu reinigen (3 Moses 16, 1–34), wird in der griechischen Bibelübertragung der Septuaginta als «Gnadenort», als *hilastêrion* bezeichnet. Bereits Paulus gab den Tod Jesu Christi als Sündenreinigung «in seinem Blut» (Römer 3, 25; Hebräer 9,5) aus und erhob damit die «Gnade» zu einem Referenzbegriff der christlichen Theologen späterer Zeiten. In dem anonym verbreiteten Werk, das unter dem Titel «Christliche Topografie» in Antiochia und darüber hinaus kursierte, erschien dann der an die Genesiserzählung adaptierte Tempel eng verknüpft mit der Wiederkehr des Christus, mit der Parusie also.[187] Dies bildete auch die Brücke zur Vorstellung des Jüngsten Gerichts, das dieser Parusie vorangehen würde.

Für Judentum wie Christentum, das heisst für beide sich in der Spätantike allmählich ausdifferenzierenden Kult- und Denkgemeinschaften, ist der Zusammenhang zwischen Schöpfung und Stiftszelt zweifelsohne eminent und das bedeutsame Grundmuster – der *tavnit,* der *Blueprint* – gewesen. Mit der Zerstörung des Jerusalemer Tempels wurde der verknüpfte Zusammenhang von Schöpfung und Stiftshütte endgültig auf den umbauten Raum der Synagogen und Kirchen übertragen, auf jene kunstvoll erbauten Substitute, die gleichsam als ästhetisierte Tempelminoritäten fungierten und visuell über die Jahrhunderte entsprechende Kunststile hervorbrachten. Weit mehr ist im Judentum aber das Lehrhaus, das *Beth Midrash,* zum Ort der Ausstrahlung geworden, um den geistigen Zusammenhang zwischen Schöpfung, Stiftszelt und *Galut,* dem Exil, als Kontinuität des Bundes kenntlich zu machen.

Die Vorstellung der Stiftshütte bzw. der Bundeslade, so muss abschliessend vermerkt werden, unterschied sich von Tempel, Kirchen und Synagogen in einem entscheidenden Aspekt: Jahwe, der fremde Gott aus Midian, der sich in der Erzählung über den Auszug aus der Sklaverei am Sinai offenbart hatte und danach mit seinem Wahlvolk durch die Wüste zog, war und blieb ein Wandergott, der nicht an einen heiligen Ort mit Sakralbau gebunden war. Ihm dabei allzu nahe zu kommen, konnte, wie den Söhnen Aarons beim Bau der Bundeslade geschehen, tödlich verlaufen (3 Moses 10), und auch Uso brach tot zusammen, als er beim Transport der Lade von Kirjat Jearim nach Jerusalem die Lade vor einem Sturz vom Gefährt zu bewahren suchte und sie anfasste (2 Sam. 6,6–8). Die Botschaft: Auf Distanz zu bleiben und sich von jeglicher Gottheit fernzuhalten ist ein Gebot der Vorsicht und Vernunft (4 Moses 4,15). In der Vorstellung der hebräischen Kultur aber zog dieser ferne, unberechenbare Gott mit seinem Volk auch ohne Tempel oder Stiftshütte ins Exil, zuerst an die Wasser von Babylon, dann in die Weiten des Römischen Reiches und weiter in den Westen. Dass dieser unfassbare Gott in Bewegung blieb und einzig durch das Prinzip der Bewegung verkörpert erschien, macht die Bundeslade gerade *nicht* zu einem Tempel und nicht zu einem gefestigten Bild, die dem Prinzip des umbauten Ortes wie beispielsweise einer Synagoge verpflichtet gewesen wären. Beim Neubau des Zweiten Tempels

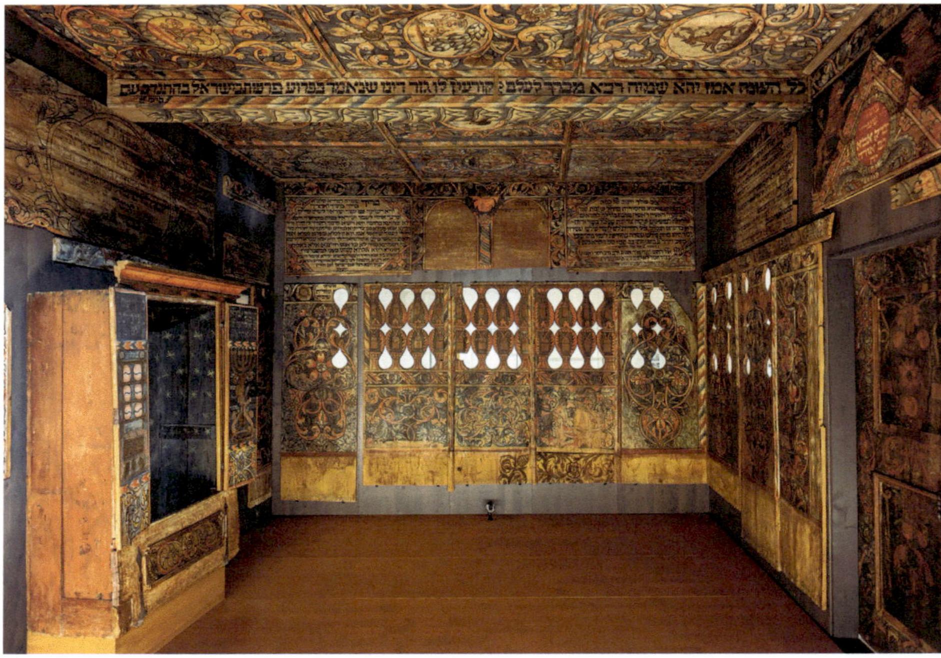

23 Landsynagoge Unterlimpurg, Schwäbisch Hall, 1738, Vertäfelung mit Ausmalung durch Elieser Sussmann ben Salomo Katz aus Brody, Polen; Hällisch-Fränkisches Museum, Schwäbisch Hall.

nach der Rückkehr aus dem babylonischen Exil verzichtete man jedoch auf die Herstellung einer neuen Lade oder eines anderweitigen Kultgerätes, das sie ersetzt hätte. Auf Gottesstandbilder und später im Exil auf einen Tempel als ortsgebundene Wohnstätte Gottes zu verzichten, hatten die Hebräer in einem längeren Anlauf ihrer Geschichte gelernt. Den Tempel wieder von Neuem zu errichten, käme aus der Perspektive einer modernen jüdischen Theologie und Anthropologie der Götzendienerei gleich. Kunst hingegen war dagegen gleichsam geliehenes Zierwerk, die Autonomie ihrer Schönheit war allein durch menschliche Innovation, nicht aber durch das Fluidum eines göttlichen Geistes zu beseelen.

Nicht frei von Verführung: Text, Textolatrie, Idolatrie

Die intellektuelle Mär vom absoluten und so kunstfeindlichen Bilderverbot und kulturellen Unvermögen des Judentums kann als erledigt gelten, selbst wenn sie im Gleichschritt mit der Rede von der «entarteten Kunst» den Antisemiten und Nationalsozialisten dazu diente, Juden und Judentum zu desavouieren und den Raub von Kulturgütern aus jüdischem Besitz zu legitimieren.[188] Was nachzuführen bleibt ist die Beobachtung, der Text selbst bzw. die Sprache sei keineswegs erhaben und frei von anthropomorphen Sprachbildern. Die von Louis Ginzberg paraphrasierten Stellen aus dem Talmud, die anthropomorphes Reden über Gott, Engel und

Himmelswelten dokumentieren, haben wir bereits erwähnt. Alttestamentliches Reden von der Hand oder noch öfters den Füssen Gottes zeigt, dass sich körperhafte Symbolisierungen des Heiligen durch biblische und nachbiblische Textstellen ziehen.[189] Denn der von Gott handelnde Text bedarf der kreatürlichen Bilder, die der menschlichen Rede eigen sind.[190] Wenn die anthropomorphe Gestalt Gottes in Sprachbildern nicht dazu führt, dass liturgische oder künstlerische Performance in den Kultus überspringt, bedeutet dies nicht, dass deswegen figürliche Sprachbilder nicht möglich wären. Es bedeutet hingegen, dass es sehr verschiedene Imaginationen und Deutungen der Körperlichkeit in den jüdischen Traditionen gibt und dass die Funktion visueller Kunst oder poetischer Rede wie jede andere Form der künstlerischen Betätigung hochgradig reflektiert werden will, weil sie stets auch eine Vermittlung und Verkörperung von Wertvorstellungen ist. Dieser Anspruch gilt also auch gegenüber dem schriftbasierten Text. Die Mitteilung in Schriftform, die evolutionsgeschichtlich nicht mehr Bilderschrift ist, trägt unzweifelhaft anthropozentrische Gestalt in der Rede über Gott.

Gegen die buchstabengläubige Vorstellung, der Kanon oder ein anderer Text sei rigoros frei von sprachlichen Bildnissen und deswegen gleichsam heilig, ist zur Genüge eingewendet worden, dass eine solch fixierende Behauptung letztlich «Textolatrie» sei, das heisst eine buchstabengläubige Idolatrisierung eines nackten Textes, der nicht durch lebendige Traditionen immer wieder neu bekleidet, sprich in andere oder auch neue Kontexte gesetzt wird. Das Judentum, auch wo es messianisch gestimmt bleibt, wie gerade die Modernen wie zum Beispiel Walter Benjamin wissen, glaubt nicht, dass sich die Dinge der Welt so offenbaren, wie sie wirklich sind. Erst das Kommen des Messias wird uns die Wahrheit der Welt vor Augen führen. Solange der Messias seine Ankunft hinauszögert, kann man der Erscheinung der Dinge nicht trauen. Zu vertrauen ist allenfalls dem Buch, dem Text, dem Wort, das die Ankunft des Messias in der Welt verheisst. Aber auch der Text ist stets dem Verdacht der Idolatrie ausgesetzt und die Buchstaben sind, so das Privileg des Menschen, aufhebbar, zumindest aber deutungsbedürftig. Für das Judentum ist alles in der Welt brüchig, unbegründet und vergänglich, auch wenn der Text bis zum letzten Tag scheinbar Verlässlichkeit bietet, ohne als Idol angebetet zu werden.[191]

Klassische Referenzstelle ist hier Moses, der im biblischen Narrativ in einem furiosen Akt die Tafeln, die durch Gottes Finger beschriftet wurden, zerbricht. Nun muss Moses die zweite Auflage dieser Tafeln schon selber meisseln, ohne dass dies nochmals durch Gottes Finger selber geschähe. Das Zerbrechen der Tafeln, als Teil der narrativen Religionskritik an Götzenbildern (das «Goldene Kalb»; 2 Moses 32,1–29), wird in der Lektüre respektierter Rabbiner und Philosophen als Absage an die unangemessene Zusprechung von Heiligkeit *(kedusha)* an das Tafelwerk gedeutet. Gegenstände und Orte, die von den Menschen für «heilig» gehalten werden, es aber ontologisch nicht sind, weil sie von ihnen gefertigt wurden, können auch der Jerusalemer Tempel oder die Buchstaben und die Schriftrollen der Torah selbst sein. Meir Simcha haKohen von Dvinsk, eine rabbinische Autorität des 19. und frühen 20. Jahrhunderts, deutete die diesbezügliche Verehrung aller Objekte als Götzendienst. Nur Gott selbst komme Heiligkeit zu, und erst die Einhaltung der Mizwot, das heisst universal gesprochen das ethische Handeln im Alltag, gebiert die Möglichkeit, von dieser Kedusha einen Abglanz in der immanenten Welt zu bewahren oder herzustellen. Der orthodoxe israelische Philosoph Yeshayahu Leibowitz hat seit den 1940er Jahren als Kritiker eines falschen religiösen Zionismus diese Argumentation auf eine Heiligsprechung biblischen Landes oder der Stadt Jerusalem bezogen. Beim Torah-Kommentar (2 Moses 31,18) des Rabbi Meir Simcha haKohen geht es indes um das Paradox des geschriebenen Wortes, das, obwohl selbst «durch den Finger Gottes geschrieben», durch das Fehlverhalten der Menschen von einem lebendigen Wort in eine götzendienerische Entleerung umschlagen kann.[192] Nichts, auch nicht der angeblich heilige Text, ist inhärent schon wirklich heilig.

Das Erbe ist kein Fetisch, und das gilt also auch für den heiligen Text selbst, der mit Autoritätsanspruch auftritt, aber kritisch befragt werden soll. Der Macht des Wortes und seiner Täuschung bringen jüdische Bedenken ein vielleicht noch grösseres Misstrauen entgegen als der sichtbaren und fasslichen Welt der Bilder. Der Text soll nicht zum Kult, zum Götzendienst werden, vielmehr entfaltet er sein Potenzial nur durch lebendige, kritische Deutung und diskursive Dissidenz. Auch die geistige Versenkung in den heiligen Text selber wird als menschlicher Makel betrachtet, wenn sein Studium dazu führt, dass der die Torah Lernende das Wimmern eines Säuglings überhört und ihn nicht zu beruhigen sich anschickt – wie eine chassidische Erzählung diese ethische Haltung exemplarisch zum Ausdruck bringt.[193] Denn das Leben, das empirische Dasein der Seele, ist ein schlichtweg hohes Gut, über das weder das Studium heiliger Texte noch die Betrachtung von verehrungswürdiger Kunst erhaben sein kann. Für die Figur des Zaddik in Chaim Potoks Roman *Mein Name ist Ascher Lev,* in welchem der Rabbi dem Maler seinen Segen erteilt, ist das Bilderverbot überhaupt kein Thema, geschweige denn ein Hindernis für die künstlerische oder literarische Produktion, sondern die Grenze liegt weit mehr in der Frage, ob mit irgendeiner schriftstellerischen oder künstlerischen Tätigkeit menschliches Leid in Kauf genommen oder der Betrachter in seiner menschlichen Würde verletzt wird.[194] Anders gesagt, die Fragen zum Götzenbild als Larve, als kultisches Zeichen sind mit Blick auf die Würde der Kreatur auszuloten, sei es für die Torah und die Poesie, sei es für die Bildkunst, und erst recht für das Reden und Tun im Alltag.[195]

So wenig wie das Bild oder die Schrift ist also auch das Sprechen an sich frei von der menschlichen Verführung. Beide sind sie befreiend und verzerrend zugleich, sprich: Darstellungen von Wirklichkeit, die bezüglich ihrer Grenzen stets geprüft und befragt werden müssen. In der jüdischen Neuzeit richtete sich dieses Bestreben auch gegen religiöse Traditionsbestände, doch schreibt jede Auflehnung eben die Tradition auch fort. Wie Johann Gottlieb Fichte glaubten viele Moderne, namentlich Gershom Scholem als Zionist, die normative Kraft der Sprache sei das definierende Kriterium der Nationen, dieser neuartigen Errungenschaft einer revolutionären Neuzeit. Ihnen setzten Chagall und weitere jüdische Künstler die Malerei entgegen, sei es als kosmopolitisch, sei es als nationaljüdisch gedachtes Projekt, aus dem ein Kern der jüdischen Überlieferung nunmehr durch Bilder sprach, die weit mehr als nostalgische Rückschau sein wollten.

JENSEITS DES ABSENTEN

Verschiedene Autoren, jüdische wie nichtjüdische, haben sich in einer Hermeneutik der Bilder von Barnett Newman und Mark Rothko versucht und dabei, implizit oder explizit, einen «ikonoklastischen» Zugriff auf deren Werke vorgeschlagen. Irving Sandler und Robert Pincus-Witten etwa begründen ihre Deutung von Rothkos Abkehr von der figurativen Malerei mit dem monotheistischen Bilderverbot, und auch Jean-François Lyotard postuliert ein Idolatrieverbot, das seinen höchsten Ausdruck in einer bildenden Kunst finde, die letztlich nur leere weisse Leinwände zeige.[196] Diese hermeneutische Stossrichtung bedarf kritischer Einschätzung.

Theologisierte Ästhetik: Semantik des Bildes als leere Leinwand

Lyotard will mit seiner Metapher der leeren weissen Leinwand jegliche Nähe zwischen Jüdischem und Christlichem verneinen, weil die absolute Transzendenz des Unendlichen sich nicht mit der figürlichen Inkarnation Gottes in Christus in Übereinstimmung halten lasse. Das passt gut auch zu Martin Bubers frühem – heute widersprochenem – Diktum der reinen Inkarnationslosigkeit des Judentums, wenn er ein jüdisches Bildverbot auszumachen meinte, weil nur dies den Gedanken an eine leibhaftige Ikone Gottes ausschliesse. Im Werk von Barnett Newman wird gemäß Lyotard diese Inkarnationslosigkeit paradigmatisch bezeugt, indem das Kunstwerk auf das undarstellbare Ereignis verweise, auf die Abwesenheit des Sichtbaren, auf eine theologisch fundierte Ästhetik des Undarstellbaren. Durch ein potentes Absolutum würden so im Weiss alle Farben des Spektrums aufgehoben. Das leere Bild, die «unbemalte Leinwand», das absolute Weiss müsste – kritisch betrachtet – in dieser Dichte dann aber in alle Richtungen zu Manifestationen des Werdens führen und wieder, wie bei Hegel, mit seinem Bilderverbot in der Ästhetik des Erhabenen zu Ende kommen.

Soll also der innerste Augenblick der Kunst – symbolisch repräsentiert in der leer gelassenen Leinwand – zu einer radikalen Epiphanie erklärt werden? Ästhetische Kritik schlüpft hier, um einen Ausweg aus der ontologischen Sackgasse zu finden, in das Gewand des Theologischen.[197] Doch solche Deutungen transportieren nicht nur eine kaum reale Entkoppelung der jüdischen Theologie der – weiblich gedachten – Einwohnung Gottes in die Welt von der christlichen Lehre der – männlich gedachten – Inkarnation Gottes in Jesus Christus. Vielmehr unterlegen sie durch ästhetische Argumentation eine christliche Inkarnation in Kontrast zu dem sich angeblich Bilder verwehrenden abstrakten Monotheismus des Judentums. Nochmals wird hier das falsche theologische Konzept der jüdischen Inkarnationslosigkeit verwendet, um ein letztlich ästhetisches Konzept, das säkular sehr reizvoll ist, mit der Metapher der weissen Leinwand zu legitimieren.

Gegen diesen Glauben und damit auch gegen die Entkoppelung von binitarisch-jüdischer und trinitarisch-christlicher Gotteswelt spricht selbst die jüdische Theologie orthodoxer Prägung: «Wo auch immer sich heute eine [jüdische] Gemeinde versammelt, wo auch immer es heute Juden gibt, da lässt sich die Schechina [die göttliche Gegenwart] nieder. Bedeutet das die Inkarnation in einem Volk? Zumindest geht es in diese Richtung. Diese Inkarnation ist nicht identisch mit der christlichen. Es ist eine weniger konzentrierte Inkarnation, eine Inkarnation in ein Volk, das zerstreut ist in Raum und Zeit, mit seinen Heiligen und Sündern, mit Augenblicken des Gehorsams und des Ungehorsams.»[198] Die distributive Gegenwart der jüdischen Gemeinschaft in der Welt wird als eine Art fortgesetzte Einwohnung des Heiligen in die Körper der Menschen, in die Welt überhaupt gesehen. Israel erscheint als der Leib, der für die Bildung der Gemeinschaft in deren Verhältnis zum Schöpfer das Zeichen der Kommunikation ist. Eine Gemeinschaft körperloser Geister ist theologisch undenkbar und vor allem beunruhigend. Denn – ob in jüdischer oder christlicher Überzeugung – die mystische und fleischliche Einwohnung Gottes in einen gemeinschaftlichen oder individuellen Leib ist kein Mythos, vielmehr gilt sie als ein historisches Faktum. Die Welt will in der religiösen Berufung immer als göttlich belebt gelten. Denn in Gegensatz zu dieser Welt ist Gott selbst sui generis durch Unsichtbarkeit definiert oder, wie es Protagoras im griechischen Kontext sagt, die Götter fallen durch ihre Undeutlichkeit auf. Wir haben es bei den Fragen zur Inkarnation also mit der Notwendigkeit zu tun, dass Religion nur durch Kommunizieren, das heisst im Rahmen eines Systems der adressierten Vermittlung durch Bilder, Texte und Rituale, relevant wird – was wiederum Skepsis und Abgrenzungen provozieren muss.

Andererseits schwingt in dem zitierten Votum des Rabbiners und Philosophen Michael Wyschogrod auch eine theosophische Auffassung des Zeit-Raum-Verhältnisses mit, wie sie einem Strang der jüdischen Mystik eignet, in der hinter der körperlichen Existenz eine geistige Essenz gesucht wird. Dabei soll im leeren Weiss hinter den Buchstaben der Torah das sich entfaltende Werk der Schöpfung erkennbar werden. Deren Dynamik geht immer nur mittels der Selbstverschränkung Gottes auf einen letzten, inkommensurablen Punkt hin vor sich, um Raum für die Schöpfung – für Inkarnation in ätherische und materielle Welten – zu schaffen. Die Präsenz der Gottheit in der materiellen Existenz, im Dasein des menschlichen Exils, bedarf paradoxerweise des Rückzugs der Gottheit selbst. Seine Selbstverschränkung manifestiert sich letztlich als ontologischer Ausfluss durch unterschiedliche Kanäle auf unterschiedlichen Stufen, die als «Sefirot» (סְפִירוֹת, wörtlich «Ziffer», im Sinne von Zeichen, Zahl und Buchstaben) bezeichnet werden. Eine solche Vorstellung ist weit entfernt von der schematisch-dialektischen Theorie eines Lyotard, die ihre Ästhetik bezüglich nichtfigürlicher Kunstwerke einem strikten Monotheismus verdanken will. Wir haben es hier in der religionsgeschichtlichen Empirie des Judentums und seiner Theologie mit einer jüdischen Inkarnationslehre zu tun, aus der einerseits zwar eine gewisse Bildabstinenz spricht, die andererseits aber Bilder evoziert und sie als sublime Manifeste bzw. Sefirot konzipiert, um Materialität gewinnen zu können.

All dies sind reizvolle Bildgedanken. Doch die Korrektur der Metapher des leeren Weiss einer Leinwand im Sinne Lyotards durch Elemente der jüdischen Theologie, die die Selbstverschränkung Gottes ebenfalls mit dem leeren Weiss hinter den Buchstaben der Torah zum Ausdruck bringt, bleibt dennoch unbefriedigend, weil ihr Narrativ immanent theologisch bleiben muss. Versuchen wir also einen historisch-kontextualisierenden Kontrast dazu einzuführen, um die Betrachtung auszuweiten. Lapidar materialistisch gesprochen entsteht das Weiss, wenn man alle Spektralfarben vermischt oder wenn Tinten und Farben alle Pigmente entzogen werden. Weiss als solches aber gibt es nicht, so wenig es die Leere als solche gibt. Was es gibt, ist die Empfänglichkeit dafür, Weiss zu empfinden. Nicht einmal suchen kann man Weiss – vielmehr entwickeln, wie der japanische Kurator Kenya Hara schreibt, Menschen ein Bewusstsein für Weiss und bemerken dann ein Weiss, das überraschend vielfältig mit einer Kultur oder Handlung verbunden ist. Auch für Hara ist das Weiss mit der Vorstellung der Leere verbunden, jedoch beides wiederum erst manifest in der traditionellen japanischen Teezeremonie. Ihre transzendente Schönheit und Schlichtheit sieht er in der performativen Ästhetik des Teezimmers mit seinen gleichsam leeren, papierweissen und lichttransparenten Wänden und Schiebetüren repräsentiert.[199] Er erörtert diese Inkarnation des leeren Weiss in einem gestalteten Raum ausdrücklich und unter Herleitung der japanischen Geschichte als eine spezifische Tradition, indem er nicht nur die Zeremonie und das Teezimmer anschaulich und eingehend beschreibt, sondern tief in die mittelalterliche Ideen- und Ereignisgeschichte Japans zurückgreift. Eben dadurch wird verständlich, was hier als weiss und leer empfunden wird – aus dem Teezimmer soll der erlebte Augenblick des Rituals in das ganze Haus und von dort in das Land ausstrahlen. Anders gesagt, der historisch-kulturelle Kontext – in diesem Fall von Japans Geschichte – prägt das Empfinden und das Denken, die die Empfänglichkeit und die Bezeichnung für das, was als weiss und leer gilt, hervorbringen.

Soweit Kenya Hara also. Dies muss bedeuten: Durch die Anbindung an einen Kontext, an eine historische Überlieferung erst wird «Weiss» zu einer Metapher, ob nun als Leinwand oder als Schiebetür gemeint, und damit zum Zeichen einer Verständigung über das, was als «nicht abbildbar» bzw. «weiss» scheint. In Kontrast zu Hara, der in seinen ästhetischen Reflexionen über das Weiss und die Leere auf die japanische Geschichte und Religion rekurriert, fusst Lyotards dialektische Theorie vom leeren Weiss und der leeren Leinwand auf einer christozentrischen Tradition innerhalb der europäischen Ideenwelt, die im Verlauf säkularisierter Geschichte ihren theologischen Gehalt in eine ästhetische Aussage hinüberrettet. Indem das Christentum Jesus Christus zum Messias erklärte, hatte es seinen Körper zur wahren und ewigen Ikone des unsichtbaren Gottes gemacht. Das ikonoklastische Verbot, das jedoch weiterhin galt, wurde im Mittelalter durch die Darstellung des Leidens Christi am Kreuz und seines Todes in die Kunst der römisch-katholischen Tradition integriert. Man könnte sagen, dass damit die Zerstörung der Ikone zum Thema der Ikone gemacht wurde bzw. der Ikonoklasmus zu einer künstlerischen Methode mutierte. Dieses Verfahren sollte viel später die Avantgarde in der Moderne zur Anwendung bringen. Sie inszenierte nach 1900 das Leiden des Bildes, um das christliche Bild des Leidens zu substituieren.

Bei der rabbinischen Denkweise wiederum ist eine schöpfungstheoretische Konzeption im Spiel, die einen unendlichen Kosmos aus Nichts aufgrund der Selbstverschränkung des

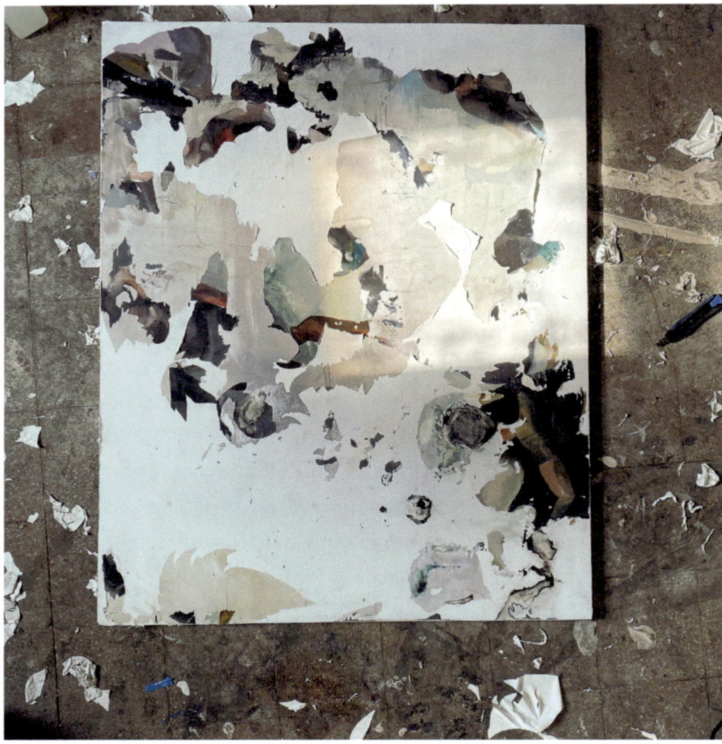

24 Neta Harari Navon, Werkaufnahme der «Häutung» der Texturen aus Farben und Formen, Tel Aviv 2018.

Schöpfers vor Augen hat und auf diese Weise eine narrative Antwort auch auf die Situation der historischen Exilierung vermittelt. Wiederum anders verfährt die israelische Künstlerin Neta Harari Navon, die in der Kunst ein Verfahren sieht, anstelle eines Narrativs die Leerstellen und Paradoxa einzufangen – wie in David Grossmanns Metapher des fliegenden Vogels, der eingefangen werden soll und sich durch den Flug entzieht. Die Künstlerin trägt Farben und Formen für die Darstellung des Geschehens auf einen weissen Hintergrund auf, um alsdann das Gemalte, die Szenen und Figuren in ihrer Darstellung, von Neuem mit weisser Farbe zu bestreichen. Erst dann wird das Weiss gehäutet, so dass das dargestellte Geschehen, die Farben, Figuren und Formen, dem Betrachter sichtbar werden. Was die Kunst als Schöpferin von abbildbarem Leben geschaffen hat, wird, um die unendliche Bewegung im leeren Weiss als Bilddynamik kenntlich werden zu lassen, durch das Verfahren der Häutung erst zum Kunstwerk: Die im Bild dargestellten Handlungen von figürlichen Körpern im Leben gewinnen erst durch das Weiss der enthäuteten Leerstellen ihr «wahres», sprich: erkennbares Profil. Wie die Figur des Bartholomäus in Michelangelos *Jüngstem Gericht,* in Darstellungen des geschundenen Satyrs Marsyas in der griechischen Mythologie oder beim Enthäuten von Opfern im Kultritual des Vegetationsgottes Xipe Totec wird von der Schöpferin eines Gemäldes nunmehr stellvertretend die aufgetragene Weisstextur von den gemalten Körpern gerissen. Aufgehoben in der Kunst, die das leere weisse

Nichtbild solcher Momente adressiert, kommen, von aller Ontologie entleert, die Momente des Leidens und des Terrors wie ebenso des Glücks und der Wiedergeburt als eine nicht anzuhaltende kreatürliche Bewegung hervor.

Verallgemeinernd gesprochen, wir haben es in allen diesen Beispielen mit höchst unterschiedlichen Kontexten zu tun, die ihren gemeinsamen Nenner darin finden, dass Ideen und Rituale stets auf symbolische Repräsentationen und anschauliche Herleitungen aus dem Numinosen und Nichtfasslichen angewiesen sind. Farben werden als objektiv gemeinte Eigenschaften eben immer auf Dinge unserer Umgebung, auf unsere Ideen und unsere Geschichte bezogen, wie Ernst Cassirer betont, denn «wir geben uns hierbei keine besondere Rechenschaft von der Farbe, die wir eben sehen; wir machen nicht sie zum Gegenstand besonderer Betrachtung, sondern benutzen sie nur als Zeichen, an denen wir die Dinge wiedererkennen».[200] Das weisse Weiss und die leere Leinwand stehen für diese ambivalente Konstellation. Erst so bringen alle diese Reden – die Kunstwerke – Figuren, Metaphern und Gleichnisse hervor und sprechen Zuständen und Objekten Bedeutungen zu, die mit dem Risiko behaftet sind, als ontologische Qualitäten missverstanden zu werden. Dass sie hierfür verschiedene Arten und Unterarten entwickeln, die alsdann in spezifischen religiösen, kultischen oder künstlerischen Ausformungen erzählt, konzeptualisiert und zu Abgrenzungen benötigt werden, kommt uns erst bei der Betrachtung konkreter Beispiele zu Bewusstsein. Mit Paul Ricœur könnten wir deswegen sagen, dass zwar «das Heilige am ‹Kosmos› oder in der ‹Psyche› zu manifestieren ein und dasselbe»[201] und also nicht zwingend gebunden ist, doch gerade dies in den unterschiedlichen Religionen und Kulturen differente Denkfiguren und eigenständige Bilddarstellungen hervorbringt.

Wenden wir uns nun einen Moment lang Newman und Rothko zu, weil sich hier die Fragen nach der Autonomie des Schöpfers und der Inkarnation seines materiellen Werkes gut veranschaulichen und auch mittels Referenzen auf theologische Analogien (am Beispiel eines rabbinischen Midrasch) kritisch reflektieren lassen. Dabei wird deutlich, dass sich in der Kunstkritik eine medientheoretische Deutung und eine schöpfungstheoretische Deutung dieser Werke widersprechen können.

Schöpferische Autonomie und präexistente Materialität. Beim Betrachten von Rothko-Bildern

Als vermeintliche Beweise für eine angebliche «jüdische» Lesart werden bei Rothko-Deutungen alsbald motivische, materialästhetische sowie literarische Beweise angeführt. Darin klingen oft neoplatonische Lesarten an, die den Künstler zu einem Maler machen, der fähig ist, hinter den Vorhang des Verborgenen zu blicken. Diese Lesart entspricht einem medientheoretischen Ansatz, der den Künstler zum Herrscher eines Auratischen werden lässt, über dessen Medialität die Kritiker und Kritikerinnen gleichsam hermeneutisch rätseln. Der französische Kunstkritiker Michel Butor etwa meinte, in der rhythmischen Abfolge von Rothkos quergelagerten Farbbändern und Trennstreifen das Motiv der Jakobsleiter zu entdecken.[202] Dore Ashton glaubte, auf den metaphorischen Gehalt verweisend, den sprossenartigen Aufstieg mit einer nach oben strebenden, über sich hinausweisenden Realität erklären zu können.[203] Werner Haftmann, dessen Biografie selber von einiger Komplexität ist[204], verortet Rothko in einem Bereich jüdischer Mystik, die hinter den wehenden Farbschleiern und geheimnisvoll schimmernden Leinwänden die unabbildbare Anwesenheit Gottes zur bildkünstlerischen Darstellung bringe.[205] Am ehesten fänden diese Bilder ihren Ort in den Räumen jüdischer Gebetsgemeinschaften und würden dadurch zur neuen Form synagogaler Kunst. Diese Auffassungen haben teilweise auch jüdische Autoren und Autorinnen übernommen. An das Motiv des Vorhangs im Jerusalemer Tempel anknüpfend werde «ein Gefühl der Ehrfurcht» gegenüber einer «göttlichen Präsenz» evoziert, die auf den unsichtbaren abstrakten Gott des Judentums verweise, behauptet Edvard van Voolen.[206] Aaron Rosen betont hingegen den haptischen Vergleich, mit dem sich an die kunstvolle Einkleidung einer Torahrolle erinnern lasse.[207] Wiederum einen anderen Ansatz verfolgen Interpreten, die Rothkos *Dark Paintings* als Stellungnahmen zum Holocaust interpretieren, indem sie, so bei Matthiew Baigell, an die rechteckigen Farbblöcke der offenen Gräber, der Massengräber ermordeter Juden, gemahnen würden.[208]

Alle diese zur Deutung von Rothkos Farbfeldern vorgeschlagene Referenzen – die Jakobsleiter, das Vorhangmotiv, die offenen Gräber – gehen von einem Bildverständnis aus, das jedoch Rothko selber als ausserbildlichen Gegenstandsbezug ablehnte. So etwas wie das «Jüdische» in Kunst und Musik wäre bei ihm lediglich als Angst- oder Wunschbild seiner zumeist christlichen und jüdischen Verehrer zu haben. Rothko schwieg sich konsequent über sich selber als Jude aus, der er in der Tat war und wohl auch sein wollte, aber einzig durch seine Kunst und die Kommunikation mit dem Betrachter wahrgenommen zu werden wünschte. Monochrome, nichtfigürliche Bilder können jedenfalls nicht aus einem imaginären Bildverbot abgeleitet werden, sondern vorab und nur aus der Evolution ästhetischer Tradition, die sich als autonomer künstlerischer Akt der Schöpfung verstehen lässt. Jenseits der Absenz der im Holocaust Untergegangenen muss hier gelten, dass sich Rothko weder irgendeinem Bildverbot beugt noch seine Gemälde sich über eine unsichtbare Gottheit ausschweigen oder gar gegen Götzen wenden. Faktum ist einzig, dass Rothko auf figürliche Darstellung in dem Moment verzichtete, als in New York der Holocaust in der Öffentlichkeit bekannt wurde. Kurz zuvor hatte er noch eine Serie an Bildern geschaffen, die das Leiden der Juden symbolisch bzw. christologisch durch Kreuzigungsmotive zur Darstellung brachte.[209]

Ulrike Gehring betont in einem Beitrag über Rothko: «Seine Bilder berichten von einer historischen Wahrheit, die für Rothko anders nicht darstellbar war. Die Metapher, die der Künstler dem Holocaust entgegensetzt, ist das Licht. In seinem diffusen Schein verblassen alle gegenständlichen Referenzen auf eine ausserbildliche Realität. Die Form geht in der Materie auf, weshalb die Leere in Rothkos Gemälden nicht nur den optischen Anschein geistiger Fülle hat. Die Vielfalt an Möglichkeiten, die sich mit der Eliminierung des Gegenstandes bieten, schränkt Rothko selbst ein, als er schliesslich auch das Licht und die Farbe aus seinen Bildern verbannt».[210] Damit gelangt er kompositorisch an einen «Nullpunkt», der keine weiteren Vereinfachungen mehr zulässt und in den Farben Schwarz und Grau (Abb. 25) einen für ihn ultimativen Bedeutungsträger findet, der die Absenz von Licht und Farbe mit deren materiellen Mitteln zum Ausdruck bringt.[211]

Die Fähigkeit, die Leere voraussetzungslos zu denken und sie von bestehenden theologischen Konzepten oder quasi-religiösem Wunschdenken abzulösen, diese Absenz aber als ge-

25 Mark Rothko, *Untitled,* 1969, Öl auf Leinwand, 233 × 200 cm; Collection Christopher Rothko, Solomon R. Guggenheim Foundation, New York.

stalterisches Verfahren des autonomen Künstlers darzustellen, erklärt seine eigentliche Modernität. Er bleibt für den Betrachter numinos – numinos im breiten, offenen, phänomenologisch kaum zu definierenden Sinne, der der Kunst angemessen ist. Und gleichzeitig ist der Künstler präsent durch eine nie wegzudenkende biografische Identität, die in diesem Fall als jüdisch bezeichnet werden muss.[212] Was aber vor allem vorliegt, ist eine schöpfungstheoretische Auffassung von Kunst, indem der Künstler seine Autonomie durch den Akt des Schaffens erringt. Er setzt sich über alle bis in die Gegenwart hineinreichenden scholastischen Ängste hinweg, wonach der *horror vacui* einen Zustand vor der Schöpfung beschreibt, d. h. ein Nichts, dessen absolute Leere erst durch Gottes Entscheidung, aus Nichts ein Werk zu schaffen, vertrieben würde. Ob man hier ein kontingentes, sprich glaubens- oder ethnosgebundenes Denken hineindeuten will oder besser nicht, sei dahingestellt. Empfehlenswert ist dies gewiss nicht. Denn – relativ gesprochen – im Unterschied zum Schöpfungsmythos der Hebräischen Bibel und entsprechenden rabbinischen Kommentaren bzw. der mündlichen Torah erscheinen die künstlerischen Schöpfungen stets an präexistente Materien – Licht, Farben, Leinwände, Materialien – gebunden. Hier eine Analogie oder Parallele zum Schöpfungswerk Gottes ziehen zu wollen, mag zwar so reizvoll und verführerisch sein wie Lyotards Rede von den weissen Leinwänden, unterscheidet sich aber von der Genesiserzählung durch deren fundamentale Vorstellung, dass der Weltschöpfung keine präexistente Materie oder «Urmaterie» oder sonstige ontologische Helfer und Mittel zugrunde lagen, wie dies aus altgriechischen oder mesopotamischen Schöpfungsmythen bekannt ist.[213]

Das gilt selbst für die Sprache und den Text, die nur aus pädagogischer Unterscheidung als präexistente Materien verstanden werden können – wenn man so tut, als wären sie es. Wiederum lässt sich dies einem Midrasch entnehmen, in welchem Raban Gamliel seinem Freund, einem Philosophen, zu entgegnen sucht, als dieser den hebräischen Mythos solcherart kommentiert: Der hebräische «Gott war gewiss ein grosser Künstler, aber er hat auch passende Stoffe [Materialien] vorgefunden, die ihm [bei der Erschaffung der Welt] behilflich waren» – so wie das Tohu und Bohu, das heisst Finsternis und Licht, Schlick und Fluten, Gut und Böse, und so weiter. Der Rabbi antwortet detailliert, mit zahlreichen Zitaten aus der Torah: Zusammenfassend (Bereschit Rabba 1,1–8) führt er aus, dass der These eines göttlichen Bauplans stets auch die notwendige Antithese entgegenstehe, dass alle Materie erschaffen wurde, ohne präexistent vorhanden gewesen zu sein. Jede menschliche Erkenntnis über die Schöpfung sei erst aus dem Schöpfungsakt selbst hervorgegangen und könne so nicht präexistent – ob als Weisheit und Schönheit oder als Unheil und Heilsplan – vorhanden gewesen sein.[214] Das gilt selber auch für die Torah in der materiellen Rollengestalt des geschriebenen Textes – und hier, im analogen profanen Bereich, auch für die Kunst, die denselben Erzeugungsbedingungen folgt. Deren Autonomie geht aus dem geistigen Akt des Schaffens erst hervor, kann aber der Dialektik der präexistenten Materie nicht entgehen. So zieht dieser Topos der rabbinischen Literatur klarsprechend nicht nur eine Grenze zwischen der Theologie des Schöpfungswerkes und der Anthropologie des Kunstschaffens, um in der Differenz beide analogen Modi als Akte der Kreativität anzuerkennen. Auf diese Weise emanzipieren die Torah wie das Kunstwerk sich von jener Hermeneutik, die einer religiösen oder sonst wie parteilichen Vereinnahmung oder gar ontologischen Verkürzung allzu schnell das Wort redet.

Vielmehr ist für uns entscheidend: Rothko wagt es, ein vorgestelltes «Nichts» als etwas mithin Existierendes zu denken – als Ausdruck der Freiheit des Künstlers, der imstande ist, ein Sein zu setzen, das er nicht selbst ist, sondern sich in der Kommunikation mit dem Betrachter ereignet.[215] Solcherart entzieht er sich auch der allfälligen Versuchung, die Präsenz eines «Absoluten» und den damit implizierten Modus des Nichtfigürlichen mit Verweisen auf ein mosaisches Verbot erklären zu wollen. In seinen Bildern den Ausdruck einer negativen Theologie sehen zu wollen, müsste also fehlgehen, auch wenn es hilfreich sein mag, darüber zu streiten.[216] Weit anders sagt es Rothko selber. Ihm geht es um die Kommunikation mit dem subjektiven Betrachter seiner Bilder:

> «Ich interessiere mich nicht für Farb- oder Formbeziehungen oder irgendetwas anderes. Ich bin nur daran interessiert, grundlegende menschliche Emotionen auszudrücken, Tragödie, Ekstase, Untergang usw., und die Tatsache, dass viele Menschen zusammenbrechen und weinen, wenn sie sich mit meinen Bildern konfrontiert finden, zeigt, dass ich diese grundlegenden menschlichen Emotionen vermittle. Die Menschen, die vor meinen Bildern weinen, haben dieselbe religiöse Erfahrung, die ich gemacht habe, als ich sie malte.»[217]

Der menschliche Schöpfungsakt findet also nicht allein im Gemälde selbst statt, sondern ebenso als Kommunikation im rezipierenden Auge des Betrachters von Kunst. In George Steiners Diktion liesse sich in Hinsicht auf den Betrachter oder auch den Kunstkritiker schöpfungstheoretisch anfügen, was er sinngemäß als «reale Gegenwart» bezeichnet hat: Da es beim Betrachter gleichgültiges Handeln nicht gibt, gibt es auch keine unparteiische Wahrnehmung, aber in luzider Betrachtung wird jede Anteilnahme, Befangenheit oder Voreingenommenheit durch die Kritik gegenüber sich selbst klar gemacht.[218] Dem Betrachter wird die Emotion, wie sie der Künstler von ihm erwartet, zur subjektbezogenen und sublimen Aussage über sich selbst und damit zu einer Erzählung, aus der eine selbstreflexive Auffassung der Kritik spricht. Kunstwerke, überhaupt Artefakte leben doppelt: Sie sind, was sie durch den Künstler wurden, und sie sind das, was ein Betrachter über die Zeit hinaus an sie heranträgt. Von Du zu Du: Für den Betrachter eines Kunstwerkes bedeutet dies gleichsam eine Mitverantwortung am schöpferischen Akt – ein Sachverhalt, der sich durchaus psychologisch, philosophisch und sogar quantenphysikalisch begründen lässt.[219]

Deswegen wird man sich der Tatsache stellen müssen, dass es beim Betrachten eines Bildes immer schon mitgedachte Bilder im Betrachter gibt. Denn Bilder lösen wiederum Bilder aus, wenn das Bildnis zum Träger von Emotionen und Gedanken wird. Ein Bild ist, was wir von ihm sehen oder, manchmal mehr, manchmal weniger, was wir zu sehen glauben. In negativer Diktion gesagt geht es also auch darum, dass der Betrachter eines Bildes sich seiner Selbsttäuschung zu entziehen vermag oder es zumindest versucht. Ein Bilderverbot aus der Perspektive künstlerischer Autonomie, die schöpfungstheoretisch argumentiert, lässt sich dahingehend verstehen, dass Kunst nicht einer falschen Wahrheit anheimgestellt wird. Ein Kunstwerk, das auf ein Du, einen Betrachter ausgerichtet ist, verträgt sich nicht mit der Lüge seiner Anbetung. Vielmehr erhält ein Bild, das auf ein Du ausgerichtet ist, ein Gegenüber, und es zieht wie das Wort, wenn nicht sogar stärker als das Wort, die Welt an, um sich immer von Neuem ein Du zu schaffen.

DAS IDOL KERBEN, DAS SIEGEL BRECHEN, DEN MAKEL ZEIGEN

Nicht nur mit Blick auf Rothko und Newman, sondern nicht weniger bezüglich historischer Quellenfunde aus dem kulturgeschichtlichen Archiv der Vormoderne lassen sich Fehlschlüsse auf Bildnis und Bilder sowie auf Deutungsprojektionen zu Bildverboten wegschlagen, um differenzieren zu können. Wenn sich in der modernen Kunstkritik einige Protagonisten – durchaus sehr kreativ, weil widerständig durch eine bestimmte Deutungsposition gedacht – in dialektischem Gegenzug zu einem philosophischen Höhenflug in ein spekulativ abstraktes und bildfernes Judentum aufschwingen, so muss uns dies mit dem Blick des Kulturhistorikers allerdings nicht wenig imaginär anmuten. Gewiss, diese modernen Kritiker wissen sehr genau und zu Recht um die idolatrie- und kultbildnerische Wirkmächtigkeit des Imaginären, die unser kulturelles Potenzial und intellektuelles Kapital anreichert. Doch wenn ein Ideal wie ebenso eine Theorie auf die Wirklichkeit der empirischen Befunde bezogen wird, kann es vorkommen, wie wir das schon von Ernst Troeltsch gelernt haben, dass der Abstand zwischen Ideal und Empirie, zwischen Theorie und Quellen es unmöglich macht, eine Erkenntnis als «reine» Wirklichkeit aufrechtzuerhalten.

An dieser Stelle und mit Blick auf das historische Material will ich diesem durchaus gewichtigen Konzept deshalb das Symbol der leeren Leinwand entgegenstellen und sie mit weiteren empirischen Beispielen bemalen. Wie als Fallschirm dient diese leere Leinwand für eine bodennahe Landung in den geschichtlichen Quellen von Juden, Christen und Modernen. Wir nehmen also die einprägsame Metapher der leeren Leinwand von Lyotard, um in einige – sehr knapp anzudeutende – Exkurse abzuspringen, in Fallbeispiele oder eben Fallschirmbeispiele, mit je in ihrer historischen Zeit gültigen eigenen Denkfiguren, doch jenseits – sofern überhaupt möglich – ästhetischer oder religiöser Unterstellungen durch uns Modernen.

Aphrodite zu Besuch bei Raban Gamliel

Für die milde Haltung der jüdischen Exegese dient uns eine frühe rabbinische Quelle. Die Positionen in dieser Anekdote sind weniger streng als sonstige zeitgenössische Einschränkungen der kultischen Verehrung von Bildern und Statuen. Proklos, ein griechischer Philosoph, diskutiert mit Rabban Gamliel dem Dritten, Sohn des Judah ha-Nasi, dem Hauptredaktor der Mischna.

Gamliel (in Hebräisch: Gamliel, גמליאל) [220] ist eine etwas knirschende, doch weltgewandte Persönlichkeit unter den Rabbinern. Der Name Proklos wiederum steht für einen unbestimmten Philosophen oder möglicherweise für Rabbiner, die von der heidnischen Philosophie nicht unberührt blieben und dieser Art als Gegner markiert werden sollten.[221] Die Szene spielt zu Akko im Bad der Aphrodite. Rabban Gamliel wäscht seinen Leib im Angesicht ihres Standbildes:

> Proklos: «In eurer Torah steht doch geschrieben (5 Mose 13,18): *Es soll an deiner Hand nichts Gebanntes haften*. Warum wäschst du dich im Bad der Aphrodite?»

Rabban Gamliel wünscht, seinem Freund erst draussen zu antworten, denn das Bad, wo man nackt ist, zu Füssen einer Gottheit uriniert oder den Lüsten frönt, ist ihm nicht der Ort, um über Geistiges zu reden, auch wenn die Befriedigung dieser bloßen körperlichen Bedürfnisse ja auch ein Verweis wäre, es beim Standbild gerade *nicht* mit einer Gottheit zu tun zu haben. Gamliel aber zeigt im Bad der Aphrodite gutes Benehmen und antwortet Proklos erst, als sie draussen sind. So spricht er:

> «Nicht ich kam in ihr Gebiet, sondern sie [Aphrodite] kam zu mir. – Und man sagt doch nicht: Lasst uns ein Bad zum Schmuck für Aphrodite bauen, sondern: man stellt eine Aphrodite her, um das Bad zu schmücken …» (Mischna, Avodah Zara, 3,4)

Die *Mischna*-Stelle ist mit aller nötigen, aber auch ausreichenden Trennschärfe eine anschauliche Klarstellung – nicht allein darin, dass Kunst zur körperhaften Zierde einer Einrichtung profaner Natur wie dem öffentlichen römischen Bad gebührt, sondern weit mehr als Beleg, dass Kunst als der Anlass zur Reflexion ihrer Funktion gelten soll. Gamliel lässt sich auf das Reden über griechische Kultur ein und macht klar, dass jede Kunst, ob in Tempel oder Bad, von Kult und Idolatrie zu unterscheiden sei: «Was wie ein Gott behandelt wird, ist verboten, was nicht wie ein Gott behandelt wird, ist erlaubt.»[222] Auch die Darstellung von Sternenkonstellationen, die in der Antike als Gleichnis für das menschliche Schicksal dienen konnten, sind ihm zur Erkenntnis und wegen ihrer Erhabenheit genehm, nicht aber deren Anbetung als Himmelskörper.

Gewissen Widerspruch haben Gamliel der Dritte wie auch sein Vater seitens anderer Mischna-Gelehrter erfahren. Rabbi Shimon bar Jochai aus dem 2. Jahrhundert, der nicht als Freund des Römischen Imperiums galt, weil er unter dessen Herrschaft litt, stösst sich an den falschen Zwecken, denen die Kunst und das Schöne dient. Letzteres wird deutlich in seiner Gegenrede zu Rabbi Jehuda, der die Architektur der Römer, wie Plätze, Alleen, Brücken und Bäder, als «schöne Handlungen» lobte. Rabbi Shimon dagegen stört sich heftig an der damit einhergehenden Selbstsucht, daran, dass in seinen Augen auf eben diesen Plätzen die Prostituierten aufwarteten und Brücken lediglich zur Erhebung von Zöllen dienten oder Badeanstalten statt zu hygienischer Reinigung bloss zu laszivem Körperkult führten. Schönheit steht gegen Moral, Eigennutz gegen Allgemeinwohl (Talmud, Schabbat 33 b).

Die kontroversen Phrasierungen – um nicht zu sagen Disputationswut – der Rabbiner und ihre Debattierfreude drehen sich stets um das sittliche Verhalten, um die soziale Ungleichheit, die Abhängigkeit von Macht und Reichtum, die am Tatbestand des Götzendienstes festgemacht werden. Wo die Machthaber, seien es Kaiser oder Priester, die Götzenfiguren oder Rituale nutzen, um ihre Herrschaft zu vergrößern und ihren Reichtum mit «Silber und Gold [als] ein Machwerk von Menschenhand» (Psalmen 115, 4–5) zu äufnen, liegt der Verdacht auf die Verführung durch Götzendienst nahe. Wer anderen Göttern nachläuft, so die Sozialkritik, tut dies moralisch und wirtschaftlich zum «eigenen Schaden» (Jeremias 7, 4–11).

Andererseits sind der Gebrauch von Kunst zur Zierde und die Frage ihrer Körperhaftigkeit in der Mischna deutlich entschieden. Bilder oder Plastiken, die als Fragmente erkennbar sind – man denke zum Beispiel an eine Hadrianbüste in Tel Schalem, welcher ein Fuss oder ein Arm abgebrochen ist –, können wegen ihres Makels gar nicht verboten werden, weil sie solcherart unvollständig kein Kultobjekt darstellen. Hingegen wären dies sehr wohl ein einzelner Fuss oder auch nur eine Zehe, wenn ein solches Fragment dem Götzendienst dienen sollte. In dem schon erwähnten tannaitischen Kommentar *Mekhilta de Rabbi Jischmael* aus dem 3. Jahrhundert wird gefragt, was denn falsche Götter überhaupt seien, wenn sie doch in Brüche gehen oder ins Feuer geworfen werden können. Anders gesagt, es geht nicht um die Werke, nicht um Malerei oder Plastik, sondern um deren Funktion als Abbild einer falschen Wahrheit, die in Kultbildnissen angebetet wird. Eben diese Argumentation wird uns nochmals bei der Darstellung des Bilderstreites im frühchristlichen Byzanz beschäftigen.

In allen diesen vergangenen Kolloquien und Phrasierungen kommt uns durch den sichtbaren Makel von Bildern und Plastiken die Unterscheidung zwischen dem Bild oder der Plastik als Artefaktum einerseits und der Funktion als idolatrischem Zeichenträger andererseits nochmals zu Bewusstsein. Rabbi Jehoschua ben Chananja, angesehener Gelehrter und legendärer Wundertäter aus der Zeit Gamliels des Zweiten, berichtet in der gleichen Quelle auch über figürliche Siegel im Haus seines Vaters – was kann den Makel einer Figur, insbesondere wenn sie das Antlitz eines Gottes oder Menschen zeigt, besser veranschaulichen als das Brechen eines solchen Siegels, das in den antiken Kulturen (1 Moses 38,18) und bis ins später Mittelalter auch unter Juden und Jüdinnen als Beglaubigungsmittel verbreitet war?[223] Einer gebrochenen Figur wohnt keine Gottheit oder auratische Göttlichkeit inne, ihr offensichtlicher Makel ist der Beweis eines entleerten Sinnes und ihrer Wirkungslosigkeit, es sei denn, man wolle im Brechen selbst einen auratischen oder Aura schaffenden Akt sehen. Darin liegt die Essenz, wie sie in der Argumentation des jungen Abraham gegenüber dem väterlichen Handelsgeschäft mit Götzenfiguren zum Ausdruck kommt, wenn sie in der biblischen Inszenierung zerbrochen werden, weil Abraham sie zerschlägt (1 Mos 11,28). Die Verhöhnung von Götterbildern bzw. Götzenbildern, denen jeglicher Geist und jegliches Fluidum fehlt, durchzieht den nahöstlichen Kulturraum in nicht geringem Ausmass und ist auch Homers Dichtung eigen. Die Inszenierung ist in der rabbinischen Variante von erhellendem Spott durchzogen: «Hören deine Ohren nicht, was dein Mund spricht», antwortet Abraham seinem Vater Terach, der die Götzenbilder selbst für stumm und unwissend hält.[224]

Insgesamt gesagt, in der talmudischen Epoche standen Meinungen von Rabbinern, Abbildungen menschlicher Antlitze seien verboten, gegen die Meinung von anderen Rabbinern, die figürliche Darstellungen durchaus duldeten. Die Differenz lag stets in der Frage nach dem Verhältnis von Bild und Kult und nicht von Ding und Abbild, die ohnehin nicht als wesensgleich verstanden wurden: «Den Menschen überdauern seine Werke, der Heilige, gepriesen sei er, überdauert seine Werke», wie diese Unterscheidung veranschaulicht wird (Mischna, Megillah 14a). Die kontroversen Debatten der talmudischen Diskussion, die zur Ausdifferenzierung auch unserer heutigen Begriffsverständnisse beitragen können, haben die gelehrten Autoritäten im Mittelalter und bis weit in unser Säkulum hinein beeinflusst, auch wenn uns dies oft genug nicht bewusst ist.

Siebte Leinwand: Kerbung als Makel durch vorsätzliche Verletzung

Es ist vielleicht nicht überraschend, dass nicht Hadrian und Aphrodite, sondern Moses und Aaron der Anlass gewesen sind, rabbinische Dezisorenkunst im Rückgriff auf die zitierten Mischnastellen zu üben. Die Szene spielt in Böhmen in der zweiten Hälfte des 18. Jahrhunderts. Rabbi Moses Leib hat als Vorsitzender eines Rabbinatsgerichts einen Gemeindekonflikt zu entscheiden: An den hohen Feiertagen bringen die zu Wohlstand gekommenen Juden in Böhmen, Mähren und Ungarn ihre silbernen Torahschilde aus dem privaten Haushalt in den Gottesdienst (Abb. 26). Moses und Aaron, aber auch David und Salomon als skulpturale silberne Figuren sind der neue Trend. In kulturgeschichtlicher Perspektive finden wir Moses und Aaron in zahlreichen Buchillustrationen, etwa der Amsterdamer Haggadah von 1695. Jetzt sind sie in Gestalt von Torahschildfiguren in die Synagoge eingewandert, deren Wände an hohen Feiertagen mit silbernen Moses und Aarons vollgehängt sind und vom allmählichen Wohlstand der Juden im Kaiserreich zeugen. Rabbi Leib sieht seine Gemeinde dem Verdacht der Idolatrie und Gebotsmissachtung ausgesetzt. Er wendet sich an Moses Sofer, den *Chatam Sofer,* Rabbiner von Pressburg, bekannt als halachische Autoritätsperson seiner Zeit und Feind der reformwilligen Neuerer.

Sofers *Responsum* sieht im Aufhängen von Torahschilden kein Problem und auch nicht darin, dass darauf Moses und Aaron plastisch abgebildet erscheinen. Dies allein schon deshalb nicht, weil das Schmücken für einen Feiertag vorübergehend und nicht dauernd geschehe. Der Chatam ist sich aber nicht ganz sicher, ob in der Privatsphäre des Einzelnen auch reinlich genug zwischen Kunst und Kult geschieden werde. Und so empfiehlt sein Responsum (religionsexegetisch auf dem bereits erwähnten Mischna-Traktat basierend), man möge doch dem Moses oder dem Aaron eine kleine Kerbe aus der Silbernase zwacken, um den Unterschied kenntlich zu machen. Das potenzielle Idol der Anbetung wird vorsätzlich verletzt, und damit werden implizit jene gewarnt, die es anbeten könnten. Offensichtlich genügt die Kerbung durch einen «Nasenstüber», um weltliche Kunst und Plastik, und das heisst den Makel bzw. das Unvollkommene des Körperlichen, symbolisiert in einer Ritze, annehmbar zu machen.[225]

Achte Leinwand: Diskursive Bilder

Das milde Urteil des sonst strengen Moses Sofer muss nicht erstaunen, wenn wir es in den lebensweltlichen Kontext einordnen. Das 17. und 18. Jahrhundert sieht, wie Richard I. Cohen gezeigt hat, in der jüdischen Gemeinschaft in west- und mitteleuropäischen, dann osteuropäischen Regionen das Aufkommen von Rabbinerporträts.[226] Ölgemälde, aber auch Drucke, die

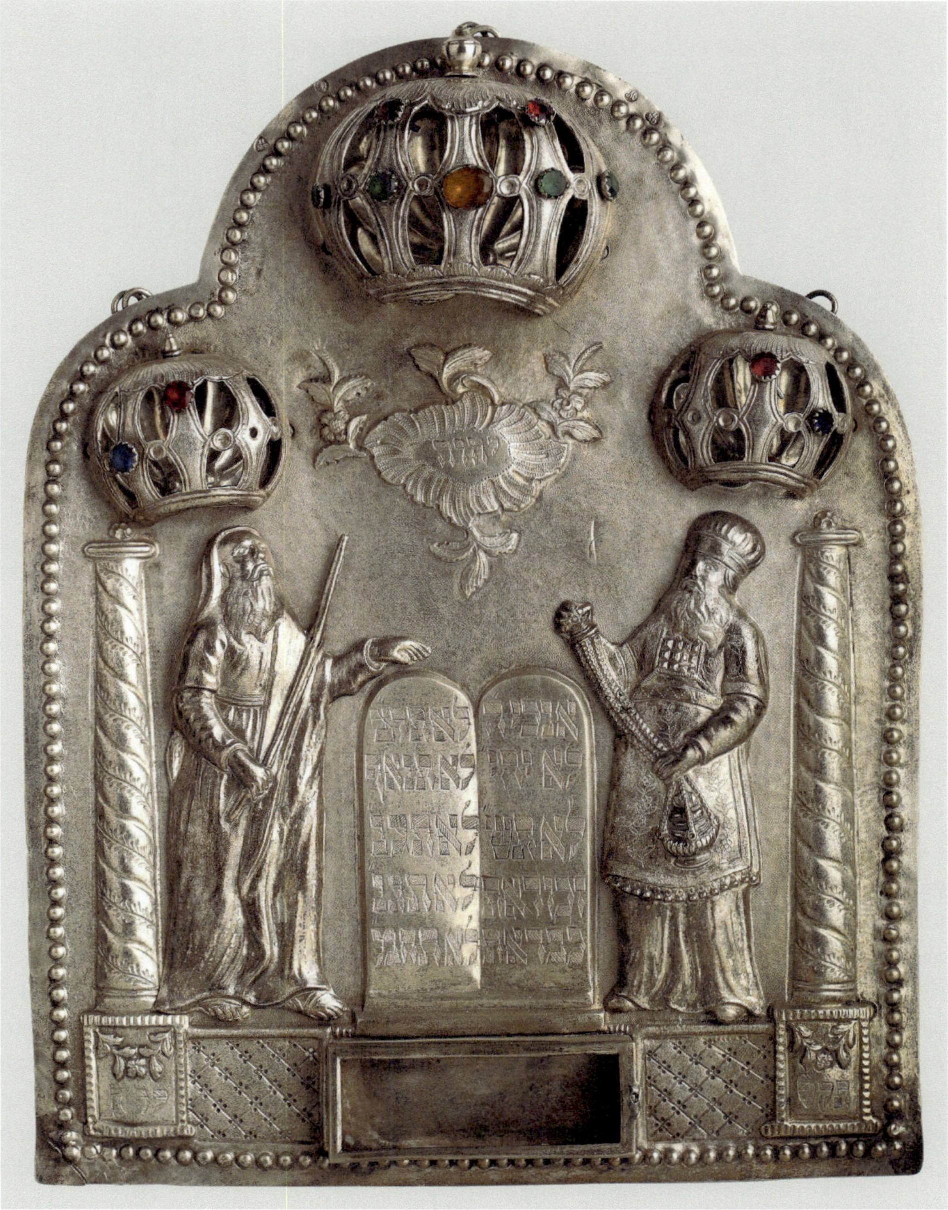

26 Gottfried Wilhelm Hoensch, *Toraschild mit Moses und Aron,* 1796–1800, Silber und Glas, 31,7 × 24,5 cm, Wrocław, Polen; Museum Kraków.

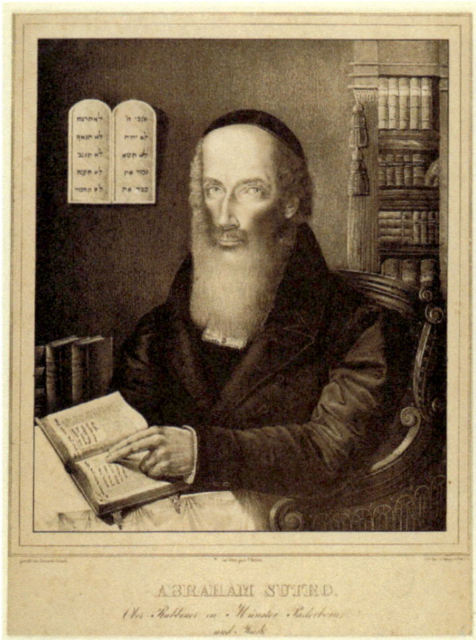

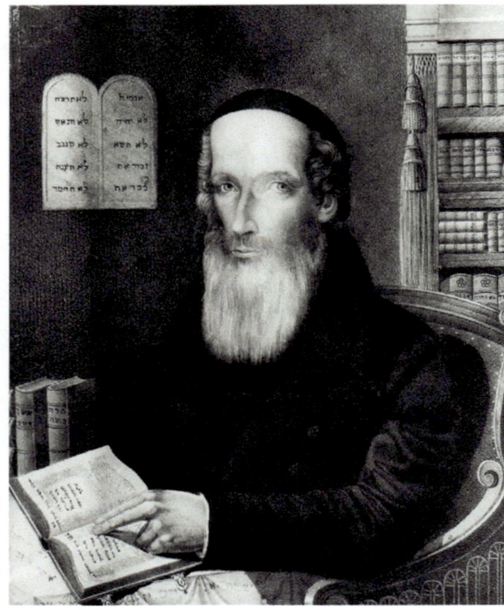

27 und 28 Porträtdrucke der Rabbiner Abraham Sutro und Abraham Ris, beide 18. Jahrhundert; Jüdisches Museum Westfalen, Deutschland, und Staatsarchiv Aargau, Schweiz.

rabbinische Persönlichkeiten abbilden, erzielten an Kunstauktionen in London hohe Preise, wie Jacob Emden in seiner Autobiografie *Megillat Sefer* berichtet.[227] Was vorliegt, sind rabbinische Hagiografien. Schon die Tatsache, dass sich ein Rabbiner vor einen Künstler setzte und sich in dessen Atelier malen liess, prädisponierte eine entsprechende Interpretation des zweiten Gebotes, etwa wenn die Überlegung ins Spiel kam, dass ein Rabbiner-Porträt über den Tod der gemalten Figur hinaus dann als grabähnliches Bild dienen könnte, was nicht allein in der halachischen Exegese strikt verboten bleibt, weil dies das zentrale biblische Verbot des Kultbildes berührt.[228] Porträts sind allerdings nicht auf die Frühe Neuzeit beschränkt. Von Flavius Josephus wissen wir, dass die Tochter des Hohepriesters Hyrkan II. um die Mitte des ersten vorchristlichen Jahrhunderts ihre Kinder porträtieren liess, was einen römischen Betrachter der Bilder zur pädophilen Bemerkung hinriss, diese «Kinder schienen ihm nicht von Menschen, sondern von einem Gott abzustammen».[229] Die Mutter, Alexandra, kam aus der Familie der Hasmonäer, die den Makkabäer-Aufstand anführten und die man im Spannungsbogen von Separation und Akkulturation politisch wohl eher den Ikonoklasten zurechnen möchte. Josephus' Feststellung ist geeignet, die Herstellung von Menschenporträts im Judentum in einem zugleich kritischen wie relativierenden Licht zu sehen.

Ein Beispiel für ein frühneuzeitliches Rabbinerporträt ist ein Ölbild von 1715, das den Hacham Zvi Aschkenazi (1660–1718) abbildet, wie er auf eine Textstelle deutet, dass Gott einzig sei.[230] Derselbe Gestus ist auch auf dem Porträt des Rabbiners Abraham Sutro (1784–1869) zu beobachten: eine hagiografisch verehrte Rabbinerfigur, die auf das erste oder zweite Gebot in

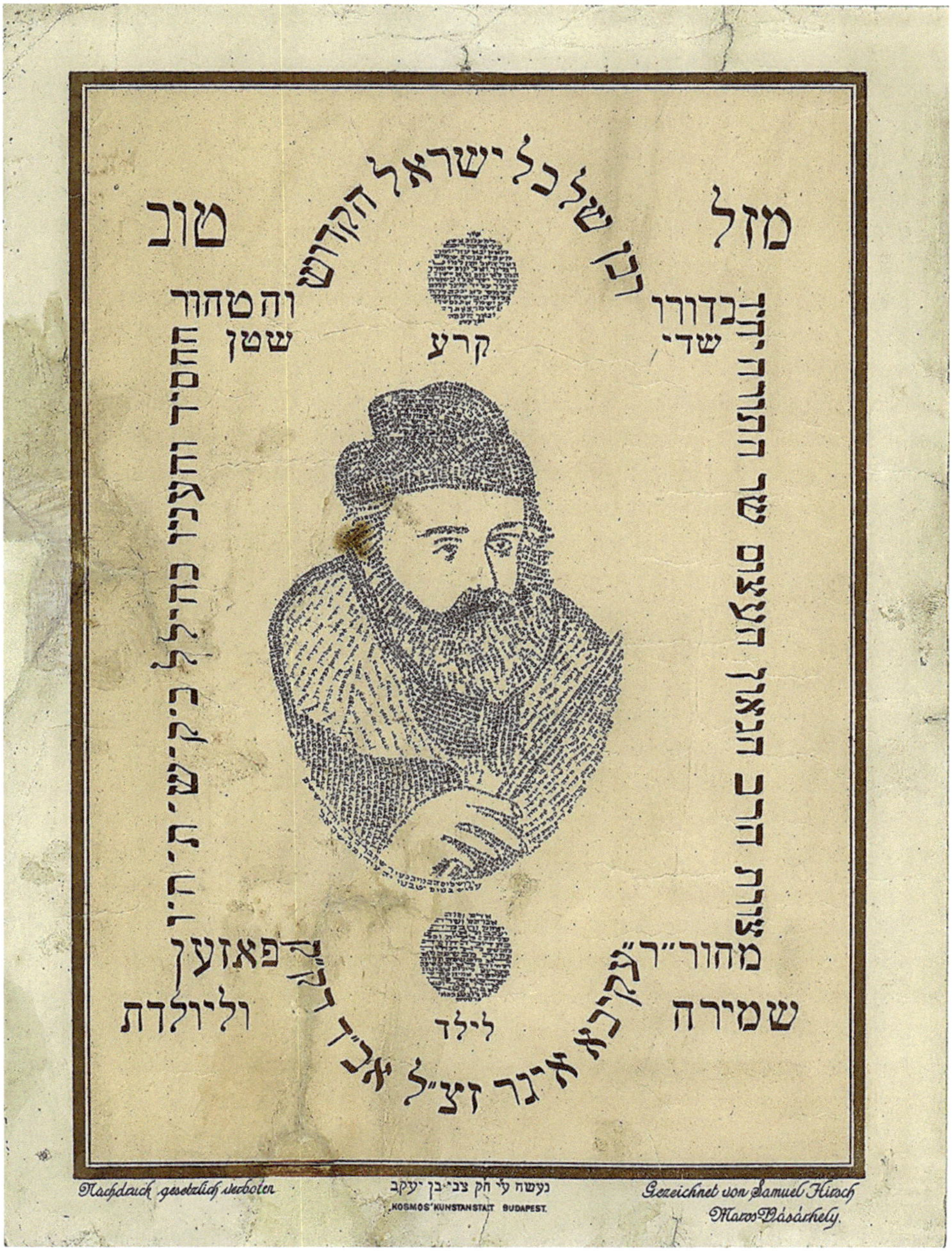

29 Samuel Hirsch, *Rabbi Akiva Eger,* Talisman für Mutter und Säugling, Budapest 1920, Mikrographisches Porträt, 32 × 24 cm; Kestenbaum Auctioneers, New York.

einer Bibel oder einem Traktat deutet, im Hintergrund an der Stubenwand die Doppeltafel mit den Zehn Geboten sowie ein Bücherregal, das hohe Gelehrsamkeit vermitteln soll. Gleichen Gestus und gleiches Interieur zeigt ein Porträt aus der Schweiz, das den Surbtaler Rabbiner Abraham Ris (1763–1834) präsentiert (Abb. 27 und 28). Die Figuren sind typisiert, gleichen sich doch die beiden Gesichter wie auch das gezeigte Interieur frappant.[231] Dass die beiden abgebildeten Rabbiner auf biblische Textstellen und das Verbot der Kultbilder zeigen, lässt deutlich werden, dass das Bild selber diskursiv ist. Es unterstellt sich mit dem gemalten Gestus der Priorität des Wortes. Wir haben hier eine jüdische Bild- und Kommunikationspraxis vor uns, die in der christlichen Welt auf den Humanisten Erasmus von Rotterdam zurückgeht und in der Reformationszeit, wie wir noch sehen werden, durch protestantisch veranlasste Bilder programmatisch geworden ist.[232] Jedenfalls gehen die Rabbinerporträts, ob nun typologisiert oder figürlich den individuellen Menschen abbildend, über die Selbstdarstellungen von Juden in mittelalterlichen Illustrationen von Festtags- und Gebetsbüchern (Machsor) hinaus, zeigen doch Letztere Juden mit Judenhüten in stilistisch typisierender Figurendarstellung und biblische Szenen in der Drapierung mittelalterlicher Alltagstätigkeiten. Erstere hingegen sind Bilder, die figürlich rabbinische Autoritäten, die namentlich bekannt waren und verehrt wurden, verkörpern.[233]

Diesem diskursiven Verfahren hat der aus Transsylvanien stammende Porträtist Samuel Hirsch mit seiner eigenwilligen rabbinischen Hagiographie eine listig-gewitzte Variante beigesellt: Auf seinem Porträtbild (Abb. 29) bestehen die Linien und Schattierungen der Porträtzeichnung aus einer mikrografischen Schrift, womit der Schrifttext im Bild und das Bild als Textschrift erkennbar werden – ein Verfahren, das dem oben erwähnten Prinzip der Kerbung entspricht und der strikt orthodoxen Linie nach Moses Sofer gewiss genehm bleiben konnte.[234] Der gewünschte Bildbetrachter ist hier ein Leser bzw. eine Leserin: Das Bild, das Texte der Psalmen und Segenssprüche im Porträt visualisiert, ist ein Talisman («Shemira») für Mutter und Säugling nach der Geburt.

Diese semiotische Beziehung schlägt, nebenbei vermerkt, auch in einer postmodernen Spielart durch. Der israelische Künstler Michael Sgan-Cohen, der intensiv mit seinem Selbstporträt experimentierte, stellte sich selber immer wieder in Verbindung mit den hebräischen Schriftzeichen dar.[235] Die enge Verknüpfung von Schriftzeichen und Bildinhalten erscheint ebenfalls bei Grischa Bruskin – 1945 in Moskau geboren und in der Sowjetkultur der jüdischen Tradition entfremdet –, und zwar als Weg zur «Rekonstruktion» einer Identifizierung mit dem verlorenen Erbe. In der stilistischen Fortführung des mikrografischen Verfahrens kombinieren seine Bilder diskursiv die Fragmente einer verlorenen und wiedergefundenen Vergangenheit, indem sie eine Mischung aus hebräischen Schriftzeichen und figürlichen Ikonen präsentieren (Abb. 30). Semiotisch konstituieren sie einen Midrasch, jenes narrative Verfahren, das der jüdischen Traditionsbildung eignet, ohne allegorisch zu werden.[236] Im Weiteren erinnern die Arbeiten entfernt, das heisst in sehr ungleicher Weise, auch an die jüdisch konnotierte Graphic Novels, deren Stil im 20. Jahrhundert in Nordamerika populär geworden sind.[237] Auf Bruskin wird nochmals einzugehen sein (Abb. 36).

Doch zurück zu den Vormodernen: Hier sind nicht wenige Schriftbilder wie auch Rituale, Objekte und Amulette dennoch theurgischen Absichten und magischen Gewohnheiten geschuldet gewesen. Im Zuge kabbalistisch-chassidischer Praxen und in schamanischen Kreisen des

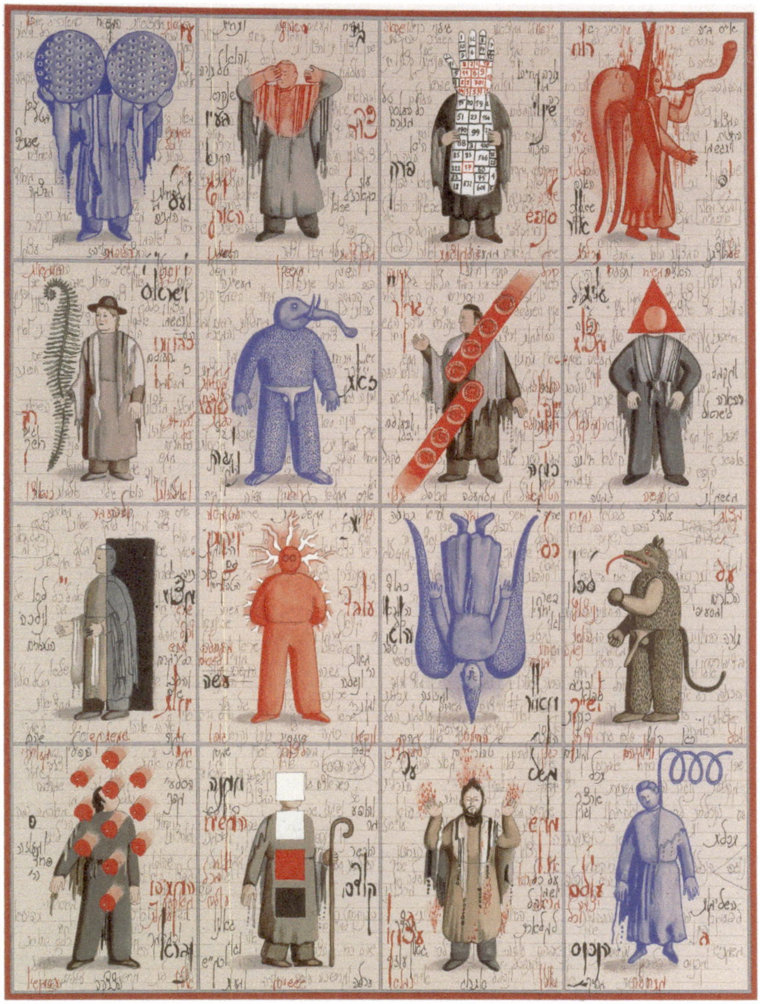

30 Grisha Bruskin, *Neujahr 5751,* 1990. Siebdruck auf Papier, 67 × 54 cm; The Jewish Museum, New York.

osteuropäischen Judentums waren sie gang und gäbe und müssen, wie David Biale dies gezeigt hat, differenziert ausgeleuchtet werden.[238] Der charismatische Zug, der den Protagonisten dieser Kultur zugutekam, resultierte im Bedarf nach Porträts. Durch Kunstdrucke vielfach verbreitet, dienten die Hagiografien als persönliches wie programmatisches Memento, um die Beziehung des Rabbiners zu seinen Anhängern, die in abgelegenen Siedlungen oder durch Migration zusehends verstreut lebten, zu festigen. Auch Medaillons und Medaillen, die Rabbiner abbilden, erfüllten diese Funktion, wie etwa das Beispiel Elazar ben Samuel von Amsterdam (1665–1741) für Westeuropa zeigt. Solche Abbildungen von Rabbinern erschienen auch in Miniaturen, Silhouetten, Lithografien und selbst auf Pfeifenköpfen.[239]

All dies sind deutliche Hinweise auf die sich verändernde Rolle der Rabbiner in den Köpfen und Vorstellungen ihrer Anhängerschaften in der Frühen Neuzeit, in der eine gewisse Idealisierung und Glorifizierung rabbinischer Biografien zu deren Lebzeiten wie nach deren Tod erkennbar wird. Der Vorgang dokumentiert die zunehmende, subjektiv oft als Krise empfundene Individualisierung der Traditionsüberlieferung. Der Kulturkampf zwischen Haskalah, der jüdischen Aufklärung, und dem Chassidismus als sozialer und spiritueller Renaissance war in der Tat dramatisch und hat wegen dieser Spannung das kulturelle Leben beflügelt. Malerei und Karikatur, literarische Erzählungen, Theaterinszenierungen und musikalische Produktionen, in denen auch populäre, polemische und satirische Charakteristika zum Ausdruck kamen, sind die Hinterlassenschaften, von denen das Rabbinerporträt ein Teil ihrer sozialgeschichtlichen Entfachung gewesen ist. Witz, Satire, Trauerspiel und auf der anderen Seite ein Zeitalter des Wissens und der Enzyklopädien, wie sie seit dem 17. Jahrhundert in die europäische Kultur einzogen, prägten auch die jüdische Lebenswelt. Jakob Katz hat die Beziehung zwischen charismatischer rabbinischer Figur und einer ihr zugetanen Anhängerschaft als ein Charakteristikum der Krisen im 16. und 17. Jahrhundert und der daraus entstehenden Orthodoxie im 18. und 19. Jahrhundert beschrieben.[240] Wo die Aufklärer eine Politik ohne göttliches Recht und eine Religionspraxis ohne Mystik und «Aberglauben» forderten, setzten die chassidischen Schamanen das pneumatische Momentum der individuellen Ergriffenheit, der kreativen Spontanität, der messianischen Hoffnungen und vor allem des sozialen Zusammenhalts in den Akt des spirituellen Lebens ein. Das Leben vieler Juden und Jüdinnen selbst wurde mobiler, und die Lebenswelten, in denen jüdische Familien sich bewegten, erschienen räumlich weiter und zunehmend heterogener, was das Bedürfnis nach Anbindung an rabbinische Autoritäten, ihre Verfügbarkeit im Bild und eine dieser Ikonografie entsprechende Legendenbildung erklärt. Längst hat sich diese funktionale Ikonografie heute im Internet fortgeschrieben, etwa in den visuellen Formaten von *Instagram* und *YouTube,* die homiletische und ratgebende Botschaften progressiver, orthodoxer und neochassidischer Rabbiner und Rabbinerinnen verbreiten.

Die visuelle Versicherung des Glaubens, in der konkrete individuelle Personen an die Stelle der urbildhaften Ikonen treten, hatte erstmals in der italienischen Renaissance eingesetzt. In der Herstellung von Porträts wichtiger jüdischer Gestalten, deren medialisierte «Nähe» man sich versichern konnte, wird die Funktion der visuellen Porträtdarstellung deutlich. Im Verlaufe der Frühen Neuzeit ist mit dem Rabbiner-Porträt also eine neuartige Funktion erkennbar, indem das Bild auch eine Botschaft an seinen Leser adressierte. Die rabbinische Hagiografie ist dann im 19. Jahrhundert zu mehrteiligen Porträtgalerien, die geistige oder leibliche Verwandtschaften unter den Rabbinern zeigten, gesteigert worden. In entsprechenden Porträtgalerien zionistischer Führungsgestalten hat diese Ikonenkultur im Zuge des *nation-building* dann auch zu säkularisierter Nachahmung gefunden.[241] Die Ikonen der zionistischen Führergestalten sind profaner Art, auch wenn in ihnen ein quasi-sakrales Moment steckt. Sie verdeutlichen den Anspruch auf geistige und soziale Orientierung und nicht auf eine vermeintlich echte Präsenz von Wahrheit.

AUSEINANDERSETZUNGEN IN DER CHRISTLICHEN BILDKULTUR

Eine maßgebende Debatte, aus der die rhetorische wie theologische Konzeption des Ikonoklasmus spricht, ist der byzantinische Bilderstreit, der wie die Studien zu den jüdischen Bildwerken erstmals in den 1920er Jahren in den Fokus der westlichen Forschung rückte und seither kontinuierlich in neueren Studien verhandelt wird.[242] Nur höchst gelegentlich ist darin noch die Meinung vertreten worden, dass die frühe ostchristliche Gemeinde aus der vermeintlich bildlosen antiken Synagoge herausgewachsen sei.[243] Vielmehr ist deutlich: Die Theologie der Ikone, Rückgrat des orientalischen bzw. orthodoxen Christentums, war besorgt und alsbald besessen vom Problem, den noch so geringsten Verdacht von Kult- und Götzenbildern zu vermeiden. Wenn wir im Folgenden von Ikonen sprechen, dann epistemisch im religionsgeschichtlichen Sinn eines rezeptiven Zusammenhangs, in welchem sich ästhetische Sinnlichkeit mit der Erfahrung der Transzendenz mischt, um im Sinne Walter Benjamins das Auratische des Kunstwerkes, seine sakrale Funktion, zu generieren. Wie sich diese Präsenz des Heiligen im Bild durch die neoplatonische Unterscheidung zwischen «Urbild» und «Abbild» zu begründen wusste, werden wir noch vermerken müssen. Dieser theologische Ikonenbegriff hatte teilweise noch bis Mitte des 20. Jahrhunderts die Bedeutung innegehabt, die ihm von den orthodoxen Kirchen des Ostens mit auf den langen Weg durch die Jahrhunderte auch in den Westen mitgegeben wurde. Wir sprechen also hier noch nicht von «Ikonen» im heutigen Sinne des so genannten «iconic turn», von dem unter den Modernen die Rede ist, seitdem durch Benjamin und Theodor Adorno und vor ihnen durch Warburg und Ernst Cassirer die Bedeutung der Bilder – und notabene des Bilderverbotes – auf die Agenda gesetzt worden ist, dies wesentlich in Hinsicht auf die politische Propaganda, den industriellen Massenkonsum und die neuesten Formate des so genannten Medienzeitalters im 20. Jahrhundert.[244] Vielmehr geht es um den älteren Ikonenbegriff, der noch bis heute im Spiel geblieben ist.

Verkürzt und zusammenfassend gesagt, beim klassischen Ikonenbegriff widersprechen sich zwei hauptsächliche Thesen, die Hans Belting eindrücklich verortet hat und die sich aufeinander beziehen lassen.[245] Einerseits die etwas ältere Säkularisierungsthese, die zwischen der religiösen und profanen Deutung einen entwicklungsgeschichtlichen Zusammenhang herstellt und hierfür vom Wegschwinden der Strahlkraft von Transzendenz und Theologie in der Moderne ausgegangen ist. Andererseits ein kulturwissenschaftliches Verständnis, das die strittigen Fragen um die Präsenz des Unsichtbaren in sichtbaren Erscheinungen wie den Religionen hervorhebt.

Sie wird dahin gehend beantwortet, dass hier eine anthropologische Universalie vorliege, die konstitutiv für die Religions- und Kulturgeschichte sei und sich immer wieder neuartig – in den jeweils unterschiedlichen Facetten des Judentums, des Christentums, des Islams, des Buddhismus und der Modernen in alle möglichen, gerade auch säkularen Verästelungen hinein – geäussert habe und äussern werde.

In beiden Deutungen wird letztlich ein Wertehorizont verhandelt, vor dessen Hintergrund die Frage nach den Bildern entweder sakral oder profan grundiert ist. Ins Zentrum gerückt werden muss also die entscheidende Frage, wie eine Epoche oder Gemeinschaft zur Überzeugung kam oder kommt, dass es eine Wahrheit des Bildes gebe und es über die materielle Präsenz hinaus eine bestimmte – magische, mythische, moderne – Aura sein soll, die einen Anspruch auf diese Wahrheit für sich wie gegen fremde Andere zu reklamieren erlaubt.

Wahrheit des Bildes, Bilder des Wahren

Ikonodule wie Ikonoklasten, wie die Bildanhänger und die Bildfeinde in der späten Antike genannt werden, verdammten auf je eigene Weise die idolatrischen Fiktionen. Denn wie der Bilderfreund will auch der Bilderfeind die Wahrheit des Bildes verteidigen. Beider Bestreben verträgt sich nicht mit dem profanen Charakter der Malerei, die beiden als banal, wenn nicht gar als blasphemisch gilt. Ohne zu zögern, wird der orthodoxe Bilderfreund jede profane Kunst, erst recht in ihren westlichen Figurationen heute, als verwerfliche falsche Bilder anprangern, als blasphemischen Kult, der den wahren Wert wahrer Bilder verachtet. Ihm ist die Ikone nicht bloss Abbild, sondern ein Heilszeichen, vor dem jeder Anspruch auf künstlerische Autonomie verblasst. Der Bilderfeind hingegen behandelt in diesem Streit jegliche Ikone unterschiedslos als Drang zum falschen Kult, durch den das Bild unweigerlich aufhört, ein Ausdruck der Wahrheit zu sein. Es ist ihm immer verwerfliches Idol, das falsche Opfer verlangt. Die Zerstörung der Ikonen soll die idolatrische Natur des Bildes schlechthin und seine Sterblichkeit oder Vergänglichkeit beweisen. Diese Zerstörung geht weit über das rabbinische Verfahren der Kerbung oder das zitierte Beispiel des Zerbrechens eines Siegels und der skulpturalen Fragmente hinaus, um ihrer Materialität göttliche Eigenschaften aufgrund des sichtbaren Makels abzusprechen.

Wie lässt sich eine solche bildtheologische Konstellation in der Stunde des Aufstiegs des Christentums situieren? Mit den Argumenten einer Projektionstheorie – etwa nach dem Einwurf von Xenophanes, wenn Rinder und Pferde Götter zeichnen könnten, sähen diese aus wie Rinder und Pferde – kommen wir hier nicht weiter, auch wenn das kulturrelativistische Argument von Xenophanes, mit dem er den Anthropomorphismus angriff, als Polemik bemerkenswert ist.[246] Es geht nicht allein um die anthropomorphe Beschichtung des Himmels mit irdischen Eigenschaften in der Art, wie wir dies von den phantasiegeübten Ausmalungen des Paradieses wie auch der Höllenqualen oder dem Schlaraffenland in den Kunstwerken späterer Jahrhunderte gewohnt sind.[247] Vielmehr wird in der psychischen Regression das Bild des Gottes auf die Dimension eines Totems reduziert, das in früherer Geschichte zum Beispiel als Schlange, Stier oder Kalb skulptural dargestellt wurde. Die Sätze von Xenophanes und Hosea – «Menschen küssen keine Kälber» (Hosea 13,1) – lassen sich zwar als frühe skeptische Verlautbarungen durchaus in die Moderne transportieren, die ihre eigene anthropologische Dechiffrierung als Religionskritik mit dialektischer Schärfe fortgeschrieben hat, etwa wenn Ludwig Feuerbach von sich gibt: Der Mensch «vergegenständlicht sein Wesen und macht dann wieder sich zum Gegenstand dieses vergegenständlichten, in ein Subjekt, in eine Person verwandelten Wesens; er denkt sich, ist sich Gegenstand, aber als Gegenstand eines Gegenstandes, eines anderen Wesens.»[248] Doch diese kulturkritische Aussage ist hier ex post festgehalten, es sollte aber von Byzanz her gedacht noch rund zweitausend Jahre dauern, sie als einen Bruch mit der hergebrachten Überlieferung zu verstehen.

Was vielmehr für den Bilderstreit vorausgesetzt und mitgedacht werden muss, ist jene Entwicklung theologischen Charakters, die im fünften Jahrhundert auf den Konzilien von Nicäa und Konstantinopel zur Festlegung des Dogmas der Trinität geführt hat, das heisst zur Vorstellung, in der einen Gottheit gebe es drei Hypostasen – Gott Vater, Gott Sohn und Heiliger Geist – als «Personen», die von Ewigkeit her und in Ewigkeit hin unverwechselbar, doch ungetrennt existieren würden. Mithin erscheint auf dem Konzil von Chalzedon zudem die christologische Lehre von den zwei Naturen, in der Jesus zugleich als wahrer Gott und wahrer Mensch konzipiert wird. In den biblischen Schriften sind beide Dogmen nicht nachlesbar, sie sind darin schlechterdings nicht vorhanden. Vielmehr bezeugen sie den Einfluss der griechischen Philosophie, vor allem in neoplatonischer Tradierung. Doch beide Lehren sind von eminenter politischer Bedeutung, und sie korrespondieren gleichzeitig mit sozialgeschichtlichen Schilderungen, aus denen der menschliche Makel spricht, das heisst das Bedürfnis nach Anschaulichkeit und Materialität und damit nach Bildern und Objekten der Verehrung.

Liest man Studien zum Ikonoklasmus der byzantinischen Zeit und der Vorphase zum 8. und 9. Jahrhundert, so fällt im historischen Kontext zunächst eine empirische Beobachtung auf, nämlich die steigende Tendenz zu Aberglauben, Talismanen und Effigien, also skulpturalen Darstellungen von Personen. Ihre Träger waren offenkundig Fetischisten und dürften auch so ausgesehen haben, wenn sie hantierend, beschwörend, opfernd, humpelnd, wunderlechzend und geschäftstüchtig durch den Verkaufsalltag der Frühzeit des Christentums eilten. In dieser Hinsicht erinnern sie an die Situation im Vorhof des Zweiten Tempels in Jerusalem zur Zeit der Römer, an jene Säuberung durch Jesus, der dort als radikaler jüdischer Reformer die Händler zu vertreiben versuchte. Diese sozialgeschichtlichen Schilderungen kontrastieren in nicht geringem Mass mit einem weiteren religions- und kulturgeschichtlichen Aspekt, mit jenem Entsetzen, das zuerst Gnaeus Pompeius und sein Umfeld bei der Inspizierung des Inneren des Tempels überfallen und später dann Titus erfasst haben soll, als Letzterer im eroberten Jerusalemer Tempel den Vorhang mit seinem Schwert durchhieb und sich dann hinter der Verhüllung das Allerheiligste als leer erwies. Das Erzählmotiv lebt in der christlichen Überlieferung an entscheidender Stelle weiter – als Jesus am Kreuz von Gott verlassen stirbt und ein letztes Mal aufschreit, soll im Tempel, wie Matthäus berichtet (Mt. 27,50–52), der Vorhang entzweigerissen sein.

Die Furcht vor leereren Tempeln, dem bildlosen Heiligen und dem ungewissen, nicht beobachtbaren Vorgang der Auferstehung hat sich durch alle späteren Zeiten ebenso gezeigt wie das Ärgernis des Handels und Hantierens mit Wundermitteln, Amuletten, Reliquien und weiteren Fetischen. Im Mittelalter lebte die altertümliche Furcht vor leeren Tempeln und ungewissem Leben nach dem Tod in ausgeprägten Formen weiter. Der Knochen eines Heiligen war

Gegenstand erlaubter kultischer Verehrung, der eines Gehängten gar Objekt magischer Riten.[249] Wer diesen Zusammenhang heute sozial- und kulturanthropologisch nachvollziehen will, wird unter Stichworten wie «Voodoo» im Internet fündig oder kann sich darüber kundig machen, wie und unter welchen Umständen der einzig übriggebliebene Backenzahn eines ermordeten Premiers im 21. Jahrhundert in einem Mausoleum beigesetzt worden ist.[250] Auch die biblische Zeit hinterlässt uns diesbezüglich Hinweise aus viel früherer Zeit: Auf dem Hintergrund der nomadischen und halbnomadischen Lebensweise sind für den Ursprung des biblischen Israel bilderlose Kulte durchaus plausibel, während aber Amulette, Fetische und Kleinidole in Haushalten ausserhalb des Kultes archäologisch nachweisbar sind. Die Zeit nach der Landnahme bis vor dem babylonischen Exil, wesentlich die biblische Königszeit also, sah einen Jerusalemer Tempel mit näheren und auch ferneren Untermietern, die als handelbare Gottheiten Gegenstand der Verehrung an verstreuten lokalen Stätten waren und als allerlei Fetische auftraten und eben deswegen der Kritik aus Prophetenkreisen ausgesetzt wurden.[251] Auch einige Beiträge zur biografischen Jesus-Forschung haben in Jesus eine charismatische Person aus Galiläa erkennen wollen, die durch Heilungen, Exorzismen, Handauflegen und Wundertun sich Bahn brach und die falschen Fetische beseitigt habe. Wie schon bei Chanina Ben Dosa und Choni, dem Kreiszieher, aus der Spätzeit des Alten Testaments wird hier auch bei Jesus das Bild eines Schamanen gezeichnet. Sie alle hätten deswegen sogar den jüdischen Chassidismus des 18. Jahrhunderts vorweggenommen.[252] Sozialgeschichtlich wie methodologisch gesprochen lässt sich die Geschichte des Judentums und Christentums in allen Epochen nur schwer und allzu sorglos in Orthodoxe und Häretiker teilen.

In Byzanz kam gegen Ende der Spätantike die Produktion dreidimensionaler Skulpturen zum Erliegen. Die Anbetung von Reliquien und Fetischen, unter ihnen auch Skulpturen, galt als verwerflich, sie garantierten keine Heiligkeit. Im Gegenteil, die Verehrung anikonischer Materialien aus Knochen und Hautstücken und, in Parallele dazu, die Erzeugung falscher ikonischer Plastiken und Bilder brachte den Menschen in Versuchung, Gott nachzuahmen und sich selbst als gottähnlichen Schöpfer auszugeben. Die Kirchenväter hatten generell jegliche Bilder abgelehnt und ihre Kritik dabei gegen Kultobjekte aller Art gerichtet. Während das frühe Christentum figürliche Darstellungen verwarf oder nicht kannte und zumindest antiikonisch war und stattdessen Symbole bevorzugte, entwickelte die sich etablierende Ostkirche ein Konzept, das die Bildkunst der Ikonen zuliess und gleichzeitig die sakrale Plastik sowie den Fetischglauben bannte. In Westeuropa hingegen setzte mit der römischen Kirche die Verbreitung der dreidimensionalen Heiligenstatuen ein, dies parallel und in Kombination mit dem Altarbild und den darin eingeschlossenen Reliquien von Heiligen, die in den Mittelpunkt der Verehrung rückten. Papst Gregor der Grosse erachtete Abbildungen in Kirchen als *biblia pauperum,* als Werkzeuge, den Armen und Illiteraten die Evangelien näher zu bringen und die Mission in noch nicht christianisierten Regionen voranzutreiben. Im lateinisch-christlichen Kulturkreis erreichte diese Entwicklung seit dem frühen Mittelalter einen ersten Höhepunkt und ging mit skulpturalen Darstellungen von Jesus, Aposteln und Heiligen über alles Bisherige hinaus. Vor allem die narrative Verknüpfung von Heiligenerzählungen in Bilddarstellungen mit der anikonischen Verbergung von beigesetzten Reliquien in den Altarwerken war im Übergang von der Spätantike zum Mittelalter fundamental. Reliquienaltäre machten die Bild- und Skulpturenkunst im lateinischen Westen unabdingbar.[253] Diese Entwicklung nahm also einen sehr anderen Verlauf als in den Ostkirchen, in deren Einflussbereich die sakralen figürlichen Plastiken verpönt blieben und die stattdessen eine neoplatonisch eingefärbte Vorstellung der Ikonen entwickelte, um sich dem nicht abbildbaren Urbild geistig anzunähern.

Begriffe wie «Götzendiener» und «Fetischist» drücken für den ostkirchlichen Bereich die grosse Erregung aus, mit der Figuren, die als Opfer zur Anbetung gelangten, seitens der Ikonoklasten wie Ikonophilen bedachten wurden, was heftige Ablehnung und Zerstörungswut zur Folge hatte. Im frühen christlichen Denken mussten die Fetischisten als Produzenten von Bildern des Falschen oder falscher Bilder des wahrhaft Wirklichen gelten. Sie haben dazu beigetragen, dass ihre heftigsten Gegner, die Ikonoklasten, mit ihnen untergingen, als die Ikonodulen den Sieg davontrugen – indem die Ikonoklasten selbst beschuldigt wurden, Liebhaber von Idolen zu sein. Denn Wahrheit konnte im christlichen Denken einzig im Christus-Opfer liegen, das heisst, wie Marie-José Mondzain diesen dialektischen Umschlag ausdrückt, in der Tötung der falschen Bilder, die es gestattet, ein unzerstörbares Bild des Jesus Christus, das keiner zerbrechen kann, zur Welt zu bringen. Dieses nunmehr theologisierte Postulat der Makellosigkeit war buchstäblich schlagend: «Jesus ersteht von den Toten und sein Bild ist unzerstörbar».[254] Der exklusive Kult um das Christus-Bild wird zudem mit dem Argument verteidigt, dass er nicht der Darstellung, sondern dem Dargestellten gelte. So wurde ausgerechnet «der Ikonoklast ohne Paradox als Götzendiener bezeichnet, er, der jeden Kult, der dem wahren Bild gewidmet ist, verweigert und es durch seine Zerstörung wie ein Idol behandelt.»[255] Der Ikonodule aber weiss sich im Recht, weil er die gefährliche Nähe von Bildwerk und Götzendienst abwehrt, indem er, neoplatonisch fundiert, das «Urbild» als nicht identisch mit dem «Abbild» ausweist.

Idole waren immer die Bildnisse und Bilder der anderen, Ikonen dagegen immer die eigenen Bilder: Idolatrie trieben nach dieser Argumentation die Juden, die Griechen, die Barbaren, überhaupt jeder, der kein Christ war – und mit ihnen die Ikonoklasten in den eigenen Reihen, die in den Augen der Ikonodulen keine Christen sein konnten. Denn indem «man sehen konnte, wie sehr dieser Feind der Inkarnation selbst bloss ein des Bildes beraubter Körper war», liess sich die Theologie der Ikonodulen gut rechtfertigen.[256] Der Satz fasst die erschütternde Suche nach dem rein Absoluten, dem Transzendenten, der Abstraktion zusammen, der einen möglichst bild- und vermittlungslosen Zugang zur Wahrheit nahelegt, aber diesen Zugang nicht ohne Bilder als vermittelnde Instanzen zu ebnen vermag. Hier könnte vielleicht auch ein viel älterer «platonischer Einspruch gegen die Volkserzählungen vom unwürdigen Betragen der Götter und Helden» nachhallen.[257] Im längeren Verlaufe der Geschichte wurde jedenfalls die bunte Himmelswelt mitsamt ihren irdischen Untaten zensuriert, indem man sie auf eine Urbildformel reduzierte, im konkreten theologischen Fall auf einen Vater im Himmel. Bilder sollen in dieser neoplatonischen Lesart die Welt nicht imitieren oder als Illusion vorgaukeln, vielmehr offenbaren sie übergeordnete Prinzipien. Bei den Ikonen war es der Prototyp (πρωτότυπον, *prōtótypon)*, das Urbild, dem Ehre zukam und nicht dem Bild als bloß nachrangigem materiellem Objekt. Eben das machte den Maler zu einer Person, die in ostkirchlichen Augen fähig war, «hinter den Vorhang des Verborgenen zu blicken.» [258] Solche Argumente waren im Orient bis in den Islam hinein gültig und haben später, wie wir bereits bei der Betrachtung eines Rothko-Bildes gehört haben, unter den modernen Kunstdeutern im Westen von Neuem attraktiv werden können.

Wie auch immer, der unsichtbare Gott als Urbildformel wird von Orthodoxen und alsbald von Mystikern unterschiedlicher religiöser und lokaler Lager in Judentum und Christentum an den Werken seiner Schöpfung erkannt. Es ist eine Formel, die die Welt als sinnvoll geordneten Kosmos versteht, dessen verkörperten Teile bildhaft aufeinander weisen. Als Gleichnisformel wird dies narrativ universalisiert und von nahezu sämtlichen Gläubigen – poetisch wie mahnend – genutzt, wenn das Heil dem Himmel anempfohlen und von dort zur weiteren Distribuierung zwar kontrolliert, doch freigegeben wird. Mystische Strömungen tendieren in besonderer Weise dazu, die neoplatonische Rezeptur in die Welt der Rechtgläubigen einzuschmuggeln, um sich kreatives Potenzial zuzusprechen. Die Spannung zwischen abstraktem Transzendenzglauben und bildschaffender Selbstermächtigung kennzeichnete im Kern den zurückliegenden Weg von Ägypten über die Erzählfigur des Moses am Sinai bis zu den Orientalen des Christentums in Byzanz. Auch die Rabbiner eigneten sich solcherart mit Wegmarken an und bereicherten sie mit ihren Deutungen und halachischen Entscheidungen, bis hin zu den Kabbalisten, die das *en sof*, das «Unendliche», als Ausfluss aller ätherischen und materiellen Manifestationen zum Gegenstand ihrer theosophischen Spekulationen gemacht haben. Auf allen Stationen und in allen Regionen wurden das schmerzerzeugende Dilemma und die Rezepturen für ein Wundmittel auf je eigene, doch voneinander nicht unähnliche Weisen versammelt.

Am Ende dieser Wegstrecken gab es in Byzanz auf dem Höhepunkt solcher Diskurse paradoxerweise «keinen Ikonoklasmus, denn es gilt als gut und gegeben, die Idole als falsche Bilder zu zerstören», so wie es gleichermaßen unmöglich ist, die «guten Bilder» in einer ikonoklastisch falschen und übertriebenen Weise zu beseitigen.[259] In Byzanz wird noch einmal greifbar, was im alten Ägypten sich nicht durchgesetzt hatte. Damals war die monotheistische Revolution Echnatons gescheitert, als in einem radikalen und gewaltsamen Ausbruch die Tempel geschlossen, die Götterbilder zerstört, ihre Namen ausgehackt, ihre Kulte verboten wurden. Die Tilgung eines Namens war, mythisch gesprochen, eine Bemächtigung seiner magischen Wirksamkeit, womit über den Gegenstand selbst Macht erlangt wurde. Ein Abbruch der Riten «bedeutete im ägyptischen Denken den Zusammenbruch der sozialen und kosmischen Ordnung»[260], und eben dies liess auch die Bilderfeinde in Byzanz scheitern. Auch die griechische und römische Religion waren öffentliche Kulte, die die Loyalität zur *Polis* oder zum Kaiser herstellen sollten.

Am Nil wie in Byzanz und ebenso in Rom und vielerorts im weiteren Verlauf der Geschichte zeigte sich, dass das Bild eng mit dem Souveränitätsverständnis verknüpft ist. Der Kampf um die Herrschaft der Gefühle, bei dem den Bildern eine fundamentale Funktion als Trägerstoff zukommt, war in hohem Maß eine politische Sache: Die Herrschaft über das Bild ist die Herrschaft über das Land und die Leute; der Pharao, der Kaiser, der König oder der Fürst sind jeweils durch das Bild der Götter, der Gottheit, des Christos – gleichsam als Bewohner des Tempelinnern – präsent, indem das Urbild des Herrschers durch das gemalte Bild oder sogar durch das Standbild stellvertretend repräsentiert erscheint. Bild und Namen sind damit nicht bloß profane konventionelle Zeichen, vielmehr werden sie als realer Teil eines Ganzen ausgegeben. So können die neoplatonische Lehre des Abbildes und die Idee des Leerraums zwischen den Flügeln der Cherubim als einigermaßen kongruente Vorstellungen in eins gesetzt werden. Der Souveränitätsbegriff und mit ihm die Bilder und Insignien des Souveräns aber werden durch die hebräischen Propheten in Zweifel gezogen. Ihre Kritik mahnt, dass das Königtum nicht einem

Menschen als göttlichem Abbild gebührt, sondern dem vermeintlichen «Urbild», das heisst der unsichtbaren Gottheit allein. Im Verlaufe der verschiedenen Zeitalter werden in den Weltprovinzen diese Vorbehalte gegenüber dem Souverän und die Scheidungen der Sphären zunehmend theologisiert, ein Verfahren, das die Verflechtung der Kirche mit dem Staat und ihren Umgang mit politischer Macht ordnet, um die eigene Vormachtstellung zu festigen und andere Religionen zu unterdrücken. Erst in der Neuzeit wird dieses Verhältnis zu seinem Ende kommen. Wie wir schon für das Bild von Max Liebermann bemerkten und später nochmals festhalten werden, wird dieser Bruch in der öffentlichen Skandalisierung von Bildern, die ohne die Aura des Heiligen auskommen, fassbar. So hängen Macht und Bildnis, Souveränität und Blasphemie in der Kulturgeschichte eng zusammen.

Gerade die Modernen, sprich die so genannte Avantgarde sollte in ihren Manifesten immer wieder das ikonoklastische Vokabular der byzantinischen Tradition verwenden, ohne dies zuzugeben. Man spricht in der Moderne gerne vom Bruch mit den Konventionen, von der Zerstörung der mythischen Kunst, der Aufhebung der alten Werte. Das Konzept, dass die Dinge, die nun in erster Linie als «Waren» erachtet werden sollen, weil sie auf den autonomen Gesetzen des Marktes beruhen, keine auratisch-numinose Qualität besitzen, unterstellt heute auch die Autonomie der Kunst eben diesen Gesetzen des Kunstmarktes. Nicht nur Gott, den die mittelalterliche Kunst zu figürlicher Anschauung gebracht hat, sondern auch die Dinge der materiellen Welt werden in reine Worte, Zahlen und Bildabstraktionen ohne jegliche Aura verwandelt. Doch diese ikonoklastische Geste wird nunmehr gleichzeitig als künstlerisches Verfahren eingesetzt, das weit weniger darauf abzielt, die alten Bilder zu zerstören, sondern neue Gemälde, oder, wenn man so will, neue Ikonen, die das wahre Bild und ein Bild der Wahrheit sein sollen, zu schaffen. Solcherart wird das vermeintliche Ding an sich selbst wiederum eine Ikone, als verwertbare Waren dialektisch umgeschlagen: ein durchwegs mit Bedeutung aufgeladenes Bild seiner eigenen Materialität.

Der Preis der Milderungen

Bis zur Konstantinischen Wende war die Herausbildung von Judentum und Christentum keine abgeschlossene Sache. Von zwei getrennten Wegen kann noch lange nicht gesprochen werden, eine deutliche Gegenüberstellung von «Juden» und «Christen» würde den sozialen und religiösen Durchdringungen in der antiken Welt, die vielfältig war und auch Übersetzungsleistungen hervorbrachte, nicht gerecht.[261] Die Christenversammlungen, die in Ephesus, Smyrna oder Antiochia allmählich zur Ekklesia zu werden begannen, das heisst sich als ein «Volk Gottes» aus vielerlei Völkern zu verstehen anfingen, bediente sich sprachlich und visuelle jener Bilder, die an Israel gemahnten. Sie begriffen damit das Wirken von Jesus im Horizont der Schriften der jüdischen Überlieferung in der Antike. Vorgetragen wurden in neutestamentlichen Sendschreiben und an den Versammlungen der Christen eine Reihe von Motiven, die der ersten großen Gottesrede der Sinai-Theophanie im ersten Buch Moses (1 Moses 19, 4–6), den Mahnworten der großen Propheten, den Psalmen und weiteren entnommen worden sind. Das zentrale christliche Bekenntnis zur Auferweckung Jesu von den Toten, dessen bildliche Darstellungen uns noch beschäftigen werden, hat seinen Anker in den Schriften Israels, die den Gott Abrahams, Isaaks und Jakobs als einen Gott der Lebenden und nicht der Toten dargestellt haben. Auch das auf die Erde herabsteigende himmlische Jerusalem, die Einwohnung Gottes in sein Volk, oder die Rede von einem priesterlichen Königreich und die Aufforderungen, das götzendienerische Babel (Babylon) zu verlassen, sind ganz und gar Motive aus dem jüdischen Repertoire gewesen, die durch das frühe Christentum übernommen und gedeutet wurden. Bemerkenswert ist für das Thema der visuellen Kultbilder aber die Johannesapokalypse – sie muss im Kontext der die Juden wie die frühen Christen gleichermaßen beunruhigenden römischen Kaiserverehrung und entsprechender öffentlicher Stand- und Kultbilder gelesen werden. Die an Paulus anschließende Offenbarung des Johannes setzte nicht nur die apokalyptische Literatur des Judentums fort, vielmehr bot sie eine bildmächtige Gegengeschichte zum verwerflichen römischen Kaiserkult, dem schon Jesus wie die Rabbinen entgegengetreten waren.

Die frühen Bibelleser bzw. Hörer in der Antike teilten also in vielen Fällen einen Kernbestand an gemeinsamen Überzeugungen, Vorstellungen und Gedankenbildern, die um Kult und Rituale, Texte und Bilder gingen. Dabei musste ihnen, ob jüdisch oder christlich, auch daran gelegen sein, die Texte zwar als geistig und moralisch erbaulich zu hören, aber auch als handlungsanleitend zu verstehen, ohne sie in bloße Symbole zerfallen zu lassen. Es ging darum, halachische Aussagen für das tägliche und praktische Leben von Juden und Christen zu erhalten: «Am Samstag in die Synagoge, am Sonntag in die Kirche» – ein Verhalten, das in Antiochia, dem lang maßgebenden Zentrum des orientalischen Kulturkreises, gängig war, zumal der Verlust des Jerusalemer Tempels den christlichen Kirchenvätern ebenso wie den Rabbinern neuen Schwung für ihre Gotteshäuser verliehen hatte.

Weder Judentum noch Christentum gab es als abstrakte institutionelle Größen, ihre Ausdifferenzierung in verschiedene Kultpraxen nahm viel Zeit in Anspruch und wurde allenfalls durch unterschiedliche Sprachen markant.[262] Nicht jeder mit griechischer Muttersprache war auch schon ein Grieche, im Gegenteil, er konnte auch ein Jude sein; doch zumeist jeder mit hebräischer Muttersprache war ein Jude, und dies auch als Getaufter oder sogar als Christ. Neben den Priestern und deren Abkömmlingen aus dem Jerusalemer Tempel und nebst den Juden als bereits in die Diaspora verstreutes Volk hörten sich als weitere Schicht die Gottesfürchtigen unter den nicht beschnittenen Heiden die Botschaften aus der hebräischen Bibel an. Wenn Johannes von Antiochia die Juden hasste, dann weil viele Heiden und Christen die Synagogen besuchten und dort Predigten in ihren Sprachen hörten. Die Ausdifferenzierung zur Rivalität dauerte, verblieb mehrschichtig und war widersprüchlich. Hinzu kommt, dass die Entstehung des Christentums in Abgrenzung und Gegnerschaft zu den atomistischen Philosophen, vor allem zu Epikur, erfolgte, der einen Schöpfergott, die Unsterblichkeit und eine göttliche Vorsehung leugnete. Auch im antiken Judentum fiel die Rezeption Epikurs negativ aus, wenn auch vielleicht gelassener, da seine Lehre als schlechterdings häretisch bzw. «griechisch» abgetan werden konnte. Die gemeinsame Gegnerschaft gegen den philosophischen Materialismus von Demokrit über Epikur bis Lukrez liess ein solches Bemühen anfänglich aber als Gemeinsamkeit von Juden und Christen erscheinen.

Die paulinische Theologie wie das rabbinische Judentum deuteten zudem den grundlegenden biblischen Mythos von Adam und Eva und die Vertreibung aus dem Paradies immer noch als Auftakt zu einer freien menschlichen Wahl, zwischen Gut und Böse entscheiden zu können. Daraus konnte ein gemeinsamer theologischer Nenner gelesen werden. Eine entscheidende Differenz lag hingegen in der Postulierung des Erscheinens und des Todes von Jesus Christus als einem zweiten Adam, einem neuen Menschen, der die Erlösung in der unmittelbaren Gegenwart durch seine Auferstehung verkörperte. Man kann sich dann das Bemühen, diese Abgrenzung der christlichen gegenüber der jüdischen Deutung des Schöpfungs- und Paradiesmythos anzustossen und weiterzutreiben, mit der klugen Bemerkung von Georg Simmel vor Augen halten, wonach neu entstandene Vereinigungen «strenge Grenzsetzungen und zentripetale Einheit fordern und deshalb dem Individuum keine Freiheit und Besonderheit innerer und äusserer Entwicklungen einräumen» wollen.[263] Anstatt aus alten Schläuchen den reifen Wein, der als milde gilt, zu genießen, wie es bei Lukas noch unzensiert heisst, ziehen es die Künder junger Vereinigungen vor, einzig vom jungen Wein in neuen Schläuchen zu reden.[264]

Die Textsammlungen, die nach dem 2. Jahrhundert erst allmählich als «Neues» Testament bzw. «Altes» Testament rezipiert wurden, hatten noch lange nicht den Status kodifizierter Texte, die schon als etablierte Norm gelten konnten.[265] Ein dogmatischer Feinschliff in den Auseinandersetzungen zwischen und innerhalb den beiden späteren Religionen war anfänglich noch nicht in Sicht, eine theologische Engführung und eine Dehumanisierung der Juden und des Judentums gehört viel späteren Zeiten an. Dem damaligen Publikum konnte dies ohnehin bedeutungslos erscheinen, welche der Predigten in welchem Haus die Inspiration bediente. Gegenüber der wirren heidnischen Welt galten nach der Zerstörung des Tempels und der Zerstreuung aus Jerusalem die gleichen Prämissen in Kirchen und Synagogen, die in Begriffen von Liebe, Gerechtigkeit, Hoffnung und Erlösung den Haltsuchenden alternative und attraktive Orientierung anbieten sollten.[266] Die traditionellen Götter heidnischer Kulturen erschienen so verzichtbar und mochten in ewiger Glückseligkeit verharren – den Kirchen- und Synagogengängern jagten sie gewiss keine Furcht mehr ein. Und die Bedeutung der Predigt als Instrument des menschlichen Intellekts stieg dabei «umso mehr, je vollständiger die magisch-sakramentalen Bestandteile eliminiert» wurden, wie Max Weber formuliert.[267] Die Inhalte des sakralen Geschehens liessen sich also dank der Predigerworte von totemistischen Darstellungen und Riten, die den Menschen zum Diener der Götter degradierten, loslösen. Zudem erschienen die kultischen Ideale, gleichsam als Mehrwert, gefeit von den abstrakten und materialistischen Ideen der atomistischen Aufklärer.

Was sich indes im östlichen und bald westlichen Christentum entwickelte, war ein Kultdrama, bei dem die Sakramente des Altars die Züge der alten griechischen Tragödie nutzten, um das Heilsgeschehen bildhaft darstellen und anschaulich machen zu können. Innerhalb des rabbinischen Judentums wiederum wurde seit der Zerstörung des Jerusalemer Tempels erst recht um die angemessene Liturgie und ihre Ausgestaltung gerungen, da die Synagoge und das Lehrhaus den Verlust substituieren mussten. Jedenfalls zogen die religiösen Motive und figürlichen Darstellungen, etwa wenn das Tabernakel und die Schöpfung symbolisch miteinander verbunden wurden, unter jüdischen und christlichen Künstlern lange Bild- und Überlieferungsketten nach sich, die die jüdischen und christlichen Traditionen von Syrien und dem alten Israel bis nach Frankreich und Spanien, das heisst vom ersten bis zum vierzehnten Jahrhundert, verbunden haben. Wie Shulamit Laderman gezeigt hat, ist also die Wirkungsgeschichte der in Byzanz etablierten Interaktionen zwischen Judentum und Christentum gerade durch und für die

Kunst gut dokumentierbar, auch wenn die nunmehr dominierende Kirche im Judentum lediglich noch den Vorläufer zur eigenen Wahrheit zu erkennen vermeinte.[268]

In Bezug auf Bildherstellung und Idolatrieverbot ist es deswegen kaum angemessen, eindeutigere Zuteilungen zu der einen oder anderen Seite hin vorzunehmen. In Kirchen wie in Synagogen zierte auch der lange unbesiegbare römische Sonnengott, der «Sol invictus», etwa inmitten eines Zodiaks, die Mosaikböden, wie wir hier schon erwähnt haben (Abb. 17). Die kultische Andacht der Juden scheute die Bilder nicht, die mystische Andacht der östlichen Christen konnte der Bilder nicht entbehren – und beiden diente die Kunst offenkundig dazu, vom falschen Kultbild freizukommen. Die Auseinandersetzung um das rechte Verständnis des Monotheismus und seiner durch Kunst vermittelten Inkarnationen war also beiderseits der späteren theologischen Trennlinien erst im Gange. Zur Formulierung eines kirchlichen Bilderdogmas ist es erst im späteren 8. Jahrhundert gekommen. Und nur die Politik Kaiser Konstantins hat auch das Verhältnis zwischen Juden und Christen mit entscheidenden Folgen ändern können. Es war jene Zeitenwende, in der der Gott der Christen als «wahrer Helios», wie es Origenes und Tyconius im 3. bzw. 4. Jahrhundert als bildhafte Metapher ausdrückten, den Sonnenwagen des griechischen Helios lenkte und bei permanenter Wahrung von Recht und Ordnung das Schicksal und das Leben der Menschen in den Händen hielt.[269] Anstelle des alten persischen Sonnengottes, der im römischen Mithraskult noch als populäre Mutation synkretistisch fortgelebt hatte, sollte nunmehr Christus wie ein Fackelträger das wahre Licht der Welt verkörpern und mit dem Strahlenkranz anstelle der Dornenkrone erscheinen.[270]

Dieses machtgestützte Privileg der Kirche liess in den Augen der Kirche auch das Judentum als Schöpfer und Zuträger der biblischen Erzählungen des Neuen wie Alten Testaments entbehrlich werden. Es sollten nahezu zwanzig Jahrhunderte vergehen, während denen der scheinbar irreversible christologische Anspruch, in grundlegender Kontradiktion zum Judentum zu stehen, sich bis zu einer ideologisch verfänglichen Starre und Feindschaft verfestigte; erst die Ideologiekritik durch Nietzsche und Freud, mit dem Zugriff durch Kulturgeschichte, Philosophie und Psychoanalyse, hat im 20. Jahrhundert diesen Irrglauben entlarven können. Die Bilderfragen aber machen uns in diesem Vorgang deutlich, wie das Nachdenken über den Staat, seine Organisation und das Schicksal der Gemeinschaft stets zusammenhing mit Nachdenken über die Natur und die Kultbilder, die den Herrscher als Gottheit abbildeten oder nicht. In viel späterer Zeit erst, in der frühen Moderne, werden der politische Souverän und die Entwürfe des idealen Staates anstelle des Glaubens mit Wissenschaftsutopien verknüpft.[271] In der Erziehung der Fürstenhöfe werden der Mathematik und der Naturforschung mehr und mehr eine zentralere Rolle als der Theologie eingeräumt. Seither haben die theologischen Deutungen zum Bilderstreit erst recht ihre Strahlkraft eingebüsst; auf diese fundamentale Transformation wird noch zurückzukommen sein.

Doch bleiben wir vorerst noch in der Spätantike: Von einem Göttersturz, der das menschliche Erkenntnisstreben ins Recht gesetzt hätte, waren in Byzanz Ikonodule wie Ikonoklasten weit entfernt. Die kirchliche Durchsetzung des trinitarischen Konstrukts, die Aufhebung der schwer erträglichen Gesetze und ihre Ersetzung durch anschauliche Szenarien und Bilder himmlischer Belohnung milderte den Schrecken vor einem Gott, wie ihn die als Offenbarung geltenden Erzählungen unter den Namen von Abraham, Moses und Jesus präsentiert hatten. Wenn

Jan Assmann mit seinem Begriff der «mosaischen Unterscheidung» zwischen wahr und falsch die monotheistische Bundestreue und damit das Joch der Gesetze in die Welt gelangen sieht[272], setzte sich diese Forderung wirkungsgeschichtlich in der nazarenischen Unterscheidung fort, dass nur wahr ist, was dem Bund treu bleibt und sich bewährt: Jesus von Nazareth beharrt unerbittlich darauf, das Gesetz zu erfüllen (Mt 5, 17–18). Es handelt sich bei diesen Unterscheidungen, die eine geistige Revolution darstellen, weit weniger um die Frage nach Friedensliebe oder Gewaltbereitschaft als vielmehr um den hohen, kaum erreichbaren moralischen und auch noch asketisch vorgelebten Anspruch, die den Menschen in Bewegung versetzen sollen. Sie sind damit dem Risiko des Scheiterns ausgesetzt, ihn nicht erfüllen zu können und sich deswegen treulos und schuldhaft fühlen zu müssen. Der nackte Wortlaut der Gebote und Vorschriften auf Pergamentrollen, Gesetzestafeln und Königsstelen musste den Zeitgenossen unterschiedlicher antiker Räume und auch späterer Epochen jeweils als pure Zumutung erscheinen. Es benötigte Besänftigung und die Verwandlung in Erzählungen und Bildprogramme, die Geschichten vermitteln, Poesie vortragen, Bilder an die Wand malen und so das Ansinnen der höchsten Macht fühl-, nachvollzieh- und annehmbar machten. Besonders das westliche Pantheon der Heiligen, ihre Reliquien und ihre Abbilder, die Absolution und Himmelfahrt verhiessen, liess sich besser unter die nun massenhaft adressierten Gläubigen bringen als die reine Form der abrahamitischen (mesopotamischen), mosaischen (jüdischen) und nazarenischen (christlichen) Gerechtigkeitsideale, die abstrakt und streng wirkten und eine Freiheit verhiessen, wie sie nur von Gott ausgehen konnte, der sich den Menschen unversehens zuwandte, irgendwie bedrohlich wirkte und vor allem anstrengende Mitarbeit an seinem Schöpfungswerk forderte.

Die Synode von Elvira hatte indessen im Jahr 306 Bilder noch mit den Worten abgelehnt, Malerei in Kirchen dürfe es nicht geben, damit das, was verehrt werde, nicht als Abbild angebetet werde. Doch Riten, Bilder und Bäder auf der einen Seite, das Konzept der Trinität auf der anderen Ebene boten eben Abdämmung gegenüber den Initiationen der verschiedenen Testamente jüdisch-christlicher Provenienz, deren moralische Botschaften einen psychischen Druck auslösten, der vielen kaum erträglich war. Es benötigte Milderungen, was auch Unterscheidungen im Streit um Bilder nach sich zog. In Byzanz hatte sich der Christos in die Bilder eingedrückt, doch wirkte der Goldgrund wenigstens besänftigend, damit die Menschen «nicht noch schuldiger werden», als nötig erscheint.[273] In der westlichen Kirche hingegen wurde ein umfassendes Bildprogramm angeboten, das die Kontrolle der Gläubigen umfasste. Zu dessen Finessen gehörte, die Mittel der Malerei und der Plastik als eine Grammatik der Heilskommunikation anzulegen, was Fragen zur Gültigkeit des Ästhetischen nur in definierten Grenzen zuliess. Im Judentum muten entsprechende rabbinische Diskurse eher pragmatisch an, im Christentum wirken sie hingegen dogmatisch angelegt. Um Milderungen aber mühte man sich allerorten und immer wieder, zuweilen knirschend, doch musste dem unerträglichen Druck des Wahren, das normativ gefasst und ausformuliert wurde, mit den Gegenbildern des Schönen und Guten Genüge getan werden.

Stets drohte also dem Menschen der Rückfall. Das mosaische Modell stand vor Augen: Ausgerechnet Aaron, *Alter Ego* des Moses, ist versucht, einem verunsicherten Volk zu gewähren, was es gewohnt war – ein Konkretes, ein «Goldenes Kalb», eine Statue, kurz ein Bildnis, das Milderung versprach und exzessives Ausleben der Emotionen ermöglichte angesichts der Idee eines abstrakten, unfassbaren und deswegen unheimlichen Gottes. Die biblische Erzählung modelliert die Szene, in der Moses die göttlich beschrifteten Tafeln zerbricht, als Thematik der politischen Revolte aus dem innersten Zirkel der Macht, dargestellt mit allen harschen und blutigen Konsequenzen, die im Verlaufe späterer Jahrhunderte in den Erfahrungen von Unruhen, Aufständen und Revolutionen immer wieder Gestalt angenommen haben. Dass es der Milderungen bedurfte, um Eindämmungen des Aufruhrs und Kanalisierung der Emotionen zu ermöglichen, ist begreiflich. Darin spielten und spielen die Bilder ihre wichtige Rolle: Unmittelbar nach der sinaitischen Zeitenwende gebietet Moses die Aufstellung einer ehernen Schlange (4 Moses 21,4–9), einer paganen Skulptur also, die erst viel später, unter König Hiskia, in eine Jerusalemer Abstellkammer entsorgt werden sollte (2 Könige 18,4).

Der Preis solcher auch heidnisch unterlegten Milderungen in den verschiedenen Religionskulturen lag im Prinzip darin, dass es jeweils einer Klärung bedurfte, was nun menschlicher und was göttlicher Natur sein sollte und was als sakral und was als Sakrileg anzusehen wäre. Dies wiederum konnte Polemiken auslösen. Dabei hat man sich vor Augen zu führen: Man war in der Frühzeit der noch undifferenziert monotheistisch verstandenen Religionen in der Frage nach der Natur weit entfernt von den philosophischen Ansätzen, die einst eine schmale Elite in Alexandria zu systematischen und mathematischen Naturerkenntnissen entwickelt hatte. Die damalige frühchristliche und jüdisch-rabbinische Welt hatte noch lange nicht angefangen, dieses Erbe zu übersetzen oder zu übertragen, um es – wie es bald aber durchaus geschehen sollte – wertschätzen zu können.[274] Erst mit dem Prozess der allmählichen Säkularisierung der Ideen und Güter sollte dies aus entscheidender zeitlicher Distanz zu Bewusstsein kommen können. Ihm ging voran, dass das Zusammentreffen von jüdischen, christlichen und islamischen Gelehrten im arabischen Hochmittelalter die Übersetzung griechischer Schriften, den kulturellen Austausch und erweiterte Denkperspektiven voranbrachte.

Neunte Leinwand: Tierwelten. Über göttliche und menschliche Natur

Herakleia Lynkestis, griechisch der Name für den Hauptort der makedonischen Landschaft, die nahe am Südrand des heutigen Bitola zu finden ist, lag in der Antike an der wichtigen West-Ost-Verbindung von der Adria über Makedonien nach Trakien, an einer Route, die später von den Römern zur Via Egnatia ausgebaut wurde. Vom 4. bis zum 6. Jahrhundert sind zahlreiche Namen von Bischöfen aus Herakleia überliefert, die an verschiedenen Konzilien und Synoden teilgenommen haben. Im Jahr 472 von den Ostgoten geplündert, an der Wende vom 5. zum 6. Jahrhundert wiederaufgebaut, wurde die Stadt schliesslich von slawischen Kriegern zerstört und endgültig aufgegeben. Nach fast zweitausend Jahren kamen bei Ausgrabungen, die in den 1930er Jahren begonnen wurden, die Überreste der antiken Stadt zum Vorschein, darunter gut erhaltene Mosaikböden (Abb. 31). Die historische Geografie des Ortes zwischen Ost und West macht diese Bilder zum geeigneten Gegenstand, indem sich hier die Einflüsse des griechisch-orientalischen und des westlich-lateinischen Christentums kreuzten.[275] Ich habe diesen Ort und ebenso die frühchristlichen Kirchen rund um den Ohridsee 2018 besucht. In Kontrast zu Sizilien, dessen Mosaiken unter Reisenden weit mehr Bekanntheit zukommt, werden die makedonischen

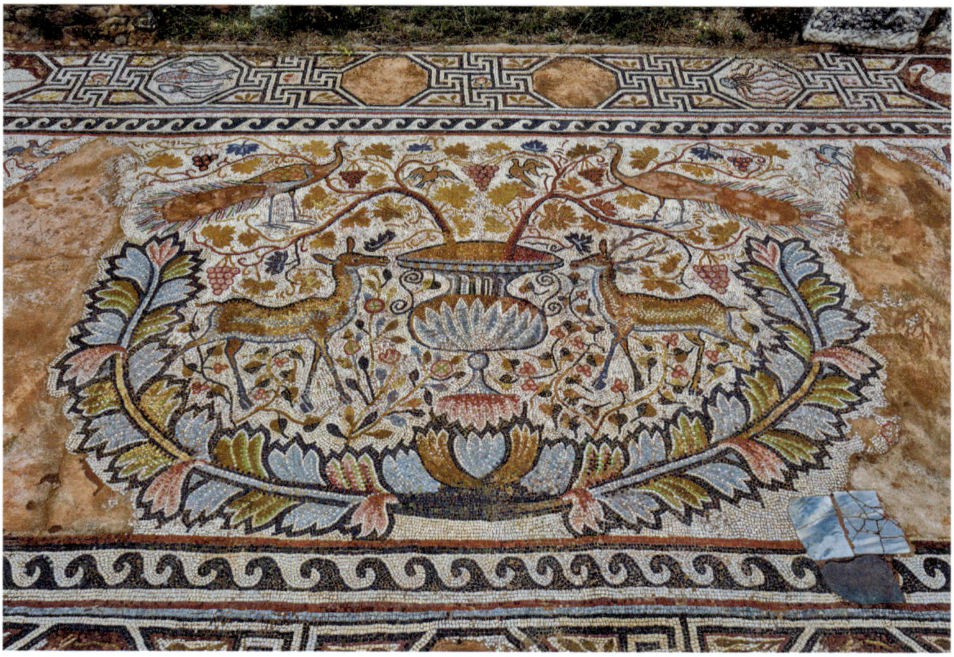

31 Tiermosaik in der grossen Basilika von Herakleia Lynkestis, Bitola, Makedonien, 5. Jhdt.

Fundorte seltener zitiert werden. Die Mosaikböden zeigen durchwegs christliche Motive, ohne aber Jesus als Christus je abzubilden. Der Gottessohn wird, so erhält ein Betrachter den Eindruck, in Tier- und Pflanzensymbolen und in geometrischen Symbolen substituiert und auf diese Weise gleichermaßen sicht- wie unsichtbar gemacht.[276] Dasselbe Verfahren ist übrigens auch in figürlichen Darstellungen des Judentums dieser und späterer Zeit bekannt, indem Tiere – Löwen, Hasen, Elefanten, Gazellen und weitere sowie Drachen und Fabelwesen – die eigene religiöse Selbstbehauptung kodieren.[277] Im Weiteren sind die Tierdarstellung wohl von den altgriechischen Erzählungen inspiriert, so wenn etwa der mythische Cerberus, der mit Schlangen bewehrte Torwächter des Hades, abgebildet wird – angeleint an einen fruchttragenden Baum des Lebens. Wildtiere wie Haustiere, selbst Schlangen sind in der weitläufigen Basilika von Plaosnik am Ohridsee zu erkennen. Der Pfau, vermutlich ein Symbol der leiblichen Auferstehung, ist ebenso vorhanden wie die vier biblischen Paradiesflüsse, die das dreiseitige Taufbecken umgeben.

Die machtvolle Wirkung dieser ergreifenden Tierbilder und zoomorph gestalteten Mosaikböden ist gegeben, doch die damit verbundenen ikonografischen Fragen stehen auch mit dem politischen Bilderstreit unzweifelhaft in Zusammenhang. Es sind also theologische Beweggründe der Ikonodulen wie der Ikonoklasten in Rechnung zu stellen, das heisst eine Christologie, die die Göttlichkeit Jesu gegen seine Menschlichkeit stellt und damit argumentiert, dass die menschliche Natur Christi nicht abgebildet werden darf, weil seine göttliche Natur nicht dargestellt werden kann. Die monophysitischen Bilderfeinde radikalisierten diesen Gedanken, indem sie die Einheit von Gott und Christus postulierten und damit die Göttlichkeit Jesu absolut setzten. Die Ikonodulen hingegen argumentierten unter Verweis auf Johannes von Damaskus mit einer Bildtheologie, die das Bild durch seine Ähnlichkeit, durch sein abbildendes Gleichnis gegenüber der wahren Natur der Gottheit als Urbild differenziert. Die Fresken in der Sophienkirche von Ohrid aus dem 11. Jahrhundert können als gestalterischer Ausfluss dieser Argumentation des Johannes von Damaskus gesehen werden, der als Kirchenvater im 7. und 8. Jahrhundert im Bilderstreit gegen die Kaiser Leo III. und Konstantin für die kirchliche Bilderverehrung eingetreten war.[278] Möglicherweise aber kam die Vorgängerkirche noch ohne Fresken und sonstige Abbildungen aus.

Die Interpretation der Mosaikböden bei Bitola und am Ohridsee und die möglicherweise verbundenen Abbildlehren bleiben strittig: Handelte es sich hier bei den Tieren und Pflanzen lediglich um Repräsentationen menschlicher Seelen, um Sinnbilder des göttlichen Funkens im Menschen zu symbolisieren? Oder war hier eine monophysitische Theologie am Werk, die in Jesus den leiblich wahrgewordenen Gott erblickte und es deswegen verabscheute, ihn als Gottheit ins Bild zu setzen? Ging es vielleicht auch um eine Antwort an die arianischen Christen, die in Jesus eine ausschliesslich menschliche Existenz, einen berufenen Propheten sahen und keinen Gott? Und den sie also von der Möglichkeit einer leiblichen Inkarnation Gottes in einen Sohn fernhielten? Oder war es blosse Scheu, auf dem Bodenmosaik über den abgebildeten Erlöser zu schreiten, weshalb man vermied, den leiblichen und auferstandenen Christus zu zeigen? Wie auch immer – die Mosaikböden bei Bitola und am Ohridsee legen es nahe, dass Christus als Ikone des Vaters, das heisst als der «einmalige und unwiederholbare Fall des mit dem Abgebildeten identischen Bildes»[279], eine scharfe Trennung zwischen dem lebendigen Urbild und dem hergestellten Abbild verlangte. Die Verehrung konnte sich nur auf das Urbild beziehen, nicht aber auf das Abbild, das die Tiere als leibliche Formen zeigte. Die Mosaikböden von Herakleia Lynkestis und Plaosnik dokumentieren zusammenfassend gesagt, dass der geistige Reichtum von Byzanz in den Häresien lag, in den arianischen, monophysitischen oder neoplatonischen Ideen und Abweichungen, die in den inneren und ausgemalten Bildern uns bis heute ihre Mitteilungen hinterlassen haben. Die Verwendung von Motiven aus der Natur und die Wertschätzung von Tierdarstellungen in Kirchen unterstreicht, dass der byzantinische Ikonoklasmus kein radikaler Anikonismus war.

Als an diesem Ort visuell erkennbares Problem gesellt sich jedoch hinzu, dass biblische Stellen der Darstellung von Tieren erhebliche Abneigung entgegenbringen, so Paulus in seinem Römerbrief, der den Heiden vorwirft, sie würden die Herrlichkeit des unvergänglichen Gottes mit den Bildern von Vögeln und vierfüssigen sowie kriechenden Tieren vertauschen (Röm. 1,23). Auch das apokryphe *Buch der Weisheit* aus der Makkabäerzeit sieht Tiere von Gottes Lob und Segen weit entfernt (Weis. 15,18–19), und in der Hebräischen Bibel wird vor der Verführung zur Sodomie gewarnt (2 Moses 22,18; 3 Moses 18,23), die als schwere Sünde gewertet wird. Die Trennung von Mensch und Tier liegt auch dem Prometheus-Mythos zugrunde, was sich mit dem biblischen Sündenfall, der Vertreibung aus dem Paradies, das bei Immanuel Kant auch als «Garten der Tiere» bezeichnet wird, verknüpfen liess.[280] Wie auch immer, Tierbilder standen und stehen also im besonderen Verdacht, einem Tierkult zu dienen, der in Tempeln der Antike verbreitet war. Tiergottheiten legten es nahe, in ihrem Kultbild ein getreues Abbild des Gottes selbst zu sehen, der eine solche Tempelskulptur mit seinem Fluidum beseelte.[281] Das Tier in der Darstellung von Mosaikböden konnte ebenso die Inkorporation der Gottheit sein wie das Götterstandbild in einem griechischen Tempel. Dieser Verdacht hat weder in den frühchristlichen Kirchen noch in den spätantiken jüdischen Synagogen, wie etwa der von Gaza im 6. Jahrhundert, dazu geführt, auf reiche Tierdarstellungen in Fresken und Mosaiken zu verzichten. Wir haben bereits vermerkt, dass die Juden wie die Christen das Leben wählten, als sie Bibeln und Synagogen seit der späten Antike bis ins hohe Mittelalter mit figürlichen Darstellungen von Tieren und Fabelwesen schmückten, die in jüdischen Legenden und Folklore eine Rolle spielten, wie Pelikanen, Schmetterlingen, Löwen, Gazellen oder dann Drachenköpfen und menschenähnlichen Tierkörpern und Vogelgestalten. Von Flavius Josephus ist überliefert, dass Hyrkan aus der Verwandtschaft des Hohepriesters Onias III. bereits im vorchristlichen dritten Jahrhundert sein Wohnhaus mit «Tiergestalten enormer Grösse» ausgeschmückt hatte.[282]

Im Mittelalter dann blieb der eifrige Bernard von Clairvaux, der Zisterziensermönch, Diplomat, Kreuzzugsprediger und frühscholastische Mystiker aus dem 12. Jahrhundert, Tierdarstellungen und allgemein allzu prachtvollen Kunstwerken gegenüber ambivalent.[283] Auch den damals katholischerseits zu Häretikern erklärten Katharern und Waldensern, denen das Heilige fundamental als unsichtbar galt, waren Tierdarstellungen aufgrund ihrer Bilderablehnung verpönt, auch wenn das Zeichen des Fisches in einigen ihrer Bibelhandschriften visuell dargestellt wird.[284] Der elsässische Kupferstecher Martin Schongauer stellte im 15. Jahrhundert in seiner *Versuchung des Heiligen Antonius* die acht Teufel, die den armen Einsiedler in die Mitte genommen haben und peinigen, mit allem, was sich dem Tierreich und besonders dem Fischhaften entnehmen liess, dar – mit Klauen, Krallen, Schuppen, Hörnern, Flügeln und Schwänzen. Im 20. Jahrhundert sollte dann der Bischof von Chur, Christian Caminada, der ein volkskundlich und kunstgeschichtlich versierter Forscher war, seine «grösste Reserve» gegenüber Tierkulten zum Ausdruck bringen, die er in seiner Beschreibung von Wasser-, Feuer-, Stein-, Baum-, Feld- und Fruchtbarkeitskulten im alpinen Rätien sonst nicht gehegt hat. Sein Versuch, die Entwicklung der Bilder der kultischen Phantasie «urgeschichtlicher Völker» zuzurechnen, ist theologisch motiviert, ethnologisch-historisch aber durchaus triftig. So interpretierte Caminadas Zeitgenosse, der Volkskundler Rudolf Kriß, die altbayerischen Tierkulte im Sinne von Marcel Mauss als «Identifikationsopfer», die er als Votiv- und Gabenbilder zu magischen Praxen in ruralen Regionen verstand. Bei beiden Forschern spielt – wie immer bei einem solchen Thema – eine gewisse zeitbedingte Erklärungsnot hinein, doch bei Caminada wird sie entschieden auf den biblischen Paulus bezogen, dessen Worte über Jahrhunderte Einfluss in den Kirchen ausübten.[285]

Das Tier als Metapher für fleischliche Sünden, stöhnende Laute, üble Gewohnheiten und schmutzige Blicke aber ist im literarischen Schaffen und im Reden des sozialen Alltags unserer Gegenwart nach wie vor dokumentiert, um den alten Zusammenhang von adamitischem Sündenfall und irdischer Gebundenheit, von Leiden an der Inkarnation und an dem Makel der menschlichen Natur zu markieren. Oder sie werden, gegenteilig, als Symbole der Unschuld gelesen, die den Gegensatz zum sündigen und materialistischen Menschen der bürgerlichen Welt repräsentieren. Franz Marc, der zuerst protestantische Theologie studieren wollte, dann zum Mitbegründer der Künstlergruppe *Der Blaue Reiter* wurde und 1916 auf dem Schlachtfeld bei Verdun fiel, hat «in seinen Bildern nicht nur die Tierwelt als die durch den Sündenfall nicht verdorbene Welt paradiesischer Unschuld verherrlicht. Er hat in vielen von ihnen den apokalyptischen Untergang prophezeit und geradezu herbeigesehnt, da er von ihm eine kosmische Reinigung erhoffte».[286]

Der Tiere verehrende, aber auch sie verführende – mithin bis zur Sodomie – und nebst ihnen selbst Menschen opfernde Götzen- und Bilderkult war einst der erklärte Feind der Propheten der Hebräischen Bibel gewesen. Den blutigen Opferkult mit Menschen zu sublimieren und ihn stellvertretend auf ein zentrales Tieropfer im Jerusalemer Tempel zu reduzieren, schließlich nach dem Wegfall des Tempels die Wandlung des Tieropfers zum Gebet bzw. «Wortopfer» hin zu verlegen – diese gesamte Entwicklung konnte von den Modernen als Fortschrittsgedanke ausgelegt werden. Anstelle des göttlichen Lichts im Spiegel der Tieropferung trat die menschliche Natur mit ihren Reden und mimetischen Gesten. Im Zeitalter von Medizin und Naturwissenschaften liess sich, wie der Arzt Henri Picard um 1960 postulierte, diese Genese unter anderem auf die Blutspende als nunmehr humanistische Opferhandlung beziehen, um im Zeitalter der Säkularisierung den Bedeutungsverlust der Gebetsreligion zugunsten einer medizinischen Ethik zu substituieren und all dies als Fortschritt des menschlichen Wissens zu erklären. Statt Tiere zu opfern oder zum Gebet gerufen zu werden, soll dem modernen Juden – und mit ihm dem Christen – nunmehr geboten sein, einmal jährlich sein Blut für medizinische Zwecke zu spenden.[287] Das neue Abbild sollte so dem «Urbild» bzw. dem *«tavnit»* des einstigen Tempelopfers als soziale Handlung in humanitärer und medizinethischer Absicht entsprechen. Eben derselbe sozial- und kulturgeschichtliche Kontext gab auch den Anstoß zur Formulierung von Idealen des Tierschutzes und zur Herausbildung einer Tierethik des Menschen.[288]

Der Zusammenhang zwischen diesen religions- und sozialgeschichtlichen Entwicklungen zur Ethik einerseits und den ästhetischen und rituellen Verkörperungen von Idealen andererseits dokumentiert die unterschiedlichen Entwürfe wie auch ihre Rücknahmen: Das Tiersymbol behielt bis heute die starke Bedeutung weiterhin inne, die ihm einst christliche Theologen und heute wiederum Ethnologen und Philosophen zumassen und immer noch zumessen. Auf die Tierwelten werden wir hier auch nochmals zu sprechen kommen, wenn vom Biss der Schlange die Rede sein wird.

Herrschaft im Bildnis und Bilder der Verheissung

Nehmen wir nun den Faden zu einigen christlichen Haltungen zu Bildern wieder auf. Am Beispiel der Mosaikböden von Herakleia Lynkestis und mit dem Ikonoklasmus sowie dem gesamten Streit um die Bedeutung von Bildern hatten sich uns, wie oben schon angedeutet, eine Reihe von Fragen nach der göttlichen und menschlichen Natur in Jesus Christus gestellt. Diese genuin jüdischen wie griechischen Fragen mussten sich aus dem Widerstreit von Vergeistigung und Inkarnation, von Kultverbot und eherner Schlange zwangsläufig ergeben. Sie haben im Fortgang der Geschichte das antike Christentum intensiv beschäftigt und auf Konzilen zu Frontstellungen aller Art und zur Verdammung der jeweiligen theologischen Gegner geführt.[289] Die Lehre des Doketismus und die darauf zurückgehenden gnostischen Krisen, die alles Materielle und damit auch alle Bilder als Ausdruck des Bösen verachteten, wollten Christus nur einen Scheinleib zuerkennen. In den dogmatischen Klärungsprozessen hatte man sich im Jahr 451 auf dem Konzil von Chalkedon noch auf eine Zwei-Naturen-Lehre geeinigt, die Christus in einer Person als wahren Gott und als wahren Menschen betrachtete. Diese epochale Formel provozierte die Abspaltung der monophysitischen Kirchen, die aus der Sicht ihrer Gegner, der Orthodoxie, fälschlich an nur einer, der göttlichen Natur festhalten wollten. Das war aus orthodoxer Sicht eine «Halbwahrheit», wörtlich: Häresie. Trotz des trinitarischen Kompromissmodells aus den Konzilien von Nicäa und Konstantinopel von 325 bis 381 entfachte sich der Streit um Bilder von Neuem mit Heftigkeit.

Doch das Bild Christi, als Person erfahren, ist den Orthodoxen des orientalischen Christentums nicht nur die einmalige Tatsache des Lebens, Lehrens, Sterbens und Auferstehens des Jesus von Nazareth gewesen, sondern – wie schon weiter oben für die geistige Bedeutung und künstlerische Ausgestaltung des Jerusalemer Tempels vermerkt – weit mehr der gesamte Kreis von Weltschöpfung und Weltende. Dieser Reichtum an metaphysischen Optionen in den ostkirchlichen Kulturen liess die westliche römische Kirche als Kunde erscheinen, der aus dem Angebot auszuwählen hatte. Der Preis lag letztlich darin, dass es die römische Kirche dazu brachte, sich von Byzanz, dem Leihgeber ihrer Projektionen, zu distanzieren.

Wie wollte man denn nun die Trinität selbst und ihre drei Substanzen visuell darstellen? In den zeitlich nachfolgenden Epochen und ferneren Räumen der Reformatoren, die heutige historische Wahrnehmungen prägen, ist eben aus dieser Frage immer wieder der Zweifel an der Legitimität und den Wirkungen der Symbole und Bilder auf die Gläubigen hervorgegangen.[290] Zur Zeit der Antike aber bemühten sich die byzantinischen Kaiser, die monophysitische Häresie ins Reich und auf die Linie der Reichseinheit einzubinden, was die deutliche Entwicklung der christlich Orthodoxen hin zu einer Theokratie dokumentiert. Der Basileus war eben ganz zuerst der ungeteilte Vertreter der politischen Einheit wie des göttlichen Logos auf Erden, und seine Repräsentanz verkörperte stets diese doppelte Fundierung des römischen Staatsrechts. Die römischen Kaiser wiederum waren seit Konstantin der Überzeugung, dass das Wohl des Staatswesens von der Anerkennung und öffentlichen Durchsetzung der beiden Dogmen – Trinität und Christologie – abhänge. Wer von dieser Norm abwich, geriet mit dem Staat und der Kirche, mit der Vernunft und dem Glauben, in gefährlichen Widerspruch. Damit setzt sich, lateinisch gesprochen, fort, dass Götter- und Herrscherstatuen nicht nur verehrt wurden, sondern man ihnen Opfer darbrachte und sich, als römischer Bürger, als römisches Volk, als staatstragende Elite, den Gesetzen unterwarf. Dieses Recht erschien nunmehr neu im Bild Christi an die biblische Schöpfungsgeschichte geknüpft und band die rationalen römischen Leges und die Logik dieses Rechts an die Offenbarung, an die Theologie zurück.[291] Die zeitgenössische Bilderfrage war also im Zeichen von Genesis und Christus, von Weltschöpfung und Inkarnation stets verknüpft mit der Machtfrage, um herrschaftlich und trinitarisch fundiert das Recht und die Ordnung zu gewährleisten.

Der Komplex solcher Projektion ist wirkungsgeschichtlich nicht zu unterschätzen. Er zeigt sich den modernen Kritikern auch ausserhalb des katholischen Kirchenraums in literarischen und künstlerischen Zeugnissen. In der orthodoxen Kirche gibt es die Ikone «Jesus Christus – das gütige Schweigen», mit gekreuzten Armen und gepressten Lippen, eine bildliche Auslegung von Jesaja, der den verkannten Gottesknecht die Sünden tragen und für die Schuldigen einstehen lässt (Jes. 53,1–12). Die gemalte Ikone war im 19. Jahrhundert in Russland weit verbreitet.[292] Jesus Schweigen und sein rätselhafter Kuss auf die Lippen des Großinquisitors sind in *Die Brüder Karamasoff* von Fjodor Michailowitsch Dostojewski das Zeichen der Unterscheidung zwischen wahrem und falschem Glauben, zwischen der Orthodoxie, die den lebendigen Christus predigt und seine Wiederkehr in Russland erwartet, und dem römischen Katholizismus, der Christus entstellt, entweiht und verleumdet hat. Die Hagiografie des vergeistigten Heiligen in der Kirche von Starez, wie ihn der christlich-orthodoxe russische Schriftsteller dargestellt hat, weist dem Künstler, der ihn als Ikone zu vermitteln vermag, als einem Begnadeten die Rolle zu, ein Quell des Heils und der Erleuchtung zu sein. In heutigem Verständnis erinnert das allerdings eher an indische Sadhus als an die in dramatischen Bildern inszenierten Heilig- und Seligsprechungen der römischen Kurie. Letzterer aber wirft Dostojewski vor, in der Nachfolge des Römischen Imperiums aus der christlichen Freiheit und Vergebung der Sünde ein weltliches Geschäft zur Kontrolle der Macht gemacht zu haben. Hingegen zögert Dostojewski nicht, im Zaren den Garanten der Heilsgeschichte zu sehen und jede Infragestellung seiner Souveränität als Frevel gegen Gott zu brandmarken. In scharfem Gegensatz zu Dostojewski hat Joseph Brodsky, der gelehrte Literat aus St. Petersburg, damals noch Leningrad, das historische Schisma zwischen der westlichen und der östlichen Kirche, zwischen dem ersten und zweiten Rom, als notwendiges Übel zum Guten empfunden – als Trennung der «Kirche als Braut Christi von der Kirche als Gemahlin des Staates».[293] Ihm war deshalb Leningrad, das Symbol für das zwar wiederum ebenfalls falsche Heilsangebot der kommunistischen Sache, diesen glücklichen Schadenfall wert.

Wir haben es also mit einer den Bildpraxen nachgeordneten Theologisierung des Streites um Bilder zu tun, genauer: mit einem innerhalb der Kirche strittigen christologischen Komplex, dessen Ausfaltungen im langen Atem der Geschichte zu dogmatischen Differenzen führten. Letztlich haben die orthodoxen Deutungen des Bildes Christi und ihre künstlerisch-ikonischen Implikate vermutlich schon recht früh die theologische Fundierung der späteren Trennung zwischen Byzanz und Rom wie ebenso zwischen Rom und Moskau nicht nur politisch handelbar, sondern vielleicht auch theologisch unausweichlich gemacht.[294] In der Empirie des historischen Alltags entzündete sich aber, so muss nochmals gesagt werden, die christliche Bildkritik in Byzanz wie auch in ferneren Regionen und späteren Zeiten immer auch an den Bildern und Leib gewordenen Fetischen – an den Reliquien aus Knochen, Kreuzsplittern, Grabtüchern und noch mehr an den Kultbildern als verstofflichten Idolen, denen magische Kraft zugesprochen wurde. Auf diese Kraft zu bauen war ein zutiefst menschliches Bedürfnis, wusste doch der gewöhnliche Mensch, dass unter der Liebe des abrahamitischen, mosaischen und nazarenischen Gottes und der Forderung nach einer unbedingten Erwiderung dieser Liebe letztlich die Seele zerbrechen musste.[295] Wer wollte schon auf solch hohe moralische Forderungen eingehen, die ohne ein Versprechen auf Gegenleistung ausgestattet waren? Und warum sollte man enorme Opfer bringen, ohne ein Lächeln und gegenseitige Vertrautheit zu erhalten? Selbst wenn, wie bei der Opferung Isaacs, wenigstens ein Ersatz in Gestalt eines Widders für das Brandopfer modifizierend eine deutliche Milderung brachte. Die Annahme eines solchen Kultes konnte naturgemäss nie leichtfallen. Die Ideale aus dem wechselvollen jüdisch-hellenistisch-christlichen Konnex benötigten Deutungen und Bilder, die Aussicht auf Erlösung boten, um wenigstens hoffen zu können. Und auch in milden Strömungen des Islams sollte sich der Fastenmonat Ramadan von einem Monat der Askese, des Verzichts, der Disziplinierung und des Jihads, der als Opferbereitschaft das mimetische Begehren verkörpert, zu einem Monat des frohen Fests, der Selbstdisziplinierung, der nächtlichen Kulinarik, der humanen Besänftigung und des Gesangs auf Erlösung wandeln.[296]

Das enorme Heilsversprechen im Übergang von der biblischen in die römische Antike werden im Phänomen des Messianismus manifest, der auf den mosaisch-jüdischen und nazarenisch-christlichen Verheissungen fusst und bereits in den früheren Versprechungen an Abraham auf Befreiung und Erlösung anklingt. In den vergeblichen christlichen Hoffnungen auf die Wiederkehr des Erlösers kehrt diese schiere Last in späteren Eruptionen wieder, etwa in der so genannten Disputation von Barcelona, einem mittelalterlichen Schauprozess gegen das Judentum, dessen Fortbestehen für das Versagen des Christentums bei der Erlösung herhalten musste. Den damaligen Zeitgenossen im christlichen Spanien war eben dies unerträglich und rief nach Verdrängung und Vertreibung der unangenehmen Zeugen. Dass man aber den zwangsgetauften jüdischen Neuchristen misstraute und dabei inquisitorisch auf die «Reinheit des Blutes» absetzte, korrumpierte das Sakrament der Taufe, das sich sakral als unwerter Mummenschanz erwies. Im Judentum der Frühen Neuzeit wiederum liessen die sabbatianischen Krisen den überbordenden Messianismus im sozialen und religiösen Aufruhr enden, den der Chassidismus einzudämmen sich mühte. Und im Marxismus leninistischer und maoistischer Lesart haben die althergebrachten Utopien im 20. Jahrhundert eine ungeduldige und leidvolle Fortschreibung der Erlösungserwartungen gefunden, die weit mehr Unheil als Heil hervorriefen.

Alle diese Verheissungserzählungen haben in unterschiedlichen Setzungen und Entgegensetzungen immer wieder die Vielfalt «volksreligiöser» Spielformen beflügelt, die seit der Antike als Über- oder Unterwelt ein eigenmächtiges Leben geführt haben. Die Menschen suchen sich eben Auswege in eigener Sache, um dem Schrecken und der existenziellen Not zu entkommen. Ein anschauliches Beispiel ist auch die sowohl gegen solche Unrast wie gegen Fetischkulte gerichtete Antwort in den Reformationen im lateinischen Christentum und im europäischen Judentum, die seit dem 18. Jahrhundert in eine Epoche und den Prozess der Aufklärung münden sollten. Sie haben sich am Streit um Bilder und sogar Orgeln entzünden können, zielten aber letztlich auf eine beherrschbare Rationalisierung des Himmels ab. Die geistvollen Angriffe von Baruch Spinoza und René Descartes beraubten Juden und Christen ihrer unverrückbar geglaubten Gewissheiten und machten Neu- und Umschreibungen ihrer jeweiligen Identitäten erforderlich, die man später als «Reformen», «Bekenntnisfreiheit» oder «Säkularisierung» bezeichnen sollte. So rückte man in der christlichen Reformation der überweltlichen Eigenmacht mit handfester Politik zu Leibe, um ihre Bildnisse zu entwaffnen, ihre Fetische zu verwerfen und das Dekorum mit den anikonisch in Altären verborgenen Reliquien zu entfernen, so dass die Energien der Verwirrten auf das eigene, präsente und autoritative Bild der weltlichen Macht und Herrschaft gelenkt werden konnten. Die jüdischen Liberalen liessen nicht lange auf sich warten und rückten seit Ende des 18. Jahrhunderts nach. Das Gemälde von Max Liebermann (Abb. 2) dokumentiert diese Entwicklung bereits aus einer historischen Perspektive, die von Baruch Spinoza über Moses Mendelssohn bis Moritz Lazarus und Hermann Cohen reichte. Darauf wird nachfolgend eingegangen.

Zehnte Leinwand: Intermediale Doppelung bei den Reformierten

Die byzantinische Konstellation lässt sich im Rahmen der christlichen Kulturgeschichte bis in die Reformationszeit des 16. Jahrhunderts nachverfolgen, wenn auch nicht als eindimensionale Kontinuität oder gar ursächliches Konstrukt. Schon das mit Byzanz politisch konkurrenzierende Reich Karls des Großen hatte sich zwar den griechischen Ikonodulen und Ikonoklasten widersetzt, wenn das *Libri Carolini,* ein Kirchentraktat um 790, theologisch ausführte, dass Bilder nicht der Anbetung *(adoratio)* des Heiligen, sondern der Erinnerung *(memoria)* an vergangene Ereignisse dienten und ein nützliches Mittel sowie bloße Zierde *(venustas)* seien.[297] Die argumentative Unterscheidung der karolingischen Abhandlung erinnert übrigens nicht wenig an die rabbinischen Differenzierungen, wie wir sie bereits kennengelernt haben. Doch seit dem 14. Jahrhundert ist dann in Nord- und Südeuropa eine neuartige theologische Bildkritik zu verspüren, die Wirkung zeitigte und vor und erst recht nach der Reformation auch auf papsttreue Theologen übergriff. Die darin spürbare Autonomisierung der Bildkünste war durch Inquisitionsprozesse nicht mehr aufzuhalten, die Anerkennung der individuellen Handschrift eines Malers als spezifische, abhebbare Qualität des Künstlers gewann allmählich an Boden, die Freiheit der Kunst erschien im Verlaufe der Zeit höher bewertet als Glaubensverkündung im Medium von Bildern rsp. Bilderverboten. Es galt, wie es Christine Göttler ausdrückt, selbst unter Altgläubigen, das Heiligenbild wenigstens zu disziplinieren.[298] Und in den Bildern des flämischen Künstlers Joachim Beuckelaer, der in der Mitte des 16. Jahrhunderts im katholischen Antwerpen wirkte, rücken biblische Motive in den Hintergrund und erscheinen als lediglich winziges Detail im Gewimmel von Marktszenen, die auf den Betrachter wirken als ob darin der Weltmarkt nun den Glauben ablösen würde.

Am Ende dieser Abhalfterungen sollten in der mäandernden Geschichte des Bilderstreites nur noch Originalität *(invenzione)* und Neuheit *(novità)* als gültige Kriterien übrigbleiben. Entsprechend sind die Kirchentraktate zu Bildern durch theologisch unterfütterte Malertraktate und schließlich durch säkulare Kunsttraktate als Medium der Kritik abgelöst worden. Diese Traktate sind gleichsam die Begleitmusik einer Ausdifferenzierung des Komplexes «Kunst», die gesellschaftlich eigenständig wird und Autonomie beansprucht. 1563 entstand in Florenz die erste Kunstakademie, die Academia delle Artisti del Designo. 1648 folgte Paris nach, 1662 Nürnberg, gefolgt von der Gründung öffentlicher «Kunst-Kabinette», wie in Basel 1661, bis hin zu einem höfischen und städtischen Mäzenatentum im 18. Jahrhundert und schließlich dem Entstehen von Museen und privaten Galerien. Mit dem transnationalen Kunsthandel – oft autodidaktisch, bald auch professionell – über Grenzen und lokale Räume hinweg kam die Kunstkritik auf, die seit dem 19. Jahrhundert das frühere Malertraktat ablöste. Nicht wenige Juden sind in an diesen Entfaltungen während den letzten zwei Jahrhunderten als Kunstliebhaber, Händler, Galeristen, Verleger, Kritiker, Kuratoren und Museumsgründer bis in unsere Gegenwart maßgebend beteiligt gewesen.[299]

Doch zurück in die Zeit, als diese Prozesse der Säkularisierung zu einer kollektiv in vielerlei Facetten produzierten «Kunstwelt», wie sie Howard Becker beschrieben hat, noch länger nicht absehbar waren. Denn bis dahin entzündete sich der Streit zuerst nochmals an den politischen Machtfragen rund um die Reformationsereignisse im 16. Jahrhundert, auch wenn dieses Geschehen sich nicht auf die Zeit von Luther und Zwingli beschränkt hat. An der religiösen wie auch wirtschaftlichen Verwertung von Glaubensbildern nahmen die Reformatoren des 16. Jahrhunderts massiv Anstoss und verwarfen sie als Treiber eines idolatriehaltigen Geschäftsmodells, das heute mit dem Wort «Ablasshandel» gefasst wird. Kirchliche Autokraten hatten lange genug alles für käuflich gehalten, auch sich selbst mit ihren Ämtern und Titeln, vor allem aber das Seelenheil ihrer Gläubigen. Jetzt ging es darum, eine Theologie des reinen Glaubenswortes jenseits von Käuflichkeit und Fetischen zu formulieren. Das Heil durfte nicht mehr im Bild oder den Altären und ihren Reliquien selbst gesucht werden, die fortan das Unheil verkörperten und die Gutheit verdunkelten. Die Reformatoren entzauberten die Bilder und Altäre und die mit ihnen konnotierten Fetische: Sie gingen radikal daran, wie es Bernd Roeck formuliert, ihnen magische Macht zu entziehen.[300] Die reformatorische Entfernung von Kultbildern und ihr Kampf gegen Magiemonopol und Ritualismus intendierten gleichzeitig eine neue theologische Identität. Das auf Bildern angebetete Idol wurde stellvertretend angeklagt für jene, die Bilder aufgestellt hatten und anbeten liessen, auch um den stoßenden Ablasskauf von «Sünden» zu betreiben. Nur selten kursierten unter Lutheranern Bilder wie die Holzschnitte von Baldung Griens, die Luther zu Lebzeiten mit Glorienschein und Geisttaube im Stil eines Heiligenbildes porträtierten. Die Ablehnung galt nun radikal und durchwegs der kultischen Verehrung des Bildes, namentlich unter Zwinglianern. Die Gegensätze, die sich zwischen ihnen und den Lutheranern im Marburger Abendmahldiskurs zeigten, berühren fortan auch das jeweilige reformatorische Verhältnis zum Bild: Wenn das Endliche die Gottheit nicht fassen kann, unterläuft «ein Bild Gottes die strikte Scheidung von *signum* und *res* und suggeriert Präsenz, wo es nur Repräsentanz geben kann».[301] Bilder- und Transzendenzglaube standen sich unversöhnlich gegenüber.

Bemerkenswert ist freilich, dass die Reformatoren die früh- bzw. altchristlichen Dogmen der Trinität und der Christologie in die reformatorische Theologie vorerst unbestritten übernahmen, auch wenn die Lehrüberlieferung der alten Kirche und ihrer Konzilien nicht mehr bindend waren. Die beiden alten Dogmen, aus denen sich der Bilderkult einst legitimieren oder bestreiten liess, standen nicht zur Disposition, sondern fanden ihrerseits Eingang in den orthodox-konfessionellen Protestantismus. Bedeutsam aber war, dass die Trinitätslehre nun gedeutet sein wollte und auch erklärt werden musste oder, anders gesagt, durch Interpretation zum Gegenstand der Reflexion und Kritik werden konnte. Erst im Gefolge der Aufklärung – und so auch bei Kant und Hegel – sollten später dann einerseits die philosophisch hinterfragte Metaphysik und die aufkommende Biografie von Jesus, anderseits die Historisierung der Dogmen und die Freiheit zum kirchlichen Bekenntnis zum Problem des Denkens werden und die Autorität der Lehre von Neuem in Zweifel ziehen.

Theologisch dem Bild immer noch den Verdacht magischer Macht zumutend, griff im 16. Jahrhundert, in der reformatorischen Stunde der politischen Umwälzung, indes das pragmatische Vorgehen, sprich eine erneute Milderung: Man bannte zwar die verdächtigen Bilder aus Kirchenräumen, doch sie liessen sich auch mit den Kirchenschätzen für gutes Geld aus den Städten weg verkaufen. Das entsprechende gottesdienstliche Dekorum wurde solcherart ökonomisch nutzbringend beiseitegeschafft, als die protestantischen Kirchen von Reliquien, Heiligenbildern und Marienstatuen entleert wurden. Der Verkauf der einstmals noch sakralen Schätze als bloße Waren steuerte die Erlöse in den städtischen Wirtschaftskreislauf der Bürger und Zünfte um. In Zürich wurden Bilder, Altäre und Skulpturen, Memoria, Famillenwappen und private

Kirchenstühle aus den Kirchen entfernt. Manch rigider Gegner von Kultbildern in den Kirchen dürfte sich aber als kundiger Sammler von Kunstwerken erwiesen haben. Zwingli selber bewahrte die Darstellung der Felix und Regula-Legende, der beiden Stadtheiligen, die übrigens ursprünglich ostkirchlicher Herkunft waren, vor ihrer Zerstörung. Sie gingen in den Besitz der Familie seiner Gattin über. Er wusste also den Wert von Bildern ausserhalb des sakral-kultischen Kontextes durchaus zu schätzen, auch wenn er drohte, bei der Verehrung der darauf Abgebildeten einschreiten zu wollen.[302] Erst im Nachgang zu diesen Ereignissen aber hat sich, wie Malte Dominik Krüger betont, in der späteren Frühmoderne eine eigentliche Theologie der Bilderabstinenz herausgebildet, die bis heute zu spüren ist. Theologische und bildtheoretische Begründungen folgten so dem Akt des Politischen in den Jahrzehnten und Jahrhunderten nach der Reformation nach.[303]

Milderungen wiederum setzten indes bereits unter Zwinglis Nachfolger Heinrich Bullinger ein. Die Reformation in der Schweiz, anfänglich noch den nord- und mitteldeutschen Verhältnissen ähnlich, trennte sich aus vielerlei Gründen von lutherischen Ausformungen. Doch in der Frage, welche Macht den Bildern zugetraut wurde und wie erfolgreich sie entzaubert worden sind, wird allerorts deutlich, dass die Krise der Bilder als unerwünschte Kultträger übergeht in das Erwachen des individuellen Künstlers, der künftig für profane Zwecke Bilder malt. Nicht religiös-kultisch, stattdessen didaktisch-mythologisch sollen Bilder fortan gelesen werden. Zwar setzte die Pädagogik nach wie vor auf Schriftlichkeit, und selbst der frühe Exponent einer bildgestützten Veranschaulichungsdidaktik, der mährische Theologe Johann Amos Comenius, wollte in seinem *Orbis sensualium pictus* – die «sichtbare Welt in Bildern», ein Bestseller reformierter Erziehung – bezüglich des unterrichtlichen Bildereinsatzes nicht zu weit gehen. Das Prinzip der Anschaulichkeit wurde von ihm aber höher eingestuft als moralisch schwer abschätzbare Folgen des Bilderkonsums.[304]

Bezeichnenderweise lieferten die reformatorisch gesinnten Künstler eine eigenständige Bildprogrammatik für die reformatorische Ablehnung des Heiligenbildes – Lukas Cranach für die Propagierung der Rolle von Martin Luther, Niklaus Manuel für die Theologie des Ulrich Zwingli. Im Berner Bildersturm konvergiert die Vereinigung von bildender Kunst und reformatorischer Bilderkritik, der Reformator und der Künstler gehen in einer Person auf. Der von Manuel um 1527 geschaffene Scheibenriss (Abb. 32) zeigt als Bild den biblischen König Josia, der die Götzenbilder zerstören lässt.[305]

In dieser intermedialen Doppelung dokumentiert sich auch die Ambivalenz zwischen einer geordneten, auch diskreten Bildentfernung aus sakralen Räumen und einem der obrigkeitlichen Kontrolle entglittenen Protest, der in der Zertrümmerung von Bildern und Skulpturen gipfelte. Doch es war eben das Bürgertum, das im Privaten den Sinn für die Kunst wahrte. Wie die reformierten Kirchen Kunstwerke im Kirchenraum entschieden ablehnten, so gaben nun wohlhabende Bürger fromme Bildwerke für die private Sphäre in Auftrag. So entwickelten sich die Jahrzehnte um 1600 für Bildschnitzer zu einer Blütezeit. Fronten von Truhen und repräsentativen Schränken zeigen Darstellungen von biblischen Geschichten, wie dem Gleichnis vom verlorenen Sohn, das als Rückkehr in den Schoss der lutherischen Kirche gelesen werden konnte.[306] Dass man dennoch dem Bildergebrauch misstraute und den Rückfall in die Anbetung in privaten Haushaltungen fürchtete, zeigt sich daran, dass diese künstlerisch gediegenen Reliefwerke stets zur erzieheri-

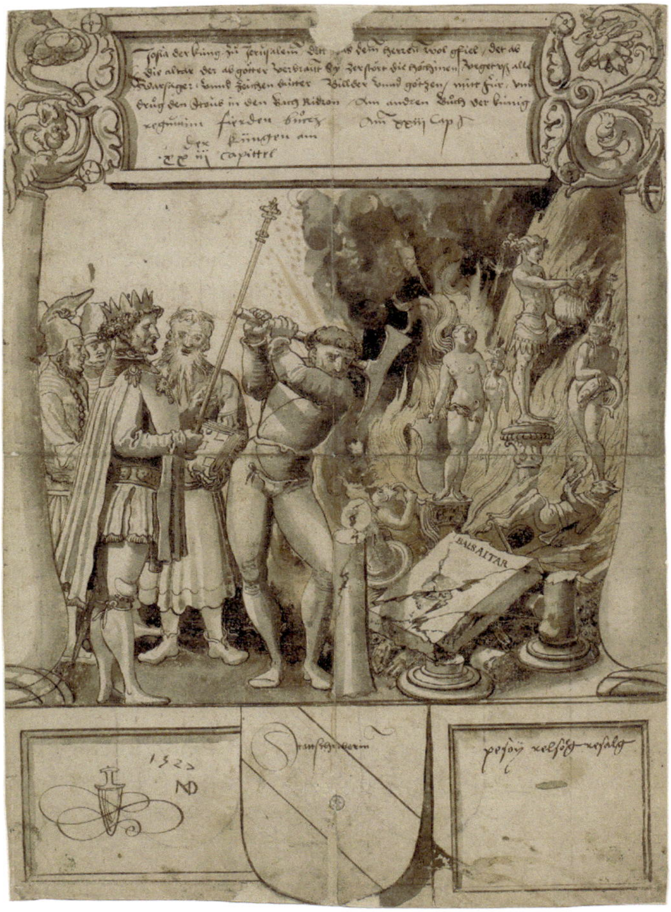

32 Niklaus Manuel, *König Josia lässt die Götzenbilder zerstören,* Scheibenriss 1527, 43 × 32 cm; Kunstmuseum Basel.

schen Erläuterung mit dem geschnitzten biblischen Schriftwort dargestellt wurden. Die Welt der Reformation ist zwar auch eine Welt der Bilder gewesen, doch wahrer Sinn und Gültigkeit wurde allein dem Wort zugemessen. Eine gewisse Parallele in diesem Verhältnis zwischen öffentlich-sakraler Sphäre und private-bürgerlichen Räumen haben wir hier bei einer teilweise ähnlichen Moderation in der jüdischen Lebenswelt angetroffen. Bei den Torahschildern, die Moses und Aaron plastisch abbildeten, war in Böhmen und Mähren der Rabbiner nicht ganz sicher, ob in der Privatsphäre des Einzelnen zwischen Kunst und Kult genügend geschieden und ein potenzielles Idol nicht doch angebetet werde. Für die private Verwahrung in jüdischen Haushalten musste durch eine Kerbung die plastische Darstellung biblischer Figuren zuerst annehmbar gemacht werden.

Ähnlich den Rabbinern gilt für die Reformierten im Christentum insgesamt: Nicht die Bilder sind es, sondern der Kult, an dem sich die reformatorische Kritik entzündet. Das Verbot und die Entfernung der Kultbilder werden theologisch fundiert, um alsdann politisch-ökonomisch verwertet zu werden. Nur in einem enggeführten Teil der Orthodoxie protestantischer Provenienz hält sich die Abneigung aller figürlichen Kunst gegenüber und setzt nunmehr das Sprechen – das biblische «Wort Gottes», den Logos des Glaubens – als voraussetzungslose und virtuelle Norm anstelle der Bilder, die diese Wahrheit nur zu verzerren drohen. Diese orthodoxe Auffassung verweigerte sich zunächst auch einer weltlichen, jedoch noch biblisch inspirierten Ästhetik, die im 18. Jahrhundert von Protagonisten wie Lessing und Mendelssohn vorgetragen werden sollte. Der Genuss aus Kennerschaft der Bilder säkularisiert indes wegen und nach der Reformation die Schaffung von Bildern, die nicht mehr als kultisch-religiöse Fetische wahrgenommen, vielmehr als «Kunststücke» mit profaner Warennatur geschätzt werden. Eine solche doppelte Wahrnehmung aber ist universal für unterschiedliche Kontexte denkbar. Noch Karl Marx wird in Fortschreibung und Abwandlung der orthodoxen Kritik auf den Fetischcharakter als geheimes Wirken einer kultischen Aura durch die Waren verweisen.[307] Bei ihm erscheint die Analyse der Warenwelt deutlich als Religionskritik, um den Doppelcharakter der Ware als gleichzeitig physische und metaphysische Erscheinung aufzuklären: Was daran bildloses Natursubstrat und was bildproduzierende Verzauberung ist, bleibt nur schwer auszumachen und wird im Begriff des reliquienhaften Fetisch behelfsmässig eingefasst.

Das Erwachen der Kunst, die sich als autonome Schöpfung setzen und selbstermächtigen will, aber ist unzweifelhaft. Der Künstler arbeitet für das Auge, das Auge aber nimmt die Nahrung für die Seele auf, so hat es ein späterer Deuter des Niklaus Manuel, der seit 1900 berndeutsch schreibende Poet Rudolf von Tavel, im Duktus eines Malertraktates gesehen, am Elend des Ablasshandels aber seien die Künstler dennoch mitschuldig, wie einer der Chorherrn mit Berufung auf Moses von sich gibt. Die von Religion befreite Kunst jedoch soll der Verherrlichung Gottes, der dieses Talent den Menschen geschenkt hat, dienen, gerade weil darin das Kultische nicht weiter zum Ausdruck kommt und dem Künstler mit diesem Geschenk die Freiheit ermöglicht.[308] Mit dieser Freiheit gemeint ist eine neuartige Selbstevidenz: «Die künstlerische Anschauung blickt nicht durch das Bild hindurch auf ein anderes, das in ihm ausgedrückt und dargestellt wird», wie Ernst Cassirer schreibt, vielmehr «versenkt sie sich in der Form der Bilder selbst und beharrt auf dieser Autonomie». Die Entfaltung dieses Bewusstseins, die erst «in der künstlerischen Auffassung von Welt» gelingen kann, aber ist darauf angewiesen, mythisches und wissenschaftliches Denken in ein Gleichgewicht bringen.[309] In diesem Sinn erscheint auch in von Tavels Roman der vitale Impetus, ausgehend von der Renaissance, als reformatorischer Aufstand gegen das Konzept von Schuld und Sünde und insbesondere als Versuch des Individuums, über diese Beengung in das Zeitalter der freien Künste und der Wissenschaft zu gelangen. Moses ist – das mag paradox anmuten – dem Berner Poeten von Tavel, der sich selber in einer kulturell bewahrenden, sprich konservativen, aber offenen Geisteshaltung verortete, das erzählte Symbol dieser Erkenntnis, die er wie Cassirer und weitere Zeitgenossen im Rückblick vom frühen 20. Jahrhundert aus auf die Nation und ihre Geschichte gewinnt. Uns wird dieser Moses, der als künstlerisch erschaffene Gestalt auf einem Berner Brunnensockel steht, später nochmals begegnen.

Nicht nur nebenher vermerkt: In den reformatorischen Kontroversen spielte auch der Vorwurf des «Judaisierens» eine Rolle. Ein Bilderverbot behandelt Luther als nur für die Juden geltend, die lutherische Reform wollte nicht ikonoklastisch sein, wie reformierte Bewegungen in der Schweiz oder England es zeitweise waren. In der Wittenberger Schlosskirche hing eine Tafel von Jacob de Barbari, die einen segnenden Christus zeigt, dessen Gewandsaum in Hebräisch verkündet: «Ich, der Herr, bin die Wahrheit und das Leben». Andererseits war an der Ostwand der Stadtkirche die mittelalterliche «Judensau» als Relief kenntlich. Beide Bilder wurden in der zweiten Hälfte des 16. Jahrhunderts in Wittenberg als Flugblätter gedruckt und verbreitet.[310] Diese doppelte, stark ambivalente Repräsentation des Jüdischen macht deutlich, dass die Lutheraner sich einerseits für Hebräisch und die von den Humanisten initiierte Philologie der Hebräischen Bibel begeistern konnten, andererseits aber für die soziale Präsenz von Juden und deren Wissenswelt oft genug Verachtung, wenn nicht Hass zeigten. Hingegen erscheinen die Schweizer Reformatoren gegenüber Juden und Judentum weit weniger ambivalent als es Luther und die Seinen in Wittenberg waren. Sie hinterlassen den Eindruck, gleichsam «neutral» bzw. indifferent zu bleiben. Das hielt spätere moderne reformierte Theologen nicht davon ab, noch lange ein jüdisches Bildverbot weiterhin zu behaupten, aus dem angeblich ein jüdischer «Legalismus» im Gegensatz zur Freiheit des christlichen Evangeliums sprechen soll, auch wenn klügere Stimmen einen solchen plumpen Antinomismus bestritten haben.[311] Heute ist kenntlich, dass Bilder wieder in reformierten Kirchen zugelassen werden, im Sinne sinnlich-künstlerischer Ausgestaltung, wie dies etwa an den fünf Glasfenstern des jüdischen Malers Marc Chagall im Zürcher Fraumünster sinnhaft erlebt werden kann.

Reformchristliche und reformjüdische Rebellen: Verankerungen in rekonstruierten Geschichtserzählungen

Kommen wir nunmehr auf den Zustand der Kirchen im ausgehenden 18. und durch das 19. Jahrhundert zu sprechen, wie er sich im Nachgang der bilderlos gemachten Reformationszeit entwickelte. Für den Verlust an Strahlkraft des Theologischen bzw. der felsenfesten Bekenntnisgewissheiten in der Neuzeit lange nach dem «Bildersturm» kann als Beispiel das Geschehen im Geistesleben der Stadt Zürich dienen. Es dokumentiert ein Absterben des religiösen Impulses, welches nicht allein die sozialen Facetten des Lebens symptomatisch erfassen wird, sondern zuerst in der Theologie und der Liturgie selbst fassbar ist, wenn die protestantische Orthodoxie in Zweifel gezogen wurde, sei es durch naturphilosophische oder politisch-liberale Argumente. In und über Deutschland hinaus – und hier eben mit besonderer Wirkung auf Zürich – hatten die Veröffentlichungen des Theologen David Friedrich Strauß für eine erhebliche Kontroverse gesorgt; die Erwiderungen auf dessen *Das Leben Jesu, kritisch bearbeitet* (1835) brachten eine eigene Streitliteratur hervor, in der kaum ein theologischer und philosophischer Name von Bedeutung fehlte. Im Zusammenhang mit den Gemälden von Menzel und Liebermann haben wir hier auf diesen Kontext bereits verwiesen (Abb. 2). Strauß hatte eine Unterscheidungslinie zwischen der historischen Person Jesus von Nazareth und dem Christus des Glaubens gezogen, dies im Sinne Hegels, dessen Schüler er war, welcher zwischen dem einzelnen Menschen und der Idee der Menschheit unterschieden hatte (was überdies von christlich Konservativen als Allusion auf die von der Antike her tradierte Zwei-Naturen-Lehre gedeutet werden konnte). Hegel identifizierte Religion pietistisch als eine spezifische Gestalt der Selbstofferlbarung der Geschichte,

Strauß aber liess die Historisierung von Jesus darauf hinauslaufen, dass sein Christus ihm nur noch als Mythos und gerade damit als ewige Wahrheit durch die Erzählung galt. Die kritisch-biografisch verfahrende Leben-Jesu-Forschung wiederum und die historische Betrachtung des alten Israels und frühen Christentums, wie sie dann in der zweiten Hälfte des 19. Jahrhunderts vor allem von Julius Wellhausen weitergeführt wurde, stiess unter den Liberalen in Zürich auf offene Ohren. Jedoch misslang dort die Installierung von Strauß an der Universität, was zur Abwahl der liberalen Regierung erheblich beitrug. Dieser «Strauß-Handel» genannte Umsturz wurde als «Zeller-Handel» in Bern nachgeholt und brachte dort im Zeichen der Schriften von Jeremias Gotthelf für kurze Zeit die Konservativen an die Macht.[312]

Noch heftiger aber war dann in Zürich der «Kanonenschuss» durch den Theologen Friedrich Salomon Vögelin, der in zwanzig Predigten von der Kanzel der Kirche Uster herab die Diskrepanz zwischen dem bisherigen Glaubensbekenntnis und dem neuen historisch-kritischen Rationalismus der theologischen Forschung in die Worte fasste: «Ich predige, dass Jesus an Weihnachten nicht vom heiligen Geist und der Jungfrau Maria geboren, an Ostern, dass er nicht auferstanden, an Auffahrt nicht gen Himmel gefahren sei; im Übrigen leugne ich sein höheres Wesen als Gottheit, seine Wunder, an Karfreitag den Einfluss seines Todes auf die Versöhnung Gottes, kurz alle Skandale der Orthodoxie für unser modernes Bewusstsein».[313] Besonderes Lob in Briefform erhielt Vögelin von David Friedrich Strauß. Die Publikation der Predigten Vögelins erregten in der Stadt Zwinglis, in Zürich – und nicht nur dort –, die Gemüter zu einer heftigen Kontroverse. Deren Stoßrichtung wurde aber durch die landeskirchliche Synode der Reformierten dahingehend beschwichtigt, dass Vögelin, der Zwingli als Humanisten und Demokraten feierte, nicht sanktioniert wurde. Seine Rebellion blieb gleichsam im Schweigen liegen. Solcherart aber wurde die Bekenntnisfreiheit innerhalb der Kirche implizit anerkannt und hat seither faktisch dort Einzug gehalten.

Rückblickend betrachtet zeigt die Auseinandersetzung um Vögelin, dass die enge Verbindung von Metaphysik und Christentum in den altchristlichen Dogmen wie der Trinität nunmehr in der Moderne als theopolitischer Sündenfall empfunden wurde. In der materiellen Wirklichkeit von gesellschaftlicher Integration und selbstverwirklichender Lebenserfüllung war gleichsam Gott abhandengekommen, und damit geriet oft auch die in seinem Namen mitgeteilte biblische Fülle mythischer und literarischer Poesie in den Verdacht, bloß ein Werk der Propaganda zu sein.

Der abwesende Gott zog unweigerlich auch die Infragestellung des philosophischen Idealismus nach sich, und seither ist die Rede von einem nachidealistischen Denken, in dem emanzipative Perspektiven im Zeichen der Ebenbildlichkeit verhandelt werden. Atheistisches, agnostisches und deistisches, sprich postchristliches Weltverständnis koexistiert seither innerhalb der landeskirchlichen Familie alsbald mit dem traditionellen apostolischen Glaubensbekenntnis zu Jesus als wahrhaft leiblichem Gottessohn. Der säkulare Austrag um jahrhundertealte Streitfragen über die Natur Christi war endgültig in das einzelne bürgerliche Individuum verlegt worden. Die Verantwortung vor Gott wird so zur Verantwortung vor der menschlichen Vernunft, wie es in heutigen Erklärungen heisst: «Der Mensch hat Gott als Richter seines Denkens und Handelns abgelöst».[314] Das steht in Gegensatz zum Diktum aus der Zeit eines Adolf von Harnack, der um 1900 anstelle der altchristlichen Dogmen noch verkünden konnte, Jesus stehe für die Herrschaft Gottes als Vater und Richter über jede menschliche Seele. Doch inzwischen befassen sich die Kirchen mit anderen und allerlei Dingen als mit dem Verhältnis des Menschen zu Gott. Die Rede ist von Identitäts-, Globalisierungs-, Gender- und weiteren Fragen, oft genug in pessimistischer Tonart, mit der man sich als Kirche mehr und mehr überflüssig macht. Indes wird das Problem der sozialen Notwendigkeit des Glaubens vom Liberalismus schlicht ignoriert, der mithin die Aushöhlung seiner eigenen inklusiven Ideale in Kauf nimmt, wenn er die Gemeinschaft und den liberalen Gesellschaftsvertrag destabilisiert.

Heute versteht sich ein Teil der westlichen Kirchen, und das ist ein gewichtiges und gleichsam richterliches Argument, immerhin als Bewahrer der Schöpfung und als Hüterin der Demokratie – was ihnen wiederum eine gewisse Definitionsmacht gewähren mag: Der die amtlichen Kirchen privilegierende Staat des 19. Jahrhunderts bildete fortan die wichtige soziale Klammer und Kontrollinstanz, um die mit solchen Freiheiten einhergehende Gefahr einer Aufsplittung in Gesinnungs- und Milieugemeinden zu dämmen. Die alten Zwangsmittel der Staatskirche aber fielen mit den 1874 verfassungsrechtlich garantierten Glaubens- und Gewissensfreiheit weg. Auch in Deutschland trat der Staat in neuer Regimentsgestalt den Kirchen und ihren theologischen Lehren «mit größeren Forderungen nach Freiheit von der Kirche und neuen Auffassungen über die eigenen Ziele und Aufgaben entgegen»[315], wie Heribert Raab formuliert, dies stets mit dem Ziel, durch eine neue Regelung der staatskirchenrechtlichen Verhältnisse allen anarchischen und revolutionären Zuständen inner- wie ausserhalb der Religionsgemeinschaften vorzugreifen und das Sektenwesen einzudämmen. Einmischungen in das religionspolitische Geschehen von aussen waren zu verhindern, doch möglicher Aufruhr in den Köpfen und von der Kanzel herab zu kanalisieren.

Angesichts der nunmehr beschleunigten Pluralisierung des Religiösen, das nicht von seiner Abnahme, vielmehr von seiner Zunahme kündet, gilt es den Frieden zu sichern und Terror zu vermeiden. Hierfür wie früher Bilder in Kirchen zu verbieten oder sie wie im Barock nach aussen hin zu inszenieren, erweist sich – und erwies sich schon lange zuvor – gewiss kaum mehr als zielführend. Doch mit all dem hat auch jener in unsere Gegenwart hinein fortdauernde gesellschaftspolitische Prozess eingesetzt, der dazu führt, dass im Alltag die biblischen Narrative und Erzählbilder in einer komplex werdenden Welt immer weniger greifen. Eben dieser Verlust der Möglichkeit, Anrufungen, Gleichnisse und Erzählungen zu hören, hat vermutlich das nie verlöschende Verlangen der heutigen Modernen nach erneutem Anfangen und Vertrauen hervorgerufen, die Sehnsucht nach herzhaften Predigerworten, erlösenden Erklärungen und sinnstiftenden Bildern, um sich in einer komplexen Welt zurechtfinden zu können. Das zeigt sich an den regelmässig aufkeimenden «Revivals», die man mit Ulrich Gäbler als «Auferstehungszeiten» bezeichnen kann – jene protestantischen Bewegungen in Europa und Nordamerika, die seit den 1770er Jahren bis heute Pietismus und Aufklärung mischen und sich selbst als «Erweckung» zu bezeichnen pflegen.[316]

Charakteristisch, wenn auch nicht leicht nach festen Kriterien zu fassen, waren ein endzeitliches Bewusstsein und erfahrungsreligiöse Frömmigkeit, genossenschaftlicher Sozietätsgedanke und individuelles Erweckungserlebnis, um im 19. und 20. Jahrhundert das Zeitalter des Liberalismus geistig auf eigene, «evangelikale» Weise zu empfinden. Nur einen Generationensprung weiter als Vögelin gab Leonhard Ragaz seinen Zürcher Lehrstuhl für Theologie auf, um anstelle der universitären Pfarrerausbildung für eine verbürgerlichte Kirche sich dem Aufbau des

Sozialismus zu widmen. In seiner christozentrischen Erzählung der gesellschaftlichen Sphäre geisselte er die kapitalistische Geldwirtschaft als gottlose Idolatrie, als falsches Bild eines falschen Mammons, der nicht dem Frieden unter den Völkern dient.[317] Die Aufklärung und die neue Bekenntnisfreiheit wollte Ragaz nicht als Lizenz zur Gleichgültigkeit vor dem Materialismus missverstanden haben. Solchem Frevel musste ein deutliches Predigerwort entgegengehalten werden, welches einem moralökonomischen Narrativ über die Gesellschaft gehorcht und nicht, wie bei Karl Marx, primär einer marktökonomischen Analyse folgt. Kurz gesagt, auch in Zukunft scheint es immer wieder Erzählungen zu geben, die das Neue im Alten und das Alte im Neuen anrufen und in als höher empfundenen Wirklichkeiten oder sozial wahrhafteren Gesellschaften zu finden glauben. Das österliche Rot geht über in das messianische Fahnenrot der sozialistischen Bewegung, in der aber stets ein Rest christozentrischer Verheissung auf Erlösung geborgen bleibt. Es ist Ausdruck einer Kulturkrise, die seit dem 19. Jahrhundert das im Christentum verankerte Denken in vielen Teilen Europas erfasst hat und nach Antworten in den flach gewordenen Räumen einer ungerechten Welt verlangt. Die Menschen sehnen sich nach dem Blick in die Tiefe, nach einer Gestalt, die in einer Welt gedrückter Seelen und geschundener Körper von Neuem die Linien des fleischgewordenen Bildes erkennbar macht, um in den Schoß der Erlösung einkehren zu können. Ohne über den gekreuzigten Christus als Gott eines Mysteriums zu meditieren und auch ohne sein Leben als Diener dieses reformierten Gottes wie zu früheren Zeiten zu verstehen, liegt nun bei den Modernen der nackte Versuch vor, Jesus als charismatisch-vorbildhafte, rein menschliche Persönlichkeit zu verstehen, ohne allerdings sein asketisches Wesen nachzuahmen und das eigene Leben nach seinem Vorbild ohne jeglichen Profit zu führen.

Bemerkenswert ist, dass der ordinierte Pfarrer und promovierte Theologie Friedrich Salomon Vögelin seine Karriere als Kunsthistoriker fortsetzte. 1870 wurde er der erste Inhaber des neu geschaffenen Lehrstuhls für Kunstgeschichte an der Universität Zürich. In einem Vortrag über die *Religion als Spiegel der Kunst* in der Aula der Universität Basel hatte er zwei Jahre zuvor ausgeführt, die bildende Kunst sei in unzähligen Fällen – das heisst in «unfasslichen und dem Auge unsichtbaren Dinge in der Kirchenlehre» – der Schlüssel zum Verständnis, wie «das Volk eine kirchliche Vorstellung auffasste, wie es sich ins Populäre übersetzte und was es davon und daran hatte».[318] Vögelins harsche Glaubens- und Kirchenkritik im Zeichen der Geschichtlichkeit aller Dogmen demonstrierte er also mit dem Selbstbewusstsein des Kunsthistorikers, der auf seinen Reisen unzählige Gotteshäuser, Klöster und Sammlungen aufgesucht hatte und ihre Bilder, Skulpturen und Bauten zu Fundstellen seiner wissenschaftlichen Hermeneutik machte. Seine Arbeiten zur Geschichte, Malerei und Grafik der Renaissance und das Projekt einer Schweizer Kunst- und Kulturgeschichte des 16. Jahrhunderts vereitelte sein früher Tod. Vögelin, für die Demokratische Partei in den Nationalrat gewählt, reicherte seine bunte Karriere auch als eidgenössischer Politiker an, wobei er, wie Jakob Tanner vermerkt, im Parlament vergeblich einen aussenpolitischen Vorstoss einreichte, dass sich die Schweiz an Kolonialunternehmungen beteiligen solle, dies auch mit dem Argument, damit armutsbetroffenen schweizerischen Auswanderern zu helfen und solcherart soziale Lasten abzuwerfen.[319] Immerhin gelang ihm das Verdienst, die Gründung eines schweizerischen Nationalmuseums anzuschieben.

Nicht unerwähnt soll hier sein, was im historischen Bewusstsein selbst im Zeichen der Schoah oft verdrängt bleibt, nämlich dass die Vorgänge innerhalb der Reformierten in der christlichen Familie ihre kulturprotestantischen Parallelen im Judentum der Haskala und dann des 19. Jahrhunderts hatten, namentlich in Deutschland und England. Das 18. und 19. Jahrhundert hatte das «System der Halacha» gelockert, und mit der jüdischen Aufklärung schuf der Einzelne sich seine eigene Auffassung von Judentum, sei es als reine Ethik, als soziales Engagement, als pantheistischer Spuk, als mystische Spekulation oder als abstrakt-orthodoxen Formalismus, bis letztlich mit dem Zionismus die nationale Bewegung in unterschiedlichen ideologischen Gewichtungen dem bürgerlichen Konfessionalismus ein politisches Gegengewicht schaffen sollte. Wir haben es also im Judentum wie im Christentum zu tun mit zwei – global wie national – unterschiedlichen, doch im Anspruch ähnlichen politischen Theologien. Sie stehen hier in einem breiten Kontext, der unseren Blick auf Nordamerika lenkt. Schon Moses Mendelssohn und die jüdischen Aufklärer wie ebenso der hier bereits zitierte Ernst Troeltsch und vor ihm die methodistische Bewegung in England beanspruchten, alle Mitglieder der Gesellschaft als individuelle Subjekte in einer Mitte zu versammeln, was dann im nordamerikanischen Kontext als «Zivilreligion», als «civil religion» im Sinne von Robert Bellah, bezeichnet worden ist.[320] Wie die Aufklärer und die Reformierten in unterschiedlichen Ländern sich als bekenntnisoffene Dissidenten verstanden hatten, kam nunmehr dem nordamerikanischen Modell der Anspruch zu, die unterschiedlichen religiösen «Denominationen» als Optionen zu verstehen, das heisst als Angebote, die man frei wählen und auch immer wechseln konnte, weil sie unter dem gleichen offenen Himmel einer auserwählten Nation standen. Auch wenn man den eigenen Weg individuell für besser hält, kommt den anderen Denominationen grundsätzlich gleiche Anerkennung und gleicher Respekt zu. Dass diese gesellschaftliche Inklusion des Religiösen gleichsam bilderlos bleibt, das heisst, keine Wahrheiten im Bild bereithält oder theologisch auch nur dulden würde, sondern selbst ein Bild der Wahrheit für die politische Nation sein will, ist nachvollziehbar. Für die jüdische Seite hatte in den Vereinigten Staaten Rabbi Mordechai Kaplan – unter diesem Buchtitel – das «Judentum als Zivilisation» im Sinne einer inklusiven und evolutiven Prozesstheologie ausformuliert, die zwischen universaler Ethik und zeitgebundenem Brauchtum unterscheidet.[321]

In der religiösen Landschaft der Vereinigten Staaten konnte die so rekonstruierte reformjüdische Bewegung an einen jüdisch-christlichen Theismus angebunden und als reformierte Bewegung inkludiert werden. Erst viel später sollten dann auch die christlich-orthodoxen und jüdisch-orthodoxen Gemeinschaften als weitere Denominationen in diese Teilhabe eingemittet werden, soweit sich dies entlang der gezogenen Grenzen machen liess oder lässt. Die Katholiken blieben noch lange ausserhalb dieser Grenzen, weil ihre kirchliche Tradition und ihre Struktur, wie Charles Taylor formuliert, für die göttliche Gegenwart selber ein eigenes monarchisch-barockes Modell der Inklusion in Gestalt unterschiedlicher Orden und Ortskirchen auswiesen und immer noch ausweisen.[322] Wie sich die diversen islamischen «Denominationen» und Religionen aus asiatischen Kulturen in dieses neo-methodistische Modell, das bei Émile Durkheim erstmals in anthropologisch-religionssoziologischem Zugriff anzutreffen ist, überhaupt einmitten lassen, wird sich indes erst noch zeigen müssen.

In Deutschland wurde die reformjüdische Bewegung, von wo sie wie ihre Gegnerschaft, die westliche Neo-Orthodoxie, ausgegangen war, jäh durch die nationalsozialistische Vernichtungspolitik zerstört. Die Reform lebte gezwungenermaßen in Nordamerika und in England weiter, um dann von dort her wieder die Religionslandschaft in der heutigen Bundesrepublik in allen jüdischen Strömungen von Neuem zu inspirieren.[323] Vermerken wir also diese Entwicklung im Rückblick: Das säkulare kulturprotestantische Modell bzw. der öffentliche Protestantismus der Liberalen hatte im 19. und frühen 20. Jahrhundert das reformerische Judentum, sei es in progressiver oder konservativer Ausrichtung, nicht wenig geprägt und war von ihm selbst auch befruchtet worden. Die intellektuelle Rationalisierung des Judentums, wie sie in Deutschland seit Moses Mendelssohn und Abraham Geiger sowie bei Hermann Cohen im Sinne kantianischer Axiome und im Zeichen des philosophischen Idealismus vor sich gegangen war, fiel in der Neuen Welt auf fruchtbaren Boden. Wichtige Protagonisten einer Amerikanisierung des Judentums waren aus der Alten Welt immigriert; sie hatten in Deutschland ihre Ausbildung als Rabbiner oder akademische Lehrer erhalten. Der 1843 in Fürth geborene Kaufmann Kohler, die große Figur unter den Reformrabbinern, den wir hier bereits als Befürworter eines jüdischen Ikonoklasmus kennengelernt haben, publizierte seine 1918 in New York erschienene *Jewish Theology,* die er schon Jahre zuvor als *Grundriss einer systematischen Theologie auf historischer Grundlage* in Deutschland geschrieben hatte und die an das deutsche Reformjudentum und das Projekt einer *Wissenschaft des Judentums* aus der Mitte des 19. Jahrhunderts anknüpfte. Er vertrat die Forderung, es bedürfe einer jüdischen Theologie schon deswegen, um zu einer «amerikanischen» Religion werden zu können – eine Forderung, die der Freiheit vom Bekenntnis dialektisch die Freiheit zum Bekenntnis beigesellte. Nahezu im gleichen Atemzug folgte die Forderung nach akademischen Lehrstühlen zum Judentum, wie Robert Goldy und Yaakov Ariel vermerken.[324] Jüdische Theologie als Ausdruck einer universalistischen und rationalisierbaren Religion wurde so als ein liberales Unternehmen betrachtet, das dem öffentlichen Protestantismus deutscher Spielart nunmehr als amerikanische «Zivilreligion» ganz und gar entsprechen sollte, wie Rabbiner oder jüdische Akademiker versicherten.[325] Hingegen war für einen orthodoxen Juden europäischer Herkunft eine reformjüdische New Yorker Synagoge – auch was Liturgie und Dekorum anbelangte – nicht der Ort, der ihn erkennbar an etwas in seiner Alten Welt hätte erinnern können.

Die Entwicklung in Deutschland ist historisch aufschlussreich. Namentlich die rabbinischen Protagonisten des 19. Jahrhunderts wandelten dort das juristische Modell der Emanzipation zu einer kulturellen, sprich symbolischen Bedeutungsebene, um die hermeneutische Methode des Talmuds mit dem wissenschaftlich-deduktiven Verständnis von Welt in Übereinstimmung zu bringen. Dieser konsensuelle Wissensbegriff rieb sich seit dem 18. Jahrhundert mit einer überwiegend ritualgesetzlichen Überlieferung, die durch die Aufhebung der jüdischen Gemeindeautonomie im 19. Jahrhundert lebensweltlich nicht mehr als praktische Verhaltensnorm im Sinne der halachisch-rabbinischen Hierarchie eingehalten werden konnte. Das Reformjudentum insbesondere ging daran, die normativ überlieferte Religion als Produkt geschichtlicher Umstände, in der die Juden einst durch die pharisäische Bewegung zu einer falschen Vergesetzlichung der mosaischen Gebotskultur angehalten worden seien, zu verstehen. Entsprechend rekonstruierte die Reformbewegung das Judentum als ethischen Universalismus, als ideale Glaubenslehre für die Welt des kulturprotestantischen Bewusstseins. Seit Kant und Wilhelm von Humboldt war dies gerade in den reformierten Kirchen so der Fall gewesen, wie wir am Beispiel des Zürcher Pfarrers Vögelin gesehen haben. Jüdischerseits ist eben dies in der Rezeption Kants und im

Aufleben des Neukantianismus durch Hermann Cohen oder auch bei Moritz Lazarus in seiner *Ethik des Judenthums* fassbar. Von Bedeutung ist, dass Rabbiner und Akademiker des 19. Jahrhunderts auf ihre eigenen jüdischen Denkschulen zurückgreifen konnten und sie im Sinne der Reform sinnstiftend rekonstruierten. In einer Vielzahl von bewahrenden wie rebellischen Abwandlungen sollten daran nicht wenige Intellektuelle bis heute anknüpfen – von Max Horkheimer bis Michael Walzer und Judith Butler, die alle auf diese ihre geistigen Vorläuferbezirke im Judentum zugreifen können.

Um auch hier wieder auf die Schweiz zu blicken – Moritz Lazarus, der an der Universität Bern als Professor für Psychologie und Völkerkunde und alsbald als Rektor dieser Hochschule wirkte, war ein entschiedener Vertreter der jüdischen Reformsynoden, deren Abhaltung 1869 in Leipzig er präsidierte. Wenige Generationen später politisierte der aktive linke Zionist und in Warschau ordinierte Rabbiner David Farbstein als Schweizer Gewerkschafter und Zürcher Sozialdemokrat mehr als 25 Jahre im nationalen Parlament der Schweiz, wie einst schon Vögelin. Der religiöse Messianismus, der im christlichen Sozialismus weiterlebte, erscheint nun in den Visionen der zionistischen und bundistischen (sozialdemokratisch-jüdischen) Verheissungen, die zum gnostischen Kern eines neuartigen, posttalmudischen Judentums werden.[326] Und nochmals später wird Jacob Taubes, ein Zürcher Rabbiner und Philosoph, seinen Anker gar beim jüdischen Theologen Paulus auswerfen, von dem er sich die Idee eines Judentums ohne das gesetzliche Joch zu erhaschen hoffte.[327] All dies sind deutliche Zeichen einer Kulturkrise, die im 20. Jahrhundert das jüdische Denken erfasst hat.

Die Philosophie Kants nahm also für das rabbinische Judentum in der zweiten Hälfte des 19. Jahrhunderts eine ähnliche Rolle ein wie die aristotelische Philosophie im langen Mittelalter des jüdischen Denkens. Die strenge Unterscheidung von Gott und Welt, von Transzendenz und Immanenz hatte schon bei Salomo Ibn Gabirol im 11. Jahrhundert eingesetzt und philosophisch bei Maimonides gegriffen.[328] Bei Baruch Spinoza mündete die Trennung in eine diskursive Erkenntnis über die von Affekten befreite Liebe zu Gott, den *amor intellectualis,* und stellte die Freiheit als höchstes Gut dar. Kants Kritik der Metaphysik wiederum liess das Verhältnis von jüdischer Religion und neuzeitlicher Philosophie im Sinne Mendelssohns als problematisch erscheinen und veranlasste das jüdische Denken, sich von der theoretischen zur praktischen Vernunft zu verlagern, die dem freien Willen unterstand. «Der Grundgedanke jeder echten Religion, Gott zum Urheber der Sittlichkeit zu machen», schrieb Hermann Cohen unter dem Titel *Ethik des reinen Willens,* «bildet keineswegs einen Widerspruch gegen die freie sittliche Vernunft.»[329] Diese Übereinstimmung von ethischen Pflichten auf der Grundlage einer selbstbestimmten, praktischen Vernunft mit der göttlichen Gesetzgebung gestattet die Anknüpfung an Kants erkenntniskritische Erweiterung des biblischen Bilderverbots. Seit Moses Mendelssohn kam das jüdische Denken einen Schritt weiter, insofern das Nachdenken über den Menschen nunmehr im Zuge der Aufklärung und der revolutionären Bewegungen in Europa ein politisches Potenzial transportierte.[330] Das jüdische Denken des 19. Jahrhunderts in Gestalt von Hermann Cohen konnte jedenfalls auf alle diese Ankerplätze zurückgreifen, um die von Kant her gedachte These einer Vernunftreligion zu realisieren. Moritz Lazarus verband wiederum den philosophischen Idealismus ohne Scheu mit einer psychologisierenden Seite, die er aus dem jüdischen Denken als praktischer Vernunft bezog.[331] Anstelle des hegelschen Systems, das für das deutsche Judentum in der Mitte des 19. Jahrhunderts seine Wirkung verfehlte, trat nunmehr eine von theologischen Vorgaben zunehmend unabhängige historische Forschung ohne präferierte geschichtsphilosophische Modelle in den Vordergrund, vor allem die von psychologischen Interessen geleitete anthropologische Erkundung ethischer Möglichkeiten. Lazarus etwa war prägend für das Denken bei Georg Simmel und Franz Boas, der selbst einer Rabbinerfamilie entstammte.[332] Die Rekonstruktion der jüdischen Geschichte und Volkskunde wurde im Verlauf des 19. Jahrhunderts zur Aufgabe der Wissenschaft des Judentums, die Leopold Zunz und Abraham Geiger als führende Rabbiner der reformjüdischen Bewegung zum Einsatz brachten.

Wesentliche Triebkraft für eine selbstbewusste Benennung einer eigenständigen Erneuerung der jüdischen Kultur war im Grunde deren Ausgrenzung aus der deutschen und europäischen Gesellschaft. Die Kritik innerhalb der jüdischen Gemeinschaft richtete sich deswegen auch gegen alle Anpassungen an die christliche Umwelt. So kritisierte Gershom Scholem jene Ambivalenz, die der Funktion der Wissenschaft vom Judentum im Verlauf eines Jahrhunderts eingeschrieben worden war, jenes Narrativ, mit dem die Wissenschaft des Judentums versuchte, einen «im Judentum schon immer vorhandenen fortschrittlichen und der Vernunft verpflichteten Forschergeist vor Augen zu führen», dem hingegen die Erforschung mystischer, chassidischer, magischer und arkaner Praktiken und Erzählungen höchst suspekt waren.[333] Der Versuch, die vom philosophischen Idealismus getragene «Wissenschaft vom Judentum» durch Universalisierung und Konfessionalisierung aller lebendigen und widersprüchlichen Glut im Keller der Geschichte zu reinigen, wird als ein eifriges, aber «kastriertes Idyll» im Salon bewertet, das die «erschütternden, aufrührerischen und sprengenden Elemente» und den «irrationalen Stachel» jüdischer Narrative – von der Mystik und Okkultem über das Räuberwesen bis hin zu Alltagsleben und sozialer Randständigkeit – verheimlicht. Sich dafür in bürgerlicher Apologetik und reinlich gebügelter Wissenschaft zu üben, ist mit dem «Hauch des Begräbnishaften» behaftet und wurde von Scholem als «Liquidation von innen», als Zerstörung des Jüdischen und seiner «lebendigen Zukunft» kritisiert.[334] Inzwischen hat sich freilich ein neues Verständnis dem «gebügelten» Rationalismus des liberalen Reformjudentums entgegengestellt – nicht so sehr die neo-orthodoxen klassischen Schulen deutscher oder litauischer Provenienz als vielmehr die neo-chassidischen Gemeinschaften, die teils in sozialer Dissimilation leben, teils ein theopsychologisches Bündnis mit der säkularen Welt, namentlich auch den nordamerikanischen «Reconstructionists», eingegangen sind. Man kann Letzteres auch als «Erweckungen» oder «Revival»-Momentum bezeichnen, wenn die kabbalistischen Inkarnationslehren und eine panentheistische Theologie in einem «postmodernen» Zuschnitt die spirituelle Identifizierung mit dem Judentum gewährleisten sollen.[335]

Doch nochmals ein Blick auf das lange 19. Jahrhundert: Wenn die selbstinitiierte Modernisierung des liberalen Rabbinats im Verlaufe des 19. Jahrhunderts bekenntnisfreie und pluralistische Züge annahm, die wiederum von orthodoxer und später zionistischer Seite kritisiert wurden, so liegt das auch daran, dass vormoderne rabbinische Lehrtraditionen und der philosophische Beitrag jüdischer Denker eine Vielfalt hervorbrachten, wie sie die nicht wenig anarchische Diskurskultur des Judentums insgesamt verkörperte.[336] In der Moderne vermochte eben dies wirkungsgeschichtlich fortzuleben. Das rabbinische Judentum hatte seine reformerischen Traditionen schon immer durchwegs eigenständig fortgeschrieben. So kann gesagt werden, dass im Verlauf des 19. Jahrhunderts auch das christozentrische Monopol der Kirchen in seiner bisherigen gesellschaftspolitischen Alleinherrschaft durch jüdische Beiträge relativiert und gleichzeitig durch diese Tradition theologisch und philosophisch bereichert wurde. Die Betonung des Bildverbotes im Sinne des philosophischen Idealismus wiederum war einer der gemeinsamen Nenner, die sich für die um Modernisierung bemühten Liberalen beider Konfessionen unter dem Doppelbegriff der Reform und der Kultur feststellen lassen.

Die biografische Skizze des Zürcher Pfarrers Vögelin zeigt ebenso wie der Hinweis auf die gleichzeitige Herausbildung reformjüdischer Bewegungen beispielhaft das Entstehen eines Freiraums, der sich im Westen durch das 19. Jahrhundert hindurch in allen Konfessionen – jüdisch, lutherisch, protestantisch, zunehmend dann auch katholisch – in unterschiedlichen Ausgestaltungen und mit entsprechenden konservativen Reaktionen manifestierte. So kam es in der Schweiz selbst zu Allianzen zwischen katholischen und jüdischen Protagonisten wie Augustin Keller und Moritz Lazarus, die im Zeichen des politischen Liberalismus beide kulturprotestantisch agierten.[337] Die Freiheiten zum Bekenntnis mussten an allen Orten neu verhandelt und bestimmt werden. Man empfand dies, je nach Erfahrungen und Position, als Vakuum und Gefahr, gleichzeitig aber auch als Tor zu Zukunft und Fortschritt. Innerhalb der Orthodoxen unterschiedlicher Bekenntnisse einerseits und innerhalb der Reformer in den verschiedenen Religionen andererseits kam es zu Flügel- und Richtungskämpfen zwischen milderen bis radikalen Stimmen, mal aufgrund des Anspruchs auf Unfehlbarkeit oder durch deklarierte Treue zu Torah oder Apostelworten, mal in Folge des Rufs nach einem Gott der Lebenden und nicht der Toten und Versteinerten. Sie dokumentieren, dass man sich der Sache der Religion und insbesondere der Liturgie und der Gebetsrufe nicht mehr gewiss war und gewiss sein wollte. Was in Anlehnung an Reinhart Koselleck gerne als «Sattelzeit» bezeichnet wird, d. h. der vergleichbar tiefgreifende Wandel geistiger, politischer, religiöser und sprachlicher Vorstellungen und Begriffe, der einem Einsturz bislang fest geglaubter Gewissheiten gleichkam, ist besonders manifest in den hinter ästhetischen Konzepten stehenden weltanschaulichen und konzeptuellen Gedankenbildern. Die darüber entstandenen Kontroversen dauern in den jüdischen wie christlichen Lagern bis heute fort.

Was erkennbar wird, ist der Prozess der Entkoppelung von sozialethischen Diskursen und theologischen Implikaten, das heisst von gesellschaftspolitischen Fragen und religiösen Grundsätzen. Anstelle der Bilder und der Bildgedanken des Religiösen traten und treten bis heute ethno- und fotografische Abbildungen, die die heutigen Welten des Multikulturellen bezeugen sollen. All dies ruft nach kulturellem Brückenschlagen und interreligiösen Dialogen, was wiederum die geschlagenen sozialen Lücken und inneren seelischen Abgründe ins Bewusstsein bringt. Im 19. Jahrhundert öffnete sich im Prozess, dem man religionsgeschichtlich den Begriff der Säkularisierung zumaß, erstmals die Kluft so deutlich, dass sie als schwer lastende innere Krisen empfunden wurde. Der Säkularisierungsschub, der religiöse Gemeinschaften und moralische Sozialvorstellungen letztlich erodierte, war selber aus den jüdisch-christlichen Werten hervorgegangen. Alsbald aber ging dieser sehr langsame Prozess über in eine dynamische industriegesellschaftliche Transformation der Ständegesellschaft und dann des kapitalistischen Klassenantagonismus: Koloniales Ausgreifen des Handels, Migrationsströme, globaler Massenkonsum, steigende Lebenserwartung, neo-korporatistische Aushandlungsprozesse und sozialstaatliche

Sicherungssysteme – dies sind nur einige Stichworte, um eben diesen Schub der Säkularisierung historisch einzuordnen. Deren zunehmende Auswirkungen in der Gesellschaft führte dazu, dass sich auch Künstler von religiösen Themen abwandten. Geistige und metaphysische Fragen wurden von der Kunst jedoch weiterhin verhandelt. Zwar waren überlieferte Glaubenskonzepte erschüttert worden und neue kulturelle Sichtweisen brachen sich Bahn, doch oftmals wandelten sich die Auffassungen des Heiligen und brachten gerade in der Kunst neue Interpretationen hervor. Die Kunst bemächtige sich in der Moderne der formalen und narrativen Ausdrucksweisen der religiösen Bilderwelt und bezog daraus in vielerlei Hinsicht ihre Reminiszenzen, oft auch als Kritik an der Religion. Dies konnte, wie im frühen 20. Jahrhundert bei Max Beckmann (Abb. 54), in erbitterter Kritik am Krieg und am Gang der Weltgeschichte zum Ausdruck kommen, oder dann gegenteilig, wie noch im 19. Jahrhundert bei Gustave Doré, in einer späten Hin- oder Rückwendung zur religiösen Malerei, um eine Sinnkrise zu bewältigen. Doch der alte Glauben erschein darin nur noch als fernerer Gegenstand auf dem Weltmarkt und wurde von neuartigen Ideologien in Frage gestellt, beeinflusst und gewandelt. Wie bei Heinrich Heine, dann insbesondere bei Ludwig Feuerbach und bald bei Karl Marx wurde die alte «Religion» wie eine Hülle fallen gelassen, die Kritik daran schien nunmehr auch für Köpfe wie Vögelin eine erledigte Sache, zumal die Leben-Jesu-Forschung auch noch das kritisch-methodische Verständnis zum historischen Studium geliefert hatte. Nicht so aber bei Richard Wagner und seinem Kritiker Friedrich Nietzsche, der in Wagners Opern, wie er in *Der Fall Wagner* schrieb, die irritierende Wiederkehr der mythenhaften Verklärungen und die «ganze Falschmünzerei der Transzendenz und des Jenseits» fürchtete.[338] Das Vakuum eines philosophisch idealen, bilderfrei gemachten Kultus und die sich selbst historisierende Theologie der Liberalen boten damit Gelegenheit für sehr anders gestimmte Geister und Gestalten, die eben diese Lücke nutzten. Diese Ambivalenz kommt bei Richard Wagner als Musiker und Schriftsteller zum Ausdruck, wenn er Jesus dem Christentum zu entreissen versuchte, um ihn politisch und mythologisch umzudeuten. Die dogmatische Kernbotschaft, das Opfer Christi am Kreuz und seine Auferstehung als Sakrament des Altars, verachtete Wagner ebenso wie er das Judentum als Geburtshelfer einer aus einer Buchreligion hervorgegangenen Metaphysik hasste. An ihre Stelle setzte Wagner, dieser Virtuose des falschen Spiels, mit seinen Klang- und Bühnenbildern die neopaganen Helden aus dem germanischen Altertum und Mittelalter in seine Musikdramen ein – nahezu allesamt tragische Figuren, denen der schwülstige Hang zu Untergang, Selbstzerstörung und Götterdämmerung beiwohnt.

Der entrissene Jesus und der Fall des Richard Wagner

Der «Fall Wagner», wie Friedrich Nietzsche in einer Spätschrift den Komponisten und Schriftsteller und sein Werk kennzeichnete, zeigt uns, wie mit der Verleumdung der jüdischen Komponisten Giacomo Meyerbeer und Felix Mendelssohn Bartholdy, Letzterer ein Enkel des Berliner Philosophen, religiöse und ethnische Stereotype in ästhetische Kategorien überführt werden, um für politische Zwecke und zur persönlichen Profilierung nutzbar gemacht zu werden.[339] Wagner warf Mendelssohn einen Mangel an Empfinden, Tiefsinn und Innerlichkeit vor, ein Vorwurf, der in der Folge nur allzu leicht und lange dazu verführt hat, die Musik Mendelssohns mit makelloser und blasser Glätte aufzuführen und aus deren Klangfülle die experimentellen, schwärmerischen, heiteren und übermütigen Farben wegzutünchen. Der Neid Wagners gegenüber seinem einstigen Förderer Meyerbeer, der die europäische Oper revolutionierte und mit den *Hugenotten* (1837) die Situation der französischen Protestanten während der Bartholomäusnacht auf die Bühne brachte, vergiftete die Atmosphäre von Toleranz und Kreativität mit dem Argument, der «Jude» an sich könne nur nachsprechen, nicht aber Kunst schaffen. Dabei hatte Wagner für sein eigenes Schaffen von Mendelssohn und Meyerbeer nur profitiert. Wenn bei ihm die Denunziation der Juden schlechthin als «Bilderfeinde» postuliert wird, bieten Wagner der protestantische Bildersturm und die offenkundig bildlosen Kirchenräume der Reformierten aber ein Argumentationsproblem. In seinem vielzitierten Pamphlet *Das Judenthum in der Musik,* das er 1850 in der Zwinglistadt Zürich schrieb, windet sich der Autor offenkundig aus Verlegenheit. Die Rechtfertigung seiner persönlichen Obsession, den beklagten kulturellen Zerfall in seiner Gegenwart einer angeblichen jüdischen Unfähigkeit zur Kunst zuzuschreiben, stösst wegen der von den Reformatoren abbildlos gehaltenen Kirchenräume an enge Grenzen. Dem Christentum gegenüber möchte Wagner trotz seiner postchristlichen Skepsis, aus der sehr viel Verachtung spricht, wegen dessen «Inkarnationslehre» zumindest kulturell verpflichtet bleiben, da ihm Jesus durch seine Anwesenheit für jene Sichtbarkeit bürgt, die den künstlerischen Prozess zur Darstellung der Menschwerdung in der Kultur dokumentiert. In Kontrast zum Wagnerschen «Christenthum» muss das Wagnersche «Judenthum» aber in der gestaltlosen Rationalität verbleiben, wie man sie schon vor Wagner in der als allzu «jüdisch» verdächtigten Philosophie Kants ausmachen wollte.[340] Hegel hatte die Erhabenheit der jüdischen Poesie gelobt, Wagner hingegen ist sie der Anstoss zu seinem obsessiven Hass, der in Gestalt von Meyerbeer, dem vermeintlichen Rivalen in Paris, mit seiner Aversion gegen die Franzosen einhergeht, deren zeitgenössisches literarisches Schaffen nicht nur von ihm als dominierend, sondern aus «germanischer Anschauungsweise» der Kunst wie ebenso der Musik überhaupt als abträglich sanktioniert wurde.[341] Besonders aber die Verächtlichmachung der Musik von Felix Mendelssohn, dem getauften Juden, läuft auf die Verdrängung beider Komponisten aus der deutschen Kultur hinaus.

Wagner identifiziert seine Feinde nicht in denen, die wie die Reformatoren im Bildersturm die Bilder beseitigen, sondern in denen, die sich der Bildverehrung entzogen und deswegen den Kult als kulturelles Zeugnis beleidigt hätten. Die mosaischen Gebote der Bibel werden in dieser «byzantinisch» anmutenden Perzeption zu einem Beweis für die Kult- wie Kulturlosigkeit der Juden in der eigenen Gegenwart erklärt. Der Trick, jüdisches Kultbilderverbot und generelles Kunstverbot identisch zu setzen, rettet ihn aus der argumentativen Verlegenheit, in die Nähe des Ikonoklasmus der Protestanten zu geraten, denen es tatsächlich um Idolatrie-Resistenz gegangen war. Wagner vollführt seinen Trick mit einer Innenwendung, wie Matthias Schmidt betont: Die christliche Bildfähigkeit ist ganz und gar in das kulturell Imaginäre, in die Innenwelt als Bildgedanken verlegt, wo sie trotz protestantischem Bildersturm weiter existieren kann. Sie wird nunmehr zur «deutschen Innerlichkeit» gewandelt, das materiell gedachte äussere Bilderverbot dagegen zu einer jüdischen Phantasie, zum «inneren Juden» erklärt.[342] Das verinnerlichte Unsichtbare wird ins Sichtbare der Kunst inkarniert, das falsche Anwesende hingegen im Abwesenden des Wahren verdächtigt. Immerhin macht Wagner so deutlich, was alle längstens wissen, nämlich dass Bilder, ob visuell, haptisch oder poetisch, mit einer innerweltlichen Qualität korrespondieren. Er nutzt eben diesen durchaus wahren Zusammenhang zu seiner falschen Kulturpolemik, der die Züge des Neurotikers anhaften.

Und so kann Wagner die bildrelevante argumentative Nähe zwischen protestantischer und jüdischer Konfession vermeiden und gleichwohl das mosaische Kultbildverbot als genuine Lähmung der Kultur erscheinen lassen. Doch das ziemlich schiefe Verfahren enthält eine andere Tücke: Das Bilderverbot wird solcherart selber ein Bildnis, wenn ein falsches Bild vom Bilderverbot erscheint, das so gar nicht wahr sein kann. Auf diese Weise löscht Wagner mithin auch das Kulturerbe der aus dem Judentum erwachsenen christlichen Traditionen aus. Heimlich reisst er dieses Erbe ein, um an seine Stelle die germanischen, nordischen und mittelalterlichen Helden in seine Musikdramen einzusetzen. Er kritisiert die Kirche, die ihre Macht über die «Seelen der Armen» vorzugsweise mit ekelerregenden Opfer- und Schreckensbildern wie dem Jüngsten Gericht ausübe, anstatt die Bildnisse des am Kreuz leidenden «Heilands» als Darstellung eines Heroen, eines heldenhaften Märtyrers der Tat oder wenigstens als eine Art tragischer Heros im Sinne der griechischen Mythen zu begreifen.[343] So erweist sich Wagners Judenhass als eine mythenpolitische und kryptoreligiöse Absage an das «Christenthum» seiner Tage.

Vielleicht hätte – diese fiktionale Illustrierung sei hier im Sinne eines anschaulichen modernen Gleichnisses erlaubt – Wagner ein Gemälde von Giovanni Paolo Panini, das den Apostel Paulus zeigt, als konzeptuellen und künstlerischen Ausdruck seiner heimlichen Schleifung des kirchlichen Christentums, so wie er es sehen wollte, umgedeutet. In Paninis Gemälde von 1742, *Die Predigt des Heiligen Paulus,* wird uns Paulus zwischen den Ruinen Roms stehend dargestellt (Abb. 33). Nicht dem Rom in der vollen Blüte des ersten Jahrhunderts, sondern dem historisierten Rom des neuzeitlichen Rückblicks auf die Vergangenheit gilt die Aussage – Rom, die «ewige Stadt» und das kulturelle Zentrum in der Antike, erscheint bei Panini als Ruine eines verblichenen Imperiums dargestellt, eine Ruine, auf der Paulus als «Apostel der Heiden» (Röm. 11,13) predigt, dass das «Ende der Zeitalter gekommen» sei (1 Kor. 10,11). Es ist überdies eine Anspielung an die Verwüstung des antiken Jerusalems, das einst im Neuen Testament mit Ruinenbildern bedacht wurde (Mark. 13, 2; Luk. 21, 20), um das Nahen der Apokalypse und die Wiederkehr des Herrn zu beschwören. Panini wäre Friedrich Nietzsche gewiss ein willkommenes Zeugnis gewesen, zumal der italienische Künstler aus dem 18. Jahrhundert Rom als Ruinenstätte und darin auch den Apostel mehrfach gemalt hat. Denn Nietzsche spricht von der «Ruinenmelancholie», die bei zeitgenössischen Rom-Besuchern vorherrsche und das melancholische Leiden an den «ewigen Bauten» zur Ursache habe, welches schon die Menschen der Antike befallen habe. Die ermüdende Aversion gegen das imperiale Rom, das alles vereinnahmt hatte, entlud sich, so Nietzsche, zu Ende der Antike im Christentum, indem es Rom, als Inbegriff der Welt, mit der Erbsünde gleichsetzte. Rom habe alles und jeden zur Vorgeschichte gemacht und sei nun selber zur Vorgeschichte erklärt worden – und mit Hilfe christlicher Theologen schließlich dem Jüngsten Gericht anheimgestellt worden. Mit Nietzsche steht der christliche Glaube also vor der unausweichlichen Frage, wie man nach fast zweitausend Jahren in weltferner Innerlichkeit und einem reaktionären Moralismus und Ressentiment enden konnte. Jedenfalls setzt Nietzsche anstelle des Skandals von Jesu Tod und Leiden am Kreuz, mit dem die durch den Sündenfall verlustig gegangene Unmittelbarkeit Gottes und seiner Geschöpfe hätte wettgemacht werden sollen, die radikale Emanzipation, die keine religiöse Vermittlungsinstanz mehr duldet. Nur der edle Mensch sündige nicht,

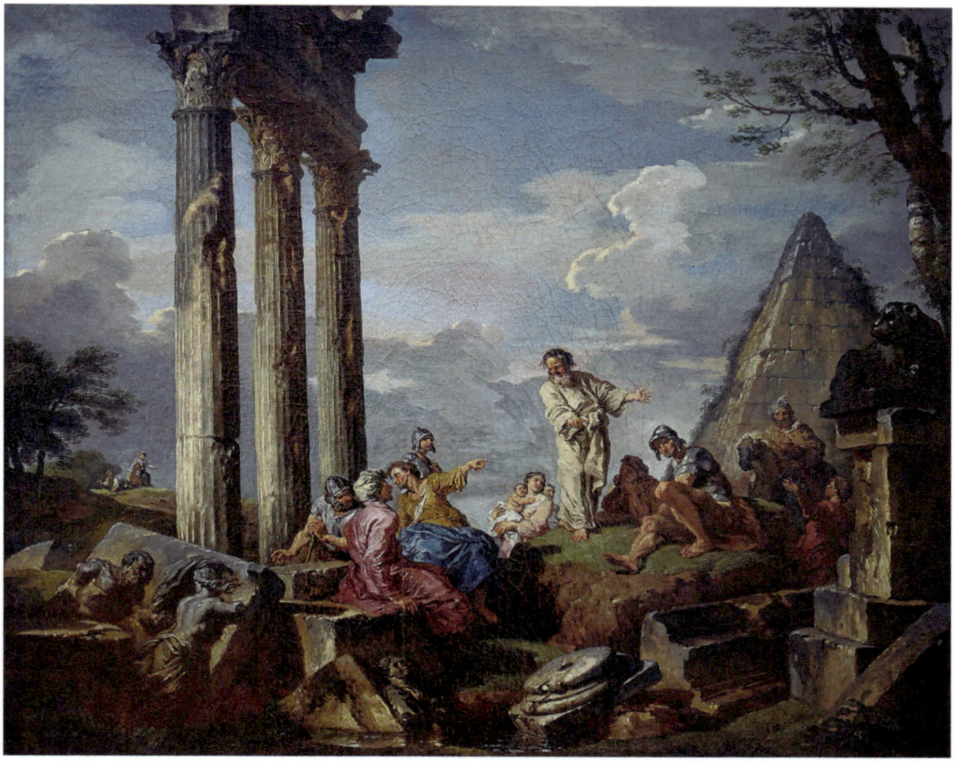

33 Giovanni Paolo Panini, *Die Predigt des Heiligen Paulus,* 1742, Öl auf Leinwand, 61 × 74 cm; Musée des Beaus-Arts, Grenoble.

und durch sein Handeln werde «ein höherer magischer Kreis von Wirkungen gezogen, die eine neue Welt auf den Ruinen der umgestürzten alten gründen».[344] In diesem Sinne, eben im Umkehrschub einer nationalistisch-sakralen Engführung, hat auch – der hier bereits erwähnte – Fjodor Michailowitsch Dostojewski argumentiert, wenn er der Vorstellung anhing, Jesus aus der Gefangenschaft der imperialen römischen Kirche zu entwinden und ihn stattdessen im zaristischen Russland wiederkehren zu lassen. Für Nietzsche aber war Paulus jener Revolutionär, der vom Schreibtisch aus in Sendbriefen die imperiale «Umwertung aller Werte» in Gang gesetzt und damit die Menschheit bis in die Gegenwart «krank» gemacht habe. Die Erfüllung der gerechten Gesetze seines Gottes, wie sie Jesus wollte, konnte Paulus nicht genügen, und so lag ihm, wie dem Gekreuzigten, vielerlei «auf dem Gewissen – er deutete hin auf Feindschaft, Mord, Zauberei, Bilderdienst, Unzucht, Trunkenheit und Lust an ausschweifenden Gelagen».[345] So ist denn der Paulus Nietzsches – und letztlich auch der Paulus von Dostojewski und Wagner – eigentlicher Feind und zugleich der eminente Anstoss, die Revolution jenseits von imperialer Kirche und Christentum als eine Rückkehr zu einem Gott, der die Welt durch die Kunst und die Ikonen nochmals neu erschaffen würde, herbeiführen zu können. Hier kreuzen sich die Wege von Dostojewski, Wagner und Nietzsche: So wie Paulus im Bild von Panini in den Ruinen des alten Roms steht, kommen das Christentum in der Vorstellung Nietzsches und die Kirche in der Vorstellung Wagners zu ihrem tragischen Ende, während Dostojewski den Fortgang der Heilsgeschichte durch Jesu Wiederkehr politisch und ikonisch auf russischem Boden und in russischer Sprache ansiedelt.

Das Eschaton, die alte jüdisch-christliche Hoffnung auf Vollendung der Schöpfung, durch das im Gemälde Paninis das Römische Imperium kurz nach seinem kulturellen Höhepunkt in den Abgrund gestürzt wird, hätte in Wagners Bilddeutung auch das einst von Paulus propagierte Christentum selbst ereilt. Wagners Abneigung gegenüber Kirche und Theologie äussert sich in seinen Überlegungen zur Sünde, die er, wie Nietzsche, als Erfindung des Christentums begreift, dazu angetan, der Kirche Dauer und Wirksamkeit zu verschaffen.[346] Zwar habe sich die Musik aus der Religion entwickelt, doch überwindet in seiner Vorstellung die Musik der Gegenwart das Christentum gerade in der Ablehnung des Judentums. Seine Erlösung sucht Wagner einerseits in der Natur, andererseits in den heidnischen Mythen. Was sein Werk prägt, ist die Vorstellung, das religiöse Denken durch einen Rückgriff auf antike Erzählstoffe und auf die Gefühlsbilder aus der Natur – darunter auch die Tierwelt – revitalisieren zu können. Zwar behauptet er, keine neue Religion stiften zu wollen, doch läuft sein ständiges Neu- und Weitererzählen darauf hinaus, die kirchliche Theologie durch das Werk des modernen Künstlers abzulösen. So sind ihm etwa die Bilder der ewigen Verdammnis und das Gemälde des *Jüngsten Gerichtes* in der Sixtina ein hässlicher Gräuel, hingegen erinnert die Gralsszene in seinem *Parsifal* wiederum deutlich an das Abendmahl, das Wagner sich als Motiv aneignet, um dann mit der Heilung Amfortas durch die Berührung der Wunde mit der Heiligen Lanze die Auferstehung nachzuspielen.[347] Wagner will in Jesus den grandiosen «Weltenüberwinder» sehen, nicht den Weltenrichter im Jüngsten Gericht, der sich – jämmerlich genug – für seine Göttlichkeit an das Kreuz hat schlagen lassen. So gehen die Wiedergewinnung des Paradieses durch menschliche Arbeit am Schöpfungswerk, das heisst die Erlösungsvorstellungen des Judentums, und das Goldene Zeitalter, das heisst die Utopie der idealen griechischen Polis, eine merkwürdige, stets ambivalente Symbiose mit Wagners Ideal der Resurrektion aus der Natur und mit der Natur ein. Nur die vegetative Natur bietet Voraussetzung zur Erlösung, zur Resurrektion. Die naturgetriebene Auferstehung, die von Natur aus selbstevidente Regeneration der deutschen Kultur, sind für Wagner mythenhaft gegeben. Der Rest, der im Bild Paninis – als Ruine – bleibt, wäre ihm wohl der Aufruf zur Rückkehr in eine zyklische Zeit aus Helden und Göttern gewesen, die er nunmehr für den Nationalismus aus den musikdramatisch hervorgeholten Mythen – vornehmlich dem «Ring der Nibelungen» – bezog. So hätte er, um unsere gewiss gewagte Bilderspekulation abzuschliessen, denn wohl in seiner Umdeutung Paulus selber zu einer ältlichen jüdischen Figur in einem ruinösen und ruinierten Christentum degradiert, als ein «entarteter» jüdischer Rest, dem jeglicher messianischer Impetus nunmehr abzusprechen war.

Die Konsequenz unseres Gedankenspiels ist die folgende allgemeine Erkenntnis: Hier lässt sich, ohne dass man sich über die Kehrseiten in aller Mythologie verwundern soll, generell darüber nachdenken, wie kulturelle, historische und ideologische Erzählungen entstehen, über lange Zeit weiter dauern und schließlich zu Ruinen werden, und wie eben diese Ruinen alsdann wiederum als Quelle für die Entstehung weiterer Erzählungen und die Propagierung neuartiger Mythen und Phantasien dienen. Wagner ist also ein treffliches Beispiel, wie Altes umgeschrieben, gemischt, neu geordnet und verkehrt gedeutet wird. Wagners «Gesamtkunstwerk» aus Musik und Text, Bild und Raum, wie er es in Zürich entwarf, und die Festspiele als Gemeinschaftserlebnis, als Initiationen zu einem neuen Menschen, wie sie in Bayreuth als Weihen inszeniert wurden, sollen die überlieferten Religionen in ein ästhetisch und multidimensional erlebbares Ereignis überführen. Kunst erscheint als postreligiöse Erlösungsinstanz, das Wagnersche Festspielhaus als der Ort, an welchem inszenierte Dramen den Kirchenraum und seine Liturgien ablösen sollen. Die in Bilderräumen aufgeführten Musikdramen gerieten zu sakralen Akten einer Eschatologie, in denen die Vorstellungen vom Ende aller Tage, das Abendmahl einer auserwählten Gemeinschaft oder die Wandlung des Gewöhnlichen in das Heilige, gleichsam in den Leib und Blut Christi, neuartig gemischt und dem Publikum visuell auf die Bühne gestellt wurden.

Beispielhaft ist, wie Herfried Münkler vermerkt, die Figur von Siegfried, wie ihn Friedrich Nietzsche zuerst gedeutet hatte: Er erscheint als Vollstrecker von Wotans Willen, in einer Nebenrolle, der das Übel in der Welt der Auflösung und Erlösung zuführt, so wie die einst neutestamentlich erfundene Figur des Judas Iskariot als ein an sich selbst zweifelndes Instrument erscheint, den Heilsweg durch Jesus Christus frei zu machen und ihn dem Opfer der Kreuzigung zuzuführen, um die Menschheit zu erlösen. Doch Siegfried ist nicht Judas, vielmehr ein impulsiver, kriegerischer und ruchloser Wüterich, der die Überlieferung zertrümmert und seinem Schöpfer Wagner, wie der spätere Nietzsche vermerkt, dessen Erlösung von guten Sitten und Gesetzen literarisch verschaffen kann.[348] Wagner bediente sich solcherart bei den Mythen aus Antike und Mittelalter und in der christlichen Theologie, um sie als Collageschnipsel zu neuen religiösen Erzählungen und bewegten Bühnenbildern zusammenzustellen. Sein Hauptwerk *Der Ring der Nibelungen,* eine Dramatisierung des Götterhandelns, verfährt wie später J. R. R. Tolkiens umfangreicher Fantasy-Roman *Der Herr der Ringe* oder die amerikanische Space-Opera bzw. Sci-Fi-Film-Serie *Star Wars* von George Lucas, der mit dem Mythenforscher Joseph Campbell eng befreundet war: Die Stoffe aus den alten Mythen werden zerlegt, neu geordnet und durchaus kreativ zu neuen Erzählungen aus- und umgestaltet. Ob das Ergebnis überzeugt, wird am Publikumserfolg gemessen.

Notwendigerweise tritt aber dabei der Schöpfer aus der künstlerisch-dramatischen Übermalung hervor und gibt vor dem Vorhang auch sein religiöses Credo und seine kulturabhängige Provenienz ein Stück weit preis. Es kann ihm dabei niemals gelingen, das Geheimnis hinter dem Vorhang zu bewahren, auch nicht um die Angabe, dahinter sei es leer wie auf einer Tabula rasa oder im unberührten Innenraum des Jerusalemer Tempels. Wo bei einem Zivilisationskritiker wie Oswald Spengler das Christentum des Jesus von Nazareth der magischen Weltsicht zugeordnet wurde, um argumentativ eine fehlende seelische Tiefe und seichten Rationalismus zu beklagen, erscheint der den Kirchen und der Theologie entrissene Jesus nunmehr zur Wagnerschen Figur umgeformt, das heisst zur postpaulinischen Figur eines Heroen- und Kriegerdramas, das in Kunst und Musik zu fassen und «germanisch», sprich als neue religiöse Weihe jenseits des Christentums zu gestalten war. Wagner vermeldete so seine Absicht, den Jesus als Musikdrama zu vertonen, ohne aber dies je zu realisieren oder realisieren zu wollen. Es blieb bei schriftstellerischen Skizzen und notierten Bühnenszenen. Auch Wagners Projekt einer Erneuerung der antiken Tragödie läuft in Bayreuth, wie Herfried Münkler vermerkt, auf das «zutiefst ambivalente Projekt einer Wiederverzauberung der Welt, dessen Movens die Rückkehr zum Mythos ist», hinaus.[349] Dem Nibelungenlied erschloss er unter den Modernen, die ihn verehrten, Kultstatus, indem er die Erzählungen des mittelalterlichen Sagenkreises zu einem kosmisch anmutenden Kampf erhob. Als Szenarien einer moralischen und existenziellen Grenzüberschreitung – sediert aus dem Gralsmythos bis hin zum Lohengrin-Stoff – wurden diese suggestiven Bilder aus Ton und Text auf die Bühne gestellt.

Gleichzeitig hat der späte Wagner in seinen Schriften die Regeneration des Christentums als einer «Wieder-Eindeutschung» des deutschen Volkes an die Hand genommen. Die theologische Verbindung von Judentum und Christentum seit der Aufklärung wird als Übel und als Ursache für die Degeneration des christlichen Glaubens, die zunehmend leeren Kirchen und die Errichtung von Synagogen verantwortlich gemacht. Die Vorstellungen der Hölle und des Jüngsten Gerichts, der angeblich von den Juden angestachelte Bellizismus und der Sündenfall der Absage an den Vegetarismus in der Erzählung von Kain und Abel sind die Ingredienzen in den kruden Behauptungen Wagners, der die Juden zum endgültigen Feind erklärt. Im Anschluss an Arthur de Gobineau wird die «Rassenvermischung» beklagt und die Judenfeindschaft zur Verschwörungsobsession gesteigert, die im «Duktus des Raunens, der Niedergangsängste und der Rettungsphantasien eine verhängnisvolle Verbindung eingehen».[350] In Wagners von allen jüdischen Gemeinsamkeiten gereinigtem «Christenthum» wird im Sinne von Saul Friedländer ein Erlösungsantisemitismus kenntlich, für den Richard und Cosima Wagner in Anspruch nahmen, die Speerspitze in der deutschen Gesellschaft zu sein. In diesem Kampf «sollten alle Juden in einer Aufführung des ‹Nathan› [von Lessing] verbrennen», wie Cosima – eine durch und durch entschlossene Antisemitin – diesen phantasierten Wunsch von Richard festgehalten hat.[351] Im Gleichklang ereiferte sich Wagner auch während des Deutsch-Französischen Krieges von 1870–71 für die Niederbrennung der ihm verhassten Stadt Paris, die er, wie einem Führerbefehl gleich, gerne vernichtet gesehen hätte.[352]

Eine Kontinuitätsbehauptung, das heisst Wagners tiefsitzenden und hässlichen Antisemitismus als direkten Anreiz für die Ermordung der europäischen Juden durch Hitler zu deuten, lässt sich trotz der rabiaten Hassreden und schriftstellerisch-musikalischen Anspielungen in Wagners Werk auf Volksgemeinschaft, Todeskult und Gewaltphantasien nicht herleiten, als würde es die historischen Umstände nicht geben.[353] Jedoch stellt sich, von Wagner und Nietzsche ausgehend, die Frage, ob der Holocaust nicht nur ein weiterer gewaltbereiter Akt in der Folge eines christlichen Antijudaismus im Zeichen einer neuen wie essenziellen politischen Theologie ist, wie sie die Nationalsozialisten propagierten, sondern gleichzeitig auch der konsequente Ausfluss einer heimlich betriebenen Entchristlichung der europäischen Kultur, wie sie seit Wagner im Prozess einer «regenerativen» Art der Umgestaltung religiöser und mythischer Bilder propagiert worden ist. Sigmund Freud hat in eben dieser Diktion das Aufkommen der Nationalsozialisten beschrieben: Die tieferen Motive wurzelten in längst vergangenen Zeiten, sie wirkten aus dem Unbewussten jener Völker, die «unter einer dünnen Tünche von Christentum» geblieben seien und nun den Groll über den einstigen Verlust der alten polytheistischen Religionen und gegen die ihnen aufgedrängte neue christliche Religion richten würden. Freud deutet diese Aggression als Projektion, die zwar das Judentum zum Sündenbock designiert, sich jedoch gegen das Christentum richtet: «Die Tatsache, dass die Evangelien eine Geschichte erzählen, die unter Juden und eigentlich nur von Juden handelt, hat ihnen [den Völkern] eine solche Verschiebung [das heisst die Projektion auf die Quelle, das Judentum] erleichtert. Ihr Judenhass ist im Grunde Christenhass, und man braucht sich nicht zu wundern, dass in der deutschen nationalsozialistischen Revolution diese innige Beziehung [der beiden Religionen] in der feindseligen Behandlung beider so deutlich Ausdruck findet.»[354] In ähnlicher Diktion, jedoch christologisch motiviert, bekundet diese Einsicht um 1938 der Theologe Karl Barth: «Wer ein prinzipieller Judenfeind ist, der gibt sich als solcher, und wenn er im übrigen ein Engel des Lichtes wäre, als prinzipieller Feind Jesu Christi zu erkennen». Barth ist deswegen Antisemitismus «Sünde gegen den Heiligen Geist [und] Verwerfung der Gnade Gottes».[355]

Wenn später Adolf Hitler, der Postkartenmaler aus Wien, der als «Führer» ein eminenter Feind der Kirche war, in Wagner sein «gottbegnadetes» Idol hat finden können, liess er dessen antisemitische Schriften unerwähnt. Auch Wagners Opern handeln keineswegs von antisemitischen Invektiven, sie sind darin nicht vorhanden. In solche Niederungen antisemitischer Auslassungen und Verschwörungsbehauptungen genügte es, Arthur de Gobineau, Houston Stewart Chamberlain und Madison Grant, deren Bücher in deutscher Übersetzung bei Julius Friedrich Lehmann verlegt wurden, an der Seite zu wissen und sich auf die Vererbungslehre eines Eugen Fischer, dessen Bücher Hitler ebenfalls las, berufen zu können.[356] Umso mehr ist Hitler auf deren Weg politisch weitergeschritten, wenn er gleichzeitig seinen Wagner vor diesbezüglicher «Banalität» zu bewahren und in einen ferneren Götterhimmel zu entrücken glaubte. Die Helden- und Bühneninszenierungen aus Bayreuth wurden von den Rechtsnationalen bildmächtig als «Weihen» verstanden, deren Motive und Stoffe von Umsturz, Ritual, Aufmarsch, Endkampf, Erneuerung und Regeneration – alles Setzstücke der postchristlichen Wagnerschen Sehnsucht – kündeten und alsbald vom Nationalsozialismus beansprucht und zur pathetischen Bildschau zusammengestellt wurden, um die politische Theologie des heilvollen Krieges und großen Endkampfes zu beflügeln. Darin geht es um die «Endlösung» der Geschichte, die in machtvollen Bildern einer lichtvollen Auferstehung nationalsozialistischer Machart evoziert wird. Der in der Überlieferung auferstandene Christus und sein Reichsversprechen werden vermengt und verdrängt durch das auferstandene Reich der germanischen und nordischen Mythen, denen durch Wagner revolutionäres und tragödienhaltiges Potenzial eingeschrieben wurde.

Bis heute streiten sich die Kritiker ob dieser Erbschaft, in der das «innere» Bildnis den Treiber im Verhältnis von Ästhetik und Politik, Musik und Religion, Radio und Propaganda abgibt.[357] Es fiel den Nationalsozialisten dann zu, eine unheilige Allianz aus Museumsleitern, Kunsthändlern und Kritikern zu beschuldigen, die schon länger beklagte «Invasion» französischer Kunst für die «Entartung» deutscher Kunst verantwortlich zu machen und sie mit spezifisch antisemitischer Prägung zu versehen. Zum Arsenal gehörten das angeblich jüdische Bilderverbot, die daraus hergeleitete Kulturunfähigkeit der Juden und solcherart die ihnen vorgeworfene Habgier, sich das Schöne aus bloss materieller Gier anzueignen oder es in falschen Bildern zu «entarten». In historischer Rückschau gelesen erscheint Wagners Versuch, der das Christentum durch den Hass auf ein davon abgespaltenes Judentum beschädigen wollte und den entrissenen Jesus umso mehr für seine nostalgisch aufgeputzten germanischen Mythendramen beanspruchte, als Symptom eines radikalen Wertverlustes an Traditionen, die wie bei den römischen Ruinen dann mit deren Baumaterial als Mythen an anderer Stelle nostalgisch aufgewertet werden. Sein Antisemitismus wie ebenso das theologische Denken vieler von Wagners Zeitgenossen zeigen sich als ein politisch aggressiv geäussertes Unbehagen an der Kultur, wenn sie als Trägerin liberaler Offenheit gedacht wird. Man mag die Kampfansage als Folge einer damals schwindenden Zukunftsgewissheit lesen, die sich auf der Opernbühne in Bildern der Apokalypse und des kulturellen Zusammenbruchs kundtat. Wagners revolutionärer Impetus, der anfänglich der Politik und Gesellschaft in den Straßen Dresdens gegolten hatte, endete schließlich in einem übellaunigen Missmut, der bürgerliche Behaglichkeit verachtet, das Judentum hasst und die Deutungsmacht des Christentums verwirft. Nur nebenbei sei noch angemerkt: Die Originalpartitur der Walküre, die einst dem bayrischen König Ludwig II. zukamen, hat man mit anderen Wagner-Handschriften 1939 Hitler zum 50. Geburtstag geschenkt; sie ist seither verschollen.

Heute betrachten wir den skizzierten Zusammenhang der Wagnerschen Bildstörung, aus der der innere Zwang zur Bestreitung der jüdischen Ursprünge der christlichen Kulturen spricht, aus Abstand und insbesondere im Bewusstsein der Schoah, die Dan Diner als Zivilisationsbruch bezeichnet hat. Wir sollten uns bewusst bleiben, dass dies im Rückblick geschieht, auch was den entrissenen Jesus betrifft. Nach 1945 hat das Versagen der Kirchen und ihr tatsächliches Zusammenwirken mit dem NS-Staat in vielen Ländern drängende Fragen aufgeworfen bezüglich der Ekklesiologie, des Verhältnisses zum Judentum sowie auch der biblischen Hermeneutik. Darin kreist man um Schuldeingeständnisse, Einstellung gegenüber Israel sowie die radikalen Veränderungen im Verhältnis zum Judentum, das nunmehr essenziell für die eigene christliche Existenz erachtet wird. Von jüdischer Seite her sind ebenfalls hermeneutische Reflexionen und Publikationen zum jüdisch-christlichen Verhältnis öffentlich gemacht worden. Wir haben es also mit frisch justierten Bewertungen zu tun.[358] Das ältere kontroverstheologische Genre aus der Zeit vor der Schoah scheint heute verschwunden. Der einst apologetische Ton jüdischer Literaten, Rabbiner und Religionsforscher, die seit Moses Mendelssohns aufgeklärter Verteidigung des jüdischen Existenzrechtes Gegengeschichten zu formulieren sich veranlasst sahen, ist im tieferen Grund durch die Tatsächlichkeit des Massenmordes hinfällig geworden. Und auf der anderen Seite erweisen sich die antithetischen Denkfiguren christlicher Theologen, die einst noch zwischen einer Abwertung der Hebräischen Bibel und dem christologischen Anspruch der dialektischen Theologie auf Wahrheit pendelten, als gänzlich ungenügend. Nachdem noch 1938 der Jenaer Neutestamentler Walter Grundmann mit seinem *Institut zur Erforschung und Beseitigung des jüdischen Einflusses auf das christliche deutsche Leben* den rassenantisemitisch inspirierten Theorien über den «arischen Jesus» sekundiert hatte, wirken heute alle täppischen Versuche, theologiegeschichtliche Vergangenheit nicht im Wissen um historische Genesen zu lesen, nur noch bizarr und zuweilen obszön. Es gilt auszuholen und nochmals die Dinge von der Geschichte her aufzurollen, um Erkenntnis anzureichern. Dazu gehört die längst verbreitete Einsicht, dass das Schwinden der aus der Antike rührenden Strahlkraft die Zeitenwende hin zur säkularen und bürgerlichen Verfasstheit unserer Gesellschaften begünstigt hat, aber diese Strahlkraft deswegen keineswegs obsolet oder global wirkungslos geworden ist.

TEIL II

DER VERRAT DER BILDER. ÜBER DIE WAHRHEIT IM BILD

WIEDERKEHR DES BILDERSTREITS IM MODERNEN ZEITALTER DES IKONOPATHOS

Wenige Jahre vor Hitlers Machtergreifung, 1929, malte René Magritte mit *La Trahison des images* («Der Verrat der Bilder») ein emblematisch gewordenes Bild, das eine Pfeife zeigt und darunter den Schriftzug «Ceci n'est pas une pipe» («Das ist keine Pfeife»). Offenkundig ist, dass eine in einem Gemälde dargestellte Pfeife selbst auf möglichst realistische Weise keine Pfeife ist, und alles, was bleibt, ein Bild einer Pfeife ist, die nicht wie bei einer echten Pfeife gestopft oder geraucht werden kann.[359] Solch diskursive Bildverfahren führte Magritte mittels weiterer Objekte durch, etwa einem Apfel. Heute können die Ergebnisse dieser Operation auf Kaufwaren reproduziert in Museumsshops für den alltäglichen Gebrauch erworben werden (Abb. 34).

Das Produkt vermittelt dem Betrachter die diskursive Paradoxie, wonach die Pfeife oder der Apfel im Gemälde ein Zeichen ist, in diesem Fall in der Form einer Zeichnung, die nicht die wahre Pfeife oder der wahre Apfel ist. Doch der Satz, der dies anzeigt, ist auch Teil – und nicht ausserhalb – des Gemäldes. Und so ist dieser Satz, der die Wahrheit aussprechen soll, selber Bild, das wiederum nicht die Wahrheit sein kann. Der «Verrat» ist unumkehrbar und macht wie

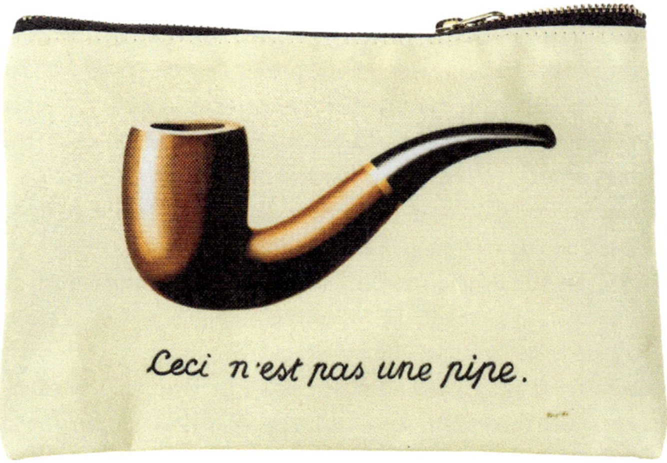

34 René Magritte, *Ceci n'est pas une pipe,* Verkaufsartikel der Musées Royaux des Beaux-Arts de Belgique, Bruxelles.

in der Erzählung der Vertreibung aus dem Paradies eine Ineinssetzung von Wirklichkeit und Erkenntnis unmöglich. Die Vorstellung des unähnlichen Bildes, mit dem die Erbschaften aus der Antike so erfolgreich durch Kirchen- und Reichsfürsten domestiziert worden waren, kommt hier gleichsam zu einem Ende. Aus der Beschäftigung mit dem historischen Beispiel des byzantinischen Bilderstreits hat Marie-José Mondzain für diese Konstellation eine allgemeine und gültige Erkenntnis für unsere heutige Zeit formuliert: Die Wahrheit erscheint sehr wohl als Bild, aber tatsächlich gibt es kein Bild der Wahrheit.[360] Diesen Satz wollen wir fortan im Kopf behalten, wenn wir uns nun der Wiederkehr des Bildes im Zeitalter des Ikonopathos zuwenden. Das ist auch die Botschaft des Filmes *Hail Cesar!* der Brüder Ethan und Joel Coen.

Elfte Leinwand: Heil Hollywood. Oder eine ironische Brechung

Das angebliche Ende der Geschichte, angelegt im Argument der hegelianischen Dialektik, die nunmehr an den Gestaden des Pazifiks in marxistischer Diktion die Rede beflügelt – in eben dieser Komödie verkörpert und verkündet die Figur des Professor Marcuse (eine Anspielung auf Herbert Marcuse, den linken Gesellschaftstheoretiker) ein neuartiges Heil. Seine Jünger sind eine Gruppe Drehbuchautoren, die sich von den Studios in Hollywood um ihre Rechte und Tantiemen gebracht sehen, sich zum Kommunismus bekennen und sich als verschworene Truppe Lösegeld durch die Entführung des Schauspielers Baird Whitlock aus den ruhmreichen Filmstudios von *Capitol Pictures Ltd.* beschaffen. Ort des Geschehens ist Kalifornien zur Zeit von Atombombe und Düsenflugzeugen während der 1950er Jahre, als in der Nachkriegszeit das alte Hollywood der goldenen Ära dem Siegeszug des Fernsehens zum Opfer zu fallen droht. Whitlock spielt in einem Film von *Capitol Pictures Ltd.* einen römischen Centurion. Es geht darin um die Lebensgeschichte von Jesus Christus im Zeitalter des Imperium Romanum. Der wenig zimperliche «Fixer» der Filmstudios, Eddie Mannix, hat die Aufgabe, die Schauspieler bei Stange zu halten, Probleme aus dem Weg zu räumen sowie die aufsässige Klatschpresse auf Distanz zu halten. Er hat sich auch abgesichert, ob ein solches filmkünstlerisches Vorhaben überhaupt die Zustimmung des religiösen Publikums gewinnen oder ob ein solcher Film über die Passion Christi und den «Glauben an seine Göttlichkeit und Menschlichkeit» nicht etwa die «Gefühle der amerikanischen Bürger verletzen» könnte. Um keinen Bildersturm heraufzubeschwören, hat Mannix vier Theologen – einen katholischen, protestantischen, christlich-orthodoxen und jüdischen – an den Tisch geladen, um sich der zu erwartenden Reaktionen und der Aussichten auf Akzeptanz im Kinopublikum zu vergewissern. Der Theologenstreit in den Räumen von *Capitol* dreht sich allerdings schnell um das Imaginäre in der Vorstellung von Gott, um seine innere Natur – doch zur handfesten Frage von Mannix nach der Legitimität, die Passion als Monumentalfilm zu erzählen, hat in der Theologenrunde niemand eine Meinung. Zumindest keine Bedenken, wie Mannix feststellt. Die großen Weltreligionen westlicher Gesellschaften, wie sie heute verstanden werden, vermögen offenkundig den Erwartungen von Filmstudios in Hollywood nicht zu genügen. Nur in Malibu formt sich Widerstand durch die Kommunistengruppe, wenn auch aus anderen, materiellen Gründen. Die Übergabe des erpressten Lösegeldes an ein Sowjet-U-Boot nicht unweit der Küste misslingt und fällt wegen des Hündchens namens Engels buchstäblich ins Wasser, indes der Held der auf den Wellen schaukelnden Rudertruppe sich der Mission der Komintern anschließt und im Bauch des U-Bootes, dem Leviathan gleich, in den Tiefen der dunklen See entschwindet. Das Szenenbild und seine musikalische Unterlegung in Moll hören sich an wie eine klingende Ikonenmalerei aus den Kulturwerkstätten der vaterländischen russischen Kommunistischen Partei.

Whitlock, der Centurion, hat sich aus der Schlinge gezogen und dreht endlich die letzte Szene der Produktion, in der er visions- und glaubensüberwältigt einen fulminanten Abschlussmonolog angesichts der göttlichen Erscheinung am Kreuz hält. Auch die Studiocrew scheint ergriffen von Whitlocks Ansprache, bis er kurz vor Ende einen Aussetzer auf Golgatha hat: Das letzte Wort – «Glauben» – ist ihm entfallen. Es muss ihm von oben, aus der Regie, durch einen Schalltrichter zugerufen werden, als hätte ein ägyptisches Himmelsauge dieses letzte Allwissen für Hollywood noch aufsparen oder verbergen wollen. So muss eben die Szene gedoppelt bzw. wiederholt werden, auf dass am Ende dieser Geschichte, wie zu Beginn der Genesis verheissen, «alles gut wird». Denn der handfeste Mannix, der sich im Beichtstuhl seiner Kirche entscheidet, das lukrative Jobangebot von *Lockheed Industries* abzulehnen, sorgt weiterhin dafür, dass in den Studios jeder Film erfolgreich an seinen Abschluss kommt, liebt er es doch, so die Schlussworte, dass Geschichten beginnen und Geschichten immer auch enden.

Mit dem Mittel der Ironie bzw. der Zitierung oder auch Doppelungen von Bildern thematisieren die Brüder Joel und Ethan Coen – Regisseure, Drehbuchautoren und Produzenten – in diesem ihrem achtzehnten Spielfilm *Hail, Caesar* (2016) das klassische Studiosystem des so genannten Golden Age of Hollywood, als dort eine Antwort auf das Fernsehen in aufwendig produzierten Monumentalfilmen wie *Die Zehn Gebote, Ben Hur, Quo Vadis* oder *Cleopatra* gesucht wurde – ähnlich dem in diesem Film vorkommenden, fiktiven *Hail, Caesar!,* der ebenfalls Rom, Jerusalem und die Bibel als Rahmung nutzt. Anspielung auf die Vergangenheit bieten dem Coen-Film auch der populäre «singende Cowboy» des klassischen Westernfilms oder Figuren aus Alfred Hitchcocks *Vertigo.* Auch die «kommunistisch» gestimmten Drehbuchautoren sind eine Anspielung auf die *Hollywood Ten* der McCarthy-Ära, und deren Darstellung konterkariert das Bild von «the winner takes all», das den Kapitalismus US-amerikanischer Prägung und seinen ikonografischen Widerschein als robustes Heilsgeschehen in zahlreichen Spielfilmen kennzeichnet.[361] Das zitierende An- und Zusammenspielen von filmhistorischen Ikonen – prominenten Stars und Regisseuren, grossen Szenen und Erzählungen – gebiert die ironisierende Brechung der Bilder aus der Filmfabrik Hollywood. Dies geschieht aus dem gebührlichen Abstand von uns Heutigen, die wissen, dass die Kosten, die anfallen, um Produktionen mit Schock- und Masseneffekten auf den Markt zu bringen, die Möglichkeiten des individuellen Künstlerateliers oder einzelner Mäzene schon lange überstiegen haben. Es bedurfte und bedarf der Kapitalgesellschaften, die in die Herstellung von Filmen und Serien für Kino und Pay-TV sowie Reality-Shows investieren.[362]

Der Film der Brüder Coen ist ein Film über das schon historisch gewordene Herstellen von Filmen, eine Bildergeschichte über die Herstellung von Bildern, wie sie in Hollywood damals entstanden und wie sie, so glauben die Protagonisten im Film, «hier» doch schon «immer» hergestellt wurden. Als Film im Film zitiert *Hail Caesar!* andere Filme und verfügt, wie in der Reformationszeit bei Lukas Cranach oder beim mikrografischen Bild des Rabbi Akiva Eger, über eine diskursive Bildsprache, indem das Geschehen in Zeit und Raum intermedial gestaltet und ironisch gebrochen wird – in diesem Fall im gefilmten Kalifornien der modernen Filmstudios und ebenso in scheinbarer Parallele im gefilmten Judäa zur Zeit der biblisch-römischen Antike. Nur tragen die Coen-Brüder keine pädagogische Absicht vor wie in früheren reformatorischen Zeiten, vielmehr entfalten sie eine kennerhaft vergnügliche Erzählung über ein Glücks- und Unglücksarrangement aus der Fabrikation des Amüsements im Kapitalismus nach amerikanischem Modus. Das zeigt die ästhetisch ausgerechnet an den Sowjetrealismus erinnernde Szene der Jünger des Professor Marcuse, welche bei erheblichem Wellengang ihrem kommunistischen Heil entgegen rudern; sie spielt auf die biblische Szene der Jünger im Sturm (Mt. 8,23–27; Mk. 4,35–41) an. Der Film führt nicht nur den dialektischen Kontrast zwischen kapitalistischen und kommunistischen Weltentwürfen vor, und er bringt auch nicht nur die Dialektik zwischen Antikenbildern und den Studiorealitäten von Hollywood ins Spiel. Die tiefere Grundierung liegt in der Entgegensetzung, einerseits amerikanische Religiosität mit den Mitteln des Filmes «glauben machen» zu wollen und vor den Versuchen seitens konkurrierender Utopien retten zu können, andererseits die Agonie einer Gesellschaft im Zustand der globalen Beschleunigung abzubilden, die sich ihrer eingeschworenen Überzeugungen nicht mehr gewiss sein kann und diese unangenehme Botschaft dennoch zu umgehen hofft. Was die Brüder Coen am neutestamentlichen Gospel aus kalifornischen Traumfabriken wie eine ferne Wirkungsgeschichte verbildlichen, hatten sie zuvor in *A Serious Man* (2009) an der jüdischen Konstellation in einer Erzählung über liberale und traditionelle Lebensorientierungen schon vorgeführt. Verloren in Amerika, genauer in einer Provinzstadt im mittleren Westen, wird die talmudische Agonie entlang von Bildern der Theodizee und entlang von alltäglich kleinen Hiob-Situationen der bürgerlichen Protagonisten und der rabbinischen Sozialfiguren thematisiert. Auch hier rollt am Filmende der Hurrikan wie schon die Wolke in der Sinaierzählung (Abb. 12) unwiderstehlich auf das neue, die menschliche Psyche erschütternde Lebensgefüge zu, derweil man am Glauben an einen gerechten und milden Gott festhält.[363]

Charaktere eigenwilliger Art und satirische Stärke machen die Zitierungen, wie sie die Coens in vielen Filmen bespielen, sehenswert und zu einem vergnüglichen Gegenstand ästhetischer und historischer Reflexion. Das Alte im Neuen, das Neue im Alten: *Hail Caesar!* ist eine verschlagene, exzentrische Komödie, die sich mit dialektischen Kontrasten gegen die Machenschaften der Bilderproduktionen im Filmgeschäft wendet und mit den alten Mythen und ihren imaginären wie sichtbaren Bildern spielt – in Dialogen, die uns vom steten Gerangel um Gott und Gefühle, Wahrheit und Bilder, Ideologie und Ikonen, Kunst und Unterhaltung, Kritik und Kapital berichten.

Im Exil: Gedecke des Politischen in der Moderne

Bildersturm wie Bildverehrung sind Phänomene, die sich zeitlicher Fixierung entziehen. Sie finden nicht allein in der byzantinischen oder reformatorischen Zeit statt, und sie sind auch nicht allein im Zusammenhang des jüdisch-christlichen Kontextes zu erörtern. Sie lassen sich an politischen Theologien der islamischen, hinduistischen, jainistischen, buddhistischen sowie kommunistischen und kapitalistischen Gemeinschaften studieren. Und wir können sie in revolutionären Umbrüchen wie in diktatorischen Verengungen beobachten. Zwischen dem Ruf «Du sollst keine Bilder fabrizieren» und dem Eingeständnis «Es ist gar nicht möglich, ohne Bilder zu denken» (das heisst: zu reden, zu schreiben, zu zeichnen, zu filmen) liegt die Aporie, jene unlösbare Zwangslage der Religionen, der Künste und der Wissenschaften, aus der es keine Rückkehr zu widerspruchlosen Alternativen gibt.[364] Das Sinnieren darüber manövriert sich wie durch ein Kliff, indem Positionen mal ausgeweitet, mal zum engeren Momentum fokussiert werden, je nach der Frage und Perspektive, die zu Aussagen und Botschaften führen sollen. Angesichts des Pathos und des Tumults über den Kult der von Menschen gemachten «Götzen nach ihrem Bilde» liesse sich nüchtern und verknappt der einfache Satz des Propheten Hosea als Résumé anführen: «Menschen küssen keine Kälber» (Hosea 13,1).[365] Viel eher, wenn überhaupt, wird ein Gott oder eine Göttin wohl die Seele des Menschen küssen wollen – sprich: Es lässt sich eine Aussage darüber machen, dass die künstlerische Autonomie respektiert werden soll und die Geschichte nicht zum toleranzlosen Diktat der Gegenwart gemacht wird. Der Rest ist dann stets Kommentar, der die ironische Zitierung birgt.[366]

Nur auf den ersten Blick macht es den Anschein, dass der Fortgang der Neuzeit – die gewonnene Autonomie des Künstlers, die Ironisierung des Bilderstreites, die Erweiterung des Kunstbegriffs, die Existenz einer weiterhin als Kunst rezipierten «Antikunst», die Medialisierung einer zur Popkunst avancierten Spielwiese der Bilder, die Einsicht in den Fälschungscharakter reproduzierbarer Fotografie und vieles mehr – dem einstmals radikalen Schwung der Ikonodulen und Ikonoklasten seit Byzanz die Heftigkeit genommen hat. Das Profil des Bilderstreites erscheint durch den Zahn der Zeit mehr und mehr abgeflacht und jedenfalls seiner herkömmlichen theopolitischen Schärfe beraubt worden zu sein. Auch im Katholizismus hat die stark verrechtlichte Theorie der Neoscholastik des 19. und 20. Jahrhunderts den Verlust an Strahlkraft nicht aufhalten können, wenn dort die Leugnung der Rechtmässigkeit der Bildverehrung nun ihrerseits «verboten» wurde.[367] Wo auf der einen Seite noch himmlische Posaunen gehört wurden, nahm man auf der anderen nur den durch die Natur streifenden Wind wahr. «Das glaube ich nicht», heisst es am Ende in Ödön von Horvaths Bühnenstück *Der jüngste Tag,* ohne Genaueres anzugeben, was denn zu glauben wäre. Was also den Menschen lenkt, welche Bilder und Erzählungen ihn ansprechen sollten und wohin ihn in der Exilierung aus dem Paradies seine Suche nach Erlösung führen würde – all das, was lange gegeben schien, war nun ungewiss.

Der bilderkritische Diskurs der Modernen und Progressiven schlug im Zeichen dieses Wandels eine sehr andere Seite auf und zielte gegen die politische und ästhetische Unwahrheit der Bilder. Insbesondere der Fotografie – als Manipulationsmittel politischer und religiöser Machtträger – galt die Skepsis, nicht wenig aber auch der Kunst überhaupt. Umberto Eco erachtete den Abbau von sachlicher Komplexität durch das Bild schlicht als Kitsch, als «Lüge in der Kunst», und laut Vilém Flusser haben wir es heute zu tun mit den «Folgen einer Manipulation der Welt, welche die Absicht hat, Bilder herzustellen», um damit die Sicht auf die Gegenstände dieser Welt zu verstellen. Diese Kritik lässt sich auch auf die Beanspruchung von entgrenzter Autonomie durch den Künstler selbst beziehen. Denn diese Künstlerautonomie setzte voraus, dass die Herrscher – ob Papst, Kaiser oder Fürst, ob modernes Museum oder demokratisch gewählte Regierungen – sich im Künstler und seiner Kunst wiedererkennen: als formende Schöpfer von Recht und Ordnung. Die Vorstellung, dass die Künstler politisch Kunstfreiheit beanspruchen, aber setzt sie paradoxerweise in Abstand zur Ordnung, wenn nicht gar außerhalb des Rechts, wo man als neuzeitliches «Genie» eine Narrenfreiheit selbst vor dem Gesetz bis hin zur Gesetzlosigkeit genießt. Dies wird bereits zur Zeit der Renaissance kenntlich, als einem Künstler selbst als Verbrecher zuweilen Straffreiheit garantiert wurde. Man hätte der Justitia-Figur auf dem Berner Brunnensockel (Abb. 65) also auch den Künstler zu ihren Füssen setzen müssen. Die theologische Auffassung der Gnade ging indes über in das «Genie» als deren säkularisierter Mutant, und so tritt anstelle des Kunstwerkes in der Neuzeit der idolisierte Künstler als Träger der Aura. Dass die Avantgarden der Moderne diesen Gedanken radikalisierten, ist bis heute, wie Hanno Rauterberg und Horst Bredekamp vermerken, bezüglich Recht und Unrecht in ein höchst problematisches Verhältnis von Kunst, Werkkritik und Kunstinstitutionen umgeschlagen.[368]

Der Eindruck, dass Bildkritik und Bilderverbot ihre Schärfe verloren haben, mag uns also täuschen. Denn die schon früher angesprochene politische Bedeutung der Bilder für das Spiel mit dem Souveränitätsbegriff ist nicht vom Tisch. Vielmehr wurde er anders bestückt. So gehören Bilder weiterhin zu den Gedecken der Macht. Die althergebrachten Moses-Tafeln (Abb. 35) blieben, ebenso das göttliche Auge, das man mit dem Flügelschlag eines Engels für die Mission als Fenster zur Transzendenz beanspruchte; der Inhalt hingegen und seine politische Stoßrichtung zur Eroberung der restlichen Welt wurde nunmehr ausgetauscht und mit der Allegorie der neuen Göttlichkeit, dem Nationalismus, versehen. Unzählige Zeit- und Flugschriften haben sich seit Mitte des 18. Jahrhunderts der hergebrachten religiösen Symbole, Bilder und Gebete bedient, um sie umzudeuten und gegen «Pfaffentum» und «Gottesgnadentum» zu wenden, wenn Freiheiten eingefordert, die Ketten gesprengt und die Sklaverei abgeschafft werden sollten. Die Abbildung der zwei Gesetzestafeln hat auch in sozialistische Propagandabilder Eingang gefunden, etwa auf Postkarten, die Karl Marx als «modernen Moses» zeigen, der am Sinai stehend dem Volk, den «Proletariern», auf den Steintafeln das *Kommunistische Manifest* und die Gesetze der Geschichte preist.[369] Dabei sah sich Marx selber nie als Prophet, vielmehr als Wissenschaftler, der das gesetzmäßige Wirken des Kapitals als Treiber des Fortschritts versteht. Ihm gründete dieser «Fortschritt», der sich in dialektischen Gegensätzen vollzog, auf Regelhaftigkeit und Rationalisierung, als deren Antriebsrad er die Entfaltung der Produktivkräfte betrachtete.

Die Radikalisierung in weltanschaulichen Konzepten wiederum brachte in den revolutionären Stürzen die Figur des modernen Despoten hervor, der durchaus an Figuren in der Antike erinnert. Das Charisma der Führerfigur und der charismatischen Gefolgschaft, wonach die Welt offenkundig lechzt, hat unter den Modernen weiterhin ihren Preis gefordert. Die Bilder für das «Heil» und den Erfolg, der Erlösung verspricht, aber ziehen die Angst und Schlaflosigkeit der Herrschenden nach sich. Vor allem der Despot fürchtet seine Rivalen und seine Mörder, die unter dem Ruf des Tyrannensturzes selbst skrupellos den Thron der Macht besteigen möchten. In der Diktatur wird der Despot sich selbst Ebenbild, das er wiederum in seinen Gegnern erkennt, die er rücksichtslos beseitigt.

Greifbar ist der scheinbare Verlust der Strahlkraft des Alten und die gleichzeitige Aufrüstung der politischen Gedecke der Macht in den Metropolen, denen Walter Benjamin in seinem *Passagen-Werk* nachgegangen ist. Die Metropolen bilden die Kulissen jenes Kultus, der mit Tempo und Masse die Sinneswahrnehmungen der Menschen prägt und den Waren und dem Geld geradezu religiöse Attribute beschert. Benjamin sieht in der fortschreitenden bürgerlichen

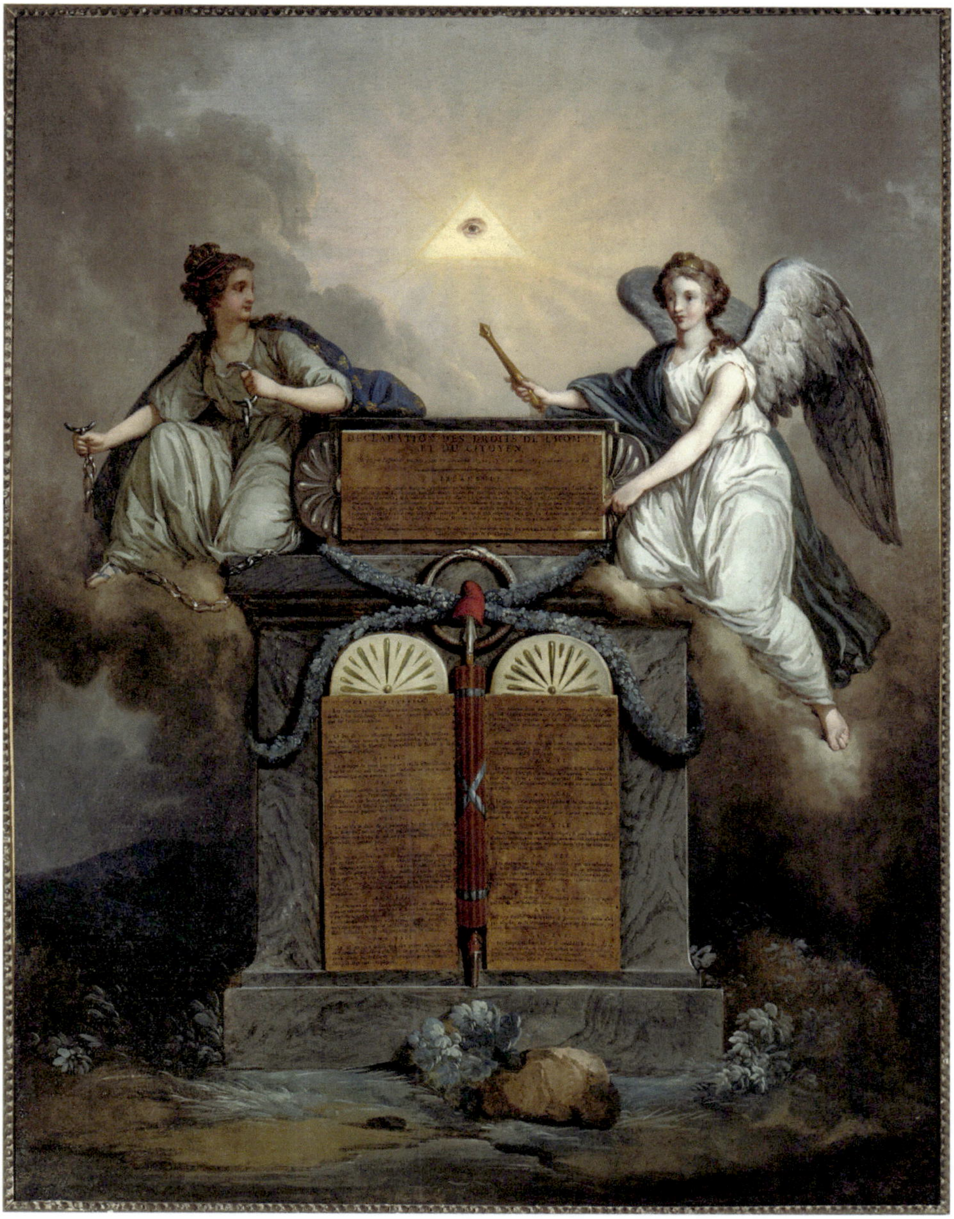

35 Jean-Jacques Le Barbier (dit Ainé), *Déclaration des Droits de l'Homme et du Citoyen,* Conseil constitutionnel, um 1789/93, Öl auf Holz, 71 × 56 cm; Musée Carnavalet, Paris.

Gesellschaft die Fortdauer des Mythischen und Archaischen, im Kapitalismus eine reine, gar extreme Kultreligion – etwa in Gestalt von Warenhäusern, jenen von Émile Zola beschriebenen «Tempeln der Moden» und «Kathedralen des neuen Handels», wie sie in den Metropolen ihre triumphale architektonische Uraufführung feierten und emanzipative Wirkungen selbst für Frauen erzielten.[370] Von Voltaire bis Honoré de Balzac und Zola aber zieht sich die Anklage gegen rabiate Spekulanten, das Treiben an den Börsen, die Frivolität der Opern und die seelische Auslaugung in Bordellen. Doch der Schein des Neuen, der in den geldwerten Fetischobjekten und Menschenopfern glänzt, ist Benjamin bloß die wenig glaubwürdige Wiederkehr des Alten, ein «Traumschlaf» und eine «Reaktivierung mythischer Kräfte», die sich ihm in den von Charles Baudelaire niedergeschriebenen Erfahrungen zeigen. Seine Dichtung «bringt das Neue am Immerwiedergleichen und das Immerwiedergleiche am Neuen in Erscheinung», nur dass jetzt anstelle des Heiligen das bloß noch banale Materielle tritt.[371] Und so zieht Baudelaire in dieser Beschreibung das Inkognito dem faden Trubel und dem Geniekult vor, um diesem Wiederkehrenden zu entgehen. Max Brod wiederum fand Vergnügen an der «Schönheit der hässlichen Bilder», jener «Romantik des Geschmacklosen» und «Eleganz der unbeabsichtigten Effekte», wie sie den Zeitgenossen gehäuft aus Reklame, Plakaten, Annoncenklischees, Klebebogen und Abziehbildern entgegentritt und die er ironisch als Gemäldesammlungen etikettiert, um ein «neues System der Ästhetik» zu fordern.[372]

Was Benjamin aber fürchtet, ist nunmehr der Verlust der Strahlkraft des Ästhetischen, die allein im Kunstwerk als «Aura» noch präsent sei. Seine anfänglich skeptischen Reaktionen auf die Fotografie zeigen, dass er der Kunst bzw. dem Maler aufgrund seiner Intuition die Beseelung der Bilder durch die Person zuspricht, jene «Aura», die zu früheren Zeiten die Theologie noch behütet hatte. Die Präsenz einer eigenen Wirklichkeit, das «Auratische» der Werke, die Strahlkraft der Kunst, sei indes durch die Technik der Reproduktion im Verfall. Benjamin spricht in seiner *Kleinen Geschichte der Fotographie* gar von «Gotteslästerung» – der «Mensch ist nach dem Ebenbilde Gottes geschaffen und Gottes Bild kann durch keine menschliche Maschine festgehalten werden».[373] Die Vorstellung Benjamins, die implizit das Bilderverbot als Plädoyer für das Kunstwerk als autonomen Träger einer magischen Aura anführt und ebenso umstandslos dessen Desavouierung und Banalisierung durch Technik verwirft, ist in seinem Briefwechsel mit Adorno allerdings erheblicher Kritik unterzogen worden. Der Zerfall der Aura sei nicht allein durch die technische Reproduzierbarkeit bedingt, monierte Adorno, sondern kunstimmanent durch die Erfüllung der Formgesetze, indem jedes echte Kunstwerk der Idee nach schon Reproduktion sei.[374]

Für beide, Benjamin wie Adorno, gilt es anzumerken, dass ihre kunsttheoretischen Überlegungen durch das Nadelöhr – in Englisch sinnigerweise *needle eye* – gegangen sind, welches Friedrich Nietzsche seiner Nachwelt bereitstellte. Jedenfalls lässt sich, wie ich es hier tue, bei Nietzsche immer ein Zitat finden, das passend erscheint, geistige Hellsichtigkeit zu demonstrieren: Er verwendete für seinen Kunstbegriff die Metaphern des Gewandes, der Verhüllung, der Einkleidung. Kunst diene der Verhüllung einer «*verbotenen* Wahrheit», ihren Werken komme die Funktion zu, die «nackte Wahrheit» mit der Kraft der Metamorphose zu vermitteln, wodurch «der Wille zur Täuschung das gute Gewissen zur Seite hat».[375] So treibt auch Nietzsche die Diskussion Platos aus dem zehnten Buch seiner *Politeia* (Der Staat) weiter, dass die Dichter – und es können auch die Künstler gemeint sein – eben nur ein Scheinbild der Vollkommenheit und der Dinge, die sie nachahmen, herstellen, ohne die Wahrheit je erfassen zu können. Und sein Text kann auch als Fortschreibung jenes Narratives über den verhüllenden Vorhang im antiken Jerusalemer Tempel verstanden werden, hinter dem Titus und seine Begleiter nur Leere vorfanden, als sie ihn mit dem Schwert durchschnitten. Alle diese Metaphern – das Gewand, der Vorhang, das Scheinbild – markieren die Differenz zwischen Bildlosigkeit und Bilderwartung und das heisst: zwischen Politik und Kunst, zwischen Kosmos und Erzählung, in deren Spannungsfeld sich intellektuell und emotional die Verlorenheit von Heimat und Exil ereignet. Die Entschleierung des Kunstwerkes ist für Nietzsche – und nicht nur für ihn – dann aber keineswegs schon Gewähr, dass die «Wahrheit noch Wahrheit bleibt, wenn man ihr die Schleier abzieht.»[376] Nietzsche vermerkte eben dies mit geschärftem Blick auf die Tonkunst und hier auf Richard Wagner, dessen Musik er als Erscheinung der Dekadenz ablehnte und den er dafür in einer schmutzigen Bande mit dem Wagner-Verehrer Charles Baudelaire sah.

Die Befunde Adornos und die scharfe Kritik Nietzsches des «Dekadenten» hätten bestens auf den antiken Modellfall Rom oder auf europäische Museen in der Gegenwart angewandt werden können. Italien war in der Antike eine Art Secondhand-Shop exilierter griechischer Kunstwerke gewesen, es glich einem Museum gestohlener und geraubter Kunstwerke, seine Bauten zierten massenhaft kopierte Säulen, Skulpturen und Ornamente, die von teilweise versklavten griechischen Steinmetzen gefertigt wurden. Dorthin soll auch der Vorhang aus dem Jerusalemer Tempel verschifft worden sein – ein Hinweis darauf, dass ein leerer Raum nicht zu importieren war, aber im Selbstverständnis der Juden Gott mit seinem Volk ins Exil gewandert war. Diese historischen Beobachtungen kontrastieren mit der aktuellen Beobachtung, dass die Kunstwerke der Modernen ihren Marktwert vervielfacht haben, seitdem Museen, Kunsthandel, Zollfreilager und Banktresore das vermeintlich Auratische auf- und leergesogen und von Neuem zum Treiber von Kauf und Verkauf bei Auktionen gemacht haben. Wo dabei der globale Kunsthandel mit Unrechtszusammenhängen wie Raub und Plünderungen im Zeichen von Krieg oder Genoziden einherging, lässt sich von politisch scheinbar «makellos» gemachten, eben verhüllten, ohne Moral gehandelten und ausgestellten Fetischen in dadurch «kontaminierten Museen» sprechen.[377]

Es muss nicht weiter überraschen, wenn Theodor Adorno in seiner *Ästhetischen Theorie* auf das Bilderverbot zu sprechen kam und damit zwar ein altes theologisches Argument einbrachte, das er aber in der Auseinandersetzung mit Benjamin nicht auf Kult und Rituale zurückführte, sondern auf die ästhetische Seite und in einem weiteren Schritt auf die politische und ökonomische Seite münzte: «Das alttestamentarische Bilderverbot hat hier neben seiner theologischen Seite eine ästhetische. Dass man sich kein Bild, nämlich keines von etwas machen soll, sagt zugleich, kein solches Bild sei möglich». Adornos Rückgriff auf das theologische Bilderverbot transformiert es also in eine ästhetische Kategorie. Diesen Rekurs, der das Bilderverbot innerhalb der Ästhetik verwenden will, setzte Adorno einerseits gegen den Abbildrealismus: «Wer sich ans Bild klammert, bleibt mythisch gefangen, Götzendienst ...».[378] Andererseits thematisierte er wie Nietzsche den ästhetischen Schein, der in der religiösen Kunst zur Reklame und deswegen zur Blasphemie gerät. In der «Kulturindustrie» und ihren Formen, wie sie in der Moderne durch Filme und Propaganda in besonderer Weise erscheinen, wird dadurch die säkulare Kunst der

Modernem endgültig liquidiert und zugunsten der Propaganda und des Marktes preisgegeben. Kunst wird, wo sie ihrer Autonomie verlustig geht, allein der Profitgier und dem Massenkonsum zu dienen haben. Was verbleibt, ist im Ende der Kunst bloß noch jene ästhetische Unverbindlichkeit, dank der in der «Gleichschaltung» von Kunst und Ware der Fetisch zum ästhetischen Mass avanciert. Angesichts der heutigen Bilderflut in Internet und Reality-TV ist diese radikale Kritik Adornos geradezu milde ausgedrückt.

Kurz gesagt, wir haben das Bilderverbot in einer Doppelung vor uns, einmal als einen schöpfungs- bzw. gründungstheoretischen und zum andern als einen medientheoretischen Ansatz der Kritik. Bei Max Horkheimer, dem Spiritus Rector der Kritischen Theorie, erhalten wir den Eindruck, er argumentiere schöpfungstheoretisch, insofern er seine eigene Erfahrung und die Idee des Judentums zum Ausgangspunkt nahm und diesem seinem Judentum das «Bildverbot» als konstitutiven Kern der Kritik zugrunde legte. Kritische Theorie zielte demnach «nirgend bloss auf die Vermehrung des Wissens als solchem ab, sondern auf die Emanzipation des Menschen aus versklavenden Verhältnissen».[379] Von diesem gründungstheoretischen Vorgang, dem Exodus aus der Sklaverei in die schöpferische Freiheit, geht Horkheimer aus. Er verknüpft seinen Begriff, vom monotheistischen Judentum ausgehend, als gleichsam antigesetzliches bzw. aufständisch-prophetisches Gebot nicht nur mit antisemitismustheoretischen Reflexionen, sondern erachtete seine Deutung des Judentums als gegen jede Repräsentation von Herrschaft, die stets einer Huldigung von Bildern gleichkommt, gerichtet.[380] Es ist der alte und strittige, aus Byzanz bekannte Konnex von Abbild und Souverän, von Macht und Ikonisierung, gegen dessen Zwangs- und Idolatriecharakter sich Horkheimer während seines Exils richtet. Dieser Art verweist Horkheimers Stellung überdies auf den Bruch in seiner Biografie, die mit dem nationalsozialistischen Deutschland und seinen mythenproduzierenden Propagandabildern einherging; er wollte denn auch in der Schweiz auf einem jüdischen Friedhof ruhen, um sich der Freiheit zu vergewissern.[381]

Adorno hingegen scheint zu einer medientheoretischen Perspektive zu neigen. Sein Bilderverbot ist ihm selbst ein ästhetischer Ort, es verweist gleichermaßen auf die masseninduströelle Destruktion der Bilder. Wird der ästhetische Schein liquidiert, so verliert die Kunst die ihr spezifische Strahlkraft, und wird eben diese Kunst zum Fetisch gemacht, gerät sie zur ideologischen Botschaft der massenindustriellen Warenwelt. Diese Dialektik des Scheins erinnert an Hegel, dass eben Wahrheit nicht leere Abstraktion sein kann, sondern erscheinen, das heisst sich durch ein Medium inkarnieren muss – weshalb die Bilder nur durch das Bild der Kritik unterzogen werden können und die Kunst nur durch die Kunst selbst aufgehoben wird. Bei Adorno wird diese Erkenntnis vom Kopf auf die Füsse gestellt und als kritische Ästhetik im Prozess der Vergesellschaftung ausgewiesen. Bei Horkheimer hingegen ist der Nachhall, wenn nicht gar der Impetus eines reformorientierten Judentums kenntlich, das schöpfungsmythisch im philosophischen Idealismus seit Kant und Hegel verankert bleiben will und den Monotheismus als Modell eines gegen versklavende Gesetzlichkeit und Sittlichkeit gerichteten sinaitischen Auszugsgeschehens deutet.

Es ist nicht Sache der Kunst, die Wirklichkeit zu verdoppeln, und auch nicht Sache der Kunst, als irrationales Residuum inmitten einer sich technisch rationalisierenden Gesellschaft zu fungieren. Kunst ist Adorno in diesem Sinne, wie es René Buchholz ausdrückt, zum «säkularen Statthalter des Bilderverbotes» geworden, als wollte er das Fremdgötterverbot auf das Kunstwerk beziehen, das neben sich kein fremdes und falsches Medium duldet.[382] Kunst ist gleichsam durch die Negation der Bilder bestimmt und bleibt «schwarz verhängt». So wie der gebrochene Torso oder das bekleckerte Kunstwerk in der Mischna durch ihren Makel entzaubert erscheinen, kann in der Moderne sich Kunst niemals als wahrer Schein der Wirklichkeit gerieren, sondern im Bild nur die Störung, die Gewalt, das Politische als Bruch vor Augen führen. Kunst und das Material, das durch die formende Gewalteinwirkung entsteht, aber ohne Versprechung auf einen Glorienschein und ohne Verheissung auf Transzendenz wahrgenommen werden, sind stets unfertig, fragmentarisch, sie können ästhetisch immer nur unvollendet gelingen und zu Ende kommen.

Ernst Cassirer zweifelte 1921 daran, dass es dem Klassizismus «wesentlich» möglich gewesen wäre, «Unfreiheit, Unvollendung und Gebrochenheit der sinnlichen, der schönen Physis zu gewahren».[383] Zu all dem aber hat der scharfsichtige Herbert Marcuse davor gewarnt, deswegen die Kunst dem Politischen anheimzustellen. Kunst ist nur als Kunst revolutionär, Ästhetik nur als Ästhetik von Sprengkraft beseelt, und sie dem Politischen anheimzustellen, wäre nichts anderes, als ihr die alte kultbildnerische Dimension wieder zuzurechnen. Nur im Kontrast zum Realen bleibt das Bild ein Ideal, das um seine Freiheit jenseits vom Dienst an Ideologien und politischen Theologien weiss. Je stärker Kunst und Kultur zur Sprache von Politik, Propaganda und Kommerz zu verkommen drohten, umso höher schätzte Marcuse die Bedeutung des nicht verdinglichten künstlerischen Ausdrucks. Gegen alle Ansprüche des Politischen verteidigte Marcuse den klassischen Stellenwert der Kunst und der Ästhetik im Sinne von Friedrich Schillers Autonomiebegriff, der nunmehr dem Leiden und der Beengung des menschlichen Tuns nach Auschwitz gerecht zu bleiben hatte.[384]

Deswegen lässt sich an dieser Stelle ein Kunstschaffen als Kontrastbild zur Ideologisierung der Ästhetik zwischenschalten: In dieser Geisteslage fand sich der sowjetische Jude, der Künstler Grisha Bruskin, wieder, bevor er nach Amerika emigrierte. Im Zeichen des Kommunismus wurde der Künstler in die zweifelhafte Rolle eines Menschen versetzt, der andere in die Irre führt. Er setzte sich hier dem Risiko aus, einem doppelten – sowohl ikonoklastischen wie antisemitischen – Verbot zu unterliegen. Seine Gemälde stellen diesen kulturpolitischen Zustand von Verboten und Bildzensur durchaus dar. Sein *Alphabet* ist ein Wörterbuch der Erinnerung, die auf seine Identifizierung mit dem Judentum und auf seine Exilierung verweist, durch die er sich Diskriminierung und Vereinnahmungen entzog. Alle Dinge und Figuren werden als Zeichen ihrer Abwesenheit in der Realität selbst dargestellt. Dinge wie Brot, Mützen oder Schlingen, Porträts von Lenin und Stalin, zum Tod Verurteilte oder auch Engel oder erinnerte Gedanken an den Messias wirken auf den ersten Blick unscharf, allegorisch, typisiert. Doch bei Bruskin hört das Bild unweigerlich auf, sich vom Text zu unterscheiden – das Bild wird zum Wort, das Wort generiert das Bild (Abb. 36). Seine Figuren erscheinen in einem Raum von hebräischen Schriftzeichen, zuweilen als rätselhafte Signifikanten, die das Bild in einer Zwielichtzone von ikonoklastischem Text und figürlicher Erkennbarkeit präsentiert. Ikonische Zeichen werden zu Bedeutungen gewandelt, scheinbare Allegorien durch Lexika aus Wörtern hintertrieben. Es ist gleichsam ein Ikonoklasmus, der sich der Allegorie widersetzt, aber wiederum in Allegorien mutiert wird, um eine Distanz kenntlich zu machen. Auf diese metonymische Qualität

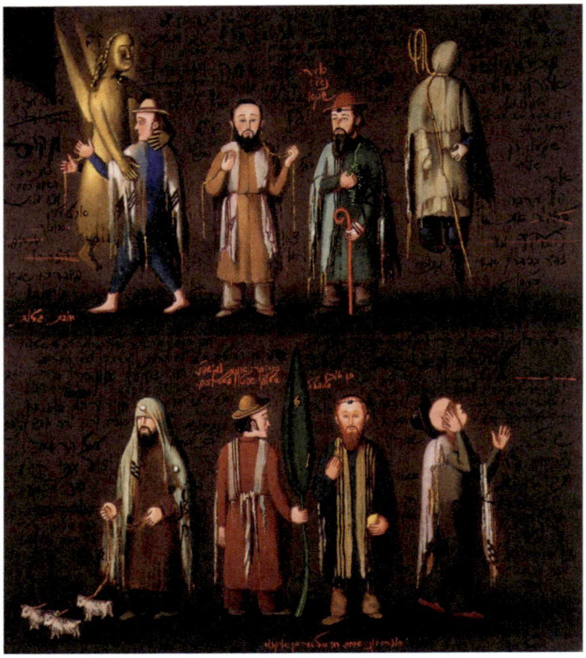

36 Grisha Bruskin, *Alefbet No. 4,* 2004–2006, Öl auf Leinwand, Ausschnitt; im Besitz des Künstlers.

werden wir bei der Besprechung der Schoah-Kunst noch zu sprechen kommen. Es mutet an, als hätte Walter Benjamin, der messianische Jude und kritische Marxist, hier eine von Bruskin ins Bild gesetzte Sprache als Spiegel vorgehalten bekommen, so wie er dies bei Paul Klee und seinem Werk *Angelus novus* («Engel der Geschichte») empfunden hatte. Die Vergänglichkeit der Welt ist zwar unheilbar, und so betonen Benjamin wie Bruskin die Schwäche, die Brüchigkeit und Verletzbarkeit der Welt. In ihnen aber wohnt die einzige Chance auf Erlösung, jener Spalt, jener «crack», durch den das Licht, wie Leonhard Cohen singt, in die Welt eintreten könnte.[385]

Die hier referierten Theorien in Hinsicht auf Ästhetik formulierten einige neuartige Perspektiven des Bilderverbotes, wie sie nur im Kontext der antisemitischen Politik des Nationalsozialismus und später des Stalinismus und seiner ideologischen Nachfolgen verstanden werden können. Sie hoben dabei ältere theologische Konzepte auf und transformierten ihren Gehalt auf die Gegenwart, die den jüdischen Autoren und Autorinnen so vehement entgegentrat: «Das einzige Verhältnis zur Kunst, das in der katastrophisch verhängten Realität noch anstünde, wäre eines, das die Kunstwerke so blutig ernst nimmt, wie der Weltlauf es geworden ist».[386] Hitler erst, wie Adorno über sich selber einer Freundin mitteilte, habe ihn als Getauften wieder zum Juden gemacht.[387] Umso mehr trifft dies auf alle zu, die zu dem Kreis jüdischer Intellektueller im Exil gehörten, die sich um die Klärung ästhetischer und kunsttheoretischer Fragen in der Gesellschaft der Modernen mühten.

Zwölfte Leinwand: Die Wahrheit erscheint als Bild, weil es kein Bild der Wahrheit gibt.

Nachfolgend zuerst einige Beispiele, die eher idyllisch anmuten – eine Leinwand, die eine Collage aus fotografischen Schnipseln enthält! Sie muten uns an wie die seltsamen Wesen in einer Radierung von Walter Wegmüller mit dem Titel *Sprungtuch:* Unzählige Figürchen werden darin durch einen Kosmos gewirbelt, einem Hurrikangeschehen gleich, der diese Seelentierchen hineinsaugt und herausschleudert, und so bleiben sie alsdann im Sprungtuch hängen, als wären sie herausgefalle Bilderpixel, um sich in das Narrenspiel des Daseins zu inkarnieren (Abb. 37). So mag auch unsere Leinwand aus Schnipseln als ein Sprungtuch verstanden werden, um unser kleines Schauspiel der Bilder unter den Modernen zu dokumentieren.

Tausende Pilger folgten noch im 17. und 18. Jahrhundert einer bischöflichen Erhebung einer Schmerzensmutter zum Wallfahrtsort mit seinen Bilderaltären – eine offenkundig gegenreformatorische Mobilisierung zur Abschöpfung psychischer Bedürfnisse in einer Zeit unaufhaltsam einsetzender Säkularisierung von Kirchengütern. 70'000 Leninbilder und -büsten soll es zur Sowjetzeit in Russland gegeben haben – ein massenfähiges Ikonopathos im Zeitalter industrieller Reproduzierbarkeit und kommunistischer Propaganda. Und im Frankreich der 1970er Jahre stellten Bürgermeister die Büste von Brigitte Bardot in ihre Amtsstuben – als Symbol der Republik und Ikone des Erfolges französischer Kultur nach 1945. Der Zebrastreifen an der Abbey Road in London, der durch das Cover eines Beatles-Albums zu legendärer Bekanntheit gelangte, ist ungebrochener Anziehungsort – die Besucher lassen sich darauf in wiedererkennbarer Pose fotografieren, um auf Instagram ihre Followers zu versorgen. Und nicht unweit davon präsentiert das Warenhaus Harrods die legendäre Uhr *Royal Oak* der Schweizer Uhrenfirma Audemars Piguet unter dem Titel *From Iconoclast to Icon* – als «Inspirationsquelle für Kunst, Musik, Architektur und Sport».[388]

Harmlos, doch nur auf den ersten Blick, wirkt auch das Beispiel marokkanischer Hausfrauen, die durch ihre Videos zu Influencerinnen in der arabisch-islamischen Welt geworden sind und damit konservative Muslime in Rage versetzten und ebenso westliche Feministinnen zu Kritik provozierten. Denn sie zeigen adrette und höchst konform gekleidete Hausfrauen, die kochen, den Haushalt in Schuss halten und Tipps geben, wie man den Ehemann bezaubern kann – ganz im Sinne der 1950er Jahre, als solche Filme den westlichen Fernsehzuschauern festgefügte Rollenbilder nahebrachten. Was deswegen heute in Marokko die Konservativen und andernorts Feministinnen in Rage bringt, sind also nicht etwa laszive oder obszöne Bilder, sondern das, was besser nicht gezeigt werden soll: das Innenleben marokkanischer Haushalte. Doch nun dringen diese sittsamen Bilder nach aussen und werden öffentliches Thema, und eben darin liegt das Skandalon.[389] Das Beispiel macht deutlich, dass sich die Konservativen der Macht solcher Bilder bewusst sind und ihren Makel darin sehen, dass sie Männern deren Deutungshoheit streitig machen. Unsichtbares wird in der weiteren Welt sichtbar, wenn adrette Hausfrauen auftreten – die Bilder zeigen es in aller Biederkeit und werden eben deswegen als bedrohlich wahrgenommen.

Derweil tummeln sich im Netz religiöse und ideologische Influencer aller Glaubensprovenienzen, es gibt Gebetsgemeinschaften zuhauf, und der Papst hat auf Twitter und Facebook

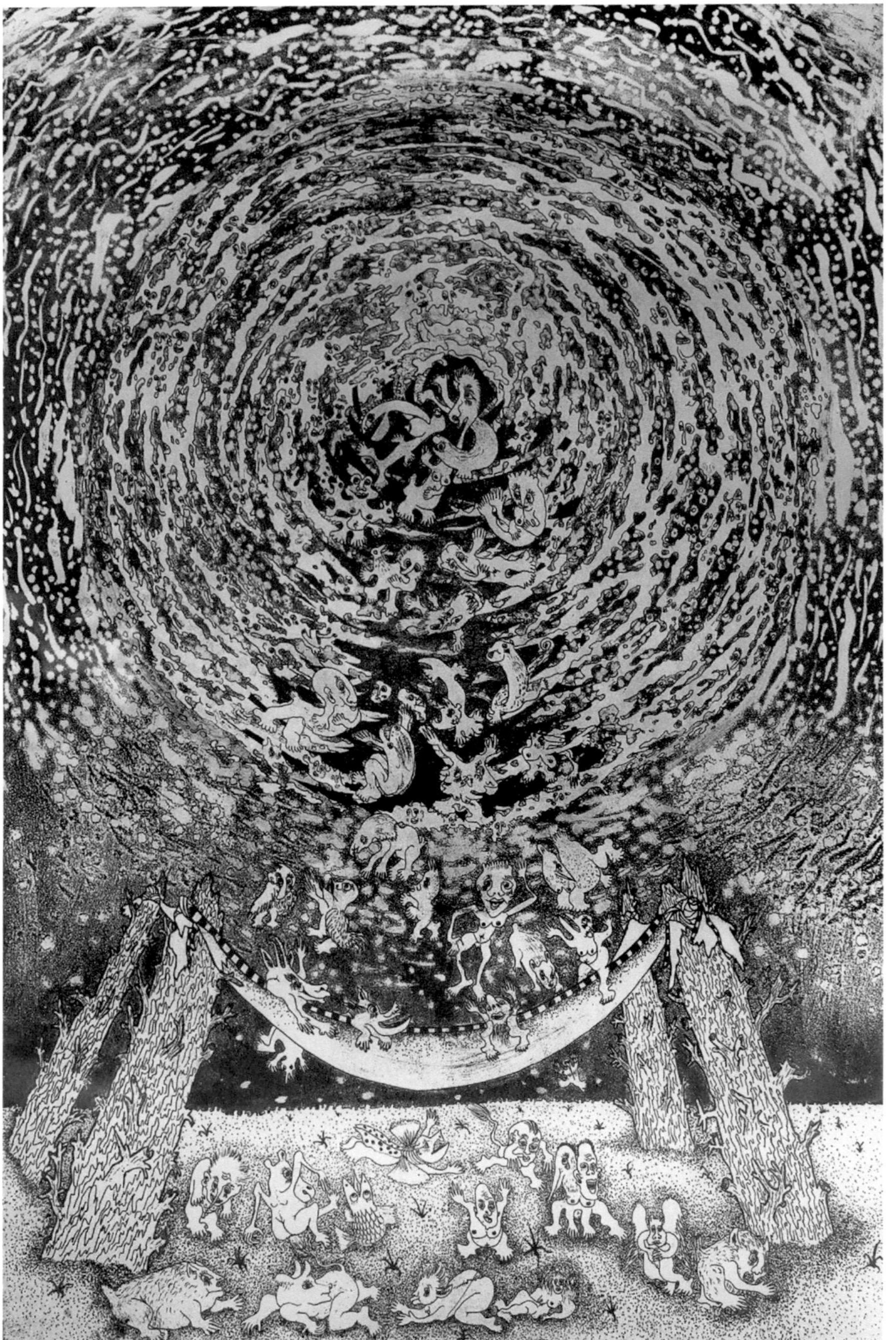

37 Walter Wegmüller, *Sprungtuch,* Radierung, 1970, 65 × 45 cm; Privatbesitz des Autors.

Millionen von Followern. Zum Islam konvertierte Influencerinnen drapieren ihre Schönheit mit einem modischen Kopftuch und preisen die innere Ruhe ihres neuen Glaubens an. Es sind Anzeichen, dass sich Religionen im Netz keineswegs verflüchtigen, vielmehr soll darin deren Auftritt bunter und bilderreicher werden. Solcherart individualisiert, digitalisiert und globalisiert sich das, was wir «Religion» nennen. In unserem Sprungtuch, als handle es sich um eine Waschanlage, rotiert und rezykliert sich das religiös-identitäre Bildergeschehen. Das markiert auch die folgende menschenfreundliche Episode zu einer Bildergeschichte in der Geschichte der Bilder: In den frühen 1970er Jahren machte ein Schweizer Fotograf in Indien Aufnahmen eines jungen Asketen der Jain-Religion, die in einer Ausstellung in Zürich zu «Kunst und Religion» gezeigt wurden. Jahrzehnte danach gelangten wiederhergestellte Abzüge diese Aufnahmen nach Indien, wo sie 2022 bei einer Versammlung der Jain in Kundalpur, Madhya Pradesh, dem inzwischen betagten Asketen gezeigt wurden und dabei Aufsehen erregten.[390]

Ein weiteres Beispiel für das Sprungtuch: Ende April 2023 wurde im Jerusalemer Museum der Toleranz eine Arbeit des israelischen Fotographen und Journalisten Micha Bar-Am, eines Mitbegründers der legendären Magnum-Agentur, abgehängt. Das Bild, auf ägyptischem Territorium während des Jom-Kippur-Krieges aufgenommen, ausgestellt unter dem Titel «Westlich des Suezkanals, Oktober 1973», zeigt einen nackten Soldaten, der sich neben einem Militärjeep unter improvisierten Umständen mithilfe eines Wasserkanisters wäscht (Abb. 39). Das Gesicht des Soldaten ist nicht erkennbar. Dass er sich wäscht, als möchte er sich an zivilisierende Umstände klammern, um dann womöglich wieder das Schlachtfeld zu betreten, hinterlässt bei der Betrachtung des verletzlich wirkenden Körpers einen sowohl berührenden wie verstörenden Eindruck. Dabei handelt es sich um ein die Zeitgeschichte dokumentierendes Foto aus der Vergangenheit und nicht um eine künstlerische Inszenierung wie beispielsweise die Fotos in Schwarz-Weiss in Anthony Patricks Projekt «Fashioning Masculinities», das nackte Männer in Bewegung oder festem Gestus inszeniert. Das Museum begründete die Abhängung von Bar-Ams Fotografie damit, man wünsche die Gefühle aller Besucher zu respektieren, doch das Foto könne die Gefühle bestimmter Menschen und religiöser Gemeinschaften verletzen, weshalb man sich für diese Ausstellung zur Weghängung entschlossen habe. Ob diese Entfernung des Bildes aus der Ausstellung die Gefühle anders- oder nichtreligiöser Besucher und Gemeinschaften ebenfalls verletzten könnte, blieb ungesagt.[391] Hingegen erreichte wohl das Museum mit seiner Zensur, dass das Foto andernorts in Ausstellungen gleichsam Bildasyl erhielt und so nochmals prominenter erscheint, als es dies früher schon war.

Die leer gehängte Wand in Jerusalem ist gewiss nur eines unter vielen Beispielen. Bemerkenswert ist etwa die Wegschaffung der 1,2 Meter hohen bronzenen Skulptur «Primavera» von Fritz During. Der weibliche Akt, der nahezu siebzig Jahre im Foyer der Europa-Universität Flensburg stand, wurde mit der Begründung, die Frau dürfe nicht auf ihre Gebärfähigkeit reduziert oder mit Naturformen gleichgesetzt werden, entfernt und durch ein grosses, skulpturales und buntes Fragezeichen ersetzt. Diese Skulptur war eilig aus einem 3D-Drucker gefertigt und ohne Genehmigung durch den Senat aufgestellt worden, was Protest und Petitionen auslöste. Offenbar ist es weder in Flensburg noch in Jerusalem Aufgabe der Kunst, zur Betrachtung und zum Nachdenken anzuregen und das Aushandeln von Deutungen zu beflügeln. Vielmehr geht, wie in den theologischen Gnadenlehren, das letzte Urteil aktionsgerecht voran. Die leer gehängte

Wand in Jerusalem und das bunte skulpturale Fragezeichen in Flensburg können einen deswegen «buchstäblich ratlos» zurücklassen.[392] Aggresiv und handfest aber geht es zu, wenn Täter oder Selbstberufene ein Denkmal schleifen, historische Heroen vom Sockel stürzen oder in einem Museum ein Gemälde aufschlitzen oder mit Farbe bewerfen. Solche Tat sei gerechtfertigt, so wird behauptet, denn der wahre Makel oder das wahre Verbrechen liege nicht darin, eine Statue oder ein Gemälde zu beschädigen, sondern das Bild eines Eroberers, Sklavenhändler oder weissen Mannes schlechthin in einer Stadt, auf einem Campus oder einem Museum auf- oder auszustellen. Auch hier werden wir ratlos zurückgelassen mit dem Vorwurf, die Schuld am «postkolonialen» Kulturgut wie eine Erbsünde in unseren Genen zu tragen.

Und weiter mit «Heiligem» im Sprungtuch, um Schnipsel zu einer kleinen Collage zu äufnen: Die nepalesische Regierung erliess 2021 ein Bilderverbot für Bergsteiger im Himalaya, um zu verhindern, dass mit Fotos des Gipfelstaus am Mount Everest (Abb. 38) und der Müllberge in den Bergen des Himalayas das touristische Image und die Aura der Berggiganten beschädigt werden, welche den Einheimischen als «heilig» und «unberührbar» gelten würden. Derweil empörten sich in Griechenland Politiker über die Darstellung Alexander des Grossen in einem Serienfilm von Netflix, der den antiken Welteneroberer mit homoerotischen Neigungen zeigte. Das Verlangen, gegen «Geschichtsklitterung» vorzugehen, lehnte die griechische Kulturministerin als aussichtsloses Vorhaben ab. Auch der indische Ministerpräsident Narendra Modi stoppte 2023 die wütende Aufregung und die sich anschließenden Drohungen seiner Parteigänger, weil in einem starbesetzten Bollywood-Film die Hauptdarstellerin ihr kitschverdächtiges Tanzintermezzo in einem orangefarbenen Bikini vorführte, den Parteifarben der regierenden Hindupartei, der Bharatiya Janata Party. Ungleich zur nepalesischen Regierung dürfte Modi erkannt haben, dass der Kulturkampf gegen die Macht der Bilder aus Bollywood nicht zu gewinnen war, sondern seinem Anspruch auf Souveränität nur schaden konnte. Und auch Hollywood gibt Grund zum Klagen, wie der Chef des schweizerischen Nachrichtendienstes im Frühling 2023 monierte: In den Thrillern würden «die ‹bad guys› ihr Geld fast immer in der Schweiz deponieren», dabei habe doch die Schweiz bei der Bekämpfung der Geldwäscherei und Steuerhinterziehung spektakuläre Erfolge erzielt.[393]

Wenn Bilder verboten oder Bücher verbrannt oder Fotos zensuriert werden, interessieren sich die Menschen umso mehr dafür. Die Kritik, der Missbrauch und das Verbieten aller dieser Bilder, die sich über TV-Sender, Instagram und weitere Internetmöglichkeiten beziehen lassen, mag man als einen Irrwitz, als Normalität oder als Novum sehen, die Kopfschütteln oder Empörung oder Aussichten auf Profite hervorrufen. Aber auch die freundlichen Versionen können Aufsehen erregen, ob beabsichtigt oder nicht. Das Phänomen Bild firmiert in dieser Hinsicht immer unter dem Namen «Visuelle Kommunikation» und beschäftigt gleichermassen Politiker, Technologie- und Medienunternehmen, Marketingagenturen, Forschungseinrichtungen, Journalisten, Theologen, Ethikkommissionen, Ausstellungsmacher, humanitär Engagierte, Menschenrechtsaktivisten, Jugendarbeiter und Suchtpräventionsbeauftragte. Influencer und Influencerinnen und andere Werbeschaffende müssen in Norwegen und weiteren Staaten explizit kennzeichnen, wenn das körperliche Aussehen von Personen in Werbeanzeigen geändert worden ist; retuschierte und anderweitig manipulierte Erscheinungsbilder müssen mit einem entsprechenden Signet versehen werden. Wenn Bilder zu politischen und militärischen Waffen

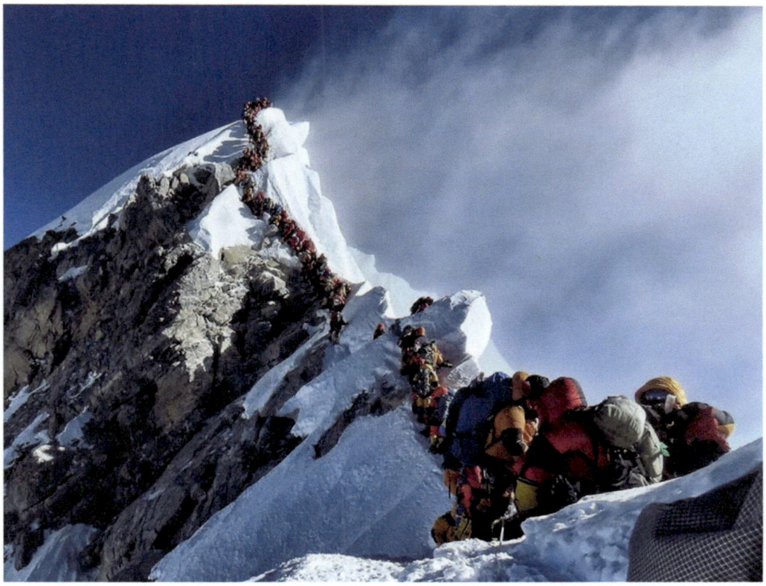

38 Nirmal Purja, *Stau am Gipfel des Mount Everest,* Foto vom 22. Mai 2019, Nimsdai Project.

werden, wird es wiederum ernster. Aus Schützengräben und von Drohnen aufgenommene Videos werden wohlpräpariert von den Akteuren – Soldaten, Kommandanten, Propagandisten – von der Front über Mobiltelefone nach Hause gesendet und von Freunden und Familien weiterverbreitet. Eine politisch zynische Variante visueller Kommunikation ist dann die Machart jener Bilder, mit denen der weissrussische Diktator Alexander Lukaschenko seine europäischen Nachbarn zu erpressen suchte, als er in den kalten Novembertagen 2021 syrische Migranten einfliegen liess, die in erbärmlicher Verfassung an die Grenze zu Polen gestellt wurden. Von dort sollten sie dann in einer Waldschneise vor den Augen einer medialisierten Weltöffentlichkeit hungrig und frierend nach Westeuropa gelangen bzw. getrieben werden, wo sie prompt abgewiesen wurden.[394] Kriege sind heute Kriege der Waffengewalt und ebenso der Bildergewalt. Man beschuldigt den Feind, die Morde und weiteren Gräuel, die ihm angetan werden, selbst inszeniert zu haben und mit unwahren Bildern falscher Wirklichkeiten Propaganda zu treiben. Dies schliesst – wie im Iran der Diktatur der Geistlichen – die strafgerichtliche Verfolgung und Folterung von Journalisten und Journalistinnen sowie Fotografen und Fotografinnen ein, die zu Gefängnis oder zum Tod verurteilt und hingerichtet werden. Das grausame Massaker an israelischen Zivilisten vom 7. Oktober 2023, dem Babies, Kinder, Jugendliche, Erwachsene und Alte zum Opfer fielen, bediente absichtsvoll den globalen Bilderstrom der Affekte. Die Terrorgruppe Hamas filmte und stellte ihre Mordgier in allen Details medial zur Schau, um weltweit Nachahmer anzuregen und deren Vorstellungswelt mit Bildern der Tötung, der Vergewaltigung und der Folterung psychotisch aufzuladen. Wie in der Welt diese Bilder zum Aufruf eines globalen Terror- und Bürgerkrieges wahrgenommen, verarbeitet oder auch ignoriert wurden, steht allerdings auf einem anderen Blatt. Im Gegenzug haben sich auch Künstler

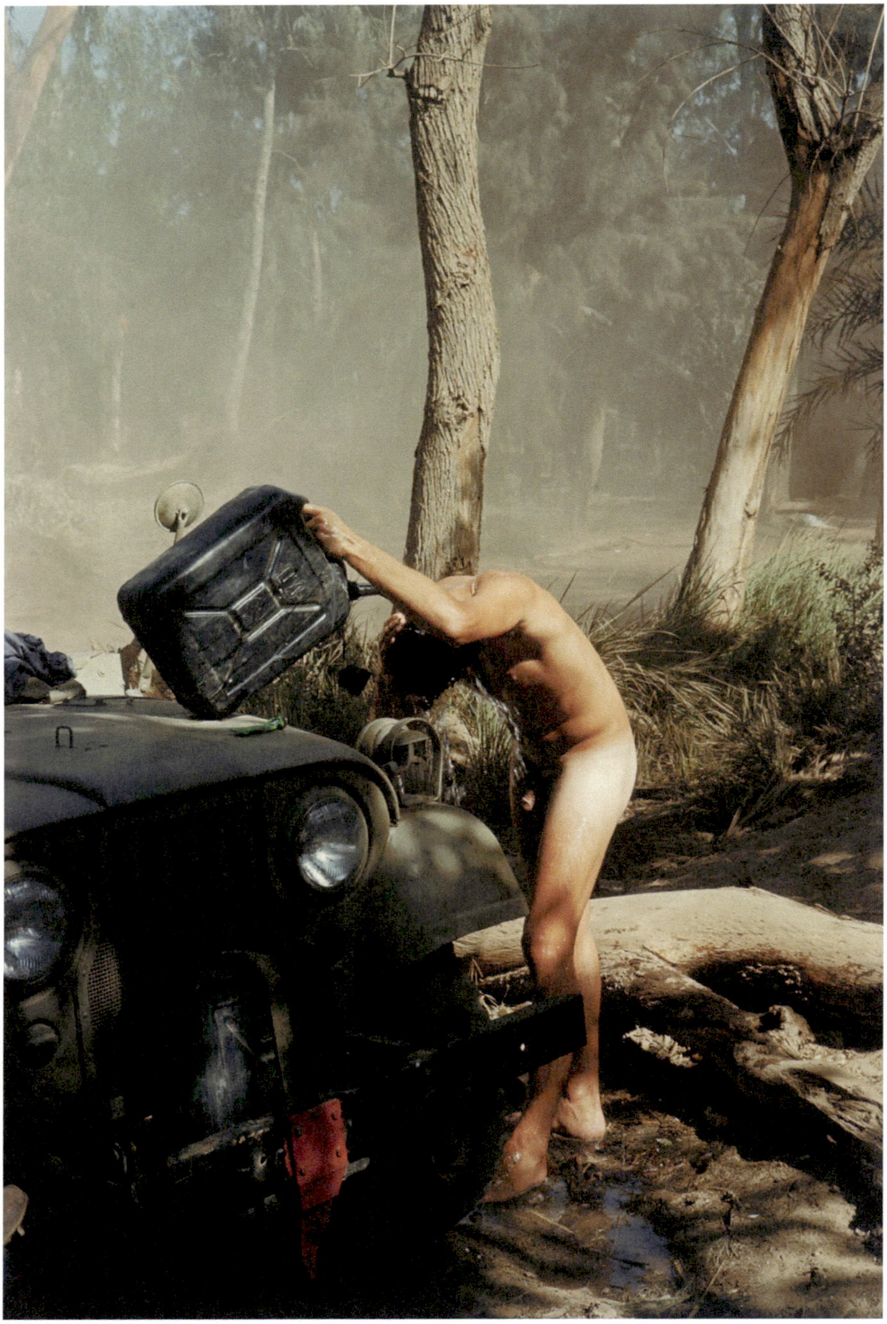

39 Micha Bar-Am, *Westlich des Suezkanals, Oktober 1973,* Fotographie; Micha Bar-Am Archive, Tel Aviv.

und Künstlerinnen der Verarbeitung der Traumata angenommen, die aus dem Terror und den Gräueln resultierten.[395]

All diese teils komisch-harmlosen, teils zynisch-verbrecherischen Schnipsel auf unserer Collagenleinwand machen auch deutlich, dass die Globalisierung des Bildes und der Bilder keine Homogenisierung von Bildern ist. Wie wir Bilder werten und auch sanktionieren, erweist sich dem Betrachter erst in der Lesart von Macht und Ohnmacht aus einem weltweiten Raum der Affekte und kalkulierten Erregungen. Dabei sind es nur wenige Zitierungen, die hier beispielhaft angesprochen wurden – und dies aus einem Meer von schätzungsweise 1,4 Billionen (1'400 Milliarden) Fotografien, die allein im Jahr 2021 geknipst wurden. Diese «Bilderflut» ist Teil einer digital vernetzten Welt: 1992 betrug die weltweit im Internet transportierte Datenmenge 100 Gigabyte (10^9 Bytes) pro Tag, zehn Jahre später war dieselbe Menge in einer Sekunde unterwegs, weitere zwanzig Jahre später waren es 150'700 Gigabyte pro Sekunde. Und für Jahr 2030 wird erwartet, dass 500 Milliarden Apparate aller Art, darunter auch Kameras und Bildsensoren, über das Internet verbunden sein sollen.[396] Trotz dieser enormen Mengen besitzt jedes Bild gegenüber dem individuellen Betrachter aber sehr wohl das Potenzial, eigene Wege zu alternativen Fakten zu eröffnen, um die Zukunft darzustellen. Jedes Bild aktiviert, wie Emmanuel Alloa schreibt, die Macht des Erscheinens, indem durch die Visualisierung Dinge, Ereignisse, Vorstellungen und Verhältnisse erscheinen, die nur in und durch eben diese materiellen Mittel sichtbar werden können.[397] Wiederum erhält man den Eindruck, dass die Wahrheit als Bild erscheint, es aber kein Bild der Wahrheit gibt. Die Hoffnungen auf «echte» Bilder, wie sie Adorno und vor allem Benjamin noch für die «Kunst» hegten, verflüchtigen sich im Zeitalter des Digitalen, das jedes Bild, und sei es noch so einzig, immer als reproduzierbar ausweist – was wiederum seinen Marktwert oder den Grad seiner Verurteilung steigern kann. Wir haben es nicht länger mit einem Ikonenbegriff zu tun, wie er über Jahrhunderte durch theologische Implikate des Bilderstreites transportiert wurde, wenn auch diese Implikate des Heiligen damals ebenfalls marktwertsteigernd sein konnten. Doch mit der Umdeutung des Begriffs «Ikone» und seiner Aneignung im Zeitalter der globalen Medienkulturen, die das 21. Jahrhundert erheblich prägen dürften, sind diese Bilder zu neuartigen Digitalisaten mutiert und füttern auch die künstlichen «Intelligenzen» in den Bildmaschinen.

Dass Fotomanipulationen und Bildfälschungen so alt wie die jeweiligen Techniken sind, ist eine bekannte Tatsache, ebenso die Methoden, um Fälschungen zu entlarven. In der digitalen Welt der Bildbearbeitung verunmöglicht die Entwicklung der künstlichen Intelligenz, dass die computergenerierten Bilder als «unecht» identifiziert werden können, wie dies in früheren Zeiten analoger Produkte oft noch möglich war. Was nunmehr dazu führt, dass digitale Bild- und Tonmedien mit fälschungssicheren Zertifikaten versehen werden sollen, um ihre «echte» Herkunft zu beweisen. Die Ersteller kryptografisch verschlüsselter Zertifikate, die das Signieren der Metadaten ermöglichen, werden die Authentifizierung von Bildern allerdings über eine komplexe Kette von Akteuren erst noch implementieren müssen – von den Kameraherstellern bis zu den Anbietern von Bildbearbeitungsprogrammen und den Betreibern und Konsumenten von Social-Media-Plattformen. Wie weit diese Abwehr von Fälschungen nicht mehr anfällig für die Geschäfte von Internetkriminellen oder die Kriegsführung von Aggressoren sein wird, muss dahin gestellt bleiben. Wie auch immer, was für Museen und den Kunsthandel allmählich zum Standard geworden ist – die so genannte Provenienzforschung –, reproduziert sich in der digitalen Welt nun unter dem erweiterten Begriff einer Echtheitsforschung.[398]

Was aber bleibt, ist die Frage, die nicht mit einer *delete*-Taste gelöscht werden kann: Winken dennoch, in der Tradition des Ikonoklasmus und seines Begleiters, des Verdachts auf Idolatrie, von Neuem Aufruhr und Zerstörung, wenn es heute gilt, heikle Bilder zu verschleiern oder sie zum Anlass zu nehmen, durch Angriffe und Empörung auf ihre unerwünschte Anwesenheit aufmerksam zu machen? Unterliegen wir also nicht vielmehr einer Täuschung? Leben «Byzanz» und seine Kaiser als Christos in der ikonischen Repräsentanz von Göttlichkeit auch unter den Mächtigen und Geschäftigen der digitalisierten Moderne fort? Fest steht, dass Politik nicht allein von Debatten, Protokollen, Beschlüssen und Rechtsnormen allein lebt, sie wird auch dargestellt und vorgespielt, in Bildern, die von Bühnen erzählen, auf denen ernst gilt, was gespielt wird. Twittern und Theaterspielen sind die mimetischen Ingredienzen und Täuschungswerkzeuge in solch ikonischer Repräsentanz und nicht bloss nebensächliche Illustrationen und Anekdoten. Die mediale Welt der visuell eingefangenen Dinge lässt, wie Nietzsche und mit ihm Hans Blumenberg es einst gesehen hatten, die nackte Not als ein «Spielen mit dem Ernste» in Erscheinung treten, als eine Kultur, die darum weiss, dass «eine Menge von Dingen verschleiert werden», um sie nur umso mehr zu «enthüllen» – und umgekehrt Dinge zu «enthüllen», um wiederum anderes umso leichter verbergen zu können.[399]

Macht und Ohnmacht, Gewaltorgien und Abwehrversuche

Auf den ersten Blick nur geht es offenkundig um den alten Zusammenhang zwischen Ikonen und Kultbildern in der Ökonomie jenes Streits, der vom Horeb nach Byzanz und zu den Reformatoren reicht und nunmehr scheinbar bis in die Moderne fortwirkt. Die Frage ist in einem globalen Rahmen nicht zu beantworten, weil die alten ägyptischen, judaistischen und christologischen Prämissen für Museen, Werbeagenturen und Medien heute vielerorts obsolet geworden sind. Und dennoch, so lautet der Einwand, die an Demonstrationszügen herumgetragenen oder auf Hauswände gehängten Ikonen von Ajatollah Ruhollah Chomeini und Osama bin Laden werden von deren Fans geküsst, als wären es Heiligenbilder oder Fetische. Wiederum andere Fotografien, Objekte oder Fahnen werden zerkratzt, zerrissen oder verbrannt, als gälte es, magische Handlungen zu vollziehen. Auch sie sind Ausdruck eines die Zeitalter durchdringenden kultischen «Raumes unablässiger Mobilität, durchquert von brennenden Eruptionen und mörderischen Tumulten», einer Medienwirkung, die sich von der Antike bis zur Gegenwart feststellen lässt.[400] Das Gewaltpotenzial, das der Bilderstreit immer wieder zu transportieren vermag, ist offenkundig ein inhärenter Teil der Bildökonomie, wenn mit Auftritten auf einer universalen Bühne der Glaube an Bilder einerseits durch ihre Macht der Mobilisierung und andererseits durch ihre Verbote und Zerstörungen gleichermaßen bestätigt wird.

Diese Ökonomie wird entweder als Gewalt aus religiöser Überzeugung oder als blasphemisches Verhalten der Säkularen und Atheisten wahrgenommen. Als eine Bildökonomie im gemeinsamen Haushalt des scheinbar Heiligen wird dieses Potenzial mittels visueller Distributionen durch digitale Medien viral und geradezu gierig bewirtschaftet. In einer von Techniken der digitalen Visualisierung überbordenden Welt all den Bildern kontrollierend Herr zu werden, nicht nur, was ihre Macht anbelangt, sondern auch wegen ihrer Widerspenstigkeit, steht die Ohnmacht gegenüber, die jeweiligen Folgen einschätzen zu können. An den auf Bilderbotschaften folgenden Ausschreitungen und Verschwörungserzählungen zeigt sich, wie sehr sich Menschen in einer Welt der digital und medial vermittelten Bilder verlieren können, seien diese Bilder nun wahr oder falsch. In den Suggestionen werden solche Bilder gerne und schnell als Tatsachen übernommen, vor allem wenn sie das Empfinden zum Ausdruck bringen, dass man von der realen Welt, und das heisst von der Teilhabe an den Errungenschaften dieser Welt, sozial ausgeschlossen wird.

Ein weiteres Indiz sind die Bilder, die aus Sicht von Jugendpädagogen «des Teufels» sind, ob nun hier mit dem Argument der «Verführung» oder dem der «Infektion» gefochten wird, denen der Slogan der «Immunisierung» entgegengestellt wird. Seitdem der hier schon erwähnte Comenius in seiner *Scola pansophica* 1657 das Prinzip der Anschaulichkeit höher bewertete als die schwer abschätzbaren Folgen des Bilderkonsums, sind Pädagogen nicht müde geworden, die Bildkritik als Bewahrung ihre Mündel vor der Ansteckung durch Grauen, Schund, Pornographie und irre Sekten auszugeben. Die Warnungen galten zuerst der Fotografie und den Crime- und Horror-Comics, dann dem Fernsehen und den Video-Clips, schliesslich dem Reality-TV, nunmehr dem Internet und seiner Bilderflut bis hin zu den Gameprodukten, die Jugendliche stundenlang vor dem Bildschirm halten.

Die konservativen Reaktionen gehen weit und vermischen sich zeitweise mit den so genannten Cancel-Aktivitäten, wie diese militanten Bevormundungsversuche genannt werden. So ist auch Art Spiegelmans berühmter Comic über Auschwitz aus amerikanischen Schulzimmern verbannt worden, weil er Zeichnungen mit nackten Körpern zeige. Kann man den jugendlichen Leser beschützen, so hatte Spiegelman gefragt, als er Maurice Sendak 1993 in Connecticut aufsuchte, um den Comic zu entwickeln. Vergeblich, so scheint es! Denn «die Kinder wissen schon alles», hatte Sendak geantwortet.[401] Die Dämonen des Wissens kehrten und kehren jedes Mal wieder, doch den «Wettkampf gegen die Macht der Bilder haben die Pädagogen schon knapp nach dem Anpfiff verloren», wie es Hans-Ulrich Grunder mit einer Metapher aus dem ebenfalls medialisierten Fußball ausdrückt.[402] Bevor der erzieherische Zugriff erfolgt, ist das jeweilige Bildmedium in die Kinderkultur eingezogen und nimmt schon bald ein anderes Erscheinungsbild an, das wiederum skandalisiert wird. Radikale – oder soll man sagen zynische – Haltungen wie jene von führenden Köpfen im Silicon Valley, ihre Kinder nur in Schulen zu schicken, in denen der Gebrauch von Internet und Video Games strikt tabu ist, bezeugen den verheimlichten Makel dieser Bilderfälschungen, die im Valley als kapitalistische Geldmaschine mit dem unwahren Namen «Soziale Medien» fungieren. Neuerdings sollen Algorithmen aus eben diesen Tech-Unternehmen kontrollieren, ob in auf Handys automatisch erstellten Fotoalben Bildteile oder Bildhintergründe zu sehen sind, die als anstößig gelten und zu unterdrücken sind – zum Beispiel bei nackten oder halbnackten Kinderkörper auf privaten Aufnahmen eines Schwimmbassins oder auch auf Fotos von Kriegsreportagen. Selfies, die beim Besuch eines ehemaligen Konzentrationslagers aufgenommen wurden und dann «viral» bzw. trivial gehen, sind ebenfalls gelöscht worden.[403] Die legitime Löschung von moralisch als anstößig geltenden Digitalisaten ist der Ausdruck einer Ohnmacht gegenüber den Wirkungen von Internetbildern. Man versucht der «überschwemmenden» Gewalt von Bildern mit kontrollierbaren Bildern, die kaum zu kontrollieren sind, zu begegnen. Insgesamt liegt eine widersprüchliche und inverse Haltung vor, da gerade in Schulen das Lesen von Bildern eigentlich erst recht gelernt und fest eingeübt werden müsste, weil eben Bilderlesen zumindest so deutlich eine Kulturtechnik darstellt wie das Herstellen von Bildern selber.

Die Gewalt des Visuellen und ebenso die Abwehr dieser visuellen Kraft erzeugen also virale Leidenschaften, und diese Leidenschaften als Formen des Heiligen oder des «teuflisch» Blasphemischen zu bekämpfen, bekräftigt geradezu das unabdingbare Vorhandensein der Bilder und ihr Eigenleben, ohne das es wiederum keinen bildökonomischen Nutzen gäbe. Die Wahrnehmung der Globalisierung wirkt in Teilen der Welt jedenfalls wie ein Tsunami an Bildern, die Enthemmung, Hedonismus, Konsumexzesse und lasziven Umgang mit weiblichen und männlichen Körpern vermitteln – und massive Reaktionen und vielstimmiges Pathos hervorrufen. Die Sprengung der Buddha-Statuen im Tal von Bamiyan durch die afghanischen Taliban, die Hinrichtung von Menschen vor laufender Kamera durch islamistische Terroristen oder die Anschläge auf das World Trade Center in New York – sie alle gingen um die Welt – sind sozial und ikonografisch betrachtet erst dann Fälle von Gewalt, wenn sie betrachtet, das heisst als Bilder verbreitet werden und sich «substitutiv» als Bildakt ereignen.[404]

Dieser Bildakt kann freilich Zensur wie Selbstzensur hervorrufen. Anfang 2015 inszenierten die durch Karikaturen des Propheten in Frankreich provozierten Anschläge und die vom Islmischen Staat über soziale Medien veröffentlichten Hinrichtungsvideos eine blutige Begegnung zwischen zwei Ästhetiken des Bildes und zwei Auffassungen des Rechts innerhalb einer gemeinsamen Ökonomie und geteilten gesellschaftlichen Wirklichkeit. Bereits wenige Jahre zuvor hatte sich in Dänemark eine solche Krise angekündigt. In Frankreich wurden die Redakteure ermordet. 2020 wurde überdies der Lehrer Samuel Paty ermordet, weil er im Gymnasium am Beispiel des Satiremagazins *Charlie Hebdo* die Möglichkeiten und Grenzen der Meinungsfreiheit zu thematisieren wagte. Das Zündwerk gaben Karikaturen, die den Propheten Mohammed darstellten. Die Medien wollen und können sich diesem Umstand nicht entziehen, vielmehr bewirtschaften sie das Empfinden der Ohnmacht der Bilder: Als 2020 aus Anlass des Strafprozesses gegen die Kriminellen des Anschlages auf *Charlie Hebdo* die Redaktion des Satiremagazins nochmals die Karikatur des Propheten Mohammed druckte, die der Anlass und die Rechtfertigung für den Terroranschlag gewesen war, scheuten sich die Tageschauen der öffentlich-rechtlichen deutschen und österreichischen Sender nicht, den Reprint dieser Karikatur auf dem *Hebdo*-Titelblatt gut erkennbar in ihrer Berichterstattung zu zeigen. Das Schweizer Fernsehen hingegen verpixelte das Fernsehbild der Titelseite. Ausschlaggebend waren vermutlich Gründe der öffentlichen Sicherheit und vorgeschoben auch die Dignität von Gewaltbetroffenen.

Auch der Autor dieser Zeilen verzichtet darauf, die eher plumpen *Charlie-Hebdo*-Karikaturen in diesem Buch wiederzugeben. Stattdessen sollen als Kontrast zu den als satirisch zulässigen versus als blasphemisch empfundenen Karikaturen Bildwerke gezeigt werden, die vor Jahrhunderten schon den Propheten respektvoll ehren wollten, heute aber nichtsdestoweniger von Anfeindungen begleitet werden und keineswegs vor der Gefahr von Zerstörungswut gefeit sind. Im Herbst 2022 wurde an einer nordamerikanischen Universität eine Dozentin für Kunstgeschichte entlassen, nachdem sich einige muslimische Studierende «beleidigt» gefühlt hatten wegen der Einbeziehung von mittelalterlichen islamischen Gemälden in den Unterricht. Die

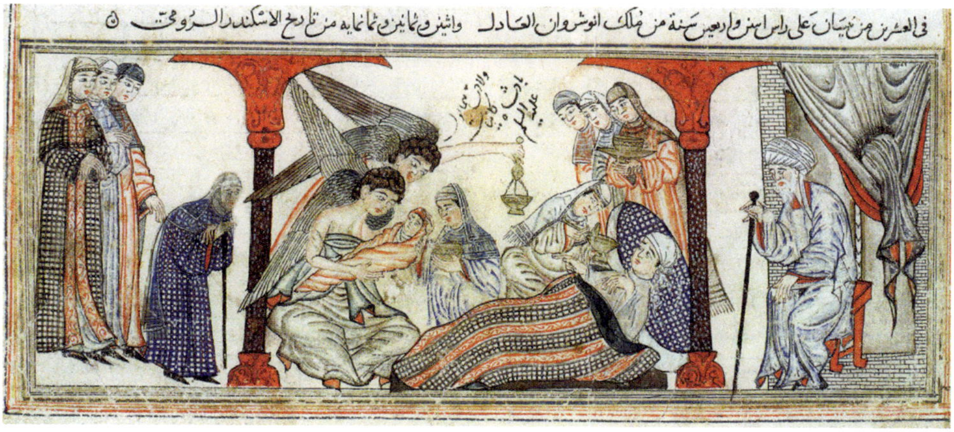

40 *Geburt des Propheten Mohammed,* Miniatur auf Pergament aus dem Buch *Jami at-Tawarikh* («Kompendium der Chroniken») von Rashid al-Din, Täbris, Persien, 1307 n. Chr., 53,8 × 23,9 cm; Sammlung Universitätsbibliothek Edinburgh, Schottland.

gezeigten Kunstwerke stellten den Propheten Mohammed, die Offenbarungen des Korans oder Mohammeds Himmelfahrt (Abb. 16) figürlich dar. Zu solchen Meisterwerken islamischer Kunst gehört das illustrierte Manuskript von Rashid al-Dins Weltenchronik, welches im Iran im frühen 14. Jahrhundert entstanden war und das unter anderen die Geburt Mohammeds zeigt (Abb. 40). Er kommt nicht in einer Krippe, vielmehr in höfisch anmutender Umgebung zur Welt, so wie diese Szenerie auch für die Geburt Jesu in mittelalterlichen christlichen Gemälden dargestellt wurde.[405] Diese Meisterwerke der persischen Buchkunst gelten heute als authentisch und gut erforscht, ihre Texte und Bilder bilden Gegenstand von Lehrtätigkeiten zur islamischen Geschichte und Biografie des Propheten wie ebenso zum Wesen der Korandeutungen. Darstellungen des Propheten Mohammed sind im sunnitischen Islam zumeist verboten, hingegen sind der schiitische Islam und einige Zweige des sunnitischen Islams tolerant gegenüber solchen Darstellungen. Zuweilen verdecken sie die Gesichtszüge des Propheten durch Flammen oder weiss gelassene Leerstellen als Zeichen des Respekts. Die Vermittlung solch religiöser Ikonografie islamischer Provenienz reicht insgesamt von der Ausstellung von Gemälden in Museen über den Abdruck von kulturgeschichtlich wertvollen illustrierten Manuskripten in Bibliotheken bis hin zu Vorträgen an Hochschulen und gar in Moscheen. Schon Aby Warburgs Bilderatlas *Mnemosyne* aus den 1920er Jahren zeigte mit einer Illustration aus einer arabischen Handschrift des 15. Jahrhunderts ein islamisches «Räucheropfer an die Sterne».[406]

Der Bannspruch der amerikanischen Universität aus nichtigem Anlass birgt, wie in einem weltweiten Protest dagegen gewarnt wurde, auch «die Gefahr, dass seltene und wertvolle islamische Gemälde, die in Museen und Bibliotheken weltweit aufbewahrt werden, gefährdet werden».[407] Gegen das falsch verstandene Bilderverbot wendete der amerikanische Muslim Public Affairs Council ein, es gebe fälschlicherweise die weit verbreitete Meinung, dass der Islam jegliche figurative Darstellung oder die Darstellung heiliger Personen völlig verbiete. Obwohl viele islamische Kulturen dies täten, müsse daran erinnert werden, dass es keine monothetische islamische Kultur gebe, sondern eine große innere Vielfalt der unterschiedlichen Traditionen. Das von der Professorin gezeigte Gemälde sei nicht islamfeindlich, vielmehr diene es dazu, den Propheten zu würdigen und zu feiern und die Offenbarung des Korans durch den Engel Gabriel darzustellen. Das allerdings hielt Diversity-Bürokraten und fundamentalistische Muslime nicht davon ab, den besagten Fall, die figürliche Malerei in einem Seminar der Universität zu zeigen, zur Speerspitze ihrer Kampfmoral zu machen.

Zur historischen Rahmung dieser Phänomene gehören auch technikgeschichtliche Entwicklungen. Halten wir deshalb auch diese Aspekte fest, wenn für das 20. und 21. Jahrhundert davon die Rede ist, dass es sich um ein «Zeitalter der Bilder», um ein «Zeitalter der Massenmedien», um ein «visuelles Zeitalter» oder um ein «Informationszeitalter» handle. Durch neue Techniken, wie die ab 1830 eingeführte Lithografie, später den Licht- und Mehrfarbendruck, schliesslich Tief- und Rotationsdruck, und durch Kameraverfahren wie Rollfilme und Kleinbildkameras oder Kinematographen, Fernsehen, Funkbilder seit den 1920er Jahren, durchzieht dieser Wandel Zeit und Raum in sich beschleunigender Weise. Die Erweiterungen des Medienspektrums, die Beschleunigungen der Rezeption optisch-ikonischer Zeichen, die Ablösung technisch reproduzierbarer Bilder durch elektronische Verfahren und schliesslich die Digitalisierung von Wissen und Bildern – all dies ist vielfach referiert und auch anhand des globalen Provokationspotenzials diskutiert worden.[408] Bemerkenswert ist, dass die inzwischen globalisierte Herstellung von Chips, das heisst auf Halbleiter gedruckten winzigsten Transistoren, sich der Fotolithografie – dem Drucken mit Licht – verdankt. Internet und soziale Medien haben damit die digitale Verfügbarkeit von Bildern in massenhaftem Umfang und in agitativer Bildbearbeitung ermöglicht. Was einst Bildpostkarten, Bildplakate, Fotojournalismus und illustrierte Zeitschriften transportierten, nämlich Weltwahrnehmung, Unterhaltung und Propaganda, vermitteln heute die «Künstlichen Intelligenzen» aus Digitalsystemen, die nicht nur Bilder manipulieren und transportieren, sondern sie auch selbst kreieren. Jeder so genannte User kann sich heute selbst als Bild erschaffen, indem er seinen Körper vermeintlich schöner, besser, wahrer stylt oder dies durch Algorithmen wie von Zauberhand geschieht. Der Mensch stellt sich als Bildprodukt auf den sozialen Medien selbst aus. Untersuchungen darüber, ob die Inhaber der digital gestylten Körper sich dabei glücklich oder traurig fühlen, ob sie sich des Leidens an ihren Körpern entledigen oder erst zu leiden anfangen, als wären sie an ihr persönliches Seelenkreuz geschlagen worden, berichten von beidem. Ohne Nase unter die Leute zu gehen, geziemt sich nicht – so lautete schon lange zuvor, 1930, im Russland zur Zeit Stalins, eine Gesangszeile der Oper von Dmitri Schostakowitsch (op. 15) nach einer Vorlage von Nikolai Gogol. All dies zeigt kehrseitig, dass hier so genannte Medienikonen, das heisst ein Bildkanon der Moderne entstanden ist. Regelmäßige Bilderrankings sorgen dafür, dass wir es dann mit angeblichen Vorbildern zu tun haben, mit Personen aus Politik, Religion, Sport und Popkultur in einem neuartigen Himmel der «Stars», die als Spielfiguren im Theatrum unseres Sprungtuchs anstelle der himmlischen Engel und der alten Propheten treten.

Dass im Kontext dieser generellen Entwicklung auch fotografische Bilder von brutalen Gewalttaten an Kindern, Frauen und Männern während eines Krieges dokumentiert werden, muss heute kaum erklärt werden, wenn nunmehr Kriege uns in so genannten *Social-Media*-Formaten vorgeführt werden und wir uns umso mehr die Manipulation – Propagandabilder und in Reaktion darauf so genannte Faktenchecks – immer wieder bewusst machen müssen. Wer sich ermächtigt, Zensur auszuüben, erlangt Macht, auch im Kleinen und Kleinsten: Macht über Bilder und Macht mittels Bilder. Umgekehrt wurden und werden Bilder, die Gewalttaten zeigen, veröffentlicht, um Aggressoren öffentlich anzuprangern und um als Beweismittel in Prozessen gegen Kriegsverbrechen zu dienen. Letzteres ist relativ spät von Gerichten zugelassen worden, vermutlich erstmals und umfassend im Frankfurter Auschwitz-Prozess der 1960er Jahre, um Täter und Opfer identifizieren zu können. Aber nicht nur die Ankläger und Richter verwenden Fotografie als forensische Hilfsmittel, auch die Aggressoren dokumentieren sich selbst oder verwischen und fälschen ihre Bilder. Der Fotohistoriker Anton Holzer hat Fotodokumente zusammengetragen und analysiert, die vom brutalen Feldzug gegen die Zivilbevölkerung im Ersten Weltkrieg berichten. Viele der Hinrichtungen sind auf Fotografien festgehalten und zeigen Bilder von Soldaten und Offizieren, die als Schaulustige und Voyeure Zeugen der geplant und offiziell angeordneten Gewalttaten gegen unbeteiligte Zivilisten waren. Dass solche Gewalttaten und das Dokumentieren und Vertuschen gleichermaßen Teil der Kriegsführung sein können, muss historisch wie aktuell wohl als Universalie jeder Kriegsführung gelten: Gewalt antun, Menschen töten, davon Bilder machen, sie verbreiten und dann Bilder betrachten, um sie wiederum zu verbieten, sind ineinander verzahnt.[409]

Dreizehnte Leinwand: Das Mädchen Phan Thi Kim Phúc und die religiöse Überhöhung des Schreckens

Susan Sontag erklärte das Foto zum authentischen Bild schlechthin, Phillip Knightly zur Kriegsikone aller Zeiten. Veröffentlicht wurde es erstmals am 9. Juni 1972 auf der Titelseite der *New York Times,* aufgenommen war es von Huynh «Nick» Cong Ut, der mehrfach mit Preisen geehrt wurde. Die Rede ist von einer berühmten Fotografie, die vor einem diffusen Hintergrund mit Soldaten schreiende und flüchtende Kinder in Vietnam zeigt. Für die Pressefotografie ist dies das historische Referenzbild, das die Phasen einer Handlung bildlich vermittelt, beim Betrachter Schreien, Gebärden und Verkrampfungen evoziert und ihm eine Erzählung über die Schrecken des Krieges und den Horror von Napalmbomben nahelegt. Das Bild erhielt grosse Resonanz, sowohl bei Kriegsgegnern wie bei Kriegsbefürwortern. So ist über diese zur Medienikone des Jahrhunderts erhobene Fotografie, die zunächst in beschnittener und retuschierter Form publiziert wurde, um auf das nackte Mädchen zu fokussieren, nicht wenig gesagt und geschrieben worden. Ikonografisch ist die Figur des «Napalm girl» durch Künstler und Cartoonisten inzwischen längstens verfremdet worden. Banksy lässt das schreiende Mädchen in geführter Begleitung von Mickey Mouse und einem McDonald's Clown auftreten, als würde es hüpfen; beide Figuren sind, so wie Amerika sich selbst wahrnimmt oder durch andere gesehen wird, bekannte Ikonen des amerikanischen Kapitalismus. Der serbische Illustrator Predrag Srbljanin verfährt ähnlich, auch wenn seine Verfremdung konventioneller anmuten mag. Er versetzt das Mädchen von Trang Bang in das bekannte Gemälde von Edward Munch *Der Schrei* und stellt durch diese Assoziierung einen Effekt der Wiedererkennung her (Abb. 39). Die Verfremdungen, ob nun kritisch oder affirmativ gedacht, verhelfen der ohnehin berühmten Fotografie nahezu endgültig zu einem ikonischen Wert.

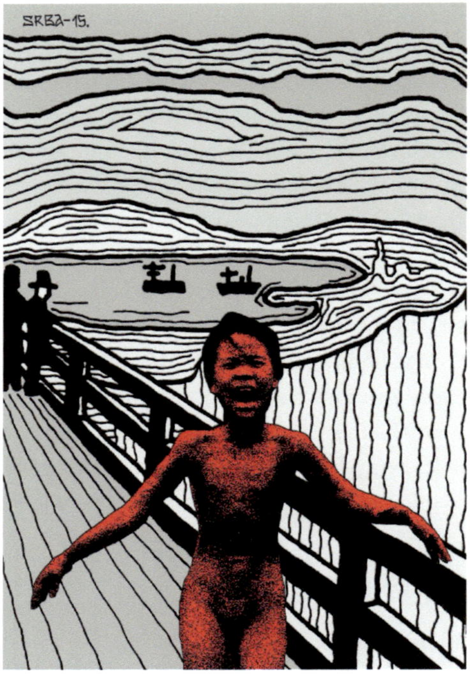

41 Predrag Sbrljanin, *Napalm Scream,* Cartoon, 2016, nach Motiven der Fotografie von Huynh Cong Ut (1972) und des Gemäldes *Der Schrei* (1893–1910) von Edvard Munch; Stichting VJ Movement Foundation, Amsterdam.

Zur vermutlich wahren Geschichte aber gehört, dass der Kriegsfotograf das nackte Mädchen, dem die Kleider vom Leib gebrannt wurden, in ärztliche Behandlung brachte. Dies legen alle weiteren, eher selten gezeigten Fotografien nahe, die das nackte Mädchen unmittelbar *nach* seiner Flucht umringt von Journalisten, Kameraleuten und südvietnamesischen Militärs zeigen (Abb. 42). Dieses Bild ist ein Bild hinter dem Bild, indem die weltweit viral gegangene ikonische Fotografie durch ein Bild, das uns etwas über die Entstehung mitteilt, buchstäblich hinterfragt wird. Doch diese Hinterfragung hat auch eine weitere, sehr andere Dimension, die erst viel später eintritt: Der Legendenbildung als überzeitliche Ikone für und wider den Krieg folgten mehr als zwanzig Jahre später die falschen Mythen und die öffentlichen Lügen.

Denn am Veterans Day 1996 kam es am Vietnam Memorial in Washington DC zu einem Zusammentreffen zwischen dem einstigen Mädchen Phan Thi Kim Phúc, das inzwischen eine erwachsene Frau war, und dem Vietnam-Veteranen John Plummer. Er behauptete, für den Bombenangriff auf Trang Bang verantwortlich gewesen zu sein. Mit den Worten «Ich verzeihe, ich verzeihe» vergab Kim Phúc dem ehemaligen US-Captain, der inzwischen Pfarrer einer Methodistenkirche war. Damit nahm die Erzählung der Fotografie eine melodramatische Wende, wie Gerhard Paul vermerkt, ein neuer Mythos war geboren und «die Geschichte nun zur religiösen Deutung freigegeben».[410] Damit wurde die Fotografie aus dem historischen Kontext genommen, das Bild sollte auf etwas Übergeordnetes, vermeintlich Transzendentes verweisen. Die

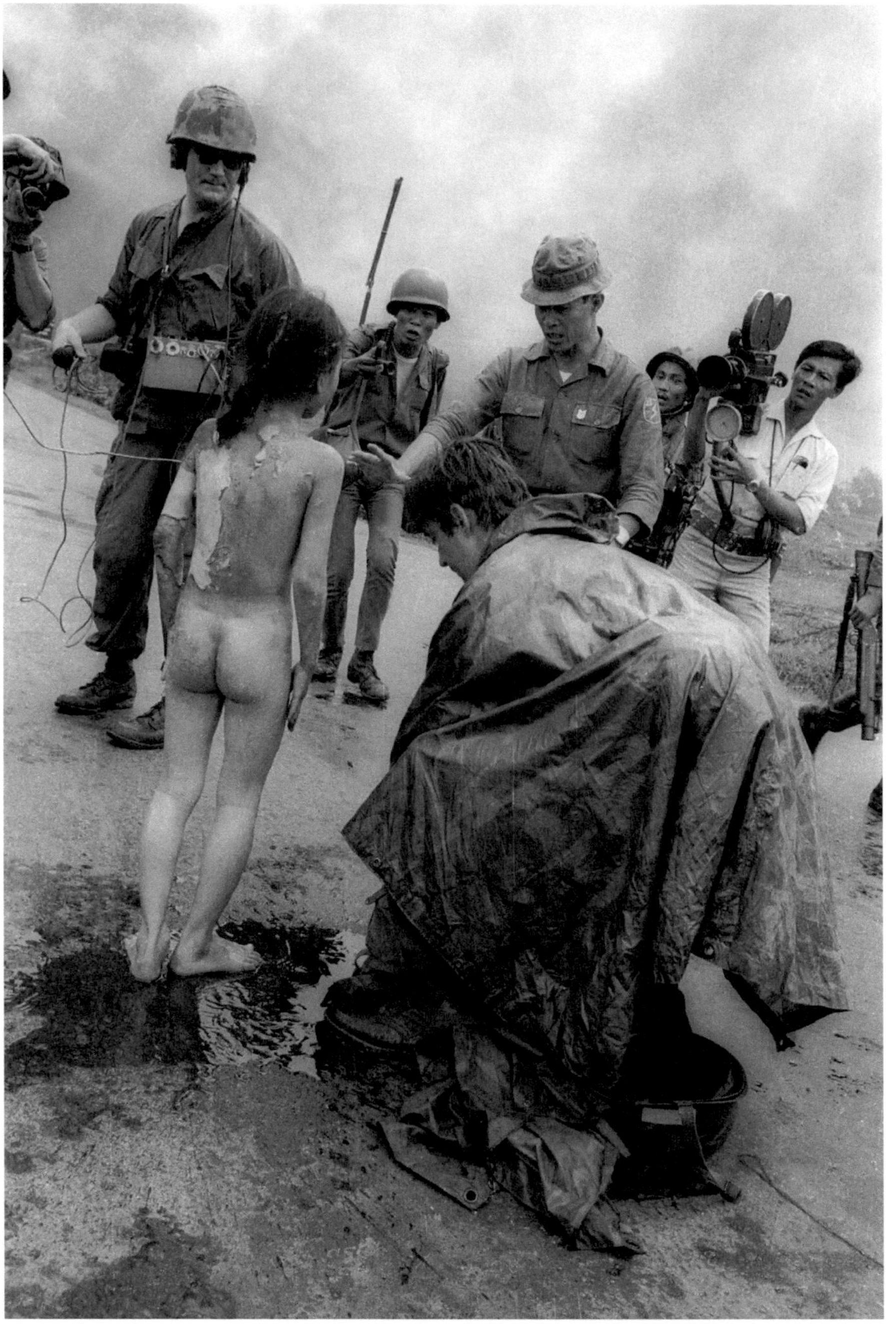

42 Huynh Cong Ut, *Trang Bang, 8. Juni 1972,* Das Mädchen Phan Thi Kim Phúc [vietnamesisch: faːŋ tʰî ˀ kim fúk͡p̚] umringt von Presseleuten und Soldaten, *nachdem* das ikonische Bild aufgenommen wurde.

schummrige Sezierung der Schwarz-Weiss-Fotografie kam dieser Tendenz entgegen, weit mehr als scharf gestochene, digital reproduzierte Bilder in unseren Tagen.

Dass John Plummer aber nicht der Pilot gewesen sein konnte, der vor Ort den Angriff geflogen haben will oder ihn angeordnet habe, ja nicht einmal die Autorität zur Ausführung eines solchen Schlages besaß, und auch die Tatsache, dass die Amerikaner gar nicht in Trang Bang gewesen waren, spielt auch nach der Entlarvung der Lügengeschichte von Plummer keine oder bloß sehr geringe Rolle in der Öffentlichkeit. Die im Christentum Halt findende Kim Phúc selbst deutete die Ereignisse magisch-sinnhaft: Der «böse Geist des Bildes» von 1972 sei mit dem neuen Bild der Vergebung ausgetrieben worden. Nicht wenige Medien weltweit hielten sich weiterhin an den Glanz der Versöhnungsgeste, und sie folgten der Umschreibung der Fotografie in eine auratische Ikone und ihrer Wirkungsgeschichte zu einer religiös geadelten Erzählung. Die UNESCO ernannte 1997 Kim Phúc zur Friedensbotschafterin. Die Geste ihrer Vergebung gegenüber Plummer sei ein zentraler Bestandteil der Lehre Christi, wie dies ein amerikanischer Seelsorger erklärte. Andere bezeichneten die aufgetischte Geschichte als große Kriegslüge, dazu da, ein kollektives Trauma zu bewältigen. So ist also die Bilderbotschaft dieser Fotografie weit ergreifender geblieben als das komplexe Wissen über Wirkungen und Hintergründe.

Aus dem referierten Beispiel winkt, wie immer, eine gewisse Beliebigkeit, sich selbst als versöhnte Täter und Opfer, die austauschbar scheinen, in einer moralisch konstruierten Erzählung der Geschichte zu inszenieren. Es lassen sich bei jedem entfernt oder sehr ähnlichen Beispiel zu Kultbildern, in denen sich Bilderkult und Bilderkritik mischen, Stellvertretermomente ausmachen, so wenn sich das Mädchen aus Vietnam und der selbst ernannte Bomberpilot in einem christologischen Gestus gegenseitig ihre erlösende Selbstermächtigung jenseits des historischen Ereignisses zusprechen. In einer Bildökonomie, in der die Utopie des angeblich Neuen als «Versöhnung» durch Relativierung historischer Tatsachen oder gar durch eine Leugnung oder Aufhebung des Alten erträumt wird, besteht der Vorteil darin, als Subjekte den Rang des hoheitlichen Opfers einnehmen zu können. Damit lässt sich die tatsächliche Gewalt an und im Vergangenem nachträglich als Gewinnung des Besseren rechtfertigen. Die alte Aporie, die wir historisch aus dem Komplex von Bildnis, Bilderstreit und Kultverbot kennengelernt haben, kehrt wieder in der Mischung aus selbstgefälligem Pathos und Ritualen der Opfermelancholie, die medienwirksam inszeniert werden. Bemerkenswert an der Geschichte des Bildes des Mädchens Kim Phúc, das eigentlich ein ausgeschnittenes Bild der Ereignisse im Ort Trang Bang ist, ist die Verschränkung von Neuem und Altem, die mit der Referenz auf den modernen Krieg und auf die erlösende Auferstehung des einstigen Mädchens einhergehen. Diese Referenzen der Bildgeschichte zeigen, dass wie schon bei den religiösen Ikonen Abbild und Historie zugleich vermittelt werden und ein Bündnis als Symbol eingehen. Vermittelt werden symbolische Verallgemeinerungen, in denen Hoffnungen und Trauer, Begehren und Todesangst wichtige Rollen einnehmen. Sie weisen über das konkrete Ereignis hinaus auf eine metahistorische «Transzendenz», die ins Spiel gebracht wird. Um dieses Ereignis zum Zweck der individualisierten Erlösung öffentlich präsentieren zu können, muss es gleichzeitig verdeckt und verklärt werden. Die spätere Aufdeckung der falschen Erzählung liess danach das Symbolbild des Leids als Groteske über Anziehung und Abstoßung erscheinen, in der sich John Plummer als eine Art falscher Pilatus oder falscher Judas inszeniert hatte.

Wie auch immer, das Foto des «Napalm Girl» aber hat zweifelsohne zum Verbot von Einsätzen von Napalm gegen Zivilisten gemäß internationalem Genfer Protokoll Nr. 3 der Konvention über die Ächtung unmenschlicher Waffen beigetragen.[411] Für Phan Thi Kim Phúc war ihre Berühmtheit vorerst mehr Fluch als Segen gewesen. Von den Schmerzen und Verbrennungen lange traumatisiert, wurde sie durch das kommunistische Regime in Vietnam als Propagandasymbol herumgereicht. 1992 erlangte sie in Kanada politisches Asyl. Dem Fotograf Hyunh Cong Ut war 1975 die Flucht aus Vietnam gelungen. Beide vertreten sie die klare Haltung, sich der Gewalt durch die Betrachtung ihrer Bilder zu stellen. Die 1997 gegründete Kim Phúc Foundation setzt sich heute für medizinische und psychologische Hilfe für Kinder ein, die Kriegsopfer wurden.[412]

Altes im Neuen, Neues im Alten

«Kulturrevolutionen» und «Revisionsprozessen» muten an wie heftige Sturmläufe, während denen vergängliche Idole und ihre Abbildungen entsorgt und an ihrer Stelle neue Ikonen für Politik, Konsum und Gehorsam produziert werden. Um die Gegenwart zu kritisieren, werden wahre oder falsche Bilder aus der Vergangenheit evoziert, um die Vergangenheit zu desavouieren, wahre oder falsche Bilder für die Gegenwart geschaffen. Die Leidenschaften, die Schriften und Bilder hervorrufen, entzünden sich an gegensätzlichen Regimes des Visuellen, die in den mit Anbetung, Verdammung und auch Hinrichtungen verbundenen Tumulten bis heute in unserer Welt hervortreten.[413] Wir tun gut daran, uns auch von den Alten über solche Taktiken belehren zu lassen. Schon die bloße Berufung auf die Vergangenheit aber kann riskant sein, wenn eine neue politische Utopie sich durch das Alte nicht belehren oder beirren lassen will, oder, im umgekehrten Fall, eine erstarrte Orthodoxie ihre überlieferten Ideale vor neuen sozialen Wirklichkeiten zu verschließen versucht.

Ein Beispiel: Im Zeitalter der Vereinigung Chinas unter Qin Shihuangdi um 220 v. u. Z. liess der kaiserliche Premierminister der Qin-Dynastie «jeden, der sich auf die Vergangenheit beruft, um die Gegenwart zu kritisieren, mit all seinen Familienmitgliedern töten».[414] Die Sinnbilder der Alten sollten die Macht der neuen Ordnung nicht stören. Mao Tse-Tung, der Anführer der kommunistischen Revolution in China, war ein großer Bewunderer von Qin Shihuangdi. Die Zerstörung der Kulturgüter, die er anordnete, galt der Beseitigung der alten Bilder, Skulpturen und Stadtquartiere, war aber auch der Austreibung der Bildnisse in den Innenwelten des Denkens geschuldet, dies mit den Mitteln der erzwungenen Selbstbezichtigung und gnadenloser Einsperrung in so genannten Umerziehungslagern.

An dieser Stelle muss man sich klar machen, dass bis heute die chinesische Schrift eine kalligrafische Schrift ist, eine Bilderschrift also, und dass «Malerei und Kalligrafie, traditionsgemäss zwei Formen der Kunst, denselben Ursprung gemein haben», wie das National Palace Museum in Taiwan betont. Dorthin sind während der chinesischen Revolution die Schätze aus der «verbotenen Stadt», wie der Kaiserpalast in Peking genannt wurde, vor dem Zugriff und wohl auch der Zerstörung durch Mao Tse-Tung gerettet worden.[415] Die chinesische Schrift ist also ein nahezu figürliches Abbild der Wirklichkeit und solcherart von der Schrift her immer auch

Bild an sich, ein kalligrafisches System, das sich mit jedem einzelnen seiner in die Tausende gehenden Zeichen an die Leser und Leserinnen adressiert. Die heute in Taipei ausgestellten Objekte bezeugen in zahlreichen Artefakten anschaulich diese intensive Verschränkung von Schrift und Bild, von Kalligrafie und Skulptur, die den Unmut des Qin-Bewunderers und Revolutionsführers Mao ausgelöst hatten. Die Kraft der Bilderbotschaft, die als Prägestempel überlieferter Gehalte und tradierter Vorstellungen visuell anschaulich bleibt, transportiert diese Ideen in nahezu figürlichen Textbildern. Wohl deswegen ist auch die Ablehnung der Schriftbilder, und darin des Bildgedankens, zum leidenschaftlichen Gegenkult geworden. In den Zeichen der chinesischen Schrift wurden offenkundig die Menschen und ihre Denkwelten gerichtet. Man kann das Fetischhafte, das im Unmut Mao Tse-Tungs gegenüber der Bilderschrift und ihren überlieferten Botschaften bezeugt wird, nicht übersehen. Auf die Zerstörung der alten Bilder und die Verfolgung ihrer Betrachter während der «Kulturrevolution» folgten mimetisch die Verherrlichung der siegreichen Partei in zahlreichen Bildwerken, die strahlende Heiligenikonen kommunistischer Führergestalten hervorbrachten.

Derweil deutete Bruno Latour in Frankreich den Antifetischismus und den Ikonoklasmus als eine eigentliche «europäische Religion», aus der sich sowohl ihre andauernde Frömmigkeit wie ihre Unmöglichkeit zur philosophischen Dekonstruktion erklären soll.[416] Mir scheint allerdings der geschilderte Sachverhalt lokal enggeführt. Wenn er vielleicht nicht von universaler Geltung sein mag, so ist er doch zumindest auf diverse plurale Lokalisierungen anwendbar, wie das chinesische Beispiel zeigt. Er lässt sich nicht auf eine identitäre «europäische» Kontingenz reduzieren, auch wenn die westliche Kulturkritik, die nach 1945 in den postfaschistischen Gesellschaften aufkam, ihre Kritik an der säkularen und ebenso der religiösen Lebenssphäre eines «Abendlandes» verortete, das sie im Abbildverbot charakterisiert sah. Nicht zu leugnen ist wiederum, dass wir gerade seit Paulus und Marx wissen, dass ein menschlicher Körper und ebenso eine unbelebte Ware nicht bloss Objekte sind, die gekauft und gebraucht, das heisst bemächtigt und konsumiert werden. Wenn in der religiösen Sphäre es ein organischer Körper gewesen ist, dem metaphysische Qualität zugeschrieben wurde, so nahm in der säkularen Welt die perfekte Ware diese Rolle ein, indem sie gleichsam eine theologische Annehmlichkeit vermittelt und eine implizit transzendente Qualität inkarniert. Vorgetragen wurde diese Kritik aus der westlichen Hemisphäre mit nicht geringem Pathos: Karl Marx hatte, wie schon einmal vermerkt, früh den «geheimen» Fetischcharakter der Ware als den «religiösen Widerschein der wirklichen Welt» zu entschlüsseln versucht.[417] Mao Tse-Tung hatte in den Schriftzeichen der chinesischen Bilderkultur sehr wohl diesen Fetisch gewittert.

Wir Modernen, die wir die Freiheit so schätzen und genießen, sind in universalem Sinne trotzdem «Fetischisten» geblieben und bringen dies im Habitus unserer Gesten ebenfalls zum Ausdruck, als handle es sich darum, persönliche Liturgien zu inszenieren. Im surrealen Bild von René Magritte (Abb. 34) sind es ironischerweise der Tabakbeutel und damit sein impliziter Besitzer, der Pfeifenraucher, die diesen Habitus verkörpern. Die blosse Ware wird mit der Aura versehen, die sie zum konsumierbaren Genussmittel adeln soll.[418] Theodor Adorno hat eben diese Warenkritik, die wie bei Marx im Grunde eine Religionskritik ist, als Anker zu seiner *Negativen Dialektik* verstanden, deren Diktion es sein soll, jeglichen Abbildrealismus zu durchschauen und stattdessen – wie er es erhoffte – die wirkliche Zukunft der Welt zu erkämpfen.

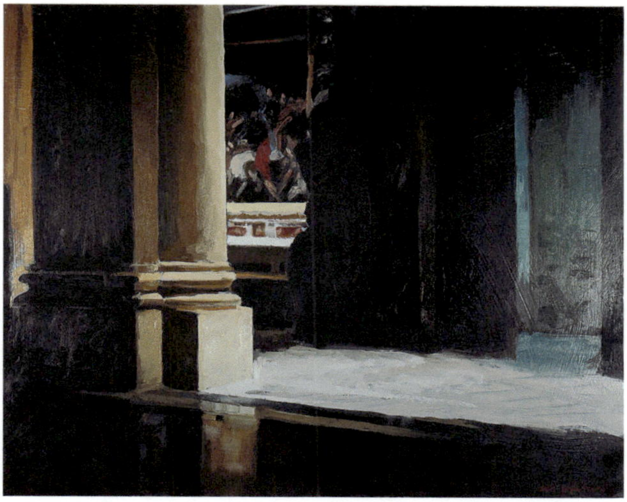

43 Carl Gustafsson, *Der Besuch (Betök)*, Studie aus der Glyptothek Kopenhagen, 2004, Öl auf Holz, 42 × 53 cm; Privatbesitz des Autors.

Dies hatte durch die Zerstörung der Mythen und ihres götzendienerischen Bildcharakters zu geschehen, um die Voraussetzung für eine herrschaftsfreie Zukunft herzustellen.[419] Die pathetische Kritik an Medienkonsum und an der «Unterhaltungsindustrie», wie sie dann Neil Postman in den 1980er Jahren aus dem nordamerikanischen Kulturraum scharf geschnitten ausformulierte, schreibt diese Diktionen in weit biederer Form fort: Die wahre Vorstellung, der Gott der Juden existiere einzig im Wort und nur durch das Wort, lasse jegliches Bildnis als blasphemisch erscheinen, eine Einsicht, die, so Postman, er während seiner Jugend in sich aufgenommen und beim Studium der Bibel ernst genommen haben will.[420]

Die Zerstörung der Bilder und Bildschriften in China während der Kulturrevolution oder die Beseitigung von Leninstatuen in osteuropäischen Ländern wiederholt sich im Versuch, die Entfernung von Statuen aus der Kolonialzeit oder dem amerikanischen Bürgerkrieg zu fordern. Bemerkenswert an der Forderung ist die Weigerung, ihnen einen Platz in einem Museum zuzuweisen, wo sie historisch situiert werden könnten, aber als einstige Heroen- und Kultbilder unzerstört bleiben würden. Diese Radikalität verweist auf eine bekannte Bildökonomie, in der die neuen Ikonoklasten den Sieg davontragen möchten, aber damit auch ihre Legitimation aufheben, die an ihre ikonodulen Gegner übergeht, die nunmehr das Museum als kollektiven Hort der Kritik und der Bewahrung der alten «Heiligtümer» verteidigen. Ob man bildökonomisch notwendig auf die Idee kommen muss, wegen der Sklaverei seit Antike und Mittelalter bis in die Frühe Neuzeit nunmehr auch die Entfernung und Zerstörung altgriechischer Vasen, mittelalterlicher Heiligenbilder, arabischer Kalligrafien, chinesischer Bilderschriften oder britischer Kartografiewerke in Museen zu fordern? Auch hier liegt ein «Moral» transportierendes Pathos von nicht wenig unbescheidenem Mass vor – wie bei jedem Pathos, das sich stets als eine widersprüchliche, oft selbstgerechte Mischung der Ingredienzen Furcht, Empörung, Heroismus, Mitleid, Geschwätzigkeit und Lauheit ausweist. Doch bei so viel Pathos und Zerstörungswut stellt

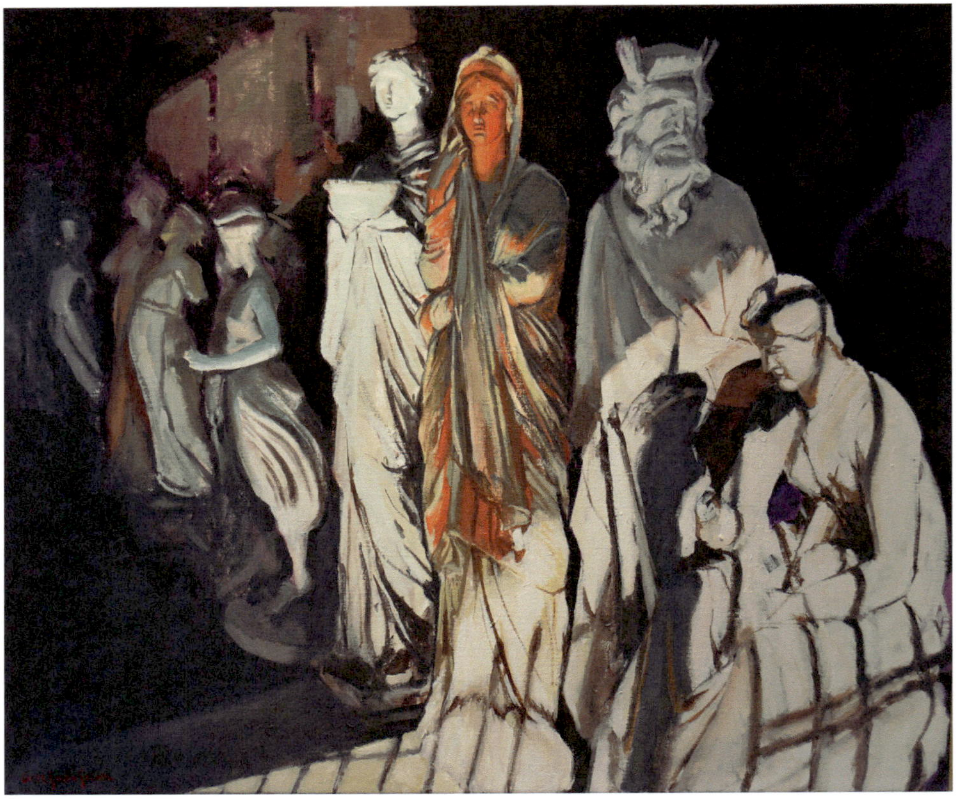

44 Carl Gustafsson, *Pietrasanta,* Studie aus der Glyptothek Kopenhagen, 2010, Öl auf Leinwand, 62 × 78 cm; Privatbesitz des Künstlers.

sich dann das Unbehagen vor Leere, vor gekalkten Leinwänden ein, zwar kaum mehr als Schrecken vor einer alten Gottheit, sondern als jenes seichte Gefühl, wenn das trunkene Fest des grossen Umsturzes vorbei ist.

Alle diese Pathos-Formeln sollen, wie einst Friedrich Schiller vermerkte, dazu dienen, in der Kultur Leidenschaft und Leidensbereitschaft an eine «große» Idee anzuhängen. Bei Schiller hatte der Pathos-Begriff nichts mit feierlich deklamiertem, inbrünstigem Ergriffensein zu tun, vielmehr hatte er ihn im Sinne des griechischen Worts von «Leiden» und «Passion» verstanden und ihn stets mit Forderungen, die Kunst müsse frei sein, verknüpft. Es ging ihm um den emotionalen Schmerzappell, wie er in den antiken Tragödien im Sinne Lessings zu Wort kommt, wenn Mitleid statt Furcht, Empathie anstelle von Drohungen verlangt wird. Dieses Pathos-Verständnis steht in Beziehung zu einem Ethos-Begriff, der die Affekte zu moderieren weiss und die Emotionen ihres Schreckensgehaltes entkleidet.[421] Es handelt sich um ein Pathos, das ganz und gar nicht zu Maos Schreckensherrschaft oder Postmans ziemlich banaler Selbstbeschreibung passt. Doch unsere moderne Zeit will es anders. Im Glauben, mit dem Zarathustra von Nietzsche in der Hand den dialektischen Sprung in eine Art revolutionäre Selbstüberwindung zu machen, betreten neu- und wunschartige Ikonodule und Ikonoklasten die Bühnen unserer Gegenwart, die sie unerbittlich mit ihrem Kampf überziehen. Garniert mit Ismen aller Art, wird das Denken zur Agitation und die Welt in Begriffe aufgelöst, die ideologisch aufgeladen sind. Treffender Kommentar dazu wäre wohl Simone Weils Bemerkung über die Alten, dass der Götzendienst schon in Platos Höhle eine «Lebensnotwendigkeit» war, um auf den Weg zu seiner Überwindung zu gelangen: «Selbst bei den Besten ist es unvermeidlich, dass er dem Verstand und der Güte enge Grenzen setzt».[422]

Die Furcht vor der «Güte» der klugen, empathischen Abwägung lässt es unter den Modernen als empfehlenswert erscheinen, kleinere und grössere Götzen wie auf den Schattenbildern in Platos Höhle auftreten zu lassen, um sie mit kritischer Vernunft und historischem Sachverstand zu studieren, statt sie neuen Scheiterhaufen der Bilderverbrennung auszuliefern. Der etwas mildere Weg liegt darin, sie in Museen und Lagerräumen abzustellen. Von kluger Empathie zeugen die Bilder des Carl Gustafsson, der in Museen, Glyptotheken und Lagerräumen die dort abgestellten und ausgestellten Objekte vergangener Zeiten malt (Abb. 43 und 44). Das gütige Auge des Malers sieht sie als Zeichen, in denen die Objekte und die Erinnerung sich in synchronem Pendeln bewegen, als wollten sie über alle Zeiten hinweg einen gemeinsam Raum konstituieren, aus dem Verhülltes und Enthülltes gleichermaßen sprechen kann. Sichtbares und Unsichtbares in diesen Räumen erscheint als eine Textur aus irgendwie Vertrautem und doch Unheimlichem, stets wert, aufbewahrt, gehegt, studiert, gedeutet und besprochen zu werden.

MOSES AUF DEM BRUNNENSOCKEL

Von Moritz Daniel Oppenheim, den wir schon als Maler des biblischen Moses kennenlernten, stammt auch das Bild, das Johann Caspar Lavaters Besuch bei Gotthold Ephraim Lessing und Moses Mendelssohn in dessen Zuhause zeigt (Abb. 45). Es geht mir hier nicht um die engere Deutung von Oppenheims Werk, das von liberalem jüdischem Selbstbewusstsein im frühen 19. Jahrhundert zeugt und gleichzeitig die sich verflüchtigenden alten Lebenswelten im Deutschland der frühen Industrialisierung dokumentiert.[423] Auch Lavaters störrisch-provozierende Arroganz oder die Freundschaft von Lessing, Mendelssohn und Friedrich Nicolai sind hier nicht Thema. Vielmehr dokumentiert diese Ikone des Aufklärungsmythos den anhaltenden Widerstand gegenüber totalisierenden, teleologischen oder hegemonialen Ordnungen im menschlichen Denken. Mendelssohns Modernität, die konfliktreiche Verbindung zwischen Tradition und Innovation, bestätigt auf eigentümliche Weise die angesprochene Differenz zwischen den Begriffen Bild und Kult.

Vierzehnte Leinwand: Gespräche in realer Gegenwart

Hervorzuheben ist zuerst Mendelssohn Weigerung, die in seiner Epoche zu Tage tretendenden geistigen und politischen Spannungen in chiliastischen Einbildungen oder geschichtsphilosophischen Konstrukten zu imaginieren, so wie das etwa in Teilen der europäischen Romantik der Fall werden sollte.[424] Denn gegen eine solche Sicht standen bei ihm die Entdeckung der Zeichenstruktur und die damit notwendige Auffassung über die Verschiedenheit von Bedeutungen in Zahl, Schrift, Wort und Bild, die er in Hinsicht auf geoffenbarte Wahrheiten und Religion anwandte. Nur der Naive hält in der Kunst das Bezeichnete für wichtiger als das Bezeichnende, so Mendelssohn in einem Essay über Ästhetik, denn edle Einfalt halte sich eben nur an den abgebildeten Gegenstand an sich, ohne die Wandelbarkeit der allen Abbildungen zugrundeliegenden Zeichen zu verstehen. Mendelssohn verlangt deshalb, die Unterscheidung von Bezeichnendem und Bezeichnetem zu berücksichtigen.[425] Er argumentierte aus einer alten Einsicht in die Gefahr, das Geschöpf für den Schöpfer, das Kunstwerk für den Künstler, den Text für den Urheber zu halten, aber im Bewusstsein, bei der Vermeidung dieser Gefahr die lebendige Gegenwart und die Kraft des Schöpferischen potenziell an eine abstrakte, gesichtslose und nicht fassbare Idee

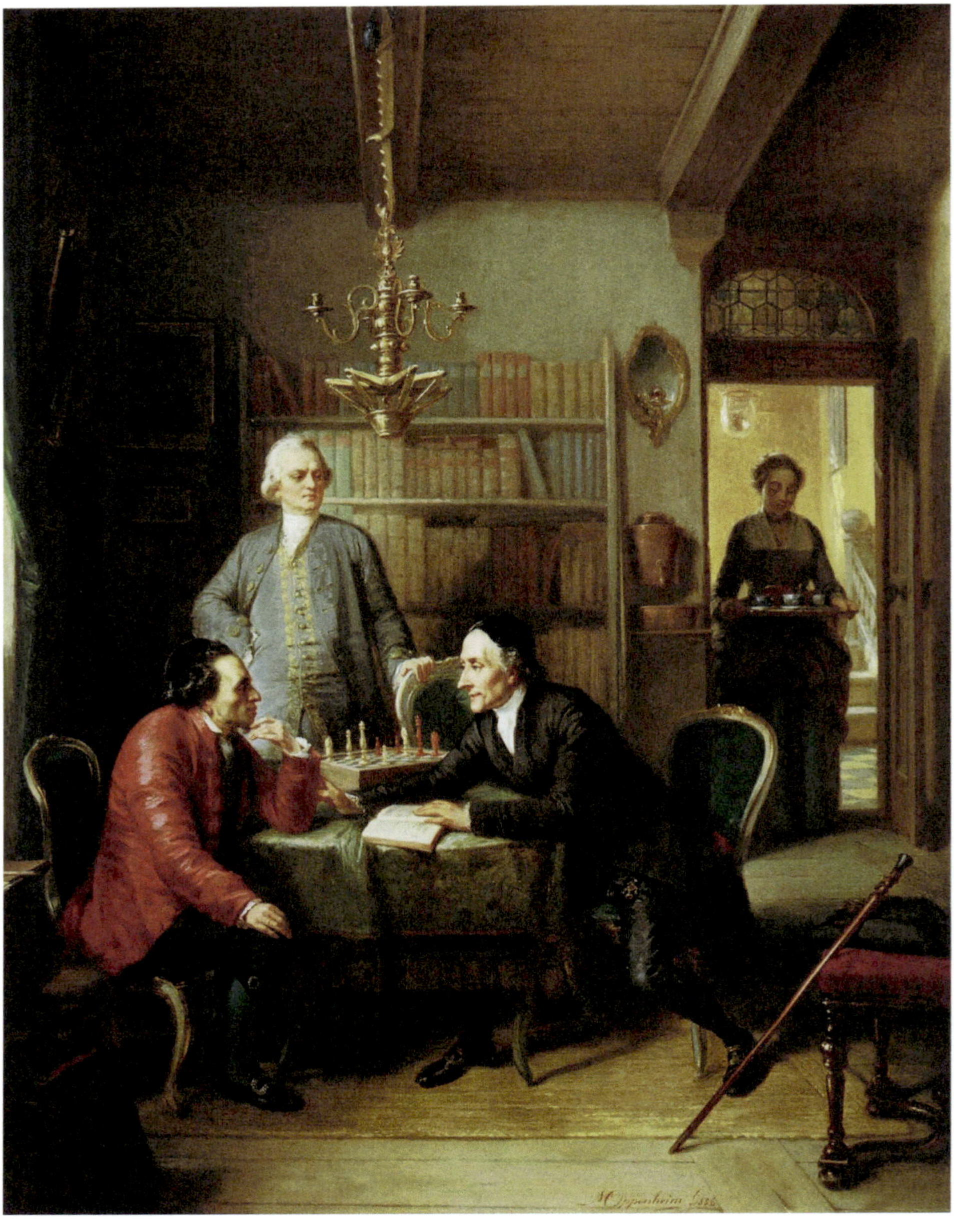

45 Moritz Daniel Oppenheim, *Lessing und Lavater bei Mendelssohn,* 1856, 71 × 59 cm; Judah L. Magnes Museum, Berkeley.

zu verlieren. Der Preis einer solchen Abstraktion zugunsten des Transzendenzgedankens wäre der Verlust der Anschaulichkeit, des immanenten Angesichts der Wirklichkeit. Aus dieser Spannung zwischen Abwesenheit und Anwesenheit stellt sich bis heute die Frage nach einer ethischen Anleitung, die Wahn von Wirklichkeit zu unterscheiden gebietet.

Erst diese Einsicht in die binäre Struktur des Zeichens erschliesst das Wort, die Schrift oder das Bild als Träger einer Bedeutung, die im Kontext einer andauernd auszuhandelnden ethischen Anleitung gewonnen werden muss. Verankert erscheint dieses Postulat in der Tradition einer Ästhetik des Erhabenen, die sich, im Rückgriff auf Textstellen aus der Antike, im 18. Jahrhundert von Alexander Gottlieb Baumgarten bis Mendelssohn und Lessing und ebenso bei Edmund Burke und Immanuel Kant auffinden lässt. Als «gnoseologia inferior», als Erkenntnislehre der «unteren Seelenkräfte» wird bei Baumgarten eine Ästhetik begründet, die die Kunst als eine Logik *sui generis,* als eine selbstständige Disziplin des sinnlich Imaginativen begreift und dies semiotisch auslegt. In den Auswirkungen wird so eine Kontinuität der Argumente hin zu psychologischen und semiotischen Fragen des Verhältnisses zu Bild und Bildern heimisch, indem die Differenzierung von *res* und *signum,* von Dargestelltem und Darstellendem, trotz unterschiedlicher Absichten und Funktionen immer wieder variiert worden ist. Das lässt sich auch rückwirkend verstehen: Angefangen vom theologischen Ikonoklasmus in der Zeit Kaiser Konstantins V. über die rabbinischen Diskurse und das protestantische Verhältnis zum Bild bis hin zur sich säkularisierenden Aufklärungszeit, die letztlich der modernen Semiotik den Weg bereitet hat, kann in allen diesen Beiträgen eine Umwandlung des Bewusstseins festgehalten werden. Die Überlegungen der Zeitgenossen des 18. Jahrhunderts gründen in der Auffassung, dass die im Mythos wurzelnde Bildsprache übergeht zu einer Zeichensprache, die am Ende in die Mathematik und in die Kunst mündet.

Anders gesagt: Der Bildbegriff, der durch Ähnlichkeit und Nichtähnlichkeit, durch Differenz und Verweischarakter bestimmt ist und aus der Unterscheidung zwischen Bild, Abbild und Kultbild seine Überzeugungskraft bezog, hat den Kunstdiskurs der europäischen Kultur seit ihren jüdischen, hellenistischen und christlichen Anfängen bestimmt und insbesondere in der westlichen Hemisphäre prägen können. Eben dies haben wir in den vorangehenden Kapiteln dieses Buches genauer betrachtet. Gerade die Erkenntnistheorie Mendelssohns kann dies im Konzert der Stimmen seiner Zeit erklären. Diese Stimmen gründeten auf Ideen, die wir heute unter dem Begriff Semiotik fassen. Bei Mendelssohn zeigt dies sein *Sendschreiben an den Magister Lessing in Leipzig* an. Mendelssohn subsumierte bezeichnenderweise seinen eigenen Beitrag zur Sprach- und Zeichentheorie unter den Begriff Religionsästhetik, was ihn freilich weit über den Religionsbegriff hinaus auf ästhetische und politische Denkfelder führte und so in die Kunstphilosophie.[426]

Doch bleibt gegeben, dass die Differenz zwischen Bild, Abbild und Kultbild nicht allein eine ästhetische Frage gewesen ist, sondern stets auch eine Konstante der Bildertheologie und des Streites um die kultischen Praxen im langen Verlauf dieser Geschichte. Eine *Scriptura sola,* und das heisst eine Lesart von Texten wie von Bildern, deren Zeichen sich nicht über die Quelle hinaus fortdenken lassen, ist Mendelssohn undenkbar gewesen. Darin verkörpert sich ihm ein theologisches Desinteresse an ästhetischen und künstlerisch-stilistischen Fragen im Sinne von friedlosen und irrelevanten Streitigkeiten um Wahrheiten und Häresien. Jede ästhetische Tradition, ob in Poesie oder Bild, aber wird von ihm als ein Vorgang der steten Umkodierung von Wahrheit, als eine sich davon emanzipierende Medialisierung in Referenz zu den Quellen begriffen. Das Wort ist sich selbst nicht gleich, der Text nicht in sich abgeschlossen, vielmehr ist er bewegt, er spielt und pulsiert, und er bringt sein Potenzial im lebendigen Kommentieren hervor, wenn darum gestritten wird, was die Offenbarung nachgeborener Zeitgenossenschaft sagen mag.

Das Konzept einer schriftlichen und mündlichen Torah, in der Offenbarung und Fortschreibungen sich auf Augenhöhe bedingen, um Zukunft zu erlangen, verweist auf die Notwendigkeit und Dynamik der Emanzipation. Wenn hingegen Abgebildetes oder durch Worte Dargestelltes identisch mit dem Gegenstand gesetzt wird, verliert das potenziell Unbegrenzte seinen Sinn als Wahrheitsgrund und wird zum bloss fixierenden Abbild wörtlicher oder figürlicher Materialität. Die authentische Quelle aber ist bei Mendelssohn das Gespräch, die mündliche Verständigung, nicht die determinierende Schrift allein oder die in Formen und Figuren gebannte Kunst, die ihm als eine auf Zeichen angewiesene Fixierung der lebendigen Gegenwart gelten. Im Bild von Oppenheim werden Lessing und Mendelssohn im Gespräch und beim Spiel gezeigt, als sie vom buchstabengläubigen Lavater gestört werden. All dies lässt sich als Hinweis und Einsicht verstehen, dass auch Sprache und Sprechen, wie das Bildnis und die Bilder, weder normativ noch herrschaftsfrei sind. Denn auch das Ideal des mündlichen Gesprächs kann manipuliert und in gedrungene Verzerrung gerückt werden. Mendelssohn hat aus guten Gründen die Geltung des Götzenverbots auf die falsche Verwertung von Sprache wie von Bildern angewandt. Einer seiner Leser, Franz Rosenzweig, wollte den Zweifel am Wort, durch den dem Schweigen der Vorzug zu geben sei, gar als Essenz des Jüdischen verstehen. Anders gesagt, die Aufklärung erweist sich als ein unabschließbares Projekt, das um seine eigenen Grenzen weiss und eben dies zum Thema seines weiteren Prozesses macht. Das macht das Gespräch und mit ihm die Bewegung großartig und zutiefst verletzlich.

Der aufklärerische Impuls, der von Mendelssohn und vielen weiteren ausgegangen oder aufgenommen worden ist, hat im 20. Jahrhundert durchaus seine Fürsprecher gefunden, die der Aufklärung einen Weg zwischen Traditionswahrung ohne Versteinerung und radikaler Erneuerung ohne Preisgabe des Dialoges an die Intoleranz des Diktats zu bahnen suchten. Martin Buber bestand gegenüber den vielen Deutungen seiner Schriften darauf: «Ich habe keine Lehre, aber ich führe Gespräche».[427] Auf jegliche fixierende Sinngewissheit zielend, sind in dieser Lesart auch die modernen Bilder keine ikonische Präsenz von Wahrheit, die es in hermeneutischen Annäherungen und heute alsdann in medientheoretischen Deutungen zu vergegenwärtigen gälte. Vielmehr sind Ikonen in der Moderne nur und einzig Zeichen, die ohne feste Referenz bleiben und stattdessen in unterschiedlichen politischen und sozialen Konstellationen immer wieder auf andere Zeichen verweisen.

Diese Einsicht verlangt, metonymisch zu verfahren und sich nicht mit Verweisen auf Metaphern oder Analogien zu begnügen, die oft genug von der Annahme ausgehen, ein irgendwie geartetes Bilderverbot sei seit seiner Nennung im mosaischen Ursprung der allmählichen Verdunstung anheimgefallen, hätte aber bezüglich der Kunst seine normative Kraft oder sakrale Natur nach wie vor bewahrt. Die Metonymie hingegen ist im Kern ein Verfahren, das von der subjekthaften Erfahrung von Kunst «unter den Bedingungen *nach* dem Zeitalter der sakralen Einheit von ästhetischer und religiöser Erfahrung»[428] spricht, welche die Ästhetik des 19. Jahrhunderts noch zu retten hoffte. Mit dem Zweifel, dass Sprache und Kunst einen immerwährenden Inhalt überhaupt hätten, wird gleichzeitig postuliert, dass das Gespräch in «realer Gegenwart» als eine nicht auf Parusie und Zirkulation zu fixierende Befragung zu verstehen ist. Wir werden hier, bei der Beschäftigung mit den Erinnerungsmodi im Holocaust-Gedenken, noch einmal auf diesen von George Steiner geäusserten Gedanken verweisen.

Hegels anderer Moses

Hegel hatte während seiner Berner Zeit und zuvor in seinen Tübinger Jahren die Schriften Mendelssohns intensiv studiert. Dieser vergessene Zusammenhang zwischen ihm und Moses Mendelssohn ist ein verdrängtes Kapitel der Geschichte des philosophischen Idealismus. Denn Mendelssohn lieferte – nahezu paradox – Hegel während der Berner Jahre und für seine späteren Vorlesungen und Schriften die Sprachphilosophie und Zeichentheorie.[429] Erinnern wir deshalb nochmals daran: Das Judentum und die von ihm hochgelobte hebräische Poesie waren Hegel ein wichtiger Aspekt seiner Denkfigur zur Ästhetik, indem er sie in die Rolle drängte, das dialektische Gegenstück zu seinem Kunstbegriff zu spielen.[430] In Bern galt Hegels Interesse am Judentum dem Ursprung des Christentums, den alten Mythen, dann Hiob und der jüdischen Geschichte, die er sich wie ein guter Pietist mit den Charakteristika von Herr und Knecht, von Furcht und Dienst vorstellte und damit als steten Kampf der Juden um Anerkennung. Dieser Kampf erschien ihm aber vergeblich, weil den Juden – und nicht allein ihnen – der Prozess der Kultur im Verlauf der Geschichte enteilt. Anstelle von Gleichzeitigkeit setzt Hegel eine Vor- und eine Nachzeitigkeit in das Geschehen ein. Durch die dialektisch konstruierte Bildlosigkeit der Juden erscheint die Erhabenheit des Judentums einzig in der Poesie als einer Entfremdung von der Bildkunst schlechthin.

Hegel sind die Ideen der Gleichheit aller vor Gott und der Freiheit jedes einzelnen Menschen der Kern, um aus der Natur zur Erkenntnis zu kommen und den Geist in der Geschichte als Werden zu Bewusstsein zu bringen. Doch wie konnte Hegel wissen, was in der Geschichte notwendig wäre und wer und welche Kultur darin welche Rolle spielen sollte? Wie konnte er darüber befinden, wer sich wozu und wann genau so verwirklichen musste, wie es sich in seiner idealisierten Darstellung selbstevident verwirklichte? Wer und welche Repräsentation würden vor-, nach- oder gleichzeitig auf die Bühne des Weltgeschehens treten? Hegel glaubte genau zu wissen, was sein «Weltgeist» vorhabe – auch wenn diese seine Fixierung eben die menschliche Freiheit, die er aus der Geschichte retten wollte, wieder aufhebt. Darin, dass er wusste, was der von ihm konzipierte Weltgeist wollte, gleicht sein Denken entfernt, aber nicht minder deutlich den jüdisch-christlichen Anschauungen, wie sie den Propheten und vor allem Paulus zu entnehmen sind. Paulus konnte das jüdische Schicksal noch als Mysterium verstehen, weil die Rolle Israels auf geheimnisvolle Weise mit dem Erlöser im christlichen Heilsgeschehen verwoben war. Israel verwirft zwar Jesus als Christus, doch eben dies ist für Paulus dialektisch notwendig für die universale Natur der Kirche. Für die christologische Geschichtstheologie sind solcherart die Ereignisse in sich selbst gültig und unumstößlich, insofern sich darin der Wille Gottes im Verlauf der menschlichen Geschichte manifestiert. Bei Hegel, der geschichtsphilosophisch diesem Muster folgt, spielt die jüdische Poesie, die die christliche Bildwerdung verstößt, eine analoge Rolle. Nur läuft im Zeitalter Hegels der Weltgeist einer solchen aussergeschichtlichen Bestimmung der Geschichte nach, welche historisch-kritisch, sprich: mittels Quellen empirisch überprüfbar bleiben sollte. Die Bilder haben selbst schon laufen gelernt, das Judentum sich dieser längstens angenommen und sie durch die Jahrhunderte mitgestaltet. Und derweil wird Karl Marx sich alsbald einer Sinndeutung entledigen, mittels der empirische Tatsachen transzendent aufgeladen werden könnten. Seine Epiphanie auf den Klassenkampf, der ihm als das eherne Gesetz der Geschichte gilt, soll auf die materiellen Verhältnisse reduziert werden, in denen Religionen, Rituale, die Poesie und die Bilder – kurz der Mythos – keine Bedeutung mehr haben sollen.

Welches Fazit ziehen wir? Anstelle einer dichotomen Zeit- und Rangordnung von Wort und Schrift wie von Poesie und Kunst setzt hier das Nachdenken ein, bei dem die Herstellung von Sinn nicht aus dem Medium einer in sich geschlossenen Exegese, sondern vom Leben her durch kritisch reflektierte Handlungen erkundet wird.[431] Dieser andere Moses, mit Namen Mendelssohn, weigerte sich, in den hermeneutischen Zirkel hineinzuspringen und einer – mithin auch ästhetischen – Parusieevidenz und Erlösungssehnsucht anheimzufallen. Er hat die Aufgabe der Künste nicht in der Befürwortung der Heilsgeschichte sehen wollen. Solcherart wäre dem Zeichen eine fest arretierte Bedeutung zugeschrieben und die ästhetische Form in falsche Idolatrie überführt worden. Zwar werden bei Mendelssohn Einsichten und Lebensregeln sehr wohl unter dem Leitbegriff Offenbarung vermittelt, doch die Bilder, Worte und Schriftsätze behalten «kein Menschenalter ihren Sinn unverändert», sondern erlangen durch die Entwicklung einen jeweils immer neuen Bedeutungsgehalt. In dieser semiotisch angelegten Dynamik der mündlichen Fortschreibung wird das, was «säkular» genannt wird, entfaltet und fusst auf der Voraussetzung, die Gründe der Wahrheit und die Gebote der bürgerlichen Verfassung auseinanderzuhalten. Denn jede Zeichensprache ist in sich problematisch, indem das Zeichen, das *Aleph Beth* der Bilder, der Worte und der Schrift, immer menschliche Konvention darstellt und notwendig einem Bedeutungswandel unterliegt.[432]

Man kann also das «Lob des Polytheismus» auch ganz ohne das Bild der angeblichen Bildlosigkeit des Monotheismus singen, wenn im sich aufklärenden Spielraum der Imaginationen die orthodoxen Theologien als ein «sterblicher Gott» semiotisiert werden. Das gegen versklavende Gesetzlichkeit gerichtete Judentum in neue christologische oder auch eine jüdisch-neopaulinische Hypertrophie zu verflüchtigen, wie dies Jakob Taubes tut, ist kaum empfehlenswert.[433] Orthodoxe Monopole kommen auf der anderen Seite der Dialektik von Exodus und Revolution auch nur auf halben Weg bei. Es gibt also nicht wenige Spielarten, exegetische und intellektuelle Zaubertricks zu üben, um den dialektischen Umschlag in bloss eine – und nur eine – Richtung zu kanonisieren und diesen Kanon herrschaftlich zu verwalten. Kurz, die Erbschaft der biblischen Bücher in ihrer Vielzahl begründet keine feste Lesart des Textes und keine Einheit einer Religion, sondern eine Vielzahl an Deutungen und Auslegungen und damit auch eine Vielzahl sozialer und institutioneller Verankerungen, die sich jeweils in ihren Provinzen und Grenzen einrichten. Denn letztlich, wie Michael Walzer betont hat, beruht der mosaische Monotheismus auf einem gegen jede Herrschaftsrepräsentation gerichteten Exodus, der einem revolutionären Umschwung und der Absage der Propheten an königliche bzw. versklavende Hierarchien und ihre Gesetze gleichkommt. In der historischen Erfahrung liegt indes das Potenzial der Dialektik eben darin, dass das Gebot zur Freiheit und Offenheit wiederum in geschichts-

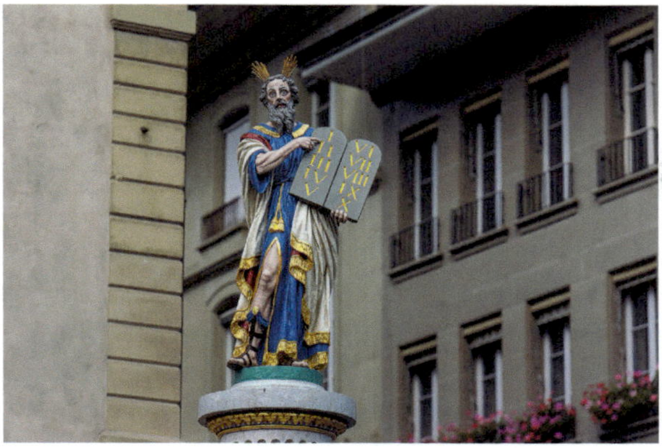

46 Niklaus Sporrer, *Moses-Brunnen,* Münsterplatz, Bern, Figurenbrunnen 1791; Denkmalpflege der Stadt Bern.

philosophische Rollen und religionsgesetzlichen Festfügungen kodifiziert wird, um im Nach- und Fortgang den vergangenen Durchbruch zu sichern, in einer Gemeinschaft zu kommunizieren und eine bestimmte Tradition zu stabilisieren. Auf diese Weise stehen Exodus und Revolution auf der einen Seite und Kritik und Gemeinsinn auf der anderen Seite in einem engeren Zusammenhang.[434]

Hegel, diesem grossen Schöpfer einer Phänomenologie, verdanken wir die Einsicht, dass der Schlüssel zur Poesie und zur Sprache das dialektisch geschulte Vermögen ist, zwischen den Zeichen eine Verbindung herzustellen, die von einer unmittelbaren, fixierenden Anbindung solcher Zeichen an Bilder oder Objekte zu abstrahieren weiss. Darin liegt etwas Gemeinsames von Mendelssohn und Hegel. Über beide hinaus erweist sich Erkenntnis letztlich als mathematisch, d. h. als Abstraktion, doch gewährleistet dies nicht, dass das menschliche Denken nicht weiterhin in episodischen Vorstellungen einer kulturellen Evolution verhaftet bleibt, um sich die Welt vorstellen zu können. Wenn aber den konkreten sozialen Entitäten – wie Herkunft, Konfession oder weltanschauliche Positionen – scheinbar festgefügte geschichtliche Rollen in diesem Prozess der Ideen zugemessen und durch äussere Bilder wie innerliche Gedankenbilder fixiert werden, setzt die Engführung des Denkens und der Ästhetik ein. Eben dies macht gerade das Verfahren der Kritik in der Ästhetik notwendig und heilsam.

Fünfzehnte Leinwand: Eine Botschaft von der Hauswand

In der Unterscheidung von Bezeichnetem und Bezeichnendem gründet bekanntlich der Witz, jene Kunst des unmittelbaren Widersprechens. Dadurch wird die ästhetische Produktion im mündlichen Diskurs der Kritik geistvoll und ironisch zitierbar.[435] Wie zur Exemplifizierung dieser Konstellation steht in Bern ein Moses-Brunnen (Abb. 46), dessen Sockelfigur auf das zweite Gebot zeigt und mit strengem Blick auf das Hauptportal des Münsters blickt, wo die figürliche Darstellung des Jüngsten Gerichts in prachtvoller Ausführung präsentiert wird (Abb. 50). Es ist, als ob dieser Moses gleichsam durch die Reformation auferstanden ist und nun vom Sockel herab neue Autorität über die Bilder beansprucht, um deren Makel er zu wissen scheint.[436] Das Tympanon umrahmt das einzige Skulpturenensemble, das Jüngste Gericht, das vom Berner Bildersturm der Reformationszeit verschont wurde. Dass die Moses-Figur an die Kritik der Ikonoklasten erinnern und sie verkörpern soll, ist insoweit ironisch, als dieser Moses selber eine skulptural-figürliche Ikone ist. In dieser diskursiven Bildsprache, den Raum auf dem Münsterplatz intermedial zu gestalten, mutet dies heute an wie ein vor wenigen Jahren gespraytes Graffiti, das auf demselben Münsterplatz sichtbar an eine Hausmauer hinter dem Brunnensockel gesprayt worden ist: «Du sollst nicht sprayen», hiess es da. Die Behörden liessen dieses «Gebot», das offenkundig ironisch mit dem Ärgernis namens Graffiti spielt, alsbald übermalen. Man möchte diese unscheinbare Episode fast als das hyperbolische Ende einer 2000-jährigen Geschichte, in deren Verlauf das Drama der Schuld zum Trauma der Sünde wurde, lesen …

Ob Hegel den Moses-Brunnen je gesehen hat, ist nicht zu eruieren. Vielleicht hätte dieser Moses ihn an Mendelssohn und dessen diskursive Semiotik denken lassen. Das Jüngste Gericht aber stand schon seit Jahrhunderten im Portal des Münsters. Es erinnert uns daran, dass auch in der Perspektive des philosophischen Idealismus des 19. Jahrhunderts es immer schwieriger zu ertragen war, dass die Geschichte und jedes geschichtliche Ereignis an sich und in sich verstörend sein konnten. Wer über die Geschichte richtet, war ungewiss, wer als Richter amtet, bloss ein Gleichnis: In Heinrich Heines Ballade *Belsazar* aus dem *Buch der Lieder* tritt kein Prophet auf, wie noch im biblischen Buch Daniel, um wenigstens als fassbarer Mahner die Geschichte zurechtzurücken. Als Belsazar, dem König von Babylon, der den Himmel lästert, die Feuerschrift an der Saalwand erscheint, ist der Künder des Menetekels nicht zu eruieren. Der Sinn der rätselhaften Schrift bleibt unverständlich und eben deswegen ist die Botschaft aus Zeichen und Feuer furchterregend und ohne Hoffnung, was die Gesellen dazu treibt, den König umzubringen. Die Unberechenbarkeit und so die Geworfenheit der menschlichen Existenz scheint unversehens allen Glauben, über die Zeit und Geschichte hinausgehen und hinausweisen zu können, zunichtezumachen. In allen Varianten – bei Nietzsche, Troeltsch, Dilthey, Warburg, Cassirer, Simmel, Arendt, Heidegger – kommt in der Nachfolge und Überwindung der historizistisch gemalten Geschichte die Unberechenbarkeit der Welt zum Ausdruck, die Heine in seinem Balladenbild früh und unübertroffen gezeichnet hatte. Die Geschichte erwies in solchen Gedankenbildern wie ebenso in den tatsächlichen Ereignissen des 20. Jarhunderts ihren eminenten Schrecken, als wäre die Zeit selbst das Menetekel.

DEN SCHRECKEN BANNEN: PSYCHOSTASIE UND AUFERSTEHUNG, SEELENWAAGE UND LICHTARENEN

Die Vorstellung eines Letzten Gerichts ist, so sei hier vorab festgehalten, treibend gewesen für oder wider eine Ausmalung durch gemalte oder plastische Bilder und die allmähliche Hervorbringung neuzeitlichen Wissens. Das Konzept des Jüngsten Gerichts verweist uns auf die Vorstellung eines Totengerichts, das jeden Einzelnen vor einen göttlichen Richterstuhl führt, eine Vorstellung, die im Zusammenhang mit der Offenbarung des Johannes in der mittelalterlichen Theologie und Kunst des lateinischen Christentums eindrücklich in bildlichen und plastischen Darstellungen durchgeschlagen hat.[437] Nichts vermag Menschen die Aussicht auf ein heil- oder unheilvolles Leben nach dem Tod so vor Augen zu führen wie Bilder in den Kirchenräumen des weströmischen Kulturkreises, zumal Gewalt, Krankheiten und Aussicht auf Weltuntergang in der mittelalterlichen Erfahrung präsent waren. Und nichts vermag Menschen so gegen solche Bilder aufzubringen wie die damit einhergehende Täuschung durch Ablasshandel und Missbrauch ihrer Seelenqual. Wo die Bilder wegfallen, wie bei den Reformierten, ersetzte die Predigt über die erhoffte Gunst der Prädestination die ikonische Anschaulichkeit der Hölle als ungewissen Ausgang. Beides hielt die Menschen in einer existenziellen Angst vor dem Tod gefangen, ob sie dereinst zu den Auserwählten und Geretteten gehören würden oder nicht.[438] Hinzu kommt, dass Gottes Angesicht zu schauen gemäss der Bibel nicht etwa Beglückung bedeutet, vielmehr Todesschrecken auslöst oder einen Menschen versteinern lässt. Offenkundig soll es dann eine «Gnadenerweis» sein, dass Gott stumm, unsichtbar und verborgen bleibt – darin liegt die Verlockung, die Hoffnung und der Schrecken dieser verstörenden Konstellation. Die apokalyptische Zerstörung der Welt, die der Mensch sich und zum Zeugnis seines Gottes aufgebaut hat, um mit ihm darin zu hausen, korrespondiert und kontrastiert mit dem Wiederbeginn des kühneren und volleren menschlichen Lebens, mit einer frohen Auferstehung, die den Makel erschreckender Bilder aus der Vergangenheit zu überwinden hofft.

In der Gnade sitzt die Angst: Bilder als soziale Handlungen

Das Bild selbst kann Fluch sein, sein Anblick macht wahnsinnig und ist mit tiefsitzender Furcht behaftet.[439] Nietzsche gilt dieser Fluch und Schrecken als die «Mutter der Moral», indem alles, was den Menschen «über die Herde hinaushebt und dem Nächsten Furcht macht, von nun an

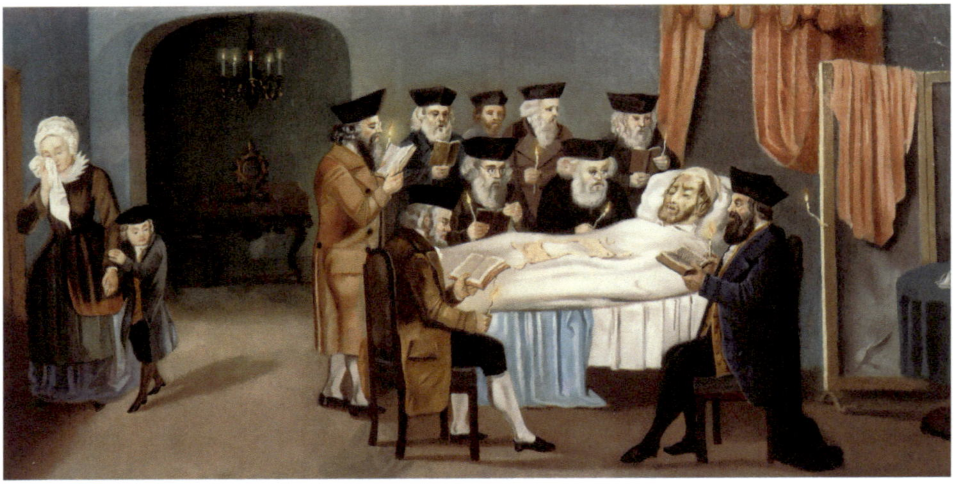

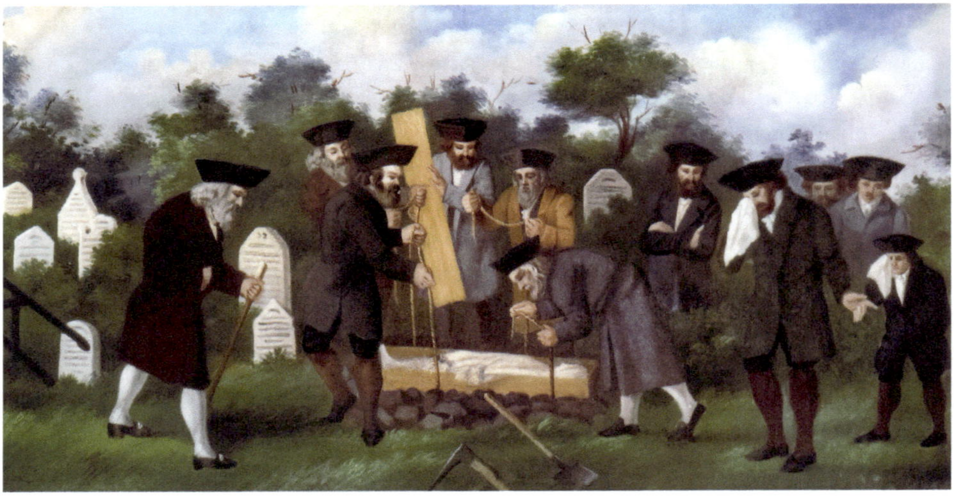

47 und 48 *Versammlung beim Sterbenden* und *Grablegung,* Chewra Kadisha (Heilige Bruderschaft) von Prag, 1722, je 55 × 110 cm; Staatliches Jüdisches Museum Prag.

böse» heisst. Die Vorstellung und die Bilder der Hölle als Ort ewiger Qualen erachtete er deswegen als ein blosses Machtmittel der Kirche, um sich Herrschaft über Leib und Seelen der «Furchtsamen» zu sichern.[440] Es bleibt aber dahingestellt, ob solcher Schrecken vor dem Bild und der Fluch des Bildes sich in eine Furcht vor dem Numinosen überhaupt eingesenkt hat, oder ob umgekehrt aus dem Schauer vor einer gefährlichen Schau des Göttlichen sich die Scheu vor den Bildern ergeben musste. Denn ob materiell sichtbar oder unsichtbar – Bilder, Symbole und archetypische Aspekte sind, wie Erich Neumann sagt, «schon das Produkt der Zerlegung», eine Folge von Abspaltung und Verdrängung angesichts der überwältigenden Dynamik und ursprünglichen Totalität aus «Erschütterungen, Verwandlungen, Wahnsinn, Seligkeit, Rausch und Tod».[441]

Die Theorien, mit denen Wilhelm Wundt, Edward Tylor, Marcel Mauss oder Lucien Lévy-Bruhl und viele andere als Anthropologen oder Psychoanalytiker die Furcht, die Angst oder den Schrecken zu deuten suchten, bringen alle – über biologische Erklärungen hinausgehend – emotionale und kulturelle Deutungen in den Vordergrund, in denen imaginäre Kräfte, bildhafte Gedanken oder animistische Objekte eine Rolle einnehmen.[442] Auch der eher zurückhaltende Max Weber spricht die Furcht und den Schrecken vor den Götterbildern an, die im Prozess der Säkularisierung zur Urgewalt der Natur mutieren; er fürchtet darin vor allem die vitalistische Irrationalität des Menschen, die auch Aby Warburg so intensiv in seinen kunst- und kulturgeschichtlichen Studien beschäftigt hat. Webers Schreckensvision von den «alten Göttern», die zwar durch die Kultur entzaubert werden, aber nunmehr «in Gestalt unpersönlicher Mächte [der Natur, des Irrationalen] ihren Gräbern entsteigen», fürchtet im gleichen Atemzug die Auferstehung – eine «Auferstehung», die als modernes Geschehen die Kräfte von Mythos, Irrationalität und Vitalismus ungehemmt entfesseln kann.[443]

Diesen Schreckensbildern, so die Furcht nicht weniger Denker in einem Zeitalter des wachsenden Antisemitismus, stehen keine oder nur schwache Bilder gegenüber, um den kultisch aufgeladenen Schrecken zur Genüge aus der Zeitgeschichte zu bannen. Besonders erwähnenswert und schon früh hatte Émile Durkheim Angst und Schrecken in den Kontext von Kulten und Kultbildern gerückt. Das dem römischen Dichter Petronius im Sinne von Lukrez entlockte und oftmals zitierte Bonmot «Primus in orbe deos fecit timor» («die Furcht hat als erste in der Welt die Götter gemacht») wies er dabei entscheiden ab. Denn die Geistwesen der Totemfiguren, die ihre Kräfte durch Symbole repräsentieren, würden ja den totemistischen Kultpraktizierenden als beste Freunde gelten, die sie vor Gefahren, Erschütterungen und Unbill bewahrten und schützten – und so seien die dem Totemismus zugrundeliegenden Gefühle eher die eines glücklichen Vertrauens als die von Terror und Unterdrückung.[444] Einen trefflichen Beleg für den doppelten Charakter von Weltende und Weltzuversicht hätte Durkheim eine bildliche Darstellung abgeben können, die zeigt, wie sich die Maya das Weltende vorstellten – in langen Zyklen der Planetenumläufe von Hundertausenden von Jahren, errechnet über ebenso lange kosmische Weltperioden, die so fern sind, dass dieser Kreislauf schon fast freundlich erscheinen muss. Demgegenüber ist die Zerstörung der Welt durch Sturzfluten der Wasserschlange und weiteren Schreckensgestalten eine machtvolle Vorstellung, um die zwar sehr ferne, doch allesverschlingende Katastrophe visuell ins Bild zu setzen. Im Kreislauf der Weltenperioden aber winkt wiederum die Auferstehung der Welt im Zeichen der Schlangenkultur. Durkheim nimmt in seiner Analyse eine methodologische Ausdifferenzierung zwischen Bildrepräsentation und naturbedingtem Dasein vor – in diesem Sinne ist beispielsweise die Schlange zwar als biologische, tödliche Gefahr zu sehen, aber diese Tatsache von ihrer Repräsentation als Kultbild oder Kultskulptur, die vor dem Biss schützen oder im Totem als Anrufungsmittel zur Heilung dienen soll, zu unterscheiden.

Die erschütternde Konstellation, wie wir sie einerseits im Bild als furchteinflößende Wirklichkeit vor uns zu haben meinen und die Rudolf Otto andererseits als irreduzibles «Mysterium tremendum» bezeichnete, soll uns nicht vergessen lassen, dass der im Bild dargestellte Schrecken realiter kein wirklicher Schrecken ist: Pinselstriche bluten nicht und Bilder sind nicht das Fegefeuer oder, modern gesprochen, Gefolterte kann man auf Fotos nicht hören und Pixel stinken nicht nach Verwesung. Aber Bilder sind eben stets auch seelische und soziale Handlungen, indem sie

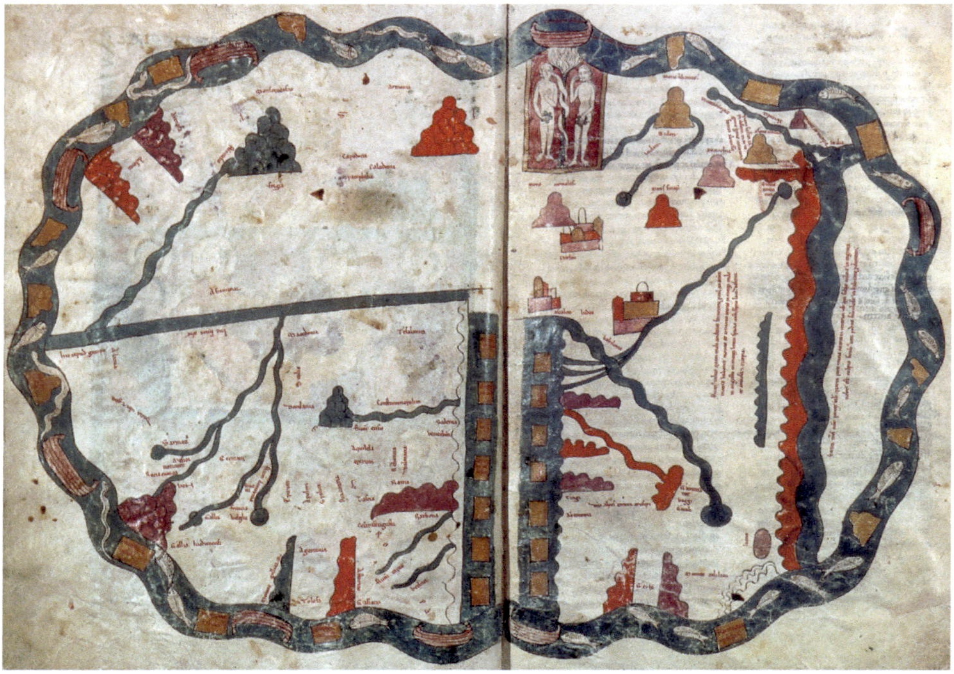

49 Weltkarte von 1220, aus dem *Kommentar zur Apokalypse* in der *Offenbarung des Johannes* des spanischen Mönches Beatus von Liebana (776); British Library, London.

betrachtet und emotional wahrgenommen werden. Sie bilden die Wut und die Hoffnungen angesichts realer historischer Ereignisse ab, etwa wenn der Feind vorrückt und das Ende der Welt zu erwarten ist, wie in der anschaulichen Karte zu einem Kommentar der Johannes-Apokalypse (Abb. 49). Darin wird das Ende der Welt im Jahr 800 erwartet, die Feinde Christi sind in Gestalt der muslimischen Eroberung Spaniens gerade bis zu den Pyrenäen vorgerückt. Damit der Zorn Gottes über alle Sünder und Feinde Christi kommen wird, muss in der Darstellung der Sündenfall, von Adam und Eva mit der Schlange der Versuchung, prominent dargestellt werden. Dass dereinst die Reconquista und die Vertreibung von Juden und Muslimen mit Inquisitionsgerichten zur Selbstermächtigung einhergehen würde, war in diesen frühen mittelalterlichen Konzepten von Apokalypsen und Jüngstem Gericht nicht vorgesehen oder absehbar. So bringt die Betrachtung der Karte uns zwar den geschichtlichen Kontext zu Bewusstsein, wenn die soziale Wirklichkeit und die menschlichen Emotionen in der Darstellung verknüpft wurden. Der dadurch erlebte innere Schrecken aber fügte sich damals nicht immer oder oft gar keiner Vernunftordnung. Die reale Gewalt, die den Schrecken auslöst und durch Bilder nicht nur begleitet, sondern ihn an das innere Bild des Betrachters bindet, liegt, wie Jean-Luc Nancy schreibt, «diesseits der Intention und jenseits des Ergebnisses».[445] Sie drängt in den Vordergrund des menschlichen Denkens und schafft Zeichen, die beim Betrachten und Nachdenken über diese Bilder überwältigen und faszinieren und letztlich aufgrund der Verstörung auch immer das verfremden, was, im historischen Zusammenhang betrachtet, wirklich zerstört oder erlitten wurde.

Vor was sich Menschen vielleicht am meisten fürchten, ist, dass sie sich selbst im Angesicht solch existenzieller Fragen nur allzu gut kennen könnten und ihre eigene Gewaltbereitschaft spüren und das Leiden potenziell selber durchleben müssen. Angst um die Unversehrtheit des eigenen Körpers, ein tiefes Bedürfnis nach Unverletzlichkeit, der Ruf nach Schutz vor den bösen Geistern, die aus dem eigenen Inneren wie von außen herbeidrängen – all das ist prägend für jene Konstellation, in der diese Bilder geschaffen und aufgestellt werden. Sie sind furchterregend. Doch eben dieselben Bilder halten diese furchterregende Dynamik einen Augenblick lang an. Denn die Spannung und die Kraft, die jedem Bild innewohnen, liegen in der – oftmals heroisch gedachten – Möglichkeit, die Wirklichkeit zu substituieren.[446] Es geht darum, das Risiko des Verlustes der Kontrolle zu vermeiden: Die Menschen fürchten einerseits die Sinnlichkeit der Bilder, weil sie sich nicht verlieren wollen, und andererseits wissen sie, dass sie sich nicht im Bild verlieren können, wenn sie dank des Bildes die Kontrolle über sich in der Wirklichkeit zu behalten vermögen. Doch immer wieder fallen die Wirklichkeit als Sache und die Wirklichkeit des Bildes aufeinander zu, wie dies Aby Warburg in seinem Vortrag über das Schlangenritual – darauf kommen wir später zurück – präzise beobachtet und bei sich selbst gefürchtet hat, wenn er vor der Entdeckung des Irrationalen zurückwich. Die Repräsentanz als Symbol, das die beiden Seiten verbindet, stellt eine ambivalente und unterscheidbare, doch weiterhin seelisch wirkmächtige Reaktion auf die Totalität dar. Der Schrecken und die Todesängste akkumulieren sich, indem das Vergangene und Künftige, das Hiesige und das Numinose zusammenfallen und in Symbolen und Bildern präsent werden. Indem im Ganzen der panische Schrecken durch ein Bild vermittelt und gleichzeitig gebannt erscheint, aber nimmt die Wirkkraft zu. Auch dann, wenn das Bild irgendwie beruhigen mag – die Drohung, die aus ihm spricht, wird in der Tröstung gedanklich zwar gedämpft, niemals aber zurückgenommen: «In der Gnade sitzt die Angst» – wie es in einer berndeutschen Übertragung und Deutung eines Verses des Tao Te King heisst.[447]

Dass man die Vorstellung vom Jenseitsgericht und der Seelenwaage in Stein meisselte, auf Sarkophage zeichnete, in Holz schnitzte, auf Mauer- und Leinwände malte, und dies über Jahrtausende in den Hochkulturen Indiens, Persiens, des Vorderen Orients und des Abendlandes, dokumentiert den angesprochenen Bildgedanken, aus dem Erschütterung wie der anhaltende Versuch sprechen, Furcht und Schrecken zu bannen.[448] Die Seelenwaage, wie sie auch in biblischen Texten genannt wird (vgl. Daniel 5,22–27; Hiob 6,2 und 31,6), entstammt vornehmlich aus den altägyptischen Gesetzen des Totengerichts, die dem Einzelnen im Falle konformer Lebensführung ein ewiges Leben im Jenseits bei den Göttern verhiessen. «Das anhaltende Drängen und Stoßen von Innen her wäre übermächtig, wenn das Äussere nicht eine eigene Kategorie hätte», wie der Arzt und Philosoph Max Picard die Funktion solcher Symbole und Bilder als Besänftigungsversuche vermerkt.[449] Wenn die Teufels- und Sündphantasien in der tiefsitzenden Angst wurzelten, die sie fortwährend nährten, so erschienen die gemalten Bilder jedoch oft kindlich bunt und so allgemein vertraut, dass sie das Angsterweckende verlieren konnten. Der Schrecken geht, wo große Angst im Betrachten der Bilder und Hören von Worten allmählich abschmilzt, in Rührung, Hoffnung und Innerlichkeit über. «Ehre sei Gott in der Höhe», singt der Chor in der Messe von Johann Sebastian Bach, und auf Erden Friede «den Menschen seiner Gnade».[450] Und mit gutem Grund wird auch im alltäglichen Sprechen gerne die Ansage betont, man habe zuerst eine schlechte und dann – eine gute Nachricht! Aber auch die ironisch-komische

Distanzierung lag zuweilen nahe, wie es Jan Huizinga für das ausgehende Mittelalter und den Auftakt zur frühen Neuzeit ausdrückt: «Die höllische Schwefelluft mischt sich mit den Furzen der Posse».[451] Nur in den Standreden der Theologen, die bei amtlichen Hinrichtungen dem Armesünderzug zur Richtstätte vorangingen und nach der Vollstreckung des Urteils sich in einer Ansprache an das Publikum wendeten, blieb es stets ernst und medialisierte sich der Schrecken – er wurde zur rhetorischen Abschreckung an die Adresse der Zuschauer und Zuschauerinnen, die am Beispiel der Exekutierten sich der Gefahren einer allzu eigen- und leichtsinnigen Lebensweise buchstäblich vor Augen führen sollten.[452]

In und mittels der Bilder werden also die Täter, die Opfer und die Sündenböcke geriert, um Unbill und Versehrungen zu entgegen oder Verstrickungen zu tilgen. Zur paradoxen Wirkung des im Bild dargestellten Schreckens gehört aber, dass dadurch der Drang nach Wissen, Berechenbarkeit und Aufklärung auch dank eben dieser Bilder und Darstellungen evolutionsgeschichtlich in Bewegung versetzt wird. In einer anthropologischen Perspektive erscheinen deshalb antike und mittelalterliche Texte einschließlich der biblischen Bücher und ihrer späteren Bilddarstellungen als prä- und protowissenschaftliche Narrative zur Bewältigung von Katastrophen, Gewalt, Versehrungen und weiterer Traumata.[453] Ohne das Bild aber und den Schrecken, den Bilder verursachen und bannen, gäbe es wiederum auch keine Hoffnung und keine Zukunft, die nach dem Wissen ruft, das die angsteinflößende Gnade substituieren könnte.

Diese doppelte Botschaft gilt auch für die öffentliche Vermittlung medizinischer und naturwissenschaftlicher Interventionen. Die von Hand übergroß gezeichneten Abbildungen von Mikroben und Krankheitserregern in den illustrierten Zeitschriften des 19. und frühen 20. Jahrhunderts, wie sie dem lesenden Publikum schreckenerregend präsentiert wurden, sollen gleichzeitig die Notwendigkeit von eugenischen und hygienischen Maßnahmen in das öffentliche Bewusstsein einimpfen. Die Ambiguität von Schrecken und Bannung bzw. eingeforderter Handlungen und Heilungsmöglichkeiten demonstriert in solchen Illustrierten die Funktion dieser Zeichnungen: Ohne Metaphern und Bilder kann es der naturwissenschaftlichen Erkenntnis, die mit ihren abstrakten Formeln die Welt beherrscht, nicht gelingen, Kultur zu werden, das heisst sich in die Phantasie und Gefühle der Menschen einzusenken. Inzwischen aber sind die einst Horror einflößenden Zeichnungen von Bakterien und Mikroben allenfalls noch als lustig-grimmige Emojis und Trickfiguren in Werbefilmen für WC-Reiniger und Waschmittel zu sehen. Utopie und Entzauberung, Hoffnungen und Illusionen sind, wie es Claudio Magris formuliert, gleichermaßen Phänomene der Moderne, die sich in solchem «naivem» Bildergebrauch offenbart.[454]

In dieser Moderne sind es nicht nur die raschen Abfolgen der Bilder, wie sie aus Filmen – und heute TV und Internet – hervortreten und den Schock als ästhetisches Mittel aufgreifen, um den Schockierten ihr politisches Erwachen durch schönes Entsetzen zu bereiten. Ein Maler wie John Martin, der anfangs des 19. Jahrhunderts die Apokalypsen aller Art als biblische Offenbarungen inszenierte, nahm etwa den profanen Kinofilm von «apocalypse now» des Regisseurs Francis Ford Coppola über den Vietnamkrieg vorweg. Mit seinen erhaben wirkenden Darstellungen des drohenden Weltuntergangs, mit tobenden Naturgewalten, herabstürzendem Himmel und schaurigen Flammen- und Wasserfluten, bot Martin seinem Publikum jenen Unterhaltungswert, der theatralisch-heroischen Schauder garantierte. Der gebotene Abstand, um aus sicherer Entfernung die Bilder der Sintflut oder eines modernen Krieges zu genießen, ohne den Schauder zu vermissen, findet sich weit subtiler und kunstvoller auch in dem bereits erwähnten Gedicht *Belsazar* von Heinrich Heine. Dem babylonischen Herrscher, der während eines Gastmahls den Namen Gottes frevelt und die heiligen Gefäße entweiht, prophezeit eine geheimnisvolle Schrift, das Menetekel, an der Wand seinen Tod und den Untergang seines Reiches – er wird von seinen eigenen Trinkkumpanen und Knechten umgebracht, weil niemand das furchtgebietende Menetekel zu deuten imstande ist.

Der Inszenierungscharakter dieser Gemälde und hohen Lyrik aber hat längstens auf die Reportage des Journalismus übergegriffen. Lee Miller, die amerikanische Fotojournalistin, die während des Zweiten Weltkriegs amerikanische Truppen auf ihrem Weg nach Deutschland begleitet hatte, fotografierte dort die Leichenberge in Konzentrationslagern, hungernde Kinder vor verbrannten Häusern und Mannequins vor zerbombten Stadtkulissen. Ikonisch geworden ist dann aber ein sehr anderes, geradezu subtiles Bild. Es zeigt die schöne Fotografin selber, nackt in der Badewanne von Adolf Hitlers Münchner Wohnung, sorgfältig arrangiert als ein Bild mit Bildern im Bild – mit einer kleinen antiken Statue der Aphrodite und einem gerahmten Foto von Hitler in Uniform auf dem Wannenrand. Schauder, Schock und Schönheit: Die Grenzen des Begreifbaren werden in dieser berühmt gewordenen Fotografie für die Zeitschrift *Vogue* in gesteigerter, unüberbrückbarer Ambivalenz vermittelt. Die Deutschen hatte Miller hingegen als unterwürfig, wohlgenährt und träge beschrieben, die Konzentrationslager und ihre Schrecken als «unverzeihbar».[455]

Das Schöne und der Schauder des Schreckens sollen also gleichermaßen schockieren. Der Schock soll, wie Benjamin allzu optimistisch, ja nahezu naiv vermerkt, wie bei Feuersbrünsten den Schockierten die Möglichkeiten der Analyse und des in ihnen erwachenden, emanzipierenden Handelns vor Augen führen: «Daher, wenn unversehens Feuer ausbricht oder aus heiterm Himmel eine Todesnachricht kommt, im ersten stummen Schrecken ein Schuldgefühl, der gestaltlose Vorwurf: Hast du im Grunde nicht darum gewusst?».[456] Die «wider die Technik mobilisierte Technik», die deren «Messianisches aus ihr – dem epochalen Moloch – selbst hervorholt», aber ist nie ohne gewaltsame, revolutionäre Momente. Es ist eine «Figuration von Obsoleszenz und Mobilität», von Abnutzung, Umsturz und Fortbestand, wie Herbert Schweppenhäuser anmerkt, um das «Mythische, Archaische der Moderne und zugleich das Verlorene und Unabgegoltene, vorwärts Drängende der Vergangenheit» zu Bewusstsein und in Gang zu bringen.[457] Die Modernen lernten freilich bald, wie es Miller vorführte, den Schock und den Schrecken in kulturindustriell wohldosierten Dosen zu verabreichen, um daraus Profit und Einflussnahme zu beziehen – ein Verfahren, auf das auch bereits die antiken und die mittelalterlichen Inszenierungen gekommen waren, so okkult ihre Praxen der Zukunftsvermeidung auch getönt haben mochten, um weiteres Unbill zu vermeiden. In der Moderne treten die Reaktionen auf den gemilderten Schrecken im Gestus des Sich-Zurücklehnens, des Atemanhaltens, der staunenden Neugierde in Erscheinung. So berichtet die Erzählung *Das bessere Paradies* von Scholem Alejchem von einem jungen Mann, der auf seinem Pferdeschlitten einen Leichnam durch die Winterlandschaft zum Begräbnis fährt. Dem Beamten erteilt er die Auskunft, die Verstorbene sei «vor Schrecken» gestorben: ‹… Was heisst vor Schrecken?›, neigt er [der Beamte] sich zu mir, legt die Feder weg, zündet sich eine Zigarette an – und betrachtet mich von Kopf bis Fuss.»[458]

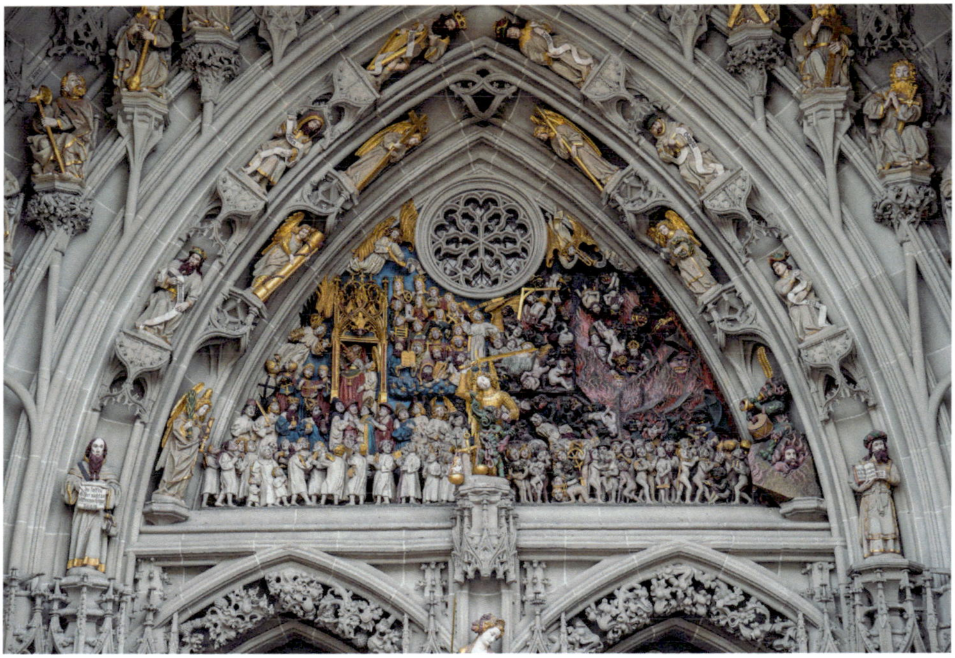

50 *Das Jüngste Gericht,* Tympanon und Hauptportal des Berner Münsters, letztes Drittel 15. Jhdt.; Denkmalpflege der Stadt Bern.

Den Schrecken und den Schock darzubieten, den Schauder zur Unterhaltung und zum Genuss aufzubereiten, auch nur mit einem einzigen Wort oder einer Geste die neugierige Aufmerksamkeit zu erregen, scheint eine anthropologische Universalie zu sein. Diese Worte und Gesten lassen in den menschlichen Subjekten Sehnsucht und Sterbegedanken aufkommen oder, wenn es durchtrieben oder sehr robust werden soll, tragen Drohungen und Verheissungen heran, oft in einem angeblich gnadenbringenden Arrangement, das uns ein Abbild des «besseren Jenseits» vorzuführen imstande ist.[459]

Das sterbliche Leben

Die Bildgebungen und Beschreibungen des moralisch Bösen, die das Erreichen des Guten erschweren oder als in einen unerreichbaren Gnadenerlass eines fernen Gottes verlagert erscheinen lassen, ähneln sich in unterschiedlichen Hochkulturen, wie Benjamin Schwartz meint, der sich mit der Antike in China befasst hat. In den «Diagnosen von Propheten, Weisen und Philosophen eignen sich überall die Sünden relativ leicht für eine Übersetzung ins Vokabular von Gautama Buddha, Plato oder der hebräischen Propheten».[460] Wir haben es, nochmals sei dies betont, mit einer anthropologischen Universalie zu tun, wenn von gerichtsfälligen «Sünden» geredet wird. Der Ernstcharakter der religiösen Rede rührt daher, dass es nicht um beliebige

Botschaften geht, sondern um das Risiko des Lebens, um Strategien des Überlebens vor dem Hintergrund des Todes, der zwar unausweichlich ist, aber den Menschen in Formen des schweren Leidens und des plötzlichen Unglücks überfallen mag und dessen Ursachen er dann oft in seinem eigenen Verfehlen auszumachen sich anschickt. Die Fortsetzung des alten Sündenvokabulars in der Kritik durch die Alten findet sich ebenso in den Theologien der Neuzeit, wenn in deren Augen das Göttliche nicht nur den Bildern und den Formen von Macht, Reichtum und äusserlicher Pracht und Eitelkeit innewohnt, sondern als Gefühl der Schalheit, der Entfremdung, der Panik und des Verlusts der Aura geweckt wird.

Ein Gott und den Menschen entfremdeter und unbehauster Kosmos, mit seinen enormen, unendlichen Weiten und Lichtarenen, und die daraus sich stellende Aporie einer Schöpfung aus Nichts haben unsere kulturell überlieferte Gewissheit von Dauer und Beständigkeit zusätzlich erschüttert. Sprach die antike Gnosis einst von einer dualen Weltentfremdung oder gar einer unentrinnbaren Finsternis des Daseins, empfand in der frühen Neuzeit ein Denker wie Blaise Pascal den fundamentalen Charakter dieses Daseins als unausweichliche kosmische Einsamkeit. Noch im 20. Jahrhundert hatte Martin Heidegger, wie von Schrecken gepackt, davon gesprochen, dass der Mensch, dieses ins Dasein geworfene Wesen, an die Zeit gefesselt bleibe; als theopolitischer Feind des Judentums und implizit des Christentums strebte auch er als Anhänger des nationalsozialistischen Führerkultes nach Erlösung von solch unentrinnbaren Fesseln. Die irdische Gebrechlichkeit angesichts von Kriegen, Hunger, Massensterben und Pandemien musste unter den Modernen ganz allgemein ein Bewusstsein dafür schärfen, dem Krisenverlauf der Welt nicht entgehen zu können. Der Souveränitätsbegriff in der Tradition von Thomas Hobbes und die Versuche, ihn wiederum demokratiepolitisch zu bändigen, haben dieses Empfinden nicht beseitigen können. Das Gefühl der Ohnmacht, wie es im Fall des Klimawandels dem menschlichen Verhalten angelastet wird, kann auch als eine säkulare Äusserungsform dessen verstanden werden, was vormals «Sünde» genannt und in Bildern immer wieder dargestellt wurde. Über die aus modernen Zeitenwenden erwachsenen Aporien einer Sinnstiftung schrieb Hannah Arendt:

> «Das Leben des Einzelnen ist wieder sterblich geworden, so sterblich, wie es im Altertum gewesen ist, aber die Welt, in der die Sterblichen sich nun bewegen, ist nicht nur nicht unvergänglich, sie ist sogar vergänglicher und unzuverlässiger geworden, als sie es je in den Jahrhunderten eines unerschütterlichen christlichen Glaubens gewesen war. Es ist wie ein immer geartetes Dasein, das sich dem Menschen gebot, als er die Gewissheit des Jenseits verlor, er wurde vielmehr aus der jenseitigen und diesseitigen Welt auf sich selbstzurückgeworfen; und weit entfernt davon, den Glauben der Antike an eine potentielle Unvergänglichkeit der Welt zu teilen, war er noch nicht einmal sicher, da diese diesseitige Welt, die einzige, die ihm verblieb, überhaupt wirklich sei».[461]

Franz Kafka hat in seiner Parabel *Vor dem Gesetz* und ebenso in seinem Roman *Der Prozess* das Gefühl, dass die hohen Ideale und die Hoffnungen auf Erlösung von Illusionen und Vergeblichkeit gekennzeichnet sind, literarisch als Gerichtssituation beschrieben. Vor dem Gericht stehend, kann der Mensch mit keinen Gewissheiten oder verlässlichen Perspektiven rechnen. Leben heisst schuldig werden! In einer Notiz fasst Kafka dies in ein Bild: Wer über einem niedrig gespannten

Seil balanciert, wird im Ringen zwischen «Sünde, Leid, Hoffnung und wahrem Weg» vielleicht unvermutet zu stolpern anfangen.[462] Das Gericht, das dieses Bild des Stolperns evoziert, steht im Zeichen der radikalen Ungewissheit. So ist die jüdische Wurzel des modernen Denkens nicht bereit, den Konnex von Leiden, Sünde und Hoffnung vergessen und versinken zu lassen, weil die darin enthaltene Ungewissheit in der Tatsache des sterblichen Lebens begründet ist. Ob religiös oder säkular intendiert, ob theistisch oder atheistisch geprägt, rechnet das jüdische Denken mit dem Segen wie mit dem Schweigen im Wort Gottes.[463] Dies bringt, darauf wird am Ende dieses Buches zurückzukommen sein, im Holocaust-Gedenken neue liturgische Formen und künstlerische wie literarische Bilder des Schreckens in metonymischen Aussagen hervor. In der Schoah hat das Empfinden, die Geschichte wie in Kafkas Parabel als Nichtsagbares zu erleiden, die heute ultimativste Form angenommen, ob dies uns gefällt oder nicht. Doch halten wir auf unserem Gang durch Bildgeschichten nochmals an und betrachten rück- wie vorblickend einige mittelalterliche Szenenbilder genauer.

Sechszehnte Leinwand: Wer unter Beobachtung lebt, wird glauben

Im mittelalterlichen Berner Bildnis des Jüngsten Gerichts (Abb. 50), das in dieser Stadt wohl auch Hegel gesehen haben dürfte, lässt sich das Momentum der Furcht vor einem vergänglichen, unzuverlässigen Leben und seine gleichzeitige Bannung im Bild, das die Gewissheit des Jenseits dennoch vermitteln soll, als Doppelung im Bild selber, als sichtbares Produkt der Zerlegung, wahrnehmen: Die menschlichen Seelen, die vor Gericht gewogen werden, werden auch gespalten, indem sie durch die himmlische Seite nach links, durch die höllische Seite nach rechts getrieben werden. Diese Doppelung ist in den mittelalterlichen Darstellungen vielerorts feststellbar, so in den Westwerken gotischer Sakralbauten in Frankreich oder England, etwa im Tympanon des Hauptportals der Kathedrale von Amiens, wo im großen und grässlichen Fratzenhaupt, das in einer der Waagschalen liegt, das Widerwärtige, Hässliche und Böse schlechthin verkörpert wird, während das Lamm Gottes in der anderen Waagschale das Gegengewicht symbolisiert.[464] Dem in die Kirche Eintretenden wie dem aus der Kirche Herausschreitenden stand, wenn die Bilder des Jüngsten Gerichts gar zweimal, innen und aussen, zu sehen waren, die hohe Bedeutung dieser Szenen eindringlich vor Augen.

Das Bildprogramm des Jüngsten Gerichts ist auch in gotischen Wandmalereien ländlicher Kirchen im Alpenraum zu finden, etwa in der landbernischen Kirche Reutigen im niederen Simmental (Abb. 51), wo die Darstellung des Gerichts sowohl an der hinten gelegenen Westwand wie vorne am Chorbogen vorhanden ist – als säße den Kirchgängern ihr Schicksal nicht nur vor Augen, sondern als würden sie auch von hinten, in ihrem Nacken, dem Zugriff und der Wägung durch ein beobachtendes und allwissendes Auge ausgesetzt. Während Petrus den Seligen das Paradiestor öffnet, jagen die Teufel die Verdammten, derweil Siedekessel und Höllenrachen mit Sündern schon überfüllt sind.[465] Dass die menschliche Seele in Siedekessel auf die Knochen gekocht, von Ungeheuren gejagt, von Schlangen auf die Probe gestellt oder durch zusammenschlagende Felsen getrieben wird, ist eine mythen- und kulturgeschichtliche Universalie, die von den Inuit bis zu den Azteken und von den Kelten bis zu den Griechen reicht, wie Franz Boas und Joseph Campbell

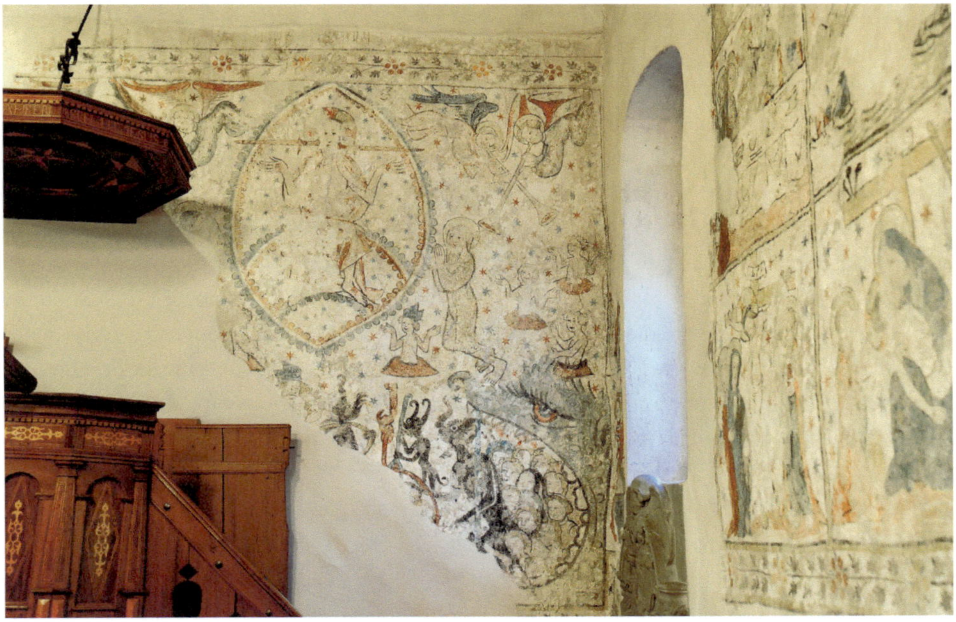

51 *Jüngstes Gericht,* Kirche Reutigen im Simmental, Chorbogen, Wandbemalung, 14. Jhdt.

berichten.[466] Doch dieser Weg der Verwandlung im kosmogonischen Kreislauf ist ursprünglich den Schamanen und später dann den christlichen Priestern als Teil ihrer Initiation und Bewährung im Abenteuer des mythischen Heros vorbehalten. In der kirchlichen Visualisierung erscheint dies abgefälscht, der kochende Kessel gilt als Drohung für den sündigen Alltag des gemeinen Kirchenvolkes, nicht als Weg des spirituellen Helden. Denn für das mittelalterliche Alltagsleben machte die Gegenwart eines sichtbaren Bildes den rationalen Beweis der Wahrheit des Abgebildeten überflüssig. Auch die mit gleichnishaften Sprachbildern gespickte Predigt lieferte die anthropomorphen Erklärungen zum aktuellen Geschehen, um solcherart wiederum auf das Bild zu verweisen und seine Botschaft als Gleichnis der Psyche, der Innenwelt der Menschen einzuprägen.

Noch im 19. Jahrhundert, als die Wandbilder in den Kirchen längst übertüncht und die Bildphantasien der Gläubigen rhetorisch drapiert waren, berichtet Jeremias Gotthelf in seiner Erzählung *Die Wassernot im Emmental,* wie die von Wasser- und Schlammfluten versehrten Menschen sich selber vor das Gericht Gottes gestellt sehen und das Unglück – «es war Wetter wie nur Gott es machen konnte» – ihren Sünden zuschreiben. Es sind, wie auch in einer weiteren Erzählung, *Dursli der Branntweinsäufer,* Flammen- und Fieberbilder der Apokalypse und kathartische Höllenfahrten, die Gotthelf als Naturgewalten inszeniert, um eine konservative Aufklärungsmoral im Dienst seines Herrgottes zu betreiben.[467] Solche Vorstellungen eines Jüngsten Gerichts, verbunden mit Weltuntergang, halten sich zuweilen bis heute noch in evangelikalen Kreisen der Alten und Neuen Welt. Der Richtspruch ereilte auch Geistliche und Mönche, wie die bis heute präsente alte Berner Sage vom *Hardermannli* bei Unterseen erzählt, in der ein lustwandelnder Mönch einem Mädchen nachstellt, das in seiner Herzensangst über eine jähe Fluh hinabstürzt und in der Tiefe zerschellt; der Mönch aber wird ob seiner irdischen Untat vom himmlischen Richter in einen Felsen gebannt und muss – als Wiedergänger – unerlöst zur Stelle seines Verbrechens niederschauen.[468] In solchen Gerichtssagen, die heute in Touristenprospekten aufgeführt werden, lässt sich in der historischen Tiefe eine ältere Rechtsvorstellung wahrnehmen, insofern das Angst einflössende Unbegreifliche eine narrative Erklärung von Gut und Böse im Recht finden soll und in der Belohnung und Bestrafung durch das Gottesgericht volkskundlich fassbar wird. Es ist eine Theologie der Vergeltung, um im Jenseits gerecht zu machen, was im Diesseits nicht sein darf.

Die beiden Reutiger Fresken aus dem frühen Mittelalter sind ein heute unscheinbares, aber historisch eindrückliches Zeugnis der Deutungsmacht der Bilder. Sie bezeugen, dass Bilder glauben machen können. Das mag und muss bis heute gelten. Der Deutungsrahmen wirkt hochgradig moralisch und wird so auch vom Betrachter gelesen, wenn ihn der kommunikative Akt – als Predigt und als Bild, als Plakat oder als Film – in einer gleichzeitig verbalen und visuellen Verfahrensweise erreicht und sublim einzudringen vermag. Die mittelalterlichen Bilder aus der Dorfkirche von Reutigen dokumentieren uns Heutigen: Wer unter Beobachtung lebt, wird Glauben haben – doch dort, wo man auch noch glaubt, über kein Wissen über letzte Dinge zu verfügen, wird die Welt am furchtbarsten auszuhalten sein.

Die mittelalterlichen Darstellungen folgten einem Schema, in welchem der göttliche Richter umrankt ist von Engeln und Evangelisten. Zur Linken fahren die Verdammten hinab, zur Rechten steigen die Geretteten auf. Dieses Schema liess jedoch durchaus Variationen zur Besänftigung zu. Jan van Eyck malte um 1430 Kreuzigung und die Erlösung durch Christus noch mit dem Motiv des Jüngsten Gerichts als Verdammung der Verfluchten, die in das «ewige Feuer, das für den Teufel und seine Engel bestimmt ist» (Mt. 25,41), verschickt wurden. Hans Memmling und Lucas van Leyden hingegen schufen Jüngste Gerichte, die einen freundlichen Jesus als göttlichen Richter und Quelle einer milden, ausgleichenden Gerechtigkeit vorstellen, und von Barend van Orley ist um 1520 ein Jüngstes Gericht gemalt worden, das Fürbitte, Barmherzigkeit und Nächstenliebe zum zentralen Motiv herausstellt.[469] Und Michelangelo Buonarotti wird, wie noch festzustellen sein wird, sein Jüngstes Gericht in der Sixtina als Botschaft des autonomen Künstlers verstehen, das Anlass gibt für einen heftigen Streit mit dem Literaten Pietro Aretino und dem Kardinal Carlo Carafa, die die Darstellung des Auf und Ab antiker, paganer und durchaus lustvoller Figuren als amoralisch und obszön bezeichneten – auch wenn diese Kritiker selber nicht gerade mit einem moralisch einwandfreien Lebenswandel glänzten.[470] In den unterschiedlichen Bilddarstellungen kommt also der von Kafka bildhaft beschriebene Konnex aus Sünde, Auferstehung und Erlösung entlang unterschiedlicher Epochen und Regionen zum Ausdruck, indem das Bild in den Gedanken, genauer: in den Bildgedanken mutiert wird, der von den sozialen und kulturellen Umständen nicht unbeeinflusst bleibt.[471] In Heil, Gericht und Auferstehung der Toten zeigt sich den vom Glauben Affizierten aber stets unzerstörbare Göttlichkeit oder zumindest göttliches Wirken, an dem sie nicht zweifeln wollen. In der hohen Bildkunst kommt also jene grosse Leidenschaft zum Ausdruck, in der sich Lust und Furcht, Versuchung und Schmerz psychisch und mimetisch bedingen.

Das Bild gewordene Konzept von Überwachung und Bestrafung, um im Mittelalter den «Glauben» moralisch herzustellen, ist allerdings eine kulturelle Universalie, die sich keineswegs auf das christliche Europa beschränkt. Es gehört zur Kommunikation der Götterbilder, dass sie ihre Furcht einflößende Macht an ihren Feinden und Verächtern äussern können. Die gar das Ende der Welt beschwörende Szenarien sind sehr alt und in unterschiedlichen Kulturen vielerorts verbreitet gewesen. Wenn das Heil mit dem Weiterleben im Jenseits verknüpft wird und auf dem Urteil eines Jüngsten Gerichts als Beobachtungsinstanz basiert, ist der enorme Drang nach Glauben einsichtig. Auch in der islamischen Vorstellung kommt dem Jüngsten Gericht eine zentrale Bedeutung zu. Die evokativ-poetische Eröffnungssure (Sure 1, «al- Faātiḥa») lobt den Barmherzigen und Gnädigen, der am Tag des Gerichts regieren wird. Zuvor aber kommen apokalyptische Vorzeichen und Katastrophen auf, um das Geschehen um das Jüngste Gericht bildhaft in Szene zu setzen – mit Hornstössen geht das vergängliche Leben dieser Welt zu Ende und werden gleichzeitig die Verstorbenen wieder auferstehen. Um keinen Zweifel aufkommen zu lassen, wird in der langen zweiten Sure der Selbstbetrug derer, die bloss behaupten, an den Jüngsten Tag zu glauben, ohne es wirklich zu tun, der Prüfung des Himmels anheimgestellt (Sure 2,8). Den ungläubigen Mekkanern gegenüber aber wird das Gottesgericht für den Tag angekündet, an dem «die Blicke starr werden» (Sure 14,42, «Ibrahim»). Der Glaube an Gott und der Glaube an das Jüngste Gericht und die Auferstehung sind eng verklammert, gerade auch im Gebet.[472] Die erste Sure zu rezitieren, um für die Seele der Verstorbenen zu bitten, findet sich denn auch auf vielen Grabinschriften. Das Verlangen aber, das Jüngste Gericht herbeizusehnen, kennzeichnet in der Gegenwart auch die radikalen Deutungen islamistischer Gruppen, in denen sich der Todesdrang als Kult, das heisst als heimliche Idolatrie zum Vorschein bringt.[473]

Die psychisch lastende Heilsökonomie, wie sie im Jüngsten Gericht beispielhaft, aber nicht nur darin zum Ausdruck kommt, hat in der Frühen Neuzeit die aufgeklärte Religionskritik hervorgerufen. Sie liess sich klugerweise nicht darauf ein, über die Existenz oder Nichtexistenz Gottes zu debattieren, sondern begann die Attribute und die Funktionen der Gottesbilder zu hinterfragen, um die seelische Abhängigkeit von inneren und äusseren Bildern offenzulegen. Der aufklärerische Ansatz der Kritik hat allerdings nicht verhindern können, dass sich der Konnex von Todesdrohung, individueller Schuld und kollektiven Heilsversprechungen in die politischen Theologien neuzeitlicher Gesellschaften eingedrückt hat, mithin auch in jene des 20. Jahrhunderts. Aus den Schuldzuweisungen politischer und moralischer Art folgen Erlösungs- und Verdrängungsstrategien auf den Fuss. Den inneren Zusammenhang dieser Mechanismen hat auch Ludwig Wittgenstein zur Zeit des nationalsozialistischen Unheils am Beispiel des Jüngsten Gerichts angesprochen. Wer in einer festen politischen Theologie zu Hause sei, werde sie wider alle Vernunft immer zum Massstab des Lebens machen und gleichsam in sich als Instanz der Beobachtung aufrichten. Der Mensch der politischen Theologie hat stets eine solche Orientierung «vor Augen»:

> «Nehmen wir an, jemand hat sich für sein Leben diese Leitlinie gegeben: den Glauben an das Jüngste Gericht. Wann immer er etwas tut, hat er dies vor Augen. […] Er hat etwas, was man einen unerschütterlichen Glauben nennen könnte. Der wird sich nicht durch Argumentation oder durch Berufung auf gewöhnliche Glaubensgründe zeigen, sondern vielmehr dadurch, dass er sein ganzes Leben bestimmt. Dies ist eine sehr viel stärkere Tatsache – der Verzicht auf Vergnügungen, der ständige Appell an dieses Bild».[474]

Fassen wir kurz zusammen: Religion als Leitlinie und als Medienpraxis «kann auf Bilder bzw. visuell adressierte Artefakte im Kontext visueller Kommunikation gar nicht verzichten»[475] – dies ist zwar eine nahezu triviale, doch de facto und empirisch bestens fundierte Einsicht. Ob Buch oder Bild, ob onymisch durch das Sprechen von Namen in Gebeten oder ikonisch durch das Versenken der Gedanken in Bilder – beide Medien sind ein kulturgeschichtlich wirkmächtiges Alphabet, das vermitteln soll, dass das Schicksal der Seelen an die Hoffnung auf eine Auferstehung und die entsprechende Eindämmung oder Verdrängung des tiefen Schreckens, den die quälenden Bilder menschlicher Schulden vermitteln, geknüpft bleibt. Eine solch intensive Verschränkung ist aus einem sehr langen Atem der Geschichte erwachsen.[476]

Auferstehung und verwehende Hoffnung als leibliche Zeichen in der Kunst

Die Auferstehung ist ein weiteres und zentrales Motiv, das sich dem letzten Gericht und seiner Seelenwaage zugesellte, indem die messianische Hoffnung auf Erlösung vor Unbill und Tod als Heilsvision inkarniert wird. Dies ist kulturgeschichtlich keineswegs eine Selbstverständlichkeit. Viel eher haben die Lebenden die Auferstandenen gefürchtet und sich Rezepte zum Schutz vor Untoten, Geistern, Vampiren und sonstigen Auferstandenen ausgedacht. Es galt, den Weg ins Totenreich zu erleichtern, auf dass die Verstorbenen oder ihre Seelen nicht wiederkehren und Unheil anrichten würden. Das Wunder der Auferstehung war also nicht Norm, sondern Ausnahmezustand, der mit Endzeiterwartungen einhergeht. Eine Konsequenz dieser Verknüpfung ist ein bereits in der Spätantike feststellbarer Hang zu Eschatologie und apokalyptischer Erwartung, den auch Johannes der Täufer und Jesus mit den Frommen unter den Pharisäern teilten und der in der neutestamentlichen Johannes-Apokalypse seinen beredten Ausdruck für die griechisch sprechende Welt erlangte.[477] Im Judentum zur Zeit des Zweiten Tempels unter römischer Vorherrschaft und in einigen rabbinischen Voten wird der Tag des Jüngsten Gerichts mit apokalyptischen und messianischen Erwartungen verknüpft – auch wenn die Texte der Hebräischen Bibel selbst von einem Leben nach dem Tod nichts wissen. Das apokryphe zweite Buch der Makkabäer berichtet davon, man habe zweitausend Silberdrachmen nach Jerusalem gesendet, damit man dort ein Sündopfer darbringe, weil man der Auferstehung jener gefallenen jüdischen Soldaten, die ein Amulett unter ihren Gewändern trugen, gedacht habe (2 Makk. 12,43).

Ins Bild gemalt ist die Vision der Auferstehung dann in der hier bereits erwähnten Synagoge von Dura Europos (Abb. 13) aus dem 3. Jahrhundert, und in den Gräbern von Juden in römischen Katakomben erscheint die Dattelpalme als Symbol der verheissenen Auferstehung. Die sadduzäische Richtung unter den antiken jüdischen Religionsparteien aus Pharisäern, Essenern, Zeloten und Therapeuten lehnte hingegen die Idee der Auferstehung strikt ab, wie sie überhaupt das Eingreifen Gottes in die menschlichen Angelegenheiten und die Fortdauer der Seele bestritten haben dürften. Wie schnell später der Gedanke eines Fortlebens nach dem Tod, sei es als Inkarnation in einen neuen Körper oder als Auferstehung am Ende der Tage, sich verbreitete, ist nicht klar.[478] Im rabbinischen Judentum und ebenfalls in der institutionellen Kirchlichkeit wird die Idee der Auferstehung als Teil der jeweiligen Lehren tradiert, aber die damit zusammenhängenden Endzeiterwartungen erscheinen immer wieder eingedämmt, wenn nicht

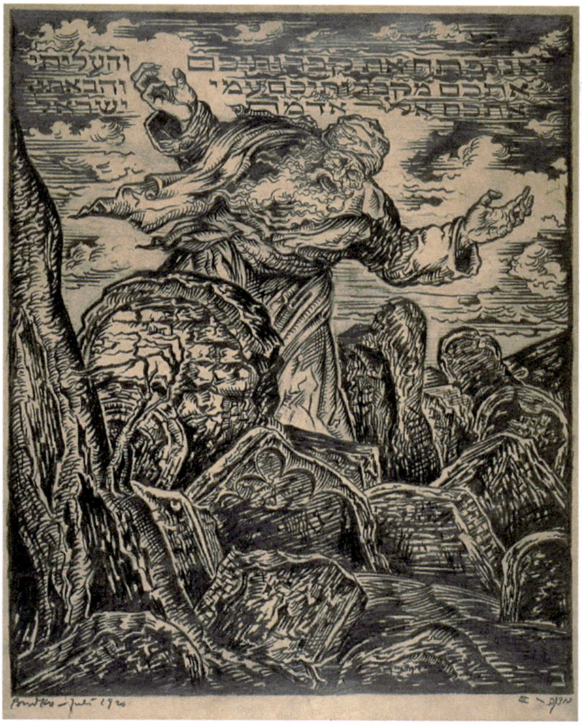

52 Joseph Budko, *Auferstehung der Toten,* 1920, Graphit auf Papier, 36,7 × 30,5 cm; Musée d'art et d'histoire du Judaïsme, Paris.

verworfen, um Unruhen oder Aufruhr zugunsten von Innenwendung und demutsvoller Frömmigkeit zu kanalisieren. In den entsprechenden rabbinisch-jüdischen Deutungen bemisst sich dies an der Treue zur Torah. Sigmund Freud wiederum hat die mosaische und christliche Überlieferung auf seine eigene Weise verschränkt, indem er seinen ermordeten Mann Moses als wiederauferstehende Figuration der messianischen Hoffnung darstellte, die im Kreuzestod und der Auferstehung Christi nochmals narrativ verklärt werden konnte.[479] In welchen jüdischen oder christlichen Deutungen die Lehre der Auferstehung uns auch immer begegnet, die Doktrin besagt, dass der Mensch in seiner vollen, besonderen Personalität wieder auferstehen und kommunizieren wird, sei es als irdischer oder himmlischer Körper (1 Kor. 15,40), um in die Gemeinschaft des Schöpfers integriert zu werden. Erlösung wird so als Wiederherstellung des Leibes verstanden und nicht als Entkommen aus einem Körper, in den die Seele als eingesperrt oder versunken zu gelten hätte. Der Körper ist das Zeichen, das Gemeinschaft ermöglicht.

Dass also der Jüngste Tag zugleich Gerichtstag wäre, an dem die Toten von ihren Gräbern auferstehen und vom Höchsten nach ihren einstigen Taten gewogen und gerichtet würden, wie dies im spätantiken Kontext sowohl Juden als auch Christen gegenwärtig war, ist Ausdruck messianischer Erwartungen und apokalyptischer Furchtbilder gewesen und noch lange so geblieben. Selbst in frühen zionistischen Bildwerken (Abb. 52) wird in der Moderne an das Versprechen Ezechiels, die Grüfte würden geöffnet und die vom Tod Erweckten in das Land Israel emigrieren (Ez. 37,12), visuell erinnert. In der christlichen Ostkirche mit bang durchwachter Nacht, in westlichen Gefilden mit der Morgenröte assoziiert, erscheint die Auferstehung als Wunder, das nach nächtlichem Wachen unerwartet Verheissungen vermittelt, so wie der vorsokratische Heraklit von Ephesos davon sprach, dass nur, wer das Unverhoffte erhoffe, es auch finden würde. Für das Christentum ist die tatsächliche, leibliche Auferstehung von Jesus ein zentrales Merkmal der Unterscheidung. Nunmehr wird die Auferstehung auf den gekreuzigten und toten Herrn selber fokussiert. Sie ist das präfigurierende, wegweisende Moment zur Verheissung, die im Jüngsten Gericht die Auferstehung der Toten und Rettung oder Verdammnis der Seelen gewährleistet.

Der Bedeutung des Jüngsten Gerichts und der Vorstellung einer Auferstehung entsprechend bietet die Ikonografie des westlichen Christentums zahlreiche Darstellungen von der Romanik bis zur Renaissance, vor allem aber in der Gotik. Nur zwei Beispiele: Gherardo Starnina malte um 1396/1401 das *Jüngste Gericht* als Auferstehung der Toten, die als Gerettete aus ihren Gräbern steigen, und auch bei Jan Provoost (Abb. 53), dessen *Jüngstes Gericht* im Vergleich zu jenem von Hieronymus Bosch sich äusserst milde ausnimmt, erscheinen die aus den Gräbern Auferstandenen vor Christus als Weltenrichter, der in blutroten Umhang gehüllt von der Himmelskönigin Maria und Johannes dem Täufer als Fürbittende sekundiert wird, während der Erzengel Michael die Seelen wägt. Lucas van Leyden, ein jüngerer Zeitgenosse Albrecht Dürers, malt die Auferstandenen seines «Weltengericht» hingegen als Ansammlung bewegter Aktstudien in einem hellen, fast schon leer und jenseitig wirkenden Sphärenraum, über dem Jesus als vergnüglicher Beobachter in der himmlischen Theaterloge schwebt.[480] Nicht anders auch die Zeugnisse der klassischen Musik des 18. und 19. Jahrhunderts, die einen zunehmend überkonfessionellen Humanismus bis in unsere Zeit hinein mit unterschiedlichen musikalischen und lyrischen Stimmungen tragen: Wo bei Mozart die legendenhafte Totenmesse wuchtig von Gotteszorn, Weltengericht und Auferstehung kündet und Giuseppe Verdi sein Requiem als dramatische Beschwörung von Schreckensbildern des letzten Gerichts im Zusammensturz von Himmel und Erde kumuliert, lässt Johannes Brahms in seinem Requiem die Musik und die Psalmen, die er selbst ausgewählt hatte, zur gelassenen Seelentröstung und Aufrichtung der Trauernden ertönen und mit lieblichem Frohmut auf das gute Leben hin ausklingen.

In Kontrast dazu wirkt kaum zwanzig Jahre nach dem Ableben von Brahms die Auferstehung der Toten nach den Erschütterungen zweier großer Kriege, die heute «Weltkriege» genannt werden, jedoch nicht mehr gewiss und auch kaum als hoffnungsfrohe Verheissung nach dem Vorbild des Herrn. In Max Beckmanns unvollendetem Ölgemälde *Auferstehung* von 1916 (Abb. 54) spiegelt die Kunst in blanker Weise den Schrecken und die Erregtheit der Kriegserfahrung, die in seinem Jüngsten Gericht nach einem Aufstand der Gepeinigten – gegen Gott oder den Menschen – zu rufen scheint. Nicht mehr Erlöste wie im früheren Gemälde von 1909 mit demselben Titel *Auferstehung*, das formal an das *Jüngste Gericht* (1619) von Peter Paul Rubens erinnert, sind es, die zu ihrer Erlösung in die Lichtarena himmlischer Gefilde als Zeichen der Transzendenz aufschweben, sondern geschundene und ausgelieferte Kreaturen, die unter einer schwarzen Sonne aus den Kellern hervorkriechen und auf den Schutthalden zerstörter Städte einen apokalyptischen Totentanz aufführen.[481] Beckmann unterwirft die Körper in seinem post-

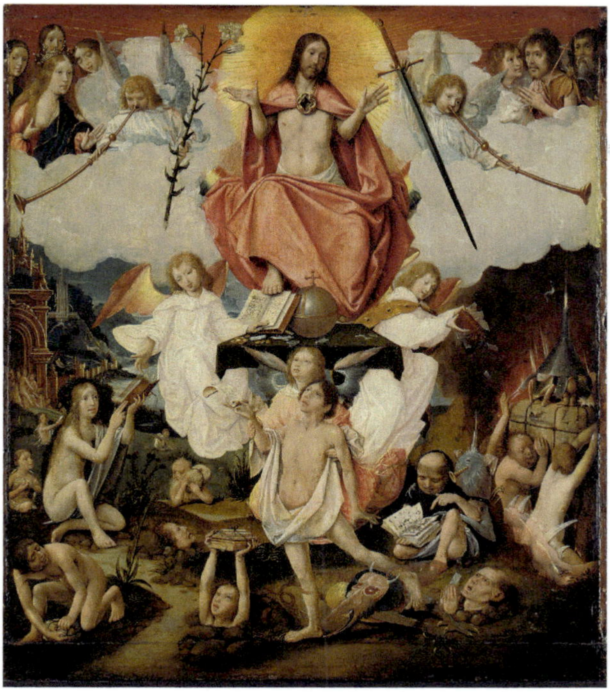

53 Jan Provoost, *Das Jüngste Gericht,* mit Auferstehung der Toten, um 1505, Öl auf Eichenholz, 67,9 × 61,3 cm; Hamburger Kunsthalle.

christlichen Gemälde allen möglichen Qualen, die an jene Pein erinnern, die die Körper der Heiligen in den mittelalterlichen Altarbildern erleiden. Auch die nun von ihm gemalte neue Auferstehung in einer apokalyptischen Welt des Krieges wird faktisch oder symbolisch zerrissen, zerstückelt, wenn nicht gar als einst religiöses Geschehen dem Spott preisgegeben.

Auch Franz Marc sah den Krieg, der ihn 1916 auf dem Schlachtfeld von Verdun das Leben kostete, als einen apokalyptischen Läuterungsprozess, aus dem eine neue Welt des Geistes entstehen würde. Aus den Trümmern der bürgerlichen Welt des Materialismus, deren Untergang im Krieg er sich als Sühneopfer herbeiwünschte, sollte eine neue geistige Kunst auferstehen. In der Eschatologie der Münchner Künstlergruppe sollte im Sinne von Wassily Kandinsky *Der Blaue Reiter* als himmlisches Ideal und Symbol der gebrandmarkten Welt des Materialismus entgegentreten, als eine Art heiliger Neuer Bund, dessen Reiterzeichen von Ferne an den heiligen Georg, die Johannesapokalypse und das Weltengreicht erinnert.[482] In den künstlerischen Darstellungen aber fehlte der frühere christliche Weltenrichter, der zwischen Verdammten und Erlösten seine Wahl trifft, und anstelle einer Auferstehung des Neuen im Ebenbild von Jesus Christus führte in der Moderne die Wirklichkeit des Schlachtfeldes dann jenen Totentanz auf, der Millionen Menschen ihr Leben kostete.

Doch kommen wir auf den theologischen Kern zurück, der bei aller kulturellen Freiheit der künstlerischen Darstellungen präsent bleibt: Als eminent christliches Wunder wird die Auf-

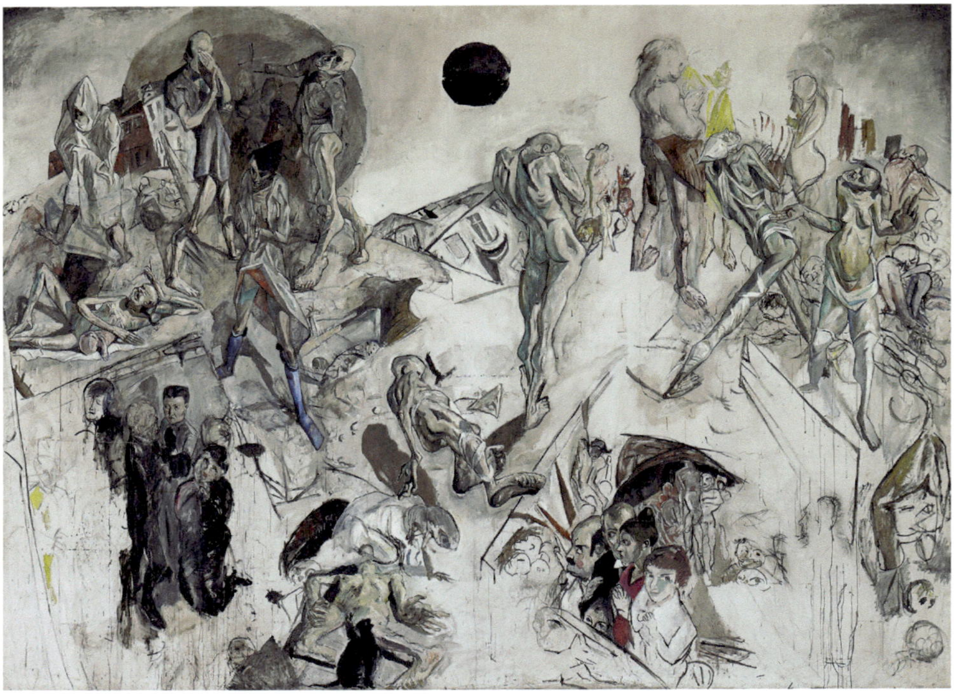

54 Max Beckmann, *Auferstehung*, unvollendet, 1916, Öl und Kohle auf Leinwand; 345 × 497 cm; Staatsgalerie Stuttgart.

erstehung Christi, wie jedes Wunder, dem «vernünftigen Menschen ärgerlich», wie es Emil Brunner und der junge John Rawls es ausdrücken, entzieht sich doch Gott hier dem menschlichen Diktum von Ursache und Wirkung und ist auch nicht mit einer bedeutungslosen «Unio mystica» zu erklären.[483] Die Auferstehung ist ein von keinem menschlichen Auge beobachteter Vorgang; lediglich eine Zeugenliste jener, die später den Auferstandenen gesehen haben wollen, wird angeführt (1 Kor. 15,5–8). In religionsgeschichtlicher Perspektive war Jesus in den frühen Darstellungen zuweilen noch als Zauberer, Todesüberwinder, radikaler Pharisäer und charismatischer Prophet überliefert worden. Erst seine eigene Auferstehung und das Versprechen auf Auferstehung für die, die an ihn glauben, liess ihn zum essenziellen messianischen Kern in der christlichen Heilsgeschichte werden. Sie ist nunmehr einzig eine Tat Gottes, die sich der Beobachtung entzieht, aber als wahr gilt (Mk. 16,6). Die Auferstehung ist darin wie die Geburt des Nazareners vorerst eine kulturelle Kodierung und also noch keine empirische Tatsache. Noch in gnostischer Lesart, die von der jungen Kirche als Bedrohung ihres Glaubens verstanden wurde, lag die Wahrheit im Urbild, das im Abbild auferstehen muss, weil erst dieses Wiedererscheinen im Abbild die Auferstehung symbolisieren kann. Damit aber läge die Wiedergeburt im Bewusstsein nur noch gleichnishaft vor; doch im Gleichnis und ohne Leib musste die Wahrheit zu wissen dem sterblichen Menschen verschlossen bleiben. Erst für das spätere Konzept der Trinität ist der Vorgang dann als leibliche Realität essenziell, ein nur metaphorisch-symbolisches Verständnis hätte sonst den Inkarnationsgedanken unterlaufen. Wäre Christus nicht auferstanden, vielmehr im Grab verwest, wäre er ein gewöhnlicher Jude und Lehrer wie andere zu seiner Zeit auch, erinnert durch sein charismatisches Reden und womöglich als falscher Prophet. Dass die Auferstehung leiblich zu verstehen sei, unterscheidet den postbiblischen Glauben wiederum von den Vorgaben früherer Kulturen und ebenso von der skeptischen Kritik der Modernen, denen weder die Auferstehung des Jesus Christus noch jene der von ihm gerichteten Menschen einvernehmungsfähig erscheint. Für das Christentum aber müsste das Absterben dieser glaubensrelevanten Denkfiguren bedeuten, dass der Mensch heimatlos und in der Geschichte verwaist bliebe.[484]

Paradoxerweise wird in den neutestamentlichen Evangelien der erzählte Vorgang der Auferstehung Christi von der genauen Beschreibung selbst ausgeklammert, das Geheimnis der Auferweckung bleibt in dieser Lücke verschlossen. Vor allem: Es entscheidet sich hier die Annahme des wahren vor dem falschen Bild. Das wahre Bild ist dem christlichen Denken in der Frage der Auferstehung des Jesus Christus abbildlos, indem das christliche Bild für die Auferstehung das leere Grab ist. Dies in Gegensatz zur bildlichen Darstellung des Sterbens Christi, die in ungezählten Bildern und Skulpturen ansichtig bleibt und vor allem im Mittelalter greifbar ist, und ebenso in Gegensatz zum Jüngsten Gericht, das die Auferstehung der Toten repräsentiert. Dass das für Christen wichtige Momentum der Hoffnung der Auferstehung Jesu materiell nicht fassbar und deshalb visuell nicht darstellbar ist, sondern nur als Leerstelle, als Nichtbild gedacht werden kann, muss – der Appell durch Karl Barth – vom Gläubigen durchgehalten werden, denn sie bildet den Blueprint für die Hoffnung zu einer Auferstehung der Menschen am Ende aller Tage.

So kommt bei der lang bilderlos bleibenden Vermittlung der Auferstehung von Christus offenkundig das zweite Gebot sublim noch einmal zur Anwendung. Einer jüdischen Exegese wäre die Darstellung der Auferstehung schlicht verwehrt gewesen, da sie Jenseitiges und Kommendes ins Bild setzt. Nicht aber die Darstellung eines Menschen, der ein Martyrium durchlebt hat oder der im alltäglichen Geschehen von seiner Gemeinschaft zu Grabe getragen wird, wie dies die Darstellungen der Chevra Kadisha, der Begräbnisgesellschaft der Prager Juden, zeigen (Abb. 47 und 48). In der christlichen Kultur wiederum ist ebenfalls ein dialektisches Verhältnis ausschlaggebend: Wenn zwischen dem Bild des Todes Christi und dem Nichtbild seiner Auferstehung ein Umschlagen des Sterbens der Menschen in ihr Weiterleben zu Bewusstsein kommt, so geht es um die Teilhabe an der zukünftigen Gemeinschaft, die durch die Ausgiessung des Heiligen Geistes geformt wird. Ob im Judentum oder Christentum, die religiöse Vorstellung und Nichtdarstellbarkeit der Auferstehung ist den Gemeinschaften immer Auslöser eines Wahrheitsereignisses, das sich an den Menschen als Erlösung durch das ewige Leben ihrer Seelen vollzieht.

Damit wird allerdings für die christliche Seite auch die alte, stets strittige und hier schon einmal angesprochene Frage, wie das Verhältnis der göttlichen und menschlichen Natur Jesu zueinander zu denken wäre, von Neuem aufgeworfen. Von der protestantischen Theologie und von jüdischen Philosophen sind dazu mit der Lektüre von Paulus noch bis ins 19. Jahrhundert Antworten gegeben worden, die stets auf eine Transzendenzperspektive hin oder zumindest einem Rest davon verpflichtet sind. Auserwählung und Messianismus erscheinen als Begleiter dieser Denkwege, in denen sich noch ein matter eschatologischer Abglanz des Jüngsten Gerichts verbirgt. Jenseits von solchen Deutungen, wie sie im 20. Jahrhundert bei Jakob Taubes, Rudolf Bultmann und Karl Barth noch mit einem Bezug auf eine heilsgeschichtliche Vertikale, auf eine messianische Zeit gerichtet erscheinen und letztlich den Idealgehalt der Erlösung aufrechthalten, aber löst sich die Transzendenzperspektive bei Philosophen des 21. Jahrhunderts nahezu gänzlich auf. Diese neue Lektüre von Paulus ist zu einer Metapher für eine komplexe, undurchschaubare Immanenz geworden. Deren Denkfigur «verweist nicht mehr auf einen göttlichen Bereich als ‹zureichenden Grund› unserer phänomenalen Welt, sondern auf die komplexe Unendlichkeit in den Relationen von Phänomenen selbst».[485] Auch wenn eine solche politische Eschatologie mit dem irgendwie noch Transzendenten wie im Zwielicht zu spielen scheint, ist es nunmehr eine Welt, die ohne Gott nackt dasteht. Aus der politisch-philosophischen Perspektive, die um das Ende der großen Erzählungen weiss, wird nun das politische Verständnis der Gegenwart an die alten Texte, vorab an Hiob und Paulus, die den Atheismus oder den Materialismus gewährleisten sollen, herangetragen. Diese Konstellation verändert auch den Blick auf die Bilder bzw. Kunstwerke aus Vergangenheit und Gegenwart, deren Narrative anders gelesen werden müssen.

Betrachten wir deshalb das Nichtbild der Auferstehung Christi, das schnell im Verdacht stehen könnte, Dokument zur Bezeugung des Bilderverbotes zu sein! In der frühchristlichen Kunst bleibt dieser Vorgang meines Wissens tatsächlich einer künstlerischen Darstellung schlechterdings enthoben. Erst spät – man korrigiere mich – am Ende des Mittelalters, etwa bei Piero della Francesca, der ihn aus einem römischen Sarkophag steigend malt, oder dann bei Matthias Grünewald, der ihn auf dem *Isenheimer Altar* als kosmische Ikone in einer Sonnenglorie schweben lässt, erscheint der leiblich auferstehende Christus auf bildlichen Darstellungen. Rembrandt zeigte ihn 1639 noch kaum erweckt und noch nicht erstanden, als kurz vor seiner Auferstehung. Bemerkenswert aber ist der auferstandene und segnende Christus (Abb. 55) in einem Bild des Renaissancekünstlers Giovanni Bellini von 1465, dem wir uns nun mit Navid Kermani zuwenden.[486] Er zeigt nicht die Auferstehung selbst, sondern den Auferstandenen *nach* der Auferstehung.

Diesem Auferstandenen steht der irdische Schrecken, dem er erst eben entronnen ist, ins Gesicht geschrieben. Er wirkt eher wie ein Untoter aus einem Horrorfilm, dem man lieber entfliehen möchte. Bellini stellt ihn weit mehr als einen Überlebenden denn als Auferstandenen dar. Ein Überlebender, der nicht wünscht, Opfer gewesen zu sein. Er klammert sich an ein Buch, als wollte er darin Zeugnis vom durchlebten Schrecken ablegen oder aus seiner Lektüre Trost und Aufschluss finden. Nichts deutet in diesem Bild aus dem Louvre auf ein transzendenzhaltiges Mysterium hin, das glorreich – wie bei Grünewald – von der Überwindung des Todes erzählen würde. Gezeigt wird ein von der Folter Gezeichneter, nicht aber seine Auferstehung. Und dennoch hat dieser Christus den Horror und Tod offenkundig überwunden. So greift bei Bellinis dargestelltem Jesus beim heutigen Betrachter der Zweifel Platz, in der Stunde des Todes gänzlich verlassen worden zu sein und nun als überlebendes Individuum mit den traumatischen Folgen allein auskommen zu müssen. «Mein Gott, mein Gott, warum hast du mich verlassen» (Mk. 15,34) ist vielerlei, messianische Leerstelle wie physische und metaphysische Leerstelle.

All dies spricht bei Bellinis Zeitgenossen der aufkommenden Neuzeit bereits dafür, dass eine intellektuelle Skepsis gegenüber der Hoffnung, der Tod lasse sich überwinden, aufkeimt. In Bellinis Bild ist für den heutigen Betrachter mehr Therapeutik als Theologie erkennbar. Im Bewusstsein der menschlichen Geschichte und ihrer Leiden gelangt mehr und mehr der Einblick in die kulturelle Bedingtheit von Wahrheitsansprüchen in den Vordergrund. Der auferstandene Jesus

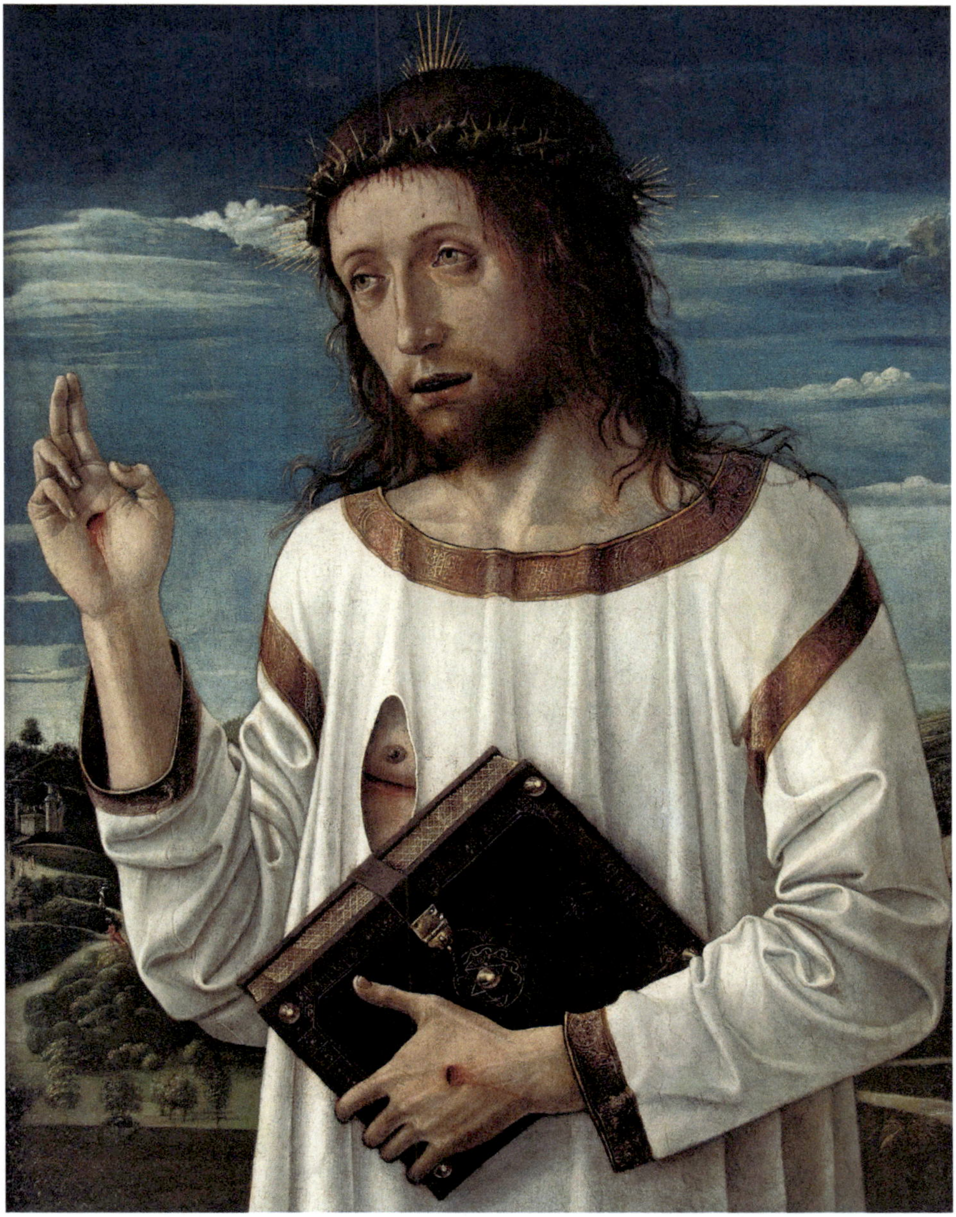

55 Giovanni Bellini, *Le Christ rédemteur bénissant,* um 1465, Öl auf Holz, 58 × 46 cm; Musée Louvre, Paris.

im Bild Bellinis hinterlässt jedenfalls beim heutigen Betrachter nicht den Eindruck, dass sich aus dem Potenzial der Katastrophe nunmehr eine nicht relativierbare Wahrheit ableiten liesse. Eher kündet er von einer Welt, die ohne Gott nackt dasteht und nach ärztlicher Zuwendung verlangt. Dieser Jesus als Bildnis gilt einem menschlichen Subjekt, das den kritisch-empathischen Diskurs über Bücher dem durchgestandenen Ereignis lähmender Gewalt noch so gerne vorziehen möchte.

Ganz allgemein kann man, so sei postuliert, also im Umstand, dass die Auferstehung so lange bilderlos oder ihre Darstellung zumindest zögerlich geblieben ist, dann aber Jahrhunderte später wie unversehens bildlich bzw. figürlich vermehrt dargestellt wurde, ein Anzeichen sehen, dass ein innerer Zweifel Platz zu greifen begann. Es ist ein verwehendes Narrativ, das aus solchen Kunstwerken spricht. Wir haben dieses Verwehen bei Friedrich Salomon Vögelin, dem rebellischen Theologen und ersten Kunsthistoriker an der Universität Zürich, hier exemplarisch in einem eher furiosen Duktus angetroffen. Dieser Zweifel mag durch Bilder beseitigt worden sein, doch eher gilt wohl, dass wie bei Bellini eben diese leise Skepsis durch Bilder selbst und die gelehrte Kritik mit diesen Bildern zum Ausdruck gebracht worden ist. Wie auch immer, der Vorgang der Auferstehung Christi als figürliche oder plastische Darstellung kommt relativ spät und setzt intensiv seit der Renaissance ein – auch wenn Darstellung in mittelalterlichen Kirchen und Klöstern durchaus vorhanden sind (Abb. 56). In der Moderne dürfte der Zweifel daran kaum mehr als Motiv der Kunst gedient haben, das Thema als zentrales Paradoxon zwischen Darstellung und Nichtdarstellbarkeit wurde für eine Bildgebung irrelevant. Zum Beispiel ist in einem Relief von Olaf Hasaas von 1965 im Portal der Kathedrale von Kristiansand in Norwegen die Auferstehung nur noch eine fast beiläufige Darstellung der Stationen des Lebensweges von Jesus unter vielen anderen auch. Figürlich entfernt angedeutet wird die Auferstehung noch in künstlerisch gestalteten «Auferstehungskreuzen», wie etwa 1998 in der Alten Kirche Fluntern in Zürich, die als Kirchen- und Meditationsraum dient.[487] Selbst in einer israelischen Variante, etwa in den Bildern der Künstlerin Tamar Getter, wird das Motiv zum zentralen Kern der visuellen Botschaft, um jedoch die Skepsis gegenüber christologischen wie zionistischen Ansprüchen anzumelden.[488]

Eine gewisse Beachtung hat die Auferstehung dann noch im Spielfilm erhalten, so in dem aufwändigen vierteiligen Œuvre von Franco Zefirelli *Jesus von Nazareth,* der 1977 mit Starbesetzung glänzte und alsbald den Protest amerikanischer Evangelikaler auf sich zog. Er reiht sich ein in eine lange Liste von Bibelverfilmungen, die den historischen Realitäten wohl kaum gerecht wurden. Ganz anders wiederum das 1966 am Zürcher Schauspielhaus uraufgeführte Bühnenstück *Der Meteor* von Friedrich Dürrenmatt, welches die Auferstehung nunmehr in ein groteskes Bild überführt: Der verstorbene und wieder auferstandene Schriftsteller und Künstler Wolfgang Schwitter kehrt ins Malatelier seiner Jugend zurück, wo er seine letzten Lebensmonate verbringen will. Während jedoch die Menschen um ihn herum, einer nach dem anderen, sterben, bleibt ihm dies versagt. Es gelingt ihm beim besten Willen nicht, aus dem Leben zu kommen. Für Schwitter, der sich weigert, an Wunder zu glauben, wird die Auferstehung zum Fluch.

In Kontrast zur Auferstehung Christi ist die *Ascensio Domini,* die vierzig Tage nach der leiblichen Auferstehung erfolgende Himmelfahrt, ein in der westlichen Kunst frühes Bildmotiv, das in den späteren Darstellungen noch lange feste Gewissheit vermittelte. Zu bewundern ist das Motiv zum Beispiel an der Porte Royale (um 1145) der Kathedrale von Chartres.[489] Jedoch ist die Himmelfahrt im Vergleich zur Auferstehung in der biblischen Intonierung kein überzeu-

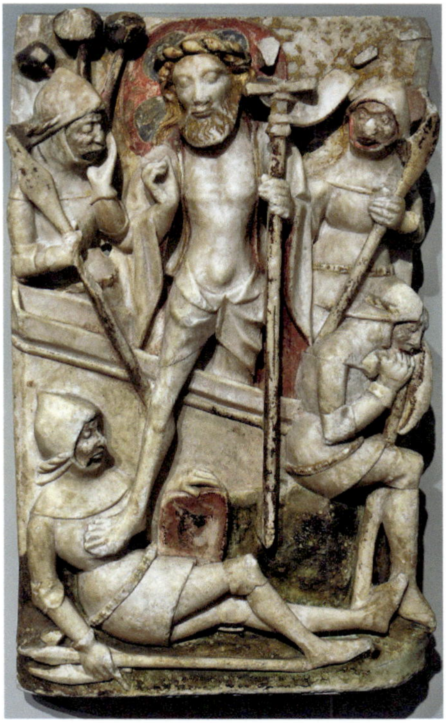

56 *Auferstehung Jesu,* Nottingham, 15. Jhdt., Alabaster-Relief mit Farbbemalung, 32 × 47,5 cm; Museum Picardie, Amiens.

gender Epilog. Selbst Markus, der sein Evangelium des Herrn mit einer Sendrede beschliesst, wirkt wenig passabel. Jesus wird darin (Mk. 16,19) in eine himmlische Zuschauerloge entsorgt, als handle sich um eine Platzzuweisung in einem griechischen oder römischen Theatrum. Von dort ist es ihm dann unbenommen, als göttliches Beobachterauge an der Seite seines Vaters zu wirken. Ob es dem Propheten Mohammed, der selber in mittelalterlichen persischen Darstellungen gezeigt wird, anders erging, sei dahingestellt.[490] Vögelin, der Radikale unter den protestantischen Freigeistern, empfand Darstellungen der Himmelfahrt gar als bloße «Doubletten der Auferstehung», die ihm ohnehin anstößig erschien.[491] Doch alle solche Vorbehalte haben das Kunstschaffen nicht daran gehindert, sich vom vorgestellten Geschehen inspirieren zu lassen, nicht allein in figürlichen Bildern und Skulpturen des Mittelalters und der Neuzeit, sondern auch in musikalischen Werken, die sich der Weiterentwicklung der religiösen Musik verpflichteten. Noch 1933, als in Deutschland und Europa das Unglück politisch seinen Lauf nahm, komponierte der junge Olivier Messiaen seine vier symphonischen Meditationen unter dem Titel *L'Ascension,* die eine tanzartige Entrückung aus den Verstrickungen der Menschwerdung transponieren wollte.[492] Seine ergreifende Musik vermochte das Unheil nicht zu übertönen, als sich in Deutschland eine neuartige Erbsündenlehre aggressiv breitmachte. Es bedarf hier eines kurzen, aber lauten Zwischenrufs.

Erbsünden. Ein Zwischenruf

Im Wandel der Bildprogramme, wie sie in den gotischen Darstellungen des Jüngsten Gerichts und der Seelenwaage kulminierten, mischten und kombinierten sich, wie wir gesehen haben, unterschiedliche Sinndeutungen und Symbole mitsamt einem Personalbestand aus Erzengeln, Heiligen, Beichtvätern und weiteren Helfern.[493] Ihre Vielzahl hinterlässt den Eindruck, dass es einerseits galt, endzeitliche Erwartungen und apokalyptisch induzierten Aufruhr einzudämmen, ohne andererseits ihre Wirkungen auf die Seelenlage des Gläubigen zu mindern, denen man Seelenbegleiter zur sicheren Wegweisung an die Seite stellte. Es stellte sich mit diesen Bildern aus Schrecken und Auferstehung, Furcht und Hoffnung, Niederlagen und Erneuerung, Tod und Wiedergeburt aber nicht nur die Frage nach dem eigenen Tod. Vielmehr musste implizit oder explizit auch das Töten des Andern – Kain und Abel – und noch eminenter die Frage nach dem Opfer und Opferritualen in den Vordergrund rücken. Die rohe und kriegerische Wirklichkeit, der man ausgesetzt sein konnte, wird entlastet, in den Bildern und Ritualen aber der Umgang mit Tod und Töten sichtbar demonstriert. Es sind eindrückliche Zeugnisse der Furcht, denen es um das Leben geht. «Die Furcht vor Gott vertreibt die Furcht vor Menschen», hatte der als Kirchenvater verehrte Hieronymus geschrieben.[494] Denn seit jeher schützten die Gottheiten dieses Leben, sie gaben und gewährleisteten es so wie sie es auch nehmen oder zerstören konnten. Der diesen göttlichen Handlungen ausgesetzte Mensch war nicht vor Tod und Sünde, vor Sterblichkeit und Verführung gefeit. Wie aber damit umzugehen war, stand auf einem anderen Blatt. Der nachbiblischen und sodann mittelalterlichen Theologie bereitete diese Konstellation Probleme. Nietzsche setzt schließlich den prometheischen Frevel – den Raub des Feuers durch Prometheus und den Aufstand gegen die Titanen – zum Mythos des biblischen Sündenfalls in Beziehung – beide Erzählungen sind ihm die Referenz für das tragische Bewusstsein in der Geschichte, eine Vorstellung, die paradoxerweise in seine deutliche Absage an die Idee eines «Fortschritts» mündet.[495] All das nötigt uns, an dieser Stelle nunmehr einen kurzen Umweg in die Vorstellungswelten des Mythos von der angeblichen Ursünde zu nehmen, wie sie in der Erzählung von Adam und Eva im Paradies und deren Vertreibung daraus im Buch Genesis der Hebräischen Bibel angelegt ist und die von den umliegenden antiken Schöpfungsmythen mitgeprägt wurde. Die nachbiblischen Deutungstraditionen, wie sie hier zusammengefasst werden, sind von enormen Unterschieden und politischen Implikaten der Exegese geprägt.

Augustinus, genauer: seine ihm nachfolgenden mittelalterlichen Theologen haben das Jenseitsgericht zu einer unerbittlich moralischen Frage gemacht, die aus der von Augustinus vererbten Vorstellung einer durch die Geburt befleckten Erbsünde mutierte. Diese von der katholischen Theologie postulierte Erbsünde war nur durch die frühzeitige, wenn nicht gar zwangsverfügte Taufe zu mildern, was keine Gewähr für Erlösung bot, weshalb der Mensch gänzlich auf den heilsgeschichtlichen Weg im Rahmen der Kirche angewiesen blieb. Die Vorstellung einer geburtlichen Erbsünde verweist auf den Tod als Folge der Sünde des ersten Menschen, Adam, und das Ende des Paradieses. Die im lateinischen Christentum dominierende Deutung ging dabei vom Bösen als einer hinterhältigen Gegenkraft aus, bildhaft repräsentiert in der Schlange (1 Moses 3,1), die das gesamte Menschengeschlecht verderben wollte. Der Mythos von Adam und Eva im Paradies und das Ende der Unsterblichkeit der Menschen gaben bei Augustinus das

Schreckensbild einer ewigen Befleckung und Schuld ab. Dagegen hatte sich übrigens Augustins Zeitgenosse Pelagius gewandt und war deswegen als Häretiker exkommuniziert worden.[496] Die Theologie des Augustinus aber setzte sich in der lateinischen Kirche des westlichen Christentums durch, als auf dem Konzil von Trient, einberufen als Reaktion auf die Reformation, am 17. Juni 1546 die auf die geburtliche Erbsünde bezogenen Irrlehren mit dem Kirchenbann belegt wurden. Ein solches Dogma hatten die orientalischen Kirchen vermieden, da sich in ihren theologischen Vorstellungen der Christos stets auf das Schöpfungswerk und solcherart auf eine zyklische Vorstellung von Zeit bezog. Mit der katholisch-tridentinischen Dogmatisierung der augustinischen Erbsünde hatte man in Rom den Feind, und das meinte den Teufel als die «alte Schlange, dem menschlichen Geschlechte auf ewig ein Feind», nun endgültig ausgemacht. Mit diesem Feind konnten die christlichen Ostkirchen wie ebenso die Juden, die Reformierten, die Lutheraner und Zwinglianer, gemeint sein.

Unter den Reformierten wiederum ersetzte die herbe Theologie der Calvinisten die Erbsünde durch die Behauptung, Gott habe von Anbeginn der Schöpfung an eine kleine Minderheit zur Erlösung auserwählt, die Vielen aber der Verdammnis anheimgegeben. Von freiem Willen und erworbenen Verdiensten aus eigener Wahl konnte bei einem solchen Prädestinationsgedanken nicht die Rede sein, er blieb im Grunde augustinisch. Die Wahlfreiheit blieb unter den Protestanten der weiteren Jahrhunderte dennoch nicht wenig gegen die Lehre der Erbsünde gestellt. Zwar sündigen die Menschen aus freiem Stücken, doch eine Sünde ist lediglich eine einzelne Verfehlung, die Reue und Umkehr möglich macht und nach sich zieht, was die Willensfreiheit voraussetzt. Einem solchen Gedanken konnten die Befürworter der Erbsünde nie zustimmen. Für sie bestand die Sünde gerade darin, eine Wahlfreiheit zu behaupten und sich der Überheblichkeit schuldig zu machen, was auf den Makel des Menschengeschlechts hinwies. Wie diesbezüglich der Heilsweg also aussehen sollte, war unter Teilen der Protestanten auch noch im 19. Jahrhundert strittig.[497]

Noch sehr viel später, in der gleichermaßen tridentinischen wie säkularen politischen Theologie eines Carl Schmitt, einem notorischen Antisemiten und extrem konservativen Antidemokraten, der als Nationalsozialist die Rechtstheorie des Führerstaates von Hitler mitbegründete, ist die Erbsündenlehre explizite Voraussetzung und das zentrale Dogma seines Denkens geblieben. Dem Judentum warf Schmitt vor, die geburtliche Erbsünde zu leugnen und damit den staatlichen, über dem Recht stehenden Souverän zu zersetzen, wie Raphael Gross feststellt: «Denn erst der – allerdings säkular zu verstehende – Glaube an die Erbsünde begründet Schmitts charakteristischen Feindbegriff», den er mithin gerade auch im Judentum ausmacht.[498] So übersteht die Erbsündenlehre selbst ihre atheistische Anfechtung. Der endgültige Entscheid zwischen Gut und Böse resultiert aus dem kriegerischen Seelenkampf um sterbliches und ewiges Leben, das heisst aus der Unterscheidung zwischen Freund und Feind und dem letzten Entscheid des über dem Recht stehenden Führers, der sich in der wahren und totalen Herrschaft nunmehr in der gegen die demokratische Aufklärung gerichteten Moderne verkörpert. Mittels dieser politischen Theologie wird die Erbsünde zu einem Kampf gegen den «Feind» potenziert, der im Nationalsozialismus alsbald zum unerbittlichen Vernichtungskrieg gesteigert werden sollte. Gegen diese Verzerrung der Erbsündenlehre als vermeintliches Naturrecht ist im politischen Denken des Theologen Karl Barth seine entschiedene republikanische Stellung gegen den

Nationalsozialismus ebenfalls in der christlichen Ursünde verankert, aber an einer daraus folgenden Christologie und nicht an einer naturrechtlichen Begründung orientiert.[499]

Salo Baron, ein eminenter Historiker der jüdischen Geschichte, bestritt jeden solchen Determinismus, von der Erbsünde und theologischen Mythen über Hegels dialektischen Idealismus und Spenglers Visionen. Das Forum für seine Auffassung war kein geringeres als der Gerichtsprozess um Adolf Eichmann in Jerusalem, wohin Baron 1961 als Zeuge geladen war. Baron schloss für jede Geschichte jegliche Präfigurationen von vornherein aus, vielmehr machten Umstände, Persönlichkeit und Zufälle das Zeitgeschehen aus. Wie ein Tausendfüssler hopple Geschichte nicht auf einem Fuss oder drei Füssen einher, sondern marschiere auf Hunderten von Beinen. Der Historiker verhindere das Vergessen, indem er in den sozialen, religiösen und anderen sich durchdringenden Strömen weiterhin die Freiheit der Entscheidung erkennt, die dem Individuum überlassen ist.[500] Im Gegensatz zum «Credo von Carl Schmitt», das ein Bündnis von Herrschaft und Transzendenz postuliert und in der Trennung von Religion und Politik die «Entzweiung» als Weg zu einer degenerierten Kultur fürchtet, «zeichnet den modernen freiheitlichen Verfassungsstaat der Verzicht auf ein solches Bündnis aus», wie Horst Dreier mit Referenz auf Ernst-Wolfgang Böckenförde betont, das heisst ein Verzicht auf jegliche Heilsansprüche und metaphysische Bezüge, wie sie der mit Böckenförde befreundete Schmitt aus seiner Version der Erbsündenlehre abgeleitet hatte.[501] Es galt nach 1945 auf jüdischer wie auf deutscher Seite, Entstehung und Rechtfertigung, Genese und Interpretation, «Erbsünde» und «Entzweiung» voneinander zu entkoppeln und diese Unterscheidung zur demokratiepolitischen Leitlinie zu machen.

In scharfem Kontrast zum theologisch-politischen Konzept einer determinierenden Erbsünde im augustinischen und tridentinischen Katholizismus und später in der antidemokratischen Staatslehre à la Schmitt haben also die Rabbiner und jüdische Gelehrte – wie lange nach ihnen auch die protestantischen amerikanischen Kolonisten – im Mythos vom Paradies eine Legitimation erblickt, sich von korrupten und willkürlichen Herrschern loszusagen. Das Handeln der Schlange und das Ende der Unsterblichkeit des Menschen treiben sein Bestreben, Wissen und Erkenntnis zu gewinnen, aus Furcht und Respekt vor der geschichtlichen Zukunft an. Wer wie die Engel vom Baum des Lebens kostet, hat das Wissen erlangt, um bei Gott zu sein (Abb. 57). Der Mensch aber muss ihn erst noch suchen. Der adamitische Sündenfall wird von den Rabbinern also positiv gedeutet, um das Werk Gottes vollenden zu können, um dank Eva die Früchte vom Baum des Lebens zu kosten. Diese Früchte symbolisieren die Verheissungen, die dem menschlichen Willen, Gott zu suchen und ihn anzurufen, so süss schmecken sollen. Die Entlassung aus dem Paradies aber bewirkt erst die menschliche Fähigkeit, zwischen gut und bös, richtig und falsch zu unterscheiden, und sie überlässt es dem individuellen Menschen, fortan eine eigene, verantwortliche Entscheidung zu treffen.[502] Hier liesse sich von der adamitischen Unterscheidung sprechen, die sehr bald in den Brudermord von Abel durch Kain münden wird. Selbst der jüdische Theologe Paulus, durch den das Christentum sich vor dem Hintergrund apokalyptischer Denkfiguren aus der Antike überhaupt erst Bahn brach, hatte an der Wahlfreiheit festgehalten, auch wenn er in seiner Erlösungsparabel im Tod des zweiten Menschen (Christus) die neue Wirklichkeit durch den ersten Menschen (Adam) fundiert sehen wollte. Aber selbst in der Apokalyptik, wie dem *Vierten Buch Esra,* sind Tod und Sünde immer noch die Folge eines frei verantworteten

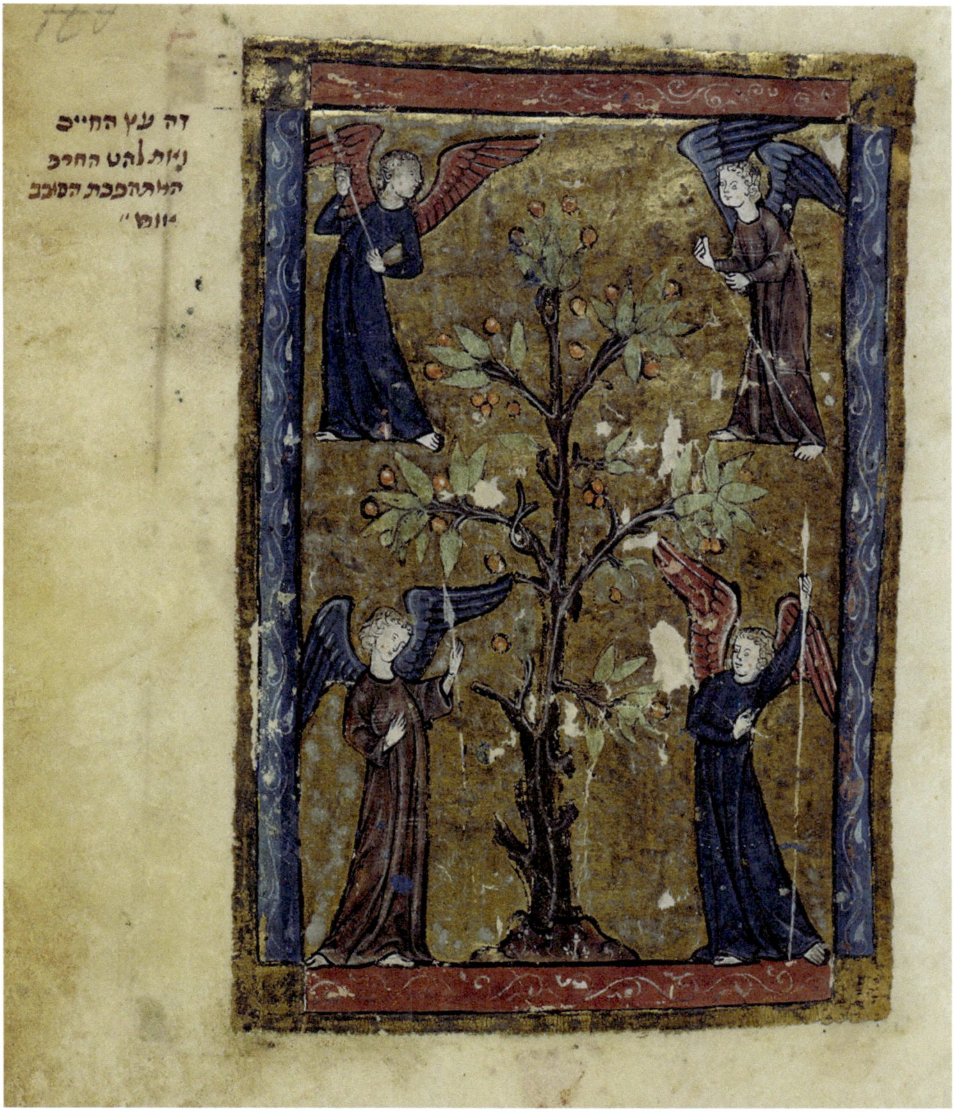

57 *Der Baum des Lebens,* Darstellung in einem hebräischen Gebetbuch aus Nordfrankreich, 13. Jahrhundert; Beschriftung am äußeren Rand: «Dies ist der Baum des Lebens und ein flammendes Schwert, das sich in alle Richtungen wandte» (Gen 3,24); British Library, London.

menschlichen Willens, sich zu entscheiden und so oder anders zu handeln. Das rabbinische Judentum aber wandte sich bei seinem Eintreten für diese Wahlfreiheit zu einem erheblichen Teil selbst gegen die Vorstellungen eines apokalyptischen Weltenszenarios, das in der Erzählung über Noah – ebenfalls aus dem reichen mesopotamischen Erbe stammend und von den Autoren der Hebräischen Bibel auf den Kopf gestellt – mit der grossen Flut ein schreckliches, in biblischer

Lesart nicht weiter nachahmenswertes Exempel vorgeführt erhalten hatte. Der Kontrast zwischen den rabbinischen, paulinischen und ostkirchlichen sowie teils protestantischen Vorstellungen einer Wahlfreiheit einerseits und der westkirchlichen Konzipierung einer geburtlichen Erbsünde und Prädestinationslehre andererseits ist also markant.

Das klassische jüdische Verständnis des so genannten Sündenfalls steht allerdings der von der paulinischen Theologie entworfenen Deutung des Sündenfalls wegen derer apokalyptischen Note entgegen. Die rabbinische Haltung ist zumeist antiapokalyptisch und misstraut messianischen Erregungen. Dies sollte auch bei allen späteren Katastrophen und Martyrien wie dem Holocaust prägend bleiben.[503] Die paulinische Deutung der Erlösung wird deswegen nicht, wie in der späteren christlichen Liturgie als *felix culpa,* als ein glücklicher» Sündenfall verstanden. Vielmehr sieht das rabbinische Judentum in der freien Willensentscheidung eine Antwort, die den Menschen zum Partner Gottes emanzipiert und ihn damit zum individuellen Menschen macht. Im rabbinischen wie modernen Judentum ist die ausserparadiesische Geburt des Menschen ein Geschenk, das aber unentrinnbar auch den Makel, das heisst die Unvollkommenheit und die Sterblichkeit des Menschen bezeugt. Die Schaffung des androgynen Menschen, aus dem Mann und Frau geteilt hervorgehen, zieht den Verlust der Vollkommenheit und die Entdeckung der Dualität nach sich, mit der Erkenntnis, dass sich zwischen Gut und Böse unterscheiden lässt. Den Mythos von Adam und Eva im Garten Eden – die Übertretung des Verbotes, vom Baum der Erkenntnis die Früchte zu geniessen, und daraus deren Vertreibung aus dem Paradies – wird gar als Teil des Schöpfungsplanes legitimiert: Der Part Gottes soll, wie Peter Schäfer schreibt, in diesem geschichtlichen Fortgang die seit Noah gebotene Fürsorge für den Menschen sein, der Part des Menschen wiederum die Suche und Erkundung von Gottes Willen.[504] Die Schlange hatte also ihre Rolle klug und weitsichtig gespielt, wenn es dieser Erzählung grundlegend darum ging und in der rabbinischen Literatur immer noch geht, den Mythos in Geschichte zu verwandeln. Anders gesagt, die Trennung vom Paradies – «da gingen ihnen die Augen auf» (1 Moses 3, 7) – bewirkt, dass der Mensch in dieser Erzählung Gott nicht mehr zu sehen vermag und auch nicht einmal imstande ist, sich an dessen Bild zu erinnern. Umso mehr dürstet es ihn, seinen Gott zu suchen. Dass er sich dazu kunstvoll Bilder schafft, liegt daran, dass er sich der Ebenbildlichkeit seines eigenen Selbst als nicht unwahr zu vergewissern hofft.

Wenn wir die neuzeitliche Entwicklung skizzieren, wird sie zusammenfassend lauten: In den entsprechenden mittelalterlichen Sinnbildern stand Gott zuerst selbst an der Waage, um gerecht und unerbittlich zwischen Himmel und Hölle zu entscheiden. Auch wenn die Darstellungen des Gerichts in Wandbildern und Portalskulpturen oder in Predigten und Erzählungen den ökonomischen und emotionalen Druck erhöhten, war aber eine solche Präsentation nicht nachhaltig. Die Sündenbilder wurden, um Furcht und Schuldgefühle für den einzelnen Juden und Christen aufrechtzuerhalten, bald verspottet und dann in den bildfernen und als unerforschlich deklarierten Willen Gottes oder entsprechend in protestantische Gnadenlehren verlegt. Bald aber wurde ein milder und nicht ein rächender Gott zum Souverän erhoben.[505] Die materielle Entsorgung figürlicher Darstellungen aus den reformierten Kirchen korrespondiert so mit dem generellen Konzept, das letzte Gericht in der Seele des Individuums zu verinnerlichen. Damit liess sich dieses Individuum auch in der äusseren geschichtlichen Wirklichkeit zu seiner Denkfreiheit emanzipieren.[506]

Eine Erbsündenlehre war also längstens obsolet geworden. So wie diese Denkfreiheit Immanuel Kant und Friedrich Schiller vertraten, wurde nunmehr der politische Begriff der Freiheit ins Recht gesetzt, wie dies auch Moses Mendelssohn in seinem *Jerusalem* von 1783 im Konzert der Aufklärung eingefordert hatte. Seit der Kritik der frühen Aufklärer, und hier besonders durch Denis Diderot, hat das Gefühl, grundlegend schuldig zu sein, die kritische Beobachtung und den moralischen Unmut darüber immer wieder auf sich gezogen. Denn die Sünde, besonders auch die Erbsünde, hatte sich im Verlaufe der Jahrhunderte in Europa und seinen Kolonien derart in das menschliche Gemüt eingesenkt, dass sie auch jede Transformation in säkulare Wertvorstellungen bis heute überstanden hat. Wo einst die Natur als gefallen galt, ihre Versuchungen als geistig beschädigend wirkte und theologisch als Sünde gecancelt wurde, wird nun die Versündigung gegen die Natur und gegen die Umwelt zum digital verbreiteten Gegenstand moderner Inquisitionen, ohne dass mit solchen Abbildern den psychischen, sozialen, sexuellen und ökologischen Krisen realiter beizukommen wäre. Schon mit der falschen Hautfarbe oder einem bestimmten Geschlecht geboren worden zu sein, kann heute zum Makel werden, als wäre die alte Erbsündenlehre erneut auferstanden. Die Erschließung unterschiedlicher Weltregionen hat in anthropologischer Hinsicht aber zu Bewusstsein gebracht, dass der Begriff der Sünde im Vokabular fremder Gemeinschaften nicht voraussetzungslos aufgefunden werden kann. So stellt sich am Ende im Nachdenken über diesen Makel die – hier nicht zu beantwortende – Frage: Könnte es auch Kulturen geben, die kein Wort und kein Bild für «Sünde» kennen?

Endlose Schlaufen: Dämonenkräfte, Sternbilder, Wissensdrang, Horizontbefragung

«Gott ist ganz Auge, ganz Geist, ganz Ohr», heisst es bei Xenophanes, der in Weiterführung der Lehren aus Milet, die als antike griechische Stadt das Einfallstor altorientalischer Vorstellungen in die Ägäis und weiter nach Westen war, eine Art monolaterale Theologie des Allwissens anbietet.[507] In Mesopotamien, Kleinasien und Ägypten ist die schon im Neolithikum aufkommende Vorstellung des allwissenden Auges feststellbar, die unter den Sterblichen den Glauben schärfte, man stehe unter unbegrenzter Beobachtung einer höheren Macht, die aufzeichnet, was man im Leben tut und sein lässt. Der Strang solcher Vorstellungen reicht also viel weiter in ältere Epochen zurück. Bei der frühgeschichtlichen Augengöttin (Abb. 58) haben wir es mit einer Semantik der Herrschaft zu tun, in der sich Toten- und Fruchtbarkeitsriten treffen und überlagern.[508] Solche Verknüpfungen von Toten- und Fruchtbarkeitskulten – das Grundmuster zur Variante aus Verdammnis und ewigem Leben – lebte gedämmt und abgewandelt in der jüdischen und christlichen Volksfrömmigkeit weiter, auch wenn theologisch und monastisch diese Verknüpfung erheblich tabuisiert wurde.[509] Jedenfalls weisen die Polemiken in jüdischen, christlichen und islamischen Schriften auf die reichlich vorhandene, aber verpönte Herleitung eines Bilderkultes aus der Ahnen- und Totenverehrung hin.

Durchgesetzt hat sich eine Abwandlung, in der hergebrachte Todessünden und künftige Heilsversprechen korrespondieren. Wenn am Ende der Apokalypse, wie sie die Visionen der *Offenbarung des Johannes* (Offb. 21,1–22,5) ankündigen, ein neues tausendjähriges Reich, ein neues himmlisches Jerusalem aufersteht, schreibt sich aus Schrecken und Weltengericht hervor-

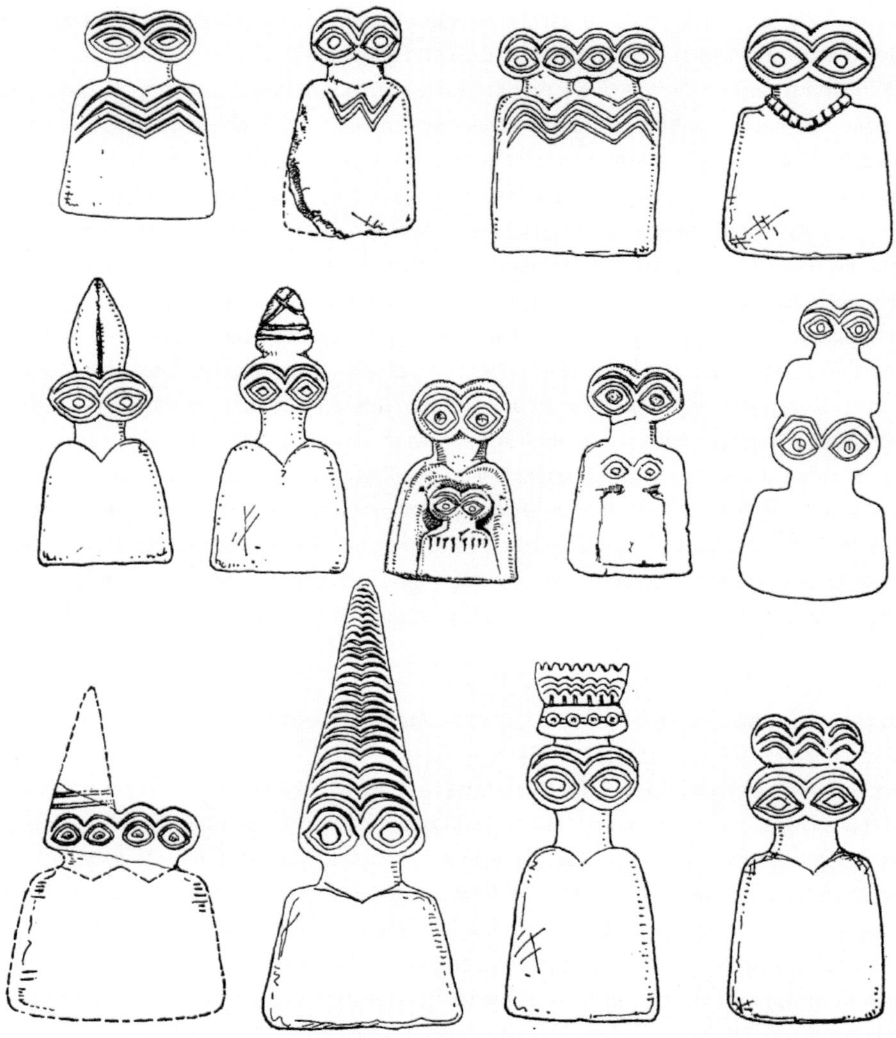

58 Unterschiedliche Augenidole bzw. Augengöttin neolithischer Zeit, diverse Ausgrabungsskizzen, 1934–1936, in Brak und Chagar Bazar, Irak/Syrien.

gehend eine messianische Zukunft in die Welt ein. So lag die Versuchung nahe, sich von dieser Erzählung über Kommendes ein Bild zu machen, mehr noch, die neue oder jenseitige Welt ästhetisch zu materialisieren. Die mittelalterlichen Kathedralen, in denen die Bildprogramme der Evangelien zur Schau gestellt wurden, waren gleichsam ummauerte Heilsvisionen – «spirituelle Gefühlsarenen», um den Konnex von Verdammnis und Erlösung, von Todesangst und Hoffnung plastisch-räumlich vor Augen zu führen. In ihnen konnte der einzelne Mensch, wie Jürgen Wertheimer vermerkt, als «Teil einer Erregungsgemeinschaft» partizipieren, und mit den Bauten schienen auch die Dämonen, das Böse in der Welt, in Bilder, Skulpturen und Kapitelle gebannt, stets um den auch ökonomischen Preis, dass die individuelle Sünde in die kontrollierende Kraft eines Kollektivs überführt wurde.[510]

Die Hoffnungen und die enorme Angst, die den Menschen im Nacken saß, verlangte also nicht nur nach Glauben, sondern auch nach Berechenbarkeit und nach Kunde, wie im Himmel das eigene Schicksal bestimmt war. Der Schrecken verbindet sich immer auch mit dem Willen zum Wissen. Allerdings blieb man lange in der Angst gefangen, nicht wissen zu können, ob man zu den Auserwählten der göttlichen Gnade gehören würde oder nicht. So galten äusserliche Merkmale wie Wohlstand und Erfolg als sichtbare, das heisst hier rechen- und wägbare Zeichen, ins Himmelreich zu kommen. Die Folgen dieser Prädestinationslehre, die bei den Reformierten und vor allem bei Jean Calvin ohne figürliche Bilder des Heiligen auskam, erachtete Max Weber als eine der Quellen für den Aufstieg des Kapitalismus. Der Begründer der klassischen Ökonomie und ihres Marktmodells, Adam Smith, war im 18. Jahrhundert von diesem religiösen Zeitgeist ebenso geprägt wie von den Ideen der Aufklärung.[511]

In dieser Konstellation kommt hinzu, worauf Aby Warburg im Rückgriff auf Franz Boll schon für die Lutherzeit eindringlich aufmerksam machte, wenn die Zeichen des Himmels und die Lehre der Prädestination ins Spiel kamen: In der Astrologie haben sich «in unwiderlegbarer Tatsächlichkeit zwei ganz heterogene Geistesmächte, die logischerweise einander nur befehden müssten, zu einer Methode zusammengetan» – einerseits die Mathematik als abstrahierendes Werkzeug und anderseits die Dämonenfurcht als archaische «Form religiöser Verursachung». Die Astrologie war seit der babylonischen Antike im hellenistischen Kulturraum zu Bedeutung gekommen, doch als ein Merkmal einer synkretistischen Religion hervorgegangen, kam es auch bald schon zu ihrer Widerlegung als falschem Glauben. In den Sternbildern existieren die alten Gottheiten und Dämonen weiter. Gleichzeitig erscheinen sie gebannt, wo sie eigentlich zu fürchten wären und es in der Volksfrömmigkeit noch weiter geblieben sind. Mehrere Panels von Warburgs *Bilderatlas Mnemosyne* zeigen zahlreiche astrologische und astronomische Bilder aus unterschiedlichen Kulturen der Antike. Als «Menschengleichnis im Himmel» dokumentierten sie die leidvolle Geburt einer humanen und mathematisch-rationalen Kosmologie, deren Feind eine zuletzt irrationale und menschenfeindliche Astrologie ist. Und doch blieb die Astrologie von der frühen Neuzeit bis heute ein durchaus populäres Steckenpferd durch alle Schichten der Gesellschaft, die damit durch die neu aufkommende Presse immer schon gerne bedient wurde und im Internet weiterhin beliefert wird.[512]

Der Konnex von Dämonenkräften und Sternenbildern, d. h. von göttlichem Auge und Furcht vor der Seelenwaage im Gericht einerseits und von Naturwissen und Hoffnung auf den medizinischen Schutz des Lebens anderseits, ist also kulturgeschichtlich Teil einer Wissenstradition aus der menschlichen Frühgeschichte heraus. Vom antiken Orient über das jüdische, arabische und christliche Mittelalter bis hin in die theosophischen Spekulationen der Renaissancezeit wurden die Bildsprachen aus älteren Erbschaften ihrerseits umgestaltet und dann abgestossen und verdrängt, um das Wissen über den Himmel, die Natur und den menschlichen Körper neuzeitlich fortschreiben zu können.[513] Albrecht Dürer, dieser Nürnberger Meister beeindruckender Porträts und Tierbilder, war fasziniert von den wissenschaftlichen und technischen Fortschritten, die er mit seinen gezeichneten Himmels- und Sternenkarten dokumentierte, er blieb indes auch von der Furcht vor Dämonen geprägt und malte Bilder, die Glauben, Abhaltung vor sündhafter Verführung und frommes Tun anmahnten. Vergleichbare Prozesse kennzeichnen auch östlich gelegene Kulturen: Der Zusammenhang zwischen einer unerbittlich ausgemalten Höllenwelt und dem gleichzeitigen Drang nach Wissen, um dem Karma zu entkommen, sind auch dem indischen Jainismus geläufig. Die Himmelsgötter sind keine allmächtigen Wesen, ihre Wirkmacht ist beschränkt, sie können also auch keine Sünden tilgen, und so muss der Mensch mit seinem Wissenserwerb selbst dafür sorgen, dass er im Kreis von Tod und Wiedergeburt über das Wissen über Kosmos und Welten verfügt oder es erlangt, um in rationaler Weise seine Erlösung durch rechtes Tun und Lassen anstreben zu können.[514]

Wir haben es also mit zwei Dimensionen zu tun. Einerseits verweist uns der Zeitpfeil in die Vergangenheit, in diesem Fall auf die mathematischen, astronomischen und astrologischen Kenntnisse wie sie in den Keilschriften aus Ninive und Mesopotamien als breite Palette von Wissen und Religion der Antike zutage traten und elementar in späteren Kulturen fortwirkten.[515] Das zugrunde liegende Gedankenbild ist hier die Vorstellung, dass die Götter und der Himmel durch Zeichen kommunizieren, weshalb den Zahlen und der Beobachtung eine erhebliche Bedeutung zukommen musste und zur Systematisierung solchen Wissens geführt hat. Andererseits der entgegengesetzte Zeitpfeil, wenn sich mit dem Problem des freien Willens als theologischem Kritikpunkt für das spätere Judentum, Christentum und den Islam die Scheidung der mathematischen Astronomie von der prophezeienden Astrologie anbahnt. Die antike, immer noch bildertragende Keilschrift war entschwunden, das neue, abstrakte Alphabet aus hebräischen, griechischen, lateinischen oder arabischen Buchstaben wurde zum neuen Träger des Wissens. Seitdem lebten und leben astrologische Bilder und Erzählungen allenfalls noch in volkskundlich interessanten Spielkarten und esoterischen Zeitschriften munter weiter oder manifestieren sich kunstvoll in zeitgenössischen Werken. Die Tarotkarten des Künstlers Walter Wegmüller zeigen nebst den figürlichen Darstellungen arabische Zahlen, hebräische Buchstaben und Benennungen in lateinischer Schrift (Abb. 59).

In der Gegenwart aber hat gerade die Unterscheidung zwischen den alten Sternenbildern und der sich Bahn brechenden astrophysikalischen Wissenschaft zu einem kulturwissenschaftlichen Interesse an den antiken Religionen Mesopotamiens und den antiken hebräischen Schriften geführt. Im Judentum der Moderne wird dies am religions- und kulturpolitischen Streit um «Bibel und Babylon» kenntlich, womit der deutsche Streit, der sogenannte Babel-Bibel-Streit, der in der zweiten Hälfte des 19. Jahrhunderts die christlich gestimmten Gemüter im Kaiserreich bewegte, seinen Fortgang auf neuen Erkenntnispfaden gefunden hat. Der damit gelegte Grundstein zur «Wissenschaft des Alten Orients» erscheint nunmehr in einer evolutionsgeschichtlichen Perspektive, die biblischen Bücher und die mesopotamischen sowie ägyptischen Texte anthropologisch als prä- und protowissenschaftliche Narrative zu lesen, die zur Bewältigung von Katastrophen und Krisen in Gestalt von Krankheiten, Seuchen, Gewalt, Unzucht und Versehrungen dienten.[516] Diese Vergangenheit aber dauerte lange und dauert immer noch. Um es beispielhaft an einem literarischen Zeugnis aus der Moderne zu veranschaulichen: In William Faulkners Erzählung *Der Bär,* die vom Alltag seiner Vorfahren berichtet, ringen die Menschen in den nordamerikanischen Wäldern der – heute mehr und mehr getilgten – Natur ein kleines Stück Zivilisation ab, derweil sie alle, von Mücken und Zecken gestochen, sich andauernd kratzen müssen und

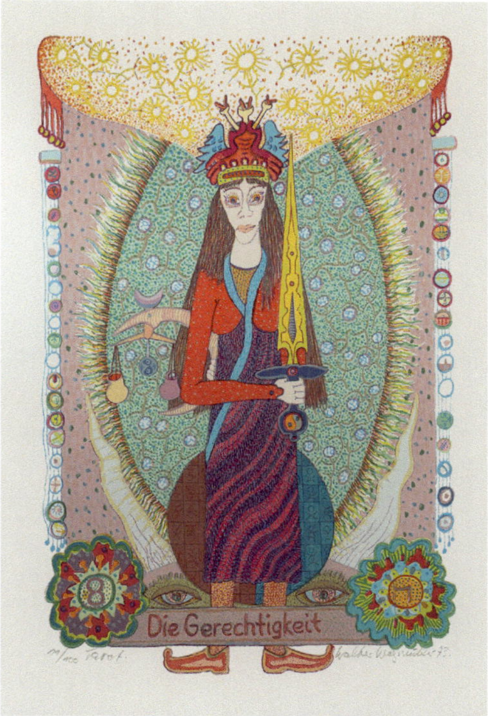

59 Walter Wegmüller, *Die Gerechtigkeit,* Tarotkarte, 1970, Farbdruck auf Velin, 35 × 50 cm; Privatbesitz.

in Furcht vor Raubtieren oder einem tödlichen Biss einer Giftschlange leben. Nirgends zu dieser Zeit hat wohl die Lektüre der biblischen Texte dermaßen eingeschlagen wie bei den religiösen Revivals der europäischen Siedler in den Weiten des nordamerikanischen Kontinents, die diese Plagen aushalten mussten, mit dem vagen Versprechen, dafür das gelobte Kanaan in den Wäldern am Mississippi in Besitz nehmen zu können. Im furiosen Ende dieser erzähltechnisch wie ein Sprach- und Bildersturm geschriebenen Darstellung geht die alte, raue und gefahrvolle Welt des Jäger- und Siedlerdaseins verloren und wird dem vorwärtsdrängenden Kapitalismus mit seinen technischen Erleichterungen preisgegeben. Was einst als «Natur» galt, erscheint getilgt.[517]

Es ging also, zusammenfassend gesagt, darum, Existenzerfahrungen und dingliche Verhältnisse verschiedener Daseinsgebiete nicht mehr als Glauben allein, sondern auch in Zahlen, Analogien, Metaphern, Gleichnissen und Bildern der Erde und des Kosmos mit erzählerischen und danach mit wissenschaftlichen Mitteln festzuhalten. Je mehr Zahlen, Zeichen und Bilder es zu entdecken gab, umso leichter schien es, Muster und Zusammenhänge zu finden – was wiederum den Streit um angemessene Deutungen und Schlussfolgerungen befeuern konnte. Aus solchen Verständigungen und den zugrundeliegenden Bildgehalten sprach jedenfalls der Drang nach Wissen, zuerst theologisch, dann naturphilosophisch, alsbald naturwissenschaftlich. Die Botschaft für einen festen Anlauf in die Zukunft: Die Furcht lehrt den Menschen, die Welt und

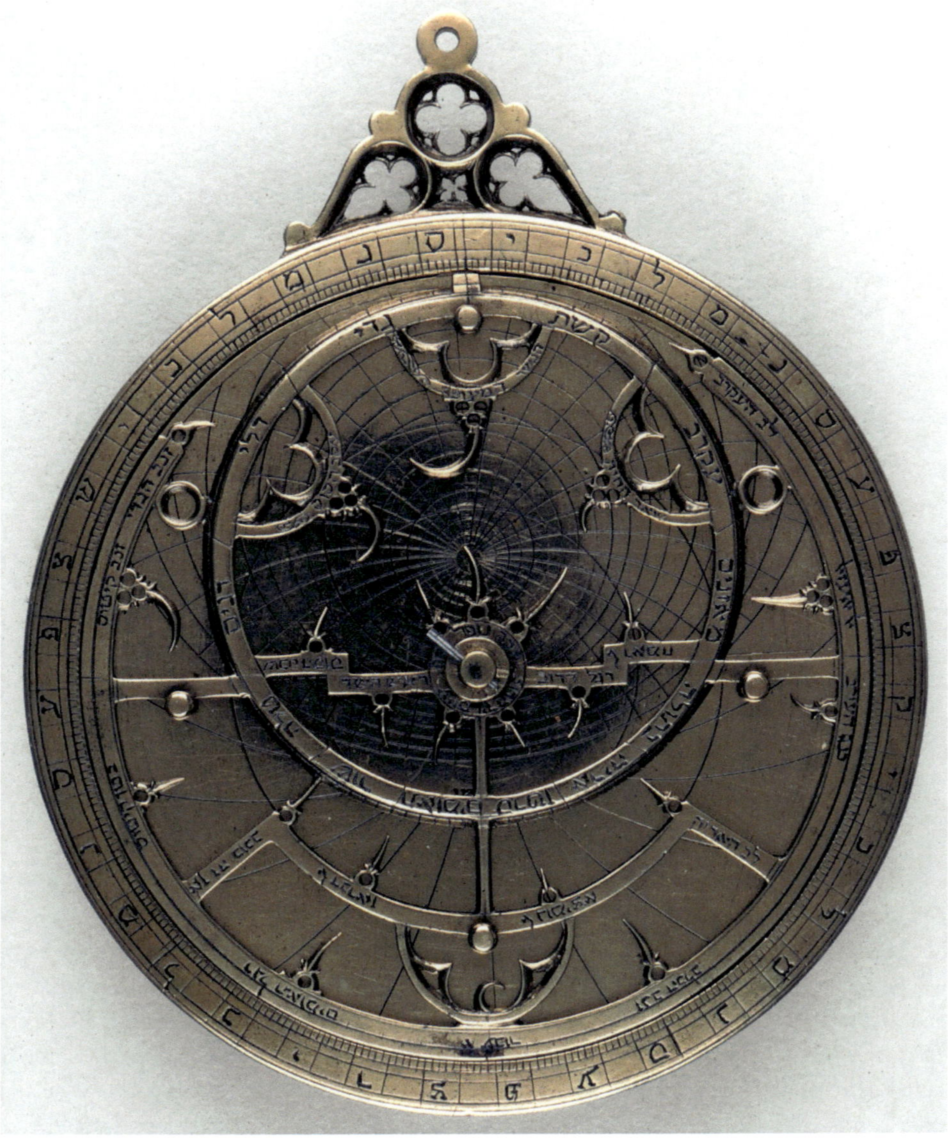

60 Judeo-arabisches Astrolabium, Spanien oder Italien, 14. Jhdt, vernietete Silberplatten, 9,20 × 11 cm; British Museum, London.

sich selbst zu erkennen. In Bern steht wenige Schritte vom Münsterportal mit seinem Jüngsten Gericht der mittelalterliche Zeitglockenturm, der wie in Prag durch ein großes Astrolabium bestückt ist, das heute von Touristen aus aller Welt bewundert wird. In Staßburg befindet sich das große Astrolabium gar im Münster selbst. Es verkörpert das neuzeitliche technische Bemühen um jenes Wissen, das dem Schrecken der Ungewissheit entgegengesetzt wird, höchst anschau-

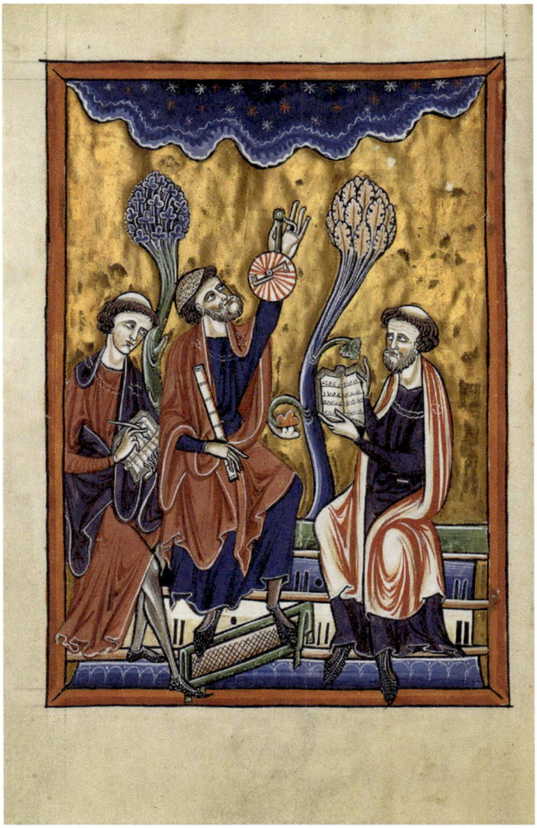

61 Psalter der Blanche von Kastilien, *Abraham Ibn Esra, mit Astrolabium bei der Übersetzung eines Astrologie-Buches,* um 1235, Miniaturmalerei auf Pergament, 28 × 20 cm; Bibliothèque de l'Arsenal, Paris.

lich. Die alte Angst vor Dämonen, vor der Hölle und dem Fegefeuer trieb einst das Bedürfnis nach Berechenbarkeit und nach Himmelskunde in Antike wie im hohen Mittelalter an. In die europäischen Regionen gelangte das entsprechende Wissen durch Übersetzungsleistungen aus dem Hebräischen, Arabischen und Lateinischen, das heisst durch den Austausch zwischen jüdischen, christlichen und islamischen Gelehrten, Schiffsleuten und Reisenden, unter denen Abraham Ibn Esra ein markantes Beispiel für den frühen Aufstieg der Wissenschaft im Kulturraum des Mittelmeeres abgibt (Abb. 60 und 61). Die mittelalterliche Angst vor Dämonen und Hölle trug, paradox genug, also zur naturphilosophischen Erkundung bei, die gegen die Götter und gegen den Kanon des Glaubens gerichtet sein konnte – in einem riskanten «Akt von kreativen Amateuren und berufenen Forschern.»[518] Das Astrolabium war so eben auch ein Ausdruck des Bemühens, den Zusammenhang von Wissen und Glauben in einer künstlerischen Bildgestaltung vermittelbar zu machen. Weltenwissen und Heilsgewissheit sollten gleichermassen zur Geltung gebracht und anschaulich dargestellt werden.

In die Gegenwart übersetzt heisst dies, dass sich heute Kunst und Wissenschaft gemeinsam aktuelle Problembezüge erarbeiten und dass naturwissenschaftliche Fragen zum Thema und Gegenstand von internationalen Kunstveranstaltungen gemacht werden. Das ist auch angesichts der bildgestützten Verfahren in den Wissenschaften und in der Diagnostik naheliegend. Die Forderung, sich von einer rein ästhetisierenden Kunstbetrachtung zu verabschieden, ist nicht neu. Warburg drückte seinen «aufrichtigen Eckel» davor mit der Kritik aus, die bloß «formale Betrachtung des Bildes» sei zu einem «sterilen Wortgeschäft» geraten und werde nicht «als biologisch notwendiges Produkt zwischen Religion und Kunstausübung» begriffen.[519] Warburg hatte sich dabei auf die Cholera-Epidemie in Hamburg im Jahr 1892 bezogen. Unter anderem in der Folge der Covid-Pandemie von 2020 bezeichnete Barbara Haering das politisch und wirtschaftlich bedeutsame, ja notwendige Zusammenwirken von Recht, Wissenschaft und Kunst als «endlose Schleife», die für alle Innovationen unter demokratischen Verhältnissen steht.[520]

Einer solchen «endlosen» Schleife aber hatte in der Frühen Neuzeit die Aufklärung, in deren Folge die moderne Medizin und Naturwissenschaften ihren Aufschwung nehmen sollten, erst mal Bahn brechen müssen. Wo die Aufklärung sich als radikal begriff, hatte sie sich politisch gesprochen nicht damit begnügt, Reformvorschläge zur Neugestaltung der Monarchie oder der Kirchen zu unterbreiten, sondern forderte Universalität, Demokratie und Gleichheit der Menschen. Solcherart entzog sie der monarchischen und kirchlichen Herrschaft die religiöse Legitimation. Die Souveränität wurde vom entzauberten Monarchen auf das Volk übertragen, was auch immer man unter der Vokabel «Volk» verstehen und damit als riskanten Anspruch auf Macht und Souveränität summieren wollte. Die Vorrangstellungen von Theologie und Aristokratie und die Subordination der Frauen sowie der Handel mit Sklaven wurden mehr und mehr in Frage gestellt. Es ging um eine Konversion von Instrumenten, die viel später zu den Bürger- und Menschenrechten unserer Zeit säkularisiert wurden, das heisst um eine auch bildspendende Kommunikation, mit der damals Deutungen der Geschichte vorgenommen wurden, die das Neue legitimieren und das Alten verwerfen konnten.[521] Die Kritik war zunehmend umfassend, indem sie sich von den religiösen und weltlichen Autoritäten über die heiligen Schriften und die Erklärung der Natur bis auf das Wesen des Menschen und dessen Erkenntnisfähigkeit überhaupt erstreckte. Paul Henri Thiry d'Holbachs gute Kenntnisse der damaligen Wissenschaft, Baruch Spinozas Zuweisung der biblischen Schriften an eine über die Jahrhunderte gewachsene menschliche Urheberschaft und Denis Diderots Rekurs auf eine Natur, die aus immanenten Gesetzen erklärbar war, sind Zeugnisse dafür, wie ein transzendenzenthobenes Verständnis von Natur, Religion, Politik und Kunst geschaffen wurde, in denen die alten Bilder von Wunder und Offenbarung belanglos erschienen. Selbst der cartesianische Dualismus von Denken und Ausdehnung, die nunmehr bloß als Attribute einer göttlichen Substanz gelten konnten, wurde in Spinozas Schriften aufgehoben.[522] Der von Kant formulierte kategorische Imperativ, dass jeder so handeln soll, dass seine Maximen zum Weltgesetz werden könnten, nahm nunmehr Gestalt an. Implizit wie explizit kann man diesen radikalen Prozess auch als eine Zerstörung von traditionellen figürlichen Bildern wie auch inneren Bildgedanken verstehen, die dermassen lange die religiösen Vorstellungen der Menschen geprägt hatten. Zumindest geht es um eine Substituierung der alten Bilder durch neuartige oder gewandelte Bilder, aus denen die radikale geistige Schubumkehr des Revolutionären wiederum mit präparierter Symbolik aus überlieferten Beständen, aber eigenen neuen Idolen sprach (Abb. 35), um die Erklärung der Menschenrechte zu visualisieren. Ein noch früheres Bildzeugnis, das in dieser Epoche die bald folgende Aufklärung anzukündigen scheint, wollen wir nun auf einer weiteren Leinwand betrachten.

Siebzehnte Leinwand: Den Himmel sehen, die Erde bereisen, ins Weltall blicken

In einer Gravur von Cornelis Meijer aus dem Jahr 1696, *Sonnenfinsternis des ersten Jupitermondes,* sehen wir nebst Erde und Mond die Planeten Jupiter und Saturn mitsamt ihren Monden (Abb. 62). [523] Die das All durchdringenden Lichtstrahlen stammen von der Sonne ausserhalb des Bildrandes. Am linken Bildrand sind auch eindringende Kometen zu erkennen. In der Atmosphäre der Erdkugel sind neben einem Segelschiff die als Windallegorien dargestellten vier Himmelsrichtungen zu sehen. In die Darstellung des ersten Jupitermondes sind nachträglich einige Notizen ins Bild geschrieben worden, mit Berechnungen historischer und prognostizierender Art sowie Mitteilungen aus europäischen Wissenschaftszirkeln zur Ekliptik. Das Blatt ist Teil einer in der Eidgenössischen Technischen Hochschule Zürich aufbewahrten Sammelmappe, die jenes Wissen zeigt, das in Europa als Kosmologie (im umfassenden Sinn des Wortes) bekannt war. Der heute gültige Kanon aus Natur- und Kulturwissenschaft war zu jener Zeit noch nicht in Disziplinen geschieden und demzufolge in ein einziges Buch – hier eine Sammelmappe – eingefaltet.[524]

Bemerkenswert ist, dass auf der Zeichnung die Sonneneinstrahlung festgehalten wird, als unsichtbares Kraftfeld, das in den Vorstellungen der Epoche gleich Ätherwellen Wirkungen ausübt. Die Welt erscheint von unsichtbaren Kraftwellen durchdrungen, die von den Dingen, seien es wie hier die Sonne oder auch Sterne, ausgehen konnten. Sie scheinen grenzauflösend, sprich «mysteriös» alles durchdringen zu können. Den Schrecken, den damals solche Mächte als Faszinosum auslösten, sollten physikalische Erklärungen erst im Laufe der weiteren Jahrhunderte dämmen können.[525] Die Vorstellung eines unsichtbar beobachtenden und Kräfte ausstrahlenden Auges aber war damals im zeitgenössischen Denken lebendig. Dem Auge wurde wie der Sonne die Eigenschaft zugeschrieben, lichtvolle Strahlen auszusenden, die durch unsere Seelen und das Sein hinter den Dingen hindurchzuwandern vermögen. Und der Mensch, der von der Erde seinen Blick zum Himmel wandte und danach strebte, dorthin sich aufzurichten, fürchtete durchaus, dafür einen Preis zahlen zu müssen. Das Himmelsbeobachten, so vermerkte 1921 Aby Warburg in seinem Kreuzlinger Vortrag, gilt der Menschheit als Gnade und Fluch zugleich.[526]

Ebenso ist die auf der Zeichnung von 1696 herrschende Vorstellung lesbar, dass die drei Planeten bewohnte Räume seien: Auf Erde, Jupiter und Saturn nämlich sitzen menschliche Wesen, die durch Fernrohre sich gegenseitig «teilnehmend» beobachten. Ihre Fernrohre erscheinen als Verlängerungen ihrer Augen, ihrer Blick- und Beobachtungsfähigkeit. Was wohl den Zeichner animierte, dies so darzustellen? Möglicherweise war der Gedanke, dass das neu entdeckte All als planetarische Nachbarschaft ohne Leben wäre, unerträglich, so dass man sich darin irdische Bewohner ausmalte. Diese Imagination extraterrestrischer Blicke auf die Menschen konnte wiederum angstvoll stimmen und Schrecken auslösen. Und diese Angst war gespeist von der Einsicht, dass jede Entdeckung der sichtbaren Natur mit dem beschränkten Hilfsmittel Fernrohr eine Ahnung der noch nicht entdeckten, unsichtbaren Räume im weiteren All mit sich brachte, die

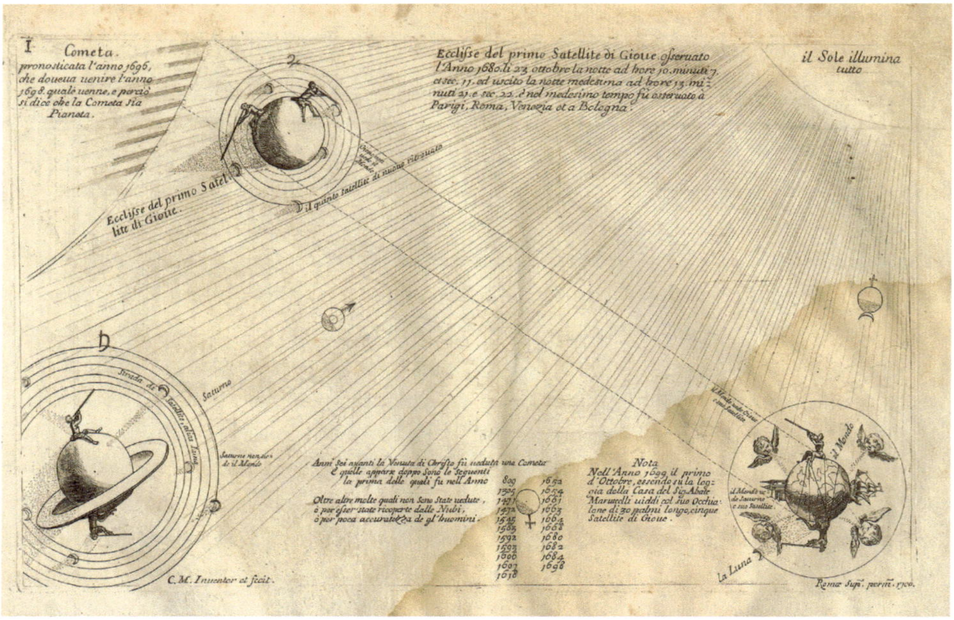

62 Cornelis Meijer, *L'arte di rendere (Eclisse del primo Satellite di Giove),* 1696; Bibliothek ETH Zürich.

zu sehen verwehrt blieb. Dass es irgendwo im All insulare Welten ähnlicher Natur geben und man selbst ahnungslos unter ihrer Beobachtung stehen könnte, musste unerträglich sein. Vielleicht aber zog man aus der Erkundung der auf dem eigenen Planeten angeeigneten Kolonien – das Segelschiff deutet es an – den Schluss, dass das Erscheinen fremdartiger Menschen und einer bunten Natur in der «Neuen Welt», die hienieden zuerst Neu-Indien und alsbald Amerika und Asien genannt wurde, analog sein unbekanntes Pendant im unerreichten Himmel habe. Das Fernrohr als Metapher verkörpert diesen widersprüchlichen Grenzkomplex des Wissens aus der Spannung von Furcht und Verheissung, von Expansion und Unverfügbarkeit, von Aufbruch und Unerreichbarkeit, von Herrschaft und Weltbürgertum, das den frühen Kapitalismus hervorbrachte. Dessen Ideal ist nicht mehr die Pantomime, die auf Erden die Herrlichkeit des fernen Himmels in entsprechenden Opfergaben nachahmt, sondern der König eines irdischen Staates, der sich im Krieg um Ressourcen, Ländereien und Vorherrschaft zur Nation formiert und zu diesem liberalen Unternehmen bürgerliche Ordnung, religiöse Toleranz, patriotische Opferpflicht und Ruhe im Inneren einfordert.[527]

Der Kosmos wird wie in der Gravur von 1696 als Ort der Polis dargestellt, als Weltall unterschiedlicher Städte, deren Bewohner sich als Kosmopoliten gegenseitig wahrnehmen. Das zeigt auch die Idee des Reisens konstitutiv, so beschränkt und lokal in früheren Zeiten eine Reise auch sein mochte und es noch lange blieb: Die erwartete Welt hinter dem Horizont war jedes Mal ein Rendez-vous mit einem unbekannten Anfang, der subjektiv als Abenteuer empfunden wurde. Das «Abenteuer», mittelhochdeutsch noch «aventiure» aus dem lateinischen «advenire», verweist auf den christlichen Advent, auf das Wunder des Ankommens wie ebenso auf die Heraufkunft des Unerwarteten, um in der «Ankunft des Herrn» die Aura des Heiligen und Hyperrealen feiern zu können. Wo in der Liturgie der Advent die Erwartung der kommenden verheissenen Heilszeit zum Ausdruck bringt und in der Suggestivkraft der Andachtskunst ins gemalte Bild gesetzt wird, gilt jedoch dem Weltenentdecker das Ankommen auch immer als der Abschluss einer riskanten, doch heilsam überstandenen Zeit- und Gebietserkundung weltlicher Art. Sie schloss das skeptische Bewusstsein ein, dass man, statt heil ans Ziel und zurück zu kommen, auch Schiffbruch erleiden konnte. Das «Floß der Medusa», ein Monumentalgemälde im Louvre, das Théodor Géricault 1819 malte und die letzten verbliebenen Schiffbrüchigen rufend, klagend und schreiend durch die salzige Gicht treibend darstellt, ist immer wieder als Menetekel für Katastrophen und als Allegorie für das Schicksal der Menschheit zitiert worden.[528] Das riskante, lebensgefährliche Abenteuer, das ein festes und sicheres Steuer verlangte, lag in der Ferne, im Erkunden des Unbekannten, in neuen Anfängen, die anderweitig ein nunmehr säkulares und wirtschaftlich verwertbares Versprechen boten. Das Bild des steuerlosen Schiffes auf sturmbewegten Wellen kontrastiert mit dem zweckoptimistischen Gegenstück des wohlgesteuerten Schiffleins oder von fester Hand geruderten Kahns, welche in der Malerei die Runde machten und als Metapher für das National- und Geschichtsdenken der Neuzeit dienten.[529] Erlangung von unermesslichem Reichtum und die Fahrt in die menschliche Hybris schienen also vereint im Horizont. In einem Kosmos der Kausalgesetze, Infinitesimalrechnungen und Wahrscheinlichkeitstheorien aber waren radikal andere Weltbilder, Horizonterklärungen und Adventsszenarien angesagt als in den Furchtszenarien der mittelalterlichen Religionen. Dies wiederum musste nicht bedeuten, dass die Bedeutungen von gefühlten Erfahrungen jenseits wissenschaftlich erklärbarer Phänomene deswegen geringer geschätzt wurden – im Gegenteil: Das Faszinosum des Heiligen konnte in der sozialen Realität der menschlichen Geschichte weiterhin und jederzeit das Faszinosum der Natur und ihrer Beherrschung übertrumpfen.

Auch wenn es im Universum selbst nicht einmal einen Horizont gibt – er ist ja tatsächlich keine physikalische Größe, nur eine subjektive Wahrnehmung, abhängig von einer irdischen Position und als eine Grenzlinie durch Augenmaß zustande kommend –, so war der Begriff als Metapher und als Sinnversprechen von enormer Bedeutung, der auch die Kunst, die Landschaftsmalerei – namentlich in den Niederlanden im 17. Jahrhundert – beschäftigt hat.[530] Ihn zu sehen, zu malen und die Landschaften davor und dahinter auszumessen, war eine starke Triebfeder der Geschichte, die das Geschehen des Advents in einem multiplen Sinn voraussetzt. Zuvor hatte der Horizontbegriff der westlichen Philosophie des Mittelalters noch jene unbestrittene Grenze bezeichnet, von der aus sich der Ort der Seele bestimmen liess. Der Mensch hatte demnach «Anteil an zwei Wirklichkeiten, die vom Horizont getrennt wurden: die irdisch erfahrbare Welt und das, was jenseits des Horizonts liegt.»[531] Die Seele unterlag, anders als der irdische Leib, keiner Grenze, sie stand hier für den Verweis auf das Heilige, auf das vorzeitlich Imaginäre, im Gegensatz zum zeitlich fassbaren und topografisch darstellbaren Modus des sichtbaren Raumes. Die Antreiber der Aufklärung und zuvor der Naturphilosophie haben den Zerfall dieses Weltbildes eingeleitet.

Kants Staunen über den «gestirnten Himmel» wird unter den heutigen Modernen auf höchstem technischem Level nachgegangen, mit Superteleskopen, die als Satelliten im Weltraum substitutiv für unsere Augen weit zurück in die Ursprünge des Kosmos blicken. Die Imaginierung des Horizontes erscheint damit als eine extraterrestrisch gerichtete Frage, nämlich ob es heutigen Astronomen je gelingen mag, zwischen zwei Galaxien *nichts* mehr zu entdecken, das heisst mit einem Teleskop die Grenzen des sichtbaren Lichts und damit den Anfang aller Zeit zu erreichen und das Geheimnis des Lebens zu enträtseln. Es ist dies eine physikalisch vergebliche, letztlich müßige Frage.[532] Doch der Geist weht, wo er will, und der Mensch brütet, ohne sich – auch wenn er dies inzwischen oft und gerne tut – wägen, messen und visualisieren zu lassen. Und auch wenn er es sich dabei gefallen lassen muss, dass seine «Weltbilder» durch die Forschungen der naturwissenschaftlichen Kosmonauten immer wieder in Frage gestellt werden. Die Konsilienz, das heisst die Verknüpfung von Geist und Natur und entsprechend von unterschiedlichen wissenschaftlichen Disziplinen, ist indes getragen von der Sorge um den Schutz allen Lebens, vom Bemühen, die Biodiversität in ihrer Komplexität hienieden zu verstehen und als Ganzes unter dem zwar naturwissenschaftlich-materiell zu denkenden, doch deutungsoffenen Titel «Schöpfung» zu bewahren.[533]

Die Gravur von Meijer ist ein visuelles Beispiel für den Wechsel von einer verzauberten Welt zu einem mathematischen Kosmos, der in Übereinstimmung mit der Naturphilosophie und dann den Naturwissenschaften begriffen wurde. Doch gibt es nach wie vor, wie bei Isaac Newton selbst, ein starkes Empfinden dafür, dass das Universum von der Herrlichkeit Gottes kündet und dies in der Schönheit und den Gesetzen des Universums selbst zu entdecken wäre. Die Präsenz des Göttlichen liegt zwar nicht mehr im Sakralen, das mysteriös bleibt, aber im Verblassen ist, vielmehr wird sie in den «Plan Gottes» verlegt, der den Kosmos als – ob theistisch oder deistisch – Modell eines ordnenden Prinzips erscheinen lässt.[534] Dies hat auch Folgen für die irdische Ordnung: die planvolle Präsenz Gottes lässt die Menschen als gleich geschaffen erscheinen und mit unveräusserlichen Rechten ausgestattet. Was sich solcherart vom Himmel beziehen liess, war damit auch in der politischen Gemeinschaft als ordnendes Prinzip entzifferbar. Nicht mehr der König als Mittler zwischen Weltlichem und Sakralem, sondern der politische Wille der Gemeinschaft war der vermehrt auch in literarischen und künstlerischen Formen vermittelte Ausdruck, dass die Menschheit diesem göttlich inspirierten Plan als Bestimmung oder Schicksal folgen würde. Von John Locke bis Karl Marx und in die Reden amerikanischer Präsidenten erscheint dieses Prinzip als neuartiger *Tavnit,* als neuzeitlicher *Blueprint* in den unterschiedlichsten und dabei oft sehr entgegengesetzten politischen Anleitungen. Ihnen gemeinsam war, dass sie die alten Richtbilder wandelten oder zum Einsturz brachten.

Neue Horizonte: Triumph und Fall eines Richtbildnisses

Jedes Bild ist unweigerlich auch ein Zeuge seiner späteren Entzauberung, die sich im Verlust von Strahlkraft äussert. Der Vorgang ist komplex und kann im Zeichen der Frühen Neuzeit, als die Gravur zur *Sonnenfinsternis* von Cornelis Meijer im Jahr 1696 entstand, gelesen werden. Er ist durch das Verhältnis von Recht und Bild in besonderer Weise gegeben, wie sie eben in den überlieferten Vorstellungen des «Gerichts» obwalten, die nunmehr durch die Entdeckung eines neuen Himmels mit Hilfe von Fernrohren im Zeitalter von Galilei und Isaac Newton implizit in

63 Michel de Montaigne, Sinnbild der Waage, aus seinem Essai *Apologie de Raymond Sebond,* 1580.

Frage gestellt wurden. Theisten, Atheisten und Deisten stritten sich um das rechte Verständnis der Schöpfung, die Theophysik wiederum wollte in der Natur das intelligente Design aus dem Wirken Gottes feiern, das sich aus den biblischen Schriften entnehmen liess.[535] Alle solchen Denkanlagen waren kaum geeignet, die Vorstellung eines Jüngsten Gerichts zu befeuern. Schon ein so konservativer Geist wie Michel de Montaigne hatte um 1580 die Auferstehung am Jüngsten Tag und das Zittern vor einem Jüngsten Gericht für kaum erwähnenswert gehalten; vielmehr hielt er es mit Lukrez, für den der Tod eine natürliche Sache war, um die kein Aufhebens gemacht werden sollte. Montaigne hatte diese Haltung gerade auch in Zusammenhang seiner Abrechnung mit dem französischen Justizsystem geäussert. Die abendländischen Religionen in allen ihrer Spielarten galten ihm als Ursachen ungerechter Rechtsprechung und verfehlter Kriege, die es zu entschärfen galt: Jüngstes Gericht, Erbsünde, Erlösung, Auferstehung, ewiges Leben – all dies waren ihm bloss selbstgefällige, den Frieden gefährdende Einbildungen niederer Instinkte, die in rechtlichen und rechtspolitischen Systemen verfestigt wurden.

Im Übergang von der Romanik zur Gotik, in der Christus von einer herrschaftlichen zur leidenden Figur wurde, zu einer Zeit also, als bei Inquisitionsprozessen Ankläger und Richter dieselbe Person waren, war lange ein Gottes- und Himmelsbild zum Zug gekommen, in welchem Verdammung und Erlösung gerichtsförmig verquickt und als Ausfluss eines transzendenten Himmels erscheinen. Mit der zusätzlichen Denkfigur des Fegefeuers wurde im Jüngsten Gericht dann konkret und sofort gerichtet und nicht erst am fernen Ende der Tage. Die Ostkirchen und häretische Strömungen lehnten zwar die Idee des Fegefeuers ab, zu der es auch keine biblischen Stellen gab, auf die man sich hätte beziehen können. Die Etablierung eines Zwischenreiches mit dem Namen Fegefeuer stellte in dieser Konstellation einen immensen Machtzuwachs dar, hatte man doch auf diese Weise nunmehr die Macht über die Ahnen gewonnen und dazu die Lebenden in die Pflicht vor unbotmäßigen Ideen genommen.[536] Die katholischen Praxen der Fürbitten, der Kerzen- und Brotspenden und die für die Toten gelesenen Messen, durch die das Individuum einen Vorrat an «Seelgeräten» anschaffen konnte, stellten so ein Geschäftsmodell dar, das Individuen und Institutionen dienen sollte. In der späten mittelalterlichen Gesellschaft, die durchaus ökonomisch dachte, liess sich mit Gott verhandeln, um erlöst zu werden. Erst allmählich rückten dann in den weiteren Jahrhunderten die neuzeitlichen Weltbilder die geglaubte Wirklichkeit mehr und mehr zurecht.[537]

Das Fegefeuer ist also weit weniger theologisch bestimmbar als vielmehr eine volkskundlich und wirtschaftlich verortbare Version der Psychostasie, die von heilspädagogischem Nutzen war. Das Fegefeuer stellte immerhin eine erhebliche Milderung des Schreckens angesichts himmlischer Gerichtsurteile dar, die als Rache empfunden wurden. Die ziemlich irdisch anmutende Erfindung hatte den individuellen Vorteil, dass für die Nachkommen ein Anreiz vorhanden war, auch nach dem Tod der gerichteten Seele durch Kompensationen – Gebete, Fürbitten, Totenmessen oder Geldzahlungen – den leidenden Erblasser hienieden herauszulösen. So wird hier eine rituelle und ökonomische Obligation sichtbar, mit der gemachte Schulden verzinst und nachträglich durch die kommende Generation abgelassen werden konnten. Unter den Lebenden aber zog durch die Beichte zudem so etwas wie die Protofigur des guten Verteidigers ein, der im Austausch von Wissen und guten Werken Gnade – seelisches Recycling – gewähren kann. All diese Richtfälle und Optionen aber brauchen Regeln, die ein gerichtskonformes Verfahren implizieren, das heisst, sie verlangen nach Rechtfertigungen im Sinne juridischer Regelhaftigkeit, so wie dies im römischen Recht und in den Gregorianischen Reformen schon vorgezeichnet worden war. Mit der Universalisierung von Gericht und Heil, die auf die kosmische Dimension rekurriert, findet auch eine Individualisierung der Urteils- und Ablasserwartung statt, die es letztlich offenlässt, wie konkrete weltliche Fragen in den Fokus zu rücken wären. Die Bilder des Jüngsten Gerichts haben deswegen und zusehends eine eminente Kehrseite – sie insinuieren ein prozedurales Geschehen, in dem es Ankläger, Fürsprecher und Richter gibt, um wahrhaft gerichtsförmig sein zu können. Dass in den Inquisitionsprozessen Ankläger und Richter dieselbe Person sein konnten, erwies sich damals schon als anstößig und nicht weiter regelkonform. Jedoch verglichen mit dem grausamen Strafvollzug durch die weltliche Gerichtsbarkeit, der seinen Ursprung im tribalen altgermanischen Recht hatte, entfaltete die auf dem römischen Recht basierende kirchlich-kanonische Rechtskultur ein humanistisches Potenzial, das schließlich in ein neuzeitliches Rechtsverständnis mündete, das sich in säkularen Gesellschaften endlich Bahn brechen sollte.[538]

Auch wenn es von einem tribalen «Recht der Angst» zu den individualisierten Menschenrechten bis hin zu deren Eingliederung in das post-Holocaust-Völkerrecht lange, sehr lange dauern sollte – die schrittweise Humanisierung der prozessrechtlichen Verfahren in Strafgerichten ist in den literarischen und visuellen Bildern und skulpturalen Darstellungen der Weltengerichte seit dem Mittelalter bereits ablesbar. Als eindringliche Bilder erinnern sie uns in historischer Lesart heute an den rechtskulturellen Fortschritt, der durch die Jahrhunderte errungen werden musste. Eine gewisse Parallele lässt sich überdies für die jüdische Kulturgeschichte der Neuzeit festhalten, aus der deutlich wird, dass die theologischen Bestimmungen des Jüngsten Gerichts letztlich zwar in volkskundlich verortbare Bildgedanken absanken und dort weiter glimmen konnten, aber in literarischen Erzählungen die prozeduralen Regeln eine kritische oder ironische Darstellung erfahren mussten, wie dies auch in einer Erzählung über das Verdienst einer verstorbenen Seele von Izkok Leibush Perez geschildert wird, auf den wir noch zu sprechen kommen.[539] Das paradiesische Gerichtsgeschehen in dieser literarischen Handlung, so sei hier schon verraten, verfährt gegenteilig zu einem irdischen Prozedere – in den Verhandlungen vor einem himmlischen Gericht findet eine Schubumkehr statt: Im Prozess tritt zuerst der Verteidiger auf

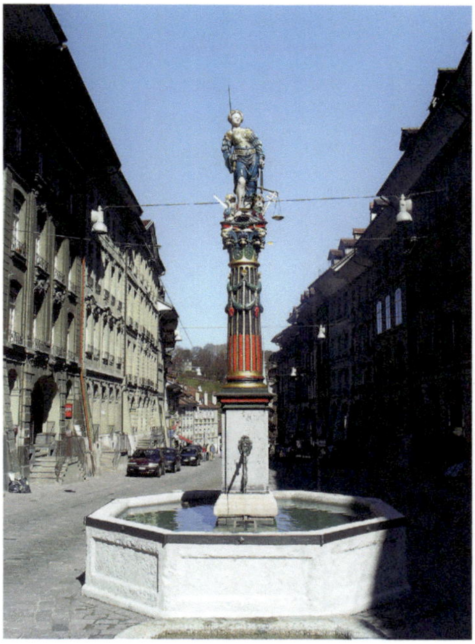

64 Hans Gieng, *Gerechtigkeitsbrunnen,* 1534, in der gleichnamigen Gasse der Altstadt von Bern; Denkmalpflege der Stadt Bern.

und erst danach der Ankläger. Die Anklage aber kann dann nur auf Punkte eingehen, die schon von der Verteidigung angeführt worden sind. Schweigt zudem die vor Gericht stehende Seele, so spricht das ganz und gar zu ihren Gunsten. All dies stellt eine radikale, verkehrte und entlastende Variante der Beweisführung dar, die es einem Ankläger unmöglich machen soll, Verfehlungen vorzutragen, die argumentativ nicht bereits Gegenstand der Verteidigung waren oder von der ins Paradies eingetretenen Seele selber angesprochen wurden. Der Milderungscharakter in diesem dramaturgisch dargestellten prozeduralen Recht, dem in der christlichen Kultur die Einrichtung eines Beichtvaters entspricht, ist offenkundig und macht das Himmelsgericht als theologisches Strafverfahren zur literarischen Groteske.

Kurz und bündig: Figürliche Darstellungen des Jüngsten Gerichts in Kunst und Literatur markieren zusehends weit mehr den Hinfall der Theologie als Recht- und Richtmaß, als dass sie ihren Triumph verkünden würden. Franz Kafkas Erzählungen liefern ein literarisches Bild dieser Ohnmacht gegenüber einem numinosen Richtmaß, dessen Speisung aus transzendenter Quelle der menschlichen Existenz unzuträglich und unerträglich erscheinen muss. Als Bildnis des Richtens dokumentiert der Hinfall überlieferter Bedeutungen dem nachgeborenen Betrachter den Aufstieg eines zunehmend säkularen Rechts, das den alten theologischen Sündenbegriff zwar übernahm, aber ihn alsdann versachlicht und diese Versachlichung im Recht mit den Instrumenten der Kultur als künstlerische Inszenierung vorgeführt hat.[540] Als ein neu organisierter Staat im Westen sich anschickte, dass Religion nunmehr Privatsache werden und bleiben sollte, um politische Implikationen religiöser Leidenschaften nicht noch einmal in bewaffnete Auseinan-

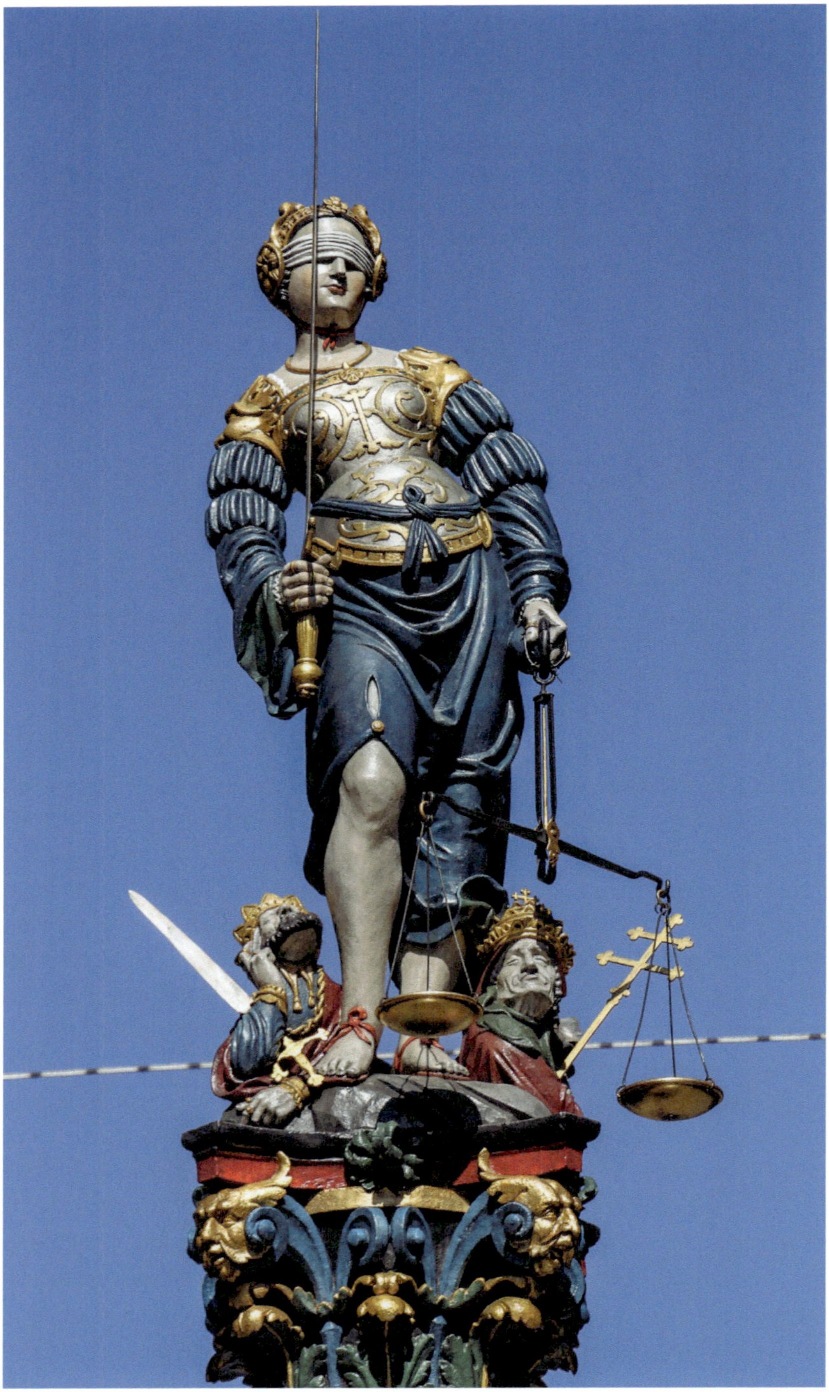

65 Hans Gieng, *Gerechtigkeitsbrunnen,* 1534, Altstadt von Bern, Detailansicht mit Papst, Kaiser, Sultan und Schultheiss (Bürgermeister); Denkmalpflege der Stadt Bern.

dersetzungen ausarten zu lassen, öffnete sich eine nochmals weite Wegstrecke voller Stolpersteine, um die universalen Rechte des Menschen durchzusetzen.[541] Victor Hugo, französischer Schriftsteller und Politiker zur Mitte des 19. Jahrhunderts, kommentierte diesen Prozess der Abhalfterung mit der spitzen Feder des hochfahrenden Intellektuellen: Er, der Autor, trete an die Stelle des Richteramtes und des Klerus, er richte nun, was die Richter nicht getan hätten, und er exkommuniziere nun, was die Priester auch nicht getan hätten.[542] Nietzsche aber ging noch weiter: Die Theologen fänden ihre Nachfolger in den Anarchisten und Sozialisten, nicht in den bürgerlichen Gefühlsromantikern – was für den Christen das Jüngste Gericht, sei nun für den Sozialisten die Revolution.[543]

Die Polemik dokumentiert das beunruhigende Vakuum, das eine verdrängte Religion dem vernunftrechtlichen Aufklärungsdenken hinterlassen hat. Die Begrenzung sakralen Rechts war eben nicht immer und überall gleichbedeutend mit der Begrenzung der Gewalt der weltlichen Macht, die bis heute durchaus zu einem blutigen Zyklon entfacht werden kann. Als hätten kommunistische, anarchistische, faschistische, nationalsozialistische und weitere «Internationale» die Religionen ihrer Ahnen abschaffen und die Ketten der Gelehrsamkeit sprengen wollen, ging das 20. Jahrhundert daran, mit eigenen Händen das Paradies auf Erden zu errichten. Der Glaube an ein neues gelobtes Land und tausendjähriges Reich sollte sich – um die biblische Metapher zu gebrauchen – als eine Rückkehr nach Ägypten erweisen, als ein Umschlagen in die Fesseln der Sklaverei, des radikalen Nationalismus, Antisemitismus und Rassismus und schliesslich in den Mord an unliebsamen Mitbürgern und Mitbürgerinnen.[544] Dies wird uns hier später nochmals beschäftigen.

Die Ablehnung, das Jüngste Gericht für kirchliche oder anderweitige Machtansprüche als Bildinszenierung weiterhin einzusetzen, zeigt sich in der historischen Betrachtung der europäischen Kulturen in der Setzung neuartiger Bilder, die die alten Motive massiv umdeuten. Die 1543 gestaltete Justitia-Figur auf dem Brunnensockel in der Berner Gerechtigkeitsgasse richtet mit verbundenen Augen, nicht mit allwissendem Blick aus dem Himmel (Abb. 64 und 65). Ihr zu Füssen sind Papst, Kaiser, Sultan und Bürgermeister angeordnet, sie haben sich dem Recht ein- und unterzuordnen. Die neuen Bilder richteten sich entsprechend auch gegen die überlieferte mittelalterliche Bildprogrammatik der Rechtsvorstellung. Der kaum dreißig Jahre der Brunnenerrichtung vorangehende Berner Bildersturm und die Reformation in weiteren Orten dokumentieren dies als einen frühen Fall. Was man kaum ein Jahrhundert danach im mit Fernrohren entdeckten Himmel als neue Physik bemerkte, war dann alles andere als geeignet, sich einen von Gott richterlich und rächend verwalteten Himmel vorzustellen. Viel eher rückte seit 1700 ein gnädiger Gott ohne jedes Richtermandat in den Mittelpunkt. Michelangelo kam bei seiner Darstellung des Jüngsten Gerichts bereits ganz ohne Waage, ohne Schwert, ohne Lilie oder sonstige herrschaftliche Insignien aus, mittels deren sich eine mosaische oder christologische Botschaft hätte transportieren lassen. Die religiösen Bilder des Jüngsten Gerichts haben im Zuge ihrer Darstellung also immer weniger Strahlkraft einnehmen können, und sie sind schliesslich ohne Belang für das weitere Rechtsempfinden geworden, indem das sakrale Recht auf Gewalt in die Schranken gewiesen wurde. Anstelle religiöser Konzepte treten moralische Begriffe jenseits sakraler Bedeutung – Loslösung anstelle von Erlösung, Anklage und Verteidigung anstelle von Klage und Weihe, Recht und prozessuale Ordnung anstelle von Rache und Gnade. In moralischer

Diktion treten Begriffe wie «Pflicht», «Tugend», «Ehre», «Ordnung» und auch «Glück» im neuzeitlichen Theatrum der Leitbegriffe auf. Alle diese Begriffe dienten zudem dazu, das Fortwirken des einstmals religiösen Mythos in der Moderne und die Bestimmung von Schrift, Ritus und Traditionsbindung in der profanen Welt zu untersuchen.

Das Bild einer zivilisierten Gesellschaft nimmt dann in einer Theorie der Gerechtigkeit, wie sie etwa John Rawls im 20. Jahrhundert ausformuliert hat, all jene Züge der Teilung von politischer Macht und des vom säkularen Staat sanktionierten Rechts an, das dem gesellschaftlichen Zusammenwirken in der religiösen Gemeinschaft und ihren Doktrinen gefehlt hatte.[545] Die deutliche Akzentverschiebung ist freilich um einiges viel älter. Ihr ging im 16. Jahrhundert die spätscholastische Vorstellung voraus, dass «ein vom Willen Gottes getrennt denkbares Naturrecht als durch Vernunft erkennbar und begründbar behauptet» wird, was – bevor von Säkularisierung gesprochen werden kann – einer paradox anmutenden «Theologisierung der Jurisprudenz» gleichkommt, indem bis in zahlreiche konkrete ethische Probleme hinein dieses Naturrecht implizit immer noch göttlich legitimiert bleibt.[546] Mit Charles de Secondat alias Baron von Montesquieu, James Madison und Immanuel Kant wurde bereits die Teilung der drei Gewalten, die sich schon in der Hebräischen Bibel (5 Moses 6–18), im Wormser Konkordat von 1122 und in der englischen Magna Charta von 1215 in theologisch legitimierter und rechtsphilosophisch zwar rudimentärer, doch grundlegender Form finden lässt, zum staatstheoretischen Prinzip erklärt. Die Gewaltenteilung wird der Willkür, der Tyrannei und der Idolatrie des Politischen in moralischer Diktion entgegengesetzt. Anstelle des religiösen Naturrechts mit seinen Weltentstehungslehren traten nun endgültig übergeordnete säkulare Prinzipien, anstelle religiöser Mythen mit heilsgeschichtlicher Apokalyptik nahmen Letzt- und Begründungsmuster, die in Europa und Nordamerika einen ethischen Universalismus hervorbrachten, allmählich ihren Platz im Rechtsdenken ein. Die institutionelle Professionalisierung der Rechtskultur wiederum fusste auf der schrittweisen Trennung von geistlicher und weltlicher Gewalt, die vom Orient bis zum Okzident im sehr langen Anlauf der Jahrhunderte, wie Heinrich August Winkler betont, die «Ausdifferenzierung der politischen Sphäre» geprägt hat.[547]

All diese Zusammenhänge tun sich auch in Bildern wie dem Gerechtigkeitsbrunnen und in den Alltagstätigkeiten späterer Jahrhunderte kund, deren Regelung den daraus erwachsenen Distributionsfragen galt, wenn die Konflikte und der Verkehr in komplexen Verhältnissen zu ordnen waren: An die Stelle himmlisch sekundierender Engel und rückkäuflicher Fegefeuer angesichts drohender Seelenverluste, deren Rettung in die unerforschliche Gnade substituiert wurde, traten in der Moderne nunmehr äusserliche Figuren und Funktionen wie der Mut zur Investition, die Börsenspekulationen und vor allem die Alpträume des Bankrotts, in denen noch ein letzter Glimmer des Fegefeuers als Angstbewältigung nachklingen mag. Sie alle verkörpern anstelle von Transzendenz und Jenseitsgerichten die neuen Erfolgsaussichten, die Naturwissenschaften und nüchterne Kalkulationen über Gewinnmaximierungen verheissen. Solcherart verdinglicht prägten sie nun Richtmaß und Rechtspraxis, die das moralisch geregelte Zusammenleben religiöser Monopole in einen weltanschaulichen Pluralismus des politischen Liberalismus transformieren. Karl Marx notierte 1867 in *Das Kapital* über die Rechtsprechung im Zeichen der «Bankokraten» den Satz: «Um dieselbe Zeit, wo man in England aufhörte, Hexen zu verbrennen, fing man dort an, Banknotenfälscher zu hängen».[548] Offenkundig entscheidet nicht das Jüngste Gericht im Himmel, sondern die Geld- und Kreditschöpfung über das Schicksal und Wohlergehen der Sterblichen, deren astrales Faszinosum zunehmend die Naturphilosophie und alsbald die Naturwissenschaft und die daraus erwachsenen technischen Möglichkeiten wurden. Die Eschatologie wird im Verlauf dieser Entwicklung verdinglicht, anstelle personaler Beziehungen, die eine Aktualisierung der Theologie ermöglicht, werden die Verhältnisse vergegenständlicht und gleichzeitig die religiösen Erfahrungen auf Innerlichkeit reduziert und solcherart, wie William James dies eruiert hat, psychologisiert. Religion wurde damit keineswegs obsolet, sie blieb dem Menschen, der sie machte, ein «Seufzer der bedrängten Kreatur».[549] Die Säkularisierung des Staates und seiner Rechtsform war also nicht gleichbedeutend mit der Säkularisierung der Gesellschaft, in der die überlieferten Glaubens- und Kultpraxen immens weiterglühten und es immer noch tun – mithin nicht wenig in der Zuflucht zu und der Propagierung von Verschwörungsmythen.

Die kulturgeschichtliche Krux liegt darin, zu verstehen, dass die Menschen oftmals überzeugt sind, nicht die Erkenntnis von Wahrheiten, sondern das Heil und dessen Verlangen nach Bildern seien seinesgleichen besonders wichtig. Als müsste der Mensch am Ende seines Lebens bei der Überfahrt ins Jenseits nicht nur gute Taten beweisen, sondern nunmehr alle heiligen Bilder, die er im Verlaufe seines Lebens als Beweise seines guten Leumunds eingesammelt hat, dort abliefern! Und als wären die Bilder dem Himmel willkommener als alles andere, inklusive der Seelen, und dies, weil dort Bilder nicht weiter vorrätig sind, aber dringlich für Erklärungen zur Verfügung stehen und für neue Erzählungen verwendet werden sollen.[550] Dieses Gleichnis mahnt an das allzu schwer belasteten Herz in der ägyptischen Herzwägung beim Totengericht, das vor der Überfahrt zuerst verfüttert – sprich: ökonomisiert – werden muss, um dieserart in erleichterter Weise ins Jenseits eingehen zu können. Eine solche Erzählung kommt einer Schubumkehr des Inkarnationsgedankens gleich, sie berührt jedenfalls den alten Zustand der Ordnung, wenn Ende und Anfang ineinander- bzw. auseinanderfallen. Anthropologisch gewendet kommt die alte ägyptische Vorstellung, dass die Seelen alle eingesammelten Bilder am Ende dem Himmel abzuliefern haben, dem Bedürfnis nahe, das den modernen Künstler ergreift, seine inneren Bilder gleichsam wegzumalen, sie aus der Psyche auszuradieren, um der bedrängenden Bilderlast, die er im eigenen künstlerischen Werk in gemalte Objekte verwandelt hat, endlich zu entkommen.

In der gesellschaftlichen Wirklichkeit aber entsteht ein anderer Eindruck, nämlich die Beobachtung, dass unter den heutigen Irdischen die alten Erzählungen kaum mehr – wenn überhaupt noch – in der Breite und Tiefe früherer Tage greifen. In Schulen und Gotteshäusern werden sie auch kaum mehr als Ganzes erzählt, viel eher als Zitatenschatz wie ein Steinbruch ausgebeutet und zusammenhanglos präsentiert. Und so verflüchtigen sich die alten Helden als biedere lokale Legenden in das Tageslicht und die Buchzeilen der Geschichtsschreibung, und anstelle der Metaphysik, die sie einst symbolhaft in bildhaft vermittelten Mythen repräsentierten, tritt die Geschichte unserer «Neuzeit», die den modernen Roman und den Spielfilm in Szene setzt. Die Modernen – wie mit zwei Bildern von Friedrich Dürrenmatt und Neta Harari Navon noch zu zeigen sein wird – werden eben diesen Gedanken radikal als immenses «Durcheinandertal» im fraktalen Weltendasein darstellen, indem sie ohne göttliche Augen auskommen und ihre Erzählungen als fragmentierte Wirklichkeit darstellen. Das Wohl und Wehe der Welt zu beeinflussen, ob seelisch oder politisch, liegt in diesen Bildbotschaften einzig bei den Menschen selbst, die ohne Himmel und ohne göttliche Richter auskommen müssen.

Dass nicht mehr ein göttliches Auge Richter und Herr der Dinge sein sollte, zeigt auch ein Zitat von Leonardo da Vinci, dem Giorgio Vasari (1550) und viel später Sigmund Freud (1910) Bewunderung zollten. Nicht mehr die Kirche, die Bilder verbietet oder gewährt, vielmehr der Künstler wird zum namentlichen Gestalter der Welt und zum Schöpfer ihrer Abbilder. Im neuzeitlichen Genie-Kult kommt ihm jene Gnade zu, die zuvor von der Kirche verwaltet wurde. Die Schönheit der Welt soll dabei nicht länger der menschlichen Sehkraft entzogen sein: «Siehst du denn noch nicht, dass das Auge die Schönheit der ganzen Welt erfasst? Es ist ja das Fenster des menschlichen Körpers [...] Dem Auge ist es zu danken, dass sich die Seele mit dem menschlichen Körper zufrieden gibt.»[551] Mit dem künstlerischen Auge – und mit ihm das naturphilosophische Denken – wird der Mensch selber zum Beobachter des Beobachters. Doch da Vinci ist kein «Vorläufer» einer Aufklärung. Vielmehr erscheint er getrieben vom Schrecken der Welt und ihrer Bilder, die er sieht. Grässliche Apokalypsen, Erwartungen einer Sintflut und weiterer Katastrophen umwölken seine Prophezeiungen, denen er seine obsessive Beschäftigung mit Astronomie, Anatomie, Ingenieurwesen und Künsten entgegensetzt, als wollte er so den Schrecken bannen. Da Vinci ist also nicht nur Gestalter, vielmehr ist er auch getriebene Gestalt einer Epoche, in der das zentrale Organ des Auges die Perspektive entdeckt und so die Wehen zur Geburt einer neuen Zeit durchlebt werden. Er ist damit ein gewichtiger Zeuge der Macht und Ohnmacht der Bilder, aus denen die enorme, aber verblassende Strahlkraft einer einstmals esoterischen Tradition aus der Antike zeugt.[552]

Die zentralen Fragen aber sind geblieben: Was gilt das Gewissen, was das Recht? Was lenkt den Menschen, was nimmt ihm seine Ängste, was bietet ihm Erlösung? Auch am Anfang der bildprogrammatischen Auseinandersetzungen, wie sie sich heute um die digitalisierten Bildformate drehen, stand einst der aus der Angst hervorgehende Durst nach Wissen, Berechenbarkeit und Erlösung, nur dass sie mehr und mehr im Individualismus in allen seinen Spielarten aufgesucht werden und – scheinbar – etwas weniger in den Ahnenhallen und Totengerichten auratischer Ordnungen und Offenbarungen.[553] Auch das hier anfangs besprochene Liebermann-Bild ist ein Zeugnis des sich aufklärenden Wissensdranges, durch den die Welt rationalisiert werden soll. Was aus dem langen Anlauf in der Geschichte heute allenfalls bleibt, sind Erkenntnisse, dass Visualisierungen notwendig sind, um den Modernen das eigene Unbewusste hervorzuholen, wenn sie sich Mut trotz lang verdrängter Wünsche zusprechen. *Wishmaker* – man glaubt an das «Gesetz der Anziehung», sucht die Hoffnungen in affirmativen Bekräftigungen manifest werden zu lassen, sehnt sich nach der Wiederverzauberung der Welt, nach einem allheilenden Universum, das als neuer Gott in naturphilosophisch-physikalischer Einkleidung sich aus einem «Quantenfeld» dem einzelnen Menschen durch die Erfüllung seiner Liebe und Voliebe offenbart. Anstelle eines personalen Gottes tritt das Universum als Metapher, aus dem sich der Sinn des Lebens inkarnieren soll. Seine Magie schlägt sich nieder in Ton, in Wort, in Bildern, die sich aus Instagram und anderen digitalen Medien beziehen lassen. Oft ist es alter Wein in neuen Schläuchen: Der alte Nachtwunsch des Schauderns angesichts des Schönen und des Numinosen wird dann in altbekannten Bildern auf die Bühne einer Rockoper getragen. Ein Song lautet: «Ins Paradies, mit Freuden heimgesucht vor Angst, verfallen wir der Liebe in unseren tiefen, dunklen Sünden ...».[554]

Achtzehnte Leinwand: Hiob-Parabel und Himmelsgericht als Groteske – ein Puppenspiel

In Paris trat seit Herbst 1944, noch während die Befreiung Frankreichs im Gange war, eine Bühnengruppe aus vier Versprengten auf, die das gemeinsame Schicksal einst Verfolgter teilten (Abb. 66). Auf der Fotografie sind Sarah Lichtheim, Simche Schwarz, Ruth Schwarz und Pela Szechter zu sehen, mit einigen der Puppen, im Hintergrund ein Tallit (Gebetsmantel) als Bühnenvorhang. Sie hatten sich im Juli 1942 der großen Razzia teils durch Flucht und Untertauchen entziehen können, teils waren sie denunziert und nach Auschwitz deportiert worden, wo sie überlebten. Simche Schwarz, der aus Rumänien stammte, hatte sich durch Flucht in die Schweiz retten können und dort in den Flüchtlingslagern ein jiddisches Theater unter dem Namen *Navenad* auf die Beine gestellt. In Paris wurde daraus *Hakl-Bakl,* zu Deutsch *Misch-Masch,* in Französisch *Pêle-Mêle,* ein Theater mit Puppen, die gleichzeitig Bild und Bewegung, Skulptur und Sprache, Musik und Literatur verkörperten. Das erlaubte bewegliches Reisen, aber auch intensive Verdichtung des avantgardistischen jüdischen Theaters in einem Puppenspiel, das plastisches Schaffen ermöglichte und *Hakl-Bakl* eine besondere Stellung im Kontext des jiddischen Theaters gibt. Die Puppen gestaltete Schwarz gemeinsam mit einem Freund, Marc Chagall, der auch das Bühnendekor malte.[555]

Die Besprechungen von Kritikern, die mit der jiddischen Kultur oder mit den Formen der Kleinkunst vertraut waren, vermitteln den Eindruck, dass im Spiel der Puppen die Künstler nicht nur als Schöpfer ihrer Puppen erschienen, sondern von ihnen gleichsam in Besitz genommen wurden. Wenn diese lebendig und behände wirkenden Skulpturen zu sprechen, tanzen und singen begannen, schien deren Schöpfer das blanke Medium für eine eigene Welt und auratische Wirklichkeit zu sein, die vor den Zuschauenden durch Farbe und Form, Laut und Bewegung, Licht und Klang entstand. So berichten es jedenfalls die Kritiker, die diese Aufführungen zu Gesicht bekommen hatten. Schwarz hinterliess nach einer Vorstellung, wie ein Zeitungsbericht vermerkt, hinter der kleinen Bühne, gefasst in einem Stuhl sitzend und, inmitten von Puppen, Leinwänden und Instrumenten, mit halbgeschlossenen Augen in sich versunken, den Eindruck eines durch die Intensität leer getrunkenen Gefässes.[556]

Dass eine jiddische Künstlertruppe, die sich nicht scheute, Motive aus Bibel, Talmud, chassidischen Legenden und Weiteres mehr zu spielen, und dieses Spiel als teils absurden, teils existenziellen Schauder vorführte, wurde vom gleichen Kritiker als Agens einer «kreativen Blasphemie» willkommen geheissen. Nur diese Blasphemie, kleine Skulpturen in einem Theater mit jüdischen Inhalten auftreten zu lassen, habe die hohe Kunst dieser Aufführungen ermöglicht. So falsch das Stereotyp wegen der impliziten jüdischen Bilderlosigkeit gewesen sein mag, so zutreffend war ein anderer Aspekt in der Wahrnehmung: Schwarz gestaltete die Szenen oft als Parodien auf biblische Stoffe und bildmächtige Grotesken. Die aus der Parabel des jüngsten Gerichts entnommene Erzählung *Bontye Shweyg* (Bontsche der Schweiger) von Izkok Leibush Perez, einem der Klassiker der jiddischen Literatur, adaptierte er zu einem Szenenbild, das der existenziellen Kümmernis, wie sie die Lektüre von Kafkas Erzählungen hervorrufen kann, keineswegs nachsteht. Perez hatte zu Beginn des 20. Jahrhunderts mit seiner kurzen Erzählung dem Hiob-Thema neuen literarischen Aufschwung gegeben, zumindest war Bontsche als parodistische

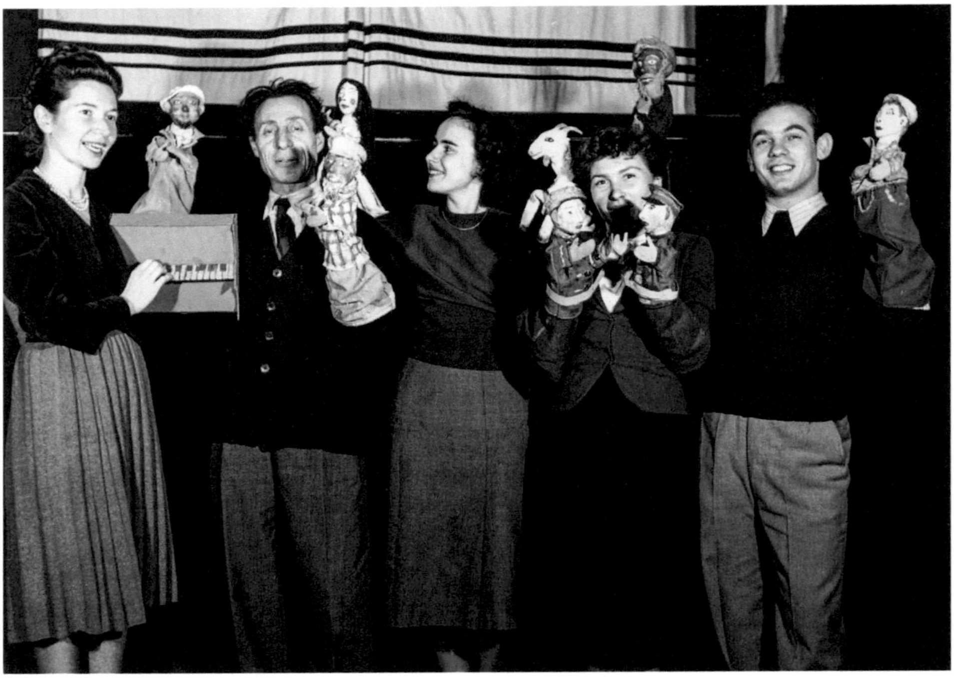

66 Das Puppentheater *Hakl Bakl* in Paris, 1949; Archiv für Zeitgeschichte der ETH Zürich.

Gegenfigur zu Hiob gelesen worden.[557] Im Puppenspiel erschien diese Kontrastsetzung im Kontext des eben durchlebten Horrors der Schoah als groteske, ja drastische Bebilderung – im Sinne Friedrich Dürrenmatts, der mit Blick auf Krieg und Holocaust die Groteske dramentheoretisch als «Gesicht einer gesichtslosen Welt» definierte.[558] Vor einem Bühnendekor mit dunklem Hintergrund, von dem die hieratisch wie Säulen in die Höhe ragenden Figuren des Gerichts sich abhoben, waren drei giacomettihaft hohe und dünne Figuren sichtbar, eingetaucht in den Schimmer von Licht und Gegenlicht. In ihrer fernen und starren Regungslosigkeit wirkten sie erratisch. Bontsche der Schweigsame dagegen erschien im Vordergrund klein, bucklig, jämmerlich. Mit dem Rücken zum Publikum gespielt, gab er eine schiefgewickelte Existenz ab, deren hilfloses Gesicht da und dort nur kurz von der Seite, nie aber *en face* zu erhaschen war. Vor dem richterlichen Himmelsgremium bot er eine mitleidheischende, gesichtslose und klägliche Gestalt.[559]

In der Erzählung *Bontye Schweyg* von Perez sitzt der Held, Bontsche, in seinem Lebensschicksal der Elendeste unter den Elenden, vor dem himmlischen Gericht, ohne sich über seine mehr als bloß bescheidene Existenz und seine demütigenden Erfahrungen hienieden zu beklagen. Bei Perez heisst es: «Im Verborgenen kam er zur Welt, still lebte er, still starb er, und noch stiller wurde er zu Grabe getragen. Doch nicht so war es in jener Welt! Dort machte Bontsches Tod einen gewaltigen Eindruck. Der grosse Schofar, der für die Zeit der Ankunft des Messias bereitlag, verkündete es in allen sieben Himmeln».[560]

Im Puppenspiel hielt sich *Hakl-Bakl* in der Dramatisierung der Gerichtsszene eng an die literarische Vorlage, doch erzeugten die Puppen im Szenenbild eine plastisch-bizarre Atmosphäre, in der die Figuren real und irreal zugleich wirkten. Im Gericht tritt – verkehrte Verhältnisse des Himmels – der Verteidiger zuerst auf, eloquent, mit gleichnishaften Anspielungen und leichtfüßigen Metaphern, eine etwas zwielichtige Figur der eleganten Rede, und dann erst der Ankläger, zuerst hämisch und scharf, dann angesichts des ewigen Schweigers aber milder und stockend geworden, weil er gegen Bontsche keine Argumente auffahren kann. So spricht in der Erzählung eben im Himmel nichts dagegen, sondern alles dafür, Bontsche einen – Gerechtigkeit schaffenden – Wunsch zu gewähren. Doch der Schweigsame, in dessen Innerem die Stimmen des Selbstzweifels nagen, wünscht sich nicht mehr als jeden Morgen einen Milchkaffee, ein warmes Brötchen und etwas frische Butter. Ein Anliegen, das der Gerichtspräsident mit Kopfschütteln entgegennimmt, die Engel verlegen die Köpfe hängen lässt, während der Ankläger in Lachen ausbricht. Im Gelächter des himmlischen Gerichts endet, was die Welt dank Bontsche zu einer etwas besseren, ja zu einer erlösten Menschheit hätte werden lassen.

Dieses Gelächter kündet davon, dass himmlische Gerichte und Theophanien wie die Hioberzählung parodiefähig geworden waren – im Kontext der Schoah als besonders bitter und radikal wirkende Denkfiguren. Denn der alttestamentliche Hiob ist keine alltägliche Figur. Seine Unschuld bezeugt er in einer ungewöhnlichen Selbstbezichtigung, ja Selbstverfluchung, die Gott zwingt, ihn zu töten, falls er schuldig wäre – oder Gott selbst dazu bringen müsste, sich schuldig gegenüber ihm, dem Menschen, zu erklären. Hiob zwingt zu einer Antwort. Am Beispiel seines Schicksals sind im Verlauf einer langen Kulturgeschichte die unterschiedlichsten Existenzmodi illustriert und verhandelt worden – das Scheitern göttlicher Allmacht, die Verweigerung von Güte und Gnade, die Unmöglichkeit des Erkennens, die Leugnung Gottes und wiederum die Rechtfertigung seiner Existenz, die Wendungen ins Utopische, der Nihilismus des lustvollen Leidens und vieles weiteres mehr, das sich aus theologischen und philosophischen Schriften entnehmen lässt. Es sind Dokumente des Aufstandes gegen Gott oder sehr viel öfter Beweise eines unerschütterlichen Vertrauens in eine unsichtbare Welt.[561] Martin Buber aber hat gegen alle allzu eilfertigen und gnostischen Deutungen festgehalten, in der Hiob-Frage wirke «keine dämonische Macht, die wir [Menschen] nicht selber grossgezogen haben». Es liegt am Menschen, das Werk zu vollenden. Eben diese Vollendung ist mit der Kunst und dem Menschen als Sprach- und Kunstschaffendem verknüpft, wie Franz Rosenzweig betonte.[562] Denn Geschichte ist im Chassidismus, der auch die Puppenspieler beflügelte, ein Geschehen, hinter dem sich eine unsichtbare Wirklichkeit verbirgt, in der Gott selbst seiner Erlösung entgegenstrebt, die jedoch ganz von der schöpferisch tätigen Welt des Menschen und ihrer Liebe zu seinen Geboten abhängt, um sich vollziehen zu können. Dass Gott selbst erlöst sein will, ist allerdings eine ambivalente oder zumindest risikobehaftete Denkfigur, die auch unverhofft das Feuer messianischer und apokalyptischer Erregungen entfachen kann.

Milchkaffee und Morgengebet: Das Hadern mit Gott, in Gebeten, in gerichtskonformen Anklagen, in Geschichten und Hiob-Parodien, hat im Judentum eine lange Tradition, auffindbar in rabbinischen Erzählungen, in der Poesie eines Heinrich Heine, in einer jiddischen Parabel, wie sie nach 1945 in einem Puppenspiel dramatisiert wurde. Es ist der Ausdruck einer skeptischen Theologie, einer antitheokratischen Auffassung von Gott, die ihn erst in einem Aushandlungsprozess mit den Menschen wirklich ernst nimmt. Die Schoah liess diesen Ausdrucksstrang der Überlieferung allerdings sehr bitter schmecken. Zum Hader gehört auch die Form der Gerichtsrede wie sie Bontsche der Schweiger durch seine stumme Hinnahme geradezu als Groteske verkörpert, als er zuletzt mit seinem ihm gewährten Wunsch gar das Schicksal der Welt verspielt: Anstatt die Erlösung der Menschheit einzufordern, möchte er bescheiden – eine Tasse Milchkaffee mit einem Butterbrötchen. Von Elie Wiesel ist indes die Erzählung kolportiert worden, dass in einer Baracke von Auschwitz ein Rabbinatsgericht Gott selbst den Prozess gemacht haben soll, um ihn, gelobt sei er, mit sofortiger Wirkung aus der Gemeinschaft der Menschen auszuschließen. Es war, als hielte der Kosmos den Atem an. Worauf einer der Rabbiner seufzte, nun sei es doch Zeit – für das gemeinsame Morgengebet.[563]

HÖLLENSTURZ IN DIE MODERNE

Das seit der Frühen Neuzeit langsame Abklingen der Bildwirkungen des Jüngsten Gerichts und des mittelalterlichen Rechtsgebarens war eine implizite Voraussetzung für die Herausbildung des neuzeitlichen Souveränitätsbegriffs, der keinem derartigen Bildgedanken der Gerechtigkeit folgen wollte. Das haben wir eben im letzten Kapitel erkundet und festgehalten. Der Leviathan von 1651 thront bei Hobbes auf dem grafisch gestalteten Titelbild seines Buches allerdings noch als der von Wellen umwogene Weltenherrscher, als eine allegorische Figur, die über die von Bürgerkriegen betroffenen Institutionen gebietet. Der Trend zur Säkularisierung lässt im Zuge der einsetzenden Aufklärung das Jüngste Gericht nur noch als Gegenstand der Kritik oder des theatralischen Schauders zu, etwa als bedrängendes Traumgesicht in Friedrich Schillers Lesedrama und Bühnenstück *Die Räuber* (1781), welches die Entstehungs- und Entfaltungsbedingungen von Gewalt gegen eine politische Ordnung thematisiert. Und in Ludwig van Beethovens Oper *Fidelio* misst sich der politische Souverän königlich das Lob zur Selbstbefreiung selber zu, wenn die Ketten fallen, die politischen Gefangenen befreit und das Unrecht beseitigt wird: «Gerecht, oh Gott, ist dein Gericht». Vor dem Horizont einer das Heil schaffenden Transzendenz singt dann der Chor das Reich der neuen bürgerlichen Freiheit herbei.[564] Heute nun treten an Stelle solcher Bildgedanken des Souveräns abstrakte Formeln und mathematisch anmutende juridische Prozeduren, wie sie zumindest in den an transatlantischen Rechtsgrundsätzen orientierten Staaten praktiziert werden. Was freilich von den Kapiteln der Rechts- und Kulturgeschichte als Einsicht bleibt, ist das Bewusstsein von Katastrophen aller Art, die von nun an oft mit dem «Fegefeuer» der in Geld gewogenen Eitelkeiten unter den ganz gewöhnlichen Menschen in Politik und Wirtschaft gegeisselt werden. Im tieferen Grunde meint diese Kritik die Bändigung eines in der Moderne entfesselten Souveränitätsbegriffs im Zeitalter des globalen Kapitalismus. Dem haben wir Beachtung zu schenken.

Am Beginn der Moderne hatte der englische Theoretiker Thomas Hobbes die Todesangst als den Ursprung bezeichnet, aus dem die moderne Institution des Staates hervorgeht. Der alte Schrecken, wie er am Beispiel des Jüngsten Gerichts und seiner religionskritischen und literarischen Entwaffnung zutage kam, steht bei Hobbes in Zusammenhang mit einem sehr alten Bild der menschlichen Kultur – der böse Blick macht immer und überall Angst. Man muss den Wolf zuerst erblicken, sonst kostet schon sein Blick das Leben. Wer aber das Leben schützt, dem gebührt Macht. In heutiger Diktion hiesse dies, dass der Wolf und seine Wildbahn verwaltet werden. Die Unterwerfung unter die Souveränität des Staates, der das Recht auf Leben zu gewährleisten hat, ist getrieben von der Furcht vor dem Raub, verkörpert in der Wolfsmetapher, wodurch das Wolfsauge durch ein anderes, machtvolles Auge in Schach gehalten werden soll. Dieses Auge gehört einem König, einem Präsidenten, einem Machthaber, kurz dem «Staat». Es geht um «die Erzeugung jenes grossen Leviathans oder besser, um es ehrerbietiger auszudrücken, jenes sterblichen Gottes, dem wir unter dem unsterblichen Gott unseren Frieden und Schutz verdanken».[565] Die Säkularisierung des Schreckens und die damit einhergehende Entlassung des Horrors aus den alten religiösen Welt- und Moralvorstellungen, wie sie durch Hobbes auf den Punkt gebracht wird, hatte ihren enormen Preis. In den Abermillionen Toten – angefangen bei den neuzeitlichen Kriegen bis hin zum Mord an den europäischen Juden – wird in der Moderne die Bändigung der Souveränität thematisiert, weil dieser zeitgeschichtliche Souverän selber den Schrecken erneut hervorgebracht und entfesselt hat. Angesichts der neuzeitlich beschworenen Todesangst will sich nunmehr der Mensch davor hüten, durch «entartende» Projizierungen sich zur grenzenlosen Vernichtung des fremden Lebens verführen zu lassen.

Sturz der Welten, Sturz der Bilder

Die «Moderne», wie sie begrifflich im Verlauf des 19. Jahrhunderts aufkam, präsentierte sich, wie Charles Baudelaire es empfand, auf der Ebene der Kunst und der Literatur geradezu als Übergang, als projizierbares Flüchtiges, das vielversprechend und doch vage, beschleunigend und sterbend zugleich erschien. Aber der Schauder wurde dem Sinn nach alsbald zur «Krise» geglättet oder allenfalls im «Schmerz» beklagt, geeignet, in Kunst gewandelt zu werden. Die Annahme eines krisenhaften kulturellen Verfalls, den der schon erwähnte Jacob Burckhardt als Phänomen der Beschleunigung, als immer kürzere Taktung geschichtlicher Prozesse fürchtete, wird insbesondere in dem von Georg Simmel beschriebenen Wandel von Moden und Stilen anschaulich. Er wird ungleich zu Hegels Ästhetik nicht mehr als eine historische Abfolge aufeinander antwortender Kunstformen und Kunstrichtungen geordnet, sondern nunmehr wie ein Tausendfüßler im Modus des Neben- und Durcheinanders als konflikthaft erfahren.[566] Diese Dynamik der Moden, ihr schneller Wechsel, korrespondierte durchaus mit dem Schwinden eines festumrissenen Souveränitätsbegriffs, dem die gemalten Bilder der nationalen Historiografie abhandenkamen. So markiert diese Entwicklung zwar den Hader und das Ende der Theologisierung des Ästhetischen lange, sehr lange nach den Tagen von Byzanz, doch suchten gerade der Faschismus, der Nationalsozialismus und der Stalinismus mit ihren Kunstdiktaten dies noch einmal politisch wettzumachen, um der Geschichte auf ihre je eigene bildhafte Weise – vor allem durch bildmächtige Propaganda und inszenierte Rituale – anschauliche Utopie einzuhauchen. Die Sehnsucht nach einer kulturellen Erneuerung oder gar Revolution maß also seit dem späteren 19. Jahrhundert der ästhetischen Erfahrung einen hohen Stellenwert bei, indem der Kulturpolitik in alle Lebensgestaltung eindringende Implikate zugemessen wurden. Kunst erscheint als ikonenhafte Einladung, die Identifizierungen mit Leiden, Rache und Gewalt ermöglicht. Gleichzeitig wird sie als Bruch mit eben dieser Identifikation wahrgenommen.

Diese ambivalente Suche nach ästhetischer Erneuerung und Brechung, hinter der man den Souveränitätsbegriff Hobbesscher Art und die vehemente Kritik daran erblicken mag oder auch nicht, steht mithin für die sehr realen, widersprüchlichen, tumultartigen und teilweise kriegerisch-genozidalen Erfahrungen des gesamten 20. Jahrhunderts. Die Inszenierung des Nationalsozialismus darf in ihrer ästhetischen Wirkung nicht nur auf die Zeitgenossen, sondern ebenso auf die Nachwelt in den Jahrzehnten seit 1945 nicht unterschätzt werden. Die Hypnosewirkungen von Bildern und ebenso von Sprache und Musik im Rundfunk waren in der nationalsozialistischen Propaganda deutlich auszumachen, wie Ernst Gombrich als Zeitzeuge ausdrücklich festgehalten hat. Inzwischen aber hat sich nach dem Ende des Grauens die Aufmerksamkeit schrittweise zu «wollüstiger Beklemmung und hinreissenden Bildern» verlagert. Der Kitsch der nationalsozialistischen Kunstproduktion und der inszenierten Rituale erscheint wieder in der ästhetischen Faszination in den Jahrzehnten nach seinem Ende. Saul Friedländer vermerkt, dass die mit dem Tod verknüpften Bilder in Filmen und Illustrierten nach 1945 letztlich die ernsthafte Auseinandersetzung mit der Vergangenheit moralisch korrumpiert haben.[567] Auch Sprache ist von solcher Zumutung nicht gefeit. Der Kitsch und die Lüge bedienen sich der Bilder wie des Sprechens. Seither wird deren Faszinationskraft in Diktaturen und deren medialen Inszenierungen vorgeblicher «Demokratie» rund um den Globus technisch perfektioniert.

Wenden wir uns den Kritikern und Beobachtern der zerstörerischen Politik zu. Einige Bilder können uns das Denken über den Sinn und Schrecken der Geschichte und die fluide Konstellation der Modernen, denen ihre Zukunft auf die Vergangenheit zuzustürzen schien, anschaulich vorführen. Das Paradies und die Geschichte: Bekannt ist das von Walter Benjamin noch während der Verfolgung aufgegriffene Bild vom *Angelus Novus,* ein Bild von Paul Klee, das von Benjamin dahingehend gedeutet worden ist, dass der Mensch mit dem Rücken zur Zukunft steht und sich ihm nur immer die Vergangenheit in Trümmern darbietet. Derweil kämpft Gott um die Eroberung seines Reiches, ohne dass bei dieser Möglichkeit auch schon die Gewissheit bestünde, dass er sich in künftiger Zeit noch als Retter und Vollender der Schöpfung erweisen wird.[568] Ich wende mich hier jedoch zwei anderen, weniger zitierten Bildern zu, die in die spätere Zeit des 20. Jahrhunderts und in unsere eigene Gegenwart gehören. Unter den Modernen ist meines Erachtens Friedrich Dürrenmatt ein sehr geeigneter Zeugen- und Bildaufruf, um die zeitgeschichtliche Verarbeitung einer Endzeitvision und der unerträglichen Ungewissheit in einem Bild zu dokumentieren (Abb. 68). Und dann präsentieren wir hier das Jüngste Gericht der israelischen Künstlerin Neta Harari Navon, welches 2022 unter dem Werktitel *Judgment Day* im Israel Museum in Jerusalem gezeigt wurde (Abb. 69). Beides sind Bilder eines unentschiedenen Kampfes, auch Momente einer Katastrophe, deren Eintreten aber in der Schwebe bleibt, wenn, wie Benjamin schreibt, der Messias durch einen schmalen Spalt unversehens in die Geschichte eintreten kann.

Mit Dürrenmatt haben wir es mit einem theologisch, philosophisch und dramaturgisch höchst kundigen Geist zu tun, der zur Zeit des Kalten Krieges den Holocaust und den Atombombenabwurf auf Hiroshima und Nagasaki als Menetekel des globalen Vernichtungskrieges las und in seinen Dramen und Texten zur Darstellung brachte. Seine kurze Erzählung *Der Tunnel,* sein Abschluss des umfangreichen Stoffe-Projekts mit einem Bericht über Auschwitz – der noch zu zitieren sein wird – und seine entschiedene Parteinahme für den gefährdeten jungen Staat Israel ergänzen diesen Eindruck. Das bereits erwähnte *Jüngste Gericht* von Michelangelo, als

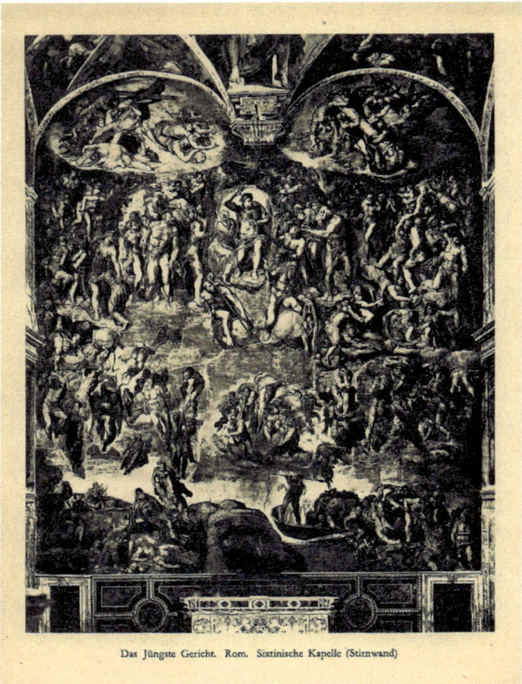

67 Abbildung von Michelangelo, *Das Jüngste Gericht,* Fresko 1536–1541, in Herman Grimms Biografie von 1940, wie sie Dürrenmatt kannte und als Vorlage für sein Gemälde *Die Katastrophe* diente.

Stirnwandfresko in der Sixtinischen Kapelle zu Berühmtheit gelangt, drängte Dürrenmatt dazu, die in ihm immer wieder aufsteigenden Bilder eines «Weltuntergangs» seinerseits in Texte und Kunst zu bannen.[569] Theaterstücke wie *Die Physiker* sind geradezu Allegorien dieser Stimmung geworden. Er hat das Jüngste Gericht als eine Metapher für die drohende planetarische Katastrophe empfunden, nicht weil die Gedanken die Entstehung von Bildern nach sich ziehen, vielmehr weil die Bilder auf den Menschen einstürzen und ihn zwingen, durch das Denken, Schreiben und Malen eben diese aus dem Inneren drängenden Bilder zu bannen und sich das Chaos vom Leib zu halten. Die Dialektik von Stoff und Form, die Vorsprachliches und Bildhaftes erst in Zeichengestalt drängt, verweist darauf, dass das visionäre Chaos der inneren Bilder zuerst ausserhalb der Sprache und ausserhalb der Kunst angesiedelt ist.

Das Jüngste Gericht, das bei Michelangelo neben den antiken Höllenfürsten «das Aufsteigen der Seligen, das Heruntersausen der Verdammten» zeigte, thematisierte Dürrenmatt nicht allein als Dramatiker, sondern eindringlich als Maler. Über die Reaktionen darauf berichtet er uns in einem seiner *Stoffe*-Texte, im *Winterkrieg in Tibet:*

> «Als ich Varlin eines meiner wenigen Ölbilder zeigte, die ‹Katastrophe›, entstanden 1968, starrte der grosse Maler überrascht auf das Gemälde und wollte nicht so recht glauben, was er da sah: In einer Schlucht auf einer Brücke prallen zwei mit Passagieren überfüllte Eisenbahnzüge in

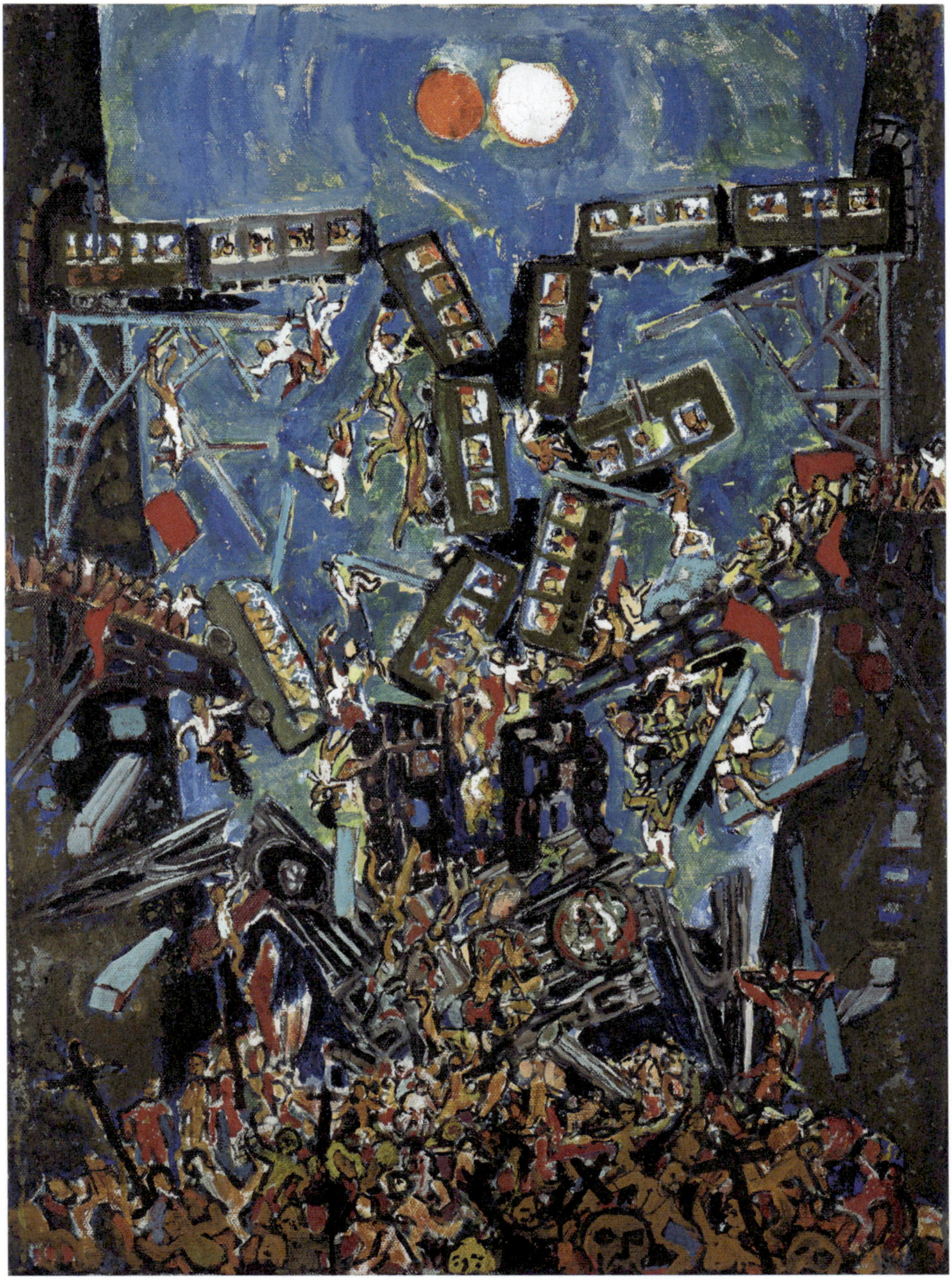

68 Friedrich Dürrenmatt, *Die Katastrophe,* 1966, Öl, Gouache auf Leinwand, 81.5 cm × 60.2 cm; Sammlung Centre Dürrenmatt, Neuchâtel, der Schweizerischen Eidgenossenschaft.

voller Fahrt zusammen; ein jeder aus einem Tunnel schiessend, ins Freie und ins Verderben rasend, prasseln sie auf eine weitere, tiefer gelegene Brücke, über die sich ein kommunistischer Umzug wälzt, so dass die Brücken, Eisenbahnzüge, Passagiere und Kommunisten auf eine Wallfahrtskirche stürzen, die sich im Grunde der Schlucht befindet und ihrerseits im Zusammenbrechen unzählige Bilder unter sich begräbt, während oben, über der Schlucht, im blauen Frühlingshimmel die Sonne mit einer zweiten Sonne zusammenkracht, den allgemeinen Untergang der Erde und des ganzen Planetensystems einleitend. Varlin schwieg, und dann meinte er endlich, nicht ohne Sorge: «So was sollte ein erwachsener Mensch nicht malen».»[570]

Dass sein jüdischer Freund Willy Guggenheim alias Varlin, dessen Kunst stilistisch Chaim Soutine nahesteht, ihn mahnte, sich solche Bilder nicht zur inneren Gewohnheit werden zu lassen, mag man als Ausdruck einer gewissen Bilderskepsis deuten, die ausgerechnet seitens eines «grossen Malers» geäussert wird. Die eigene Psychostasie zu verstehen und den alten Schrecken vor dem Leiden und der Verdammnis in gegenwärtigen Chiffren zu fassen, steht im Mittelpunkt einer solchen Aussage.[571] Dürrenmatts Deutung des Jüngsten Gerichts ist offenkundig eine Reaktion darauf, dass in der Wahrnehmung des Dramatikers die christliche Weltwahrnehmung nach dem Holocaust vom eigenen Zustand schockiert gewesen ist oder es zumindest hätte sein sollen, dies angesichts eines fundamentalen Versagens des christlichen Auftrags und einer enormen schuldhaften Unterlassung, wie er dies empfand. Auf Friedrich Dürrenmatt werden wir deshalb nochmals zu sprechen kommen, wenn es um das Ringen um Erklärungen der Schoah gehen wird. Er und Varlin sind mit ihrer Suche nach Erkenntnissen zum Verständnis der Bild- und Kultgenesen aus Schrecken, Schuld, Chaos und Katastrophen nicht allein. Auffällig ist, dass ein göttlicher Richter in ihren Bildern fehlt. Paul Klee malte 1933, im Jahr von Hitlers Machterschleichung, den *Geheim Richter* als gesichtsloses Gesicht, in Schwarz, aus dem nur zwei rot umrandete Nüstern und rot blickende Augen zu erkennen sind.[572]

Spätestens hier wird klar, dass der Begriff «Hölle» ins Spiel kommt! Dass die Bedeutung der «Hölle» – wie die Konzentrationslager öfters genannt wurden und immer noch werden – dem Sinn nach sich auch aus der apokalyptischen und christologischen Bildgebung der frühen Jahrhunderte der jüdischen und christlichen Literaturgeschichte erschließt[573], stand für Dürrenmatt offenkundig fest. Hannah Arendt verwendete eben dieses ursprünglich mit dem Jüngsten Gericht verknüpfte Kontrastbild der Hölle, um damit nicht nur die Judenvernichtung als jenseits allen herkömmlichen Verständnisses zu charakterisieren, sondern auch darum, dem christlichen Erlösungsbegriff, der das Individuum meint und psychologisch bleiben muss, ein jüdisches Verständnis einer historisch-politisch errungenen Wende entgegenzusetzen. In eine säkular intendierte Richtung geht dann etwa die Darstellung der Epoche mit beiden Weltkriegen des britischen Historikers Ian Kershaw, indem er die Metapher der Hölle zum Titel seiner umfangreichen Historiographie über das 20. Jahrhundert machte. Karl Kraus hatte bereits nach dem Ersten Weltkrieg, 1921, in der Zeitschrift *Die Fackel* unter dem Titel *Reklamefahrten zur Hölle* die in einer Schweizer Zeitung publizierte Annonce für eine «Schlachtfelder-Rundfahrt im Auto» zum Preis von 117 Franken scharf aufs Korn genommen. Winston Churchill spielte in seiner Charakterisierung Adolf Hitlers wenige Jahre nach Kriegsende in seinen Memoiren auf diese Metapher an, ohne sie wörtlich zu verwenden. Sein deutscher Übersetzer aber führte sie an: Hitler habe aus «den *höllischen* Tiefen des Abgrundes [...] das fürchterliche Götzenbild eines alles verschlingenden Molochs heraufbeschworen, dessen Priester und dessen Verkörperung er selber war».[574] Immerhin war Churchill in einem 1940 gemalten kirchlichen Deckengemälde in Österreich ein Platz in der Vorhölle zugewiesen worden.[575] Vermehrt wird die Hölle auch durch Überlebende des Holocausts assoziiert: Die beiden eng befreundeten Lyriker Lajser Ajchenrand und Abraham Sutzkever bezogen die Vokabel in Referenz auf Dantes Inferno. Noch vor Kriegsende während der Zeit der Verfolgung, die sie durch- und überlebten, heisst es in dem Gedichtband *Wir verstummen nicht* mit Blick auf die Ghettos, Lager und Eisenbahntransporte, ja gar auf alle Städte und Stätten, in denen die Vernichtung durchgeführt wurde: «Wo bist du, Dante? Es gibt keine Stadt / Wo nicht die Hölle schreit».[576]

Neunzehnte Leinwand: Wasser, Schlick, Schlamm und ein leeres Auge

Aus 18 bemalten Holztafeln bestehend, erscheint auf dem Gemälde *Das Jüngste Gericht (Judgment Day)* von Neta Harari Navon kein Gott als Richter, der wie bei den alten Meistern zwischen Erlösung und Verdammnis bestimmend die Seelen wägen würde.[577] Er ist abwesend, wie schon bei Max Beckmanns Auferstehungsbildern, und es gibt keinen Richter, kein Urteil, niemanden, der entscheidet, wer gerecht wäre und wer gesündigt hätte. Ein Weltgericht, das zwischen Verdammnis und Erlösung in einem endgültigen Akt unterscheidet, findet nicht statt. Der Mensch hat Gott als Richter seines Denkens und Handels abgelöst – aber was und wo ist der Mensch? Das Zentrum des Bildes ist sein leerer Ort, sobald das gehäutete «leere» Weiss den Blick auf menschliche und tierische Körper freigibt. Es mutet an wie ein offen gelassenes, gleichsam augenloses Auge, einem Orkan ähnlich, der menschliche Figuren nach allen Seiten hin wegbläst. Das alte ägyptische Himmelsauge scheint entthront, sein Platz leer, als wäre dieser offene Prozess ein Makel, der gewollt perfekt sein will. Was wir auf dem großformatigen Gewimmel sehen, ist ein gigantisches Schlammfest. Die Menschen feiern im Schlamm, sie setzen ihre ungeahnten Energien frei, legen die hemmenden Fesseln der Zivilisation ab und scheinen sich in einer Metaphysik des Schlicks, des Materiellen zu suhlen. Wasser und Staub sind die kreatürlichen Ingredienzen, die diese Massenveranstaltung am Tag des Gerichtes umhüllen und ihr menschliches Tun ausmachen. Aus Staub, Schlamm und Schlick ist der Mensch gemacht worden, dorthin, zu seiner Natur aus Bakterien in Abermillionen Varianten, die sein Dasein ausmachen, wird er zurückkehren. Die Bakterien sind der Spender von Sauerstoff, der Leben ermöglicht und bei dessen Fehlen das Leben ersticken müsste. Nun kommt es darauf an, wie der Mensch sich diesem Orkan der Evolution in einem Universum ohne Auge und ohne feste Mitte stellen will. Die Trennung von Naturgeschichte und Menschengeschichte wird dazu nicht dienlich sein. Wer sich beim Betrachten gedanklich auf dieses Bild einlässt, scheint unweigerlich in einen Bildorkan aus scheinbar Heiligem und dem nassen irdisch-biologischen Schlick aus Texturen und Bewegung, Formen, Figuren und Farben hineingezogen zu werden.

In Kontrast zu Dürrenmatts Bild *Die Katastrophe,* das ebenfalls keinen Richter kennt, doch immerhin ein Narrativ mit einem vorstellbaren Anfang, einer handelnden Mitte und einem denkbaren Ende impliziert, vermittelt Neta Harari Navon keine solche eindeutige Erzählung.

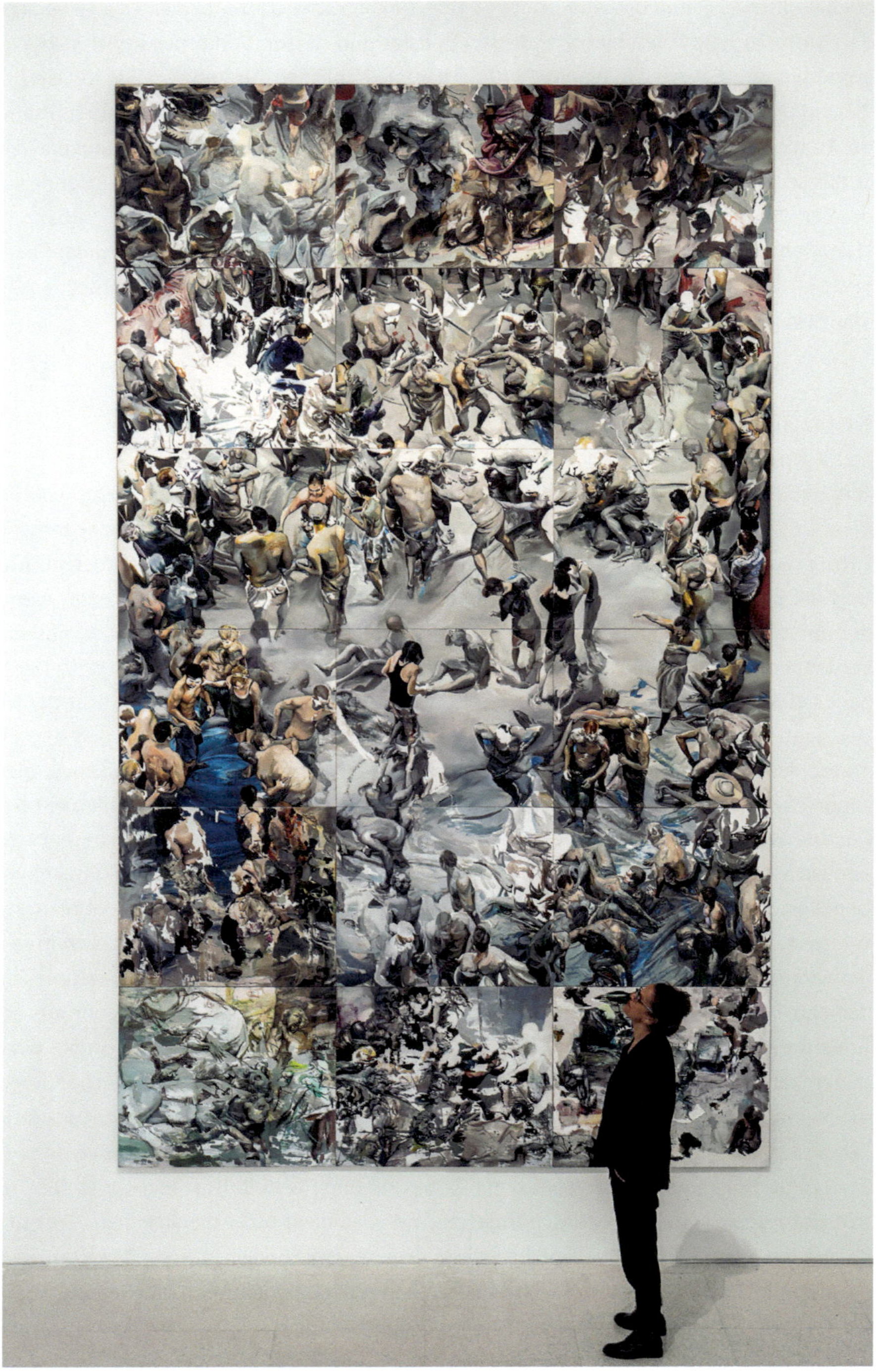

69 Neta Harari Navon, *Judgement Day,* 2021, Öl auf Holz; 540 × 330 cm; The Israel Museum, Jerusalem.

Vielmehr erhält der Betrachter den Eindruck, dass ein kontinuierlicher Prozess durch Raum und Zeit hinweg im Gange ist. Die Bildkomposition mit einem scheinbaren Oben und Unten, in denen sich motivische Entsprechungen kontrastieren, erlaubt uns immerhin, dass wir eine gewisse Orientierung gewinnen. Auch ist die kompositorische Referenz nicht wie bei Dürrenmatt das Deckengemälde von Michelangelo; eher käme hier Jacopo Tintorettos *Jüngstes Gericht* von 1560 in Frage, das eine dynamische Verdichtung an stürzenden und fliehenden menschlichen Körpern zum Gegenstand der Darstellung macht (Abb. 70). Ein einzelnes oder auch zwei oder drei der insgesamt 18 Tableaus würde dem Betrachter lediglich als isoliertes Bild ohne Geschichte erscheinen. Erst das gesamte Gemälde mit den Massen von nahezu sechs Metern Höhe und fast vier Metern Breite lässt ein Narrativ hervortreten, das das Empfinden des Betrachters ergreift und dazu veranlasst, sich das Geschehen in der Welt durch die Vorstellung eines mythischen Gerichts zu denken. Allenfalls liessen sich die 18 Tafeln wie die hebräischen Buchstaben in der Torah in neuen, nicht vorgesehenen Anordnungen kombinieren, aber auch dies stets nur im Sinne eines poetischen Verfahrens, das mit dem Mythos spielen kann. Hinzu kommt, was hier bereits einmal erwähnt wurde, nämlich dass die Künstlerin sich technisch der «Häutungen» bedient, indem sie nach der scheinbaren Vollendung des Gemäldes die gemalten Szenen und Figuren nochmals mit Weiss überstreicht und dann diese Szenen und Figuren wiederum aufkratzt und sie hinter dem Weiss zum Vorschein kommen lässt. Damit kann im Betrachter der Eindruck aufkommen, dass das Gemälde als etwas gleichsam Unwirkliches wirkt, als wollte man durch diese Darstellung das Unbewusste im Bildgedanken vorführen.

Das Leben lässt sich in der Kunst nur durch den Widerschein einfangen, der so flüchtig wie ein Schatten ist. Eben diese kurzen Momente, in denen das weisse Licht aus dem tieferen Grund einfällt, legen die traumatischen Schichten frei, die in diesem Bild gezeigt werden: Junge Menschen, die in der Liebe und in den Festen, die sie feiern, ihre noch ungefestigte Kontrolle wieder verlieren; Menschen in der Mitte ihres Lebens, die durch Terrorakte und Genozide umkommen oder als Überlebende den Schmerz über den Verlust nie werden überwinden können; und Menschen, die unversehens aus dem Tritt des Lebens geraten und in Abgründe stürzen, als wären sie von einer falschen Wirklichkeit gekidnappt worden, ohne ihren Ängsten und Sorgen je wieder entkommen zu können. Diese traumatischen Erfahrungen widerfahren in einem der Tableaus auch den Tieren. Gebannt vom Schrecken des ihnen drohenden Leides verharren sie an Ort und Stelle. Und so stürzen alle diese in sich und untereinander verwobenen Körper auf Wirklichkeiten zu, die keinen Ort und keine Zeit mehr zu haben scheinen.

Die Bilder von Neta Harari Navon stehen im Weiteren in der Tradition der künstlerischen Gegenentwürfe, indem sie ästhetische Reflexionen bildtheologischer und bildkritischer Art implizieren, die aus den tieferen Bild- und Kultgenesen in der menschlichen Geschichte erwachsen sind. Beispielsweise signalisieren Wasser- und Trockenwüsten, wie sie im Bild durch Sand, Schlick und Wasser repräsentiert sind, in den Schöpfungsmythen sowohl die Befruchtung zum Leben wie die Rückkehr in das Chaos. Die Umwandlung der Wüste in Kulturland und die Überflutung Babylons (Jer. 51,42) sind die Extreme in solchen Erzählungen. «Wer hat der Flut einen Kanal gegraben?» entgegnet Jahwe im Hiob-Buch, und dem äthiopischen Henoch gemäß wird bis zum Tag des Gerichts dem Behemoth die Wüste, dem Leviathan das Meer zugewiesen.[578] Inzwischen aber suhlen sich die Menschen im Bild von Harari Navon weiterhin im Schlamm, ohne dass sie

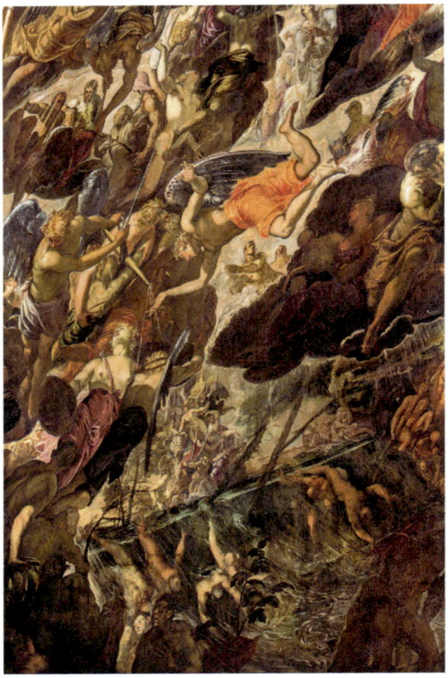

70 Jacopo Robusti Tintoretto, *Das Jüngste Gericht,* 1560, Öl auf Leinwand, Detail aus dem Prespyterium; Kirche Madonna Dell Orto, Venedig.

einen göttlichen Richter befragen, herausfordern oder verwerfen könnten. Sie sind wie der heutige Betrachter auf die Schöpfungserzählungen der Astronomen, Physiker und Biologen angewiesen, die sich mit den besagten Bewegungen, Formen und Figuren im grossen Weltspiegel in anderer Art und Weise befassen. Doch auch sie äussern sich in mythologisierender Rede und poetischen Metaphern wie «Urknall», «Big Bang», «Schwarzen Löcher» und «Avataren», wenn sie aus den Laboren und Sternwarten heraus zu uns reden und für ihre Erzählungen auf Bilder und Allegorien angewiesen sind, über die man vielleicht in ferner Zeit lächeln wird, weil man sie als allzu «religiös» zu empfinden beginnt. Kein Zweifel, dass die Künstlerin und Schöpferin des *Jüngsten Gerichts* auch ihnen einen Platz in ihrem Gemälde zugewiesen hat und sie dort nun im gehäuteten Gewimmel ihre Feste feiern und ihren Abgründen begegnen.

Göttliche Menschen, menschliche Götter: Utopien aus geklonten Ebenbildern

Nicht zuletzt haben bekanntlich Sigmund Freud, Arnold Schönberg, Thomas Mann und Friedrich Dürrenmatt für die Modernen allerhand Mischungen aus ihrem Unbehagen an der Kultur und ihren Fortschreibungen dieser Kultur vorgeschlagen. Daraus spricht der Wille zur Kontinuität und gleichzeitig eine entschiedene Verweigerung, wie sie uns aus den Parabeln und Bildern des Gerichts und des Richtens mit großer Spannung entgegentreten. Die Referenz solcher Vernehm-

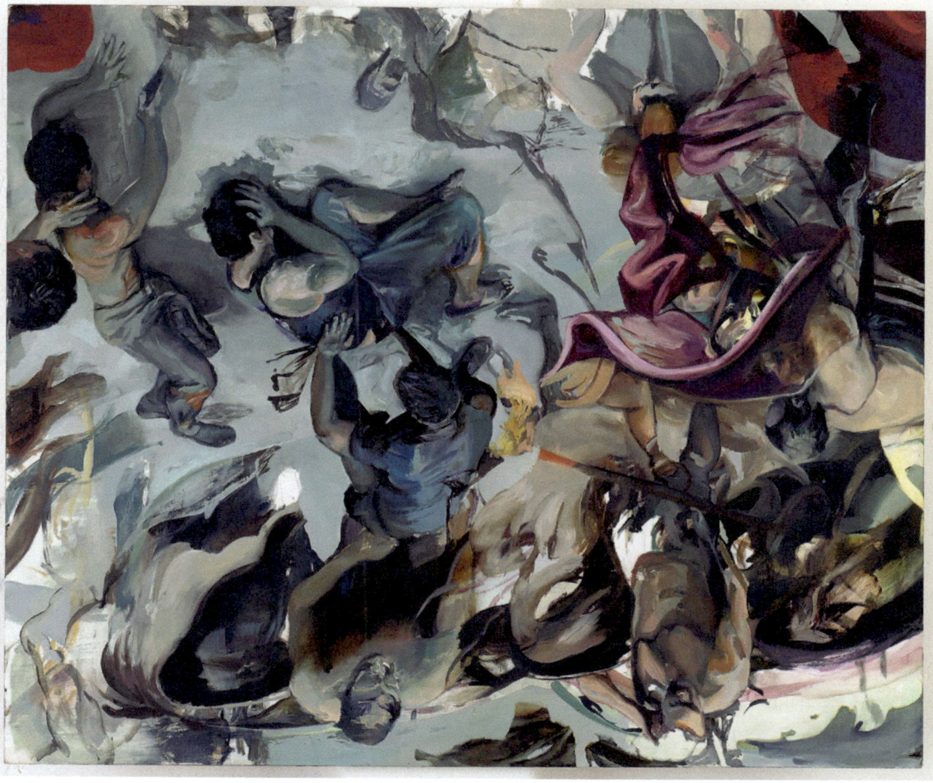

71 Detailansicht aus Neta Harari Navon, *Judgement Day,* 2021; The Israel Museum, Jerusalem.

lassungen waren stets die Alten aus vergangenen Kulturen. Wenn sie die Abschaffung des altägyptischen Totengerichts in der Zeit Echnatons als einen Umsturz, der alles Anthropomorphe in der Gottesidee verwarf, in ihren psychoanalytischen, literarischen und musikalischen Botschaften für die eigene Gegenwart deuteten oder die Katastrophe und die Katharsis als biblisch vermessenes Evolutionsgeschehen der Menschengeschichte erinnerten, appellieren solche Zitierungen durch die Modernen stets an kulturelle Muster aus der Antike selber.[579] Auch die Alten verfuhren selber genauso. Deswegen sollten wir uns an dieser Stelle bewusst halten, dass bei allen unseren historischen Darstellungen die begrifflich verführerischen Entgegensetzungen von Neuem Zeitalter und Altem Zeitalter, von Avantgarde und Establishment, von Refüsierten und Kanonisierten, von Innovatoren und Konservativen, von Tabubrechern und Reaktionären, von Häretikern und Orthodoxen immer eine Sichtweise verkörpern, die dem eigenen Modell der Geschichte und Evolution als Orientierungsreferenz entspricht. In solchen Verinnerlichungsprozessen des eigenen zeitgenössischen Selbst sind auch aus der Zeitenferne wirkende platonische Lehren auszumachen, bestärkt durch einen Rationalismus, der uns Zeitgenossen oft genug dazu dient, die Argumente zu schärfen, ohne unseren eigenen Denkgewohnheiten zu falsifizieren. Dies sei beim Schreiben dieser Betrachtungen von meiner Seite einschränkend festgehalten.

So steht man, wie seinerzeit Varlin, etwas ratlos oder verlegen vor abgründigen und unbehaglichen Zeugnissen, die Gefühle irrationaler Art auslösen können. Freuds spätes Opus, namentlich Schriften wie *Das Unbehagen in der Kultur* und *Der Mann Moses,* mit denen er sein Projekt der Psychoanalyse in eine Kultur- und Religionstheorie überführte, stellen diesbezüglich eine besonders kühle Mahnung zur selbstkritischen Einhegung dar. In diesen Gedächtnisrufen wird das Bildverbot, von Plato und Kant her gedacht, in den Mittelpunkt der psychoanalytischen Kultur- und Religionstheorie gerückt. Gemeint war das Kultbild als Mittel und Prinzip der Idolatrie, nicht die Erzeugnisse der Kunst, deren Bilder Freud ausdrücklich nicht mit dessen Verbot identifizierte:

> «Wenn man dieses Verbot [des Kultbildes] annahm, musste es eine tiefgreifende Wirkung ausüben. Denn es bedeutete eine Zurücksetzung der sinnlichen Wahrnehmung gegen eine abstrakt zu nennende Vorstellung, einen Triumph der Geistigkeit über die Sinnlichkeit, einen Triebverzicht mit seinen psychologisch notwendigen Folgen».[580]

Was in der Sicht von Freud einst aus den Kulturen der alten Religionen heraus entstanden war, bevölkerte nun als kurios anmutendes Antiquitätenkabinett den Schreibtisch seines Arbeitszimmers, in welchem er über das Ende der Illusionen nachdachte. Die Götterskulpturen der Alten auf seinem Schreibtisch haben ihn vermutlich daran erinnert, welcher Preis für die Zivilisierung der menschlichen Konvivenz zu zahlen war.[581] Der Grundgedanke, wonach das Zusammenleben von Menschen in Gemeinschaften wachsender Größe nur um den Preis eines Triebverzichts zu haben sei, war Freud der Kern seines Zivilisationsbegriffs, den er bildkritisch und bilderskeptisch bestimmt sehen wollte, seitdem er Götter als Projektionen des abgespaltenen Unbewussten begriffen hatte.[582]

Auf einer anderen Spur, jener in die Zukunft, wird auch dank Freud eine Idolkritik bzw. ein Götzenverbot zu diskutieren sein, indem eine Kulturkritik in den Mittelpunkt rückt, die sich dagegen wendet, den menschlichen Körper dem Verfügungsbereich politischer Macht in neuen technologischen Dimensionen anheimzustellen. Die unheimlich werdende Verfügungsgewalt politischer Macht erscheint wie eine säkularisierte Variante einer himmlischen Beobachtungs- und Überwachungsinstanz. Dabei geht es wesentlich um die Verschränkung von Bild- und Biopolitik. In Sprachbildern und der Ingebrauchnahme ästhetischer Mittel wird der Traum vom Menschen als Material erkennbar. Er ist Teil einer neuen Kulturpolitik, die den sich heute anbahnenden Möglichkeiten durch «wahre» Bilder Genüge tun soll, zum Beispiel jenem Traum, menschliche Embryonen nach dem gentechnologischen Wunsch- und Bestellzettel seiner irdischen Schöpfer zu manipulieren. Solche Operationen wären den Nationalsozialisten die Erfüllung ihrer Ambitionen gewesen, um «arische» Krieger aus ihrer «Volksgemeinschaft» herzustellen.

Ein Indiz solcher Entwicklungen findet sich heute unterhalb der Oberfläche öffentlicher Zugänglichkeit: In Laboratorien schwindet der Unterschied zwischen biologischen Formen des Lebens und ihren bildgenerierten Simulationen in der Welt der Computer. Und auch am Ende des menschlichen Lebens sind die Grenzen zwischen Leben und Nichtleben schwankend geworden.[583] Die jüngste mikrobiologische Forschung und die daraus hergeleiteten biotechnischen Szenarien einer dynamischen horizontalen Transferierbarkeit von Genen lassen das vertikale

System Darwins als ein vergangenes Zwischenspiel erscheinen, es wird durch neue Utopien, neue Erkenntnisse und die daraus ableitbaren Handlungen und Interessen abgelöst.[584] Was Geist, Biologie und Technologie ausmachen, ist von Unschärfen, auch in ästhetischer Hinsicht, geprägt, aber genau dies erschwert die Scheidung zwischen dem, was Leben ist, und den Abbildern dieses «Lebens» in den Laboratorien der weltweiten Forschung. Von der Politik gefördert und angetrieben, zeichnen sich neue und kühne Entwürfe der anthropozentrischen Selbstschöpfung ab. Ob in einer solchen Welt das menschliche Leben überhaupt noch vorhanden oder ausgestorben sein wird, ist ungewiss.

Der heutigen Utopien sind genug: Eine silikonähnliche Pflanzenspezies mit schwarzen Blättern absorbiert Sonnenlicht, das nicht als Kohlenstoff gespeichert wird, sondern Elektrizität für Autos oder Haushalte liefert. Genetisch modifizierte Termiten fressen die Plastik- und Giftrückstände aus von Menschen angehäuften Müllhalden weg. Geklonte Nutztiere in Miniformat und beliebigen Farben, wie sie in jedem Warenhaus zu erwerben sind, erfreuen die Spielwiesen unserer jüngsten Nachkommen. Anschaulich können wir die unermessliche Vielfalt der Verfügbarkeiten erfahren. Auch der Mann Judas wird in diesen positiv ausgemalten Utopien mit honigfarbenen Augen, blonden Locken und blauer Haut zu haben sein, und der Mann Jesus mag mit opaken Augen, schwarzer Haut und gewelltem bläulich-silbernem Haar zur Welt kommen wollen, als hätte sie beide ein gottähnlicher Künstler in seinem Atelier auf die leere weisse Leinwand imaginiert. Diesen nanotechnologisch verjüngten Schönheiten lassen sich auch noch Frauenkörper und ein Kindersegen von unvorstellbarer Wirklichkeit beifügen.

Das hier gezeichnete Bild als einer Metapher des Transhumanismus stellt die Frage nach der Integration von Technik in das menschliche Leben, nach ihren Resonanzen. Die Kritik des Transhumanismus ist nicht gleichbedeutend mit der Ablehnung von Wissenschaft, Medizin und Technik, sie ist aber als kritische Befragung aus historischer Erfahrung notwendig. Denn die Konzeption des Menschengeschlechtes aus schieren Ebenbildern aus dem biotechnischen Labor menschlicher Schöpfer, die sich zu Göttern aufzuschwingen meinen, wird – wir erinnern uns an die Erfahrung des Faschismus und Nationalsozialismus – das Verbot der Idolatrien als wirkmächtige Verführung wohl unerhört aktuell machen. Ein schneller Fallschirm aus Leinwand wird für diese Betrachtung, aus der ein neuartiger Segen oder Horror als Faszinosum kenntlich werden kann, nicht genügen. Für ein solches Zeitalter des so genannten Anthropozäns haben wir nicht einmal einen Namen.

Fast nichts kann diese überlappenden Grenzverhältnisse nochmals deutlicher machen als das «mysteriöse» Erscheinen jener RNA-Viren, die sich, epidemiologisch gesprochen, als Pandemien auf der Welt ausbreiten und, mikroskopisch eruiert und in Symbolbildern dargestellt, unter so klingenden Namen wie «Corona» oder «Ebola» firmieren. Sie hatten sich seit jeher entlang der Transitrouten des Handels und der Reisetätigkeiten verbreitet und tun es auch heute. Aus einer anthropologischen Perspektive kann die Hebräische Bibel, so wurde hier bereits einmal vermerkt, als evolutionsgeschichtlicher Versuch gelten, den Krankheiten und Krisen beizukommen. Doch diese alten und ehrwürdigen Erzählungen zur Bewältigung von Katastrophen und Krankheiten greifen schon länger nicht mehr voraussetzungslos. Wir haben es mit sehr anderen Bildern zu tun. Martin Vetterli, Präsident der École polytechnique fédérale de Lausanne, der selbst zu Bildkompressionen geforscht hat, sieht das Potenzial der Wissenschaft darin, dass im

Zeichen der KI «jeder von uns ein Picasso werden muss» – dies aber stets im eigenen, begrenzten und regulierten Rahmen. Diese Grenze bezeichnet die Ambivalenz des maschinellen Lernens und damit auch den Schrecken, der mit dem Mimikry der KI und seinen probabilistischen Maschinenrechnen einhergeht. Ob dies dem Schrecken vor der Atomtechnologie vergleichbar ist, sei dahingestellt. Eine Technologie aber wie die der Chatbots, die «man Viren oder gefährliche Krankheitserreger programmieren lassen kann, hat in wenigen Wochen weltweit hunderte Millionen Nutzer gefunden, und wir haben keine Ahnung, was diese Menschen [in privaten Firmen] damit anfangen werden».[585]

«Jeder ein Picasso» – mit dieser Metapher ist also nicht das gemeint, was sich an einer der digitalen Kunstmessen heute als Kunstwerk ersteigern lässt. Vielmehr geht es in dieser Denkfigur um das Narrativ der modernen Wissenschaften. Seit gut einigen Jahrhunderten schon wissen wir um die Macht dieser Bilder organischer Körper, die von der Aneignung durch Wissenschaft erzählen. Ein Beispiel: Die Mehrzahl der neuartigen Viren werden heute und künftig aus Regionen erwartet, in denen der Mensch massiv in die ursprünglichen Ökosysteme eingreift und in die Habitate von Säugetieren eindringt und sie zerstört, um extensiv industrielle Landwirtschaft und Tierzucht zu betreiben. Je übler es den Habitaten aus Wäldern, Steppen und Mooren ergeht und je verunstalteter die Landschaften erscheinen, desto mehr werden sie als unberührte «Natur» von Touristen aufgesucht und in der Literatur und in der Kunst beschworen, dargestellt, romantisiert, verkauft und gehandelt. Waldrodungen und der Verlust der Biodiversität sind indessen mithin Treiber von Zoonosen, das heisst der Übertragung von Viren zwischen verschiedenen Tieren und den Menschen. Der Verdrängung der Wildtiere entspricht die Zunahme von Haustieren, und beide werden sie heute als Schlachtgut in Massen gefangen gehalten. Das Entstehen der Pandemien hängt offenkundig auch mit der Fragmentierung der Habitate der Tiere, der Wälder und Meere, der Nahrung und Rohstoffe und mit dem viel genannten menschengemachten Klimawandel zusammen. Hinzu kommt dann die sehr reale Möglichkeit, als Folge dieser Fragmentierung neuartige Substitute in Ebenbildern im Labor selber zu erschaffen.

Nochmals Tierwelten: Den Tieren – und den Pflanzen – ist weit mehr Diversität und Varietät in den Leib geschrieben als die soziale Aufrechterhaltung technischer Komplexität, die mit Blick auf das Leben eine eher randständige Entwicklung der Evolution darstellt. Das zoosphärische Artensterben resultiert aus Sicht der Tiere – und mit ihnen der Pflanzen – infolge der Unmöglichkeit, dass sie sich der mit Teleskopie und biotechnischen Mitteln ausgestatteten Menschenart nicht über eine schützende Grenze entziehen können, wo sie weiter unentdeckt, das heisst gleichsam «bildlos», leben könnten. Der Wegfall des endogenen Schutzes ist ein grenzvernichtender Wegfall jener Unverfügbarkeit, der wir schon oben, als wir uns unter den Astronomen mit ihren Fernrohren aufhielten, begegnet sind. Was dem Menschen dort unerträglich erschien, raubt nunmehr den Tieren – den Wildtieren ebenso wie den in Massen gehaltenen Haustieren – den Lebenssinn. Aus den Städten vertrieben oder darin domestiziert, werden sie beobachtet, abgebildet, durchleuchtet, vermessen und nochmals verdrängt, sie erliegen der hochtechnoiden Jagd nach maximalem Nutzen, was mit der Beseitigung all dessen, was diesem Nutzen nicht dient, einhergeht. Doch erst aus dem Schutz und der Möglichkeit des Rückzugs kann Vielfalt erwachsen und sich Empathievermögen ausbilden. In Kinderzeichnungen (Abb. 73) wird diese Empathie aus der Mischung von hellem Faszinosum und furchtsamem Respekt sicht-

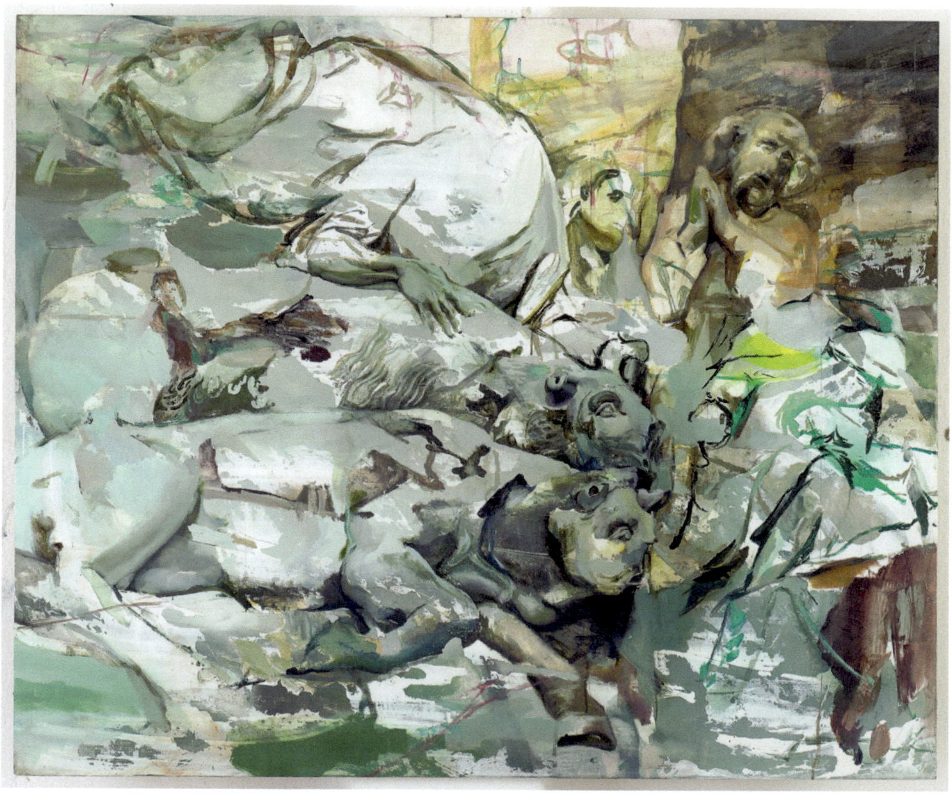

72 Detailansicht aus Neta Harari Navon, *Judgement Day,* 2021; The Israel Museum, Jerusalem.

und spürbar – jener Kindertraum, selber das Bild zu betreten, darin in die Landschaft zu entschwinden, den Urwald zu erkunden, mit den Tieren zu sprechen, um wiederum heil und verwandelt aus dem Bild heimzukehren. Indessen aber werden mit den Experimenten in Laboren der Erwachsenen die Grenzen nochmals und gar permanent verschoben, wenn die erfolgreiche Herstellung von Embryohybriden der Weltöffentlichkeit mitgeteilt wird. Die Ausgeburten der literarischen Phantasie aus den alten Mythen werden abgelöst von den Realitäten der menschlichen Labore, um mit der – aus dem altgriechischen Götterhimmel literarisch berichteten – Technik der Chimärenfabrikation nunmehr die Schaffung eines Nachschubs von Stammzellen, die sich für Forschung und Therapie verwenden lassen, zu gewährleisten.

Aber der Homo sapiens ist nicht erhaben über die Natur. Er erheischt zwar, aus natürlichen Peperoni eine patentierte Pflanze zu machen.[586] Doch er ist nicht der Herr der Gezeiten und Grenzen, und seine Lebenszeit ist nicht per se verlängerbar. Vielmehr ist er mitten in der Biosphäre und aus ihr bestehend. Wir sind, wie die Tiere und Pflanzen, selbst durchzogen von den Wechselwirkungen organischer und mineralischer Art: Die Bakterien und Viren erschaffen uns, sie beleben uns, und sie zerstören uns. Sie sind in der Geschichte unserer Erde engstens mit dem Sauerstoff verbunden, der wie im Gemälde von Neta Harari Navon das aus Wasser, Staub und

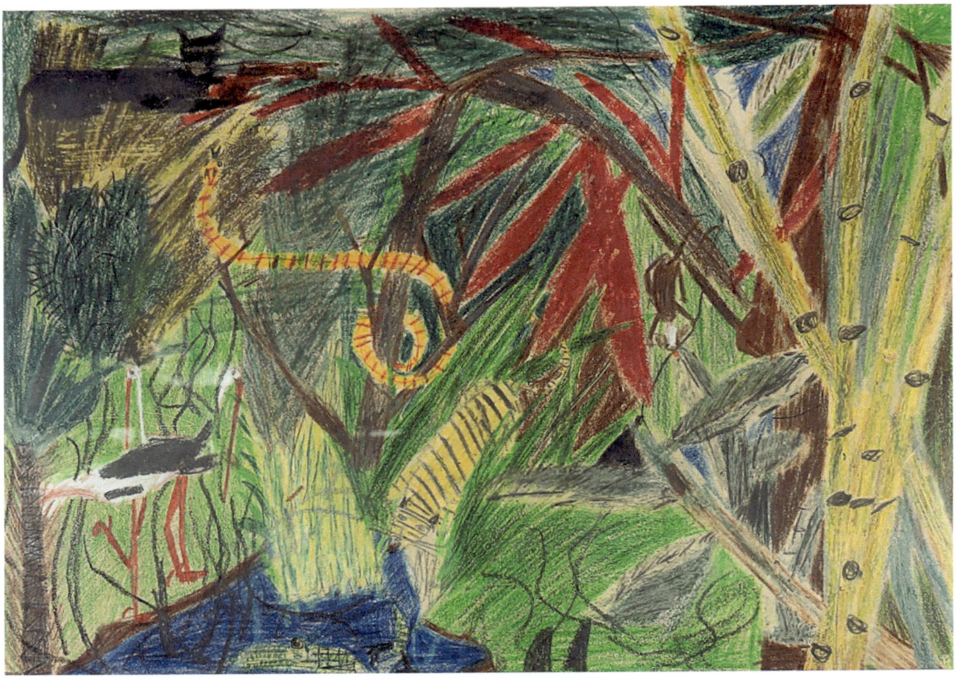

73 *Urwald mit Tieren,* Kinderzeichnung des Autors, um 1960, Ölkreide auf Papier, 30 × 40 cm; Privatbesitz Rachel Picard.

Schlick entstehende Leben ermöglicht. Jeder ausgehustete Schleim in einem Nastuch oder unter einem Mikroskop bringt das zu Bewusstsein.[587] So kommen wir hier, zum Schluss des zweiten Buchteils, nochmals auf die Tierwelten zu sprechen, die auch bei Harari Navon oder bei den Mosaikböden von Herakleia Lynkestis Teil eines dargestellten Geschehens sind. Uns stellt sich hier eine spezifische Frage: Die Vermutung, dass aller Anfang der Kunst im Bedürfnis gelegen haben könnte, die Tiere in gemalten Fresken abzubilden, um sich ihrer zu bemächtigen und nicht von ihnen bemächtigt zu werden. Nicht immer war der Mensch der Jäger der Tiere, vielmehr wurde er in frühesten Zeiten auch von ihnen gejagt oder zumindest verletzt. Dabei war der Wolf, der viel später zum Hund wurde, vor dem Menschen, der in frühesten Zeiten seiner Geschichte noch herumzog, sesshaft. Dass die Menschen sich vor den Tieren fürchteten, wie sie ebenso die Tiere verehrten, soll nachfolgend an einer Spezies, die als kulturelles Symbol fassbar wird, besprochen werden: der Schlange. Ihr Biss konnte und kann tödlich sein.

Wen die Schlange beisst. Aby Warburg und das Ikonopathos des Paganen

1921 hielt Aby Warburg, dieser merkwürdige Begründer einer Symboltheorie und Bildwissenschaft, im schweizerischen Kreuzlingen einen Vortrag, dem er den Titel *Das Schlangenritual* gab. Warburg wies in Kreuzlingen, wo er von seiner Reise zu den Hopi im Südwesten der Vereinigten Staaten im Jahr 1896 berichtete, auf die tiefsitzende, urtümliche Furcht hin, welche die Schlange, dieses «unheimlichste Tier», beim Menschen – ob real oder imaginär – auslösen kann und deswegen nach einem Bildgedanken verlangt. Warburg erachtete grundlegend Bilder, Rituale und Symbole als gewiss schwierige, aber nötige Denkmittel, um der «phobischen» Qualität der Schlange beizukommen und die Angst schlechthin zu bewältigen. Und so stellte in seinem Reisebericht über Oraibi in New Mexico das Schlangenritual der Hopi wie ebenso das Schlangensymbol in der europäischen Bildkunst ein Heilmittel dar, um die Angst vor dem Biss des Bösen und der Vernichtung durch Blitze und Donnergrauen zu bannen. Warburgs erst viel später publizierter Vortrag gibt uns hier, wenn wir nochmals auf die Tierwelten zurückkommen, Gelegenheit, uns der Schlange, als Symbol wie als Realität, mittels der Betrachtung von Bildern und Ritualen anzunähern.[588] Dabei wird auch das hinter dem Kreuzlinger Vortrag stehende Psychodrama seines Verfassers im Kontext des Ersten Weltkrieges thematisiert.

Doch nun zum Motiv der Schlange: Lange nach Warburg ergaben Befragungen von Stammesangehörigen der Hopi und der Navajo um 1960, dass die Schlange in den meisten ihrer Träume eine Rolle spielte und darin Furcht und Schrecken, aber auch Schutz und Heilung verkörpert. Ihr Biss wird als ambivalent verstanden: Die mythische Wasserschlange Palulukon, die das Innere der Erde und die Wasserläufe beherrscht, tritt als strafende Instanz bei Fehlverhalten, sexuellen Übertretungen, Erdbeben und anderen Naturkalamitäten auf, wird aber gleichzeitig in den Gebeten angerufen, sich zu offenbaren und hervorzutreten, um in ihrer dunklen Grösse dargestellt werden zu können und so als Schutzgeist ihre Fürsorge für die Menschen zu gewähren und ihre Heilkraft wirken zu lassen.[589] Was diese «Polarität», die er in Oraibi entdeckte, für Warburg bedeutete, zeigte sich ihm im Falle der Schlange als doppelter Ausdruck tödlicher Gefahr und als «natürlichstes Symbol der Unsterblichkeit und der Wiedergeburt aus Krankheit und Tod». Die Schlange wird als ein Symbol des «Als-ob» anschaulich, im Tanz und den Masken, die das Schlangenritual repräsentieren. Denn wo «ratloses Menschenleid nach Erlösung sucht, ist die Schlange als erklärende bildhafte Ursache in der Nähe zu finden».[590]

Warburg hat das Ritual, die Schlangen-Gabelbock-Zeremonie, die jährlich alternierend mit dem Flötenritual durchgeführt wird, selbst nicht beobachten können. Er sah aber die Kachinas, jene Maskentänze, die Geistwesen repräsentieren und dem Schutz und Wohlergehen dienen können (Abb. 75), und er hörte noch die Hopi-Sprache, die zur uto-aztekischen Sprachlandschaft gehört[591], aber nach der spanischen Herrschaft schon bald von der englischen Spracherziehung überschichtet wurde. Besonders tief in ein angemessenes Verständnis der Hopi-Kultur konnte Warburg also nie gelangt sein. Von der märchenhaften Flucht des gefiederten Schlangenkönigs der Azteken, Quetzalcoatl, der auf seinem Weg nach Tlapállan zahlreiche Zeichen und Ortsnamen hinterlassen haben soll, ist nicht die Rede; auch nicht davon, dass diese Geschichte mit der Selbstopferung Quetzalcoatls auf einem Scheiterhaufen endet oder dann mit dessen rettender Meerfahrt auf einem aus Schlangen bestehenden Floß.[592]

Bemerkenswert: Der Tod und die Verwandlung des Heros und seine Erlösung in einer anderen Welt ist auch in die kleinen alltäglichen Geschichten der Pueblo-Indianer eingegangen. Frank Waters, der drei Jahre unter den Hopi lebte, und seine Gewährsleute, Übersetzer und Mitautoren, Frederik und Naomi Kacha Hónaw (White Bear), ein Hopi-Paar, haben weit später, in den 1960er Jahren, die mündlichen Überlieferung von Hopi-Ältesten und auch ihre eigenen

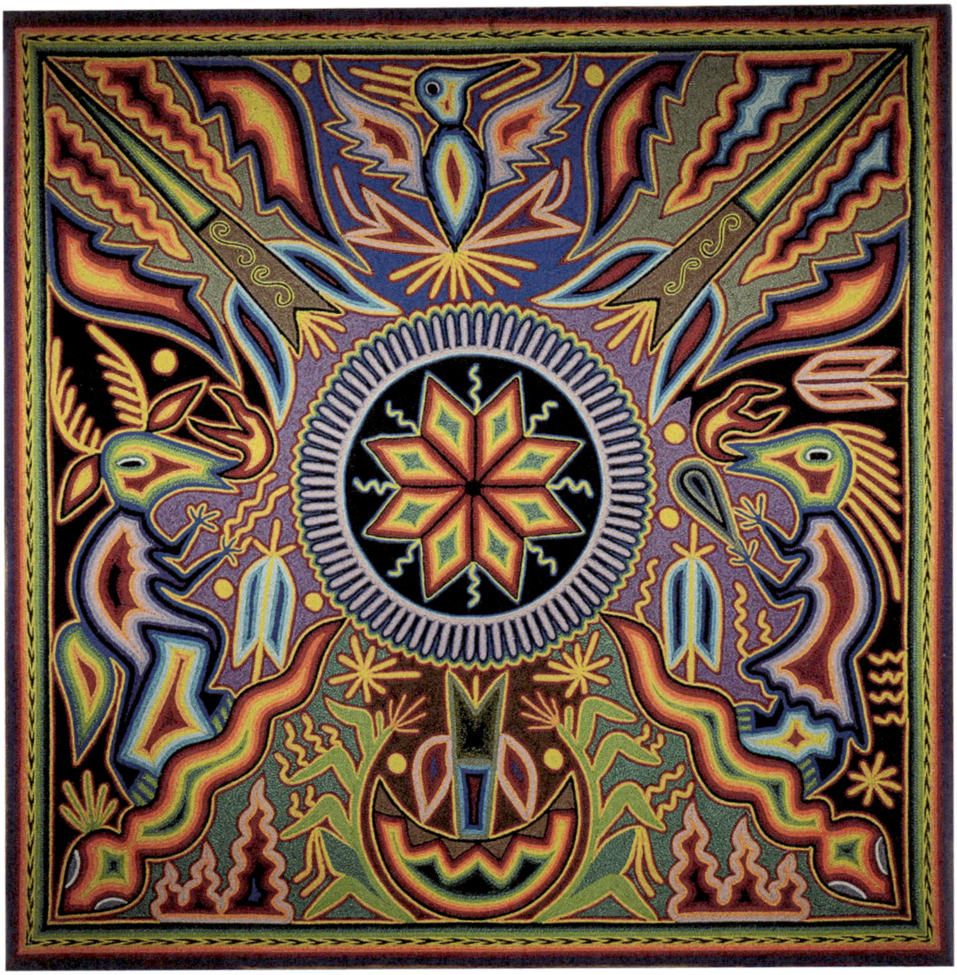

74 Hujcholes (Kollektivarbeit), *Stern, Vogel, Gabelbock und Schlange,* um 1980, gefärbter Filz auf Holz, 60 × 60 cm; Privatbesitz.

Beobachtungen festgehalten. Sie kreisen um die den Hopi vertrauten Geistwesen, um die Arbeit, Spiele, Kämpfe und das Alltagsleben sowie Geschlechterverhältnisse, dann die Jahreszyklen, Schöpfungsmythen, Legenden und Riten, den Zauber gegen das Böse und Krankheiten und das Zusammenleben mit den Tieren. Das Schlangenritual ist nur ein kleiner Teil einer weit längeren Zeremonie des Jahreskreises, der mit unterschiedlichen Tänzen, Clanhandlungen und Ritualen beginnt und sich mit der Flötenzeremonie im Jahr danach fortsetzt, die mit dem Schlangenritual verknüpft ist. Die Verbindung von Schlange und Gabelbock, der äusserlich dem Hirsch ähnelt, steht für die Vermehrung des Lebens, die Bitte um Regen und das Schöpferische allgemein, das im Symbol einer mystischen Hochzeit von den Clans gefeiert wird. Dass das Schlangenritual weitherum bekannt wurde, geht auf den Umstand zurück, dass einige der

Tänzer mit Schlangen im Mund auf frühen Fotografien zu sehen sind, was in der amerikanischen Öffentlichkeit Aufsehen erregte.[593]

Die Beschreibungen im Buch von Waters und White Bear korrigieren diesen verbreiteten, einseitigen Eindruck, den auch Warburg erwähnt. Ihr Informant wird in *The Book of Hopi* hinsichtlich des einem Gast nicht zugänglichen Rituals zitiert, das in einer Kiva, einem abgeschlossenen Raum, abgehalten wird, in welchem die Mitglieder des Schlangenclans im Kreis sitzen. In deren Mitte kriechen die Schlangen aus den Körben, in denen sie eingefangen wurden:

> «Die Männer rührten sich nicht, sondern sangen nur mit freundlichem Gesichtsausdruck. Die Schlangen begannen sich im Sand zu wälzen und nahmen ihr Bad. Dann kroch eine grosse, gelbe Klapperschlange auf einen alten Mann zu, der mit geschlossenen Augen sang, kroch über seine gekreuzten Beine, rollte sich vor seinem Lendenschurz zusammen und schlief ein. Es dauerte nicht lange, da krochen noch fünf oder sechs Schlangen über den Leib, erhoben ihre Köpfe, um auf sein geschlossenes Auge und sein friedvolles Gesicht zu blicken und legten sich dann schlafen».[594]

Gabelbock und Schlange sind bei allen Stämmen, die dem uto-aztekische Sprach- und Kulturraum zugehören, zentrale Symbole. Dieser Sprach- und Kulturraum zieht sich entlang der Hochebene vom amerikanischen Südwesten bis in die mexikanische Sierra. Heute ist deren Geschichte und Kultur, insbesondere der Hopi, bekannt und nicht wenig erforscht. Wie die Hopi sind auch die Huicholes (*Wirráitari* in der Selbstbezeichnung) bekannt geworden, weil ihr Kunstschaffen inzwischen im Kunstmarkt einen eigenen Rang erworben hat und von Museen und Privatsammlern berücksichtigt wird. So erörtert eine handschriftliche Erklärung des Künstlers auf einem dieser Werke (Abb. 74) die Denkfiguren in dieser Arbeit: «Die Schamanen werden vom Stern des heiligen Vogels angeleitet, so dass die Vipern den Schamanen zuhören müssen und dabei hinters Licht geführt werden, wenn die Schamanen ihnen mit Hilfe der Federn die Macht zeigen, die die Sterne haben, um [durch das Ritual] zu helfen, und so werden auch die *milpas* zusammenkommen, um Korn zu geben und mit der Kraft der Federn werden sie auch den Vipern Opfer darbringen, um den Schamanen nicht zu schaden».[595] Mit den «milpas» ist mehr gemeint als das Kornfeld oder das landwirtschaftliche System; in der Auffassung der Huicholes oder Hopis ist «die Herstellung der Milpa der zentrale, heiligste Akt, der die Familie, die Gemeinschaft und das Universum zusammenhält»[596], das heisst die zentrale Institution der indianischen Gesellschaft, in der religiöse und soziale Bedeutungen mit den wirtschaftlichen und medizinischen Bedeutungen der Nahrung zusammengehen. Mit anderen Worten, die Milpa aufzugeben oder sich nicht an sie zu erinnern, hiesse, die landwirtschaftlichen Wurzeln des Lebens aufzugeben, denn Überlieferung, Tradition und Religion, wie sie im Schlangenritual zum Ausdruck kommen, sind eng mit dem Überleben dank der Fruchtbarkeit des Landes verknüpft.

Dass die Hochebene, das heisst die geographische Lage des uto-aztekischen Sprach- und Kulturraumes, noch länger einen gewissen Schutz geboten hat, ist seit Ende des 19. Jahrhunderts immer weniger kenntlich. Die autobiografischen Aufzeichnungen des Hopi Don Talayesva zeugen von dem bitteren Unmut, den die Indianer erlitten. Er hielt dem mennonitischen Missionar Henry R. Voth, der die indianische Sprache beherrschte und zwischen 1893 und 1902 die verschiede-

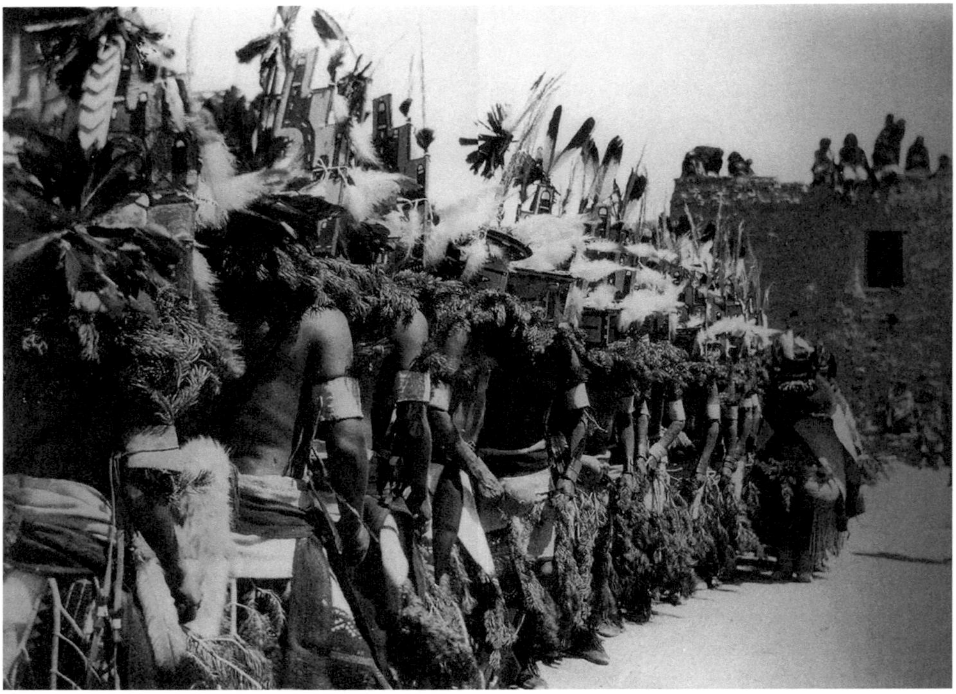

75 Aby Warburg, *Katchina-Tänzer in Oraibi,* Fotografie 1895; Aby Warburg Institute, London.

nen Hopi-Fraktionen gegeneinander ausspielte, bezeichnenderweise das zweite biblische Gebot als Spiegel vor:

> «Als ich hörte, dass er [Voth] im Haus meiner Mutter war, ging ich hin und sagte ihm, er solle verschwinden. Ich sagte: Du hast die Gebote deines eigenen Gottes gebrochen. Er hat dir befohlen, niemals zu stehlen und keine anderen Götter neben ihm zu haben. Er hat dir gesagt, dass du alle Götterbilder meiden sollst, aber du hast unsere gestohlen und sie in deinem Museum aufgehängt. Das macht dich zu einem Dieb und Götzendiener, der niemals in den Himmel kommen kann ...»[597]

Bereits lange zuvor hatte die Zerstörung der Sprachen und Kulturen der Indianer eingesetzt. Dies und deren Folgen haben seit den 1970er Jahren zu einem politischen Aktivismus geführt, um sich gegen die weitere Ausbeutung der nativen Siedlungsräume zu wehren, die in der Vergangenheit teilweise zerstört wurden und deren Kulturgüter wenn nicht geraubt, so zumindest in den Augen der Betroffenen missbräuchlich erworben wurden. Warburg stand, als er 1895 in den Südwesten reiste, der genozidale Charakter der Zerstörung indianischer Lebensweise und der Raub ihrer Kulturgüter nicht vor Augen.[598] Jedenfalls verfehlte er es, davon zu berichten, zumal er mit Voth ausführliche Gespräche geführt hatte und über ihn festhielt, er habe das Vertrauen der Indianer erworben, sie studiert, ihre Güter gekauft und ein dickes Geschäft daraus gemacht.[599] Das gilt auch von den Kachina-Masken der Hopi, die bereits zur Zeit, als Warburg in New Mexico war, von Händlern angeeignet und verkauft wurden; von ihnen erwarb er selber einige, liess sie nach Hamburg verschiffen und gab sie dort eilig an das Völkermuseum weiter.

Auch ging ihm während seines kurzen Aufenthaltes ab, die Hopi-Kultur so zu sehen, wie sie von den Hopi selbst verstanden wurde, was nicht für eine anthropologische Sichtweise spricht. Doch war ihm das zeitgeschichtliche Unheil klar, wenn er schreibt, dass dem heutigen Amerikaner die Klapperschlange keine Furcht mehr erregt: «Sie wird getötet, jedenfalls nicht göttlich verehrt. Was ihr entgegengesetzt wird, ist Ausrottung». Und der im Kupferdraht eingefangene Schlangenblitz, die Elektrizität, erzeuge eine Kultur, in der das heidnische Alte und sein Kosmos zerstört wird. Das mythische und symbolische Denken habe zwischen dem Menschen und der Umwelt den «Andachtsraum» geschaffen, den nun die «elektrische Augenblicksverknüpfung mordet».[600] Doch Warburg war kein Konservativer, der auf seine Klage romantische Nostalgie hätte folgen lassen, viel eher ein oft naiver Beobachter, dem es aber fern lag, sich selber als Romantiker zu sehen. Er unternahm seine Reise auch nicht zu einer Zeit, als die Romantisierung der Indianer späterhin in der weissen Mehrheitsbevölkerung stärker zu greifen begann, um den Genozid an den Ureinwohnern vergessen zu machen und das Geschehene zu verdrängen. Ob ihm bewusst war, dass sich amerikanische Juden mit der indianischen Opfersituation und Lebensweise zu identifizieren begannen, um die eigene Anfeindung als europäische Juden in den USA zum Ausdruck zu bringen oder sich in eine wehrhafte Haltung einzuüben, ist nicht feststellbar, auch wenn Warburg den um sich greifenden Antisemitismus wahrnahm. Kaum Kenntnis hatte er von den Reisen von Shmuel Dayksel, einem 1886 im moldawischen Kishinev geborenen jiddischen Einwanderer, der seine Reiseerfahrungen in einer Mischung aus autobiografischen Reminiszenzen, Kurzerzählungen und ethnographischen Aufzeichnungen in den 1920er Jahren verbreitete und dabei etliches Material auch von den Hopi bezog. Dass zudem der seit dem 16. Jahrhundert in neuzeitlicher Auflage kursierende biblische Mythos, die «Indianer» seien die Nachkommen der verlorenen Stämme Israels, da und dort auch noch um 1900 herumgereicht wurde, hat Warburg ebenfalls nicht beschäftigt.[601]

Was Warburg letztlich deutlich sah und worauf es hier historiographisch ankommt, ist der nicht aufzuhaltende Wandel, jene «Elektrizität», der die Hopi ebenso wie die Juden in ihren Welten und den Erzählungen über ihre Welten ergriff und sie andererseits wie verloren in der schönen neuen Welt namens Amerika erscheinen liess. In dieser von Elektrizität und Motoren getrieben Zeit, dem Tod aller Götter, wie es Nietzsche ausdrückte, bricht die überlieferte Welt der Symbole und Mythen zusammen, wie sie in facettenreicher Gestalt in den Heldengeschichten und Kunstwerken der unterschiedlichsten Kulturen dieser Welt so lange erzählt und künstlerisch dargestellt worden ist. George Mosse hat dies Konstellation auf elegante Weise formuliert, wenn er auf den Kontext einer auch noch zunehmend von Rassismus kontaminierten Welt hinweist, die man als chaotisch empfinden konnte. Darin war für Aby Warburg wie viele weitere deutsche Juden «die Wissenschaft ein Mittel, um die Rationalität in einer zunehmend komplexen und irrationalen Welt aufrechtzuerhalten, ein Mittel, um die Kontrolle in einer Welt am Rande des Chaos zu behalten – um zu warnen, zu exorzieren, zu ermutigen, niemals losgelöst von den Herausforderungen der Zeit».[602] Niemals losgelöst von den Herausforderungen der

Zeit – dies heisst: Trotz seiner Ablehnung des modernen Amerikas vermochte Warburg nicht zu dokumentieren, was in der Pueblo-Kultur bedeutsam und entscheidend war, weder in Bezug auf die Tänze noch auf ihre Stätten noch auf die dort lebenden Menschen. Nicht allein, dass dazu sein Aufenthalt zu kurz und zu oberflächlich blieb, um wirklich in die Tiefen dieser Kultur eintauchen zu können. Vielmehr war der Abstand seiner eigenen Erfahrungen, die von den Bildern der europäischen Renaissance, von der Kunst Albertis, Botticellis oder Michelangelos geprägt war, zu der ihm nun schockartig begegnenden Kultur in New Mexico zu groß, um ihr die gebührende Aufmerksamkeit zu schenken. Allein, dass er die Bitte der Pueblo-Bewohner, nicht fotografiert zu werden, damit ihre Seele ihnen nicht verloren ginge, ignorierte, widersprach im tieferen Grund seiner eigenen Haltung, einer so unterschiedlichen Kultur wie in Oraibi wirklich Respekt entgegenzubringen.[603] Dieser blinde Fleck des kongenialen Forschers verweist uns Heutige auf die Grenzen, innerhalb derer er im Schoss der damaligen Zeit sich gedanklich zu bewegen vermochte. Dass er sich bewegte, spricht für ihn, trotz aller kritischen Einwände, die man einwerfen mag und muss, wenn man Warburg im historischen Kontext situiert und seine Lage nachzuvollziehen versucht.

Der unmittelbare Anlass, von Florenz aus nach New York zu reisen, war die Hochzeit von Warburgs Bruder Paul mit Nina Loeb gewesen, was zwei prominente deutsch-jüdische Bankhäuser in einer transatlantischen Allianz zueinander brachte.[604] Warburg empfand New York als ein einziges riesiges «Warenhaus», das ihn kaum beflügelte, vielmehr bedrückte und abstiess. Doch kam er gerade hier in Kontakt mit einer Reihe deutscher Juden in den USA, mit Franz Boas und Cyrus Adler, die sich beide für die indianische Denk- und Lebensweisen interessierten und ihn mit James Mooney bekanntmachten, der Warburg über das Schlangenritual der Hopi berichtete. Mit Mooney hatte Warburg einen Ethnologen vor sich, der die Religion und Rituale der Sioux in einen vergleichenden Zusammenhang mit jüdischen, christlichen und hinduistischen Mythen und Ritualen brachte.[605]

Ein solcher Ansatz bot, wie überhaupt die Anthropologie dieser Tage, einen Aus- oder Umweg, dem erstarrten Ritualismus bürgerlicher oder orthodoxer Konventionen – welcher Konfession auch immer – zu entfliehen oder sie in eine Wissenschaft der Kulturen zu transformieren. Diese Funktion hatte bereits die Wissenschaft des Judentums im Deutschland des 19. Jahrhunderts eingenommen, mit der die liberalen Juden gleichzeitig ihre eigene Selbstvergewisserung und Selbstbehauptung ausformulierten. Im europäischen Fin de Siècle und im amerikanischen Gilded Age war das Unbehagen am Formalismus in den Religionen und Wissenschaften stark gewachsen und sollte später eine Generation heranreifen lassen, welche kulturpolitisch dagegen rebellierte oder zumindest neue Kategorien und Konzepte formulierte. Die gegen alle biologistische Determinierung durchgesetzte akademische Etablierung der *Cultural Anthropology* durch Franz Boas, später dann die Begriffsprägung *Cultural Pluralism* durch Horace Kallen und seinen afroamerikanischen Mitstreiter Alain Locke sowie den Pazifisten Randolph Bourne nach 1918, die Kulturschriften wie *Totem und Tabu* (1913) und *Der Mann Moses* (1939) von Sigmund Freud, die rabbinische Reformulierung von *Judaism as a Civilization* (1934) aus universaler Ethik und kulturproduzierenden Folkways durch Mordechai Kaplan oder Lewis Mumfords Kritik an Megastädten und technokratischer Kultur (1925 von Bruno Cassirer in Deutschland verlegt) – sie alle können dahingehend gelesen werden, das Eigene im Licht des Fremden jenseits von festgefügten liturgischen Formeln oder Fortschritts- und Auserwählungsidealen zu verstehen.[606] Von Boas bis Kaplan wurde die Vorstellung eines tribalen Judentums oder einer rassenfundierten amerikanischen Kultur intellektuell transzendiert, sei es über den Umweg der wissenschaftlichen Erforschung der primitiven Kulturen in fernen Gefilden, sei es durch eine Rekonstruktion einer prozesshaften Theologie, die sich der Evolutionsgeschichte der naturwissenschaftlichen Kosmologie anthropozentrisch anschmiegte und sie psychologisch reflektierte. Für Warburg brachte der Aufenthalt in den USA zweifelsohne einen intellektuellen Schub in Richtung einer kulturrelativistischen Verständigung, die er vielleicht schockartig und chaotisch empfand, da er wie Boas der noch älteren, sich dem Liberalismus assimilierenden Generation angehörte. Als er mehr als zwanzig Jahre nach seiner Reise nach Oraibi im schweizerischen Kreuzlingen davon berichtete, waren inzwischen die faschistischen und antisemitischen Bewegungen auf beiden Seiten des Atlantiks deutlich im Aufwind.[607]

Die Ambivalenz von Chaos und Ordnung, von Schrecken und Erlösung, von Vernichtung und Heilung, von Todeskampf und Weiterleben – all dies steht jedenfalls im Zentrum von Warburgs Vortrag über das Schlangenritual der Hopi. Die beiden Möglichkeiten, die das Schlangensymbol repräsentiert, hat er zunächst in den zwei komplementären Figuren aus der europäischen Kulturgeschichte verkörpert gefunden: Einerseits in der Gestalt von Laokoon, dem heidnischen Priester, der der tödlichen Gewalt der Schlangen nicht Herr wird und zugrunde geht; andererseits bei Asklepios, dem antiken Gott, der das tödliche Gift als *pharmakon,* als Heilmittel den Menschen zuzuführen versteht. Sein Bilderatlas *Mnemosyne,* der damals im Entstehen war, zeigt die Marmorskulptur von Laokoon und seinen Söhnen aus dem ersten Jahrhundert und dazu etliche Bildversionen aus dem 15. bis 18. Jahrhundert und andererseits eine schematische Darstellung einer Kosmologie aus dem 2. Jahrhundert, in deren Mittelpunkt eine mächtige, heilkräftige Schlange steht.[608] Dass Warburg selber dieses heilende *pharmakon* benötigte, um in der Kreuzlinger Klinik sich von seiner Krankheit und psychischen Erschöpfung zu erholen, verdeutlicht, wie er die phobische Macht der Schlange dazu nutzte, seine eigenen Ängste vor dem Leben mit einem Vortrag zu bannen und sich selber zu therapieren. Freilich waren für Warburg die Spannungen zwischen rationalen und irrationalen Kräften nicht aufzuheben. Ungleich zu Ernst Cassirer, der in seiner Betrachtung der Symbole «die Kantische Symboltheorie zu einer universalen Philosophie der Kultur erweitern wollte», hielt Warburg an seiner Erklärung fest, in den Symbolen den «menschlichen Ausdruckszwang aus der durch Sinneseindrücke hervorgerufenen Angst» zu erkennen.[609] Gift und Heil, als Metaphern gesellschaftlich antagonistischer Kräfte der Geschichte, auch in der Moderne und zumal nach dem Ersten Weltkrieg, waren nicht zu trennen, sie mussten beide verstanden werden, um Krisen und Krankheiten zu bannen. Sie blieben synchrone Doppelungen durch alle Epochen hinweg.

Dann aber stellt sich uns die Frage, warum Warburg in seinem Vortrag dermassen entschieden eine Verknüpfung der Kultur der Hopi mit jener der alten Hebräer vornahm. Unversehens verweist er an entscheidender Stelle auf die merkwürdige Situation in der Hebräischen Bibel (4 Moses 21,4–9), in welcher «Moses den Israeliten in der Wüste befohlen hatte, zum Schutz und zur Heilung vor Schlangenbissen eine eherne Schlange zur Verehrung zu errichten».[610] Diese Erzählepisode, die hier schon einmal zitiert wurde, gemahnt entfernt auch an den Priester Aaron, dessen Stab sich in eine Schlange verwandelt und mit dem Moses dem Pharao und seinen

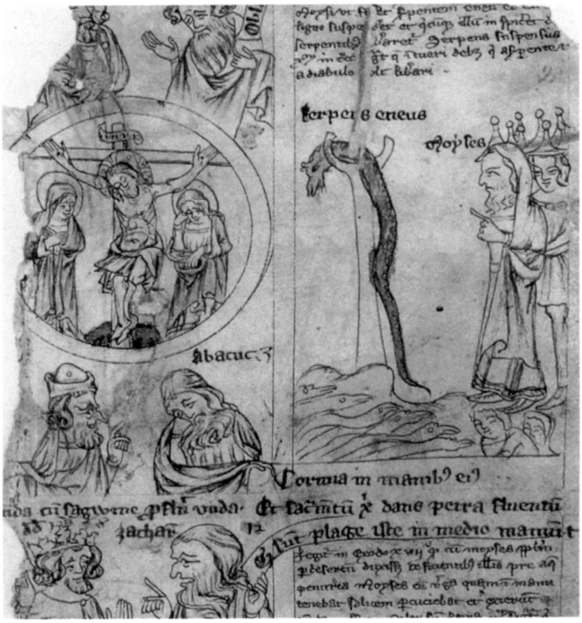

76 «Eherne Schlange und Kalvarienberg», aus *Speculum humanae salvationis,* 15. Jhdt.; British Library, London.

Magiern entgegentritt, auf dass sie deren Schlangen verschlinge (2 Moses 7,1–13). Die Erwähnung der mosaischen Errichtung des skulpturalen Schlangenidols in der Wüste verweist in Warburgs Lesart nicht nur auf das heidnische Umfeld an den Randbezirken einer monolateral sich entwickelnden Religion, vielmehr fungiert es literarisch betrachtet auch als Vorerzählung für dessen Zerstörung, als unter dem Einfluss des Propheten Jesaja die eherne Schlange des Moses als Herrschaftszeichen von König Hiskia beseitigt wurde (2 Könige 18,4) und in einer Abstellkammer verschwand. Im Evangelium des Johannes kann dann Jesus auf Moses hinweisen, um seine Exegese kundzutun, wonach der eherne Schlangenpfahl die Erhöhung zum ewigen Leben bedeute, wer nur an den Menschen Sohn glaube (Joh. 3,14–15). In der Apostelgeschichte ist es Paulus selber, der die Viper, die ihn gebissen hatte, ins Feuer schleuderte, ohne an ihrem Biss zu sterben (Apg. 28,1–6), so dass er in den Augen antiker und nachfahrender Zeitgenossen den nunmehr gefeiten Sendboten abgab. Dieser nachdrückliche und frühchristliche Symbolismus, den die Christen der Episode der ehernen Schlange bei Moses zuschrieben, erklärt fraglos die Beliebtheit des Motivs in den ikonografischen Darstellungen späterer Zeiten (Abb. 76). In den mittelalterlichen und neuzeitlichen Bildern wird die eherne Schlange bei Moses mit Szenen aus der Paradiesgeschichte, der Kreuzigung Christi oder der Rettung aus apokalyptischen Szenarien kombiniert. Moses und die Seinen traten darin gar mit den mittelalterlichen Judenhüten in Erscheinung.[611] In Gegensatz dazu erklärt dies vermutlich die Seltenheit ihrer Ikonographie in jüdischen Kreisen im Mittelalter und in der Neuzeit. Die rabbinischen Exegeten wiederum entwickelten verschiedene Interpretationen der ehernen Schlange, die sie zum Beispiel szenisch mit dem Kampf gegen die Amalekiter verbanden, wenn in der Wüste die Israeliten in der Hoffnung auf Rettung ihre Augen auf den Schlangenpfahl richteten. Zudem konnte das hebräische *nes* vielerlei bedeuten – Banner, Standarte, Signal, kurzum: es konnte Zeichen oder Symbol im weitesten Sinne sein, ohne als götzenhaft gelten zu müssen.[612]

Bemerkenswert unter allen diesen Deutungen ist die Mose-Stelle deshalb, weil sie verheisst, wer gebissen werde und dabei die Schlange *ansehe*, der aber würde leben. Gebissen werden, die Schlange ansehen, das Leben gewinnen – gerade diese Szene ist in der Kunst des Barock, des Rokoko, des Klassizismus und der Romantik mehrfach gemalt worden, zumeist mit Darstellungen der dramatischen Folgen eines tödlichen Schlangenbisses und dem wilden Heroismus des Heiligen und Anführers, der die Macht und Gelassenheit hat, den Schrecken zu beherrschen. Die Schlange verkörpert also den Bildgedanken von Macht und Magie einer Gottheit und der Furcht vor dieser Macht, und gleichzeitig steht sie für die Politik der Furchtlosigkeit und für die Gewissheit, auf dem rechten Heilsweg zu sein.[613] Nur am Rande sei hier vermerkt, dass in den Appalachen um 1900 in einem ruralen Zweig der christlichen Pfingstbewegung das «snake handling» populär wurde und es noch lange blieb. Mit Berufung auf neutestamentliche Stellen bei Markus und Lukas (Mk. 16,17–18; Lk. 10,19) galt dort nebst Zungenschlagen und Handauflegen das Hantieren mit Giftschlangen als heilsnotwendiges Zeichen. Diese Ritualpraxis zog Todesfälle von Gebissenen und entsprechende staatliche Verbote nach sich, die kaum eingehalten wurden, und sie hat bis heute Anthropologen, Psychologen und Pastoren nicht wenig beschäftigt, seitdem schon William James 1902 in einer psychologischen Studie die Religionspraxen seiner Zeit als pneumatisches Phänomen beschrieben hat.[614]

Doch zurück zu Moses und seinem Befehl, eine eherne Schlange als Symbol- und Kultstätte zu errichten. Diese Szene wirkt ja narrativ wie unberührt von der sinaitischen Offenbarung, aus der das entscheidende zweite Gebot und seine Bannung der Kultidole und Götzenfiguren spricht, um die es Warburg ging. Der Verweis auf die eherne Schlange, die Moses erst nach dem konstitutiven Ereignis am Sinai errichten lässt, offenbart ihm weit mehr die enorme Ambivalenz in dieser Disposition, die erst unter Hiskia zum Erliegen kam. Dass sich in der mittelalterlichen Theologie und darüber hinaus dann die eherne Schlange unbeirrt als legitime christliche Kultverehrung erhielt, obwohl sie ihm als höchst heidnisches Symbol erschien, belegte Warburg am Beispiel einer Klosterkirche, die sich im Bistumsterritorium des bereits zitierten Bischofs und Volkskundlers Caminada befand. In der örtlichen Klosterkirche Kreuzlingen, nahe des Sanatoriums Bellevue von Ludwig Binswanger, bei dem Warburg sich von seiner Erschöpfung erholte, «findet sich in der Decke der berühmten Ölbergkapelle, gerade über der Kreuzigung, die Anbetung dieses heidnischen Idols [der Schlange] mit einem Pathos, das dem der Laokoon-Gruppe nichts nachgibt».[615] Die eherne Schlange in diesem Deckengemälde von 1761 ist ihm ein Zeugnis dafür, dass der überwunden geglaubte, pagane Tierkult, der sich in der Moses- und dann Johannes- und Pauluserzählung in das biblische Narrativ hineinschlängelte, nunmehr ikonologisch in den Kunstwerken fassbar wird. Das religiöse Denken dokumentiere, wie Warburgs Freund Ernst Cassirer 1921 in einem Vortrag der Bibliothek Warburg festhielt, im Widerstreit von Vergeistigung und Inkarnation eben den «Versuch, sich vom bloss Bildhaften zu lösen, und die ständige Notwendigkeit, zu ihm zurückzukehren».[616] Warburg konnte diesem grundlegenden Paradoxon nicht entkommen: Auf der einen Seite stand die erkenntnistheoretische Suche nach der Irrationalität, die hinter so vielen Reaktionen auf Bilder lauerte; auf der anderen Seite lagen die Flucht und die irrationale Angst vor den Folgen, die sich aus diesen unheimlichen Bildern, ergaben. Athen und Alexandria, Oraibi und der Sinai waren die Ortsbezeichnungen dieses Dilemma.

Immerhin – Warburg waren diese symbolischen Orte der Hinweis dafür, dass in den ästhetischen Zeugnissen, die als Symbole stets ein Dokument der sozialen Vermittlung sind, eine Entwicklung abzulesen war, die historisch nicht notwendig in einer Richtung unterwegs ist, sondern auch stets umkehrbar sein oder unverkürzt koexistent bleiben kann. Fortschritt und Geschichte oder das, was man unter Evolution verstand und als linear wertete, war eben multivektoriell zu denken. Ob sich die figürlichen Formen in den kultischen, künstlerischen oder handwerklichen Darstellungen vom Einfachen zum Vielfachen verdichten oder ob sie sich vom Vielfachen zum Einfachen entwickeln, war kein Gradmesser für eine Evaluation der alten Kulturen nach Massstäben des modernen Lebens.[617] Dieses ethnologisch-anthropologische Verständnis der Kultur, das sich selbst zu reflektieren anstrengt, entsprang ganz und gar der Auffassung von Franz Boas, der Warburg den Anstoss zu seiner Reise in den amerikanischen Südwesten gegeben hatte. Die kurze Zeit, die er dort verbrachte, schlug sich nieder in einer deskriptiven Ethnologie, ohne dass man deswegen in Warburg einen Ethnologen sehen muss. Aus seiner Beschreibung sprechen sowohl sehr emotionale Beweggründe wie auch strengere methodische Maßstäbe, die er an sich und seine wissenschaftliche Tätigkeit legte – auch wenn er mehr Ähnlichkeiten zwischen Kulturen sehen wollte als Unterschiede und Unähnlichkeiten, die es vielleicht noch mehr verdient hätten, festgestellt zu werden. Jedenfalls aber hinterlässt Warburg den Eindruck, dass er sich in Oraibi vom ästhetischen Formalismus in der damaligen europäischen Kunstgeschichte löste, so wie er auch den rituellen Formalismus der Religionen stets zurückwies. Warburg, der Jude, der Deutsche und der Indianer, der er nicht war, aber als der er sich, zwischen dem Studium der Kunstgeschichte und dem Psychodrama des Ethnologen oszillierend, fühlte, verknüpfte fünfzehn Jahre später alle diese auf ihn einstürzenden Erfahrungen. In seinen Bericht über das *Schlangenritual* fließen die Tiersymbole aus Jerusalem, Athen, Rom und New Mexico ein, und das Land der Zuñi, Hopi und Navajo sollte so alsbald zu einem Traumstoff im Ikonopathos der europäischen Moderne werden.[618]

Was zu früher Stunde vorliegt, ist ein biografisches Zeugnis des kulturellen Relativismus. Die Schlange am Baum der Erkenntnis im Paradies prägte nicht nur den Gang der biblischen Schöpfungsordnung, sie gab nicht allein der von Augustinus geprägten Theologie das Bild der Angst vor satanischen Mächten vor. Vielmehr ist sie, wie Balaji Mundkur vermerkt, einer der ältesten Tierkulte überhaupt und stets mit Furcht und Angst schlechthin und gleichzeitig mit Schutz und Heilung verbunden.[619] Die doppelte pessimistische und optimistische Grundstruktur vermittelt auch das Gilgamesch-Epos: Die Schlange verschluckt das Kraut des Lebens, sie kann sich stets verjüngen, indem sie die Haut abstreift, der Mensch aber bleibt dem Tod verfallen. Auch für Eric Neumann, einen Protegé von C. G. Jung, stellte die Schlange, die sich selbst in den Schwanz beisst bzw. sich selber befruchtet, das universale Schöpfungssymbol schlechthin dar, indem Tod und Wiedergeburt gerade in der piktoralen Form der Schlange repräsentiert werden.[620] Nietzsche stellt sie als den klügsten Begleiter seines Helden Zarathustra im einsamen Gebirge dar.[621] In allen Zitierungen werden zudem stets die biologischen und klimatisch-geologischen Grundlagen von Mythen und Religionen kenntlich. Im Bericht Warburgs wird die Schlange mit der Furcht vor den Blitzen verknüpft, angesichts der meteorologischen Lage im Hochland um Oraibi ein nachvollziehbarer Umstand, weil dort massive Gewitter auftreten können. Ornamental gestaltete Böden aus Kivas der Pueblo-Indianer zeigen die aus dem Himmel fahrenden Schlangen als Blitze, die in die Pueblos einschlagen.[622]

Vor allem erkannte Warburg, dass die antiken Mythen, die jeweils unter dem seltsamen Begriff Abendland[623] summiert werden, und die Mythen und Rituale der nordamerikanischen Ureinwohner als gleichwertige Zeugnisse der Kultur zu betrachten seien. In Warburgs Wahrnehmung war die Hopi-Kultur nicht Ausdruck des Primitiven, vielmehr oszillierte sie wie die antiken Kulturen und auch alle ihre späteren Renaissancen zwischen irrationalen und rationalen Polen, die man vorurteilsbehaftet oder vorschnell «primitiv» und «zivilisiert» oder «pagan» und «modern» nennen mochte. Von einer hierarchischen Überordnung der europäisch rezipierten Antike gegenüber den «Primitiven» konnte aus der Sicht der Theorie der Symbole und des Bildgedächtnisses keine Rede sein. Warburg, der liberale Jude und in die Ethnologie Entkommene, empfand etwa den orthodoxen Ritualismus innerhalb des Judentums und innerhalb des Christentums und ihre jeweiligen Opferauffassungen als primitiv und abergläubig, wenn nicht gar pagan. Jede solche heidnische Praxis war ihm zugleich ein frühes geschichtliches Phänomen, das in unterschiedlichen Epochen bis hin zur Moderne wiederkehren konnte, auch wenn man es als überwunden glaubte. Das macht die folgende Episode klar: Als am 11. Februar 1929 Benito Mussolini und der damalige Kardinalstaatssekretär Pietro Gasparri das den Status von Rom betreffende Konkordat, die so genannten Lateranverträge, unterzeichneten, war Warburg in der «Ewigen Stadt» zugegen. Er nahm an den Feierlichkeiten beobachtend teil. Und er kommentierte dies mit den Worten, wie Arnaldo Momigliano berichtet, er habe damit die einmalige Gelegenheit erhalten, der «Paganisierung Roms» beizuwohnen.[624]

Doch nochmals zurück nach Oraibi: In den sehr alten Kulturen der Indianer erkannte Warburg eine Zivilisation, die ihm für diese stets wiederkehrenden synchronen Doppelungen – Warburg spricht von «Nebeneinander» – das Modell lieferte, um sich selbst vom falschen westlichen Glauben des unbedingten, linearen Fortschritts zu emanzipieren. In gewisser Weise ist Warburg darin ein Geistesverwandter von Michel de Montaigne, der die Ureinwohner Brasiliens, mit denen er in Bordeaux Gespräche führte, um ihre Bräuche zu erfahren, als nicht grausamer wahrnahm als die Praxen der katholischen Inquisition seiner Tage im 16. Jahrhundert. Die religiösen Bräuche Europas waren ihm, dem scharfen Beobachter und bedachten Kritiker, der in Bordeaux als einer später durch Sklavenhandel bald reich werdenden Stadt als Bürgermeister amtete, mindestens so primitiv vorgekommen wie die Riten und Gewohnheiten der so genannten Wilden.[625] Und alles, was sich dazu als «religiös» überlegen oder «gläubig» aus höherer Wahrheit ausgab, war im tieferen Grund nur eine Handreichung aus dem rituellen Repertoire menschlicher Verhaltensweisen, um Macht zu erhalten oder sie zu gewinnen.

Warburgs eigentliches Interesse galt nachvollziehbar dem Einfluss der antiken bzw. alten Kulturen, wo auch immer sie zu finden waren, auf das Bildgedächtnis und die Bildersprachen, die er einst in Florenz und Hamburg zu studieren anfing. Darum musste gelten: Jede rationale Symbolpraxis war dann ihr Studium wert, wenn sich damit die notwendige Distanz zwischen der menschlichen Imaginierung und der sozialen Benennung des Heiligen herstellen und die

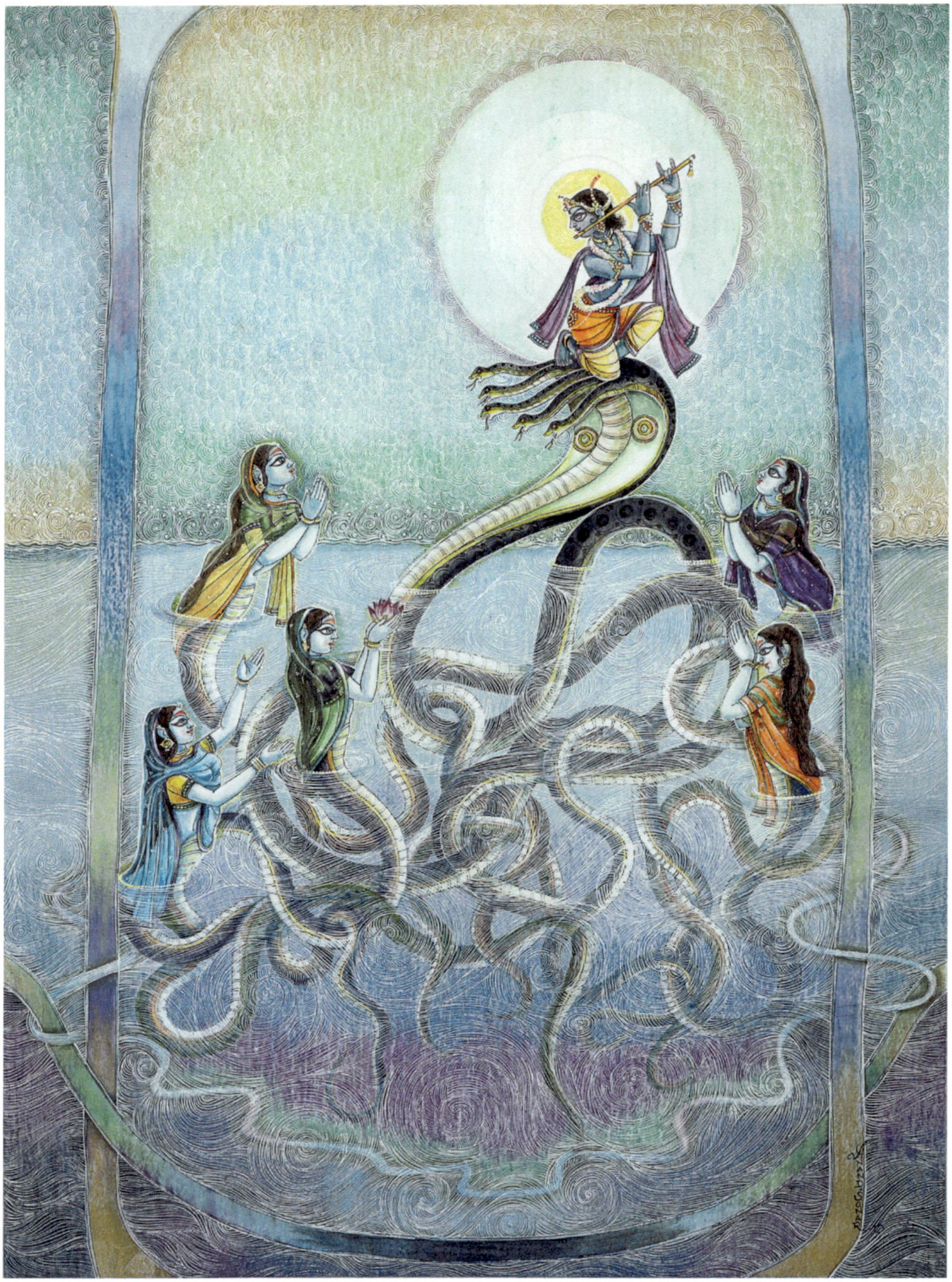

77 Anand Sonar: *Krishna Sheshashayi,* Manifestation des Vishnu, 2023, Wasserfarben auf Papier, 56 × 76 cm; Privatbesitz des Autors.

Wechselwirkungen darin untersuchen liess. Hätte Warburg seine Reise nicht zu den von den Europäern so bezeichneten «Indianern», sondern nach Indien unternommen, das damals noch unter britischer Herrschaft stand, wäre ihm die in Oraibi erwachsene Einsicht in die Synchronien, wonach das primitive und das moderne Leben gleichermaßen in paganen wie orthodoxen Religionskulturen oszillieren konnten, zweifelsohne bestärkt worden. Es wäre ihm wohl als weiterer Beweis dieser nicht nur ihn beunruhigenden kulturgeschichtlichen Tatsache erschienen. Werfen wir deswegen einen Blick auf den indischen Subkontinent, der damals unter britischer Kolonialherrschaft stand, als wäre Warburg selber dort gewesen.

Hier wäre ihm zweifelsohne das Schlangenmotiv in der hinduistischen Religionskultur aufgefallen. Schon ein Besuch im Prince of Wales-Museum *(Chhatrapati Shivaji Maharaj Vastu Sangrahalaya,* 1905 gegründet, 1922 eröffnet) in Bombay hätte ihm diesen Eindruck beim Studium der zahlreichen dort ausgestellten Bilder und Skulpturen hinterlassen. Die Triade von Schöpfung, Erhaltung und Zerstörung wird von den Gottheiten Brahman, Vishnu und Shiva repräsentiert. Diese Triade ist auch immer wieder synkretisiert worden, um Rivalitäten zwischen den Gottheiten bzw. ihren Verehrern zu dämmen und zugunsten eines monolateralen Inklusivismus zu befördern. [626] In Bilddarstellungen der Triade-Erzählungen wird die Kraft der Schlange immer wieder hervorgehoben. Ihre Macht erscheint durch die Figur des flötenspielenden Krishna als einer der Manifestationen des Vishnu-Prinzips gezähmt und kontrolliert. In der indischen Kultur ist Krishna eine populäre Erscheinung. Als Sheshashayi wird dieser Bezwinger der Schlangenkräfte, die als weibliche Manifestationen dem Ozean entsteigen und durch Musik in Balance gehalten werden müssen, in einer zeitgenössischen Darstellung des traditionell orientierten Künstlers Anand Sonar gezeigt (Abb. 77). Dass Krishna durch sein Flötenspiel vor dem tödlichen Biss bewahrt wird, ohne der Schlange ihre lebensspendende Energie zu rauben, weist ihn dem Maler als besondere Figur aus, die er in seinem Bild mit einer Gloriole, mit der Aura des Heiligen, ausgestattet hat. So wird in solchen Bildern die kosmische Ordnung als Sakralpotenzial von Schlangenbiss und Heilkraft symbolisiert, um das erhaltende Gleichgewicht zwischen Schöpfung und Zerstörung narrativ zu veranschaulichen.

All dies wäre Warburg von weiterer Beweiskraft für die weltläufige These gewesen, dass im Symbol der Schlange – und nicht allein darin – ungezählte und unterschiedliche Kulturen sich ihrer Imaginationen, was die Bestimmung des Menschen ausmachen kann, vergewissert haben. Dass das forschende Auge sich vor allzu voreiligen Bewertungen dieser Kulturen hüten und sich stattdessen den beunruhigenden Fragen nach den gleichzeitig rationalen und irrationalen Momenten in allen Epochen der Religions- und Kulturgeschichte stellen soll, darf als der Kern von Warburgs Bilderbetrachtungen verstanden werden. Wen die Schlange beisst und wen nicht, war darin eine stets offene Frage.

Zwanzigste Leinwand: Ein erdichteter Himmel in der Gemeinschaft einer Höhle

Vielleicht ist es tröstlich, wenn wir unseren Bericht mit einem Besuch in einer fernen Vergangenheit abschliessen: in den Bilderhöhlen von Altamira und des Monte Castillo, im nördlichen Spanien, in Kantabrien (Abb. 78). Die dort entdeckten paläolithischen Felsmalereien entstanden vor mehr als 35'000 Jahren. Die Grundfläche eines Höhlensaales kann so gross wie eine Sporthalle sein, doch stellenweise so niedrig, dass man hineinkriechen muss. Das «Deckengemälde» zeigt eine Hügellandschaft von oben, mit Bisons, Pferden, Ebern und Hirschen. Auch die Sonnengottheit, jenes weitverbreitete uralte Vorbild für die viel späteren Vorstellungen des einen und einzigen Gottes unserer Zeitrechnung, ist präsent, ebenso Augengöttinnen, die überall in Europa und Nordafrika anzutreffen waren, wenn sie vom Himmel herab das Tun der Irdischen zu beobachten scheinen.[627] Pablo Picasso soll, so wird dem Besucher von Ortskundigen kolportiert, über die Gemälde gesagt haben, alle Kunst seither sei ein Abstieg gewesen. Ein Abstieg, aber wohin und von wo? Und worin besteht dann die Ankunft dessen, was wir heute «Kultur» nennen? Es dürfte eine Vielzahl von Kräften, Umständen und Zufällen gewesen sein, die erst das Bewusstseins von Kultur hervorgebracht haben – als einem epigenetischen Komplex, der von Klima, Migration, Werkerfahrungen und vielem mehr gekennzeichnet war.[628] Die Picasso zugeschriebene Aussage geht aber zumindest in dieselbe Richtung wie die Überzeugung, zu der Aby Warburg aufgrund seiner Reisen nach New Mexico kam, nämlich dass der «archaische» Mensch über fundamentale Qualitäten verfügte, die in der so genannten «Hochkultur» als ästhetische Eigenschaften verstanden werden.[629] Die Künstler in den paläolithischen Höhlen malten jedenfalls nicht, was sie unmittelbar vor Augen sahen, die dargestellten Tiere entstammen vielmehr ihren Erinnerungen, imaginiert als ein Draussen in der Natur und unter einem Himmelszelt, das in ihrem Innern sich gedanklich als räumliches Erleben bewahrte, so wie sie es mit ihren Augen beobachtet und sich schließlich weitererzählt hatten. Offenkundig wurden in diesen Erzählungen die Tiere zu dem, was sie in der rauen Wirklichkeit waren – die Lehrer der Menschen. Ihre Nachahmung kondensierte sich zu Darstellungen in Höhlen oder auch in Totems, in denen Tier und Mensch als Identifikationen figürlich oder skulptural Gestalt annahmen.

Doch stellt sich uns Heutigen auch die Frage, warum diese Bilder in dunklen Höhlen ohne Tageslicht vorkommen. Wurden sie dort verborgen, um sie dem Blick des Himmels – und was dahinter sein mochte – zu entziehen? Sollten sie dem menschlichen Betrachten nur in besonderen Momenten zugänglich gemacht werden? Bestand ein «Bildverbot» auf Zeit, das nur bei Weihen und Initiationsriten durchbrochen wurde? Gab es dank den Bildern ein Bewusstsein des Heiligen? Wir wissen es nicht. Wir können vermuten, dass die Erzeugung wie die Verbergung dieser Bilder einem Akt der Schöpfung gleichkam. Es war ein menschlicher Schöpfungsakt, der vielleicht als numinos empfunden wurde, aber gewiss sehr ungleich zu den heutigen Vorstellungen von Kunst, die dem Mimikry einer Maschine mit dem seltsamen Namen «Künstliche Intelligenz» vermeintliche Autonomie in der Herstellung von Bildern und Texten zuschreibt.[630]

Die paläolithischen Künstler hielten ihre Handlungen damals für schöpferisch, oder zumindest wir sollten es so verstehen. Sie waren dies vielleicht noch mehr als wir Modernen, die es eben insofern sind, als wir mittels Kunst und auch als Kritiker uns in einer reichlich schuldbehafteten Geschichte beweisen wollen. Den Künstlern der archaischen Zeit dürfte es also um mehr als Nachahmung gegangen sein, vielmehr ging es ihnen offenkundig darum, eine Existenzweise darzustellen, die eine nicht bloß persönliche Freiheit war, sondern ein gleichsam transpersonales Selbstverständnis verkörperte, um in der Gemeinschaft von Göttern, Tieren und Menschen die Zeit als Zyklus von Anfang und Ende zu erneuern. Was die Künstler von Altamira im Schein einer Fackel malten, haben sie im Liegen malen müssen, mit den Augen nach oben

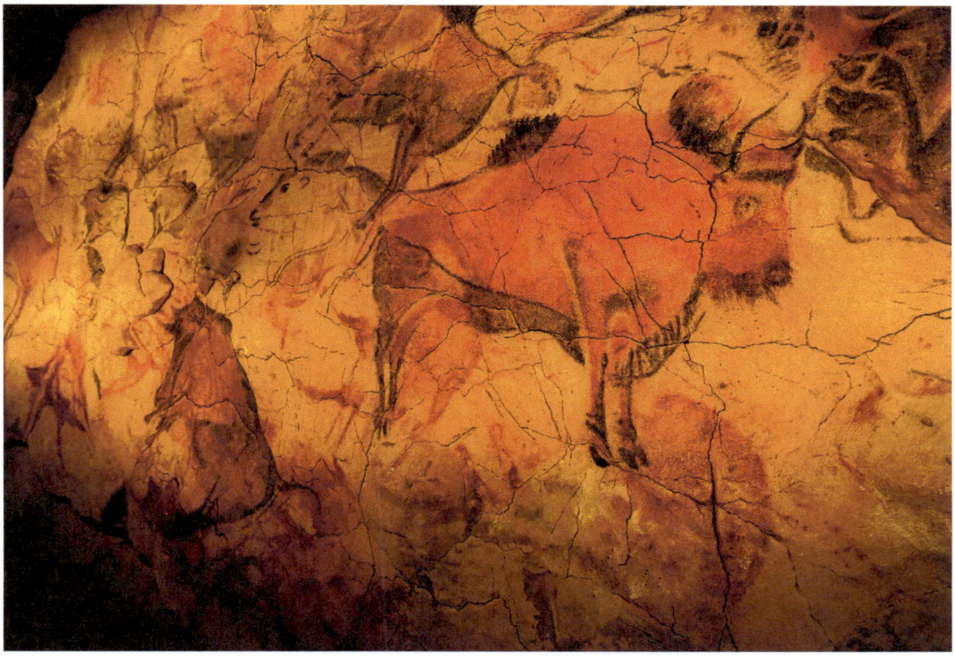

78 Der Bison von Altamira; National Museum Altamira, Spanien.

auf die Felsendecke blickend, die in ihrem Inneren zum erdichteten Himmel ihres nachtdunklen Ateliers wurde. Ob die Künstler in den Bildern letztlich sich selber begegneten und die Kunstwerke nicht nur eine kosmische Wiederkehr dargestellt haben, sondern auch ein Spiegel ihres Innern waren – wir wissen auch dies nicht. Was wir uns vorstellen können, ist, dass Bilder, so wie sie durch Zeiten und Räume gemalt oder erzählt wurden und werden, die Menschen weit mehr verändert haben als dies ihnen bewusst sein mag.

TEIL III

DIE NAMEN EINKERBEN. GEDÄCHTNISRUFE UND REFLEXIONEN ÜBER SCHOAH-ERINNERUNG

DIE PRÄSENZ DES ABWESENDEN

Versuchungen, aus Katastrophen und Genoziden Sinnbezüge zu lesen und diesbezüglich Bilderherstellungen als Moralbezeugungen zu deklarieren, ist schwer zu entkommen. Vergangenheitspolitik und Geschichtsschreibung sind Teil einer Kultur der Erinnerung, die nicht allein eine Aussage über unsere Vorstellung der Vergangenheit enthält, sondern auch über unseren Wunsch, die eigene Gegenwart in einer bestimmten Weise zu deuten. Dieser Zusammenhang wird im Bild der Eisenbahnschienen, die Vergangenheit und Gegenwart zu verbinden scheinen, symbolisch transportiert – es ist wohl eine der häufigsten Fotografien oder fotografischen Montagen, die den Holocaust visuell erinnern sollen. Unser Erinnern – wie auch unser Vergessen – wird gerade angesichts einer katastrophenartig sich durchwirkten Zeitepoche stets von prägenden Bildern überzogen. Solcherart nehmen «Menschen ebenso als beteiligte Akteure wie auch als Erzähler Anteil am Gang der Geschichte», wie Michel-Rolph Trouillot über das Erinnern und Vergessen anmerkt.[631] Geschichte und Geschichten konstituieren sich immer aus den Blick- und Schwerpunkten des Geschichtenerzählers. Bilder – ob als Metaphern, Kunstwerke, Objekte oder Fotografien – sind geeignet, dieser Funktion einprägsam zu dienen.

Einundzwanzigste Leinwand: Gott in der Uhr

Die Uhr war im Leben von Léon Reich das reale Objekt, das für sein Überleben in Auschwitz eine wichtige Rolle gespielt hatte. Seine Fähigkeiten, Uhren zu reparieren, überhaupt sein technisches Faible für Messungen, Elektrizität und Fotografie, waren einer der Gründe, dass die Mörder von Millionen Menschen ihn als so genannten Facharbeiter am Leben liessen. Uhren waren später auch der reale Gegenstand, dem seine zahlreichen Erfindungen galten, als Léon Reich und seine Frau Ruth ihr weiteres Leben in der Stadt Biel (Bienne) in der Schweiz einrichteten. Seinen Meisterleistungen verdankt die in eine Krise geratene Schweizer Uhrenindustrie nicht wenig. Léon Reich hatte einst als chassidischer Junge in einem polnischen Dorf sich für Uhrwerke begeistert, weil er hinter den rätselhaften Bewegungen der Rädchen und Zeiger die Geheimnisse der Schöpfung entschlüsseln wollte. In seinem Schtetl brachte er den Uhrwerken ebenso viel Aufmerksamkeit entgegen wie der Suche nach Gott und dem Studium der talmudischen Schriften – ein Junge, der Uhrwerke auseinandernahm, um darin das Geheimnis der

Schöpfung zu suchen. Nun dienten ihm, dem Auschwitzüberlebenden, im Alter die Uhr und die exakte Messung von Zeit als Gedankenstütze, um sich das Monströse des eigenen Schicksals vor Augen zu führen. Die Uhr war ihm Sinnbild der Erinnerung und verdeutlichte die Grenzen des Vorstellungsvermögens. So sagte er:

> «Stellen Sie sich vor, Sie hätten 6 Millionen Fotografien und Sie würden jedes Bild nur 10 Sekunden lang betrachten, acht Stunden jeden Tag. Sie bräuchten 5 Jahre und 9 Monate dafür. Das ist eine Zeitdauer, die dem Zweiten Weltkrieg in Europa entspricht. Und genau zehn Sekunden für jedes Leben, das in der Shoah ausgelöscht wurde.»[632]

Das Bild einer Uhr, wie es uns im Leben von Léon Reich begegnet, ist eine Metapher, die uns veranschaulichen mag, dass die Darstellung vergangener und gegenwärtiger Zeit eine durch rituelle Praktiken oder intellektuelle Darstellung gefertigte Imaginierung ist. Mit ihrer Hilfe versuchen sich Menschen immer wieder eine als Geschichte bezeichnete Vergangenheit vorzustellen. In Uhrwerken treibt ein festgefügter, scheinbar in sich geschlossener Kosmos aus Rädern, Spiralen, Federn und Unruhteilen – um sich selbst kreisend – die Zeit auf die mögliche, aber ungewisse Zukunft hin voran. Als eine durch die Beschreibung erinnerte Zeit verdeutlichen solche Bilder die Wirklichkeit, weshalb sie, gleich dem Uhrwerk bei Léon Reich, unentbehrlich für das Leben der Gegenwart sind.

Bildstörungen beim Ernstwerden

Im Resümee zu seinem Buch *Die Erfindung der Nation* vermerkt Benedict Anderson, dass «die Biografie der Nation den sich unbarmherzig anhäufenden Friedhöfen [...] beispielhafte Selbstmorde, ergreifende Martyrien, Attentate, Exekutionen, Kriege und Völkermorde» entreisse. Um einem narrativen Zweck zu dienen, müsse dieses gewaltsame Sterben jedoch als jeweils «unser eigenes» Bildnis erinnert werden.[633] Doch sind den Bildern in dieser Hinsicht auch Grenzen gesetzt. Denn die Toten sind durch ihre Namen präsent, hinter denen zwar Bilder ihres Lebens stehen können, ohne dass wir aber diese verblichenen Menschen genauer kennen oder ihrer Gesichter ansichtig werden. Dies trifft auf die Opfer in besonderem Masse zu. Die Präsenz ihrer Abwesenheit ist oft genug durch das Fehlen von Namen und der damit verbundenen Gesichter charakterisiert. Die Aufhebung der Opfer im namenlosen Allgemeinen, in Metaphern der universalen «Menschheit» als fade Leidensgrösse, vermag die Einzelschicksale, die konkreten Namen und die konkreten Gesichter, nicht zu fassen. Fatalerweise entspricht diese Tendenz den Anstrengungen der Täter, die unbekannten Opfer, die in Asche aufgelöst oder in Massengräbern verscharrt wurden, dem Vergessen anheimzustellen – die Ermordeten sollen, wie Martin Pollack schreibt, unsichtbar werden, in der Landschaft verschwinden, um sie, «gärtnerisch» wohlüberlegt, als Abbild- und Namenlose aus der Welt zu schaffen. Die Toten verschwinden «irgendwo auf Wiesen und Feldern, in abgelegenen Wäldern, in den stillen grünen Wildnissen, von denen Gottfried Keller im *Grünen Heinrich* spricht [...], um ihnen jedes Gedenken zu verweigern, sie über den Tod hinaus in die Anonymität zu verbannen».[634] Aber auch der Täterbegriff der nationalsozialistischen Verbrecher wird allmählich aufgelöst in Sprachbilder, in denen weit eher der «Mensch und das Böse» als etwas Allgemeines oder die «Bürokratie» oder das «System» als Schuldige fungieren.

Das Gedenken der Namen – wie das Gegenteil, ihr Verschwindenmachen – ist ein Werkzeug, um, wie Thomas Laqueur sagt, das «Erinnern von Namen, durch Namen und mittels Namen» als onymische Zeichen zu betreiben und so in der Geschichte zu bleiben. Weil ein Verschwinden von Namen, die aus Unrecht gerichtet und hingerichtet wurden, immer Unwohlsein auslöst, und weil niemand einfach vergessen gehen will, trotz aller Versuche, eben dies zu betreiben, holen die Lebenden und Überlebenden die Toten immer wieder aus ihren Gräbern oder den Tatorten ihres Verschwindens zurück und schaffen anschauliche Bilder und einprägsame Rituale, um sich dessen zu vergewissern. Ergreifend ist dann, wenn ein Opfer plötzlich einen Namen, ein Gesicht hat, etwa weil ein Gegenstand oder ein Foto zum Vorschein gekommen ist und ein Zeuge sich des Ermordeten erinnert und berichtet. Wie Jules Michelet meint, geht es darum, den Toten als Opfer ein zweites Leben zu verleihen, indem ihrem Tod eine neue, erinnerungswürdige Bedeutung zugewiesen wird.[635] Daraus spricht das alte Auferstehungsmotiv, das seit der Antike in politisch angeordneten Gedenkritualen individuell oder kollektiv gefeiert wird.

So kann gelten, dass der Tod niemals eine definitive Angelegenheit ist. «Die Toten bevölkern die Gegenwart», schreibt Idith Zertal, «und übernehmen darin eine Rolle, je nachhaltiger sie durch die Lebenden, die ihr eigenes Leben auf die Toten projizieren und aus deren Tod persönliche Lehren ziehen, erinnert und zum Sprechen gebracht werden.»[636] Doch dieses Sprechen und Erinnern hat einen Preis. Friedrich Nietzsche sprach früh vom «Ernstwerden» im Leben, davon, dass im Nachwirken des Schreckens «überall auf Erden versprochen, verpfändet, gelobt worden ist: Die Vergangenheit, die längste tiefste härteste Vergangenheit haucht uns an und quillt herauf, wenn wir ‹ernst› werden. Es ging niemals ohne Blut, Martern, Opfer ab, wenn der Mensch es nötig hielt, sich ein Gedächtnis zu machen».[637]

Fehlende Erben: Materielles Gedächtnis, kulturelles Gedächtnis

Sich ein «Gedächtnis machen» – zum Anfang jedoch dies gesagt: Es gab und gibt keine Erben mehr. Nicht immer, doch zumeist ist dies so. Darin liegt eine der Voraussetzungen, wenn über Erinnerung und Gedenken und die damit verbundenen Bilder gesprochen werden soll: Der Ausschluss der Juden aus der deutschen «Volksgemeinschaft» und aus weiteren europäischen Nationalstaaten, die mit dem Nationalsozialismus zumeist unter besatzungspolitischen Verhältnissen kollaborierten, hatte aus Sicht der Mörder ihre Enteignung, Deportation und Ermordung gerechtfertigt. Auch die aus dem 19. Jahrhundert in den Antisemitismus transportierte Rede vom «jüdischen» Bilderverbot fundierte die nationalsozialistische Propaganda, dass die Juden nicht kulturfähig seien, aber sich der «Entartung» in der Kunst, Musik und Literatur schuldig gemacht hätten. Dass diese Rede durch Antisemiten und Nationalsozialisten in zahllosen Karikaturen des Jüdischen dargestellt wurde, um die Bilder in die Köpfe ihrer Anhänger zu bringen, ist Teil dieses Hasses. In den sprachlichen und vielfach gezeichneten oder verfilmten Bildern wurde der «Jude» figürlich als gieriger und geiler Blutsauger, als Ungeziefer und Gossenratte dargestellt, der die Schönheit und Kraft des «Arischen» verschmutzt. Diese «tierischen» Bilder hatten Wirkmacht, und gleichzeitig ging so die Rede vom «jüdischen» Bilderverbot und von der angeblichen Geld- und Habgier der Juden bei der Aneignung der schönen Künste Hand in Hand mit ihrem Ausschluss aus der deutschen Kultur und dem sich anschließenden Raub von Kunstwerken und Kulturgütern aus jüdischem Besitz. Bilderverbot, Kulturunfähigkeit und Gier nach dem unschuldigen Schönen schmückten das Arsenal der infamen Behauptungen, um Juden jeglichen Anspruch auf Eigentum abzusprechen, da sie ausserhalb der so genannten Volksgemeinschaft standen. Im Zeichen dieser Leitmotive eigneten sich die Mörder mittels Plünderung, Vertreibung, Raub, Brandschatzung und bürokratischer Maßnahmen die Kulturgüter aus jüdischem Eigentum an. Die Wehrmacht hatte zwischen 1938 und 1945 insgesamt 27 Länder besetzt, dies für kürzere oder längere Zeit, in denen um die 230 Millionen Menschen lebten, unter ihnen rund 10 Millionen jüdische Staatsbürger. Der Beschädigung der Eigentumsrechte folgte die physische Vernichtung dieser Menschen in industriell betriebenen Schlachthöfen. Womit, so das zynische Kalkül, Liegenschaften, Bankkonti, Versicherungspolicen, Möbel, Ritualgegenstände und Kunstwerke als erblos oder nachrichtenlos galten und deswegen den Raubmördern, den Kollaborateuren sowie den Hehlern anheimfallen oder ihnen Anteil am Profit einbringen würden. «Die Zuerkennung eines Erbanspruchs zugunsten des Heimatstaates», wie der Genfer Rechtsgelehrte Paul Guggenheim es nach dem Krieg in Hinsicht auf die potenziellen Profiteure zum Ausdruck brachte, «steht im schärfsten Gegensatz zur ratio juris des privaten Vermögensschutzes des gemeinen Völkerrechts».[638]

Um ihnen das Geraubte nicht zu überlassen und solcherart den Genozid nachträglich zu rechtfertigen, setzte schon vor 1945 seitens der Überlebenden das Bemühen ein, die geraubte Kunst und weitere Kulturgüter ausfindig zu machen und unter dem Rechtstitel des «Jüdischen Volkes» individuell und kollektiv zu beanspruchen.[639] Der in Riga am 8. Dezember 1941 ermordete Historiker Simon Dubnow hatte in den Jahrzehnten zuvor an einer zehnbändigen Geschichte der Juden während der letzten 2500 Jahren gearbeitet, die unter dem sprechenden Titel *Weltgeschichte des jüdischen Volkes* eben diese Konstellation einer juristischen Formierung jüdischer Restitutionsansprüche symbolisch vorwegnahm.[640] Auch wenn es paradox anmutet, dass sich erst mit diesem Rechtstitel und mit diesem ethischen Anspruch Zionisten und Nichtzionisten, Orthodoxe und Liberale, Religiöse und Säkulare als Staatsbürger und Staatsbürgerinnen unterschiedlichster Nationalstaaten zusammenschlossen, so ist eben dies in institutioneller Hinsicht die Voraussetzung gewesen, dass Restitutionen, Entschädigungen und Wiedergutmachungen überhaupt einsetzen konnten. Durch diese Forderungen erst ergab sich jener Prozess, der aus dem materiellen Gedächtnis, das Restitutionen und Wiedergutmachungen kennzeichnet, zu einem Bewusstsein des kulturellen Gedächtnisses geführt hat und entsprechende historiografische Repräsentationen hervorbrachte. Nur so, durch die Wahrnehmung von Eigentumstiteln und dem historisch zugrunde gelegten Gerechtigkeitsempfinden als Prinzip einer zivilisierten Rechtsordnung, konnte der Boden für eine universal intendierte Erinnerungskultur bereitet werden.[641]

Diesen erinnerungspolitischen Boden zu bereiten, machte seitens der Angehörigen von Opfern Anstrengungen nötig. So reiste unter anderen auch Hannah Arendt, die im Auftrag jüdischer Organisationen sich um geraubte und zerstörte Kulturbestände kümmerte, nach Deutschland. Ihre Suchliste umfasste 854 Zeitungen und Zeitschriften, 643 jüdische Verlage, 430 jüdische Bibliotheken und ca. 3,5 Millionen Schriftstücke, die entweder zerstört oder jedenfalls nicht mehr auffindbar waren. Seither ist eine enorme Anzahl von Büchern und Schriften an Bibliotheken jüdischer Gemeinden und universitärer Einrichtungen in europäischen Ländern, in Nordamerika und in Israel zurück- oder abgegeben worden, andere versickerten im antiquarischen Handel oder blieben in privaten Händen.[642] Bei Arendt war «ihr Verständnis von jüdischer Kultur als Schrift- und Buchkultur» maßgebend gewesen.[643]

Die Suche nach geraubten Kunstwerken hingegen setzte später und anderweitig ein und war von anderen situativen Bedingungen und ökonomischen Interessen geprägt, die weit mehr Fragen nach Provenienzen aufwarfen und genauere Zählungen oder Schätzungen zu beziffern als schwierig erscheinen lassen.[644] Die wirkmächtige Rahmung aller dieser Gerechtigkeitsforderungen ging indes von den Alliierten aus. Das Gesetz Nr. 52 der alliierten Militärregierungen vom 1. August 1945 regelte für jegliche Raub- und Fluchtgüter die Beschlagnahmung und verbot insbesondere den Handel mit Kunst und Kulturgütern. Bereits anfangs 1943 hatten die Alliierten einen entsprechenden Erlass verkündet, über den auch Zeitungen in den neutralen Staaten in Europa berichteten.[645] Längstens waren also einer Gutgläubigkeit eines Erwerbes von entzogenen Kunstwerken und Kulturgütern aus dem NS-Machtbereich Schranken gesetzt worden, auch wenn später, nach dem Kriegsende, der Kunsthandel massiv florierte. In der Schweiz zum Beispiel hat all dies sieben Jahrzehnte nach Kriegsende und weit über die Landesgrenzen hinauswirkend zu einer öffentlichen Skandalisierung der Sammlung Bührle im Zürcher Kunsthaus geführt, das von Erich Keller in diskursiver Zuspitzung als «kontaminiertes Museum» bezeichnet wurde.[646] Die Rückerstattung von Kulturgütern war indes seit 1945 in der Rechtspraxis in den Besatzungszonen, auf Länderebene, am Herforder Berufungsgericht und darüber hinaus in rechtstheoretischer Hinsicht der Gegenstand von oft sehr zähflüssigen Aufarbeitungen. Den nationalsozialistischen Verordnungen, die den Raub der Vermögenswerte aus privatem Besitz ermöglicht hatten, wurde damit die Rechtsgeltung abgesprochen. Vor allem wird unter dem Begriff des verfolgungsbedingten Entzugs nicht allein die Wegnahme oder Beschlagnahme verstanden, sondern auch dem Umstand Rechnung getragen, dass die zur Emigration genötigten Opfer der nationalsozialistischen Maßnahmen in Zwangslagen gerieten. Der Verkauf von Kunstwerken zur Bestreitung des Lebensunterhaltes, die so genannten Fluchtverkäufe, werden seither wie die Raubkunst als Kunstraub bewertet.

Die von Gustav Radbruch schon 1932 angebahnte und 1946 maßgebend definierte Unerträglichkeitsformel, die ungerechte Gesetze als gesetzliches Unrecht bezweifelte, ist entsprechend in der Nachkriegszeit bei der Aufarbeitung des NS-Rechts verwendet worden.[647] Der menschenfeindliche Unrechtsstaat hatte mit seinen Unrechtsgesetzen die geraubten Kulturgüter taxiert und die Verfolgten gezwungen, in der Notlage ihren Kunstbesitz zu veräussern. Das alliierte Verbot des Kunsthandels hatte also die wichtige Schranke, wonach den Mördern die erblosen Güter nicht zustehen und nie zustehen sollten, gesetzt und mit Rückerstattungsgesetzen die Nichtigkeit der nationalsozialistischen Raubwirtschaft bestätigt.[648] Am Anfang einer reflektierten Vergangenheits- und Erinnerungspolitik steht, so betrachtet, die Forderung nach Restitutionen, die fundamental in Opposition zum Konnex der Ausschließung der Juden aus der «Volksgemeinschaft» bzw. den nationalen Gesellschaften in Europa zu verstehen ist. Der sich daran anschließende Raub von Kunst, von Bildern und Objekten aus jüdischem Besitz korrespondierte eben immer auch mit den Behauptungen, die Juden seien aufgrund ihres Ikonoklasmus «habgierig» und «kulturlos» und somit unfähig, das Schöne der Kunst je zu würdigen. Kulturgeschichtlich betrachtet strafte also die restitutionspolitisch intendierte Aufarbeitung des NS-Rechts mithin auch die lange nützliche Lüge vom angeblichen jüdischen Bild- bzw. Kunstverbot ab.

Dieser Zusammenhang macht deutlich: Die jüdischen Familien, die sich nach 1900 als Sammler und Mäzene engagierten, hatten mittels ihrer Kunstaffinität das «Jüdische» ihrer Existenz in das «Bürgerliche» des guten Lebens gewandelt. Den jüdischen Sammlern kam eine hervorragende Rolle beim Einführen der «avantgardistischen» Kunst in den lokalen urbanen Kreisen zu. Jüdische Kunsthändler fungierten als Vermittler, um unter den Modernen «Kunstbesitz als erstrebenswertes Kapital im bürgerlichen Selbstverständnis zu verankern».[649] Den Künstlern und den Sammlern schufen die Händler eine Kontaktzone, einen Marktplatz, kurz: sie leisteten jene Öffentlichkeitsarbeit in Form von Galerien, Vernissagen, Vorträgen und Musikaufführungen, die entscheidend zur Verbreitung moderner Kunst beitrug. Dass wiederum der jüdische Kunstsammler als Parvenu und als Bedrohung für die nationale Kultur galt, war ein zeitgenössisches Stereotyp, das Gegner und Judenfeinde verbreiteten und später von den nationalsozialistischen Tätern radikalisiert wurde, um die Sammlungen zu plündern und die geraubten Objekte zu verwerten. Walter Benjamin ahnte wohl diesen Zusammenhang, wenn er über den *Begriff der Geschichte* schrieb: «Die Beute wird, wie das immer so üblich war, im Triumphzug mitgeführt, man bezeichnet sie als Kulturgüter. [...] Es ist niemals ein Dokument der Kultur, ohne zugleich ein solches der Barbarei zu sein».[650]

UNTERSCHIEDLICHE RUFE NACH VERSTEHEN UND ERINNERN

Wenige Monate vor seinem Tod am 14. Dezember 1990 besuchte der Schriftsteller und Maler Friedrich Dürrenmatt das ehemalige Konzentrations- und Vernichtungslager Auschwitz. Ihm erschien dieser Ort «undenkbar». Und «was undenkbar ist, kann auch nicht möglich sein, weil es keinen Sinn hat. Es ist, als ob der Ort sich selber erdacht hätte. Er ist nur. Sinnlos wie die Wirklichkeit und unbegreiflich wie sie und ohne Grund».

Die Textpassage schließt Dürrenmatts während 25 Jahren entstandenes *Stoffe*-Projekt ab, das unter den auf einen je griechischen und hebräischen Mythos anspielenden Titeln *Labyrinth* und *Turmbau* publiziert wurde. Die «Stoffe» waren der Kern des Denkens und Schreibens von Dürrenmatt, der Zeit seines Lebens die inneren Bilder von Chaos, Katastrophen, Irrtümern und Gewalt in Texte, Dramen und gemalte Bilder zu bannen suchte. Mit der Auschwitz-Passage als Schlusspunkt der *Stoffe* markierte er eine Grenze seines Schreibens. Über den Rundgang auf dem Gelände von Auschwitz-Birkenau vermerkt Dürrenmatt:

> «Durch eine Wiese gelangen wir auf einen breit gepflasterten leicht gestuften Platz mit einem wuchtigen abstrakten Denkmal mit einer polnischen Inschrift, die unser Begleiter übersetzt. Die Inschrift verschweigt das Wesentliche, das hier geschah, es schwächt auch den Schrecken ab, der von den Ruinen zu beiden Seiten des Platzes ausgeht, den Ruinen der Gaskammern und der Krematorien, zu denen die Geleise führten. Es gibt Gelände, da hat Kunst nichts zu suchen».[651]

Am «Nichtort» Auschwitz sprach Dürrenmatt den Künsten das Recht ab, das Gedenken an diese Vergangenheit zu stiften. Er war nicht allein mit seiner Weigerung, aus dem Geschehen der Schoah, des Holocausts einen irgendwie gearteten Sinn zu beziehen. Der Philosoph und Talmudist Emmanuel Levinas oder der orthodoxe amerikanische Rabbiner und Theologe Michael Wyschogrod sind ebenfalls Stimmen dieser eminenten Skepsis. Sie befürchten, dass ein falscher Heroismus oder ein vereinnahmender Deutungsanspruch zur Idolatrie, zu einem Kult führen könnte, und lehnen jegliche nachfahrende Sinnausmalungen ab.[652] Selbst Max Horkheimer blieb höchst reserviert gegenüber der Hoffnung, es lasse sich aus einem Eingedenken dennoch das humanistische Gute beziehen. Auch namhafte Historiker des Holocaust, wie Yehuda Bauer, vermerken, dass der Massenmörder Hitler zwar erklärbar wäre, aber noch nie erklärt worden

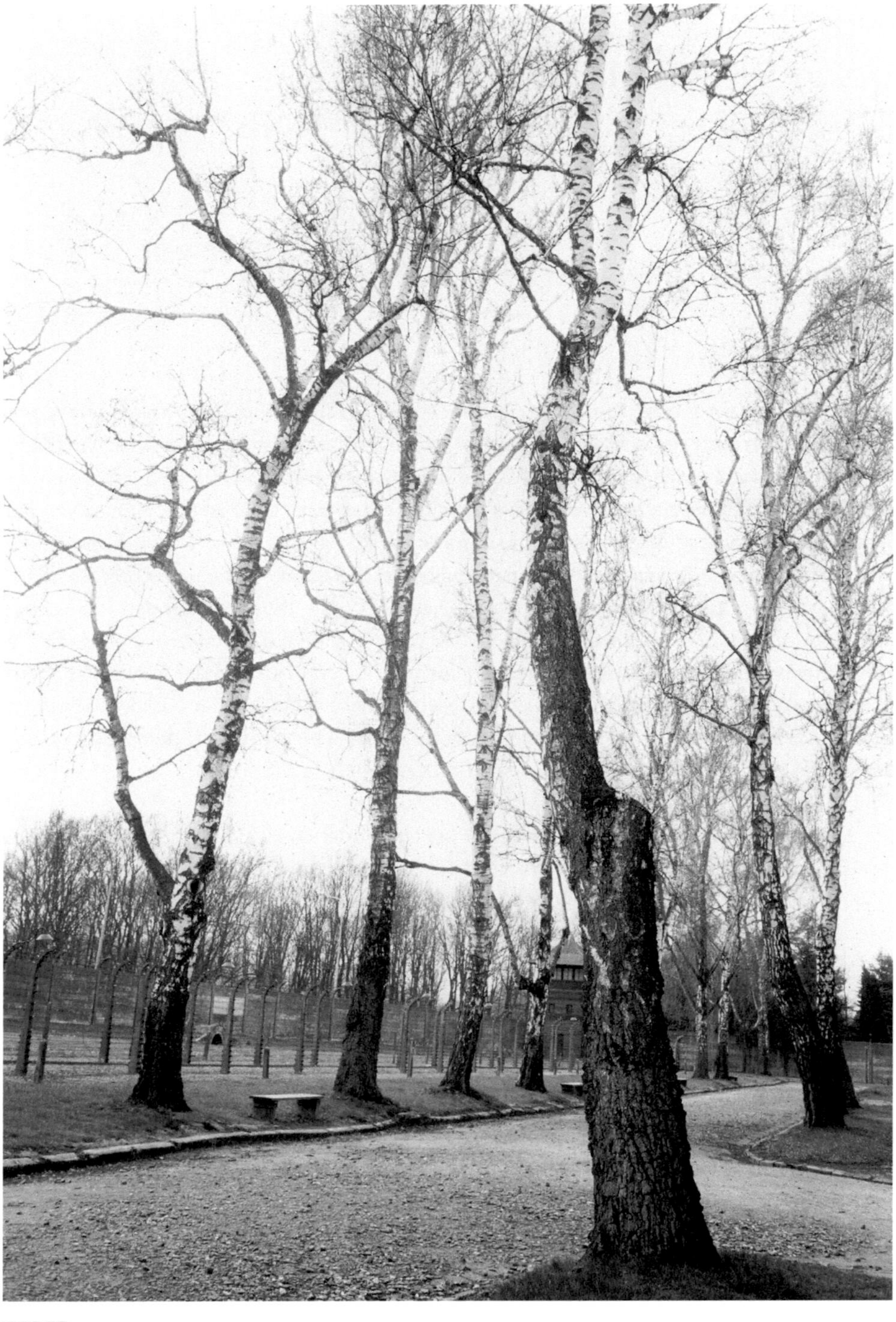

79 Olaf Schlote, *Auschwitz,* 2019, Fotografie; aus *Memories, Erinnerungen, Sichronot,* Ausstellungen im Landesmuseum Bremen und Hecht Museum Haifa.

sei. Und Reinhart Koselleck vermerkt, mit «Auschwitz» sei «die Sinnlosigkeit [...] zum Ereignis geworden», an den nationalsozialistischen Verbrechen versage jeder «Maßstab möglicher Gerechtigkeit», der es erlaube, rückwirkend eine Sinnstiftung zum Geschehenen «einholen oder einlösen» zu wollen. George Steiner indes stellte die Frage in den Raum, ob es nicht gar heilsamer wäre, wenn uns «die Worte im Stich liessen». Derweil sprach der Künstler Christian Boltanski die prekären, unscheinbaren Denkmäler an, die zwar, wie in der Sphäre des Kultes, «die Toten, die Lebenden und die zukünftigen Toten verehren», aber nicht, wie es bei den mittelalterlichen oder klassischen Gedenkformen der Fall war, um an Heilige zu erinnern, sondern der anonymen, nie gekannten Personen, wie sie in Auschwitz in Asche aufgelöst worden waren, zu gedenken.[653]

Alle diese Worte der Skepsis gegenüber einer möglichen Sinnausmalung oder moralisierenden Erzählung korrespondieren paradoxerweise mit einer Zunahme an Bildern von oder über Auschwitz und weiteren Orten der Vernichtung, seien es Zeichnungen, Gemälde, Kunstfotografie, Plastik, Comics oder Film. Dazu mag ein oft zitierter Satz des 1942 ermordeten Literaten und Zeichners Bruno Schulz erhellend sein, der mit den Stimmen aus der Zeit nach 1945 kontrastiert: «Der menschliche Geist ist unermüdlich, das Leben durch Mythen zu glossieren, die Wirklichkeit mit Sinn zu versehen», ein poetischer Prozess, der, um die Welt wiederherzustellen und den verlorenen Sinn wieder zu erkennen, nunmehr «eng mit dem Wort verbunden» sei.[654] Dies erfordert im Folgenden unsere Aufmerksamkeit.

Kritik und Kritik: «Bilder töten die Imagination»

Claude Lanzmann, der Regisseur des neunstündigen Films *Shoah* (1985), äusserte, dass es eine historische Erklärung nicht geben könne und es darum gehe, eben nicht verstehen zu wollen. Mit seinem ambitionierten Werk, an dem er neun Jahre arbeitete und das er ursprünglich «Der Ort und das Wort» nennen wollte, hat er jedenfalls eine radikale Grenzmarkierung hinsichtlich des ästhetischen Umgangs mit dem Holocaust gesetzt. Es ist ein Film über die Gegenwart der Vergangenheit, das heisst ein Film, bei dem die Vergangenheit nur im Modus der Gegenwart erscheint und die Vernichtung niemals archivalisch mit historischen Bildern dokumentiert wird. Denn es gebe, so Lanzmann, ohnehin keine Bilder der Tötungen und Vernichtung an sich – und selbst wenn er solche Beweise aufgefunden hätte, so hätte er sie zerstört.[655] Der Verzicht auf diese die Geschichte dokumentierenden Bilder – Fotos, Filme, Pläne, Zeichnungen – und die damit einhergehende Hervorbringung von Leerstellen und Aussparungen erst können eine Vorstellung des Unvorstellbaren anregen: «Bilder töten die Imagination» – eine Auffassung, die auf das Verhältnis von Mimesis und Bilderverbot anspielt und zumindest den Verzicht auf vermittelnde archivalische Bilderwelten, wenn nicht gar schlechthin eine Bilderverweigerung empfiehlt. Für Lanzmann ist sein Film hingegen eine Form der Auferstehung: «Shoah ist ein talmudisches Werk; der Talmud verbietet die Darstellung. Shoah ist eine allegorische Erfahrung der Reise der europäischen Juden in den Tod. Von ihren letzten Augenblicken. Es ist eine Auferstehung».[656]

Ruth Klüger, eine Überlebende des Holocausts, hat sich gegen ein solch angebliches Bilderverbot gewandt, namentlich gegen den Anspruch, wie ihn Adorno und Lanzmann vertreten haben. Mit Blick auf die harsch kritisierten Ästhetisierungen weist sie, die eine Befürworterin des fiktionalen und künstlerischen Umgangs mit der Shoa war, auf eine notwendige Voraussetzung hin, nämlich auf die Unterscheidung zwischen einem Ästhetisieren, das Wahrheitssuche durch Phantasie und Empathie zum Nachdenken anregt, und andererseits einem Ästhetisieren, das den Kitsch produziert, um eine problemvermeidende Anbiederung an ein als beschränkt einvernehmungsfähig vorgestelltes Publikum zu betreiben. Sie bekundet damit, dass herrschaftlich von einem Bilderverbot seitens einer angeblich kritischen Theorie zu reden, ihr blasphemisch hinsichtlich der Ermordeten und Überlebenden vorkommt. Der Dialektiker, der über den von ihm entdeckten Widerspruch in der Geschichte zu herrschen sich anschickt, wird als Verweigerung der Selbstreflexion verstanden:

> «Merkwürdig bleibt die Leidenschaftlichkeit, mit der wir plötzlich mit dem ‹alttestamentarischen› Bilderverbot konfrontiert werden, denn darauf läuft des Bildermachers Lanzmann Kritik im Grunde hinaus und schließt somit an das ‹Musikverbot› des Musiktheoretikers Adorno an, als dieser sich schön klingende Worte nach oder über Auschwitz verbat. So wie einmal der Name und das Antlitz Gottes ‹unaussprechlich› und ‹unvorstellbar› waren, so heute angeblich der Holocaust, obwohl sich doch Gewalttätigkeiten deutlich aussprechen und vorstellen lassen. Eine gutgehende Schreib- und Filmindustrie lebt ja von diesen Aussprech- und Vorstellbarkeiten. Die Vokabel ‹dürfen› besagt, es gäbe eine anerkannte geistige Autorität, die über erlaubtes und unerlaubtes Erinnern bestimmt. Die negative Kritik setzt Maßstäbe an, ohne diese Maßstäbe selbst der Kritik auszusetzen. Die Voraussetzung ist jedoch notwendigerweise, daß es einen ‹reinen›, ‹richtigen› Umgang mit der Shoah gäbe, also mit einem Thema, vor dem wir doch zugegebenermaßen nach einem halben Jahrhundert noch ziemlich ratlos stehen, so daß uns jedes neue Experiment willkommen sein sollte, solange es nicht als der Weisheit letzter Schluß auftritt. Was aber die Beurteilung einzelner Werke betrifft, so ist der wohlbekannte Unterschied zwischen Kitsch und Kunst auch bei diesem heiklen Thema dienlich.»[657]

Hermann Levin Goldschmidt, der 1938 von Berlin nach Zürich geflüchtet war und dort die Tochter aus einer Familie von Galeristen heiratete, hat die Kritik der kritischen Theorie, wie sie in Adorno wie Lanzmann verkörpert erscheint, auf den Punkt gebracht, indem er darin einen falschen neohegelianischen Ansatz sah: «Wo ein Widerspruch laut wird, dort, meint man, sei etwas falsch, statt zu begreifen, dass dort, wo kein Widerspruch vorliegt, etwas falsch sein muss» – und das musste heissen, dass die geschichtsphilosophischen Entdecker des Widerspruchs nicht auch schon die herrschaftlichen Verwalter der daraus hergeleiteten Dialektik sein konnten.[658] Ein «erlaubtes und unerlaubtes Erinnern» im Sinne eines zweiten Gebotes konnte zwar Kritik begründen, nicht aber ein Urteil, als stünde man vor einem hohen Gericht, das sich selber als unantastbar versteht.

Zusammenfassend, doch vorläufig gesagt: Es kollidieren zwei Befürchtungen, wenn sich die Nachgeborenen der Vergangenheit des industriell betriebenen Massenmordes zuwenden: Einerseits die lange gültige Warnung, der Holocaust sei «unbegreiflich» und die Erinnerung daran, ob in Wort oder Bild oder Architektur, «unaussprechlich» und nicht «darstellbar» oder mit Sinngehalten niemals auszustatten. Und andererseits die spätere Forderung, dass es geradezu notwendig und aus Vernunft geboten sei, den Holocaust darzustellen, und dies von möglichst vielen unterschiedlichen Zugängen her, weil man das Geschehen als *horror vacui* niemals umfassend genug ausmalen könne und für die Zukunftsgewinnung zu erinnern habe. Die Subjekte, die sich auf dieses Dilemma der angemessenen Repräsentation einlassen, indem sie eine adäquate Grammatik suchen, in theologischen Konzepten, in den poetischen Schreibweisen, in künstlerischen Aussagen, in Entwürfen und Formen der Architektur oder durch rationale und historische Analysen, werden damit selbst Gegenstand zeitgeschichtlicher Prozesse und Reflexionen. Zur Reflexion zwingt dies aus Respekt vor den Ermordeten, die Opfer aus Unschuld geworden waren, sowie den Überlebenden gegenüber, die kein zweites Mal erniedrigt werden dürfen.

Man mag in den zitierten Aussagen und Bildern eine Umkehrung der Sinnbereiche von Tod und Leben erblicken, bekanntlich eine Operation, die in viel älteren kulturellen Deutungen gang und gäbe war. Eine – im Falle Lanzmanns – filmische oder poetisch geschilderte «Auferstehung» oder die moralisch gedeutete Katastrophe als «Geisel in der Hand Gottes» sind bekannte Metaphern aus der religiösen Überlieferung, um den Irdischen die Macht des Himmels zu bezeugen. In der an Ethikbekenntnissen orientierten Post-Holocaust-Moderne gelten sie als mehr oder weniger unangemessen, auch wenn sie, sozialanthropologisch betrachtet, durchaus auch bezüglich der Schoah bzw. des Holocaust in den frommen Milieus fundamentalistischer Provenienz vorkommen. In den jüdischen Geschichtsdeutungen und den christlichen Versionen des Glaubens war dies eben noch in feste Traditionsformen eingehüllt. Kritik aber lässt sich heute nicht homogenisieren. Kritische Einwände gelten als Respektbezeugungen gegenüber dem Widersprechenden. Nur ein Bewusstsein, das sich hier nicht als selbstverständlich setzt, sondern weit mehr die Ambivalenz des Gedenkens und Erinnerns konstatiert, wird per definitionem eine reflektierende Kultur sein können, weil immer wieder Fragen gestellt werden können und nichts als gegeben hingenommen wird.[659] Uns interessiert dabei, wie das Holocaust-Gedenken aus den alten Spannungen von Vergessen und Erinnern und – wie schon gesagt – aus den Folgen von Erblosigkeit versus Restitution sich zu kulturellen Formen der Modernen nach 1945 hat aufschwingen können; offenkundig ist, dass der Diskurs um Erinnern und Gedenken heute paradigmatisch geworden ist, seitdem Restitutionen und Gedenken als völkerrechtlich relevant angesehen werden.[660]

Konstellationen, die den Prozess des öffentlichen Erinnerns zum Gegenstand haben, stehen ganz allgemein immer in Referenz zu herrschenden Mythen, Idealen und aktuellen Bedürfnissen.[661] Deren Medien sind vornehmlich Bilder und bildhaftes Sprechen als Teile der kulturellen Formung. Der in Auschwitz ermordete Maurice Halbwachs konzipierte solche Form mit dem schwierigen Begriff des «kollektiven Gedächtnisses».[662] Schwierig ist dieser Begriff deshalb, weil er eine Homogenität, die es empirisch in der sozialen Wirklichkeit nicht gibt, zum Ideal der Erinnerung macht. Erinnerungen sind, wie Halbwachs selbst wiederum einschränkt, «eine Rekonstruktion der Vergangenheit mit Hilfe von der Gegenwart entliehenen Gegebenheiten [...]».[663] Im Gedächtnis erscheint aber das Vergangene nicht feststehend im Sinne Leopold Rankes als Wirklichkeit «wie es eigentlich gewesen» sei. Vielmehr bleibt nur das von der Vergangenheit bewahrt, «was die Gesellschaft in jeder Epoche mit ihren gegenwärtigen Bezugsrahmen rekonstruieren kann.»[664] Aus solcher Einsicht haben sich seit den späten 1980er Jahren die Gedächtnisforschung und die Beschäftigung mit den Konzepten des Gedächtnisses, des Gedenkens und der Erinnerungsorte intensiviert. Und eben deswegen ist hier betont worden, was nicht ignoriert werden kann, nämlich dass erst die frühen Forderungen nach Restitution und die mit diesem materiellen Gedächtnis einhergehende Formierung von Repräsentanz das Bewusstsein für diese erinnerungspolitische Dimension des Gedenkens und des Gedächtnisses, und das heisst für jegliche kulturell hergestellten Bildwelten, ermöglicht hat.

Der Gedächtnisruf der Alten

«Gedenkt meines Namens» ist ein alter Satz. Vielfach ausgerufen und zitiert erscheint er in alten ägyptischen, mesopotamischen, biblischen, rabbinischen, griechischen und römischen Quellen und abgewandelt in Fortschreibungen bis in die Zeit von uns Heutigen. Die Gründe sind immer vielfältig gewesen, sei es der Wunsch, sich unsterblich zu machen, sei es der moralische Anspruch, mit Namensgebungen Gerechtigkeit zu üben. Überdies handelt es sich auch um eine *damnatio memoriae,* das heisst um eine Auslöschung fremder Namen, die oft genug mit einer Bilderverdammung einhergeht. Der Werkzeuge zum onymischen Erinnern, Gedenken und Vergessen sind nicht wenige: das Schreiben von Biografien, die Benennung und Umbenennung von Strassen oder Flughäfen, das Aufstellen von Erinnerungstafeln mit den Namen von Gefallenen oder Ermordeten, das Abhalten von Ritualen im Namen derer, die als unsterblich erklärt werden, als verschollen gelten oder ermordet wurden. Deutlich wird, dass die offenkundige oder verdeckte Rede von der Unsterblichkeit als spezifischer Modus des Gedenkens nicht nur ein symbolischer, vielmehr ein eminent politischer Akt sein kann. Unzweifelhaft ist dies ein Vorgang, der mit einprägsamen Bildern einhergeht, mit denen sich zeitgenössische Protagonisten zu identifizieren wünschen.

Jenseits des nominalen Nachlebens bleibt die Frage, *wer* die Menschen waren, denen onymisches Gedenken oder Vergessen zukommt. Sie werden zuweilen in Spiel- oder auch Dokumentarfilmen sichtbar gemacht oder sollen in Biografien kritisch, doch anschaulich dargestellt und dokumentiert werden. Die Macht ihrer Namen soll dazu legitimieren, dem Vergessen zu entgehen oder ein bestimmtes Gedenken durchzusetzen – auch oder gerade, weil die allermeisten Namen der Ermordeten und der Überlebenden uns kaum bekannt sind. Sie «enden» im Nichterinnertwerden. Oder soll man nicht viel gelassener «ankommen» sagen? Dass man diesem Paradox des Onymischen nicht entkommt, war bereits den Alten bewusst, wie dies ein Satz aus dem Buch *Kohelet* (das in Griechisch *Ecclesiastes,* in Deutsch *Prediger* genannt wird) verdeutlichen mag, wenn er uns auf die Grenzen allen Erinnerns verweist: Auch derer, die auf die Nachfolgenden dereinst noch nachfolgen werden, wird nicht gedacht werden (Kohelet 1,11). Was bleibt, ist allenfalls ein Name, und dessen unter den Nachfahrenden zu gedenken, ist als Anspruch oder Hoffnung stets ungewiss. *Kohelet* wirkt hier drängender und gleichzeitig illusionsraubender als ein Wort von Epikur, von dem der Satz stammt, dass solange wir existieren, der Tod nicht ist, doch sobald er da ist, wir nicht mehr existieren.[665] Wir haben es eben beim Gedenken, wie Maoz Azaryahu kritisch feststellt, erstrangig mit *Posterioritäten* zu tun, und es bedarf, um dieses Phänomen zu verstehen – und zwar gerade auch in den entsprechenden politischen Ambitionen –, einer genaueren und kritischen Analyse der Wirkungen und onymischen Mechanismen in Zeiten und Räumen.[666]

Beim Visuellen wie auch beim Onymischen ist stets impliziert, dass auf die Aura der kultischen, rituellen und magischen Ursprünge von Gedenken und ihren Darstellungen angespielt wird. Namen, Dinge und Orte ziehen, wie uns die Religionsgeschichte lehrt, Attribute von

Gottheiten an sich, göttliche Namen werden zu rituellen und auratischen Zwecken verwendet oder die Erinnerung an die Toten wird zum Verehrungskult, aus dem die religiösen wie ebenso säkularen Bedürfnisse abgeleitet oder die politischen Absichten legitimiert werden. Dieser Tendenz setzten *Kohelet* wie die rabbinischen Einschränkungen kritisch deutliche Grenzen, die auch in den Ästhetik-Theorien der Modernen immer wieder formuliert worden sind.

Die unterschiedlichen Gedächtnisrufe, wie man sie heute vernimmt, sind eben immer Ausdruck von Schmerzens- und Schreckensbildern, die aus dem Leben als einem Überleben des Todes bezogen werden. Das Land des Schreckens, der Ort des Todes liegt fern und weit weg. Doch der Schmerz und die Erinnerung, das Leid und das Gedächtnis gehören inhärent zusammen, die Bilder des Horrors drängen ins Bewusstsein, in den Träumen zur Nacht oder in den inneren Bildern am Tag. In den Alltag von Gesellschaft und Politik gewendet, zeigt sich der Zusammenhang in einer Vielfalt von Gedenkweisen und ebenso Versuchen, Vergangenes zu verdrängen oder in ein halbwegs Vergessenes umzudeuten, das irgendwie erinnert und gewusst wird. Eben dieser Komplex lässt uns – problematisch genug – von «Erinnerungskulturen» sprechen. Die Ambivalenz dieser Kultur der Modernen liegt darin, dass sich eine Umdichtung des Todes in das Leben nur schlecht verhüllen lässt, zu offensichtlich ist heute eine solche Operation, die das «ewige Leben» beanspruchen möchte. Und Ambivalenz zeigt sich dann darin, dass sich die Bilder dieses Gedenkens allzu leicht zu einem Teil der geschäftigen postindustriellen Kultur beigesellen lassen oder die Gräben in Konflikten vertiefen und zementieren statt in einen Brückenschlag zu Ausgleich und Frieden zu führen. Der Gedächtnisruf der Alten weiss um diese Ambivalenz und hat daraus Erzählungen über Versehrungen, Versuchungen und Versöhnungen geformt.

Hinzu kommt in Hinsicht auf den Judenmord eine Transformation der Begriffsdeutung: Die Durchsetzung des englischen bzw. amerikanisierten Wortes «Holocaust», das im Altgriechischen das sakrale «Brandopfer» bzw. «Ganzopfer» meint, transportiert als heutige Bezeichnung für die Ermordung der Juden implizit das Heilige im Verbrechen des organisierten und industriell betriebenen Massenmordes des deutschen Staates.[667] Dies kontrastiert mit der jüdischen Sicht, die von der «Schoah», das heisst von «Katastrophe» und nicht von etwas Heiligem spricht. Wiederum dies macht die Frage bedeutsam, wie buchstäblich körperloser Tod – die zu Asche gemachten Ermordeten – neue poetische und visuelle Gestalt annehmen kann, indem den Namen der zu Erinnernden – in literarischen, figürlichen, bildgebenden, symbolischen, ja eschatologischen Formen – gleichsam ein zweites Leben eingehaucht wird. Ihre «Auferstehung» – schon wieder dieses verfängliche, oft verwendete Wort, das das Heilige vergangener Tage einschließt – ist auch deswegen wichtig, weil durch ihren Tod keine oder nur selten eigene Nachkommen auf der Welt sind.

Jedoch wird all dies durch eine weitere, entscheidende Sicht des Gedenkens an Auschwitz eingehegt: Die Schoah soll nicht unermesslich erinnert werden, das Leiden nicht zur Idolatrie geraten, das Gedenken begrenzt bleiben. «Wenn es Verfolgung gibt, soll Fasttag sein, wenn Friede ist, soll es ein Feiertag sein», wie sich aus den frühen jüdischen Quellen der Leitgedanke summieren lässt. So mahnen rabbinische Stimmen aus der langen Kette der Überlieferungen auch heute und erteilen einem Auschwitz-Kult eine klare Absage. Das Gedenken muss, wie Michael Wyschogrod betont, bewusst platziert und debattiert werden können, es soll nicht ausschweifen dürfen. Der alte Gott Israels sei eine erlösende Gottheit, und deswegen seien

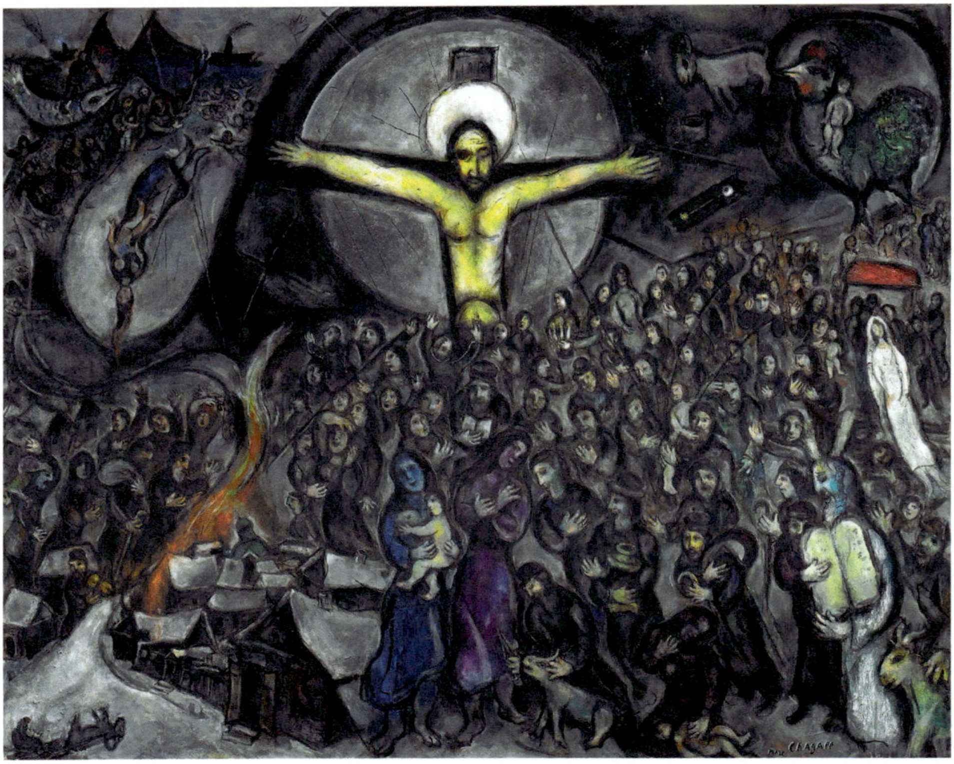

80 Marc Chagall, *Exodus,* 1952, Öl auf Leinwand, 130 × 162 cm; Musée national Marc Chagall, Nizza.

schon in talmudischer Zeit «die Akten der Zerstörung auf *kleine* Fastentage beschränkt worden, während die der Befreiung zu *grossen* und freudigen Festtagen ausgestaltet wurden».[668] Der Trauer wird ein zwar fester, aber nicht übergreifender Platz eingeräumt, hingegen dem Vertrauen ins Leben und der es voraussetzenden Freiheit Raum zur Freude gegeben. Jedes gefeierte Fest mit lebendig gestaltetem Brauchtum *(Minhag)* wie auch jede erneuernde Kodifizierung von Weisungen *(Halacha)* komme, so der Zürcher Rabbiner Zwi Taubes im ersten Jahr nach Holocaust und Kriegsende, einer frohen Erneuerung des Bundesgedankens der «israelitischen Eidgenossenschaft» gleich. Daraus folgt: Das Leben feiern, und es mit den Überlebenden im Besonderen zu feiern, ehrt sie und auch die abwesenden Ermordeten.[669]

Unbearbeitete Leinwände: Polyphones Ringen um das rechte Erinnern

Was hier nicht systematisch zur Sprache gebracht werden kann, aber dennoch implizit immer wieder berührt wird und deswegen anzusprechen ist, sind die theologischen Deutungen des Holocaust bzw. der Schoah. Festgestellt werden muss, dass ein diesbezügliches Schweigen, wie es nach 1945 noch lange vorherrschend war, der Vergangenheit angehört. Zwischen säkularen und religiösen Deutungen sind erhebliche wie kontroverse Diskussionen in Gang gekommen, die auch innerhalb der theologisch orientierten Denkgemeinschaft zu Meinungsunterschieden geführt haben, die sich an Fragen der negativen Theologie und der Ablehnung einer idolatrischen Fixierung orientieren. Beispielhaft sind etwa die Deutungsunterscheide zwischen Emil Fackenheim, der in einer jüdischen Einheit von Säkularen und Religiösen einen Sieg der Überlebenden über Hitler bzw. die Auferstehung des Volkes Israel zu erblicken meinte, und dem bereits erwähnten Michael Wyschogrod, der wie Emmanuel Levinas strikt in Abrede stellte, dass sich aus dem Holocaust ein irgendwie gearteter theologischer oder philosophischer Sinn für das menschliche Leben und Überleben beziehen lasse.[670] Inzwischen hat sich auch eine feministische Theologie des Judentums zu Fragen um Auschwitz und zur Theodizee zu Wort gemeldet.[671] Ein nicht unerheblicher Teil der rabbinischen Überlieferung wiederum hatte der Vorstellung, dass Gott selbst trauert und ungehört über den Zustand der Menschheit klagt, viel Raum gegeben.[672] Der leidende Gott ist inzwischen auch zum Motiv christlicher Theologie avanciert, was zwar entlastend wirken kann und seelisch aufatmen lässt, aber das Risiko birgt, die menschliche Verantwortung zu relativieren.[673] Dagegen haben sich wiederum Stimmen erhoben, die nur den Menschen als ins Leiden inkarniert erachten oder als dessen Urheber sehen, nicht hingegen Gott in die profane Geschichte involvieren wollen. Kabbalistische Lehren wiederum vermitteln zudem die Idee, dass sich Gott auf sich selbst zurückgezogen hat, um Raum zu öffnen für die Freiheit des Menschen, aber mit Israel ins Exil zieht und mit seinem geschlagenen Volk leidet und selber auf Erlösung hofft. In den Publikationen, die seit den 1980er Jahren einsetzen, erscheint Gott so oder so als ohnmächtiger Zeuge.[674] Zusammenfassend gesagt: In den unterschiedlichen Versionen der Theodizee in Hinsicht auf die Schoah mischen sich Aspekte und Argumentationsteile der Auferstehung, der Schöpfungstheologie, der Selbstzerknirschung der Menschen, der Selbstanklage Gottes oder seiner unüberbrückbaren Ferne. In welchen jüdischen oder christlichen Visionen auch immer, solche Erklärungen reichen kaum über die Grenzen eines transzendentalen Idealismus hinaus. So kontrastieren die Relativierungen der Allmacht Gottes oder auch seiner Unergründlichkeit mit nicht wenigen Versuchen, ihn trotz des Bösen in der Geschichte irgendwie zu rechtfertigen.

Ein Strang dieses Denkens birgt indes ästhetische Implikationen und muss deswegen erwähnt werden. In der Theologie des Judentums sind die Geheimnisse der Schrift bzw. des Schriftbildes und die Leerstellen hinter den Buchstaben semantisch konstitutiv für die Erinnerung. Der weisse, leere Grund hinter den Buchstaben öffnet einen Raum, um über die Rätsel der Schöpfung und der Geschichte zu meditieren. Die schriftliche Torah, als mediales Zeichensystem von Offenbarung und Verhüllung, legitimierte auf diese Weise seine Deuter je schon zu einem einzigartigen Prinzip semiotischer Lesart von Schöpfung und Geschichte. Ursachen – auch jene des Leidens – konnten in das Ermessen Gottes gelegt werden, aber gleichzeitig im Hader dieser Gott – und mit ihm die vom Makel behaftete Natur des Menschen – wiederum bezweifelt werden. Die Schriftzeichen sind für dieses Denken am Abgrund der Geschichte gleichsam ein Code, der in den Legenden, in den *Midraschim* und später in der Welt der Mystik ein Geheimnis birgt, gleich einem verschlossenen Felsen, über den die zeitgenössische Gegenwart und ihre allzu profanen Probleme wie dünner Sand rieseln. Der jüdische Gottesgedanke schließt die Gottheit in die hebräischen Schriftzeichen ein, ja er verschließt den Willen des Schöpfers darin. Dem Menschen bleibt nur, in den Zeichen nach den *Un*-Gründen des Menschen zu forschen und die Gebote zu halten. Wir haben es also mit einem Schrift- wie Bildgedanken zu tun, aus denen – wie in den Erzählungen von Franz Kafka – ein nicht aufzulösendes Geheimnis spricht.

Doch diese Idee entspricht in der Gegenwart nur noch ungenügend dem Modus der politischen Theologie des Judentums, selbst wenn es Anlass gäbe, dies weiterhin so sehen zu wollen. Eine semiotisch «offenbarte» Geschichte, die sich im Zeitalter der säkularen Politik eindimensional identifizieren liesse, ist jedenfalls vielen heutigen Juden fremd. Sie wollen sich nicht als Objekte der Geschichte, vielmehr als Subjekte eines selbstbestimmten Lebens verstehen. Schon die talmudischen Auslegungen der Geschichte waren nicht vorrangig theologischer oder metaphysischer Natur, um solcherart das Böse zu bedenken. Eher erhält man den Eindruck, dass es heute in der Holocausttheologie um eine psychologische Deutung geht, um die Fragen der Erlösung und des Leidens in kluge Empathie zu kleiden. Solche Einkleidungen benötigen üblicherweise Metaphern, Bilder und Predigerworte. Eine Soteriologie aber, wie sie im Lauf der Geschichte innerhalb des Judentums und innerhalb des Christentums so unterschiedlich akzentuiert wurde und sich zumeist in den Begriffen der Schuld oder Sünde auswies, die das Menschenbild und die Erlösungshoffnungen bis hin zum Wagnis des Messianischen zueinander in Beziehung setzte, ist in einer Psychologie, die im Denken über den Holocaust anstelle der Theologie tritt, kaum auszumachen.[675] Dies heisst nicht, dass sich dies potenziell nicht noch anders entwickeln könnte, doch vom ergreifenden Niveau, das Margarete Susman 1946 mit ihrem *Das Buch Hiob und das Schicksal des jüdischen Volkes* einst vorgab, erscheint vieles weit weg, ganz zu schweigen von den brüllenden Utopien des politischen Populismus.

Was noch kommen mag, ist, wie alles Messianische, dem Rationalismus des Intellekts nie ganz zugänglich, sondern bleibt in Bildern und Metaphern der Hoffnungen eingewoben. Ob in einem Judentum, das seit dem 18. Jahrhundert sich aus seinem ethnischen Partikularismus herauslösen und sich vergeblich der Hoffnung auf eine allgemeine «Menschheit» und ihrem Naturrecht anheimstellen wollte, sich der universalistische Ansatz als weiterhin fruchtbar erweisen kann, ist ganz und gar ungewiss. Oder ob, im Gegenteil, dies vorweg nur in einem Judentum, das seine Emanzipation und seinen Anspruch auf Sicherheit, Frieden und Gleichheit politisch in einem eigenen Staat – Israel – kollektiviert, muss ebenfalls ungesagt bleiben. Und auch ob zeitgeschichtliche Ereignisse auf die Dauer nicht durch ausserzeitliche Erklärungen mythisiert und in radikale Visionen eines politischen Messianismus abschweifen werden, ist bei Betrachtung jüdischer, christlicher oder paganer Religionsgeschichte niemals gewiss. Vom Standpunkt der Modernen aus mag der Tod stets die Beendigung des biografischen Lebens sein und nicht der archaisch anmutende Versuch, die Toten in Ahnen zu verwandeln. Doch eine solche seit der Aufklärung individualisierte Erinnerung *post morten* stiess und stösst schon an Grenzen, wenn die Menschen nach Erklärung des Unumstößlichen und seines Schreckens in der Geschichte suchen und auf eine erlösende Erneuerung der Zeit, sprich: heimlich einer Theologisierung von Auschwitz zuarbeiten.

Doch der Schein trügt, auch wenn jüdische Künstler, die aus der Alten Welt in Europa und Russland stammen, wie Marc Chagall, Mark Antokolsky, Emanuel Mané-Katz, Samuel Bak, Adolph Gottlieb, Barnett Newman und selbst Marc Rothko, Kreuzigungsszenen zeichneten und

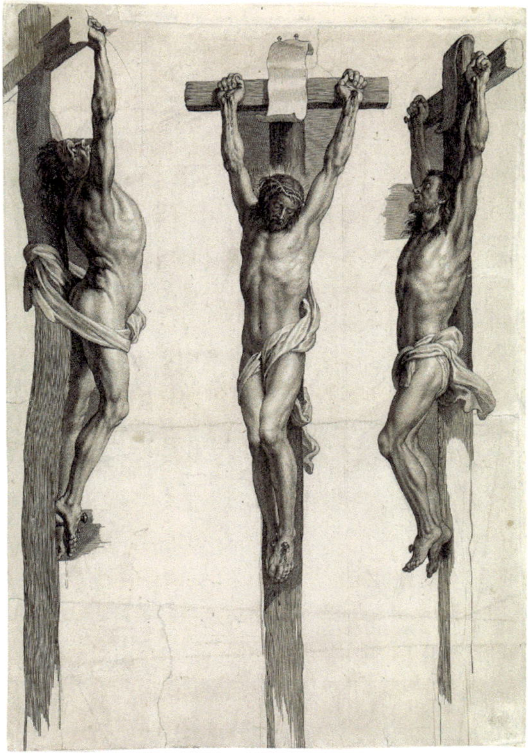

81 Schelte A. Bolswert, *Christus am Kreuz zwischen den beiden gekreuzigten Verbrechern,* um 1600, 50,8 × 37,8, Gravur nach Peter Paul Rubens, mit fehlendem Kalvarienberg; Rijksmuseum Amsterdam.

malten und für die Schoah dieses römische Symbol und seiner christlichen Fortschreibung des Neuen Testaments beanspruchten, um Leiden als kollektives Geschehen von Millionen jüdischer Menschen zu erinnern.[676] Auch der in Jerusalem geborene und 1991 in Tel Aviv verstorbene Moshe Castel, der in Paris dem Kreis von Montparnasse zugehörte und insbesondere von der Begegnung mit Chaim Soutine geprägt war, hat emblematische Darstellungen der Kreuzigung gemalt. Doch eben dies wurde und wird von diesen Künstlern selber auch eminent in Frage und zur Disposition gestellt. Marc Chagall, der nicht wenige Kreuzigungen malte, um das Leiden der Juden in Pogromen und während der Schoah darzustellen, hat uns ein eher verstörendes Bild hinterlassen (Abb. 80). Es zeigt den Exodus der Juden aus Europa und mit ihnen den Exodus des gekreuzigten Christus aus dieser Welt. Alle für Chagall typischen Motive – die fliehende Uhrzeit, der stürzende Engel, das brennende Schtetl, die liebende Braut, die nicht wenigen Tiere, der Karren und weitere jüdische Symbole – sind in der Masse der vor der Vernichtung fliehenden Menschen erkennbar. Gewiss ist dies auch eine Anspielung auf die biblische Erzählung vom Auszug aus Ägypten, doch vor allem ist es ein Abschied aus Europa. Moses mit den leuchtenden Gesetzestafeln steht im unteren rechten Bildteil, und die übergrosse Christusfigur in der oberen

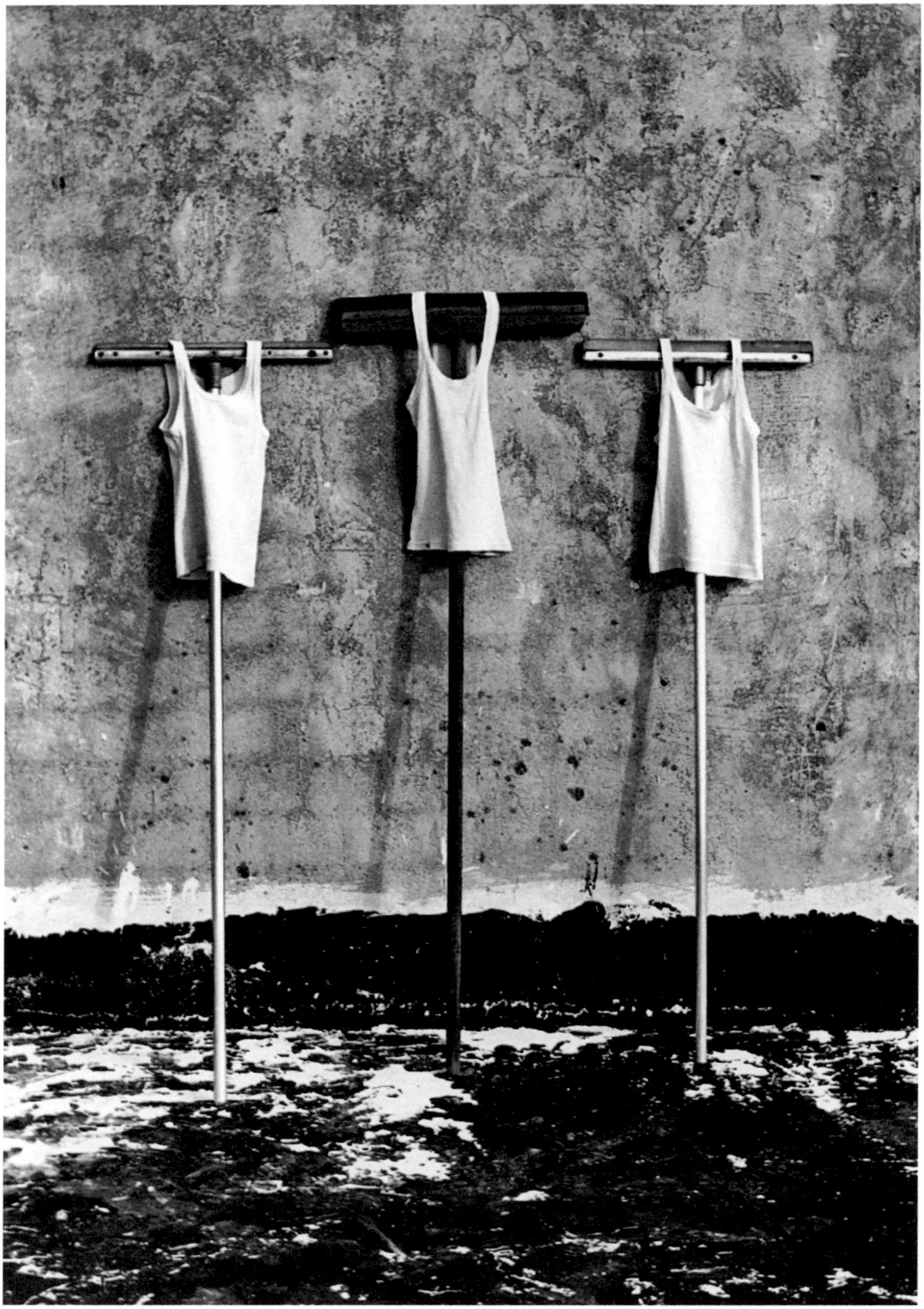

82 Efrat Natan, *Roof Work: Golgatha,* 1979, Fotografie der Installation auf einem Dach in Tel Aviv, Gelatin silver print, 29 × 23 cm; The Israel Museum, Jerusalem, Geschenk der Künstlerin.

Mitte zieht mit dem jüdischen Volk weiter ins Exil. Es mutet an, als hätte Richard Wagner Regie geführt, wenn hier Judentum und Christentum aus Europa vor ihrer Vernichtung fliehen. Doch in der historischen Wirklichkeit der Schoa haben die auf dem Gemälde dargestellten Juden unter Qualen das Kreuz tragen müssen, zwar in der Hoffnung auf Erlösung, doch in einem kaum glanzvollen Augenblick, der sich ihnen nicht als rettender Sieg, vielmehr in der Stille persönlicher Verzweiflung darbot.

Wenden wir uns indessen zwei zeitgeschichtlichen jüdischen Künstlern zu. Die israelische Künstlerin Efrat Natan spielt in ihrer Installation *Roof Work: Golgatha,* die aus drei Kreuzen besteht und Kreuzigungsdarstellungen christlicher Gemälde und Altarbilder zitiert, mit den hängenden Unterhemden auf das Leichentuch Christi an. Sie versteht diese Installation als Verweigerung und Protest gegenüber dem falschen Anspruch, die Schoah als christologisches Ereignis zu deuten (Abb. 82). Darin steht sie in der Tradition eines der jüdischen Jesusbilder, welches, wie es Martin Buber formulierte, im christologischen Anspruch eine «Usurpation des jüdischen Urbesitzes» durch die Kirchen gesehen hat.[677] Es ist gleichzeitig eine in die eigenen jüdischen Reihen gerichtete Absage an die gängige Erfahrung, das Leiden als Martyrien zu heroisieren. Mit der ambivalenten Signatur von drei Kreuzen, die an die Darstellungen des Geschehens am Kalvarienberg erinnern, markiert ihre Installation auf einem Hausdach in Tel Aviv stattdessen den nüchternen Pioniergeist des Zionismus, der sich vom Bild es alten Europas verabschiedet. Verschwitzte Unterhemden – und dennoch in der Signatur an die Darstellungen des Kalvarienbergs erinnernd. Und doch – wenn man es so sehen will – ist diese zionistisch gedachte Installation eine Visualisierung der modernen Gnosis, die ihre Inkarnation im Land Israel konkretisiert wissen will.

Diese spürbare Ambivalenz ist auch in einem Bild von Michael Sgan-Cohen kenntlich (Abb. 83), der wie Natan in der Pop- und Conceptual Art verortet werden kann. Sein *Coat of Many Colors* von 1981 lässt viele Anspielungen offen. Der Titel ist eine Zitierung aus der biblischen Geschichte von Josef, der von seinem Vater einen bunten Leibrock als Zeichen der Bevorzugung geschenkt erhält und anschließend von seinen Brüdern in die Sklaverei nach Ägypten verkauft wird (1 Moses 37,1–3). Doch den Rock, den wir auf dem Bild in menschlicher Formatgrösse sehen, ist nicht bunt, vielmehr in den Farben der Kleider von KZ-Häftlingen – blaue Streifen auf ockerhellem Grund – gemalt. Über dieses Leinen montiert Sgan-Cohen, der früh verstarb, sein Selbstporträt, das ihn, wie bei den klassischen byzantinischen Ikonen von Heiligen oder bei der Darstellung des Christus als Pantokrator, mit einem eindrücklichen Gesicht, langen Haaren und markantem Bart zeigt. Dass Sgan-Cohen sein Selbstporträt auch auf einen Holzpfahl montierte und ihm den Titel *Leaning Crucifixion* gab, haben wir hier aus Anlass von Max Frischs Bühnenstück *Andorra* schon vermerkt; auch seine zahlreichen Selbstporträts als rebellische Zitate – von Moses über Kain und Jonah bis zum Don Quixote des Miguel de Cervantes – sind von Kommentatoren genannt worden. Sgan-Cohen setzte seine Kunstwerke, die er «reflektive Malerei» nannte, um den Widerschein der unterschiedlichen Stränge der westlichen Kulturen einzufangen, als Gegenbilder zu einer ausschliesslich christozentrischen Kunstauffassung, was er auch intellektuell explizit vortrug. Wie Amitai Mendelsohn anmerkt, hatte diese seine Haltung «mehr als eine Seite: Ein entschiedener Verfechter des hebräischen Buchstabens und der abstrakten Textualität des Judentums, stellte er dennoch sein eigenes Gesicht in der christlichen

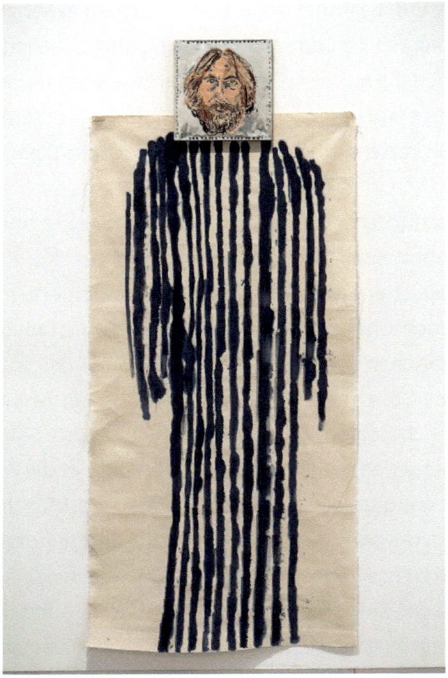

83 Michael Sgan-Cohen, *Coat of Many Colors,* 1981, Acryl auf ungespannter Leinwand sowie Zinn, 177 × 71 cm; The Israel Museum, Jerusalem.

Kunstform der Ikone dar.»[678] Jedenfalls zögerte Sgan-Cohen nicht, diese vielen Seiten eines gedanklich bunten Rocks auf die Schoah zu beziehen und eine solche Assoziation visuell in den Streifen der Häftlingskleider künstlerisch wie intellektuell mitzuteilen. Die blauen Streifen sind – der Betrachter könnte dies nahezu symbolisch verstehen – auf eine rohe, unbearbeitete Leinwand aufgetragen.

Die Schoah ist in den Bildern jüdischer und israelischer Künstler und Künstlerinnen also vehement präsent. Auschwitz ist damit aber noch lange nicht Golgatha geworden! Wenn dies Betrachter auch zu christologischen Deutungen verführen mag, so ist die Botschaft dieser Bilder eher im dialektischen Gegenteil zu suchen. Was sie auszeichnet, ist eine Abgrenzung, wenn nicht gar Protest: Sich gegen eine Idolisierung oder falsche Sakralisierung der Opfer auszusprechen – als drohte Israel als geschichtliches Subjekt in der Erinnerungskultur der Welt bloss zur Präfigurierung der Erlösung im paulinischen Modus der Schubumkehr zu geraten. Was indes in dieser bemerkenswerten Genese jüdischer Gegenwartskunst zunehmend verschwindet, ist das Unsagbare, das Unerklärliche, dem man in althergebrachter Rhetorik noch den Namen des Heiligen und des Martyriums gab. Deren Enttabuisierung und deren Verwandlung in die säkulare Moderne aber sind nunmehr der Grund dafür, dass es die Kunst und die Reflexion durch und über die Kunst in Hinsicht auf die Schoah gibt.

Um die Sache, das ist das Leiden und die Ereignisse in der Geschichte, zu begreifen, ist in der Moderne zuerst aber nicht vornehmlich die Kunst vorstellig geworden. Dies war auch nicht der Fall, wo man sich um eine auf Transzendenz gerichtete jüdische Theologie mit entsprechenden Bildprogrammatiken bemühte. Vielmehr und ganz zuerst ist eine kritische Sozial- und Kulturforschung in den gesellschaftspolitischen Rang einer Deutungsmacht aufgestiegen.[679] So trat eine gegenüber allen Ideologien und religiösen Vereinnahmungen kritische Forschung auf den Plan. Sie fokussierte auf konkrete Ereignisse wie die Konferenz von Wannsee am 20. Januar 1942 oder auf die nach 1945 erhobenen Forderungen nach Restitution und Wiedergutmachung. Denn dieser Sache ging und geht es eminent um politische Zukunft, wie Max Horkheimer klargemacht hat. Zionistisch wie diasporisch gelesen ist dies zugleich ein Abschied aus alten Verhältnissen, in denen man allzu lange passiv Opfer und Objekt einer fremdbestimmten Geschichte war. Bei Gershom Scholem kommt der Staat Israel einem Abschied von Europa gleich: Wir haben «auf Heilung gehofft, doch stattdessen – Grauen.»[680] Daraus war die Konsequenz zu ziehen, das eigene Schicksal politisch im Rahmen eines jüdischen Staates selbst in die Hand zu nehmen. Auch die diasporische Seite erkennt einen Abschied, vorab er aus einer nordamerikanischen Perspektive gelesen wird. Deren politische Theologie rückt das zivilreligiös gewandelte Verhältnis Gottes zu willkürfreien Normen im Sinne rechtsstaatlicher und demokratischer Verfasstheit des Gesellschaftsvertrages in den Vordergrund. Beide Betrachtungen, zionistisch oder diasporisch, sehen in der Erinnerung an den Mord an den europäischen Juden den Imperativ zu ihren Positionen, indem die Chiffre «Auschwitz» ein historisches Bewusstsein von der ultimativen Abwesenheit der Ermordeten abverlangt.[681] So bringen diese Berufungen auf eigene gemeinschaftliche Traditionen das Paradox hervor, dass die Würde und die konkreten Rechte der Menschen unter Gleichen nichts anderem als dem menschlichen Abbild Gottes als einer unfassbaren, nicht antastbaren Abstraktion geschuldet sind – und dies heisst im Sinne einer negativen Theologie, dass die Notwendigkeit gesetzlicher Moral nicht im Glauben an die menschliche Vernunft oder eine ferne Utopie liegt, wozu es historisch und bis heute keinen Anlass gibt, sondern in der Erinnerung an den menschlichen Horror und die ihm zugrunde liegende kriminelle Vergötzung von Macht und Menschen. Eine solche Theologie gebietet die Abkehr von Theokratie und ebenso von ihrem atheistischen Pendant, dem Führerstaat. Anders gesagt: Menschenrechte bestehen, wie Isaiah Berlin vermerkt hat, nicht wegen, sondern gegen die spezifische Natur des Menschen, die letztlich indifferent und grausam gegenüber dem lebendigen Anderen ist. Und dieses Andere – körperlich als der Andere, die Andere – ist potenziell auch radikal neu. Wie es Emmanuel Levinas ausdrückt, das Andere rührt weder von der einen noch von der anderen Seite her – und es kommt unvermutet.[682]

Inzwischen hat das literarische Schaffen zum Thema Schoah in einem weit größeren Umfang zugenommen als die referierte theologische Selbsterkundung oder die historisch-politische Selbstermächtigung. So sind gar literaturgeschichtliche Überblicke zu Belletristik wie Lyrik hinsichtlich der Schoah erschienen, die von den Schriftkundigen der Moderne zu Rate gezogen werden.[683] Auch diese Formen und Fragen können hier nicht ausgeschöpft werden und müssen sehr punktuell bleiben. Fest steht, dass sich der kühle Agnostiker und der glühendste jüdische Atheist wie ebenso eine feministisch-jüdische Theologie oder Lesarten orthodoxer Provenienz herausgefordert finden, eine Erzählung und literaturkundige Grammatik des Verstehens von Auschwitz zu formulieren, in der die sprachliche wie bildhafte, ja die ästhetische Vermittlung überhaupt kritisch bedacht werden.[684] Literarisches Schaffen dient diesen Absichten in einer Fülle von Romanen, Erzählungen, Biografien und Reportagen. In ihnen wird um das rechte, angemessene Erinnern unentwegt gerungen. Das Bild des Holocaust wurde, wie es Yosef Hayim Yerushalmi ausdrückt, «nicht am Amboss des Historikers, sondern im Schmelztiegel des Romanciers geformt.»[685]

Den «Urtext» stellte vermutlich das Tagebuch der Jahre 1942 bis 1944 von Anne Frank dar, jenes Mädchen, dessen Aufzeichnungen es seit ihrer Veröffentlichung im Jahr 1947 Generationen junger Menschen erlaubten, sich in die Situation eines Opfers einzufühlen und sich mit ihm zu identifizieren. Die Umarbeitung zu einer Ikone in den Jahrzehnten seit der Erstveröffentlichung wurde indes, wie Cynthia Ozick 1997 scharf formulierte, von Versuchen begleitet, das Tagebuch zu verbiegen, zu verzerren, zu reduzieren, es wurde «infantilisiert, amerikanisiert, homogenisiert, sentimentalisiert, verfälscht, verkitscht und tatsächlich unverhohlen und arrogant geleugnet».[686] So steht hier die Ikone in Gegensatz zur Person aus der Geschichte, die Verfertigung der Geschichte gegen die vergangene Gegenwart, das falsche Bild der Wahrheit gegen die Wahrheit im Bild, das das Gedenken stiften sollte. Zuweilen waren es dann aber wahrhaft kitschige TV-Serien aus den USA, die wie in Deutschland dazu beitrugen, den *Holocaust* unter diesem Filmtitel öffentlich ins breite gesellschaftspolitische Bewusstsein zu transportieren. Eine Vorreiterrolle fällt, transatlantisch gesehen, auch einem weiteren künstlerischen Medium zu: Der Comic, heute auch als *Graphic Novel* bekannt, war die entscheidende Gattung, um seit den 1950er und 60er Jahren den Holocaust durch Literatur und Kunst, das heisst Sprechakte mittels sequenzierter Bilderfolgen, in der nordamerikanischen Öffentlichkeit bekannt zu machen.[687] Heute gesellen sich dazu, vielleicht weit herausfordernder, die Fragen des digitalisierten Unterrichts und das Internet.[688] Am Anfang aller dieser angesichts der Wirklichkeit unzulänglichen Versuche aber steht die große, übergroße Frage, die zuerst von Primo Levi gestellt worden ist: Wie und ob überhaupt in der Kunst wie in der Literatur von der Schoah erzählt werden kann.

Erinnerungspolitische Post-Holocaust-Kontroversen

Die hier skizzierten Entwicklungen sind Teil eines Zusammenhanges, der sich charakterisieren lässt als «Herausbildung einer neuen Schicksalsgemeinschaft», die sich nicht mehr durch nationale Erfahrungen allein definiert, sondern die eine der zentralen Katastrophen des 20. Jahrhunderts zum Anlass nimmt, neue gemeinsame Bezüge jenseits des Nationalstaats herzustellen.[689] Diese Fragen wurden seit den 1990er Jahren in zunehmend drängender Dichte gestellt, wie Daniel Levy und Nathan Sznaider anmerken. Sie sind Teil eines moralischen *turns,* einer Bewegung hin zu Restitutionen von Ressourcen und zur Anerkennung von vergessen gemachten oder ins Unrecht gestürzten Kulturen auf internationaler Ebene, was sich auch in einer Intensivierung historischer Forschungen zeigt.[690] Gleichzeitig liegen aber Versuche vor, die Bedeutung des Holocausts in Europa in angeblich postkolonialer Perspektive zu relativieren, Begriffe wie Genozid und Völkermord in Zweifel zu ziehen oder der deutschen Öffentlichkeit vermeintlich «universalisierende» Betrachtungen zu empfehlen, deren wahrer Charakter aber homogenisierend ist. Die Erinnerung an den Holocaust wird dann bloß noch als eine katechetisch-christologisch anmutende «Verpflichtung gegenüber den Juden» und insbesondere zugunsten Israels dargestellt, um angeblich «andere historische Verbrechen auszublenden».[691] Es gilt zu fragen: Wird die Trauer um die Juden, die vor längerer Zeit in Auschwitz verblichen sind, von der Gegenwart losgelöst, um «katechetisch» Platz zu machen für die Verurteilung des Staates Israel? Geht es darum, die alten und neuen Sehnsüchte postchristlicher, postislamischer und postkolonialer Provenienzen zu befriedigen, indem man diesen Staat diskursiv auslöscht? Wünscht man auf diese Weise, sich aus dem mimetischen Begehren zu lösen, um das mythische Opfer sich selbst aneignen und es für die eigene politische Kultur und Religion kultisch einsetzen zu können? Soll der Kult des Eigenen mit der Aggression gegen das althergebrachte, jüdische und fremde Opfer vorangetrieben und mit dem Heilmittel des umgestürzten «Katechismus» die eigene Neuordnung der Welt etabliert werden? Es sieht so aus, dass auf dem Weg zu dieser angeblichen Neuordnung das Judentum als Hindernis und das Gedenken an den Holocaust, an das «Ganzopfer», als falsches Bild des Wahren gelten.[692] Dass man dabei den Juden und ihrem Souverän «Israel» nicht verzeihen wird, solange sie nicht aus der Geschichte und der Erinnerung verschwunden sein werden, bildet das Implikat dieser Argumentation. Die Auslöschung, Verschiebung, Aneignung und Auferstehung des damit umgedeuteten mimetischen Begehrens, mit dem implizit oder offenkundig der Erlösungscharakter des nationalsozialistischen Antisemitismus einkalkuliert wird, ist eine nur dürftig verhüllte Version des Judenhasses, der nunmehr auf den Staat Israel als einem der Erben der Schoah fixiert wird. Das Gedenken an ein konkretes historisches Ereignis erscheint einer Deutung des Mordes anheimgestellt, in der nur noch vage abstrakte Ideale, hochtrabende Ismen und universalisierte religiöse Prämissen gelten, um den eigenen kollektiven und politischen Heilserwartungen zu entsprechen. Das Verbrechen selbst und die NS-Täter entschwinden im Nebel solch erlösender Wunschbilder. Wie dieser Neokatechismus sich durch Kunst und Bilderherstellungen mitteilt, ist hier schon mit einer Leinwand zur *Documenta* von 2022 angesprochen worden.[693]

Das willentliche Vergessen oder die polemische Vertauschung von Tätern und Opfern sind nicht lediglich negativ konnotierte Kehrseiten der Erinnerung. Und Erinnerung wiederum ist keine Gewährung einer segensreich auszuweisenden Schaffung von Anerkennung und Gerechtigkeit gewesen. Die Opfer von Verfolgung werden eben nicht bloß vergessen, verdrängt oder zufällig erinnert, wie Constantin Goschler, Paul Connerton, Paul Ricœur und weitere anmerken, sondern ihr Ein- oder Ausschluss aus der politischen Anerkennung und aus dem kulturellen Gedächtnis ist als eine Folge gezielter politischer Handlungen und ideologischer Prätention zu verstehen.[694] Es ist mithin der Staat bzw. staatlich legitimierte Akteure, die durch Macht und ihre professionalisierten akademischen Diener mittels der Benennung, der Klassifikation und der Gestaltungskompetenz einen Kanon dessen, was es zu erinnern und was zu vergessen gilt, durchsetzen – oft genug auch auf dem Weg der «Einschüchterung oder Verführung, der Ängstigung oder Schmeichelei».[695] Diese aktive Praxis der Öffentlichkeit – das erzwungene Beschweigen vergangener Geschehnisse und ebenso die forcierte Schau der Erinnerung – hatten und haben als Preis jedoch oft die Erniedrigung der Betroffenen oder deren Furcht vor Beschämung zur Folge. Der schweizerisch-israelische Arzt Aron Ronald Bodenheimer empfahl nicht nur seinen jüdischen Klienten, sondern dem jüdischen Kollektiv überhaupt, die Schoah zu vergessen, um wieder fähig zu werden, sich dem guten Leben zuzuwenden, hingegen hielt er die Bereitschaft zur Erinnerung für die europäischen Nichtjuden als notwendig und unumgänglich, um die Verantwortung gegenüber der Geschichte wahrnehmen zu können.[696]

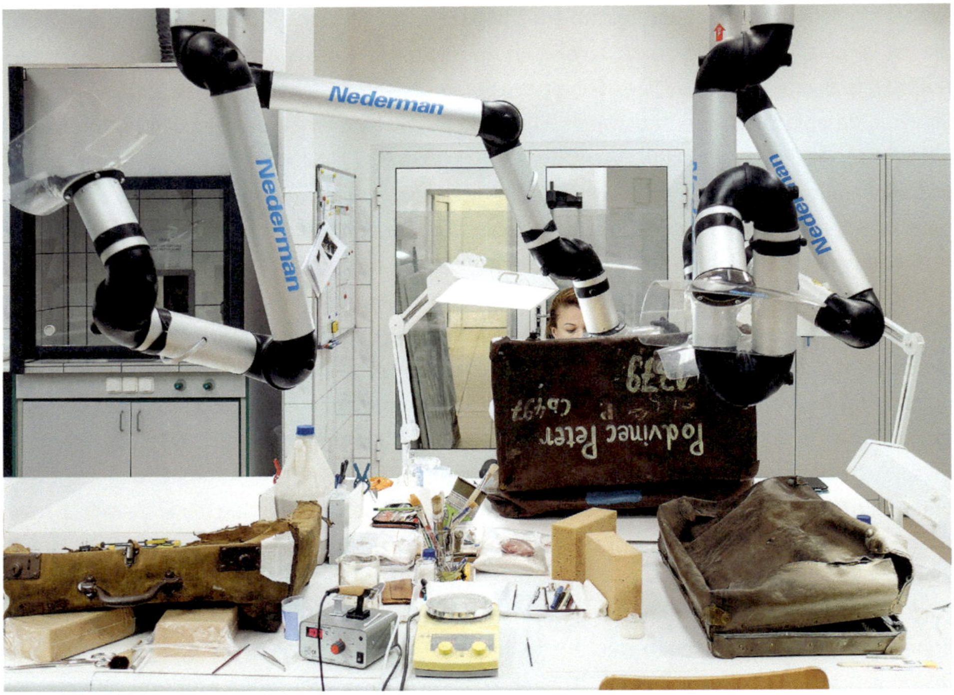

84 Frédéric Mougenot, *Auschwitz,* Laboreinrichtungen im Stammlager, Fotografie Herbst 2017.

Gerade, was die Europäer anbelangte, stand nach Kriegsende jedoch ein friedenspolitischer Vorbehalt im Raum, der Revanchen und Aufrechnungen vermeiden wollte: Winston Churchill empfahl 1946 den «segensreichen Akt des Vergessens» in seiner Zürcher Rede aus damals guten Gründen, die sich aus der Formel des Westfälischen Friedens von 1648 («Omnis oblivio et amnestia») beziehen liessen. Doch in Gegensatz dazu gab es nach 1945 nunmehr nicht mehr Täter und Opfer auf allen Seiten, vielmehr enorme Opfer aus Unschuld, deren kollektive Auslöschung industriell betrieben worden war.[697] Das allmähliche Erwachen aus diesem Vergessen erwies sich als schmerzhaft und war im Verlauf der weiteren Jahrzehnte auch nicht wenig von Tönen des harschen Streites und auch der Beschämung dieser Opfer beschattet. Oft genug sind dann die Folgen dämmende Beschwichtigungen oder offen palliative Abwehrreflexe, auch mit der Absicht, Rechtsforderungen oder auch nur schon die Einlösung menschenrechtlicher Denkhorizonte zu vermeiden.[698]

Zuweilen wird Polemik auch unter denen laut, die sich der Beschämung erwehren und emanzipativ die Initiative gegen das Vergessen ergreifen. Dies ist vermutlich in den USA weit mehr der Fall gewesen als in Europa, so wenn aus Anlass der Eröffnung des US Holocaust Memorial Museum in Washington D. C. auch von «Altären des Kitsches» oder dem «Disneyland des Schreckens» die Rede war, oder wenn in Israel die Tendenz, die Schoah-Erinnerung zu einem mythisch-messianischen Denkgebilde zwecks Legitimierung parteilicher Ansprüche zu machen, angeprangert wird.[699] An solcher ästhetisch-kulturpolitischer Kritik ist zu erkennen, dass die

Gründung von Museen in Washington oder New York mithin die ambitionierten Missionen und Machtkämpfe dokumentieren, wenn die Akteure sich durchsetzen oder bestimmten Denkfiguren einen ikonischen Status zu verleihen suchen. Ob in solchen heftigen Kämpfen – seien es nun jüdische oder anderweitige nationale Auseinandersetzungen – letzte Reste einer messianischen Intention unter den Modernen gesehen werden können, um «das Versprechen einer unheimlichen Freiheit herauszuhören», muss hier dahin gestellt bleiben.[700] Solche Ambivalenzen im Aggregatszustand ideologischer Präferenzen bei der Erinnerungsbeschaffung werden indes allgemein kenntlich anhand von Ritualen und der zu Monumenten und Museen erstarrten Pathosformeln. Das sollte zu Bewusstsein bringen, dass jede Gegenwart sich von einem historischen Ereignis so weit entfernen muss, um die Vergangenheit überhaupt überblicken und den Umgang mit ihr bedenken zu können. Die Distanz zum Holocaust oder einem anderen Genozid ist also notwendig, um Kritik und Reflexion anzustoßen, aber sie darf nicht so weit gehen, dass dadurch der Anker im Kern einer Geschichte den Halt aufgibt. Denn Bilder, Denkmäler oder Rituale bergen als Form der externen Speicherung auch die Gefahr, dass einerseits das Erinnern versteinert und der Routine überlassen wird oder andererseits in unzulängliche Kontexte externalisiert wird, um vergessen oder verdrängt zu werden oder von unberufener Seite begehrt zu werden.[701] Zusammenfassend gesagt: Ein forcierter Überschuss an Erinnerung kann paradoxerweise mit einer Form des Vergessens, der Abfälschung oder der Verdrängung einhergehen – ob beabsichtigt oder nicht.

Neuartige Narrative, unterschiedliche Foren

Heute durchziehen Tausende von Gedenkstätten, Monumenten, Ruinen und Museen die kulturelle Topografie, während aber ungezählte Gräber mit anonymen Toten uns das Bild «kontaminierter Landschaften», namentlich in Mittel- und Osteuropa, hinterlassen.[702] Dem einstigen Konzentrationslager Auschwitz-Birkenau, seit 1979 als Weltkulturerbe der UNESCO eingetragen, und weiteren zu Ikonen avancierten Orten des Grauens haben sich inzwischen Denkmalpfleger, Restauratoren, forensische Labore und Tourismusverantwortliche angenommen. Es gilt, sie vor Verfall und mutwilligen Beschädigungen zu schützen. Auch diese Bemühungen sind mittels Berichten und Fotografien bedacht worden, sie zeigen *hinter* den Bildern von Auschwitz das Bild des heutigen Lagerzustandes und das Management dieses Zustandes.[703] Darin erweist sich der Zeitabstand zu früheren Objekten, die eingelagert wurden und inzwischen zerfallen oder Patina angesetzt haben (Abb. 84), als Herausforderung. Während die Überreste dieser oft weitab gelegenen Lager in den frühen Nachkriegsjahren noch als ausreichend galten, um repräsentieren zu können, was geschehen war, wurden sie nun mehrheitlich umgestaltet und mit Monumenten und Museen in den urbanen Zentren ergänzt: «An die Stelle der Denkmale aus der Zeit treten Formen gebauter Erinnerung […]. Das Denkmal *an* die Zeit löscht und transformiert das Denkmal *aus* der Zeit soweit, bis dieses sich ohne Bruch und Reibung in das Denkmal *an* die Zeit einfügt.»[704]

Es sind, wie das Monument zu Berlin, damit Anathemata, die entfernt an jene Art und Weise erinnern, wie in archaischen Zeiten mit den Gaben des endlichen Lebens, die unweigerlich den Tod verkörperten, mittels Gegengaben an die Gottheiten umgegangen wurde. Weder wurden diese Gaben als gestiftete Opfer zerstört noch konsumiert noch rezykliert, vielmehr in den Bezirken des Heiligen unantastbar aufgestellt (1 Könige 7,13–50). Vielleicht entsprachen die Anathemata dem besorgten Wunsch, mit einem zu Stein oder Metall gemachten Opfersymbol das Leben dem Herrn dieses Lebens zurückzugeben, um es gleichzeitig zu erhalten. Unter anderen Bezeichnungen heissen jüdische Friedhöfe denn auch «Haus des Lebens» *(Beth ha-Chaim)*, was die Bedeutung des Grabes unterstreicht, wie dies im Falle der zu Asche gewordenen Ermordeten nicht gegeben sein kann. So besehen handelt es sich bei den Monumenten um eine Form des Banns gegen das Vergessen der einst Lebenden und gegen das Böse schlechthin, das auch die Stätte ihres Verbleibs angetastet hatte.[705] Man sollte den zeichenhaften Verweis auf die Vorgaben der Alten, so seltsam fern und womöglich befremdlich er uns hier anmutet, nicht ignorieren. Ungleich zur Antike hat aber unsere Moderne den Diskurs längst substituiert und in materieller Sachlichkeit, mit rationaler Kritik und durch ästhetische Reflexion in Anspruch genommen.

Unsere Kultur formt Gedächtnis aus der Möglichkeit, uns ein Geschehen zu imaginieren. Denkmäler zu stiften bringt deswegen nicht nur Gedenkstätten, Gebäudekomplexe oder Museen hervor, sondern auch Embleme, Gedenkfeiern, Rituale, Kunstwerke oder traditionsreiche Texte und Melodien, wodurch das Gedenken mit neuen Bedeutungen versehen wird oder gar verändert oder auch neu erfunden wird.[706] Um einige konkrete Beispiele hervorzuheben: Die Benennung von Strassennamen und städtischen Plätzen oder das Vorhandensein von kleinen Denkmälern und intimen Formen des Gedenkens zeigen, dass überall auf der Welt die lokalen und intimen Kleinformen des Erinnerns von oft unterschätzter Bedeutung sind.[707] Wenn etwa Familien ein Grab kaufen, ohne darin die an fernen Orten zu Asche gewordenen Ermordeten bestatten zu können, sondern um einige wenige Erinnerungsstücke oder vielleicht auch einzig die Namen der Toten zu bergen, schaffen sie einen Ort des Gedenkens, der von Stille und Schlichtheit zeugt (Abb. 85). Ähnliches gilt für das Pflanzen von Bäumen an Tu BiShvat, dem jüdischen Fest der Bäume, die im Zeichen des Gedenkens stehen können. Der israelische Maler Eldar Faber malte die Bäume im ehemaligen Konzentrationslager Ravensbrück, an die sich sein Vater in Israel immer wieder erinnerte, wenn er von seinem Leid erzählte.[708] Schenkungen zugunsten von Einrichtungen wie Kinderhorten oder Pärken im Grünen, wenn dort auf einer Erinnerungstafel der Ermordeten aus den Familien der Schenkenden gedacht wird, sind ebenfalls Ausdruck dieser Haltung. Doch wird die feststellbare Vielzahl solch intimer Orte und Bilder nicht die Verantwortung des Staates, eine offizielle Gedenkstätte zu errichten, substituieren können. Dies wäre infam, weil das Leiden gleichsam privatisiert würde und gar zu einem Vorrang desjenigen erinnerungswürdigen Leids, das anwaltschaftlich am durchsetzungsfähigsten vertreten wird, führen könnte. Die Produktion von national anerkannten Narrativen und Gedenkmonumenten ist prägend für den Rahmen, in welchem Erinnerung sich in der Freiheit des individuellen, aber gesellschaftsvertraglich gebundenen Menschen ereignen kann. [709] Die privaten Träger solch halböffentlicher Erinnerung in zivilgesellschaftlichen Initiativen und auf kulturellen Foren aber gewährleisten den Kitt, der aus Monumenten ein gelebtes Gedenken macht.

Um nur ein Beispiel der Herstellung von Öffentlichkeit zu nennen: In neutralen wie besetzten Staaten hat das Narrativ des Diplomaten oder Polizeihauptmanns als Retter offenkundig

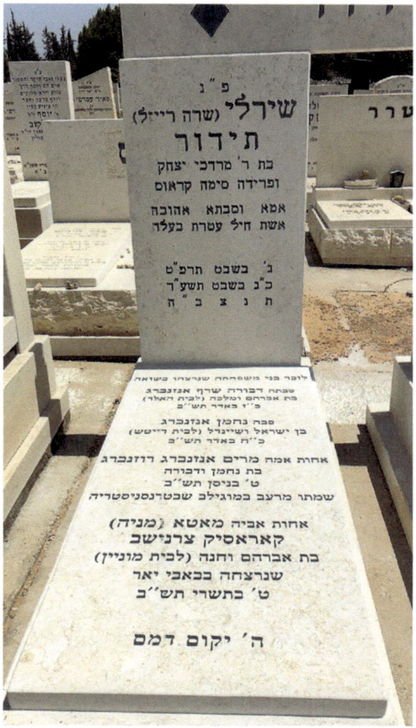

85 Grabstein der Mutter von Judy Tydor Baumel-Schwartz, mit den Namen der während der Schoah ermordeten und nirgends bestatteten Familienmitglieder.

einen hohen Stellenwert und schließt auch die Erhaltung ihrer Grabstätten ein.[710] Es bedurfte eines sehr langen Anlaufs über mehrere Jahrzehnte, um den verurteilten und verfemten Polizeihauptmann Paul Grüninger, der Tausenden von Juden das Leben rettete, zu rehabilitieren und an den Orten des vergangenen Geschehens zu ehren. Es war ein hürdenreicher «Flankenlauf in die Zukunft».[711] Die Träger dieser Initiative, die als Stiftung Gestalt angenommen hat, umfasst auf dem Foto die Familie mit vier Generationen des nachmaligen Polizeihauptmanns. Unter den Mitgliedern des Stiftungsrates ist auch ein von Grüninger Geretteter sowie Nachfahren von Holocaustüberlebenden und eine Reihe von öffentlichen und halböffentlichen Personen, die sich um Gerechtigkeit in «Grüningers Fall» (Stefan Keller) bemühten (Abb. 86). Dadurch werden auch die Initianten dieser Bemühungen und jene, die sich lange dagegen sträubten, zu einem Teil von Grüningers Nachgeschichte. Letztere verweist nochmals auf die Geretteten, ihre Nachkommen und jene Vielen, die sich nicht retten konnten, weil die Grenze geschlossen wurde.

Über Monumente und Strassenplätze zur Erinnerung an Vergangenes hinaus halten also lebendige Träger das Gedenken wach. Wir befinden uns dabei immer auf den unterschiedlichsten Foren. Ablesbar ist dies daran, dass entsprechend unterschiedliche Vermittlungsformen wie Comic, Literatur, Musik, Spiel- und Dokumentarfilme, aber auch pädagogische Wege, die Erinnerung zu schaffen, verfügbar sind. Und dann daran, dass diese Medien allesamt sich grenz-

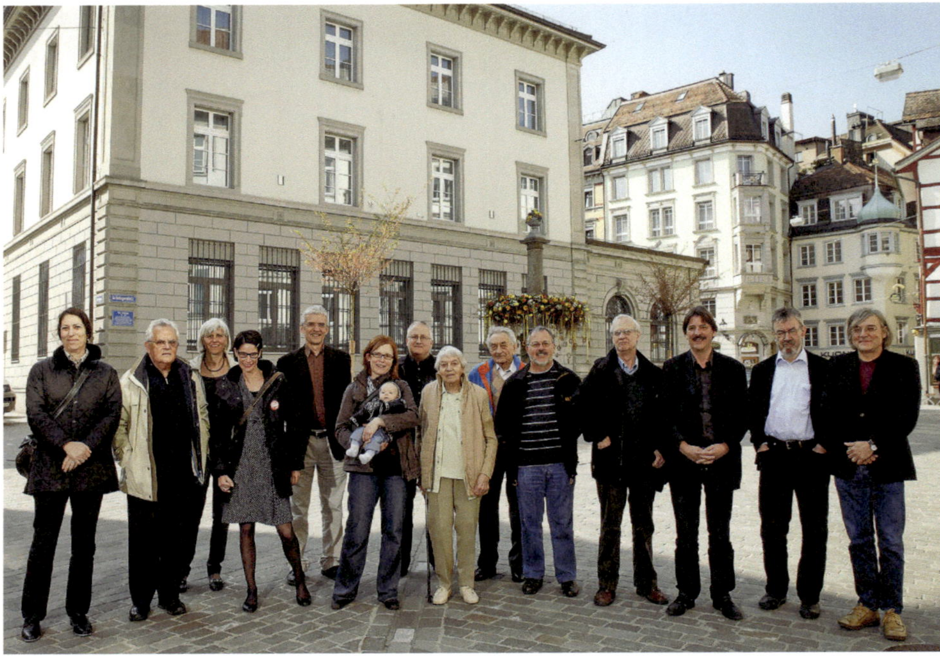

86 Der Paul-Grüninger-Platz, St. Gallen, 2011, mit den Mitgliedern des Stiftungsrates der Paul-Grüninger-Stiftung, darunter ein von Paul Grüninger Geretteter und Nachfahren aus vier Generationen des nachmaligen Polizeihauptmanns.

überschreitend bewegen und rezipiert werden. Kulturelles Gedächtnis konstituiert sich also aus Texten und Bildern, Filmen oder Musik, Biografien und Literatur, Comics und Kunst, Lehrmitteln und Schulstunden, Ritualen, Liturgien und Kalendarien sowie immer mehr aus digitalen Netzen. Nicht zu vergessen sind die erwähnten theologischen und religionsphilosophischen Versuche, auf die Theodizee eine Antwort zu geben.[712] Öffentlich und halböffentlich vermittelte Darstellungen und sogar allzu eilig bemühte historische Vergleiche, die Kritik auslösen, weil sie unnötig und auch unstatthafte Versuche zum Zweck von Verhandlungen sind, bilden Bestandteile eines Holocaustbewusstseins, das in unterschiedliche Ausdrucksformen sedimentiert ist. Das jeweils Sagbare und Unsagbare zeigt sich in dieser von Menschen produzierten Vielzahl aus Ton, Bild und Text, aus realen und imaginären Räumen und Kodierungen.[713]

In einer Zeit, in der die Zeitzeugen des Holocaust aus Altersgründen vermehrt auf ihre Leben zurückblickten und vielleicht das ihnen früher verweigerte öffentliche Gehör fanden, beschränkte sich die Konjunktur des Gedächtnisthemas jedoch nicht nur auf schweigende Monumente. Seither sind Überlebende, die ihre inneren Bilder der Erinnerung, die sie noch hervorzuholen vermögen, in Worte oder Zeichnungen oder Musik fassen und so ihre Geschichten erzählen, aus der Anonymität hervorgetreten. Stets konfrontiert mit dem «Ende der Erzählbarkeit von Erfahrungen»[714], hat sich diese Generation von letzten Überlebenden nicht nur bemüht, eine Stätte oder ein Objekt zu hinterlassen, sie hat auch versucht, mündliches oder schriftliches

Zeugnis abzulegen, um die Erinnerung an die Landschaften des Todes wachzuhalten. Heute ist es bereits eine dritte Generation – opfer- wie täterseitig – von Nachfahren, die Fragen stellt und Zeugnisse ihrer Großeltern aktiv bewahrt oder sie persönlich befragt, sei es in direkter mündlicher Transmission, sei es nach Auffinden von Briefen, Fotoalben oder Objekten. Diese dritte Generation aus Familien Überlebender wohnt zumeist in Israel und Nordamerika, d. h. fern von den Orten, an denen ihrer Großeltern einst entmenschlicht worden waren. Doch lebt sie auch in Europa und hier in Deutschland. Von Eva Reichmann stammt der Satz, dass die Juden im heutigen Deutschland selber das Mahnmal sind, ein «viel wirksameres Mahnmal als alle andern aus Bronze und Stein».[715] Bezeichnend ist, dass inzwischen die Enkel der damaligen Opfer und die Enkel der damaligen Täter das Gespräch miteinander suchen, um ihre eigenen und vielleicht gemeinsamen Wege in die Zukunft auszuloten. Wie es ausgehen wird und was sich lernen lässt und ob dies eine eigene Sprache hervorbringt oder gar künstlerische Prozesse prägen kann, wissen wir nicht.

ANDERE BILDNISSE: BRÜCHE UND WANDEL IM JÜDISCHEN SCHOAH-GEDENKEN

Mit dem Gedenken an Holocaust und Schoah hat seit den 1970er Jahren eine entsprechende kritische Reflexion der Inszenierungen und Erzählweisen dieses Gedenkens eingesetzt. Zuweilen haben einzelne Protagonisten nicht vor Polemik zurückgeschreckt, aber dieser Prozess vollzieht sich immer wieder in Schritten, die von einer kritischen zu einer reflexiven Ergründung des Gedenkens und seiner Formen führt. Mir geht es nachfolgend um einige spezifisch jüdische Modi des Gedenkens, vorab um liturgische Erzählweisen, die wiederum in poetischen und visuellen bzw. künstlerischen Vermittlungen implizit oder explizit eine Fortschreibung zu erfahren scheinen. In den Narrativen dieser Werke zeigen sich wechselseitig verlaufende Konversionen zwischen säkular und sakral verortbaren Merkmalen, die einer kritischen Ästhetik auffällig durch ihre Allusionen auf Bibelstellen erscheinen und mithin auch liturgisch-rituelle Subtexte bespielen.

Zweiundzwanzigste Leinwand: Getilgte Zeichen, gebrochene Mauern, fliehende Buchstaben

Auf einem Ölbild von Samuel Bak von 1977, *Vorschlag für ein Monument,* sehen wir die Tafeln, die Moses am Sinai übergeben wurden, in zerstörter, gebrochener Form, zwei Steinstelen ähnlich, deren Teile gewaltsam verschoben wurden, zusammengehalten von Klemmeisen, in einer ruinierten Landschaft, die als Wüste aus Steinen angedeutet ist (Abb. 87). Baks Lebensweg führte als Kind in das Ghetto von Wilna, als Überlebender in *Displaced Camps* und dann, unterbrochen von Aufenthalten in Paris und Rom, nach Israel und in die USA. Was er uns vorschlägt, ist ein Monument, das die gebrochenen Fragmente der Tafeln zu einer neuen Aussage bringt: «Die Entheiligung der Gesetze hat Massengräber hervorgebracht, die Schriftzeichen getilgt und die Tafeln zu Grabsteinen gemacht. Während einer langen Geschichte des Leidens und des Missbrauchs halten die Tafeln die Kraft aufrecht, um denen, die ihrem Weg weiter folgen wollen, als Weisung zu dienen. Ihre Kraft kann nie ganz ausgelöscht werden, aus den Fragmenten entstehen neue Schöpfungen.»[716] Was wir auf den Tafeln, Symbolen der mosaischen Gebotskultur, zu sehen bekommen, sind das Schriftfragment aus «Ich bin der Herr» (Ex. 20,2–3), die Zahl «6» (für die ermordeten sechs Millionen Juden) und ein zerborstener Davidstern. In anderen Bildern malt

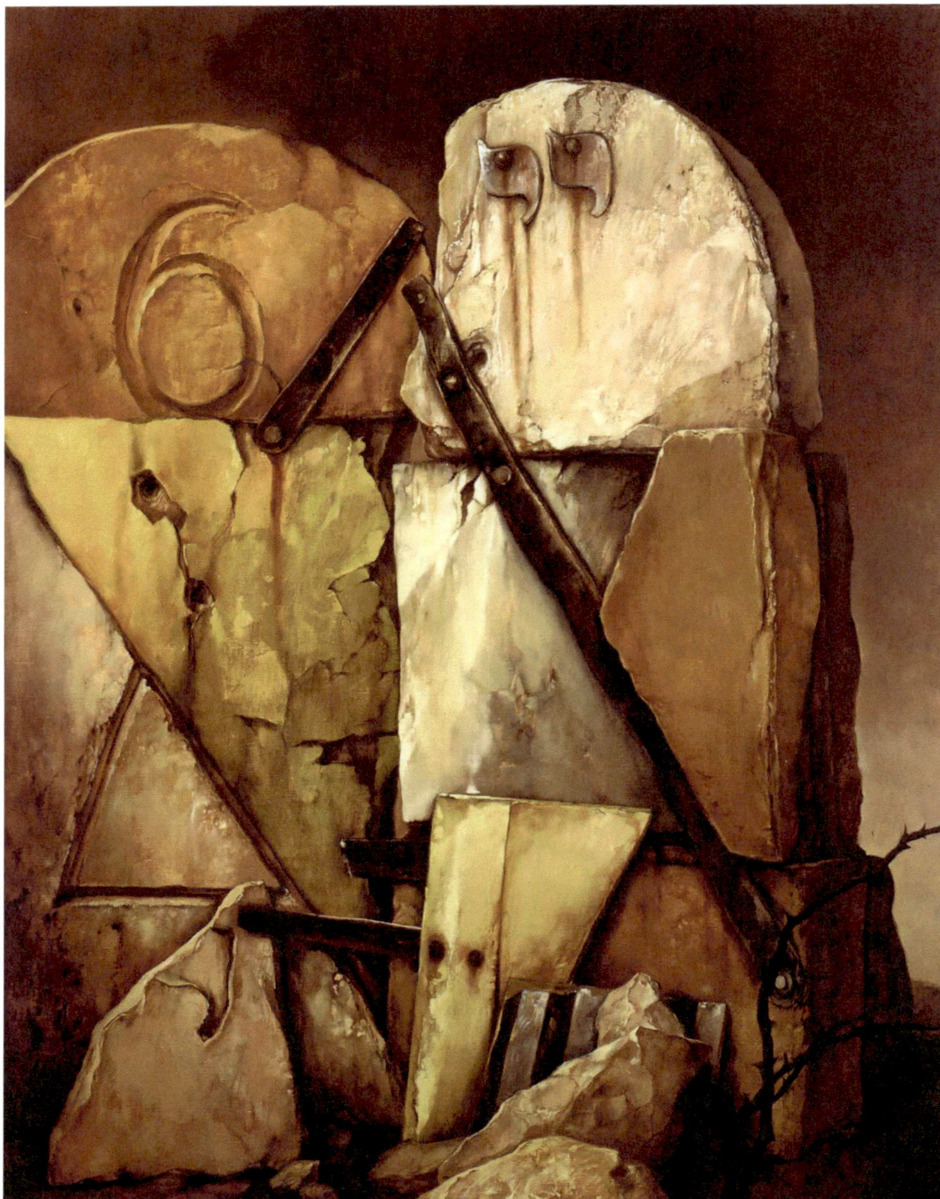

87 Samuel Bak, *Memorial, Landscape of Jewish History,* 1986, Öl auf Leinwand, 100 × 81 cm; Pucker Gallery, New York.

Bak die Zahlen «9» (für das getilgte «Du sollst kein falsches Zeugnis ablegen») und «10» (für das fehlende «Du sollst nicht nach deines Nachbarn Haus begehren»).

Die von Lipa Yahalom und Dan Tzur 1992 eingeweihte Denkmalanlage *Tal der Gemeinden,* die innerhalb von *Yad Vashem* den zerstörten jüdischen Gemeinden Europas gewidmet ist, besteht, den Bildern Baks vergleichbar, realiter aus gewaltigen Monolithen, Wänden und Tafeln, ein tief eingegrabenes Steinlabyrinth, das an riesige offene Gräber erinnert und gleichzeitig die Namen der zerstörten Gemeinden im Fundament Israels birgt. Nur auf den ersten Blick handelt es sich um ein säkular erdachtes Monument. Im Motiv des Tales, das auf eine Stelle im Buch Hesekiel anspielt («Siehe, ich will eure Gräber auftun und ich will euch, mein Volk, aus diesen ins Land Israel führen», Hesekiel 37,12), durchdringen sich zionistische und biblische Deutung bzw. profane und sakrale Denkfiguren.[717] Was ein Betrachter vor sich hat, ist die visuell symbolisierte Verschränkung von Katastrophe und Erlösung, von Tod und Auferstehung, von Zerstörung und Ankunft in Israel. Das nationale, auf biblische Zeiten zurückgeführte Selbstverständnis Israels entfaltet durch diese Verschränkung von Antike und Moderne sowie von Holocaust und Staatsgründung hegemoniale Autorität, die sich bemüht, nicht eschatologisch anzumuten.[718]

In der diasporischen Perspektive lässt sich, realgeografisch in der Schweiz, das von Oskar Weiss gestaltete Mahnmal auf dem Jüdischen Friedhof Bern (Abb. 88) anführen, das aus dem gleichen Jerusalemer Stein wie das *Tal der Gemeinden* gefertigt wurde. Es mischt verstörende und hoffnungsvolle Symbolik, die an gebrochene Zeit und erinnerte Zuversicht mahnt, indem es den *Magen David* zeigt, den Sechsstern aus zwei Dreiecken, auf einer im Halbrund angelegten Mauer, durch die ein Bruch von oben her bis tief in die Mitte des Erinnerungsmales führt. Hinter dieser Mauer und dem gebrochenen Stern ist ein Strauch gewachsen, der durch den Riss nach vorne dringt und dessen Blätter, Knospen und Blüten das Leben zu verkörpern scheinen.[719]

In allen drei Beispielen spielt der geschichtete oder gebrochene Stein eine erhebliche Rolle, die sich auf biblische Erzählungen (1 Moses 31–35) stützen kann. Geschichtete Steine, gebrochene Tafeln, getilgte Schriftzeichen, begrabene Worte, fliehende Chiffren, Risse in den Bildern, Fragmente und Lücken als Mahnmale – diese Metaphern und Symbole verlangen geradezu nach Ergründung im kulturellen Raum der jüdischen Erinnerung. Seit der Antike ist deren Grundton stets gleichermaßen antiapokalyptisch wie auf Zukunft gerichtet, wenn auch messianische Aspirationen manchmal nur mühsam im Zaum gehalten wurden.[720] Es ist offensichtlich, dass in diesen Beispielen Schrecken, Erlösung und Auferstehung als Einheit, wenngleich in unterschiedlichen kulturellen oder rituellen Ausdrucksformen angesprochen werden. Jedenfalls kommen in jüdischen wie ebenso in christlichen oder säkularen Diesseitserzählungen solche Denkfiguren in der Moderne vielfach zur Sprache. Diese zu Stein gewordene ästhetische Rede ist gerade auch in liturgischen Traditionen verankert, indem sie ihnen ähnelt oder entspricht oder, was eine ebenso deutliche Referenz ist, widerspricht oder sie neuartig ordnet. Wir gehen zuerst auf diese Liturgietradition ein und werden danach Beispiele aus Kunst und Poesie anführen, die das Dilemma der Sicht- und Hörbarmachung des Unsagbaren oder der Abwesenheiten zum Thema haben.

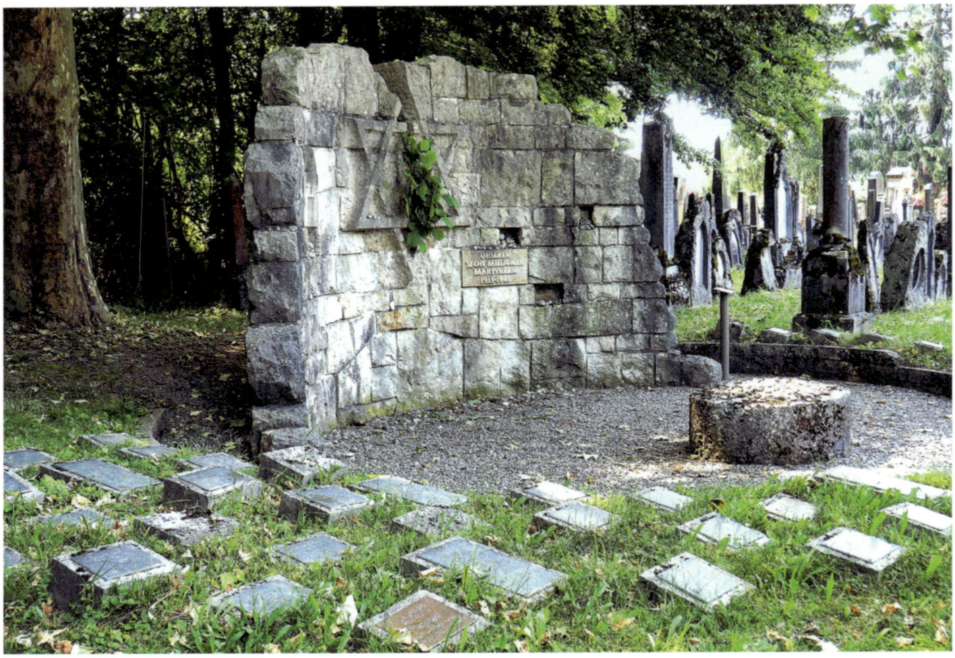

88 Oskar Weiss, *Shoah-Denkmal,* 1989; Jüdischer Friedhof Bern.

Im liturgischen Modus der Erinnerung

Was heisst, zunächst, Erinnerung, Gedächtnis, Zukunft im Lichte der Überlieferungen? Die rabbinische Tradition, lange massgebend für die jüdische Deutung der Geschichte, war auf kontrollierbare Zukunftserwartungen bedacht, um im Exil die Einheit der jüdischen Lebensweisen und die religionsgesetzliche Autorität zu sichern. Namentlich die Rabbiner der talmudischen Zeit, die in der Katastrophe der antiken Tempelzerstörung und dem Einzug paganer Kulte in Jerusalem eine schicksalshafte Wende erblickten, richteten ihren Blick auf künftige Verheissungen, die sie jedoch wiederum in der Vergangenheit, in der Zeit Abrahams, das heisst im Mythos des verheissenen Anfangs des Volkes Israel, begründet sahen.[721] So werde «die messianische Zeit, in die Israel, durch Leiden geläutert, einst eintreten würde, das gestörte Gleichgewicht der Welt wieder herstellen.»[722] Die geschichtsdeutende Vision von einem Volk, das zwischen den Nationen umhergeworfen wird und dabei den Verzicht auf jegliche Macht als Voraussetzung für die künftige Wendung in der Weltgeschichte betont, gaben die Ingredienzen für eine Tradition ab, die Hoffnung und Leidensfähigkeit eng verband. Gnostische und messianische Potentiale lebten im Rahmen dieser religiösen Leitkultur unterschwellig weiter, aber das rabbinische Denken blieb gegenüber allem Aufruhr, der in solchen Ambitionen wohnt, skeptisch. Eben deshalb suchte man der Verlorenheit im Exil und einem entsprechenden Vergessen deutlich entgegenzutreten. Dies wird nicht nur in der spätmittelalterlichen Scholastik und philosophischaufklärerischen Rationalisierungen des Judentums deutlich, sondern ist auch an dessen chassidischen Traditionen kenntlich. Denn die Zaddikim als rabbinisch-schamanische Mittler wussten den inneren messianischen Aufruhr und die Häresie-Tendenz mystisch inspirierter Erregung, in der sich Erlösungserwartungen und Schmerzerinnerungen mischten, erfolgreich zu dämmen und zu kanalisieren.[723]

Die Dialektik von Unruhe und Eindämmung, von Suggestion und Selbstzähmung fusste sinnfällig im Imperativ der Erinnerung, der den Schrecken und den falschen Aufruhr in den festen Ereignissen im Kalendarium zu bannen suchte. Die rabbinische Exegese lotete darin den Zusammenhang zwischen «erinnern» und die Gebote «halten» tiefgründig aus. Um in der Verbannung, im *Galut,* überleben zu können, musste die Institution der *Halacha,* als ein Netz oder Weg von Gebet, Studium und Lebensführung, die vergangene Zeit so strukturieren, dass jedem Juden die Kontinuität der durchlebten Erfahrungen einsichtig und emotional nachvollziehbar blieb. Insbesondere erscheinen gerade Katastrophen als ereignishafte dramatische Momente des mythischen Geschehens. Angelegt ist dieses Geschehen als Modus der Erinnerung im Kalender, der im Jahreszyklus eine Liturgie der Zerstörung wie der Hoffnung auf Erlösung vorführt und damit diesen Leitbegriffen einen festen und beschränkten Platz zuweist. Von Liturgie im Sinne des altgriechischen Wortes muss deshalb gesprochen werden, weil dieser Begriff ursprünglich den öffentlichen Dienst meinte und erst später auf die Gesamtheit der religiösen Zeremonien angewandt worden ist, als die Abläufe in den jüdischen und christlichen Gottesdiensten geordnet wurden. Im Judentum wird dies kenntlich am Zusammenhang von Gebetsordnung *(Siddur)* und Kalender *(Lu'ach).* So geht es denn im heutigen säkularen Verständnis um die Ordnung von öffentlichen Feiern und die Vollzüge von zivilen Gedenkstrukturen in Zeit und Raum, denen in verblichener Weise noch der sakrale Charakter anhaftet.

Die Tage zählen und die Geschichten erzählen: In den drei Wochen zwischen dem 17. Tag des Monats Tammus und dem neunten Tag des Monats Av *(Tishah be-Av)* wird der Zerstörung der beiden Tempel, samt des darin unterlegten Themas der Exilierung, in den Synagogen von Jahr zu Jahr gedacht. Der neunte Av war in der biblischen Diktion der Tag, an dem sich Israel in der Wüste nach Ägypten zurückgesehnt hatte; und am 17. Tammus soll der Überlieferung zufolge Moses am Sinai die Gesetzestafeln zerbrochen haben. An diesem Tag gelang Nebukadnezar vor dem belagerten Jerusalem das Aufbrechen der Befestigungsmauern (586 v. u. Z.) und danach die Zerstörung des Ersten Tempels (Königsbücher 2,25; Jeremia 52), und auf eben dieses Datum wurde später auch die Zerstörung des Zweiten Tempels (70 n. u. Z.) gesetzt.[724] Es geht hier offenkundig nicht um historische Daten, vielmehr um die an bestimmte Gedenktage geknüpfte Imaginierung von Ereignissen als innere Bilder von Ruinen und gebrochenen Mauern. Die Einrichtung des Kalenders, als ein zeitlich strukturierter Kreislauf, und das darin auf einen bestimmten Kalendertag festgesetzte liturgische Drama der gebrochenen Tafeln und Mauern gehorchte den Erfordernissen der profanen Geschichte, des Exils, das als Folge all dieser Ereignisse erschien und wiederum theologisch gedeutet wurde. Gleichzeitig wurde der schwere Bruch, wie er nun liturgisch-kalendarisch symbolisiert erschien, in den kanonisierten Schriften verankert und erhielt durch diese Deutung eine Art metahistorische Qualität.

Prägend in diesem Prozess ist der Akt der Wiederholung, mit dem jedes Jahr von Neuem die kulturelle Identität bestärkt und das Profil der Gegenwart getrimmt wird. Hervorzuheben ist deswegen, dass solche liturgisch anmutende Gedenkmodi sowie religiöse oder säkulare Kalendarien eine kulturgeschichtliche Universalie sind. Sie sind nicht auf die Kultur der Juden beschränkt, sondern von allgemeinem Interesse. Darauf wollen wir näher eingehen. Durch im Zyklus eingefügte Kalendertage wird, so die Absicht, das Gedenken dauerhaft gefestigt, und gleichzeitig bleiben Emotionen und Hoffnungen kanalisiert und befriedet durch ein Ritual, das seinen temporal eingehegten Platz im Zyklus erhält. Diese quasi liturgische Behandlung, die an die Namenstage in den Religionen anklingt, wird heute säkular in ordnungspolitischer Absicht geübt: Am internationalen Tag des Gedenkens an die Opfer des Holocaust («Ganzopfer») jeweils am 27. Januar, der im Jahr 2005 von den Vereinten Nationen zum Gedenken an den Holocaust und den 60. Jahrestag der Befreiung des Konzentrationslagers Auschwitz-Birkenau eingeführt wurde. Da die Republik Polen mit dieser Zeit- und Ortssymbolik Mühe bekundete, wurde auch noch ein spezifisches polnisches Gedenken eingerichtet, das sich um den deutschen und sowjetischen Überfall im Sommer 1939 in der Folge des Hitler-Stalin-Pakts dreht und in der Folge einen Streit über das Mittun polnischer Akteure bei der Judenvernichtung ausgelöst hat. Als israelischer Gedenktag, der unter dem Namen Schoah («Katastrophe») figuriert, wurde der 27. Nissan des jüdischen Kalenders 1951 festgesetzt und 1959 gesetzlich durch die Knesset novelliert. In der jiddischsprachigen Holocaust-Literatur gehört der Khurbn (hebräisch Churban, «Zerstörung») zur frühesten Namensgebung und geht als Bezeichnung auf die Zerstörung des antiken Jerusalemer Tempels zurück. Unter dem – innerhalb der betroffenen Gemeinschaft nicht unumstrittenen – Namen Porajmos («Verschlingen») wird jeweils am 2. August der Ermordung der 500'000 Roma und Sinti gedacht, das Datum verweist auf die Massaker im so genannten Zigeunerlager in Auschwitz-Birkenau. Nicht wenige weitere Gedenktage gibt es auf der Ebene einzelner Staaten zur Erinnerung an unterschiedlichste lokale Ereignisse im Zusammenhang mit dem Holocaust. Überdies sind weitere Memoranda, wie der Tag zur Erinnerung an den Genozid an den Armeniern (24. April) oder der Internationale Tag gegen Hexenwahn (10. August) und insbesondere der Tag der Menschenrechte (10. Dezember), in die Agenda der öffentlichen Moral eingetragen worden, oft mit Verweisen auf den Zusammenhang mit dem Holocaust, der mit den juristisch geschaffenen, heute allgemein gebräuchlichen Wörtern «Genozid» und «Verbrechen gegen die Menschlichkeit» auch straf- und völkerrechtlich als Tatbestand charakterisiert worden ist.[725]

Bei der Betrachtung der zahlreichen Gedenktage entsteht bald der Eindruck, dass die vermehrbare Anzahl von Gedenktagen kein sinnstiftendes Ganzes schaffen kann und überdies Gefahr läuft, als beliebige Staffage politischer Ansprüche zu dienen. Im Sinne von Hobbes verhelfen diese Gedächtnisbilder dazu, den Ursprung des politischen Souveräns aus dem Schreckensereignis und der erinnerten Erfahrung des Krieges auszuweisen. Man fühlt sich an den Turmbau von Babylon erinnert, vor allem wenn das multiple Gedenkpuzzle in Kontrast gesetzt wird zum deutlich strukturierten Schoah-Gedenken, das der älteren Liturgie der Erinnerung im Judentum ähnelt. Vielleicht werden eben deswegen alle Gedenksemantiken, die sich in unterschiedlichen Kulturformen in die Kalendarien einschreiben, unter dem Wort «Holocaust» summiert und kanonisiert. Unterstreichen wir nochmals und wiederholt diesen Aspekt: Etymologisch ist dieser amerikanisierte Begriff ein altgriechisches Wort, das wegen seiner ursprünglichen Bedeutung im religiösen Opferkult als problematisch gelten muss, wenn es mithin oder anstelle des Verbrechens als eigentlichen Sachverhalt implizit das Geheiligte bzw. Sakrales evoziert.[726] Keine Frage, dass die falsche Wahl dieses alten Wortes und seine Transformation auf eine neue Semantik in der Moderne den Mord an den Juden und weiteren Gemeinschaften unbewusst in den Rang eines heilsgeschichtlichen Momentums erheben, als wäre es um einen legitimen Raub- und Kreuzzug im Gralszeichen eines sakralen Opferganges gegangen. Ob durch diesen Begriffswandel eines Tages eine politisch nihilistische Theologie wie ebenso ein an Bildern reiches Versprechen auf Erlösung hervortreten können – wir wissen es nicht. Und ob dagegen das Verbot, sich Bildnisse zu machen, standhalten würde, sei ebenfalls dahingestellt. In Kontrast zu dieser merkwürdigen Ikonizität, die es begriffs- und bildkritisch zu reflektieren gilt, wirkt der derzeitige globalisierte Jahreskalender mit den zahlreichen spezifisch nationalen und lokalen Erinnerungstagen wie eine labyrinthisch angelegte Bibliothek des differenten Gedenkens. Eindeutige Ikonizität ist daraus kaum zu beziehen.

Gegen eine vermeintlich kosmopolitische Universalisierung des Holocaust-Gedenkens haben sich vor allem jüdische Denker gerichtet. Sie sehen darin eine unhistorische Wahrnehmung, die die konkreten Opfer ignoriert. Natan Sznaider betont, dass die «Judenvernichtung eingebettet ist in die universale Erinnerung als Menschheitsverbrechen, in der alle Täter und Opfer sein können», ja dass eben dies in gewissem Sinne «die christliche Vereinnahmung der Judenvernichtung [darstellt], in der Juden als Individuen, aber nicht als Nation gelten dürfen» – und all das trage zu «einem neuen kosmopolitischen Europa bei, in dem Juden als Juden mit ihren spezifischen Erinnerungen keinen Platz mehr einnehmen können».[727] So kommt die dialektische Spannung zwischen einem moralischen Universalismus als einem vielstimmigen Gospel der Vereinnahmungen einerseits und andererseits dem partikularen Beharren, dass hier ein Verbrechen gegen die Juden als nationales oder als kosmopolitisches Volk vorliegt, in den unterschiedlichen Begriffen von Holocaust, Schoah und Khurbn zum Ausdruck. Aber auch die Wahl der unterschiedlichen Erinnerungstage – der 27. Januar und der 27. Nissan – verdeutlichen diesen Widerspruch.

Doch selbst innerhalb des Judentums sind strittige Präferenzen erkenntlich. So rekurriert Joseph Soloveitchik, ein angesehener Rabbiner und talmudisch versierter Gelehrter orthodoxer Provenienz, auf einen anderen Tag als den israelischen Jom ha-Schoah. Er schließt kategorisch an die oben erwähnte ältere Tradition des Gedenkens am Tishah be-Av an. Nicht nur habe der «Hitler-Holocaust» die Grausamkeit der christlichen Kreuzzüge und die Pogrome durch die Kosaken weit übertroffen, ohne dass allein deswegen ein Fastentag am neunten Tag des Monats Av eingeführt worden wäre, vielmehr werde dieser Trauertag deswegen unter den Juden eingehalten, weil er eben unbesehen von nichtjüdischer Umwelt stets der Tag sein werde, nach dem sich Juden immer richten würden. Ein anderer Tag als dieser Tag im Monat Av werde bei Juden sehr schnell in Vergessenheit geraten.[728] Wenn während der Agonie des Dritten Reiches, nach dem Bekanntwerden der Schoah, in unzähligen Reden und Artikeln auf den neunten Av oder die Bedeutung der hohen Feiertage hingewiesen wurde, entsprachen diese Mahnungen der traditionellen Liturgie der gebrochenen Tafeln.

Mimetisches Ritual und mythopoetische Ordnung

Rituale, im Ablauf des Kalenders kodiert, evozieren im einzelnen Menschen emotional das Gefühl einer Schuld, indem ein vergangenes Geschehen als Teil einer gemeinsamen Erinnerung an Dinge erlebt werden soll, die historisch zwar sehr weit zurückliegen, jedoch liturgisch bzw. symbolisch reaktualisiert werden. Implizit birgt dieses emotional disponierte Gedenken einen Rest von jener Sündhaftigkeit, wie sie aus einer religionsaffizierten Psyche spricht, ob sie nun jüdischer, christlicher oder mundaner Provenienz zugerechnet wird. Jedoch ist in dieser Denkfigur die wesentliche Botschaft: Der Mensch kann im religiösen Selbstverständnis das Erinnern nicht aufgeben, weil auch der Gott der Geschichte sich erinnert.[729] Franz Baermann Steiner, der aus Prag stammende, in England wirkende Ethnologe, notierte 1944, als die Vernichtung im Gange war und allmählich bekannt wurde, in seinen Aufzeichnungen zu eben dieser Frage des menschlichen Makels: «Kann das Menschenwerk: die Sünden unschädlich zu machen, gelingen? Wir wissen bloss, dass an die Notwendigkeit des Misslingens zu glauben ein Aberglauben ist. Worin [aber] besteht nun die Möglichkeit des [künftigen] Gelingens?»[730]

In der rabbinischen Ordnung werden eben deswegen die Erinnerung und ihre Liturgie der gebrochenen Tafeln an Zukunft gebunden. Auch der Messias wird dereinst am neunten Av geboren werden. Und mit der Aussicht auf Erlösung ist auch die Vorstellung verknüpft, dass ein *geschriebener* Name Tod und Versehrung abhalten kann.[731] Diese mythische Poesie stellt deshalb in Aussicht, dass ein namentlicher Eintrag in das *Buch des Lebens* die Voraussetzung schafft, sich eine erlöste Zukunft zu sichern. Die Geheimnisse der Schöpfung sind mit dem Geschehen künftiger Geschichte verknüpft. So heisst es zur Wundheilung: «Die Risse der Schöpfung gehen durch sein [des Menschen] Herz, sein Herz ist die grösste Wunde der Welt. [Doch] nicht sein sind die Risse, es sind die Risse der Schöpfung. […] Gepriesen sei der Schöpfer.»[732]

Doch welcher Schöpfer? Und was heisst Wunde? Das Bild von Samuel Bak, das Monument *Tal der Gemeinden* oder das Berner Mahnmal schließen motivisch an diese paradoxe Evokation von Leben und Opfer an, unbesehen davon, ob hier Gottgläubige, Atheisten, Agnostiker oder Transzendenzsuchende in der Gemeinschaft der Gedenkenden adressiert werden. Auch auf den hier schon erwähnten Kalendern des 20. und 21. Jahrhunderts sind zivilreligiöse Bedeutungen präsent, die an die Abwesenheit der Ermordeten als Wunde, als Stigma der Menschenfeindlichkeit erinnern. Die Urheber dieser neuartigen Kalendarien sind heute säkulare politische Demokratien. Ihre Kalendarien verweisen auf eine Zeichen- und Zeitenfolge, die man implizit als profane Liturgien der Moderne verstehen kann. Sie bilden mit mimetischen Ritualen eine Gesellschaft ab, indem neben der Ordnung, die der Welt versichert wird, auch die Störung und Verstörung, kurz: der Makel dieser Ordnung vorgeführt wird. Womit wiederum das zitierte alte Bild einer unvollendeten oder gebrochenen Schöpfung gemeint ist, die mimetisch nach Opfern, Heilung und Vollendung ruft. Die Botschaft solcher Rituale ist letztlich die Bewältigung des Horrors und vor allem die Heilung im Allgemeinen, die aus dem Wissen hervorgeht, dass die Welt immer aus den Fugen geraten und ins Unheilvolle abgleiten kann. Profane Liturgien und Rituale werden indes nicht im eschatologischen oder heilsgeschichtlichen Sinn konstituiert, vielmehr mythologisch, das heisst als moderne Erzählungen, aber nicht weniger aus religiösen Traditionen abgeleitet, die in profanisierten Fassungen den nationalen oder transnationalen Anliegen, und das heisst politischen Zielen und Zwecken, dienen. Dabei ähnelt das die vergangene Zeit strukturierende zeitgenössische Muster, ob gewollt oder nicht, den älteren Vorbildern.

Im Staat Israel zum Beispiel scheint das Narrativ an die biblisch verbürgte Abfolge von einem Fasten- und anschließenden Freudentag (Sacharja 8,19) gebunden, auch wenn diese Ordnung nicht einmal absichtsvoll, sondern zufällig zustande kam: Der *Jom ha-Shoa,* der jüdische Gedenktag zum Holocaust, findet immer eine Woche vor dem *Jom ha-Zikaron* statt, der für die im Krieg Gefallenen steht und wiederum dem *Jom ha-Azma'ut* zur Feier der staatlichen Unabhängigkeit einen Tag vorangeht. Dieser trilaterale Rhythmus in enger zeitlicher Folge, zu der sich wiederum zufällig auch noch die kalendarische Nähe des historischen Beginns des Warschauer Ghettoaufstands gesellt, bedient eine Zeit der institutionalisierten und medialisierten Trauer, an die sich als erlösend gedachtes Moment die Feiern zur Unabhängigkeit bzw. Freiheit anschliessen. Durch die im Zyklus fest eingefügten, rhythmisch geordneten Kalendertage wird also einerseits die Erinnerung jährlich verortet und dadurch dauerhaft gefestigt, anderseits erlaubt dies die Kanalisierung von Emotionen und Hoffnungen, die im Verlaufe von gesetzten Tagen dramaturgisch durch ein Ritual im kompositorischen Aufbau, mit einem Beginn, einer Mitte und einem Ausgang, gestaltet sind.

DAS ALPHABET DES GEDENKENS IN DEN KÜNSTEN

Dem Gedenken kommt, wie eingehend erörtert wurde, ein zwar bestimmter, doch nur in engeren Grenzen zugewiesener Platz zu. Der Konnex von Zeitrhythmus und gleichsam kompositorischer Lenkung der Emotionen, wie dies in den zyklisch angelegten Ritualen und im Rhythmus der Kalendertage zutage tritt, lässt sich am Beispiel musikalischer Werke anschaulich und hörbar vernehmen. In Steve Reichs *Different Trains* wird ein dreiteiliges Narrativ des Holocaust-Gedenkens – «America: Before the War», «Europe: During the War», und «After the War» – als Zeugnis jüdischer Erbschaft und persönlicher Verschonung hörbar, eine dreiteilige Anordnung, die ebenso dokumentarisch wie dramatisch gemeint sein kann, doch im Ausklang dem erneuerten Leben zustrebt und damit die Trauer begrenzt.[733] In *Kristallnacht* von John Zorn hingegen wird eine zeitrhythmisch stärker detaillierende Struktur vorgeführt, diese Komposition gliedert sich in sieben Teile, die gehört werden. Was die Hörer empfinden, ob sie erschüttert werden, welche Gedanken ihnen das Hören auslöst – es gilt, dass niemand gleichgültig sein soll. Auf eben dieses Hören soll deshalb eingegangen werden.

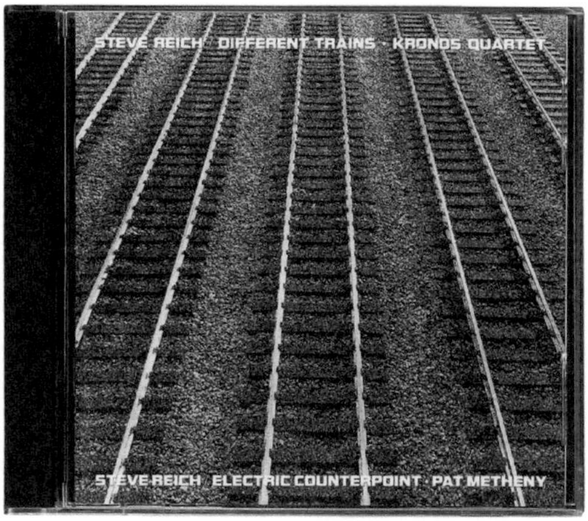

89 CD-Cover zu Steve Reich, *Different Trains,* 1988, hier zusätzlich mit Pat Metheny, *Electric Counterpoint,* 1989.

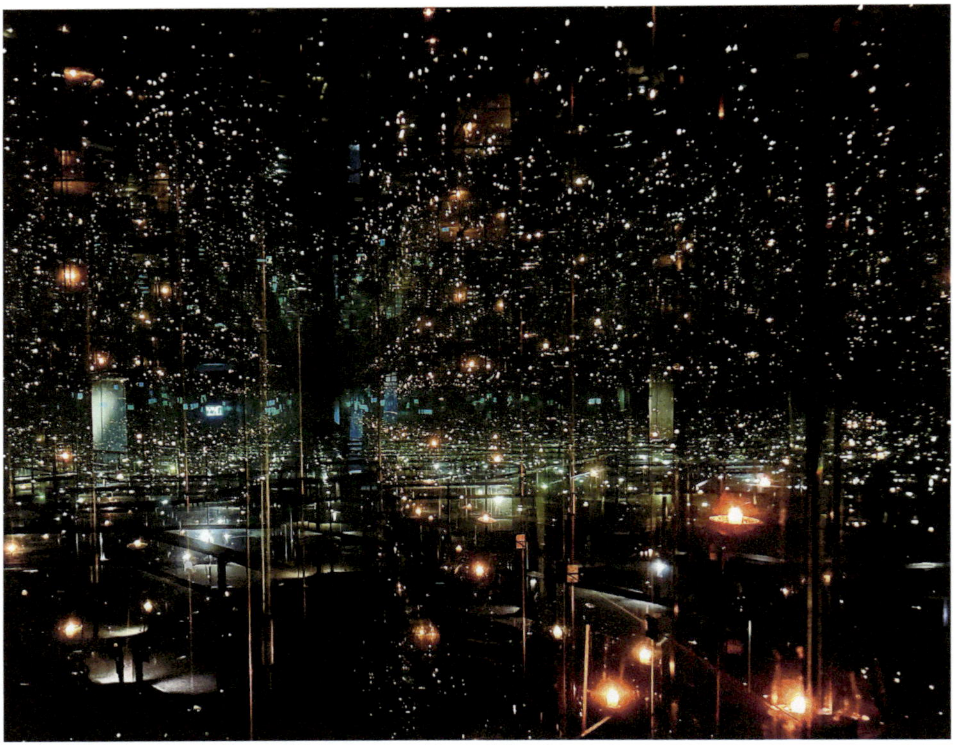

90 Moshe Safdie, *Childrens Memorial,* 1995; Yad Vashem, Jerusalem.

Dreiundzwanzigste Leinwand: Das Bild spricht, um gehört zu werden

In seinem 1987 in Yad Vashem eingeweihten Denkmal für die 1,5 Millionen ermordeten Kinder hat Moshe Safdie ein Konzept erprobt, das den bemerkenswerten Kontrast zum Bild von Samuel Bak oder zum *Tal der Gemeinden* von Yahalom und Tzur abgibt. Eine unterirdische, wiederum von Steinen überwölbte Gedenkstätte mit dem anschließenden Aufstieg ins Tageslicht könnte auf den ersten Blick eine Art Wiedergeburt symbolisieren, doch das erscheint mir eine weit hergeholte Deutung, die kaum triftig ist. Vielmehr fällt auf: In der leeren Höhle spricht eine leise, etwas monotone Stimme die Namen der ermordeten Kinder. Dazu gehören auch Alter und Geburtsort. Der Raum ist vollständig in Dunkelheit getaucht. Doch werden sechs Gedenkkerzen, *Ner neshama* (Seelenlichter) in Spiegeln reflektiert, so dass der unendlich scheinende Raum den Eindruck erzeugt, dass der Betrachter in einem nächtlichen, leeren All schwebt, inmitten von Millionen Funken (Abb. 90). Ein Gefühl des Heroismus oder Martyriums ist hier nicht zu verspüren.[734] Eher denkt man, dass hier vielleicht eine Allusion auf das kabbalistische Bild der zerbrochenen Schöpfung und der ins Exil zerstreuten Seelenfunken gemeint sein könnte. Doch das Sehen ist weniger zentral als das Hören, sofern man in diesem Funkenraum ausharrt und zur Ruhe findet: Eine Stimme *spricht* die Namen der ermordeten Kinder. Wer in diesem Resonanzraum etwas länger verweilt und danach wieder im Draussen auftaucht, wünscht sich vielleicht ein «hörendes Herz» – jene Bitte, die einst König Salomon äusserte, um als weiser Richter zwischen Gut und Böse unterscheiden zu können (1 Könige 3,9).

Der Erinnerung trauen, ihren Aussagen glauben, kommt vom Hören. Doch das Hören wiederum gründet im Sehen: der Augenzeuge berichtet durch seine Rede, was er gesehen hat. Unser Hören und Sehen aber führt «zum Erinnern, das Erinnern zum Handeln» (Talmud Babils, Menachot 43b). Erst durch diesen Faden zwischen Sehen und Hören wird Erinnerung erschaffen. Nur selten oder gar nicht verfügen die Überlebenden über Fotografien ihrer Liebsten, die umgekommen sind, und die sie uns zeigen könnten. So nimmt das Hören der Namen und das Erzählen anstelle von Bildern eine besondere Rolle ein.[735] Die Erinnerung *sprechen* – und auf Seiten der Nachgeborenen die Erinnerung *hören* – ist eine Form der Poetizität, die heuristisch der Absicht folgt, die Namen der Abwesenden durch einen Sprechakt zurückzugewinnen. Im *Children Memorial* stellt dies der Sprachlosigkeit, den Leerstellen, der Nichtsagbarkeit eine lyrische Präsenz entgegen. «Höre Israel» – «höre Welt»: Ohne Drastik entfaltet sich mit dieser alten liturgischen Bekenntnisformel das Eingedenken an das Grauen. Das Bild spricht, und es spricht die Namen derer, die es zu hören und zu erinnern gilt. Vielleicht lässt sich dies auch als Allusion auf jene Stelle im Exodus-Buch (2 Moses 20,18) verstehen, die davon berichtet, wie die Menschen auf den unsichtbaren Vorgang der Offenbarung reagierten: Sie *sahen* die Stimme, und nur die Stimme, die zu ihnen *sprach*. Es ist eine erhebliche Paradoxie, die uns solche Kunstwerke anbieten: Wir sehen, was wir nur hören können, und wir hören, was wir nicht sehen können.

Sprechen und Hören, Metapher und Metonymie, Bündnisse und Negationen

Das in dieser Leinwand angesprochene Verfahren knüpft an den Midrasch an, der in Nachbarschaft zur Lyrik wie auch zur Musik liegt. Als künstlerisches Verfahren fungiert im Midrasch die Metonymie, das heisst das Setzen von Lauten: Namen und auch Noten, die anstelle des Abwesenden treten. Ein Beispiel für ein solches Verfahren gibt der Künstler und Holocaust-Überlebende Fishel Rabinowicz (Abb. 91). Seine schwarz-weissen *paper cuts* verwandeln gleichsam die Opfer in Buchstaben des hebräischen Alphabets, das Lagersystem erscheint in Rechtecken, das Leiden offenbart sich als Kompositum graphischer Zeichen, welches an die mikrografischen Wiedergaben rabbinischer und kabbalistischer Exegese erinnert. Durch die visuelle Verschlüsselung wird jede Larmoyanz in der Erinnerung des Schreckens getilgt. Das metonymische Verfahren ist ein gangbarer Weg, um einer Inkonsistenz oder Lücke oder Abwesenheit beizukommen. Hingegen verbleibt die Metapher, die ein Gleichnis zur Stellvertretung einer Idee ist, in bildhafter Sinngebung, die allzu eilig und allzu beflissen moralisch gedacht wird oder wegen ihrer inhaltlichen Aufdringlichkeit als Kitsch empfunden wird. Die Metonymie hingegen will das Verstehen, das immer auch ein Begehren auf etwas Anderes, Nichtfassbares ist, auf Leerstellen als offene Wunden ausrichten, um sie anzuerkennen. Die Metapher arbeitet indes mittels Inkarnationen, d. h. durch die Verschiebung von einem Etwas in ein anderes Bild, einen anderen Ort oder Körper, der bereits bekannt ist.[736]

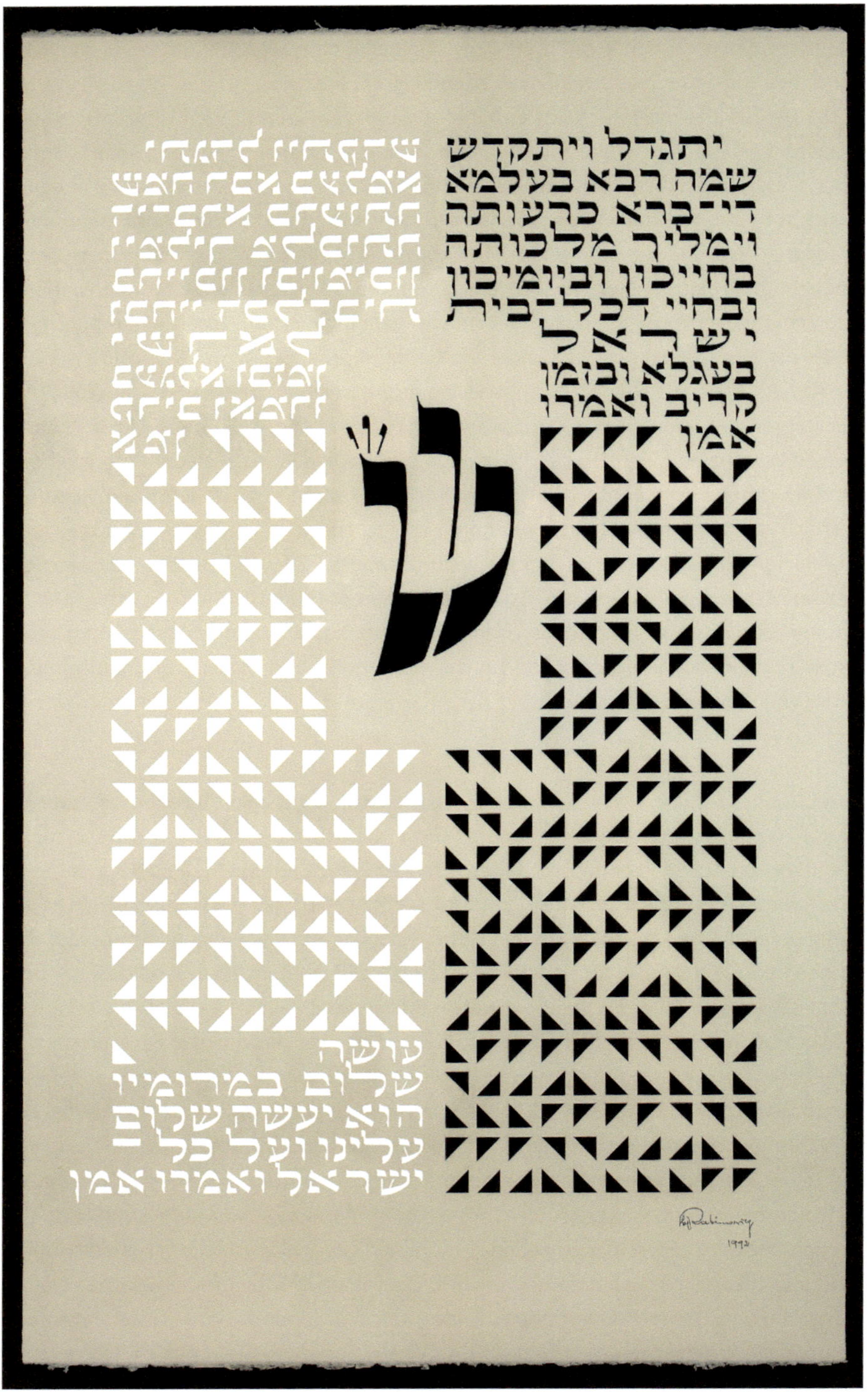

91 Fishel Rabinowicz, *Schoah,* 1992, paper cut, 70 × 110 cm; Privatbesitz.

Zwischen Metapher und Metonymie gelegen, doch Letzterer zuneigend, ist der Midrasch weder endgültig noch fixierend. Auf die beispielgebende Frage, was sich zum Holocaust aus den primären Quellen, in diesem Fall der Hebräischen Bibel und den zeitgeschichtlichen Archiven in Osteuropa, überhaupt sagen lässt, bleiben dem Leser nur unzulängliche Zeichen, mit denen sich keine formulierbare Semantik zu einer Sinngebung generieren lässt. Der Holocaust hinterlässt eine Leere, die nicht mit Sinnerklärungen zugeschüttet werden kann. Nur als unaufhebbare Wunde, ohne sie ab- oder verschließen zu können, ist Poetizität möglich. In sinnstiftenden Gleichnissen oder tröstenden Metaphern reden zu wollen, diente lediglich unangemessenen Festlegungen. Man mag eine Erzählung, ob in Kunst, Poesie oder Musik, als eine Darstellung und durchaus legitime Verarbeitung eines Traumas und von generativen psychischen Komplexen lesen – als Erzählungen sind sie genau dies nicht, indem die Wunde bleiben kann. Eben dies vermag das *Children Memorial* vielleicht zu vermitteln, wenn im Funkengewirr die Namen gesprochen werden und im Hörer, in der Hörerin einen prägenden Laut- und Bildgedanken hinterlassen.

Der kreative Akt, wie ihn der Midrasch als metonymisches Verfahren verkörpert, verweigert sich der Zumutung, dass sich das Gedenken an die Schoah in eine transzendente Wahrheit und damit in kanonisierte Lehren oder politische Katechismen inkarnieren liesse. Der Midrasch schafft vielmehr eine Liturgie metonymischer Art, die jenseits der Frage nach sakralen *oder* profanen Subtexten ohne Festlegungen auskommt und auf dieser Offenheit beharrt. Dies zu gewährleisten und auch auszuhalten ist nicht leicht, es lastet auf der menschlichen Psyche. Jüdische Theologie und reflexive Ästhetik sowie neuerdings psychologische Therapien gehen wohl deswegen inzwischen eine Art Bündnis ein, um die Vermittlung zur Offenheit dennoch pragmatisch zu leisten. Ein ästhetischer Reflex auf dieses Bündnis ist die Semantisierung von Licht und Laut, wie sie am Beispiel des *Children Memorial* zum Ausdruck kommt.

Nicht das Erinnern an sich, sondern die jüdische Lehre des Gedenkens ist in der Lyrik, den Lauten und den Bildern als unentrinnbares Dilemma eingefaltet. Denn das Erinnern im Judentum erscheint als eine unerledigt verstandene Vergangenheit, als ein Gedenken, das darum weiss, dass die Sprache, das Bild, die Musik sich einer endgültigen Festlegung entziehen und entziehen sollen. Dieses Erinnern steht einer Geschichte als «Schlussstrich» entgegen, aber auch einer falschen Sinnstiftung, die nur faule Allegorien oder bestenfalls schiefe Metaphern hervorzaubert. Was im Sinne einer negativen Dialektik bei Adorno philosophisch und bei Benjamin zudem auch theologisch geprägt erscheint, wird in der Lyrik und Kunst als anhaltender Versuch vorgetragen, sich der voreiligen «Bewältigung» der Schoah zu widersetzen. Nochmals sei daran erinnert, was dazu weiter oben bereits angeführt worden ist: Wenn in der ästhetischen Theorie auf das Bilderverbot rekurriert und damit ein altes theologisches Argument vorgetragen wird, so ist dies einerseits gegen den Abbildrealismus des Götzendienstes – «wer sich ans Bild klammert, bleibt mythisch gefangen» – gerichtet, andererseits jedoch gegen einen ästhetischen Schein auch in der Sprache, wenn die Rede in religiös anmutenden Metaphern und Darstellungen zur Reklame und deswegen zur Blasphemie gerät. Kunst wird, wo sie ihrer Autonomie verlustig geht, eine Sinngeschwätzigkeit – man denke an die heutige Bilderflut in Internet und Reality-TV – hervorbringen, die zu Recht mit dem Begriff eines «negativen Gedächtnisses» bedacht worden ist.[737] Kunst – als Bild, als Lyrik, als Musik – wird sich dem widersetzen wollen und deswegen die metonymische Qualität der Schöpfungen als ethische Richtschnur bevorzugen. Bei Paul Celan, so der Eindruck der Lektüre seines Werkes, ist es beispielhaft das «Schweigen», das solcherart an das metonymische Paradox der Erinnerung geknüpft wird. Die Skepsis, die daraus spricht, ist in der Lyrik zur Schoah allgegenwärtig – gleichsam ein Eingedenken im weissen, leeren Raum zwischen den Buchstaben.

Poesie, Täuschung, neue Heimat

Jede Schrift, und erst recht das Bild, das ihr antwortet und sich ihr mit Erklärungen entgegenstellt, ist aphoristisch, fragmentarisch. Es ist nicht möglich, über Brüche der geschichtlichen Wirklichkeit zu schreiben, indem man so täte, als existiere keine Täuschung des Wortes, wenn wohl viel eher dem Bild dieser Verdacht zugemessen wird. Wo Juden nur noch in der Sprache eines äusseren Schicksals sprechen, so Rosenzweig, ist «ein letztes Misstrauen gegen die Macht des Wortes und ein inniges Zutrauen zur Macht des Schweigens» nötig.[738] Täuschungen des Wortes, im radikalen Sinne der Veräusserlichung, haben bekanntlich die Nazis in böswilliger Instrumentierung zu nutzen gewusst. Hitler, der sich mit seiner Stimme inszenierte, gab der Rede noch vor dem Bild und der Schrift den Vorzug im politischen Kampf. Der Faschismus hinterliess jedenfalls den Eindruck, dass die Bewegung unbegrenzt sei, eine fortwährende Ekstase im Sinne Nietzsches, der wiederum das Ohr als «Organ der Furcht» verortet hatte.[739]

Der Ort der Täuschung und die Skepsis gegenüber solchem ekstatischen Sprechen, das sich bei Hitler in ein Stakkato-Gebrüll steigerte, sind vermutlich zuerst in der Poesie benannt worden und zu Bewusstsein gekommen. Jedenfalls hat die Dichtung den Ernst einer wahren Benennung nach Auschwitz sehr früh bezeugt. Im Vergleich zur Prosa und zum gemalten oder fotografischen Bild liess die Lyrik die Trauer und das Gewahrsein der Leere und Abwesenheit mit Bedacht und Dignität zu, währenddem die Bilder des Grauens erschreckend und verletzend wirken können, wenn Leichenberge und Stacheldrähte zu sehen sind oder Deportationen in Viehwagons beschrieben werden. Die Radikalität der poetischen Verpflichtung dem Abwesenden gegenüber, dem Nicht-Ort und dem Schweigen, hat uns, sofern wir Lyrik lesen, zudem einen Schlüssel gegeben, der zur Skepsis und Artikulierung gegenüber Bildern, Sprache und Schrift als ambivalenten, zu hinterfragenden Medien zwingt. Aber auch vorschnelle Sinndeutungen und unbedachte Worte sollen vermieden werden: Was die Theologie wie ebenso die Philosophie in hermeneutischer und kritischer Reflexion leisten, aber in den Grenzen ihrer eigenen Gewissheiten formulieren, wird in der Arbeit der Dichter entbunden und ist zunächst einmal nur Wort oder Satz. Danach, im Sprechen und Hören, wird mit zunehmender Irritation, schliesslich im Zugriff des Kommentierens der poetische Prozess zu einem Akt der Erinnerung. Die Inkommensurabilität der Dichtung und die Sache der notwendigen Deutung stehen sich nunmehr gegenüber. Lyrik mag den Menschen helfen, aber immer nur auf gleichsam verzweifelte Weise, nicht als tröstliche Predigt.

Die Gedichte von Nelly Sachs, Paul Celan, Edmond Jabès, David Rokeah, Lajser Ajchenrand und Abraham Sutzkever sind also, zusammenfassend gesagt, deutungsbedürftig, um als Erinnerung gelten zu können. Gerade für Sutzkever galt und gilt deswegen, dass man nach Auschwitz nicht nur Gedichte schreiben kann, sondern dass diese Gedichte eine einzigartige Antwort auf den Horror und die Barbarei sind. Er hatte im Untergrund gekämpft und war nach 1945 damit beschäftigt, die geraubten und zerstreuten Bücher der jüdischen Bibliotheken einzusammeln. Hubert Witt kommt das Verdienst zu, diese jiddischen Gedichte und Berichte in die deutsche Sprache übersetzt zu haben, so dass sie auch im Land der einstigen Täter gehört werden können. Denn Sutzkever ist bemerkenswert, weil er sich gegen apokalyptisierendes Sprechen wandte, entsprechende utopische Implikate mied und deswegen, wie David Roskies vermerkt, einen neoklassizistischen Ton anschlug. Die Last der Erinnerung wird bei ihm also durch eine Lyrik und Prosa getragen, die apokalyptische oder messianische Erzählmuster meidet oder sublimiert, ohne aber die Dichtung jenes Transzendenz- und Schönheitsempfindens zu berauben, von dem Lyrik ihren sprachlichen Nimbus notwendigerweise bezieht. Sein Schreiben vollzieht sich in einem sehr lakonischen Duktus, der sein zuerst in Moskau und Paris publiziertes Schwarzbuch wie seine lyrischen, ja epischen *Gesänge vom Meer des Todes* prägt.[740]

Dagegen ist das Sprechen bei Celan und Ajchenrand weit mehr durch Allusionen und Verschlüsselungen geprägt. Die Deutungsnot dieser zuweilen enigmatischen Lyrik, die poetologischer Entzifferung bedarf, birgt das Risiko, die radikale Unlesbarkeit mit Anhäufungen von neuen Wörtern kommensurabel machen zu wollen. Umso mehr setzt diese Lyrik auf das Hören, nicht auf das Setzen der Schrift. Sie soll vorgelesen werden, um gültig zu sein. Und sie vorzulesen, ist vielleicht auch deswegen angemessen, weil ihre radikal moderne Sprache dazu dienen kann, sich nach der Schoah nicht allzu sicher sein zu können, den Gott der Geschichte zu kennen. So betrachtet, wäre dies eine spezifische Form der Bildnisverweigerung.

So ist diese Lyrik also keine Erlebenslyrik, keine Autobiografie, vielmehr will sie als Bezeugung die Schoah in eine moderne Sprache transzendieren. Dagegen folgen autobiografische Werke zur Schoah einem eigenen Verfahren und gründen in einem Pakt mit einer neuen Heimat und ihren sprachlichen Konventionen, um das eigene Überleben in einer Konstellation der Absenz der Ermordeten zu thematisieren und dem Publikum verständlich kommunizieren zu können.[741] Als legitimes Verfahren wählt die Prosa also geradezu den Weg der expliziten Deutung von Erfahrung in Schrift und Bildern. Auch Kinder der Holocaust-Überlebenden haben solcherart als Schriftsteller der zweiten und dritten Generation die Schoah thematisiert, und zwar, weil sie den Horror nicht selbst erlebt haben, aber gleichwohl Opfer einer Traumatisierung geworden sind, indem der Holocaust ihrer Eltern auch ihr nachfahrendes Leben unausweichlich bestimmt hat. Dies verlangte ihnen ein Verfahren des Schreibens ab, durch das Nicht-Erlebtes vergegenwärtigt wird und durch eine Ästhetik der Abwesenheit zu einem eigenen Modus des Erinnerns findet.[742]

Die Lyriker der ersten Stunde nach der Schoah aber formulieren radikal im Sinne des Rückgreifens auf zweitausend Jahre Geschichte: «Ich bin geboren am Tag der Zerstörung des Tempels», heisst es bei dem aus Polen nach Israel emigrierten David Rokeah, der in seinen Gedichten die Mauern des Ghettos wie die Mauern Jerusalems «mit Worten umzingelt». Und Edmond Jabès setzt: «Alle Buchstaben bilden die Abwesenheit» – so ist Gott «das Kind seines Namens» – und mahnt die Erfahrung von Leiden und Geschichte an: «Vergiss nicht, dass Du der Kern eines Bruches bist».[743] In diesen Chiffren erscheint beides von den Dichtern beansprucht: Geschichtlichkeit und Distanz, Erinnerung und Gegenwart, auch wenn hierfür oft gerade das Schweigen, das Nicht-Benennen, die «Abbildlosigkeit» des Wortes, als ihre letzte Wahrheit angegeben wird. Es ist eine schwierige Form, Gedächtnis zu üben, und oft angemerkt worden: Der poetische Prozess der Erinnerung ist lesbar, genauer: hörbar allein im Zitat, das selbst in einem fremden Kontext oder an anderer Stelle erscheint – im Riss, in der Lücke, in blattweissem «Nichts», aber nichtsdestoweniger auf Form, auf Buchstaben, auf Grammatik und Architektur angewiesen. «Gelobt seist du, Niemand», lautet eine Zeile aus jenem berühmten und oft paraphrasierten *Psalm* von Celan. Er zitiert hier eine der eingängigsten Formeln aus der jüdischen Liturgie. Das Zitat weist metonymisch die Spur in die Erinnerung, ohne den liturgischen Konventionen oder eingängigen Redeformeln anheimzufallen, um sich Kunst, den schöpferischen Funken, nicht zu verbauen.[744] So fliehen die Buchstaben aus den Wörtern, die Worte aus dem Text, um sich in anderen, unvermuteten Welten wieder zusammenzusetzen und, wie beim *Kaddish*-Gebet auf den abstrahierenden *paper cuts* von Fishel Rabinowicz, als Chiffren von Neuem gehört, gesehen und gelesen zu werden – oder auch verborgen zu bleiben. Oder wie es Emmanuel Levinas sagt: «L'acte, la parole, la pensée du juif, ont le redoutable privilège de détruire ou de restaurer des mondes», zu Deutsch: «Das Tun, das Wort, der Gedanke des Juden haben das unzweifelhafte Privileg, Welten zu zerstören oder wiederherzustellen.»[745]

Wege zu einer reflexiven Ästhetik

Was vom Hören des Wortes gilt, hat seine Entsprechung im Betrachten des Bildes. Besonders die monochrome, nichtfigürliche Kunst ist Teil einer Evolution ästhetischer Tradition, die sich als autonom gedachter künstlerischen Akt der Schöpfung verstehen lässt und die Präsenz der Abwesenheit ohne Figuren und ohne Allegorien zur Darstellung bringt. Über zeitbedingte Konventionen hinaus waren Künstler oft imstande, das vorgestellte Nichts, das die reale Absenz der Ermordeten präsentieren soll, paradoxerweise als Ausdruck der Freiheit des Menschen zu denken, um schöpferisch durch ihre Werke sein zu können. Wir haben für ein schöpfungstheoretisches Verständnis bereits auf Mark Rothko verwiesen, der sich konsequent über sich selbst als jüdischen Künstler oder als Deuter einer Kunst nach dem Holocaust ausgeschwiegen hat (Abb. 25).[746]

Die Unterscheidung zwischen Schöpfungsakt und Kommentar gehört mithin zur Erkenntnis, dass die «Autonomie» der Kunst, die mit diesem Begriff durch Kant und Schiller ihre Selbstbestimmung zugesprochen erhalten hatte, nie ohne den Kontext, das heisst ohne ihre Geschichte und Geschichtlichkeit zu denken wäre. Friedrich Schiller erkannte, wenn er dem Schönen eigengesetzliche Autonomie einräumte, mit seinem Freiheitsappell auch der Kunst entschieden eine politische Bedeutung zu. Das Schöne war ohne Freiheit, ausgedrückt als das Wahre und Gute, eben nicht zu haben.[747] Dieser zwingende Rekurs auf die politisch verstandene Freiheit, der eine Ästhetik überhaupt begründbar macht, weil Kunst nur unter dieser Voraussetzung als Kunst gelten kann, macht eine Reflexion umso mehr erforderlich – und zwar als ein Gedächtnisruf, der nur in Freiheit und jenseits von Willkür gehört werden kann. Die Entmenschlichung während der Schoah geschah in nahezu absoluter Unfreiheit, die durch machtvolle Idolatrie aufrechterhalten wurde. Was heute aus diesen Erzählungen von Tod, Leere und kultischer Vergötzung vernommen wird, bringt uns den Abstand zu Bewusstsein, der uns Gegenwärtige von der Im-

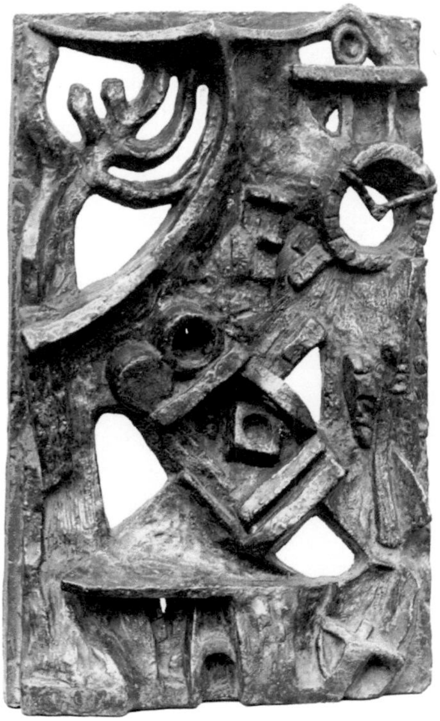

92 Simche Schwarz, *Alphabet der Erinnerung,* 1967, Halbrelief aus einer Serie von Eisenplastiken, 10 × 18 cm; Privatbesitz.

manenz eines Sinnes, den diese Landschaften der Vernichtung hinterlassen, endgültig trennt. Dem Betrachter werden der Schrecken und die tiefe Trauer, wie sie in Bildern von Kunst, Filmen oder Fotografien evoziert werden, zur Aussage über die eigene politische Haltung.

Aus kritischer Ästhetik wird so reflexive Ästhetik, die im Humanen verankert bleibt. Und dazu muss wiederholt gesagt werden, was hier schon vermerkt worden ist: Jede Zeichensprache – gerade auch wenn sie das Holocaust-Gedenken und die Bilder dazu berührt – ist in sich problematisch, indem das Zeichen, das *Aleph Beth* der Worte, der Bilder und der Schrift, immer menschliche Konvention und Kommunikation darstellt und, semiotisch notwendig, einem Bedeutungswandel unterliegt. Diese semiotische Einsicht gilt für jede ästhetische Form des Holocaust- und Schoah-Gedenkens, umso mehr, weil die situativen Zuschreibungen und oftmals politischen Deutungsansprüche nicht unerheblich sind und deshalb der sich davon distanzierenden Reflexion bedürfen.

Nicht allen, doch vielen aus Architektur, Lyrik, Kunst und Fotografie stammenden Zeugnissen der Holocaust-Erinnerung ist gemein, dass sie der Holocaust-Opfer nicht exemplarisch gedenken und einzelne Schicksale stellvertretend für andere herausgreifen, sondern ihre Abwesenheit als Leerstelle, die bis heute existiert, im Betrachter und Hörer bewusst machen. Diese Ästhetisierung ist, wie Ulrike Gehring betont, «keine negierende, sondern eine semantisch be-

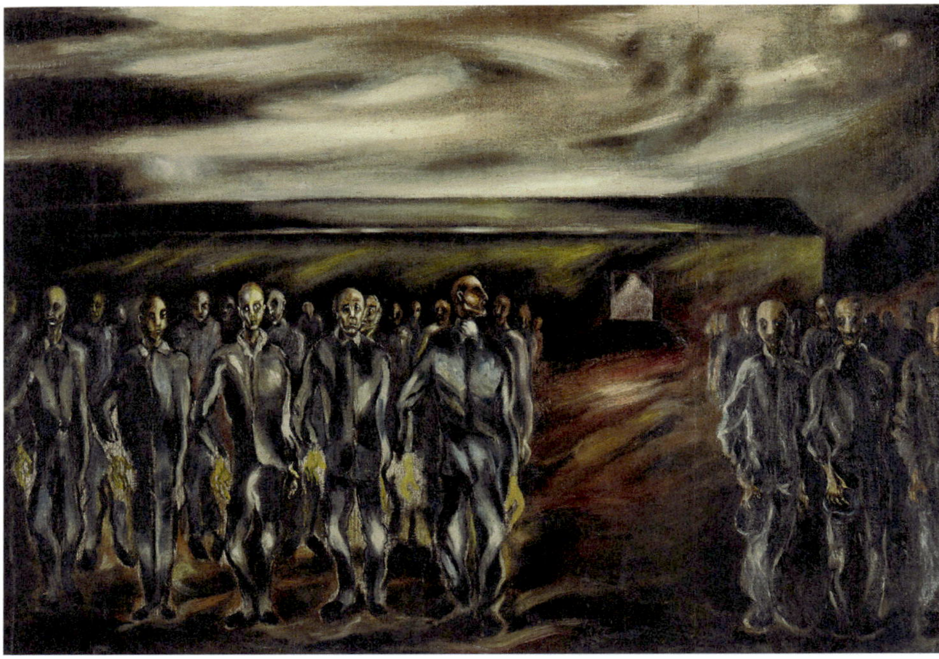

93 Boris Lurie, *Roll call in concentration camp,* 1946, Öl auf Leinwand, 61 × 91.4 cm; The Boris Lurie Art Foundation, Clifton NJ.

kennende Absicht, indem sie dem Gedenken an die Opfer in leeren Bibliotheken, auf leeren Bänken oder in einer vom Gegenstand befreiten Bildwelt Raum gibt».[748]

Nicht alle Werke aber folgen dieser Diktion umfassend, und nicht immer wird auf figürliche Darstellung verzichtet, im Gegenteil. Simche Schwarz, der Puppenspieler, dem wir auf der Fotografie von vier Überlebenden in Paris bereits begegnet sind, stellt in seinem Relief aus einer Serie von Plastiken mit dem Titel «Alphabet der Erinnerung» durchaus figürlich erkennbare Symbole aus der jüdischen Gedankenwelt dar, die wie bei Chagall dazu tendieren, als Metaphern gelesen werden zu können (Abb. 92). Im Werk eines Boris Lurie, der das Konzentrationslager überlebte und nach 1945 in die USA emigrierte, ist die figürliche Darstellung des Grauens im Gestus der Antikunst noch stärker anschaulich (Abb. 93). Doch Lurie malte in Gegensatz zu amerikanischen Künstlern sein eigenes Leid, seine im Baltikum durchgemachte Erfahrung. Er ist ein Augenzeuge, der als Opfer gesehen hatte, was in seiner Erinnerung als Überlebender zutage tritt. Erst danach mischte er sie mit seinem Leben in den Strassen von New York, um seine Erinnerung endlich ins gemalte Bild fesseln zu können. Er ist keineswegs der einzige Künstler, der darum gerungen hat, die Leidenserfahrungen in eine Darstellung zu transformieren, um mit der Kunst sich dem erinnerten Schrecken entgegenzustellen. So sind auch die hybriden Erinnerungsräume aus Buchenwald und New York oder weiteren Orten der Flucht trotz unterschiedlicher Erfahrungen Orte, die individuell als Zeichen für die Leerstellen figürlich verfremdet werden. Dass dies in einer sich radikal verstehenden Haltung zur Kunst, die gegen eine allzu gezähmte

Darstellung des Grauens steht, präsentiert wird, kann nicht über stille Trauer hinwegsehen, die auch diesen Bildern einwohnt, wenn wir sie betrachten.[749]

Die Träger und Formen des Gedenkens mögen sehr unterschiedlich sein und ungleich auf uns wirken. Doch ob durch Musik, Bild, Lyrik oder Mahnmal – die Sicht- und Hörbarmachung der Abwesenheit des Lebens bedeutet nicht, eine voreilige Entsorgung der Namen der Ermordeten in die Anonymität eines unverbindlichen Gedenkens oder Rituals zu erlauben oder zu befördern. Im Gegenteil, die beklemmende Stille, die in der dargestellten Leere eines Gemäldes oder Denkmals gleichsam gehört werden kann, und die Namen, die die unwiderrufliche Absenz ihrer Träger bezeugen, setzten sich als reflektierte Aussagen gegenseitig voraus. Denn es ist schwerer, wie Walter Benjamin sagt, das Gedächtnis der Namenlosen zu ehren als das der Berühmten, die später oft genug laut von sich reden machten.[750] Den Werken der Kunst, der Lyrik, der Fotografie und der Musik zum Holocaust kommt zu, diese Erinnerungsarbeit im Bewusstsein der Namenlosen zu leisten.

EINKERBUNGEN IN EIN LEERES HAUS DES LEBENS

Eine immer wieder gestellte Frage stösst sich am traurigen Befund, dass die Holocaustüberlebenden zunehmend von uns gehen werden. Was aber bleibt, wenn die Überlebenden dereinst dahingeschieden sein werden? Und was wird von den Ermordeten, die vor Jahrzehnten zu Asche wurden, heute noch gegenwärtig präsent sein und erinnert bleiben? Was wir wissen können, sind allenfalls die Namen, die als Zeichen in eine Form des Gedenkens bei denen, die nach uns kommen, eingekerbt wurden. Ob diese Namen, wie an gewissen Stellen der Hebräischen Bibel verheissen, aber Bestand haben werden, ist niemals sicher – der zitierte Prediger aus dem Buch *Kohelet* zweifelt selber daran (Kohelet 1,11). Doch können wir uns der Auslöschung dieser Namen – sei es, dass die Opfer verleugnet werden, sei es, dass der ihnen gebührende Platz verweigert wird – wenigstens widersetzen und sie als Zeichen der Resilienz in unser Gedächtnis einschreiben.

Im Zentrum des Holocaust-Gedenkens steht also eine letzte Frage zur Zukunft: Was *wird* bleiben? Eine offensichtliche Antwort ist, dass es eine Fülle von Gedenkstätten und feierlichen Ritualen und oft gar fromm anmutenden Reden gibt und geben wird, die uns mahnen, das Erinnern als einen Imperativ zu verstehen. Doch bei den heutigen Sorgen um die Zukunft des Gedenkens, um menschliche Zukunft überhaupt, geht es nicht eigentlich um die Verpflichtung, der Formel «Nie wieder!» Treue zu schwören. Wie es jedoch derzeit aussieht, ist das Bild des Holocausts und der Schoah auch vorrangig eine Moralerzählung, die der westlichen Zivilisation zugrunde liegt: Die Vokabel Holocaust ist darin das personifizierte Böse geworden, und auf paradoxe Weise wurde das Gedenken an diesen Genozid denn auch als rituell anmutende, moralisch universale Verpflichtung zur Bekämpfung des Bösen dargestellt.

Letzte Leinwand: Der namenlose Junge aus dem Warschauer Ghetto

Die Fotografie des kleinen Jungen aus dem Warschauer Ghetto wird in einer kaum erfassbaren Vielzahl und mit partikularen Verwendungsabsichten auf Titelbildern und Plakaten, in Büchern und Filmen sowie weiteren Medien genutzt. Sie gilt als «Ikone der Vernichtung», als «Memento mori», als «Sinnbild des Leidens». In der medialen Nutzung wird die Aufnahme häufig bearbeitet, anstelle des historischen Kontexts treten dann ästhetische Verfremdungen. Auch Samuel

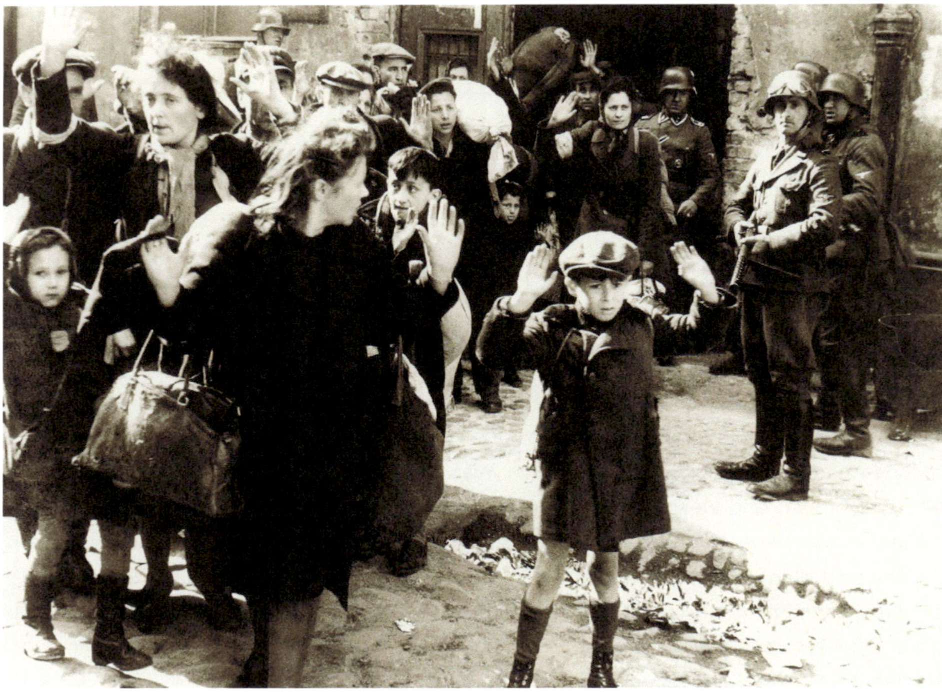

94 Foto aus dem Bericht des SS-Brigadeführers Jürgen Stroop, Warschau, Ghetto, Mai 1943; Instytut Pamięci Norodowej, Warschau.

Bak, den wir als Künstler kennenlernten, zeigt die Figur des kleinen Jungen in einem Ölbild, das ihn hinter einer zerfetzten Bretterwand – oder ist es eine Leinwand – darstellt, die er scheinbar zu durchschreiten sich anschickt, als würde er so in die Freiheit entrinnen.[751] Jenseits solcher Gedenkverfahren, die den historischen Sachverhalt in eine Metapher des menschlichen Leidens inkarnieren, hat man sich um die Eruierung des historischen Bildereignisses bemüht. Das ursprüngliche Foto (Abb. 94) entstammt einem Bildbericht des SS-Brigadeführers und Generalmajors der Polizei, Jürgen Stroop, der den erbitterten Aufstand der Juden von Warschau im Frühjahr 1943 in 27 Tagen niederschlug und das Ghetto räumen liess. Dass in Ghettos und Lagern fotografiert wurde, ist nicht ungewöhnlich – seitens der Täter aus Propagandazwecken, auch mit den Mitteln des Films, oder durch die Opfer, die die Verbrechen in den Ghettos und Lagern unter Lebensgefahr dokumentieren, und seitens der alliierten Befreier der Vernichtungslager, um sich moralisch als gerecht oder überlegen auszuweisen.[752] Die Aufnahmen kamen teils als Beweismaterial in Kriegsverbrecherprozessen und bei der «Entnazifizierung» der deutschen Bevölkerung zum Einsatz.

Der bewaffnete Soldat rechts im Bild ist SS-Unterscharführer Joseph Blösche, der seine Waffe auf die Gruppe richtet. Er war in der Sowjetunion an Massenerschiessungen und Deportationen beteiligt, wegen seiner Grausamkeit im Ghetto sehr gefürchtet und wurde Jahre nach Kriegsende, 1967, vor Gericht gestellt und in Leipzig hingerichtet. Personen aus dem Opferkreis auf diesem Bild sind durch das US Holocaust Memorial Museum und Yad Vashem eruiert und identifiziert worden. Sie alle tragen also einen Namen.

Ohne Namen ist einzig der kleine Junge. Seine Identität ist nicht geklärt, auch wenn die Versuche, seinen Namen festzustellen, immer wieder zu erneuten Mutmaßungen geführt haben. Gäbe es das Foto nicht, müsste man sagen, dass sein einziger Name der Name der Anonymität ist. Das zentrale visuelle und historische Muster dieser Aufnahme ist aus der Sicht des Betrachters, der dabei wie ein Zeuge oder Zuschauer fungiert, die Entgegensetzung des klobig wirkenden Täters Joseph Blösche und des namenlosen kleinen Jungen, der nur durch ein Bild nicht der Anonymität anheimgefallen ist.[753] So mag das Fehlen des Namens für den Jungen auf dem Bild den Anspruch verdeutlichen, dass die Arbeit der Forschung wie der Wille zum Gedenken dem Ziel verpflichtet sind, die Identität der Täter wie der Opfer zu klären. Es gilt zu verhindern, dass die Ermordeten zu anonymen Objekten und Platzhaltern einer homogenisierenden Moral gemacht werden, die es erlauben würde, die Konkretheit des Mordes an den Juden wie mit einer weissen Kalktünche zum Verschwinden zu bringen (um es mit den Worten von Joseph Roth aus der ersten Leinwand in diesem Buch zu sagen). Dass der Junge auf dem Bild keinen Namen hat, ist kein Ausnahmefall. Die unter bulgarischer Herrschaft an die Deutschen ausgelieferten und dann deportierten Juden Makedoniens mussten vor ihrer Verschleppung die Ausweispapiere und Pässe abgeben. Davon sind heute nur noch die damals aus den Ausweisen herausgelösten Fotos geblieben, die im Holocaust Memorial Museum in Skopje aufbewahrt werden; die Pässe und damit die Namen aber sind verschollen.

Gebrochene Fäden verweben

Ein wesentlicher Zweck des Eichmann-Prozesses in Jerusalem, der 121 Tage dauerte, lag darin, dass durch die vielen Zeugenaussagen die Überlebenden, die Angehörigen von Ermordeten und die Ermordeten selbst ein menschliches Antlitz erhielten und als Stimmen und Schicksale in der Öffentlichkeit gehört wurden. Sie berichteten, schrien ihr Leid heraus, brachen zusammen. Bild und Abbild, Geschehen und Erinnertes waren unterscheidbar, sichtbar, konkret. Endlich hörte man den Zeugen und Opfern zu. Sie waren keine anonymen Nummern, sie hatten einen Namen.

Holocaust-Gedenken ist also, wie die kurze Reflexion auf das Bild aus dem Warschauer Ghetto zeigt, nicht bloß abstrakte Mahnung des «Nie wieder» oder gar eine allegorisch beladene Moralerzählung, die vom Triumph der Guten über das Böse handelt. Solcherart würde man riskieren, in einen Ritualismus mit hohlen Phrasen abzugleiten, die kaum mehr gehört werden wollen. Vielmehr geht es um den Menschen und seine Erfahrungen, um eine *conditio humana* schlechthin, die sich im scheinbar Danebenliegenden und gar im Intimen, kurz: im historisch benennbaren Detail zeigt. Deshalb sind die Geschichten, die Überlebende als Augenzeugen zu erzählen bereit sind und die wir von ihnen zu hören bekommen, von entscheidender Tragweite. Aus diesem Verhältnis von ihrem erzählten Sehen und unserem Zuhören erwächst die bereits gestellte Frage: Was bleibt, wenn die Überlebenden von uns gegangen sein werden? Die offensichtlichste Antwort ist, dass uns – nämlich all jenen, die das Gedenken als einen Auftrag verstehen wollen – ihre Geschichten, die heute in Papierform, Musiknoten, Videos oder Filmdokumenten festgehalten werden, als einzige und einzigartige Zeugnisse überlassen werden. So fragmentarisch sie auch sind und so anfällig für Ungenauigkeiten sie auch berichtet sein mögen, so erzählen diese Geschichten von persönlichen Erfahrungen der Entmenschlichung und von individuellem Erleiden des allzu menschlichen Horrors. Wie diese Geschichten deutlich machen, sprach das Böse viele Sprachen und durch vielerlei Bilder, und so vermittelt sich auch unsere Erinnerung notwendigerweise in vielen Sprachen und Bildern. Oft wurde das eigene Überleben als unverdientes Privileg empfunden, als nachwirkend gefühlte «Schuld», wo doch der gewaltsame Tod zuvor als «Normalität» gegolten hatte. Manchmal waren Überlebende, wie der Uhrmacher und Erfinder Léon Reich, erfüllt davon, dass sie nach der Zeit des Horrors in ihrem weiteren Leben ihre berufliche Leistung in die Mitte der Gesellschaft tragen und so Anerkennung finden konnten. Wir sollten uns bewusst sein, dass all diese Lebensgeschichten im Wesentlichen Variationen des Themas des persönlichen Überlebens und in gewissem Umfang des persönlichen Sieges über das Böse und seine Folgen sind – auch mit Hilfe von teils anonymen Dritten, die Schutz und Hilfe boten und so sich selbst und den Opfern ihre Menschlichkeit wahrten.

Hinter diesen Geschichten verbergen sich Millionen von *unerzählten* Lebensgeschichten: die Erzählungen und die Zeichnungen derjenigen, die ihre Geschichten nicht erzählen und nicht darstellen konnten. Das Paradoxe am Holocaust-Gedenken ist, dass es auf Millionen von unerzählten und nie zu erzählenden Geschichten beruht: Der Holocaust ist in diesem Sinne eine Leerstelle, eine Absenz unwiederbringlicher, zu Asche gewordener persönlicher Erinnerungen, die wir nicht kennen. In Bezug auf die Millionen, die umgekommen sind, steht die Frage im Raum, was von ihnen übriggeblieben ist, und dies ist deshalb relevant, da es beim Holocaust um mehr ging als um Folterungen und Tötungen von Einzelpersonen. Die Entmenschlichung der ermordeten Juden und Roma sowie Angehöriger weiterer europäischer Kulturen hatte auch zur Folge, dass die Täter ihnen das Begräbnis verwehrten und sie aus dem Gedächtnis auslöschten. Später, nach 1945, wurde den wenigen Überlebenden oft genug die Erinnerung an ihre einstige lebendige Gegenwart verweigert.[754] Da ganze Familien und Gemeinschaften systematisch ausgelöscht wurden, blieben nicht nur ihre Geschichten unerzählt, sondern die in Europa Ermordeten erschienen zur Vergessenheit verdammt: «Die Erinnerung an ihn [den Menschen] vergeht von der Erde; er hat keinen Namen im Land» (Hiob 18,17). Dementsprechend sollte sich das Gedenken auf einer sehr grundlegenden Ebene um das an Sisyphos mahnende Bemühen drehen, die Namen derer, die umkamen, ohne Spuren zu hinterlassen, wiederzufinden, sie aufzuschreiben und an sie hör- und sichtbar zu erinnern.

Das Denkmal für die toten Juden Europas in der Mitte Berlins erwähnt keine Namen, die Ungeheuerlichkeit der Zahl der toten Juden macht jeden Versuch des namentlichen Gedenkens nahezu unmöglich. Und doch ist dies die Herausforderung des Holocaust-Gedenkens: die Namen wiederzufinden und sich an sie zu erinnern. Das Projekt *Stolpersteine* ist eine Antwort auf diese Herausforderung, ebenso die Namenstafeln in Gedenkstätten in den ehemaligen Konzentrationslagern in Deutschland. Oder, um nur einige wenige der eindrücklichsten zu nennen, die *Mur des noms* des französischen *Mémoire de la Shoah* in Paris, das städtische Namensdenkmal in Amsterdam nach den Plänen von Daniel Libeskind oder jenes in Wien, das mehr als 65'000 Namen auf einer Mauer verzeichnet. Im Jüdischen Museum in Prag wurden die Namen der deportierten und ermordeten tschechischen und slowakischen Juden handschriftlich in eine

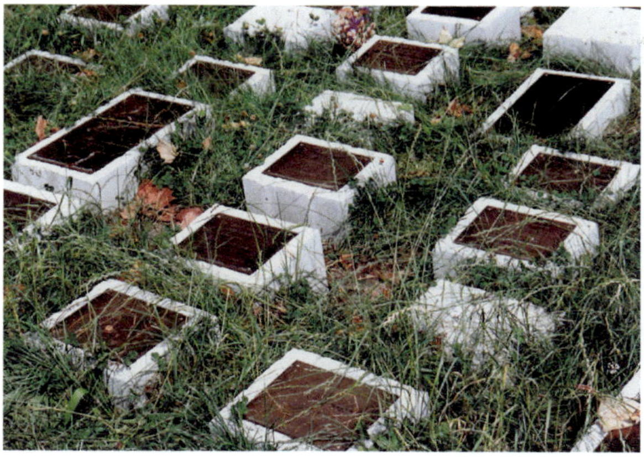

95 *Yzkorsteine,* Gedenksteine mit individuellen Namenstafeln beim Shoah-Denkmal auf dem Jüdischen Friedhof Bern.

Mauer der Pinkas-Synagoge eingraviert. Auch der Vorschlag, in der Schweiz ein allgemeines eidgenössisches Denkmal zu schaffen, das zwar anonym an die Opfer erinnern würde, doch mit einem offiziellen Gedenknamenbuch sowie der Setzung von Gedenksteinen zu verbinden wäre, geht in diese Richtung. Die Namen stehen für die Bilder, als Kerben, die das Gedenken anzeigen. Eine solche Verpflichtung kann zurückgreifen auf die jüdische Tradition der *Yzkor*-Bücher, in die während früheren Zeiten die Namen von zu Tode gekommenen Pogromopfern geschrieben wurden, um an sie und das Geschehen zu erinnern. Heute wird diese Tradition in Gestalt von *Yzkor*- oder Gedenksteinen auf dem Jüdischen Friedhof in Bern als Variante der Schoah-Erinnerung fortgeschrieben (Abb. 95). Alle diese Anstrengungen drücken den Willen aus – auch wenn dies angesichts der vielen weitverstreuten, unbekannten Tatorte nahezu unmöglich erscheint –, die «Gräber zu lokalisieren, die Geschehnisse zu rekonstruieren, die Geschichte der Opfer zusammenzutragen, soweit das nach so langer Zeit möglich ist, und ihnen Namen und Gesichter wiederzugeben».[755] Es ist eine schier unmögliche Aufgabe, doch sie bezeugt den Willen der Nachgeborenen, die Namen der Ermordeten einzugravieren, auch wenn – wie das zitierte Buch *Kohelet* warnt – die Namen auf den Mauern und Gedenktafeln verblassen werden. Die ungeborenen Enkel, so heisst es in einem Gedicht von Lajser Ajchenrand, erzählen vom menschlichen Begehren, das Leiden durch Namen hervorzuschälen, weil die Namen als Zeichen die verbliebenen Zeugen eisiger Zerstörungswut sind, die nicht vergessen werden soll.[756]

In einem größeren Rahmen ist dieses Gedenken die eigentliche Aufgabe von *Yad Vashem* in Jerusalem, Israel: die Namen der toten Juden Europas und, wenn möglich, auch einige wenige biographische Angaben wiederzufinden, festzuhalten und vernehmlich werden zu lassen. In dieser Institution sind bis heute 4,8 Millionen Namen von in der Schoah Ermordeten verzeichnet worden. Zunächst in digitaler Form gelistet, sind nunmehr zwei gleiche Bücher, je in Yad Vashem und im polnischen Auschwitz-Birkenau-Museum, mit den alphabetisch gelisteten Namen installiert worden – jedes Buch mit acht Meter Länge, zwei Meter Höhe und einem Meter Breite. Der Name *Yad Vashem* – «Denkmal und Name» – stammt aus dem Versprechen Jesajas (56,5) an die Eunuchen, ihnen, die keine Söhne und Töchter haben, ein «Denkmal und einen Namen» zu geben und so ihr posthumes Gedenken zu gewährleisten. In einer religiösen oder mythenpoetischen Sicht kennt Gott jeden Namen, der ein Geschöpf bezeichnet, das in seinem Ebenbild unter seinen menschlichen Nächsten als gleich geschaffen wurde. Dieser Gedächtnisruf, ob auf die Vergangenheit oder Zukunft bezogen, ist äusserst paradox – denn dass symboltheoretisch gesprochen «dieser Gott nicht anders denn als Grund seiner selbst, als ‹*causa sui*› zu denken ist, drückt sich mythisch darin aus, dass er sich [einzig] kraft seines Namens hervorbringt».[757] Die Namen und die Manifestationen, in der sich dieser Ungrund verkörpert, aber kommen und gehen. Das gilt auch für die Menschen: Wenn in der Bibel die Rolle einer menschlichen Person sich ändert, wechselt auch ihr Name: Aus Jakob wird Israel, aus Josef, der die Priestertochter Ansenat heiratet, wird Sofnat, und in messianischer Zeit werden auch Jerusalem und alle Getreuen den Namen wechseln – so wie Gott selbst seine alten Namen ablegen und einen neuen, noch verborgenen Namen haben wird (Jes. 65,15), wenn er in seiner Schöpfung nicht gar in die namen- und abbildlose Anonymität entschwunden sein wird. Dann wird in dieser radikalen Lesart die Macht der Bilder gebrochen, ihr Makel aufgehoben sein.

In weltlicher und intertextueller Deutung betrachtet, wird uns hier vorgeschlagen, in der Aufhebung der Namen und im gleichzeitigen und uneingeschränkten Erinnern eben dieser Namen die universale Aufrechterhaltung der Prinzipien der Freiheit und Gleichheit zu lesen.[758] Auf der Gleichheit aller Namen, an die es zu erinnern gilt, gründet das Gesetz, das den Ermordeten ein Recht auf die Restitution ihres Namens einräumt. Und aus der Ungleichbehandlung, so die Erkenntnis, sind in der Geschichte der Menschen, die einen Namen tragen, auch alle Konflikte hervorgebrochen, die menschenverachtendes Unrecht verursachten. Ungesetzlich ist ein Gesetz dort, wo es unerträglich ungerecht ist und die Gleichheit der Menschen namentlich leugnet.[759] Mit einer solchen Aussage liegt eine Einkerbung in das Haus des Lebens, hier und heute, vor und solcherart eine Aussage darüber, sich an die Namen derer zu erinnern, die im Judenmord umgekommen sind, und deshalb zumeist keine Kinder und Enkel hinterlassen haben. Auf dieser Ebene des Gedenkens geht es bei der Restitution ihrer Namen darum, ihre voreilige Entsorgung in die Anonymität rückgängig zu machen. Es gilt, das moralische Recht der Gleichheit zu verteidigen, als ein Menschenrecht, ohne dabei die Opfer der Schoah zu sakralisieren. Die Metapher der Kerbung lässt sich also weniger als Zeichen auf utopische Hoffnungen verstehen als vielmehr schlicht als ein menschlicher Versuch, der Gleichgültigkeit zu entkommen. Es gilt, neue und andere Schaufäden in den Tallit, in unsere Kleider zu weben. Es geht um das Verweben der gebrochenen Fäden zwischen denen, die nicht mehr da sind, und denen, die überlebten, und denen, die davon erzählen, und denen, die heute zuhören. Ob in Gemälden, Fotografien oder einem Denkmal, das Abwesenheit und Leere darstellt, ob in der Bergung der Namen, die die unwiderrufliche Absenz ihrer Träger oder deren Anonymität bezeugen, so wird vielleicht die Menschenwürde, die den Kern des Gedenkens ausmacht, in der Erinnerung an das Leben der Ausgelöschten immer wieder hörbar.

ANMERKUNGEN

1 Zit. Valéry, *Krise des Geistes,* 1997, S. 30. Wertheimer, *Europa*, 2022, S. 347–352. Der zitierte spätantike Text ist das sogenannte Evangelium nach Philippus, dort Nr. 67; es handelt sich um einen Text aus dem Nag-Hammadi-Codex (II,3), der eine Materialsammlung aus dem 3. Jahrhundert ist, auf ältere, vielleicht syrische Quellen zurückgeht und als Florilegium, das heisst Blütenkompilation mit Vergleichen, Spruchweisheiten, Aphorismen und Andeutungen fragmentarisch bleibt. Erstmals wird das Textfragment von Epiphanius, dem Bischof von Salamis, in seinem 374–377 verfassten «Arzneikasten gegen alle Häresien» erwähnt, der von einem heiligen Jünger namens Philippus bei ägyptischen Gnostikern spricht. Vgl. Schmid, Herbert, Art. Evangelium des Philippus, in: Das Wissenschaftliche Bibellexikon im Internet, 2011, www.wibilex.de.

2 Grundlegend: Mondzain, *Bild, Ikone, Ökonomie,* 2011. Diese Autorin, die sich selbstbewusst als Jüdin algerischer Herkunft bezeichnet, widmet ein Kapitel (S. 229–245) in ihrem Buch der judenfeindlichen Idolisierung des Juden als En-face-Figur.

3 Becker, *Arts World,* 1982; Boltansky, Esquerre, *Enrichissement,* 2017; Keller, *Das kontaminierte Museum,* 2021.

4 Girard, *Des choses cachées,* 1978. Die an dieses Buch anschiessende Diskussionen um den Mimesis-Begriff kann hier nicht erörtert werden. Auch die grundlegende Differenz zum Begriffsgebrauch durch Auerbach, *Mimesis,* 1946, dessen luzide literaturtheoretische Studie bekannt ist, muss uns hier nicht beschäftigen.

5 Demant, *Vandalismus,* 1997.

6 Horkheimer, Adorno, *Dialektik der Aufklärung,* 1986, S. 15.

7 Sammlungen solcher Münzen aus dem dritten bis ersten vorchristlichen Jahrhundert sind im Museum Chhatrapati Shivaji Maharaj Vastu Sangrahalaya (CSMUS Museum), vormals Prince of Wales Museum, in Mumbai, Indien, zu besichtigen.

8 Vgl. Beard, *Zwölf Cäsaren,* 2022, S. 11; vgl. auch S. 22–26.

9 Warburg, *Bilderatlas Mnemosyne,* 2020, S. 31.

10 Talmud Babils, *Midrasch Debarim Rabba* 2,30 zu Kap. 3,4; und *Schemot Rabba* 30,7 zu Kap. 12,1.

11 Fromm, *Ihr werdet sein wie Gott,* 1982; amerikanische Ausgabe 1966.

12 Zit. nach Wiese, *Zwiespalt und Verantwortung,* 2004, S. 6. Das in Jerusalem, nach seiner Emigration aus NS-Deutschland, verfasste Manuskript, unter dem Titel *Apokatastasis. Eine friedvolle Betrachtung über Judentum und Christentum,* ist bislang unveröffentlicht. Das Bild der Nachbarschaft, so Wiese, geht auf den britischen Theologen James William Parkes zurück. Im Weiteren vgl. auch Voss, *Umstrittene Erlöser,* 2011, und die Beiträge in Schubert, *Sabbat,* 2016.

13 Vgl. u. a. die zahlreichen Beiträge in: Poorthuis, Schwartz, Turner, *Interaction,* 2009. Zur Denkfigur

des Schmuggels in solchen Wechselbeziehungen vgl. Picard, *Schmuggeln, rebellieren, nachfolgen,* 2018, S. 29–31.

14 Mendelsohn, *Behold the Man,* 2015, zeigt u. a. auf, wie gleichsam im Schatten des Kreuzes jüdische Künstler in Jesus ein Symbol für die Wiedergeburt des jüdischen Volkes im Land Israel sehen oder dann in ihm das Symbol des ewig leidenden Juden und auch ignorierten Künstlers zum Ausdruck bringen. Weiteres siehe unten.

15 Der indische Jainismus hat seit dem 15. Jahrhundert eine bilderfeindliche Reformbewegung *(Shtankvasi)* hervorgebracht, die im 17. und 18. Jahrhundert ihre bedeutendste Ausprägung erlebte.

16 Brandes, *Hauptströmungen,* 1900, Bd. 1., S. 1. Brandes kam eine wichtige Rolle bei der Ablösung der alten normativen Poetik durch vergleichende Methoden zu.

17 Zu diesem Komplex vgl. die Beiträge in: Hinderer, *Goethe,* 2002. Die Sentenz vom «klosterbruderisierenden, sternbaldisierenden Unwesen» in Zusammenhang mit den Nazarenern in: Goethe, *Werke,* 1962, Bd. 12, S. 611.

18 Nietzsche, «Der Wille zur Macht», in: *Gesammelte Werke,* XIX, 1926, S. 229. An dieser Stelle sei vermerkt, dass in meinem Buch die Zitierung von Nietzsche teils den älteren, nicht immer über Zweifel erhabenen Ausgaben, teilweise der kritischen Gesamtausgabe der italienischen Herausgeber Mazzino Montinari und Giorgio Colli folgt, denen großes Verdienst zukommt. Max Brod standen nur die früheren Ausgaben zur Verfügung, die nicht frei sind von den Fälschungen durch Nietzsches Schwester Elisabeth Förster-Nietzsche.

19 «Kommentar zu Robert Walser», in: Brod, *Schönheit hässlicher Bilder,* 2014, S. 147–154, zit. 153.

20 Biale, *Traditionen der Säkularisierung,* 2015. Hénaff, *Preis der Wahrheit,* 2009. Taylor, *Säkulares Zeitalter,* 2009. Flach, *Das philosophische Denken,* 2015.

21 Abu Zaid, *Gottes Menschenwort,* 2008. An-Na'im, *Toward an Islamic Reformation,* 1990. Soroush, *Reason,* 2000. Unklar bleibt, inwieweit diese Stimmen nachhaltig verbreitungs- und mehrheitsfähig sind: Soroush wurde im Iran angefeindet, Abu Zaid in Ägypten als Apostat verdächtigt. Zur Bilderfrage vgl. Langer, *Im Namen des Bildes,* 2022.

22 Cassirer, *Wesen und Wirkung,* 1956, S. 189.

23 Benjamin, *Gesammelte Schriften,* Bd. II, 1977, S. 1064 f.

24 Zur Anthropologie des Gedächtnisses und zu Warburg vgl. Severi, *Prinzip der Chimäre,* 2018, S. 44–89, und Bredekamp, *Aby Warburg,* 2019, bes. S. 110–119.

25 Soussloff, *Jewish Identity,* 1999, und Silver, Golan, *Circle of Montparnasse,* 1985 (Ausstellung Jewish Museum New York).

26 Haftmann, *Malerei,* 1965, S. 511 f. In ähnlicher Argumentation Cohen, *Eastern Europe,* 1985, S. 60–67.

27 Holz, *Alis Guggenheim,* 1996, S. 6–11, zit. 10.

28 Roth, *Tarabas,* 1989–1991, S. 479–627, zit. Kapitel 15, 26. Der Roman mit dem Titel «Tarabas. Ein Gast auf dieser Erde» erschien erstmals als Buch 1934 im Querido Verlag in Amsterdam und war zuvor im *Pariser Tagblatt* als Fortsetzungserzählung abgedruckt worden.

29 König, *Christ, Art and the Nation,* 2007, S. 407–433.

30 Leppien, *Zwölfjährige Jesus im Tempel,* 1989, und die Beiträge in Faass, *Jesus-Skandal,* 2009, anlässlich der Ausstellung in der Liebermann-Villa in Berlin. Zum historischen und kunstgeschichtlichen Kontext vgl. Goudz, *Begriff des Jüdischen,* 2020, S. 60–91.

31 Lessing, «Die Religion Christi», in: *Werke,* Bd. 3, 1974, S. 1072–73.

32 Die umfangreiche Literatur kann hier nicht erörtert werden; im Deutschland des 19. und frühen 20. Jahrhunderts stehen hier Namen wie Abraham Geiger, Heinrich Graetz oder Moritz Friedländer. Als Frucht all dieser jüdischen Beiträge aus unterschiedlichen Sprachräumen bis ins 21. Jahrhundert

hinein vgl. Levine, Brettler, *Jewish Annotated New Testament,* 2017, mit seinen Kommentaren und auch die Essays auf den S. 580–767, etwa von Susannah Heschel über «Jesus in Jewish Thought».

33 Jehuda ha-Levi und Moshe Ben Maimon (Maimonides), im 12. Jahrhundert, erblickten in Jesus und Mohammed vorläufige Wegbereiter eines messianischen Zeitalters der Zukunft; diese ihre Verteidigung und Abgrenzung des Judentums gegenüber den beiden zeitlich nachspurenden Religionen des Christentums und Islams kommt damit einer argumentativen Schubumkehr der heilsgeschichtlichen Erwartungen gleich. Menahem Ha-Meiri im 13. Jahrhundert und Josef Albo im 15. Jahrhundert bringen indes der Figur von Jesus gegenüber ein viel milderes Verständnis entgegen, wenn sie das Christentum in universalistischer Weise verstehen, indem dieses den Heiden in der Welt ein Licht auf dem heilsgeschichtlichen Weg sein soll. Hingegen spielt für sie die christologische Frage kaum eine Rolle.

34 Dafür stehen Namen wie Leo Baeck, Martin Buber, Abraham Joshua Heschel und Mordechai Kaplan jüdischerseits und Adolf von Harnack, Emil Brunner und Karl Barth auf christlich-protestantischer Seite. Bei allen dogmatischen Gegensätzen dieser beiden Lager bleibt das gemeinsame Bemühen, die historisch-biografische Erkundung von Jesus in seinem geschichtlichen Kontext zu überwinden oder gar zu ignorieren; das ist bemerkenswert genug, um sie in einem Atemzug zu nennen. Auch die deutliche Entkleidung Jesu von hellenistischen Gewändern bzw. der griechischen Philosophie *nach* seiner Zeit ist kenntlich. Jedoch ist damit keine Pauschalisierung beabsichtigt, im Gegenteil.

35 Baeck, *Das Evangelium*, 1938, S. 25 und 35. The Center for Jewish-Christian Understanding and Cooperation (CJCUC), *To Do the Will of Our Father in Heaven. Toward a Partnership between Jews and Christians*. Statement on Christianity, December 3, 2015.

36 Siehe das Motto in Berlin, *Crooked Timber,* 1990, S. 1.

37 Dazu Epstein, *New Testament,* 2017, S. 753; Mendelsohn, *Mauriy Gottlieb,* 1999; Mendelsohn, *Behold the Man,* 2015.

38 Als Beispiel: 1959 enthüllte der Künstler Kurt Fahrner auf dem Barfüsserplatz (populär auch «Klagemauer» genannt) in Basel ein Gemälde, das eine «nackte Frauengestalt, die mit gespreizten Beinen die deutlich sichtbare Scham offen zur Schau stellt, als ob sie zum Geschlechtsakt bereit wäre» (Urteilsspruch des Schweizerischen Bundesgerichts) zeigte; das Urteil erregte international Aufmerksamkeit, das Bild der gekreuzigten Frau, das noch während der Aktion verhüllt wurde, ist von der Basler Staatsanwaltschaft beschlagnahmt und während über 20 Jahren unter Verschluss gehalten worden. Vgl. Thomi, *Künstler,* 2012, S. 42–74, und Mosimann, *Kunst im Recht,* 2016, S. 19–38.

39 Ein ausserordentlich lesenswertes und anschauliches, weil mit detailgetreuen Zeichnungen versehenes Buch zur Architektur der Nomaden bietet Faerge, *Zelte,* 1980.

40 Zu Sgan-Cohen siehe unten im Kapitel über Kunst und Literatur in der Schoah-Erinnerung. Zu beiden Künstlern vgl. Mendelsohn, *Behold the Man,* 2015, S. 155–178 (dort auch eine Abbildung des Pfahls) und 228–234. Ebenso Rubenstein, *Postmodern Metamorphosis,* 2017, S. 65–83.

41 Frisch, *Andorra,* 2015, S. 65. Dem Bühnenstück ging eine Prosaskizze «Der andorranische Jude» voran, die Frisch unmittelbar nach Ende des Zweiten Weltkrieges verfasste und die auch Eingang in seine Tagebücher fand. Es kann an dieser Stelle nicht auf seine Beziehung zu Ingeborg Bachmann und die Entstehung des Andorra-Textes eingegangen werden. Hans Höller, Renate Langer, Thomas Strässle und Barbara Widemann kommt das Verdienst zu, den Briefwechsel zwischen Frisch und Ingeborg Bachmann ediert und publiziert zu haben.

42 Frisch, *Notizen,* 1962, S. 79–89, bes. 84, 88. Zit. Hirschfeld, *Anspruch und Funktion,* 2022, S. 168 f. Zu Kurt Hirschfeld vgl. die Beiträge in Gross, Wildmann, *Welttheater Zürich,* 2022.

43 Bernhardt, *Gott und Bild,* 1956. S. 61.

44 Frisch, *Tagebuch,* 1947, S. 30–37.

45 Entschuldigung des Künstlerkollektivs Taring Padi siehe: https://documenta-fifteen.de/news/statement-von-taring-padi-zum-abbau-des-banners-peoples-justice/. Zur Aussage von Taring Padi zur Eigenwahrnehmung ihres 20-jährigen Wimmelbildes siehe den Film (ARD) von Grete Götze: *Der Documenta-Skandal,* 2022.

46 Explizit den kollektiven Ausschluss israelischer Künstler von der 60. Kunstbiennale in Venedig forderte im Kontext des Gaza-Krieges 2023–24 dann eine Plattform mit dem Namen «Art Not Genocid Alliance».

47 Marchart, *Hegemony Machines,* 2022, S. 99–121.

48 Vgl. die Beiträge von Mirl Redmann und Julia Voss in: Deutsches Historisches Museum, *documenta,* 2021.

49 Die Reaktionen auf den Documenta-Skandal ist ein deutscher Aufschrei, der über die Bundesrepublik hinaus gehört wurde; zur Wahrnehmung im deutschsprachigen Ausland vgl. das Beispiel der *Neuen Zürcher Zeitung* (NZZ): Michael Wolffsohn, «Die Documenta macht Politik statt Kunst», in: *NZZ* v. 16. Juni 2022, S. 32; Hansjörg Friedrich Müller, «Kein Drittwelt-Rabatt für Taring Padi», in: *NZZ* v. 22. u. 23. Juni 2022, S. 30 u. 31; Roman Bucheli, «Die Politik hat in Kassel versagt», in: *NZZ* v. 23. Juni 2022, S. 19; Claudia Schwartz: «Die Kulturszene treibt den Antisemitismus voran», in: *NZZ* v. 30. Januar 2024, S. 17.

50 Rede vor dem Parlamentarischen Rat, 8. Mai 1949; vgl. Heuss, *Die grossen Reden,* 1965, S. 86. Kursive Hervorhebung durch JP.

51 Solche Operationen wurden und werden in der weiteren Welt mit einem universalisierten Rassismus-Begriff legitimiert, in der Absicht, die Anklage gegen das ‹kapitalistische System› schlechthin zu fundieren. Vgl. Liebscher, *Rasse im Recht,* 2021, S. 279–283.

52 Nietzsche, «Jenseits von Gut und Böse», in: *Gesammelte Werke,* XV, 1925, S. 392. Zur Metapher der Verkleidung vgl. Blumenberg, *Die nackte Wahrheit,* 2019, S. 7–32. Das Bild als Täuschung zieht letztlich der redlichen theologischen Bemühung den Boden unter den Füssen weg, wo eben Letztere gerade hätte einbezogen werden können.

53 Cassirer, «Sprache und Mythos. Ein Beitrag zum Problem der Götternamen» [1925], in: *Wesen und Wirkung,* 1976, S. 71–167, zit. 77 u. 156.

54 Girard, *La violence,* 1990, S. 51, schreibt: «Toujours, semble-t-il, le moment arrive où l'on ne peut plus s'opposer que par une autre violence; peu importe, alors, que l'on réussisse ou que l'on échoue, c'est toujours elle la gagne. La violence a des effets mimétiques extraordinaire, tantôt directs et positifs, tantôt indirects et négatifs.»

55 Originalbelege im Deutschen Historischen Museum in Berlin, der Wiener Library in London und in Yad Vashem in Jerusalem. Zur jüdischen Mosesfigur siehe unten.

56 Fuchs, *Juden in Karikatur,* 1921; Benjamin, *Eduard Fuchs, der Sammler und der Historiker,* S. 346–381. Zu Eduard Fuchs vgl. Brumlik, *Zerrbild oder Satire,* 2015, S. 118–129. Zur Judasikonografie siehe Plaar, *Juden, Jesus, Judas,* 2016, Bd. 2, S. 854–878.

57 Zum klassisch antijudaistischen Gemälde *Martirio di San Simonino da Trento* (2019) von Giovanni Gasparro schreibt Paolo Levi, «La funerea creatività di Giovanni Gasparro nel suo quadro antisemite», in: *ArtsLife* v. 2. April 2020: «Ich habe den Eindruck, dass der Künstler sich des [judenfeindlichen] Virus, das er in Umlauf gebracht hat, durchaus bewusst ist. In bestimmten Kreisen und auf bestimmten Websites hat er zahlreiche Lobeshymnen erhalten. Eine zynische Marketingaktion, kurz gesagt. Hier schließe ich mich dem Chor der Empörten an, auch wenn ich Gefahr laufe, ihm in die Hände zu spielen, indem ich darüber spreche. Doch Geduld: Ich möchte Gasparro nur daran erinnern, dass das Pessachfest der Juden die Befreiung von der Sklaverei feiert, während das Pessachfest der Christen die Auferstehung eines Juden verkündet» [aus dem Italienischen übersetzt

von JP]. – Zum Street-Art-Bild in London vgl. Shane Croucher, «Mear One's Brick Lane Street Art. Is Mural Anti-Semitic», in: International Business Times, London, v. 4. Oktober 2012, wo Mear One die ebenfalls marketingverdächtige, doch ziemlich einfältig-gefährliche Aussage zur Gewinnung seiner eigenen postkolonialen Anerkennung machte: «My mural is about class and privilege. The banker group is made up of Jewish and white Anglos.»

58 Wyss, *Trauer der Vollendung,* 1997, S. 64.

59 Ebd., S. 319.

60 Mit *Blutruf* wird in der Theologie jener Vers im Matthäus-Evangelium bezeichnet, der das «jüdische» Volk als Meute darstellt, die trotz der Beschwichtigungsversuche des Pontius Pilatus unerbittlich zuerst die Folterung und dann die Kreuzigung Jesu fordert und mit dem Schrei: «Sein Blut komme über uns und unsere Kinder!» (Mt. 27, 25) sich selber verflucht sowie die Schuld an Jesu Mord freiwillig und unisono auf sich lädt. Seit dem frühen Christentum bis zur Zeit des Nationalsozialismus haben antijudaistische und antisemitische Protagonisten in dem Blutruf eine Rechtfertigung für Verfolgung und Verächtlichmachung gesehen. Dazu siehe u. a.: Gebke, *(Fremd) körper,* 2020, und Keller, *Der Blutruf,* 2006.

61 Der Kulturtheoretiker Wyss kommt in Hinsicht seiner Verknüpfung nicht einmal über die Oberammergauer Passionsspiele hinaus, aus denen inzwischen der Blutruf gestrichen, die Figur des Pontius Pilatus als verbrecherisch gekennzeichnet, Jesus als fest in der jüdischen Tradition verwurzelt dargestellt und das Judentum als historisch angemessen in seinen verschiedenen Fraktionen pluralisiert worden ist.

62 Zum Verhältnis Hegels und der Junghegelianer zu Juden und Judentum vgl. u. a.: Cohen, *Spectre juif,* 2005; Tomasoni, *Modernity,* 2003; Mack, *German Idealism,* 2003, S. 43: «[...] Judaism plays a vital role as a figure of thought signifying the opposite of Hegel's dialectic.»; Brumlik, *Deutscher Geist,* 2000; Yirmeyahu Yovel, *Dark Riddle,* 1998; Rose, *German-Jewish Question,* 1990; Pögeler, *L'interprétation hégélienne,* 1985, S. 37–85; Bourgeois, *Hegel à Francfort,* 1971; Rotenstreich, *Hegel's Image of Judaism,* 1953, S. 33–52.

63 Zit. Ohana, *Zarathustra in Jerusalem,* 1995, S. 38–60. Zu den «Neuen Hebräern», die eine Variante des nietzscheanischen «Neuen Menschen» sind, vgl. LeVitte Harten, Zalmona, *Die Neuen Hebräer,* 2005.

64 Nietzsche, «Zur Genealogie der Moral», in: *Sämtliche Werke,* Bd. 5, 2021, S. 285–286.

65 Nietzsche, «Menschliches, Allzumenschliches», in: *Sämtliche Werke,* Bd. 2, 2021, S. 310. Im Weiteren Kofmann, *Le mépris des Juifs,* 1994, S. 43–50.

66 Wir werden darauf zurückkommen, wenn hier von Richard Wagner und von einem Gemälde von Giovanni Paolo Panini, *Predica di un Apostolo,* aus dem Jahr 1744 die Rede sein wird, das Paulus zwischen den Ruinen des antiken Roms stehend darstellt.

67 Dazu Joas, *Bannkreis der Freiheit,* 2020, S. 585–590.

68 Jonas, *Geist, Natur und Schöpfung,* 1989, S. 72.

69 Dürrenmatt, *Über Toleranz,* 1996, S. 125–149, zit. 126.

70 Vernant, Vidal-Naquet, *Mythe et tragédie,* 2004, Bd. 2, S. 17–24.

71 Dürrenmatt, *Notizen,* 1962, S. 123–128, zit. 128.

72 Ortega y Gasset, *Vom Menschen,* 1951, S. 198 («Ideen für eine Geschichte der Philosophie», 1944).

73 Zu Troeltsch vgl. Ruddies, *Liberales Christentum und liberales Judentum,* 2012, S. 611–621, und Rendtorff, *Verhältnis von liberaler Theologie und Judentum,* 1991, S. 59–71.

74 Troeltsch, *Soziallehren,* 1991, S. 168, 250 f., 997.

75 Joas, *Macht des Heiligen,* 2017, S. 197.

76 Zit. Schopenhauer, *Die Welt als Wille und Vorstellung,* Bd. 1, 1986, S. 521; vgl. auch Bd. 2, S. 114. Safranski, *Schopenhauer,* 1987, bes. S. 325–328 und 389–391.

77 Aby Warburg: «Heidnisch-antike Weissagung in Wort und Bild zu Luthers Zeiten» [1920], in: *Ausgewählte Schriften und Würdigungen,* 1980, S. 267.

78 Das *Sefer ha-Ikkarim,* ein eklektisches Werk, um 1425 geschrieben, wurde alsbald heftig kritisiert, von Albo ergänzt und umgearbeitet, und 1485 bei Soncino publiziert; es ist im 19. Jahrhundert ins Deutsche, Englische und Französische übersetzt worden.

79 Reinhardt, *Montaigne,* 2023, S. 170–181 und 193–197. Freud, *Unbehagen,* 1999, S. 474.

80 Ratzinger, *Problem der Transsubstantiation,* 1967, S. 129–158, zit. 146; neuerdings abgedruckt im Band 11 der *Gesammelten Schriften* von Benedikt XVI., hg. v. Gerhard Ludwig Müller, Freiburg i. Br. 2008. Der Terminus der Transsubstantiation kann hier nicht weiter ausgeführt werden; er hat eine seit dem Mittelalter hochkomplexe Begriffsgeschichte hinter sich und betrifft den Sinn der Eucharistie als einen Kerngehalt römisch-katholischer Theologie.

81 Die Anbetung der Hostie als symbolischer Akt erscheint bei Papst Franziskus stark relativiert. Weiteres kann hier nicht ausgeführt werden.

82 Das zeigt sich historisch an Carl Schmitt, weil er mit dem Modell des unfehlbaren Papsttums sich den säkularisierten Begriff des Politischen nutzbar machte und damit die antidemokratische Organisation des Staates einforderte, wie er dies besonders in seinen Attacken auf Hans Kelsen und dessen entsakralisiertes Konzept des modernen Staates profiliert hatte. Schmitt, ein in die Wolle des Katholizismus gefärbter konservativer Staatstheoretiker, der, in einer gegen Kelsen gerichteten Attacke, die Demokratie als «Ausdruck eines politischen Relativismus und einer wunder- und dogmenbefreiten, auf den menschlichen Verstand und den Zweifel der Kritik gegründeten Wissenschaftlichkeit» ablehnte, verkörpert als Antisemit und Nationalsozialist, der dem Führerstaat Hitlers rechtstheoretische Legitimierungen lieferte, auch den Rückfall in die augustinische und tridentinische Erbsündenlehre; vgl. dazu zit. nach Schäfer, *Schlange,* 2022, S. 375, und Gross, *Carl Schmitt,* 2000, S. 317–331. Der Komplex der Erbsünde wird hier weiter unten nochmals genauer zu erörtern sein.

83 Ratzinger, Benedikt XVI., *Gnade und Berufung ohne Reue. Anmerkungen zum Traktat ‹De Judaeis›,* 2018. Dazu Jochum, *Benedikt XVI,* 2018, zit. S. 5; ebenso in: compass- Infodienst für christlich-jüdische und deutsch-jüdische Tagesthemen im Web, Nr. 279, Dezember 2018 [abgerufen am 12. 12. 2023]. Weitere Beiträge zu den jüdisch-katholischen Beziehungen siehe in: Ahrens, Folger, *Rabbiner im Gespräch mit dem Vatikan,* 2021. Neuerdings Christian M. Rutishuser: «Schockstarre und grosses Verstummen», in: *Neue Zürcher Zeitung* v. 7. 03. 2024, S. 18.

84 Bemerkenswert ist ferner, dass es, historisch betrachtet, lange vor der Tempelzerstörung eine jüdische Diaspora östlich wie westlich von Jerusalem bzw. dem antiken Palästina gegeben hat. Dass es hingegen heute im Staat Israel wieder jüdische und christliche Gruppierungen gibt, die sich eine Wiedererrichtung des Tempels auf dem Tempelberg erhoffen, ist politisch brisant. Dagegen erscheint die staatliche Existenz Israels heute dem verstorbenen Papst bloss eine Episode in der Geschichte des Judentums zu spielen.

85 Lüthy, *Geist und Ungeist,* 1964, S. 84. Ich verdanke den Hinweis André Holenstein, Bern.

86 Bußmann, *Treitschke,* 1952, S. 86; zitiert aus einem Brief Treitschkes an seinen Vater, 1856.

87 Burckhardt, *Briefe,* Bd. 1, 1949, S. 224. Zur politischen Funktion kritisch vgl. von Greyerz, *Nation und Geschichte,* 1953, S. 201.

88 Zur aktuellen Auseinandersetzung in der Theologie, die heute eine Tradition des bildtheologischen Diskurses hervorgebracht hat, vgl. die Beiträge in: Rainer, Janssen, *Bildverbot,* 1997.

89 Droysen, *Historik,* 1958, S. 26. Zur Einordnung und Historienmalerei vgl. Schoch, *Die «belgischen» Bilder,* 2009, S. 161–179.

90 Steiner, *Garten des Archimedes,* 1997, S. 284 (Buchkapitel «Durch einen Spiegel in einem dunklen Wort»).

91 Nietzsche, «Jenseits von Gut und Böse», in: *Sämtliche Werke,* Bd. 5, 2021, S. 192.

92 Veyne, *Grecs ont-ils cru,* 1983.

93 Bloch, *Moses und der Mythos,* 2012.

94 Weit mehr handelt die traditionelle Pessach-Haggada davon, wie man feiern soll, und weit weniger, was es zu feiern gilt. Die Exegese ist also weit prominenter im Platz nehmen als die Erzählung selber. Dies hat in der Moderne dazu geführt, dass spezielle Haggadot entstanden sind, deren Ausgestaltungen identitären Bedürfnissen folgen, etwa in gender- oder sozialpolitischer Orientierung.

95 Zu Oppenheim siehe Heuberger, Merk, *Moritz Daniel Oppenheim,* 1999. Das monumentale Format, sonst der Historienmalerei als vornehmster Gattung der Malerei vorbehalten, und die kompositorischen Verweise auf den Moses von Michelangelo betonen demonstrativ die Bedeutung des Bildes. Es bildet den Ausgangspunkt für Oppenheims «jüdische» Historienmalerei, die sich ganz auf Geschichten und Figuren der jüdischen Überlieferung konzentriert und die jüdische Tradition in die christlich geprägte Kunstgeschichte einzubringen suchte, indem Oppenheim in seiner dreifachen Identität als Jude, Bürger und Künstler mit Vorurteilen seiner Zeit, darunter auch das angebliche jüdische Bilderverbot, rang.

96 Freud, *Moses des Michelangelo,* 1914, S. 34–35.

97 Das Gemälde befindet sich in der Gemäldegalerie der Staatlichen Museen zu Berlin.

98 Siehe etwa das umfangreiche Schriftenverzeichnis bei Yerushalmi, *Freuds Moses,* 1991, S. 181–191, sowie dessen Ausführungen S. 36–60 zu Freud als jüdischem Historiker.

99 Steinheim, *Moses und Michel Angelo* [1859], 1902, S. 56–77. Dazu Biemann, *Satyr as Prophet,* 2008, S. 45–64.

100 Cohen, *Ästhetik,* 1912, S. 261–296 sowie S. 301–303.

101 Simmel, *Philosophische Kultur,* 1923, S. 157–184, zit. 168.

102 Grimm, *Leben Michelangelo,* 1940, S. 379.

103 Zu Hirszenbergs Moses siehe Cohen, Rajner, *Samuel Hirszenberg,* 2022, bes. S. 268–278. Zu Jesus vgl. Mendelsohn, *Behold the Man,* 2015.

104 Milano, *Storia degli Ebrei,* 1963, S. 238 [Übersetzung JP].

105 Im Weiteren sei vermerkt: Nahezu unbeachtet in den jüdischen Wahrnehmungen blieben die Fresken an der Südwand der – in den Proportionen des Salomonischen Tempels erbauten – Sixtina; dort erscheinen die Darstellungen des Lebens des Moses durch Sandro Botticelli, Pietro Perugino und Luca Signorelli vor dem Hintergrund italienischer Landschaften und Alltagsszenen.

106 Dazu die kritische Diskussion solcher Thesen bei Bernhardt, *Gott und Bild,* 1956, S. 75–78.

107 Nirenberg, *Anti-Judaismus,* 2015, S. 398 ff.

108 Im Sinne von Assmann, *Achsenzeit,* 2018, S. 55. Zur Achsenzeit-Diskussion und den Thesen von diversen Durchbrüchen vgl. die Beiträge in: Bellah, Joas, *Axial Age,* 2012.

109 Auf dem «Weltkongress für freies Christentum und religiösen Fortschritt» sprach Hermann Cohen 1910 unter dem Titel «Die Bedeutung des Judentums für den religiösen Fortschritt» und sagte, «alle Anknüpfung der Religion aber an eine Person setzt sie der Gefahr des Mythos aus. Denn der Grundsinn des Mythos ist die Personifikation alles Unpersönlichen. Darin bewährt sich die Unterscheidung, welche das Judentum überall vom Mythos an sich durchzuführen sucht, dass sie die höchste Tat, die sie von Gott erwarten kann, die Vereinigung seiner Kinder in Eintracht und Treue, durchaus nicht von einer Person erwartet.» Vgl. Cohen, *Jüdische Schriften,* 1924, S. 18–35. Dazu Homolka, *Messiasvorstellungen,* 2014, S. 106–141.

110 Bland, *Anti-Semitism and Aniconism,* 1999, S. 41–66. Im Weiteren Ders., *The Artless Jews,* 2000, und Shatzmiller, *Cultural Exchange,* 2013, S. 73–108.

111 Zitierte Stellen bei Buber, *Von jüdischer Kunst,* 1916, S. 9–11. Vgl. auch Buber, *Jüdische Künstler,* 1903, und Buber, *Lesser Ury,* 1901, S. 113 f. Vgl. Strauss, *Kunst der Juden,* 1972, S. 26 f., 45, 124.

112 Dazu Brenner, *Marketing Identities,* 1998, und Rosenfeld, *Defining «Jewish Art» in Ost und West,* 1994.

113 Nossig, *Ausstellung jüdischer Künstler,* 1907, S. 744–745.

114 Chagall, *Jewish Artist,* 1968, zit. S. 332. Zu Chagalls Kunstverständnis und zum kunstgeschichtlichen Kontext vgl. Goudz, *Begriff des Jüdischen,* 2020, S. 100–150.

115 Goodenough, *Jewish Symbols,* 1954, S. 27, und Goodenough, *Symbolism,* 1937, S. 112–114.

116 Ebd., S. 11–24.

117 Siehe Kampf, *Jüdisches Erleben,* 1987, S. 19 f.

118 Cohn-Wiener, *Die jüdische Kunst,* 1929, S. 10.

119 Schwarz, *Die Kunst der Juden,* 1928, S. 26.

120 Hallo, *Jüdische Kult- und Kunstwerke,* 1928; Ders., *Jüdische Kunst,* 1937; Krauthammer, *Mittelalterliche Synagogen,* 1927.

121 Wischnitzer, *Symbole und Gestalten,* 1935. Vgl. auch Dies., *Dura to Rembrandt,* 1990. Landsberger, *History of Jewish Art,* 1946; dazu die Besprechung des Buches durch Harold Willoughby: Willoughby, *History,* 1947, S. 249–251.

122 Roth, *Jewish Art,* 1971, S. II/2.

123 So der Streit zwischen Salomon Krauss und Max Grunwald um 1900; dazu: Kuhn, *«Jüdische Volkskunde»,* 2020, S. 437–452.

124 Ozick, *New Yiddish,* 1983, S. 165.

125 Zum Beispiel setzte sich Bernhard Berenson, ein aus Litauen stammender jüdischer Sammler und Vermittler der italienischen Renaissance-Malerei, der sich hatte taufen lassen, von seiner jüdischen Herkunft ab, indem er das Judentum zu einer Zivilisation ohne jedes Talent für visuelle Darstellung erklärte – was Berenson just zur Zielscheibe in einem Essay von Meyer Schapiro werden liess, der ebenfalls aus Litauen stammte, wie Berenson jiddischer Muttersprache war, gegen die Orthodoxie argumentierte und einen von Hegel und Marx bezogenen Gegensatz zwischen Moralkritik und Ästhetik ins Feld führte, um sich mit diesen Waffen explizit von Berenson abzugrenzen. Schapiro postulierte, dass alle Bildkunst auch auf jüdischen Voraussetzungen beruhe, nämlich auf der Fähigkeit und Errungenschaft, stets die kulturellen Entwicklungen vertieft zu reflektieren.

126 Siehe Kuspit, *Meyer Schapiro's,* 1999, S. 200–217.

127 Engelmann, *Wurzellose Kosmopoliten,* 2016, und Kampmeyer-Käding, Kugelmann, *Helden,* 2010.

128 Siehe John, Zimmermann, *Jüdische Musik,* 2004.

129 Ehrenstein, *Fresken der Synagoge,* 1937. Erst nach ihrer Emigration konnte Rachel Wischnitzer sich dieser Quelle zuwenden; vgl. Wischnitzer, *Messianic Theme,* 1948, und Dies., *European Synagogue,* 1964. Die weiteren Forschungen siehe Kraeling, *The Synagogue,* 1979, S. 56 ff. Auf die zahlreichen weiteren Forschungen und Diskussionen zu Dura Europos kann hier nicht eingegangen werden.

130 Levine, *Figural Art,* 2005, S. 26. Siehe auch das reiche Material bei Ders., *The Ancient Synagogue,* 2000.

131 Heimann-Jelinek, *Bilderverbot,* 2003, S 22 f. betr. Flavius Josephus.

132 Zu Tieren und Fabelwesen in der mittelalterlichen jüdischen Kunst vgl. Epstein, *Dreams of Subversion,* 1997.

133 Epstein, *New Testament,* 2017, S. 751.

134 Benjamin, *The Sephardi Journey,* 1992, S. 94–135. Studemund-Halévy, *Grenzenlos und globalisiert,* 2010, S. 131–167. Kogman-Appel, *Kulturaustausch* 2008, S. 79–118. Dies., *Sephardic Picture Cycles* 1997, S. 451–481. Vgl. auch Goodenough, *Symbolism,* 1937, S. 103–114. Einzuwenden gegenüber solchen Belegen wäre lediglich, dass sich die aschkenasischen Juden wenig für ihre sephardischen Brüder und Schwestern erwärmten, zumal sie den Verdacht auf sich zogen, einst Conversos

gewesen zu sein, und so dürfte ihre reichhaltige Kunst in Synagogen oder auf Friedhöfen lange den Gelehrten entgangen sein, auch wenn Sepharden zu den ersten jüdischen Einwanderern in der Karibik und in Nordamerika zu zählen sind. Doch eine solche Auslassung ist durch die jüngste Forschung über visuelle Zeugnisse des Judentums aus allen Teilen des mittelalterlichen Europas korrigiert worden – gerade auch für *Ashkenas,* das mittelalterliche Kulturerbe im rheinischen Raum zwischen Frankreich und Deutschland.

135 Kogman-Appel, *Kulturaustausch,* 2008, S. 79–118, *Shalev-Eyni, Jews among Christians,* 2019, S. 145–153, und Shatzmiller, *Cultural Exchange,* 2013, S. 111–165, befürworten für das Mittelalter und die Frühe Neuzeit einen Kulturaustausch in beide Richtungen und nicht allein die einseitige Beeinflussung jüdischer Kunst durch christliches Kunstschaffen. In diesem Sinne für die Zeit des Zweiten Tempels und des Hellenismus siehe: Sed-Tajna, *Jewish Art,* 1997, S. 40–73.

136 Vgl. Epstein, *Skies of Parchment, Seas of Ink,* 2015, und Epstein, *Medieval Haggadah,* 2011. Ebenso Kaufmann, *Neben dem Text,* 2016, und Dies., *Jüdisches Leben,* 2010, zum Zürcher SeMaK.

137 Bloch, *Andromeda in Jaffa,* 2017. Zur religiösen Pilgerpflicht siehe Taubes, *Lebendiges Judentum,* 1946, S. 88–91 und 103.

138 Einen Fall nicht typologisierter, realgeografischer Darstellung Jerusalems, die vermutlich auf eine Pilgerreise des Adrian von Bubenberg an das Grab Christi zurückgeht, ist in der Kirche Scherzligen am Thunersee zu besichtigen; dazu Heyden, Lissek, *Jerusalem am Thunersee,* 2021.

139 Naef, *Question de l'image,* 2004, S. 116.

140 Megilla 1, 13 b: Gott schafft das Heilmittel schon bevor er Israel eine Wunde schlägt, aber bei den übrigen Völkern schlägt er eine Wunde, um sie alsdann zu heilen.

141 *The Jewish Encyclopedia,* 1901–06, S. 146, Artikel «Art, Attitude of Judaism Towards» (Kaufmann Kohler). Zu Kaufmann Kohler vgl. Ariel, *Wissenschaft des Judentums,* 2010, S. 165–182. The Catholic Encyclopedia, 1907–22, Artikel «Images» (Adrian Fortescu). Dazu Bland, *Anti-Semitism and Aniconism,* 1999, S. 42.

142 Bamberger, *Eigentümlichkeiten des Gottesdienstes,* 1928, S. 214–218.

143 Baeck, *Wesen des Judentums,* 1960, S. 203.

144 Für einen solchen Umschwung im hohen Mittelalter vgl. Kogman-Appel, *Kulturaustausch,* 2008, S. 79–118.

145 Schreiner, *Die jüdische Bibel,* 2012, S. 282–292; Bouman, *Der Koran,* 1990, S. 30–55, bes. 44 f.; Bar-Asher, *Les Juifs,* 2019, S. 78–81.

146 Keel, *Kultbildverbot,* 2002, S. 65–96, zit. 89.

147 Bernhardt, *Gott und Bild,* 1956, S. 17–23.

148 Zum Begriff «Textolatrie» vgl. Horvilleur, *En tenue d'Ève,* 2013, S. 195–197, die für diesen Begriff auf Marc-Alain Ouaknin verweist.

149 Im Weiteren muss gesagt werden, dass der postantike bzw. *neuzeitliche* Bildgedanke, wonach Bilder als Darstellungen auf ein Ur- oder Abbild – sei es eine Person, ein Gegenstand oder gar eine Gottheit – verweisen, sich von jener früheren Bildauffassung in der Antike erheblich unterschied, in welcher ein skulpturales Bild die essenzielle Funktion innehatte, eine Gottheit in einem materiellen Körper zu beherbergen, der damit als göttlich beseelt galt. Letztere Funktion wohnt noch in Reliquien, Amuletten und Fetischen weiter, die im Westen auch im Mittelalter populär blieben und gleichzeitig den Anstoß heftiger Bilderkritik erregten.

150 Zit. Heimann-Jelinek, *Bilderverbot,* 2003, S. 22, und Bernhardt, *Gott und Bild,* 1956, S. 17–23.

151 Bons, Joosten, *Sprache der Septuaginta,* S. 254256. Andere Autoren neigen allerdings nicht zu einer negativen Konnotation und interpretieren den Zusammenhang neutraler.

152 Siehe: Heschel, *Man's Quest,* 1954, und Heschel, *God in Search of Man,* 1955. Bezeichnend für den anthropologischen Charakter von צֶלֶם *(zelem)* ist der Midrasch Tanhuma, § 7, zu Bereshit: «Der

Heilige, der Gerecht und Aufrichtig heisst, hat den Menschen deshalb in seinem Bild *(zelem)* erschaffen, damit der Mensch gerecht und aufrichtig sei, wie Er selbst».

153 Dazu die Einleitung von Beniamino Fortis in: Fortis, *Bild und Idol,* 2022, zur Rekonstruktion dieses «Missverständnisses» seit Kant und Hegel.

154 Talmud Babils, *Midrasch Debarim Rabba* 2,30 zu Kap. 3,4; und *Schemot Rabba* 30,7 zu Kap. 12,1, warnen vor solchen Strafen, die bei Beschädigungen von Kaiserstandbildern zu gewärtigen waren.

155 Hoffmann-Curtius, *Trophäen und Amulette,* 2009, S. 97–110.

156 Wyschogrod, *Abraham's Promise,* 2004, S. 165–179, zit. 178; in Deutsch: Wyschogrod, *Inkarnation,* 1995, S. 26 f. Im Weiteren auch Konikoff, *Second Commandment,* 1973, und Scholem, *Gestalt der Gottheit,* 1977.

157 Zum Beispiel in der Passionskantate *Membra Jesu nostri patientis santissima* von Dietrich Buxtehude, 1680, BuxWV 75.

158 Vgl. Stavrakopoulou, *God,* 2021, und Conway-Jones, *Wether in the body,* 2012, S. 79–90.

159 Im Weiteren Scholem, *Gestalt der Gottheit,* 1977. Werblowsky, *Safed Revival,* 1989, S. 7–33. Im Weiteren auch Kugel, *Ladder of Jacob,* 2006.

160 Bei Yehuda Ashlag, einem legendenhaft umrankten Kabbalisten des 20. Jahrhunderts, der auch von Nietzsche und Marx beeinflusst wurde, steht das Bild der Leiter, das den Titel zu seinem Opus magnum, das wesentlich ein Zohar-Kommentar ist, im Mittelpunkt. Die Mächtigkeit des Symbols in der europäischen Kulturgeschichte ist vielfach belegt – von den zahlreichen spät- und nachbiblischen Deutungen über die mittelalterlichen europäischen Krönungstheologien bis zu den nostalgisch-modernen Bildern von Marc Chagall und Reuven Rubin. Mit dem unvollendeten Oratorium *Jakobsleiter* für Soli, Chöre und Orchester liegt bei Arnold Schönberg auch der theosophische Versuch vor, die Entstehung der Zwölfton-Musik als Prozess eines Offenbarungsgeschehens zu erzählen und durch eine Komposition dem inneren Bild der Jakobsleiter musikalisch-ästhetische Überhöhung zukommen zu lassen.

161 Graetz, *Geschichte der Juden,* Bd. 3, 1888, S. 283. Zum Kontext vgl. Katz, *Halakah and Kabbalah,* 1989, S. 34–63. Ebenso Biale, *Hasidism,* 2018, der im Chassidismus u. a. auch eine Strategie erkennt, in Erregung gesetzte Energien zu kanalisieren und so den Aufruhr, der durch die kabbalistischen und sabbatianischen Lehren hervorgerufen wurde, einzudämmen.

162 In diesem Sinne Rosenzweig, *Stern der Erlösung,* 1988, im dritten Teil seines Buches von 1921.

163 Im Weiteren Konikoff, *Second Commandment,* 1973; Scholem, *Gestalt der Gottheit,* 1977. Der aus Sarajewo stammende Nehemja Hijab en Mose Hajjunn, ein Anhänger des Sabbatai Zwi, verkündete gar eine trinitarische Lehre der «drei Gesichter», die sich überdies einer Dreiheit aus Judentum, Christentum und Islam gleichsetzen liess.

164 Raphael Straus in seiner *Apokatastasis,* zit. nach Wiese, *Zwiespalt und Verantwortung,* 2004, S. 7.

165 Mann, *Jewish Texts,* 2000.

166 Dazu Nötscher, *Angesicht Gottes,* 1969; Reindl, *Angesichts Gottes,* 1970.

167 Ginzberg, *Legenden der Juden,* 2022. Ginzberg verfasste sein mehrbändiges Buch ursprünglich in deutscher Sprache. Es wurde jedoch in einer englischen Version publiziert, in Zusammenarbeit mit Henrietta Szold, deren Handschrift mehr als deutlich zu spüren ist. Die deutschsprachige Originalfassung ist durch Andreas Kilcher im Jewish Theological Seminary entdeckt und 2022 publiziert worden.

168 Lauterbach, *Mekhilta de-Rabbi Ishmael,* 1949, S. 241–244 (zu Ex. 20,4).

169 Ein Exemplar der illustrierten *Mishne Tora,* um 1400 vermutlich in Bologna ediert, liegt in der Israelischen Nationalbibliothek in Jerusalem (Ms Heb. 4° 1193, fol. 32r); Abbildung in: Sed-Rajna, *Jewish Art,* 1997, S. 267.

170 Halbertal, Margalit, *Idolatry,* 1992, S. 38–66. Maimonides, *Mishne Tora,* 2007, S. 103. Zu den islamischen Stimmen vgl. Langer, *Namen des Bildes,* 2022, S. 26.

171 Siehe Kogman-Appel, *Kulturaustausch,* 2008, S. 86–88. In Gebetsbüchern auf Bilder zu verzichten war einzig dem Umstand geschuldet, dass dies den Betenden von der Konzentration ablenke.

172 Wigoder, *New Encyclopedia,* 2002, S. 79 (Artikel «Art») vermerkt deswegen heute, dass die biblischen und rabbinischen Haltungen zu Kunst und Bildproduktion zwar stets ambivalent und vielstimmig gewesen sind und dennoch über Generationen und in zahlreichen jüdischen Gemeinschaften eine reiche Frucht an Kunstschaffen vorliegt, die das religiöse Studium und den Lebensalltag begleiten.

173 Ein Beispiel jüdischer Auftragskunst ist der mit Wandfresken geschmückte Festsaal an der Brunngasse in Zürich.

174 Kaufmann, *Jüdisches Leben,* 2010, S. 91. Mann, *Jewish Texts,* 2000, S. 74–76. Plietzsch, *Schönheit und Text,* 2002, S. 4–6.

175 Heschel, *Prophets,* 1962, S. 40.

176 Heschel, *Man's Quest,* 1954, und Heschel, *God in Search of Man,* 1955. Dazu Even-Chen, *Seeing the Divine,* 2007, S. 95–105.

177 Weiss, *The Sephoris Synagogue,* 2005, S. 55–197. Auch Kraeling, *The Synagogue,* 1979, und weitere Forschungen. Der römische Sonnengott erscheint im 4. Jahrhundert in der Hammat-Synagoge bei Tiberias, von der der Mosaikboden mit dem Zodiakkreis erhalten geblieben ist.

178 Abbildung des Details in Beth Alpha (6. Jahrhundert) siehe bei Sed-Rajna, *Jewish Art,* 1997, S. 156.

179 Beispiele bei Sed-Rajna, *Jewish Art,* S. 223–321 (Pentateuch, illustriert von Chajim aus Süddeutschland, 13. Jhdt., der sogenannte «Duke of Sussex Pentateuch» aus der British Library, mit eingeschobenen Targum, Megillot, Haftarot und Massora, zeigt in gotischen Architekturelementen die vier Stämme Juda, Ruben, Efraim und Dan als Rittergestalten und dazu Drolerien, Drachen und andere Fabelgestalten. Deutsche Haggada, 15. Jhdt, Gott lässt das Mana vom Himmel fallen).

180 Lissitzky und Ryback unternahmen ihre Erkundungen im Auftrag der Ethnografischen Gesellschaft von Sankt Petersburg. Exkursionen dieser Art hatten im 19. Jahrhundert der «exotischen» Welt des fernen ländlichen Alltags der Juden gegolten, früh etwa durch den polnischen Literaten Adam Mickiewicz. Vgl. dazu Sokolova, *In serach of the exotic,* 2016, S. 291–321.

181 Zu Mohilev vgl. Wischnitzer, *Ornamente,* 1988; zitiert bei Kampf, *Jüdisches Erleben,* 1987, S. 23. Abbildungen der Malerei in Chodorov und Unterlimpurg in: Sed-Renja, *Jewish Art,* 1997, S. 197–200 und 439.

182 Vgl. Goldman-Ida, *Hasidic Art and the Kabbalah,* 2018, die acht Studien zu diesem Konnex bietet.

183 Laderman, *Biblical Controversy,* 2007, S. 143–145.

184 Laderman, *Images of Cosmology,* 2013, S. 33–45 und 73–97.

185 Taubes, *Lebendiges Judentum,* 1946, S. 21. Die Schrift von Taubes ist insofern bemerkenswert als sie in den Jahren der Schoah verfasst und 1946 in Zürich publiziert wurde. Die viel kolportierte Stelle bei Heine lautet: «Ein Buch ist ihr Vaterland, ihr Besitz, ihr Herrscher, ihr Glück und ihr Unglück. Sie leben in den Marken dieses Buches, hier üben sie ihr Bürgerrecht, hier kann man sie nicht wegjagen, nicht verachten, hier sind sie stark und bewunderungswürdig. [...] Für die wandernden Juden, für das Volk des Buches war das Buch das portative Vaterland.» Heine, *Sämtliche Schriften,* Bd. 4, 1995, S. 4.

186 Zit. nach Haddad, *L'enfant illégitime,* 1991, S. 28: « Les historiens disent que si Jérusalem n'avait pas été détruit, nous autres juifs aurions disparu comme tant d'autres peuples avant et après nous. Ce ne fut qu'après la destruction du Temple que l'*invisible édifice* du judaïsme put être construit ».

187 Laderman, *Images of Cosmology,* 2013, S. 47–72. Die *Christliche Topographie* des vielgereisten Cosmas Indicopleustes in Antiocha, der Moses als grossen Kosmographen feierte und in den

Zusammenhang von Schöpfungs- und Tempelwerk stellte, mag diesbezüglich wohl weniger von Bedeutung gewesen sein und geriet schnell in Vergessenheit. Zum Gnadenbegriff vgl. hier weiter unten Fussnote 368.

188 Auch die vielerorts beobachtete Scheu, das Gedenken an die Schoah bzw. den Holocaust von bildkünstlerischen Formen des Erinnerns fernzuhalten, um das Unsagbare sagbar werden zu lassen, ist mit einem Bilderverbot nicht begründbar. Dies wird empirisch anschaulich in den in diesem Buch weiter unten angeführten Beispielen zum Schoah-Gedenken. Siehe Baigell, *Jewish-American Artists,* 1997, S. 67–117. Milton, *Angemessene Erinnerung,* 1992, S. 164–173. Dies., *Kunst im Holocaust,* 1992, S. 217–230. Picard, *Liturgie, Poetizität, Visualität,* 2021, S. 60–64.

189 Eine Diskussion zum «Fuss Gottes» vermittelt Wolfson, *Images,* 1992, S. 143–181.

190 Konikoff, *Second Commandment,* 1973. Scholem, *Gestalt der Gottheit,* 1977, S. 7–47. Kodan, *Graven Image,* 1997.

191 Zwischen der in der Synagoge verwendeten Schriftrolle als heilig erachtetem Schriftwerk, das ohne Bilder bleibt und deren Text nur die Konsonanten, aber nicht die Vokale und andere Zeichen enthält, und anderseits den zahlreichen Hilfsmitteln wie dem illustrierten Kodex als bevorzugtes Format für das Studium der biblischen Bücher sowie der künstlerischen Ausgestaltung liturgischer Räume mit Bildern und ritueller Objekte mit Zierart besteht ein weites Spektrum, das viele Gestaltungsmöglichkeiten zuliess und zulässt. Kelly, Mynatt, Crawford, *Masorah,* 1998, S. 16, datieren diese Praxis auf das Jahr 700 zurück.

192 Leibowitz, *Judaism,* 1992, S. 122. Bei Meir Simcha haKohen ist dies in seinem Torah-Kommentar, *Meshech Chochma,* zum Wochenabschnitt Ki Tissa ausgeführt. Der Kommentar, der nebst den Novellen in viele Fragen der Philosophie ausgreift, ist posthum von einem Schüler des Dvisker Rabbi, Menachem Mendel Zaks, veröffentlicht worden. Meshech Chochma («Der Preis der Weisheit») ist gleichzeitig das Akronym von Meir Simcha haKohen, die Worte leiten sich von Hiob 28,18 ab. Vgl. auch Brettler, *Jewish Bible,* 2007, S. 3–5, und Buchholz, *Ererbtes Dissidententum,* S. 28–30. Zum Begriff «Textolatrie» siehe oben in diesem Buch.

193 Die chassidische Erzählung stellt die Haltung von Schneur Salman von Liadi (1745–1815) dar; sie wird heute durch Chabad, die Organisation der Lubawitscher Chassidim, verbreitet; vgl. https://www.chabad.org/library/article_cdo/aid/2094479/jewish/Hearing-the-Cry-of-a-Child.htm [abgerufen 12. 12. 2023].

194 Potok, *Asher Lev,* 1972; deutsch: Potok, *Asher Lev,* 1976, S. 143 f., 272.

195 Als Beispiel für Lyrik vgl. Zarnegin, *Tierische Träume,* 1998.

196 Lyotard, *Der Augenblick,* 1990, S. 339–358; Ders., *Das Erhabene,* 1989, S. 159–187; Ders., *Immaterialität und Postmoderne,* 1985, S. 91–102 (Vorstellung, Darstellung, Undarstellbarkeit). Dazu siehe u. a. Wendel, *Zeugnis,* 2000, S. 264–278. Zur Person Lyotards siehe Tholen, *Jean-François Lyotard,* 2005, S. 307–325.

197 Dante stellt übrigens in seiner *Göttlichen Komödie,* im Paradies-Gesang, den dreieinigen Gott als Lichtpunkt bzw. Lichtkreis dar, als das absolute Weiss.

198 Wyschogrod, *Abraham's Promise,* 2004, S. 165–179, zit. 178; in Deutsch: Wyschogrod, *Inkarnation,* 1995, S. 26 f. Es ist heute gerade diese distribuierende Inkarnationstheologie des Judentums, die Atheisten wie Christen attraktiv erscheinen mag, wenn ihnen eine exkludierende Christologie allzu verfänglich vorkommt.

199 Hara, *Weiss,* 2015, S. 58–71.

200 Cassirer, «Zur Logik des Symbolbegriffs», in: *Wesen und Wirkung,* 1976, S. 216.

201 Ricœur, *Symbolik des Bösen,* 1971, S. 19.

202 Butor, *Les mosquées,* 1968, S. 351–369; Rothko, *Musée d'Art,* 1999, S. 275–285.

203 «Like Jacob's ladder, it leads to higher realities, to timelessness, to paradise. It is the fusion of the

tangible and the intangible; the old hierogamy myth – the marriage of heaven and earth»; Ashton, *About Rothko,* 2003, S. 189; siehe auch Breslin, *Mark Rothko,* 1993, S. 484.

204 Haftmann war Mitglied der NSDAP und der SA, pflegte aber, in Italien lebend, zu Kreisen der italienischen Antifaschisten und jüdischen Künstlern und Intellektuellen in Italien während des Zweiten Weltkriegs engere, teils freundschaftliche Beziehungen. Ein differenziertes Bild seiner durchaus komplexen Biografie wäre also erst noch zu erarbeiten.

205 Haftmann, *Malerei,* 1965, S. 511 f. In ähnlicher Argumentation Cohen, *Eastern Europe,* 1985, S. 60–67. Haftmann vergleicht die Binnenfelder mit Toren: «Aber das Tor öffnete sich nicht, es wurde gleichsam hinterfangen durch einen dämmernden Lichtplan, der die Öffnung wieder verhüllte. Von ‹Wandbildern›, von Bildern auf einer Wand, ließ sich eigentlich nicht reden. Eher hätte sich von Tüchern, opaken Vorhängen, die etwas verhüllten, von Zelt- oder Leinwänden sprechen lassen[…].» Haftmann, *Mark Rothko,* 1971–1972, S. 8.

206 van Voolen, *Jüdische Kunst,* 2006, S. 136

207 Rosen, *Finding Rothkowitz,* 2013, S. 479–492.

208 Chave, *Mark Rothko,* 1989, bes. S. 149; Baigell, *Jewish Artists,* 2002, S. 102: «The large rectangular forms Rothko used in his mature works are rather derived in some measure from the large open graves that he was only in Fotographs after the end of war».

209 Pappas, *Invisible Points of Departure,* 2004, S. 413.

210 Gehring, *Mark Rothko,* 2016, S. 393–406, zit. 399; zitierte Stelle übersetzt von JP.

211 Dazu Rosenthal, *Black Paintings,* 2006. Zum Holocaust siehe weiter unten in diesem Buch.

212 Arya, *Reflections,* 2016, S. 317.

213 Dazu Schäfer, *Die Schlange,* 2022, S. 269–326, und Scholem, *Schöpfung aus Nichts,* 1970, S. 55.

214 Theodor, Albeck, *Midrash Bereschit Rabba,* 1965, S. 2–7. Zur literarischen Figur des Proklos und des Raban Gamliel siehe weiter unten.

215 Gehring, *Mark Rothko,* 2016, S. 402, verweist auf Gershom Scholems Formulierung von der Schöpfung aus Nichts; vgl. Scholem, *Schöpfung aus Nichts,* 1970, S. 55.

216 In diesem Sinne Boehm, *Bilderfrage,* S. 331 und 343.

217 Rothko, *Writings on Art,* 2006, zit. S. 119 f.: «I'm not interested in relationships of color or form or anything else.… I'm interested only in expressing basic human emotions – tragedy, ecstasy, doom and so on –, and the fact that lots of people break down and cry when confronted with my pictures shows that I *communicate* those basic human emotions …. The people who weep before my pictures are having the same religious experience I had when I painted them. And if you … are moved only by their color relationships, then you miss the point!»

218 Steiner, *Critical/Reader,* 1979, S. 423–452, zit. 428: «As there is no such thing as indifferent action, so there is no impartial (‹objective›) criticism. Only immobility is unbiased. But in good criticism, bias is made visible, is made lucid to itself.»

219 Rentschler, *Weltbilder der Kunst,* 1989, S. 133.

220 Gamliel der Dritte war der Sohn des Jehuda ha-Nasi, des «Fürsten» bzw. Hauptredaktors der Mischna, mit dem die Ära der Tannaiten zum Abschluss kam; er setzte im 3. Jahrhundert n. u. Z. die literarische Arbeit seines Vaters zur Vollendung der Mischna fort. «Gamliel» (in Hebr. גמליאל הזקן) war ein Ehrentitel (hebräisch sinngemäss «Gott versorgt mich, lohnt mich»). Vorgänger in dieser Linie waren Simon ben Gamliel der Ältere, ein pharisäischer Rabbi, Fürst des Sanhedrins, und Sohn des Gamliel des Älteren ha-Zaken, der wiederum ein Enkel von Hillel, des bedeutenden tannaitischen Lehrers, war. Die *Pirke Avot* überliefern sowohl Aussagen von Vater und Sohn Gamliel sowie von Gamliel dem Dritten. Gamliel der Ältere wird im Neuen Testament bzw. im frühen Christentum positiv rezipiert, da er sich nach der Gefangennahme einiger Apostel als deren Anwalt einsetzte (Apg. 34–42) und auch Lehrer des Apostels Paulus gewesen sein soll (Apg. 22,3).

221 Der Neuplatoniker Proklos war einer der letzten grossen Philosophen der klassischen Antike, der im fünften Jahrhundert lebte (gestorben 485), das heisst lange nach Abschluss der Mischna. Möglich ist also, dass es hier sich bei Proklos um einen anderen jüdischen oder griechischen Philosophen gehandelt haben könnte oder dieser Name einfach prototypisch eine erfundene Figur ist, um argumentativ gegnerische Rabbiner zu treffen.

222 Mischna, Avodah Zara, 3,4. Vgl. auch 2,1 und 3,3: «Wenn Heiden Berge und Hügel anbeten, so sind diese zur Nutzung erlaubt, was aber darauf sich befindet, ist verboten».

223 Zur Antike vgl. Tzvi Novick, «Hasid, Hasidism, Rabbinic Judaism», in: *Encyclopedia of the Bible and Its Reception,* 11, 2015, Sp. 357–359. Zur jüdischen Selbstrepräsentation durch Siegel im späten Mittelalter siehe Lehnertz, *Judensiegel,* 2020.

224 Talmud, *Midrasch Bereschit Rabba* 38 zu 1 Moses 38,1.

225 Sofer, *Responsa Hatam Sofer,* 1870, Nr. 6. Mann, *Jewish Texts,* 2000, S. 127.

226 Cohen, *Jewish Icons,* 1998, S. 115–152.

227 Emden, *Megillat Sepher,* 1898.

228 Siehe Sadek, *Grabsteine,* 1978, S. 76–82.

229 Flavius Josephus, *Antiquitates Judaicae,* Kapitel 15. Die zitierte Stelle gibt einen Brief von Dellius an Antonius wieder. Die deutsche Übersetzung von Heinrich Clementz aus der griechischen Textausgabe (Ἰουδαϊκὴ ἀρχαιολογία) ist mit Vorsicht zu geniessen; die Neuübersetzung der *Antiquitates* im Rahmen des Institutum Judaicum Delitzschianum in Münster wurde abgebrochen.

230 Unbekannter Künstler, Hacham Zvi Aschkenasi, Öl auf Leinwand, ca. 1715, und derselbe, Lithodruck, 18. Jahrhundert, beide im Jewish Museum London. Vgl. Cohen, *Jewish Icons,* 1998, S. 116.

231 Porträt des Surbtaler Rabbiners Abraham Ris, Lithografie, um 1810 (Privatbesitz); Wiedergabe bei Weldler-Steinberg, *Geschichte,* 1966, S. 159.

232 Belting, *Macht und Ohnmacht,* 2002, S. 11–32, bes. 23.

233 Abbildung aus einem Machsor von 1315 bei Schwinges, *Privileg und Gewalt,* 2014, S. 23.

234 Samuel Hirsch, Mikrografisches Porträt des Rabbi Akiva Eger, Ende des 19. Jahrhunderts (Jewish National & University Library, Jerusalem).

235 Zu Sgan-Cohen vgl. unten das Kapitel über Schoah-Erinnerung in Kunst und Literatur.

236 Bruskin, *Life is Everywhere,* 2001; vgl. auch Barbieri, Burini, *Grisha Bruskin,* 2015.

237 Dazu siehe Engelmann, *Wurzellose Kosmopoliten,* 2016, und Kampmeyer-Käding, Kugelmann, *Helden,* 2010.

238 Biale, *Hasidism,* 2018, S. 202–209. Weiteres siehe Cohen, *Jewish Icons,* 1998, S. 123, 133. Yoel Lippman Lewi, Medaille mit Porträt des Rabbi Elazar ben Samuel von Amsterdam, um 1735 (Münzsammlung Israel Museum, Jerusalem); ebenso Porträtgalerie mit Rabbinern, Druck, Breslau Ende des 19. Jahrhunderts (Skirball Museum, Los Angeles).

239 Cohen, *Jewish Icons,* 1998, S. 123–126.

240 Katz, *Tradition und Krise,* 2002.

241 Offen ist die Frage, inwieweit die hier beschriebene Tendenz sich auch schon auf vereinzelte jüdische Selbstporträts in Italien im 16. Jahrhundert zurückführen lässt oder nicht. Deutlich hingegen ist am anderen Ende die «gehäufte Hagiografie» in rabbinischen Porträtgalerien während des 19. Jahrhunderts und sodann die offensichtliche Konkurrenzierung, Übernahme und «Säkularisierung» dieser Galerien durch die zionistische Bewegung, welche anstelle rabbinischer Autoritäten Theodor Herzl als neuen Moses mitsamt der zionistischen Elite und Mitstreitern setzen sollte. Das Rabbinerporträt und seine Vervielfältigung wäre ohne Zweifel ein einleuchtend zitierbarer Gegenstand für Walter Benjamins Erörterung des Kunstwerkes im Zeitalter seiner technischen Reproduzierbarkeit gewesen.

242 Erstmals durch Ostrogorsky, *Studien,* 1929, als einflussreicher Impuls. Als Überblick neueren Datums vgl. Brubaker, Haldon, *Byzantium,* 2011. Die Erörterung des byzantinischen Bilderstreites

wird erschwert durch den Umstand, dass die Zeugnisse bilderfeindlicher Autoren von den Ikonodulen nach deren Sieg zerstört wurden; deshalb heute die Bedeutung von Quellensamples zu dieser Zeit; vgl. Brubaker, Haldon, Ousterhout, *Byzantinum,* 2001. Zu den Auswirkungen der ikonophilen Theologie und Malerei in unterschiedlichen Kulturräumen des orientalischen, orthodoxen und lateinischen Christentums vgl. die Beiträge in: Mitalaitė, Vasiliu, *L'icône,* 2017.

243 Thümmel, *Frühgeschichte,* 1992, S. 23. Dazu Keel, *Kultbildverbot,* 2002, S. 67.

244 Adorno, *Gesammelte Schriften,* Bd. 10, 1970, S. 332 («Vorschläge zur Ungüte»). Dabei und in Gegensatz zur «Kulturindustrie», wie dies Adorno moniert, einen Anspruch auf echte Präsenz von Wahrheit für die Ikonen der Kunst zu reklamieren, die in der Moderne anstelle der religiösen Ikonen treten würden, ist allerdings eine problematische Selbstverständigung. Abgesehen davon, dass wir einer Begriffsanalogie hinterherhinken, ist der Kanon der so genannten Meisterwerke der Kunst längstens technisch-medial reproduziert und touristisch erschlossen worden. Diese ‹Ikonen der Kunst› sind so wenig präsente Wahrheit wie die «Hotelbildmalerei», eine Metapher, die Adorno auf den Massenkonsum und Gebrauchswert von Artefakten münzte. Auch die ‹Avantgarde› ist – ob sie ihre Werke als spirituelle Intuitionen oder als profane Provokationen versteht – nicht davor gefeit, Teil der von Adorno negativ bewerteten Kulturindustrie zu werden.

245 Belting, *Bild-Anthropologie,* 2001, der schreibt, dass er von der Säkularisierungsthese zur kulturanthropologischen Auffassung einer Geschichte der Bilder gekommen ist. Dazu die Bemerkungen von Collenberg-Plotnikov, *Moderne Ikonen,* 2009, S. 294.

246 Diels, Kranz, *Fragmente der Vorsokratiker,* Bd. 1, 2004, S. 132; weiter: «Die Äthiopen behaupten, ihre Götter seinen stumpfnasig und schwarz, die Thraker, blauäugig und rothaarig.»

247 Lang, *Der Himmel,* 1996.

248 Feuerbach, «Das Wesen des Christentums» [1841], in: *Wesen der Religion,* 1967, S. 124.

249 Kitzinger, *Cult of Images,* 1954, S. 83–150; N'Diay-Baudinet, *Economie et idolâtrie,* 1983. Zum Mittelalter vgl. Roeck, *Macht und Ohnmacht,* 2002, S. 44.

250 Nach der Ermordung (1961) des ersten kongolesischen Premierministers Patrice Lumumba, von dessen Leiche nur ein vergoldeter Backenzahn als materieller Beweis für dessen Tod übrigblieb, wurde der in Belgien aufgefundene Backenzahn nach Kinshasa überführt und 2022 in einem dafür eigens errichteten Mausoleum beigesetzt. Vg. Andreas Schipani, «The 60-year, 4000 miles journey home of Lumumba's tooth», in: *Financial Times Magazine* v. 27. Januar 2023.

251 Dohmens, *Bilderverbot,* 1987, S. 237.

252 Zu Jesus vgl. Vermès, *Jesus the Jew,* 1973. Vermès rechnet Jesus nicht den Pharisäern, Essenern, Zeloten oder Gnostikern zu, vielmehr den Wundertätern und Chassidim, auf die das Bild des Schamanismus passt.

253 Dazu grundlegend Fricke, *Ecce Fides,* 2007, und *Fallen Idols,* 2015.

254 Mondzain, *Bild, Ikone, Ökonomie,* 2011, S. 200. Siehe auch Keel, *Kultbildverbot,* 2002, S. 91. Auf die Auferstehung kommen wir weiter unten nochmals zu sprechen. Am ersten Fastensonntag gedenken die orthodoxen Kirchen auch heute des Sieges der Bilderfreunde über die Bildergegner.

255 Mondzain, *Bild, Ikone, Ökonomie,* 2011, S. 200.

256 Ebd, S. 199.

257 Sloterdijk, *Den Himmel zum Sprechen bringen,* 2020, S. 59

258 Langer, *Namen des Bildes,* 2022, S. 27, und Mondzain, *Bild, Ikone, Ökonomie,* 2011, S. 199–204. Zu den westlichen Kunstdeutern Rothkos, die teils in ähnlichen Glaubensauffassungen verharren, siehe oben in diesem Buch.

259 Belting, *Macht und Ohnmacht,* 2002, S. 11–32, bes. 11.

260 Zitiert: Assmann, *Moses der Ägypter,* 1998, S. 49. Vgl. auch Cassirer, *Wesen und Wirkung,* 1956, S. 24, und Azaryahu, *Ever lasting names,* 2021, S. 42–51.

261 Im Weiteren Schmid, Schröter, *Entstehung der Bibel,* 2019, S. 287–299, und Barton, *Geschichte der Bibel,* 2019, S. 413–455. Zur Johannesapokalypse siehe Levine, Brettler, *Jewish Annotated New Testament,* 2017, S. 536–575, und die Beiträge in: Sommer, Poplutz, Hoegen-Rohls, *Johannesapokalypse,* 2023, bes. S. 7–109.

262 Zur Zeit des Zweiten Tempels gab es noch lange bestehende Übereinstimmungen zwischen der pharisäischen Bewegung, der Jesus nahestand, mit der hellenischen Lebenswelt der Juden, in der Paulus wirkte und alsdann die Anstösse für das spätere Christentum lieferte. Die Synagogen als Gemeinschaftszentren standen damals gegen die priesterlichen Eliten des Jerusalemer Tempels und seiner essenischen Absonderung. Die späteren Kirchen folgten dem Modell der Synagoge als kultisches wie soziales Angebot der Gemeinschaftsbildung.

263 Simmel, *Grossstädte,* 2008, S. 326.

264 Das neutestamentliche Evangelium des Lukas (Lk. 5,33–39) weicht von den Evangelien nach Matthäus und Markus sowie vom nichtkanonischen nach Thomas (Logion 47) deutlich ab, insofern das Gleichnis vom neuen Wein in alten bzw. neuen Schläuchen bei Lukas unzensiert mit dem Satz endet, es sei zu bevorzugen, alten Wein zu geniessen, weil er milder ist. Die redaktionelle Auslassung eines Jesuswortes bei Matthäus und Markus veranschaulicht die zitierte Beobachtung von Simmel eindrücklich. Zugespitzt zeigt sich die Problematik einer als grundlegend neu verstandenen Ordnung und die entsprechende Zügelung parteilicher Abweichungen bei Paulus in seinem Brief an die Korinther: «Einen anderen *Grund* kann niemand legen ausser dem der gelegt ist, welcher ist Jesus Christus» (Korinther 3,11). Der Satz dient auf nicht wenigen Wänden in Innenräumen reformierter Kirchen als Richtschnur und Memento der gemeinschaftspolitischen Ausrichtung.

265 Vinzent, *Christi Thora,* 2022, S. 354 f. Für einen erweiterten Zusammenhang siehe Schmid, Schröter, *Entstehung der Bibel,* 2019, und Barton, *Geschichte der Bibel,* 2020. Vgl. bes. die Essays in: Levine, Brettler, *Jewish Annotated New Testament,* 2017, S. 580–767.

266 Goodman, *Rome and Jerusalem,* 2007, S. 26–28 und 440–443. Lane Fox, *Pagans and Christians,* 1986, S. 428–438. Abulafia, *Mittelmeer,* 2013, S. 287–303. Vgl. auch einzelne Beiträge in: Levine, *Jewish Annotated New Testament,* 2017.

267 Weber, *Wirtschaft und Gesellschaft,* 1922, 1971, S. 283.

268 Dazu die eindrückliche Arbeit von Laderman, *Images of Cosmology,* 2013. Zum Wirkungszusammenhang vgl. im Weiteren die Beiträge in Bonfil, Irshai, Stroumsa, Talgam, *Jews in Byzantium,* 2012.

269 Zur Ikonografie des Helios und deren Deutungen, u. a. bei Origenes und Tyconius, vgl. Miziolek, *When our Sun is risen,* 1994, S. 245–260.

270 In das Christusbild von Paulus ist vermutlich der Prometheus-Mythos als Erzählmotiv eingegangen, indem dies die Vorstellung von der Menschwerdung Gottes und von Christus als Fackelträger nur stützen konnte. In diesem Sinn Wolfgang Storch: «Prometheus», in: Storch, Damerua, *Mythos Prometheus,* 1995, S. 14.

271 So die Staatsutopien von Thomas Morus (*Utopia,* 1516), Tommaso Campanella (*Civitas Solis,* 1623) und Francis Bacon (*Nova Atlantis,* 1627).

272 Assmann führte den Begriff der «mosaischen Unterscheidung» erstmals in seiner Publikation *Moses der Ägypter* ein (1997) und revidierte ihn wiederum in seinem Buch über *Exodus;* vgl. Assmann, *Moses der Ägypter,* 1997, und Ders., *Exodus,* 2015, S. 106–119. Auf die dazwischen liegende Kontroverse kann ich hier nicht eingehen.

273 Picard, *Fragmente,* 1978, S. 38.

274 Cohen, *Erschaffung der Welt*, 2010, S. 55–96.

275 Dzidrova, *Inauguration of Christianity,* 2015, S. 289–328.

276 Vgl. u. a. Osbourne, *Mosaics of Power,* 2014, S. 89–112, der besonders auf die Funktionen von Tiermotiven eingeht. Zu den Mosaikböden von Herakleia Lynkestis (Bitola) siehe Dzidrova,

Inauguration of Christianity, 2015, S. 289–328. Abbildungen bei Yonab, Shatzman, *Illustrated Encyclopaedia,* 1976, S. 230.

277 Vgl. Epstein, *Dreams of Subversion,* 1997. Bereits Goodenough, *Symbolism,* 1937, S. 103–114, hat dieser Umstand beschäftigt.

278 Zur Sophienkirche vgl. Schellewald, *Johannes Chrysostomos,* 2008, S. 169–192.

279 Hecht, *Christusbild,* 1997, S. 9–113.

280 Storch, Damerau, *Mythos Prometheus,* 1995, S. 14.

281 Bernhardt, *Gott und Bild,* 1956, S. 52–54.

282 Synagoge von Gaza, 6. Jahrhundert. Abbildungen in: Sed-Rajna, *Jewish Art,* S. 157–159 u. 551. Flavius Josephus, *Antiquitates Judicae,* Kap. 12–4,11.

283 Die mittelalterliche Klage des Bernard von Clairvaux zeigt sich darin, dass er sich über die auf Bodenmosaiken dargestellten Heiligen empörte, die man achtlos mit Füssen trete und gar bespucke; dazu vgl. Schurte, *Meine Augen,* 2022, S. 279.

284 Brenon, *Cathars and the Representation of the Divine,* 2007, S. 258. Selbst das Kreuz als Symbol erregte durch seine skulpturale Form Abneigung.

285 Caminada, *Verzauberte Täler,* 1961, S. 205–242, bes. 208. Ebenfalls Kriß, *Volkskunde Altbayerns,* 1933, S. 98. Kriß dürfte mit der Bezeichnung «Identifikationsopfer» die Gabentheorie von Marcel Mauss erweitert haben.

286 Zit. Rohls, *Apokalypse und Jüngstes Gericht,* 2023, S. 352. Zu Franz Marc vgl. Schuster, *Vom Tier zum Tod,* 1993, S. 182. Als Zeugnis der Literatur aus derselben Zeit um den Ersten Weltkrieg vgl. den 1922 publizierten Roman von Meinrad Inglin: *Die Welt in Ingoldau,* in: Inglin, *Gesammelte Werke,* 2022, Bd. 1, S. 157. Die Hauptfigur, Pfarrhelfer Reichlin, ruft bei einer Geburt, da «stöhnende Laute» und «grässliche Laute» durch das Haus dringen, verzweifelt aus: «Sind wir denn Tiere? Sind wir Tiere? Sind wir an dieses elende Fleisch gefesselt und verflucht, darin zu leiden [...]?». Zu Inglins Roman vgl. Daniel Annen: *Theologische Aspekte in Meinrad Inglins Ingoldau-Roman. Religiöser Geschäftsbetrieb als Sünde wider den Heiligen Geist.* In: Schweizerische Zeitschrift für Religions- und Kulturgeschichte 116, 2022, S-107-123.

287 Zur Frage des antiken Tieropfers, das in der Moderne in das ‹Blutopfer› der medizinischen Blutspende substituiert werden soll, womit die Blutspende als humanistische Absage an Opferkult und Mussaf-Gebet verstanden werden muss, vgl. Werren: *Henri Picard,* 2020, S. 357–361.

288 Zur heutigen Tierethik vgl. Korsgaard, *Tiere wie wir,* 2021. Martin Buber, *Ich und Du,* 1977, S. 148 f., rechnet auch die Tiere und Pflanzen in die Ich-Du-Beziehung ein, was eine ethische Sicht auf das Verhältnis von Menschen zu diesen Teilnehmenden der Evolution nahelegt. Canetti, *Gewissen der Worte,* 1976, S. 67 f. vermerkt, dass die Kenntnisse der Riten und Spiele es nahelegt, dass die Tiere eine Art von Gesittung, im Sinne eines wortlosen Gewissens, haben. Michael Wyschogrod drückt den ethischen Verzicht auf Tiertötungen so aus: «Es ist schwierig, sich der Schlussfolgerung zu entziehen, dass Gott eine vegetarische Menschheit bevorzugen würde»; vgl. Wyschogrod, *Revenge of the Animals,* 1999, S. 23–25, zit. 25.

289 Koch, *Altchristliche Bilderfrage,* 1917, S. 31–35.

290 In der katholischen Kirche sind Darstellungen der Trinität zwei Mal durch Päpste (Urban VIII und Benedikt XIV) im 17. Jh. eingeschränkt worden. Katharer und Reformierte wiesen die Visualisierung der Trinität aus ihrer Bilderskepsis und Kultbildablehnung heraus zurück. Vgl. Hallebeck, *Papal Prohibitions,* 2007. S. 353–383.

291 Zum gesamten Komplex vgl. Ostrogorsky, *Studien,* 1929. Zum mono- bzw. miaphysitischen Strang, der heute mit seinen Gegnern, der arianischen Position, wohl etwas pauschalisierend unter «altorientalische Kirchen» gefasst wird, vgl. Frend, *The rise,* 1972. Zusammenfassend: Lange, *Glauben bekennen,* 2004, S. 287–308.

292 Bruns, *Kleines Brevier,* 1987, S. 36–37.

293 Brodsky, *Flucht aus Byzanz,* 1988, S. 357.

294 In Ägypten und Syrien erleichterte vermutlich die geschilderte kosmische Bezogenheit den relativ friedvollen Zugang zum Christentum, wenn zeitweise auch in monophysitischer Form, in Rom hingegen hatten man unter dem Einfluss der germanischen Einwanderungen und Eroberungen eine anders geartete Theologie hervorgebracht. Meine Kompetenz in dieser vergleichenden Hinsicht ist gering, auch wenn es reizvoll ist, als literarisch interessierter Laie die Fragen aufzuwerfen.

295 Steiner, *Garten des Archimedes,* 1997, S. 297–299

296 Zur Transformation des Islams aus einer kritisch-humanistischen Perspektive vgl. Abu Zaid, *Gottes Menschenwort,* 2008; Abdel-Samad, *Islam,* 2023; sowie Ourghi, *Juden im Koran,* 2023.

297 Gero, *Libri Carolini,* 1973, S. 7–34, und Schade, *Libri Carolini,* S. 69–78.

298 Göttler, *Disziplinierung des Heiligenbildes,* 1990, S. 263–297. Schnitzler, *Vorwurf des «Judaisierens»,* 2002, S. 333–358. Möseneder, *Streit um Bilder,* 1997, S. XII, weist auf den politisch motivierten Streit zwischen Philipp IV., dem Schönen, und Papst Bonifaz VII. hin, bei dem der Kaiser den Vorwurf erhob, der Papst verleite die Menschen zur Idolatrie.

299 Dazu Becker, *Art Worlds,* 1982, und Eggimann, *Jüdische Kunsthändler,* 2021, S. 31–70.

300 Roeck, *Macht und Ohnmacht,* 2002, S. 54 ff.

301 Stirm, *Bilderfrage,* 1977, S. 147. Dazu Erne, *Bild im Kirchenraum,* 2012, S. 45–61, zit. S. 51. Im Weiteren Hofmann, *Luther und die Folgen,* 1983, S. 152, und Greyerz, *Switzerland,* 1994, S. 30–46.

302 Zur Verschonung der Heiligenbilder vgl. Dupeux, Jezler, Wirth, *Bildersturm,* 2000. Zu Zwinglis Verständnis vgl. Liz, *Die reformatorische Bilderfrage,* 2007, S. 27–32, sowie die Beiträge in Altendorf, Jezler, *Bilderstreit,* 1984.

303 Dazu die gründliche Analyse von Krüger, *Das andere Bild Christi,* 2017.

304 Grunder, *Verteufelung,* 2000, S. 60

305 Gisi, *Niklaus Manuel,* 2002, S. 143–163, bes. 145. Dazu auch Michalszki, *Das Phänomen Bildersturm,* 1990, S. 69–125, der im Berner Bildersturm den «point of no return» ausmacht (S. 76). Zur Bau- und Sozialgeschichte des Berner Münsters vor der Reformationszeit vgl. Gerber, *Inszenierung,* 2022.

306 Eine Ausstellung im Herbst/Winter 2017–18 im Focke-Museum / Bremer Landesmuseum für Kunst und Kulturgeschichte widmete sich den Bildergeschichten der Reformierten und zeigte u. a. eine Schenkklappe eines Bremer Eichenschrankes von 1608 mit Darstellungen des Gleichnisses vom verlorenen Sohn.

307 Belting, *Macht und Ohnmacht,* 2002, S. 26. Marx, *Das Kapital,* 1971, S. 94.

308 von Tavel, *Meischter und Ritter,* 1933, S. 267–269. Nur ein letztlich geistfeindlicher Traditionalismus, der am falschen Kult hängen bleibe, werde sich solcher Einsicht in die Offenheit und Autonomie des künstlerischen Prozesses entziehen wollen. In seinem Essay *Vom Wert der Tradition* (1935) und seinem Bubenberg-Roman *Ring i der Chetti* (1931) suchte deswegen von Tavel als Konservativer einer von ihm selbstkritisch wahrgenommenen Erstarrung zu entgehen; vgl. von Greyerz, *Nation und Geschichte,* 1953, S. 271.

309 Cassirer, *Wesen und Wirkung,* 1956, zit. S. 190.

310 Zu Wittenberg siehe Schöner, *Visual Representations,* 2006, S. 357–392. Der segnende Christus von Barbari (1503) wurde um 1560 durch Heinrich Königswieser, die mittelalterliche «Judensau» durch Wolfgang Meissner als Einzelblattdruck gestaltet und verbreitet. Über die Humanisten, vor allem Erasmus, siehe Rummel, *Humanists, Jews, and Judaism,* 2006, S. 3–32.

311 Siehe die Beiträge in Bell, Burnett, *Jews, Judaism, and Reformation,* 2006, S. 69–301. Zum

geglaubten Bilderverbot der Juden vgl. auch Levenson, *Hebrew Bible,* 1993; dazu die Bemerkung von Barton, *Geschichte der Bibel,* 2020, S. 496 f.

312 von Greyerz, *Nation und Geschichte,* 1953, S. 212 u. 242. Gotthelfs Polemik gegen das religionskritische «Freischarenregiment» der bernischen Radikalen kondensierte sich in seinem politischen Testament, dem Tendenzroman *Zeitgeist und Berner Geist* von 1852. Juden, Hochschulprofessoren und weitere Zeitgenossen markieren den antichristlich gemeinte «Zeitgeist», der gegen die beiden ländlichen Pfeiler Haus und Herd in Gotthelfs Weltanschauung steht.

313 Zit. Betulius, *Friedrich Salomon Vögelin,* 1956, S. 17, dort auch Erwähnung des Briefes von David Friedrich Strauß.

314 Zu einem aktuellen Streitbeitrag aus katholischer Sicht durch den Generalsekretär der Bischofskonferenz vgl. Martin Grichting: «Der synodale Irrweg», in: *Neue Zürcher Zeitung* v. 13. August 2022, S. 21. Als Entgegnung aus christkatholischer Sicht: Daniel Konrad: «Der synodale Weg ist am Ende erfolgreich», in: *Neue Zürcher Zeitung* v. 9. September 2022, S. 18, und aus reformierter Sicht: Christoph Sigrist u. Konrad Schmid: «Kirche ‹von oben› und Kirche ‹von unten›», in: *Neue Zürcher Zeitung* v. 26. September 2022, S. 19. Die zitierte Position der evangelisch-reformierten Landeskirche: «Der Bruch zwischen einem traditionellen – auch biblischen – und einem aufgeklärten Verständnis vom Menschen spiegelt sich auch im Wandel der Verantwortungsinstanz. Die Verantwortung des Menschen vor Gott wird zur Verantwortung vor der menschlichen Vernunft. Der Mensch hat Gott als Richter seines Denkens und Handelns abgelöst»; vgl. Schweizerischer Evangelischer Kirchenbund: *Grundwerte aus evangelischer Sicht.* 2007, S. 30.

315 Raab, *Kirche und Staat,* 1966, S. 91–122, zit. 122.

316 Gäbler, *«Auferstehungszeit»,* 1991, S. 161–178, bietet eine historische und theologische Einordnung der von ihm präsentierten Biografien aus Deutschland, Frankreich, der Schweiz und den USA.

317 Ragaz, *Von Christus zu Marx,* 1929. Dass die Haltung von Ragaz in Kongruenz wie in Kontrast zu Max Webers These von 1905 steht, der Protestantismus habe den modernen Kapitalismus hervorgebracht, kann hier nicht diskutiert werden. Im Weiteren dazu Hénaff, *Der Preis der Wahrheit,* 2009, der ein höchst lesenswertes Buch zur Frage von Geld, Geist und Religionen geschrieben hat. Zur heutigen Befindlichkeit siehe Rosa, *Demokratie,* 2023, S. 51–71.

318 Die Religion als Spiegel der Kunst, Basler Aulavortrag vom 2. März 1868, zit. Betulius, *Friedrich Salomon Vögelin,* 1956, S. 91.

319 Tanner, *Geschichte der Schweiz,* 2015, S. 58 f. Der Schweizer Bundesrat folgte solchen aussenpolitischen Vorhaben nicht, sondern bevorzugte eine informelle Beteiligung am Kolonialismus im Sinne, dass sich die Schweiz als eine internationale neutrale Plattform für den Handel und sein Preissystem, u. a. für den Transithandel mit Rohstoffen, hervortat. Dazu Haller, *Transithandel,* 2019.

320 Bellah, «Civil Religion in America», in: *Beyond Belief,* 1970, S. 168–191.

321 Kaplan, *Judaism as Civilization,* 1934, und Kaplan, *Meaning of God,* 1937. Zu Kaplan vgl. die Beiträge in: Goldsmith, Scult, Seltzer: *American Judaism,* 1990, sowie die Biographie von Scult, *Kaplan,* 1993.

322 Zur katholischen Kirche vgl. Taylor, *Formen des Religiösen,* 2002, S. 66–71, sowie im Weiteren Taylor, *Ein säkulares Zeitalter,* 2009, und aus verfassungsrechtlicher Sicht Dreier, *Staat ohne Gott,* 2018. Eine Skizze eines Vergleichs zwischen jüdischem, katholischem, reformiertem und islamischem Religionsrecht bietet Pahud de Mortanges, *Religionsrecht,* 2018, S. 383–396.

323 Heute deutlich etwa bei Klaphek, *Theologie des Judentums,* 2022.

324 Ariel, *Wissenschaft des Judentums,* 2010, S. 165–182, zeichnet die Bedeutung Kohlers nach, und Goldy, *Emergence of Jewish Theology,* 1990, S. 7, setzt mit der Genese der Akademisierung des Judentums in den 1940er Jahre ein, um deutlich zu machen, dass es in der Nachfolge Kohlers zur Errichtung entsprechender Lehrstühle in der Neuen Welt kam.

325 Dazu gehörten namentlich Emil Hirsch, Hyman Enelow, Morris Jastrow, Abram Isaac, sei es in apologetischer oder in programmatisch-utopischer Absicht. Isaac Mayer Wise ging Mitte des 20. Jahrhunderts gar so weit, dass er ein neuartiges universales Judentum propagierte, das nicht nur wie eine der amerikanischen Religionen sein sollte, sondern eine Religion für *alle* Amerikaner werden würde.

326 Shimoni, *Zionist Ideology,* 1995, S. 127–235, und Hotam, *Modern Gnosis,* 210, S. 117–237.

327 Greyerz, *Keller und Lazarus,* 2020, S. 209–211. Zweig-Strauss, *David Farbstein,* 2002, S. 19–40. Taubes, *Vom Kult zur Kultur,* 1996, S. 85–98, und Taubes, *Die politische Theologie,* 1993.

328 Das Vorhaben, das Judentum als eine Religion der Vernunft auszuweisen, hatte Maimonides am Ausgang des Mittelalters auf den Boden aristotelischer Philosophie – die Bestimmung Gottes als ‹Denken des Denkens› – zu stellen versucht, auch wenn die Negation der göttlichen Attribute neuplatonischen Ursprungs ist. Ob man Maimonides als einen Modernen in orthodoxem Tarnkleid oder als einen engeren Vertreter mittelalterlicher Scholastik ansehen will, hängt vom gewählten Deutungsrahmen ab.

329 Cohen, *Werke,* Bd. 7, S. 335.

330 Auch wenn Mendelssohn weder den Fortschrittsbegriff seines Freundes Lessing noch die kritische Wende Kants nachvollzog, erscheint bei ihm die Übereinstimmung des Judentums mit der Vernunftreligion wie selbstverständlich gegeben. Gerade seine ästhetischen Schriften, auf die hier weiter unten näher eingegangen wird, setzten sich mit einer semiotischen Unterscheidung über die starren Kategorien aller orthodoxen Schultheologien aus jüdischen und christlichen Denkschulen hinweg.

331 Bei Lazarus, *Ethik des Judentums,* 1898–1911, und Susman, *Geheimnis der Freiheit,* 1965, spiegelt sich diese Entwicklungen deutlich. Im Weiteren Wiener, *Jüdische Religion,* 1933, der als Rabbiner und Leo Baeck engverbundener Geist diese Entwicklung reflektierte kurz bevor das deutsche Judentum vor seiner gewalttätigen Zerstörung stand.

332 Zur Einordnung von Lazarus vgl. Berek, *Moritz Lazarus,* 2020.

333 Zit. Jütte, *Zeitalter des Geheimnisses,* 2011, S. 324–325. Zum Chassidismus siehe die differenzierten Einordnungen in den Beiträgen bei Biale, *Hasidism,* 2015.

334 Scholem, *Judaica 6,* 1997, zit. S. 32, 38, 43. Ders., *Alchemie und Kabbalah,* 1984, S. 19–128.

335 Dazu Biale, *Hasidism,* S. 793–806, sowie S. 807–811 das «Nachwort» von Arthur Green, dem dritten Präsidenten der amerikanischen Reconstructionists.

336 Dazu siehe Wilke, *Kant und Talmud,* 2003, und Gotzmann, *Jüdisches Recht,* 1997, die eben diesen Zusammenhang von Tradierung und Reformierung vertieft mit Blick auf das rabbinische Judentum in der Moderne untersuchen.

337 Greyerz, *Keller und Lazarus,* 2020, S. 209–211, berichtet über die durchaus politisch gegebene Freundschaft von Moritz Lazarus, damals Rektor der Universität Bern, mit Augustin Keller, Nationalrat und Aargauer Regierungsrat, der als Katholik die Aufhebung der Klöster durchsetzte.

338 Nietzsche, «Der Fall Richard Wagner», in: *Sämtliche Werke,* Bd. 6, 2021, S. 43. Am Rande sei vermerkt, dass Nietzsche in seiner Zarathustra-Erzählung Wagner im «bösen Zauberer» verkörpert sah: Es geht ihm darin wie allen «höheren Menschen», die sich allesamt als Gleiche wähnen, die alten Götter losgeworden sind und die Kirchen und Tempel zu Grüften und Grabmälern Gottes gemacht haben, doch beim rauschenden Fest in der Gebirgshöhle einen Esel anbeten – und ihn schliesslich zu ihrem Gott machen.

339 Schmidt, *Eingebildete Musik,* 2019, S. 15–26.

340 Nirenberg, *Anti-Judaismus,* 2015, S. 398 ff. Zur Deutung von Wagners *Judenthum*-Schrift in der Forschung vgl. Fischer, *Richard Wagners «Das Judentum»,* 2015, S. 98 ff., und Piontek, *Richard Wagners «Das Judenthum»,* 2017, S. 158 ff. Zu den Bemühungen, nach 1945 die Wagner- von der NS-Ideologie zu dekontaminieren, vgl. Bermbach, *Entnazifizierung Richard Wagners,* 2020.

341 Der Wagnerverehrer Herman Grimm, der im Berliner Antisemitismusstreit sich hinter Treitschke

gestellt hatte, nahm Michelangelos *Jüngstes Gericht* in der Sixtina zum Anlass, einen Gegensatz zwischen romanischem und germanischem Denken zu konstruieren. Wo Letzteres im Gefühl lebe, dass die Liebe Gottes alle Sünden auflösen würde, sähe «der Romane nur Zorn und Rache als die Ausstrahlung des höchsten Wesens, wo es zum letzten Male der Menschheit gegenübertritt». Vgl. u. a. Grimm, *Michelangelo,* 1943, zit. S. 185, und *Leben Michelangelos,* 1940, S. 670–673.

342 Im Weiteren Schmidt, *Eingebildete Musik,* 2019, S. 24, 110–124.

343 Dies steht in Gegensatz zum tiefgläubigen Katholiken Anton Bruckner, der Wagner freundschaftlich verehrte, ohne je seinem völkischen Antisemitismus Referenz zu erweisen. Bruckners Sinfonie Nr. 3 d-Moll, die er Wagner dedizierte, ist in Wien bei deren Uraufführung 1877 (zweite Fassung) von Publikum und Presse mit Häme und Spott verunglimpft worden. Die Anti-Wagnerianer scharten sich indes um Johannes Brahms, der das Komponieren von Opern als eine überflüssige Zeit- und Talentverschwendung erachtete.

344 Nietzsche, «Die Geburt der Tragödie», in: *Sämtliche Werke,* Bd. 1, 2021, S. 65.

345 Nietzsche, «Morgenröthe. Gedanken über die moralischen Vorurteile», in: *Sämtliche Werke,* Bd. 3, 2021, S. 69–70, zit. 65. Dazu Eichhorn, *Paulus,* 2011, S. 97–100, und Münkler, *Marx, Wagner, Nietzsche,* 2023, S. 590–602.

346 Wagner, «Religion und Kunst», in: *Sämtliche Schriften,* Bd. 10, 1911, S. 223.

347 Münkler, *Marx, Wagner, Nietzsche,* 2023, S. 275–278. Münkler beleuchtet entlang biografischer und thematischer Fragen das Verhältnis von Marx, Wagner und Nietzsche im historischen Kontext der deutschen und europäischen Geschichte.

348 Nietzsches unterschiedliche Perspektiven auf Wagner zeigen ihn in jungen Jahren zuerst als Anhänger, dann aber sehr bald als scharfen Kritiker Wagners. Dazu Münkler, *Marx,* 2023, S. 293–352. Zur Figur des Judas Iskariot vgl. Plaar, *Juden, Jesus, Judas,* 2016, Bd. 2, S. 815–878.

349 Wagner, *Religion und Kunst,* 1911. Zur Situierung dieser Schrift vgl. Lehmkuhl, *Der Kunst-Messias,* 2009. Dazu auch Wertheimer, *Europa,* 2022, S. 148, und Münkler, *Marx, Wagner, Nietzsche,* 2023, S. 63–72.

350 Münkler, *Marx, Wagner, Nietzsche,* 2023, S. 462.

351 Wagner, *Tagebücher,* 2004, S. 39075.

352 Münkler, *Marx, Wagner, Nietzsche,* 2023, S. 196–200. Zur politischen Kultivierung des Hasses in Deutschland auf Franzosen, Engländer oder Russen vgl. das Zeugnis von James W. Gerard: *Memoiren des Botschafters Gerard,* Berlin 1913–1917 [1919], Wien, Zürich 2023, S. 282–296.

353 Siehe Friedländer, «Hitler und Wagner», in: Friedländer, Rüsen, *Richard Wagner,* 2000, S. 165–178.

354 Freud, «Der Mann Moses und die monotheistische Religion», in: *Studienausgabe,* Bd. IX, 1974, zit. S. 539.

355 Barth, *Schweizer Stimme,* 1948, S. 88–89.

356 Dazu: Claus Bredenbrock und Jascha Hannover, *Die Bücher, die Hitler nicht verbrannte.* Dokumentarfilm (Deutschland) 2021.

357 Siehe die Beiträge in: Borchmeyer, Maayani, Vill, *Richard Wagner,* 2000.

358 Dazu zählen etwa die Verlautbarungen einiger evangelischer Landeskirchen aus Deutschland, die gemeinsame Erklärung reformierter Kirchen in der Reihe der «Leuenberger Texte» sowie vorangehend der Seelisberg-Tagung und auf katholischer Seite das zweite Vatikanische Konzil von 1965 und in der Folge verschiedener Studien. Von jüdischer Seite hat dies ebenfalls zu Publikationen und Stellungsnahmen geführt. Es ist hier nicht möglich, die Literatur zu überblicken, geschweige die Wirkungen dieser Erklärungen genau einzuschätzen. Zur Geschichte der jüdisch-christlichen Theologie im deutschsprachigen Raum nach 1945 vgl. Ahrens, *Gemeinsam gegen Antisemitismus,* 2020. Zu unaufgelösten antisemitischen Klischees vgl. die geschärfte Kritik von Plaar, *Juden, Jesus, Judas,* 2016, S. 19–82.

359 Unter anderen: *La Clé des songes* (1927, 1930); *Le Miroir vivant* (1928); *Les Deux mystères (1966).* Vgl. die Abbildungen aus dem Museumsshop der *Musées Royaux des Beaux-Arts de Belgique* in Brüssel.

360 Mondzain, *The Holy Shroud,* 2002, S. 324–336.

361 Zum Werk der Coen-Brüder vgl. Nayman, *Coen Brothers,* 2018, dort zu *Hail, Caesar!* S. 292–303. Von den zahlreichen Kritiken sei erwähnt: Dargis, *‹Hail, Caesar!›,* 2016. Zur McCarthy-Ära vgl. Haynes, *Red Scare,* 1996; und Schrecker, *The Crimes,* 1998.

362 Die fortschreitende Industrialisierung und Internationalisierung des «Filmkapitals» registrierte Walter Benjamin schon in den 1930er Jahren auch für Europa. Vgl. Benjamin, *Gesammelte Schriften,* Bd. I,1972, S. 442.

363 Nayman, *Coen Brothers,* 2018, S. 238–252, und Herwitz, *Joel and Ethan Coen,* 2016, S. 629–641.

364 Dazu Blickle, *Bilder,* 2002, S. 2–10, bes. 2 f. Im Weiteren die Beiträge in: Möseneder, *Streit um Bilder,* 1997, und Latour, Weibel, *Iconoclash,* 2002.

365 Vgl. Ginzberg, *Legends of the Bible,* 1975, S. 500.

366 Geschichtsforschende werden diese Aporie, die sich in dem Phänomen der Bildverehrung und der Bilderfeindlichkeit kundtut, vielleicht als eine Art Achsenzeit der Moderne erachten. Es lässt sich dann darüber sinnieren, ob eine solche Achsen- oder Sattelzeit oder ihre Vorläufergeschichten schon in Jerusalem oder Byzanz, in Wittenberg oder Bern, vielleicht aber doch erst im Paris oder Leningrad des frühen 20. Jahrhunderts oder gar später in Peking oder im amerikanischen Charlottesville auszumachen wären. Oder man wird spekulieren, ob Juden, Christen, Muslime oder Buddhisten und Hindus – sie alle kannten Phasen des Ikonoklasmus – die besagte Aporie in die Welt gebracht haben könnten. Oder inwiefern die Moderne damit in gültiger Art zu erklären wäre, oder ob nicht doch viel anderes mehr dazu gehören müsste. Stets hängt dies vom Kontext, der Referenzkette ab, die man gerade postuliert.

367 Schurte, *Meine Augen,* 2022, S. 280.

368 Flusser, *Medienkultur,* 1997, S. 100. Eco vgl. https://www.artribune.com/television/2019/09/video-kitsch-menzogna-nell-arte-umberto-eco/. [abgerufen am 12. 12. 2023]. Rauterberg, *Wie frei ist Kunst,* 2015, S. 69–86 und 101. Bredekamp, *Künstler als Verbrecher,* 2008. Im Weiteren muss mit Hénaff, *Der Preis der Wahrheit,* 2009, S. 272–392, der christliche Gnadenbegriff, der selber unterschiedliche doktrinäre Spielvarianten aufweist, von den antiken Auffassungen hebräischer und griechischer Provenienz unterschieden werden. Im biblischen Universum formt sich das Verbot des Kultbildes auch in Hinsicht auf den hebräischen Gnadenbegriff in eigenständiger Art. Die Gnade in der hebräischen Vorstellung, *chen* und *chesed,* unterscheidet sich dem griechischen Gnadenbegriff, der *charis,* lateinisch *gratia*, gegenüber, dies gerade in Hinsicht der Kunst und der Ästhetik. Die griechische Beziehung zur begnadeten Grazie, Anmut und Schönheit wird im biblischen Verständnis der durch Gerechtigkeit und Wohltaten definierten Beziehung untergeordnet. Es geht also um eine Vorstellung der Gnade, die sich durch den Gestus der Gunst oder (um mit Marcel Mauss zu sprechen) als Gabe und Gegengabe äussert. Als *chen,* als ethische Beziehung, wendet sich dieser Gnadenbegriff ebenfalls der Welt des Schönen zu. Doch dieser Gestus, der eine bejahende Gunstbezeugung gegenüber dem Schönen sein kann, will die Welt der Kunst vor Wahn, Willkür und der Perversion der Macht bewahren. Der Gnade als *charis* wird implizit eine Grenze als mitfühlende chesed gesetzt, die als Ausfluss der Gerechtigkeit oder Barmherzigkeit erscheint. In diesem Sinne ist das Kultbildverbot eine ständige Befragung der durch Kunst verzauberten Welt, die als von Unrecht, Gewalt, Selbstsucht oder Versehrung bedroht gesehen wird und deshalb riskiert, das wahre Momentum der Gnade zu verfehlen. Die Gnade als *chen,* als Gunst der erfahrenen Auserwählung, soll hingegen die sich widerstrebenden Aspekte des Schönen und Guten, wie sie den Idealen von Freiheit und Gerechtigkeit eingeschrieben sind, in Hinsicht der

schöpferischen Arbeit des Menschen wägen, der Kunst ihren Platz zuweisen und die kosmische Schöpfung in Harmonie bringen.

369 Eine Abbildung von Marx mit den Gesetzestafeln bei Münkler, *Marx, Wagner, Nietzsche,* 2023, S. 391.

370 Zur Geschichte des Warenhauses als «Tempel der Moden» und «Kathedrale des Handels» siehe Bhend, *Triumph der Moderne,* 2021.

371 Benjamin, *Gesammelte Schriften,* Bd. I, 1972, S. 673 (Baudelaire), Bd. 6, S. 100–103 (Kapitalismus als Religion). Dazu Schweppenhäuser, *Physiognomie der Dinge,* 1992, S. 146–152, und Buchholz, *Perte d'aureole,* 2016, S. 4.

372 Brod, *Schönheit hässlicher Bilder,* 2014, zit. S. 19 u. 22.

373 Benjamin, *Gesammelte Schriften,* Bd. II/1, 1989, S. 368–385 («Kleine Geschichte der Fotografie»), zit. 369, und Bd. I/2, S. 471–508 («Das Kunstwerk im Zeitalter seiner technischen Reproduzierbarkeit»), bes. S. 485 f.

374 Adorno, Benjamin: *Briefwechsel,* 1994. Die Differenzen zwischen beiden werden hier nicht ausführlich ausgetragen; einiges erscheint in Adornos *Ästhetischer Theorie* wie im Spätwerk von Benjamin wieder. Dazu und zu Baudelaire siehe Buchholz, *Perte d'auréole,* 2016.

375 Nietzsche, «Zur Genealogie der Moral», in: *Gesammelte Werke,* XV, 1925, S. 439. Dazu Blumenberg, *Die nackte Wahrheit,* 2019, S. 7–32.

376 Nietzsche, «Nietzsche contra Wagner», in: *Gesammelte Werke,* XVII, 1926, S. 299.

377 Keller, *Das kontaminierte Museum,* 2021.

378 Zitiert Adorno, *Gesammelte Schriften,* Bd. 6, 1970, S. 205 *(Negative Dialektik)*, und Bd. 7, 1970, S. 106 *(Ästhetische Theorie)*.

379 Horkheimer, «Nachtrag» [1937], in: *Traditionelle und kritische Theorie,* 1992, S. 263.

380 Kupferberg, *Zum Bildverbot,* 2022, hat am Spätwerk Horkheimers diesen in der intellektuellen Bundesrepublik unbeachteten Bezug zwischen Kritischer Theorie, Bildverbot und Judentum als unteilbaren Konnex herausgearbeitet. In gewisser Weise, so sei ergänzt, fußt Horkheimer – und nicht nur er – damit in der Tradition der jüdischen Reformbewegung des 19. Jahrhunderts.

381 Zur Grabstätte Horkheimers in Bern vgl. Diner, *Am Grabe von Max Horkheimer,* 2014, S. 413–415. Dort sind auch die Eltern Horkheimers bestattet worden. Ebenso Horkheimers Vertrauter Friedrich Pollock, der Mitbegründer, Geschäftsführer und Finanzverwalter des Frankfurter Instituts für Sozialforschung gewesen war. Auch Jacob Taubes ruht in der Schweiz, neben dem Grab seiner Mutter, auf dem Friedhof der Israelitischen Cultusgemeinde Zürich.

382 Buchholz, *Selbstzerstörung der Bilder,* 1994, S. 9 und zit. S. 35.

383 Cassirer, *Idee und Gestalt,* 1971, S. 7–21.

384 Marcuse, *Kunst und Befreiung,* 2000, zeigt, dass für Marcuse Kunst und Ästhetik einen hohen Stellenwert einnahmen, die er gegen Ansprüche des Politischen verteidigte.

385 «Ring the bells that still can ring / Forget your perfect offering / There is a crack, a crack in everything / That's how the light gets in», in: Leonard Cohen, *Anthem,* auf der LP *The Future*, 1992.

386 Adorno, *Gesammelte Werke,* Bd. 10/1, S. 194, in den «Prismen» publiziert.

387 Razumovsky, *Credo,* 207, S. 280.

388 https://www.audemarspiguet.com/com/de/home.html [abgerufen 11. April 2022]; Ausstellung im Warenhaus Harrods an der Brompton Road vom 5. bis 30. April 2022.

389 Vgl. Kacem El Ghazzali, «Hausfrauen-Revolution in Marokko», in: *Neue Zürcher Zeitung* v. 10. Dezember 2021, S. 32.

390 Beltz, *Jain Sein,* 2022, S. 61.

391 Mitteilung von Barak Bar-Am an den Autor, 25. Mai 2023: «Sie kümmern sich weniger darum, unsere liberalen Gefühle zu verletzen als die von religiösen Menschen»; siehe auch *The Times of*

Israel, «Tolerance Museum axes 1973 war foto of nude soldier to avoid offending religious visitors», 30. April 2023.

392 Birgit Schmid, «‹Gebährfreudiges Becken› – weg mit der Skulptur», in: *Neue Zürcher Zeitung* v. 26. Juli 2023. Im Weiteren: An der Universität Leiden wurde 2022 ein Gemälde von Rein Dool, welches eine Gruppe von Männern, drei davon eine Zigarette rauchend, zeigt, abgehängt, weil sich angeblich eine Angestellte «unwohl» fühlte.

393 Zur Schweiz und Hollywood vgl. *Neue Zürcher Zeitung* v. 2. März 2023, S. 7, und 28. März 2023, S. 30. Derweil ging die Credit Suisse, eine 1856 gegründete Großbank, im April unter und musste unter Notrecht gerettet werden. – Zu Bollywood: Mitteilung von Indira Chandrasekar, Bangalore, an den Verfasser. Es handelt sich um den Film *Pathaan* (2023), der in Indien von Anfang weg zu neuen Besucherrekorden geführt hat. Die politische Stoßrichtung der Bharatiya Janata Partei richtete sich letztlich gegen den männlichen Filmschauspieler Shah Rukh Khan, ein Muslim, während die weibliche Starrolle durch Deepika Padukone besetzt war.

394 Der Paul Grüninger-Preis 2023, der für Mut und humanes Handeln steht, wurde an Paulina Weremiuk verliehen; sie intervenierte in diesem Geschehen aus eigenem humanitärem Antrieb, indem sie die notleidenden Flüchtlinge mit Lebensnotwendigem versorgte und die Toten der polnischen Polizei meldete, um sie nicht als vermisst dem Vergessen anheimzustellen.

395 Zehn Tage nach dem Angriff der Terrorgruppe Hamas auf Israel am 7. Oktober 2023, als die Fotos von Mordgier, Folter, Vergewaltigung und Verstümmelung an rund 1200 Opfern sowie Geiselnahmen von hunderten Menschen jeglichen Alters in den Nachrichten und sozialen Medien verbreitet wurden, begann die ukrainisch-israelische Künstlerin Zoya Cherkassky Kunstwerke über das schlimmste Gemetzel an Juden seit dem Holocaust zu malen; zwei Monate später wurden diese Werke im Jüdischen Museum New York ausgestellt, mit der Begründung, dies widerspiegle die Rolle des Museums als Ressource in schwierigen Zeiten. Die Ausstellung hinterlässt weniger den Eindruck, in diesen Bildern das Schreckliche zu zeigen als vielmehr den Horror rezeptiv zu bannen, um auf diese stilisierende Weise die öffentliche Vermittlung zu leisten.

396 International Telecommunication Union (ITU): *IMT Traffic Estimates for the years 2020 to 2030,* Report No. ITU-R M. 2370–0, Genf 2023.

397 Alloa, *Das durchscheinende Bild,* 2011. Zit. Alloa, Cappelletto, *Dynamics,* 2019, S. 1–13. Vgl. Die Anthologie der Bildtheorien in: Alloa, *Penser l'image,* 2010–2017.

398 Das Projekt zu kryptografisch verschlüsselten Echtheitszertifikaten von Ton- und Bildprodukten läuft unter dem Kurzel C2PA (Coalition for Content Provenance and Authenticity).

399 Zit. nach Blumenberg, *Die nackte Wahrheit,* 2019, S. 18.

400 Zur Wirkungsgeschichte vgl. Andree, *Archäologie der Medienwirkung,* 2005, der dem Faszinosum über zwei Jahrtausende nachgeht. Zit. Mondzain, *Bild, Ikone, Ökonomie,* 2011, S. 199. Zur von Krisen und massivem Wandel geprägten Realökonomie von Byzanz vgl. Laiou, Morrisson, *Byzantine Economy,* 2007, S. 38–41.

401 Weiss, *Art Spiegelman,* 1997. Zu Sendak siehe Moskowitz, *Wild Visionary,* 2020.

402 Grunder, *Verteufelung,* 2000, zit. S. 70. Doelker, *Bild,* 1997, S. 16 (Bilderlesen als Kulturtechnik).

403 «Apple gegen Trivialisierung des Holocaust», in: *Tachles, Jüdisches Wochenmagazin der Schweiz,* Zürich 13. Mai 2022, S. 8. Der algorithmischen Zensur anheimgefallen ist wegen seiner Nacktheit auch das Mädchen auf der Fotografie von Hynh Cong Ut, eine Ikone des Vietnamkrieges, die 1972 als «Napalm Girl» um die Welt ging. Dazu die weitere Leinwand unten in diesem Buch. Als erwachsene Frau litt später das abgebildete Mädchen darunter, dass alle Welt sie als verletzlich sehen konnte.

404 Dazu Bredekamp, *Theorie des Bildakts,* 2010, S. 224–230, der vom «substitutiven Bildakt» der Gewalt spricht.

405 Geburt des Propheten Mohammed in einer Miniaturillustration auf Pergament aus dem Buch Jami' at-Tawarikh (wörtlich ‹Kompendium der Chroniken›) von Rashid al-Din, Täbris, Persien, 1307 n.Chr.; Sammlung der Universitätsbibliothek Edinburgh, Schottland.

406 Warburg, *Bilderatlas Mnemosyne,* 2020, S.46–47, Panel 20.

407 https://www.mpac.org/statement/statement-of-support-for-art-professor-fired-from-hamline-university/ [abgefragt 16.01.2023; Übersetzung JP]. Als Intervention gegen die Entlassung der Kunsthistorikerin Erika López Prater vgl. Middle East Studies Assoziation, Committee on Academic Freedom, vom 10. Januar 2023. Ebenso Vimal Patel, «Masterpiece or provocation?», in: *New York Times,* International edition, v. 16. Januar 2023, S.6.

408 Siehe Wilke, *Grundzüge,* 2000, und Paul, *Jahrhundert der Bilder,* 2008, um nur zwei Titel zu nennen, dokumentieren umfangreich diesen Konnex, dem nur multidisziplinär beizukommen ist, was eine neuartige, sich erst noch profilierende «Bildwissenschaft» hervorgebracht hat.

409 Holzer, *Lächeln der Henker,* 2008. Zu Gewalt und Bild siehe auch Sofsky, *Todesarten,* 2011, und Hoffmann-Curtius, *Trophäen und Amulette,* 2000.

410 Paul, *Jahrhundert der Bilder,* 2008, Bd.2, S.426–433, zit. 432; dort entsprechende Quellen- und Literaturhinweise. Es wäre im Weiteren reizvoll, die Vermarktung dieses Bildes genauer zu untersuchen. Ähnlich wie dies beim Porträt von Sharbat Gula, dem afghanischen Mädchen mit den grünen Augen, der Fall ist, dessen Foto im *National Geographic* Nr. 167/5 vom Juni 1985 eine Wirkungsgeschichte entfaltete, die den Produzenten dieses Titelbildes und seiner Erzählung bis heute Ruhm und Geld einbringt.

411 Dazu Regula Bochsler, «Die Feuerbombe», in: *NZZ Geschichte,* Nr.44, Februar 2023, S.90–99, mit einem Fokus auf die Schweiz. Dort auch ein Foto der neunjährigen Kim Phuc, umringt von Journalisten und Militärs, unmittelbar nachdem das weltberühmte Foto aufgenommen wurde, auf der Route 1 ausserhalb des bombardierten Dorfes.

412 Dazu die ins Deutsche übertragene Autobiografie von Kim Phuc Phan Thi, *Ins Herz gebrannt. Wie ich die Schrecken des Krieges hinter mir ließ und Frieden, Vergebung und Hoffnung fand,* Asslar 2018.

413 Mishra, *Zeitalter des Zorns,* 2017, S.266.

414 Graham, *Disputers of Tao,* 1989, S.372.

415 Ming-Chu, *Splendors,* 2010, zit. S.129.

416 Latour, *Existenzweisen,* 2014, S.243–248. Ders., *Iconophilic,* 1998, S.418–440.

417 Marx, *Das Kapital,* 1971, S.94.

418 Zigarren und Tabakpfeifen waren – und sind es immer noch – bekanntlich Anzeichen (zumindest in der europäischen Kulturgeschichte) dafür, es mit einem gewichtigen Intellektuellem, einem industriellen Unternehmer, einem Kolonialisten oder einem Berufenen in akademischen Dingen zu tun zu haben.

419 Adorno, *Gesammelte Schriften,* Bd.6, 1970, S.205 *(Negative Dialektik)* und Bd.7, S.86 f.u. 425 f. *(Ästhetische Theorie).* Kunst sei eben «so wenig Abbild wie Erkenntnis eines Gegenständlichen», sie greife vielmehr nur gestisch nach der Realität und komplettiere allenfalls die «Erkenntnis um das von ihr Ausgeschlossene», um deren Eindeutigkeit zu schmälern.

420 Postman, *Amusing Ourselves,* 1985, deutsche Ausgabe: Postman, *Wir amüsieren uns,* 1985.

421 Schiller, *Sämtliche Werke,* Bd.5, 1967, S.512–537. Zum Pathos-Begriff vgl. Agostini, Herle Jesse, *Pathos,* 2020, sowie Borchmeyer, *Tragödie und Öffentlichkeit,* 1973, S.33, der darauf hinweist, dass es Lessing war, der anstelle der Furcht das Mitleid zum Träger der Tragödie machte.

422 Weil, *Cahiers,* 1991, Bd.2, S.15.

423 Zum Werk Oppenheims siehe Heuberger, Merk, *Moritz Daniel Oppenheim,* 1999. Zum «Moses» von Oppenheim siehe oben.

424 Dazu Berlin, *Das Wesen,* 2006, S. 341–359.

425 Mendelssohn, *Über das Erhabene,* 1974, S. 243.

426 Cassirer, *Wesen und Wirkung,* 1956, S. 8 f. Vgl. auch Krochmalnik, *Zeichen der Kunst,* 1999, S. 68–111, bes. 102 (Religionsästhetik). Ebenso Hilfrich, *Lebendige Schrift,* 2000.

427 Buber, *Antwort,* 1963, S. 593. Der Satz von Buber erinnert entfernt an ein Wort des Michel de Montaigne: Er lehre nicht, er erzähle.

428 Steiner, *Von realer Gegenwart,* 1990, S. 181–302. Dazu zit. Collenberg-Plotnikov, *Moderne Ikonen,* 2009, S. 289.

429 Pisano, *Judentum, Entfremdung, Sprache,* 2016, S. 495, 505; Tomasoni, *Modernity,* 2003, S. 157; Brumlik, *Deutscher Geist,* 2000, S. 243.

430 Mack, *German Idealism,* 2003, S. 43. Zur Berner Zeit vgl. Haering, *Hegel,* 1963, bes. Bd. 1, S. 146–158.

431 Vgl. Funkenstein, *Jüdische Geschichte,* 1995, S. 160–165; auch Hilfrich, *Lebendige Schrift,* 2000, zit. S. 58.

432 Mendelssohn, *Jerusalem,* 2001, bes. S. 86–93. In aufklärender Rhetorik ist Religion zwar eine höchst inspirierende Quelle des Verhältnisses der Menschen gegenüber Gott, die – er nennt alle drei in einem Atemzug – «für die Kirche, Synagoge oder Moschee» gleichermassen zutrifft, nicht jedoch für die Verhältnisse der Menschen gegeneinander, die allein Gegenstand der bürgerlichen Verfassung sein sollen.

433 Für eine Polemik gegen Odo Marquard vgl. Taubes, *Vom Kult zur Kultur,* 1996, S. 340–351 (Konjunktur des Polytheismus).

434 Im Weiteren Walzer, *Exodus und Revolution,* 1988, und Walzer, *Kritik und Gemeinsinn,* 1990, der diesen Konnex am besten verstanden hat.

435 Folgender Witz sei kolportiert: Zwei Juden besuchen eine Galerie für moderne Kunst und streiten sich vor einem Bild. Das ist ein Porträt eines Rabbiners, meint der eine; nein, das ist eine Landschaft, sagt der andere. Sie konsultieren den Katalog und machen lange Gesichter: Da steht nur ‹Rosenfeld›. In einer Variante auch bekannt mit der Pointe: ‹Mandelbaum an der Riviera›.

436 Der Berner Moses wirkt wie der Gegensatz zum Moses in der Holmens Kirke von Kopenhagen. Dort schuf 1662 Abel Schrøder eine massive Predigtkanzel aus Eichenholz, die durch einen Moses mit den Gebotstafeln als Sockel getragen wird. Dieser Moses bildet das tragende Fundament der ihn überwölbenden Kanzel mit Protagonisten aus dem Alten und Neuen Testament. Zum Moses-Brunnen in Bern vgl. Weber, *Historisch-topographisches Lexikon,* 2016. Hofer, *Kunstdenkmäler,* 1952, S. 294–301. Ein erster Brunnen mit Mosesfigur wurde an Stelle einer älteren Anlage im Sommer 1544 geschaffen und 1791 durch den heutigen Brunnen ersetzt. Zum Berner Bildersturm siehe Gisi, *Niklaus Manuel,* 2002, S. 333–358.

437 Poeschel, *Ikonographie,* 2005, 201–205.

438 Der heute vielen anstössige Satz «Tota spes nostra est in mortem Domini» – «All unsere Hoffnung ist im Tod des Herrn» – drückt diese dilemmatische Konstellation im christlichen Denken des Westens aus.

439 Solcherart drastisch formuliert Schrade, *Der verborgene Gott,* 1949, S. 67. Zu Hubert Schrade, der sich als Kunsthistoriker hauptsächlich der christlichen Ikonografie widmete, ist anzumerken, dass er erheblich durch seine nationalsozialistische Vergangenheit belastet gewesen ist.

440 Nietzsche, «Jenseits von Gut und Böse», in: *Sämtliche Werke,* Bd. 5, 2021, S. 122, und Ders., «Morgenröthe», in: *Sämtliche Werke,* Bd. 3, 2021, S. 65–77, zit. 70. Die Metapher der Herde, die Nietzsche hier auch gegen das Christentum anführt, hat in die Arbeiten von Gustav Le Bon, Sigmund Freud und Ortega y Gasset über die «Massen» und Massenpsychologie Eingang gefunden.

441 Neumann, *Ursprungsgeschichte,* 1949, S. 346.

442 Es ist mir an dieser Stelle nicht möglich, auf alle diese Beiträge einzugehen, die im Kontext des 19. und frühen 20. Jahrhunderts zu verstehen wären.

443 Weber, «Wissenschaft als Beruf», in: *Wissenschaftslehre,* 1974, S. 613.

444 Durkheim, *Formes élémentaires,* 1915, 1960, bes. S. 147–150. Der Totemismus früherer Zeiten wie die kosmogonischen Weltenperioden der Maya-Hochkultur legen uns Heutigen möglicherweise die Unterscheidung zwischen individuellen und kollektiven Präferenzen in der Wahl solcher Bilder nahe, so dass sich Generalisierungen ohnehin verbieten.

445 Nancy, *Bild und Gewalt,* 2007, S. 34. Zur Definition der Gewalt im Bild vgl. Wadenfels, *Wirkmacht,* 2008, S. 52.

446 Mitchell, *Iconology,* 1987, S. 112–116, sieht in dieser durch Substitution und Kontrolle erwachsenen Abneigung gegenüber Bildern den tieferen Grund des «Maskulinismus», der männlichen Vorherrschaft.

447 «Ir gnad sitzt d angscht»; Lao Tse, *Vo wäge do,* 2020, S. 13 (Vers 13). Dieser Gnadenbegriff wird von seiner mittelalterlichen sowie kalvinistischen Spielform gespiesen und nicht von den antiken Auffassungen der Gnade. Vgl. oben Fussnote 368.

448 In Indien sind Ikonen und Riten des Totengerichts als Teil von Jenseitshorizonten nicht weniger als in der altägyptischen Religion mit ihren magischen Vorstellungen eines letzten Gerichts zur Überfahrt auf dem Fluss vorhanden. Aber auch die trist anmutenden, hoffnungslosen Vorstellungen der Mesopotamier sind zu nennen. Aus griechischen Fresken wiederum spricht das Gerichtetwerden im Gedankenbild der rächend-gerechten Nemesis und des Schicksalsloses mit einer für das Spiel des Lebens unsicheren Gewinnaussicht. Im Zoroastrismus wird dem Menschen zumindest eine gewisse Selbstverantwortung zugestanden, was einen gewissen Dualismus von ethischen und kosmischen Wesenszügen impliziert. Dazu: Assmann, *Ägypten, Sinngeschichte,* 1996, S. 333, verweist auf den «inkarnatorischen Aspekt des pharaonischen Königtums», das sich als Sohn oder Diener der Götter sah. Huizinga, *Homo ludens,* 1949, S. 130, macht den Spielcharakter griechischer Mythen kenntlich. Schweid, *Sehnsucht nach Unsterblichkeit,* 2008, S. 27, verweist auf den zoroastrischen Dualismus.

449 Picard, *Fragmente,* 1978, S. 39. Man mag vielleicht auch an Senecas Einsicht in seiner *De Brevitate Vitae* («Vom kurzen Leben», 3. Kapitel) denken: «Omnia tamquam mortales timetis, omnia tamquam immortales concupiscitis» («Wie Sterbliche fürchtet ihr alles, wie Unsterbliche begehrt ihr alles»).

450 Messe h-Moll, BWV 232 *(Gloria in excelsis Deo).*

451 Huizinga, *Herbst des Mittelalters,* 1975, S. 347.

452 Vgl. Schnyder, Rohner, *Standreden,* 2023.

453 Zur anthropologisch-evolutionsgeschichtlichen Lesart der Bibel siehe von Schaik, Michel, *Tagebuch der Menschheit,* 2016, bes. S. 146–155.

454 Magris, *Utopie und Entzauberung,* 2002, S. 32.

455 Siehe Moser, Schröder, *Lee Miller,* 2015, mit zahlreichen Fotografien.

456 Benjamin, *Gesammelte Werke,* Bd. I/1, 1972, S. 701, und zitiert Bd. IV, S. 141 f. (Passagen; Madame Ariane zweiter Hof links)

457 So Schweppenhäuser, *Physiognomie,* 1992, S. 31.

458 Alejchem, *Das bessere Jenseits,* 1984, S. 47.

459 Vgl. Horkheimer, Adorno, *Dialektik der Aufklärung,* 1986, S. 145.

460 Schwartz, *World of Thought,* 1983, S. 83 (Übersetzung JP).

461 Arendt, *Vita activa,* 2019, S. 407.

462 Kafka, *Sämtliche Werke,* 2008, S. 1343.

463 Neher, *L'Exile de la parole,* 1970, S. 66. Quinzio, *Wurzeln der Moderne,* 1995, S. 37.

464 Plagnieux, *Amiens,* 2013, S. 21–25.

465 Stähli-Lüthi, *Kirche Reutigen,* 1997, S. 14–18. Kretzenbacher, *Seelenwaage,* 1958, S. 150–161.

466 Boas, *Race, Language, Culture,* 1940, S. 118–120. Campbell, *The Hero,* 2008, 315–322.

467 Stähli-Lüthi, Kirche *Reutigen,* 1997, S. 14–18. Gotthelf, *Die schwarze Spinne,* 2023, S. 7–103, zit. 20 («Die Wassernot im Emmental»). Zur kulturhistorischen Einordnung vgl. auch Kretzenbacher, *Seelenwaage,* 1958, S. 150–161; auch Huizinga, *Herbst des Mittelalters,* 1975, S. 229–245.

468 Keckeis, *Sagen,* 1971, S. 193. Das Hardermannli (der Mann im Harder) ist in der Felswand des Berges Harder von Interlaken und Unterseen aus erkennbar und wird in der «Harderpotschete», einem Brauchzug mit geschnitzten Holzmasken, jährlich erinnert. Der Harder ist mit einer Seilbahn touristisch erschlossen, das Hardermannli ein beliebtes Motiv auf Schokoladeprodukten und in der Holzschnitzerkunst.

469 Jan van Eyk, *Kreuzigung und Jüngstes Gericht,* um 1430, im Metropolitan Museum of Art (Fletcher Fund) in New York; Hans Memling, *Jüngstes Gericht,* um 1467–71, im Museum Narodowe in Danzig; Lucas van Leyden, *Jüngstes Gericht,* um 1526, im Stedelijk Museum De Lakenhal, Leiden; Barend van Orley, *Jüngstes Gericht,* um 1520, im Koniklijnk Museum voor Schone Kunsten in Antwerpen.

470 Zu Michelangelo und der Frage der Freiheit des Künstlers siehe: Möseneder, *Michelangelo,* 1997, S. 95–118.

471 Die Totengerichte entbehrten zwar konziser Ideen, um ein solches ‹Gericht› für machtpolitische Verfahren und die Heilsökonomie – ob in Synagoge, Kirche oder Kalifat – glaubwürdig zu definieren, doch verraten die Bildprogramme einiges über die jeweilige zeitbedingte Bewältigung.

472 Goitein, «Prayer in Islam», in: *Studies in Islamic History,* 1966, S. 73–89.

473 Die Charta der islamistischen Terrorgruppe Hamas führt in Artikel 7 an, das Jüngste Gericht werde erst kommen, wenn die Muslime ihre Feinde bekämpfen und sie, gerufen von den Bäumen und Sträuchern, alle Juden töten würden. Inzwischen meinen auch Akademiker, Sänger, Fußballer und weitere Prominenz arabischer Herkunft, sich mit solchen identitären Zitierungen hervortun zu müssen.

474 Wittgenstein, *Lectures and Conversations,* 1966, S. 53–54: «Suppose somebody made this guidance for this life: believing in the Last Judgment. Whenever he does anything, this is before his mind. [...] He has what you might call an unshakeable belief. It will show, not by reasoning or by appeal to ordinary grounds for belief, but rather by regulating for all in his life. This is a very much stronger fact – foregoing pleasures, always appealing to this picture».

475 Zit. Stoellger, Kumlehn, *Bildmacht, Machtbild,* 2018, S. 6. Zur onymischen Repräsentanz der Psychostasie vgl. Azaryahu, *Ever Lasting Name,* 2021, S. 38–42.

476 Hier kann in historischer Perspektive nur sehr allgemein festgehalten werden: Zur Zeit, als die Bücher der hebräischen und der christlichen Bibel im Entstehen waren, war das Richten eine bildschaffende Rhetorik der Heilswende, und ähnlich auch im Koran, der die prophetische Schriftverkündung mit der Waage als Gerechtigkeitszeichen verknüpft (Koran Sure 57,25). Vom Tag des Gerichts kündeten etliche der biblischen Propheten. Der «Tag des Herrn» werde die Heiligkeit Seiner Gerechtigkeit offenbaren, deren Missachtung abstrafen (Isaiah 2,12), Zerstörung und Wiederherstellung erwirken (Zephaniah 1,7–15) und selbst die Gesetze der Natur verändern (Amos 5,18). Die spätere eschatologische Literatur weitet diese Aussichten auch auf die Toten aus, indem sie auferstehen werden, um dem Gericht nicht entgehen zu können. Doch die Furcht einflößenden Ankündigungen sind auch verbunden mit der Möglichkeit der Sühne und des Schutzes vor Versehrung, mit der Aussicht auf Zeitenwenden und Erlösung. In der christlichen Beichte wird die individuelle Aussicht auf Umkehr für den alltäglichen Sprechakt lokal institutio-

nalisiert. Das rabbinische Judentum mildert den Schrecken ab durch die Möglichkeit der Sühne, die jährlich am Neujahrstag durch Gebet oder auch mehrmals im Jahresverlauf für eine Einkehr realisiert werden kann. Dabei war auch die Vorstellung, dass selbst ein *geschriebener* Name seinen menschlichen Träger vor Unheil und Tod bewahrt, in der Idee eines Buches des Lebens kondensiert worden. In dieses Buch trägt Gott die Rechtschaffenen ein (2 Moses 32,3 und Malachi 3,16). Das Buch des Lebens, wie dieses Werkzeug der Erinnerung genannt wird, erscheint nebst der Seelenwaage als der Ort der Psychostasie, in welchem durch die ewige Aufnahme oder Löschung des Namens über die künftige Erlösung oder Verdammnis entschieden wird.

477 Stettler, *Das letzte Gericht,* 2011, S. 269–272.

478 Vgl. Himmelfarb, *Afterlife and Resurrection,* 2017.

479 Freud, *Der Mann Moses,* Gesammelte Werke, Bd. 16, 1999, S. 196. Christus wird in dieser Freudschen Konstruktion gleichsam zum «ersten Ersatzmann» von Mose, was dann durch Jakob Taubes in einem kulturgeschichtlichen Purzelbaum auch auf Paulus als wahren politischen «Ersatzmann» von Jesus angewandt worden ist. Für Taubes' neopaulinisches Projekt vgl. Taubes, Assmann, *Die politische Theologie,* 1993.

480 Bayerische Staatsgemäldesammlungen, Alte Pinakothek, München, Inventar 10201 (Starnina); Hamburger Kunsthalle, Sammlung Alter Meister, Inventar HK-323 (Provoost); Museum de Lakenhal, Leiden, Inventar S-244 (van Leyden).

481 Staatsgalerie Stuttgart, Inventar 2673. Dazu Spieler, *Beckmann,* 2002, S. 31–35; Rohls, *Apokalypse,* 2023, S. 354–358. Das Gemälde von 1909 erinnert formal an das Jüngste Gericht von Rubens, ohne daß aber bei Beckmann ein Weltenrichter erkennbar ist.

482 Schuster, *Vom Tier zum Tod,* 1993, S. 182; Mazur-Keblowski, *Apokalypse als Hoffnung,* 2000, S. 63–65.

483 Rawls, *Sünde, Glaube und Religion,* 2010, S. 166–168; Brunner, *Offenbarung und Vernunft,* 1961, S. 323. Rawls hat Brunners Schriften in jungen Jahren gelesen und ist von ihm ausgegangen, um seine eigene Sicht auszuformulieren.

484 An dieser Stelle sei vermerkt, dass 2021 in einer Umfrage unter Schweizer Pfarrern und Pfarrerinnen, ob die Auferstehung leiblich oder symbolisch zu verstehen sei, die Befragten deutlich die Auferweckung als realen bzw. leiblichen Vorgang und damit historischen Fakt ansehen. Vgl. die evangelisch-reformierte Zeitschrift *reformiert /saemann* Nr. 4, April 2021.

485 Finkelde, *Politische Eschatologie,* 2007, S. 12. Dieser Beitrag hebt die Deutungen des Paulus bei Alain Badiou, Giorgio Agamben, Slavoj Žižek und Eric Santner hervor. Dies kann als Einladung verstanden werden, dass es solcher Beiträge seitens jüdischer Autoren und Autorinnen bedarf, um den Dialog zu vertiefen.

486 Kermani, *Ungläubiges Staunen,* 2015, führt Bellini als seinen Zeugen an. Walter Benjamin wiederum hatte eine Reproduktion des auferstandenen Jesus des Isenheimer Altars von Colmar zeitweise in seinem Arbeitszimmer hängen. Rembrandts *Auferstehung* in der Sammlung der Alten Pinakothek München; Inv. 397 (Düsseldorfer Galerie).

487 Kubistisch anmutende Eisenskulptur (1998) von Silvio Mattioli (1929–2011) in der Alten Kirche Fluntern in Zürich.

488 Siehe Mendelssohn, *Behold the Man,* 2015, S. 240–243.

489 Poeschel, *Handbuch,* 2005, S. 186–194

490 So in der oben in Abbildung 8 wiedergegebenen Miniaturmalerei am Hof des Sultan Muhammad von 1539–43, in der die Himmelfahrt Mohammeds auf dem Burak, mit Wolken und Engeln, gezeigt wird.

491 Dazu Betulius, *Friedrich Salomon Vögelin,* 1956, S. 15–22.

492 Den vier Sätzen der *L'Ascension* sind ausser den charakteristischen Titeln kurze Zitate aus dem Neuen Testament als Motto vorangestellt, deren Auswahl vermutlich der Lektüre der geistlichen Schriften des Benediktiners Joseph Marmion über die Himmelfahrt und deren Festliturgie entstammt.

493 Aus der Bibel, die schon in *Hiob* das Wägen und Richten evoziert, stammt die Vorstellung der Engel als Seelenbegleiter. Sie gesellen sich in den Texten der hebräisch-griechischen Apokryphen und im frühen Christentum als Motiv dem Gedankenbild der Seelenwaage bei. Im Mittelalter mündet dies in die Vorstellung, dass anstelle des altägyptischen Gottesauges und der frühgeschichtlichen Augengöttin nunmehr der Erzengel Michael als bevorzugter Begleiter wie als Vorrichter im Gericht amtet. Im heiligen Michael mag vielleicht auch die alte griechische Denkfigur des Hermes, der als Begleiter der toten Seelen in die Unterwelt auftritt, implizit in diesen Bildgedanken eingeflossen sein. Im Jüngsten Gericht des Berner Münsters stand zuerst die Jungfrau Maria als Richterin, bevor sie durch die weibliche Allegorie der Gerechtigkeit ersetzt wurde. In welcher Gestalt auch immer, es treten Begleiter auf, die den Seelen auf ihrem Weg ein gewisses Mass an Milderung des Schreckens zukommen lassen.

494 Zit. nach Rebenich, *Hieronymus,* 1992, S. 135. Vgl. auch Burkert, *Kulte,* 1998, S. 48

495 Nietzsche, «Die Geburt der Tragödie», in: *Sämtliche Werke,* Bd. 1, 2021, S. 68–70.

496 In Kontrast zu einer *peccatum primorum parentum,* der durch Geburt erworbenen ‹Erbsünde› gemäss Augustinus, der damit die Erlösung durch die Gnade Gottes in Jesus Christus als *ab origine* notwendig fundieren konnte, widersprach der Mönch und Theologe Pelagius eben dieser Verknüpfung durch eine positive Anthropologie. Er wollte dadurch dem Bösen nicht den gleichen Rang einräumen wie Gott.

497 Gäbler, *«Auferstehungszeit»,* 1991, S. 14.

498 Dazu Gross, *Carl Schmitt,* 2000, S. 317–325, zit. 319, und Schäfer, *Schlange,* 2022, S. 373–383. Die Erbsündenthese scheint mir ein Argument für die während des Nationalsozialismus hyperbolisierte Verknüpfung von «Deutschtum» und «Christentum» in Abgrenzung zum «Judentum» gewesen zu sein.

499 Barth, *Schweizer Stimme,* 1948, S. 13–28.

500 Baron, *European Jewry,* 1962, S. 3–53.

501 Dreier, *Staat ohne Gott,* 2018, S. 166–169. Böckenförde, *Der säkularisierte Staat,* 2007, zeugt von der Überzeugung, diesen Weg des Verzichts zu gehen.

502 Pagels, *Adam,* 1988, bes. S. 98.

503 Vgl. Roskies, *Against the Apocalypse,* 1984. Daran ändert auch Jakob Taubes nichts, wenn er, von Paulus affiziert, ein Judentum ohne Gesetz zu erhaschen suchte.

504 Dazu Schäfer, *Schlange,* 2022, S. 269–326, der in überzeugender Weise die rabbinische Genesisdeutung in den weiten Rahmen antiker Mythen und neuzeitlicher Deutungen einordnet und dies entlang rabbinischer Exegesen, u. a. am Beispiel der Midraschim, hier vor allem *Bereschit Rabba,* exemplarisch ausführt. Vgl. im Weiteren auch die Streitdiskussion im Babylonischen Talmud (Traktat Nidda 31b) über die Pflicht der Frau, nach der Geburt ein Sündopfer im Tempel zu bringen (3 Moses 12,6), was in diametralen Gegensatz zur Schöpfungserzählung steht (1 Moses 1,28).

505 Coward, *Leben,* 2007, S. 58–61. Im Weiteren auch Tokarew, *Religion,* 1968.

506 Abgesehen von der calvinistischen Prädestinationslehre, in der die Wahlfreiheit als widerrufen erscheint.

507 Diels, Kranz, *Fragmente der Vorsokratiker,* 2004, Bd. 1, S. 133.

508 Roeder, *Mit dem Auge sehen,* 1996. Crawford, *Eye Goddess,* 1957, S. 17–49.

509 Dazu Diósi, *Totenkult,* 2010, S. 152–155, der schreibt: «So sind vermutlich Klagefrauen mit entblößten Brüsten der Ausdruck für die Verbindung von Totenklage und Fruchtbarkeitsvorstellung. Sie leben gedämmt und geduldet oder auch tabuisiert in jüdischen und christlichen Formen

weiter, wenn in der Trauer das Hemd vor der Brust zerrissen wird. Der kultische Ausschließlichkeitsgedanke Jahwes aber duldete neben sich keine andere Toten-Gottheit, er ist ein lebendiger Gott und kein Gott der Toten. Trauerriten werden also mit Jahwe gar nicht in Verbindung gebracht, und auch für das christliche Begräbnis war im Sinne der römischen Sitten kein Priester notwendig. Das Verhalten der frühen Christen war entsprechend geprägt von der Imitatio Christi und nicht von einem als heidnisch erachteten Totenkult. Kennzeichen der Urgemeinde war der unmittelbare Einbruch der Parusie gewesen. Die Trauer musste von der eschatologischen Erwartung her umgedeutet und inhaltlich auf die Heilsvollendung bezogen werden. In der jüdischen wie christlichen Volksfrömmigkeit aber sah es doch sehr anders aus. Ein tiefverwurzelter Aschera-Kult oder zumindest eine Aschera-Frömmigkeit zur biblischen Zeit lassen Fruchtbarkeits- und Totenkult als eng miteinander verbunden erscheinen. Bei den Christen lebten konventionelle heidnische Trauerformen, wie die Totenklage, ebenfalls in der Volksfrömmigkeit weiter. So hinterlässt die Tabuisierung des Totenkultes den Eindruck einer porösen Dämmung, aus der das Bedürfnis spricht, sich für das Jetzt und Hier darüber zu versichern, das Heil zu erlangen oder zumindest nicht von einem Jenseitsgericht verworfen zu werden.»

510 Zit. Wertheimer, *Europa,* 2022, S. 154.

511 Friedman, *Religion,* 2021, S. 109–131 und 197–228.

512 Boll, *Sternglaube,* 1919, S. 72–82. Warburg, *Ausgewählte Schriften,* 1980, S. 221. Ders., *Bilderatlas Mnemosyne,* 2020, S. 20–23. Warburg, *Bilderreihen,* 2012, S. 191–234, 389–461. Siehe auch Cassirer, *Wesen und Wirkung,* 1956, S. 52 f. Vgl. auch Jonas, Gnosis, 1999, S. 39 f. Zur Beliebtheit der Astrologie in der Neuzeit siehe Capp, *Astrology and the Popular Press,* 1979. Zum Begriff der Volksfrömmigkeit als kulturanthropologische Kategorie vgl. Daxelmüller, *Volksfrömmigkeit,* 2001, S. 491–513.

513 Zu Ägypten siehe Assmann, *Tod und Jenseits,* 2001.

514 Beltz, *Jain Sein,* 2022, S. 81 und 154–169. Dass die Jain-Gottheiten keine Sünden tilgen können, ist ungleich zu postbiblischen Traditionen.

515 Ossendrijver, *Astronomie,* 2008, S. 373, zur Wirkungsgeschichte von Mesopotamien. Als Überblick zur Astronomie in der Antike vgl. Neugebauer, *History,* 1975.

516 Shavit, Eran, *Hebrew Bible reborn,* 2007, S. 276, verweisen darauf, dass im Judentum der Moderne gerade der religions- und kulturpolitische Streit um «Bibel und Babylon» zu diesem erneuten wissenschaftlichen Interesse an der Geschichte Assyriens und Babyloniens geführt hat. Zur anthropologisch-evolutionsgeschichtlichen Lesart der Bibel siehe von Schaik, Michel, *Tagebuch der Menschheit,* 2016, bes. S. 146–155.

517 Faulkner, *Der Bär,* 1960, erschien auf Deutsch erstmals 1953 im Rahmen des Erzählbandes unter dem Titel «Das verlorene Erbe».

518 Bernstein, *Against the Gods,* 1996, S. 12. Zum Wissenstransfer vgl. u. a. Sela, *Abraham Ibn Ezra,* 2003. Zur geografisch-historischen Kontextualisierung des Austausches vgl. Abulafia, *Mittelmeer,* 2014, S. 323–480.

519 Zit. nach Gombrich, *Aby Warburg,* 1981, S. 117–118.

520 Die Art Biennale von Cochin, Indien, hat eben dies – Science and Art – für 2024–25 zum Thema gemacht. Dazu das Referat von Barbara Haering *The Infinite Loop: Science and Democracy* am Bangalore International Center, Bangalore, Indien, 17. Februar 2023: «The infinite loop! How to work successfully across the interface of science and politics? Acknowledging the systemic differences, translating, building bridges – and adding the economy as well as art to the equation»; vgl. LinkedIn-Account von Barbara Haering.

521 Dazu gehören die Schriften der Theologen und Juristen Bartolomé de Las Casas, Francisco de Vitoria und Francisco Suárez, die noch vor Hugo Grotius und Emer de Vattel Position gegen

Sklaverei als einem rassistischen «Menschen»- und Völkerrecht bezogen. Vgl. Böckenförde, *Geschichte,* 2002, S. 338–351, und Birr, *Recht,* 2013, S. 93–126.

522 Israel, *Radical Enlightenment,* 2001, S. VI, fasst zusammen, dass die radikale Aufklärung «effectively demolished all legitimation of monarchy, aristocracy, woman's subordination to man, ecclesiastical authority, and slavery, replacing this with the principles of universality, equality, and democracy».

523 Cornelis Meijer, *L'arte di rendere,* 1696; *Ecclisse del primo Satellite di Giove.* Bibliothek ETH, Zürich, Wissenschaftshistorischer Bestand, Rara 4582. Vgl. URL: http://www.e-rara.ch/zut/wihibe/content/pageview/2666457 [abgerufen am 12. 12. 2023]. Das Blatt in der Leidener Bibliothek enthält keine Notizen und Berechnungen; vgl. Koninklijke Bibliothek, The Hague, KW 90B4.

524 Zum kunst- und wissenschaftsgeschichtlichen Kontext siehe das reich bebilderte Buch des ZKM Karlsruhe von Gehring, Weibel, *Mapping Spaces,* 2014.

525 Havelange, *De l'oeil,* 1998, beschreibt diese Geschichte der Wahrnehmung in ihrem Wandel vom Mittelalter bis zur Frühen Neuzeit.

526 Warburg, *Schlangenritual,* 2011, S. 30

527 Zu einer Pantomime der Toleranz im Aufklärungsmärchen «Nathan der Große» von Lessing vgl. Picard, *Schmuggeln, rebellieren, nachahmen,* 201, S. 39–45.

528 Mit «Medusa» im Gemälde von Géricault, das sehr populär geworden ist, sind sowohl die Tochter der griechischen Meeresgottheiten Phorkys und Keto wie der Name der 1816 vor Senegal untergegangenen französischen Fregatte «Méduse», deren Schiffbruch damals die Öffentlichkeit erregte, gemeint.

529 Dazu Schneider, *Steuern,* 2023, S. 381. Vgl. auch von Greyerz, *Nation und Geschichte,* 1953, S. 201. Zur Metapher des riskanten Daseins vgl. Blumenberg, *Schiffbruch,* 1979.

530 Gehring, Weibel: *Mapping Spaces,* 2014.

531 Fricke, *Horizont und Panorama,* 2021, S. 79 f. Der Horizontbegriff ist unmittelbar mit der mittelalterlichen Rezeption eines arabischen Traktates, dem *Liber de causis,* verbunden. Alanus von Lille spricht von «in horizonte aternitas, et ante tempus», um die Grenze zwischen vorzeitlicher Wirklichkeit und räumlicher Sichtbarkeit zu markieren.

532 Cohen, *Erschaffung der Welt,* 2010, S. 210–235.

533 Den Modernen drohte der Fluchtpunkt mit Namen «Horizont» in eine Art Naturalisierung des Geistes, das heisst in ein ausschliesslich materielles Bild vom Menschen zu kondensieren, welches nicht nur in den kühlen Begriffen der Physik und Astronomie, sondern ebenso in den Befunden aus der Biologie, Chemie, Medizin und Hirnforschung veräusserlicht wird. Philosophie und Theologie hingegen sind heute nur noch einer symbolischen Ebene zugehörig, aber nicht weiter der Kern, auf den die Wahrheitssuche in der Naturerkenntnis durch die besagten Disziplinen der Naturwissenschaft abzielt (vgl. oben meine Bemerkungen zu Josef Ratzinger bzw. Papst Benedikt XVI.). Die Naturwissenschaft kann allerdings aus sich heraus kein Weltbild hervorbringen, doch sie hat das Potenzial, im Verlauf der Geschichte immer wieder die bestehenden Weltbilder auszuschliessen. Anders gesagt, die Grenzen zwischen diesen beiden Traditionen, die wir heute als einander immer noch entgegengesetzte Hauptdisziplinen empfinden, aber auch innerhalb jeder dieser Disziplin, sind von besonderem Interesse, weil sie sich geradezu anbieten, sie zu überschreiten und vorsätzlich ihr Grenzbedürfnis zu verletzen. Das mag zwar vielen Akademikern als Sakrileg gelten, doch das Risiko falscher Analogien und die Belehrung darüber, man bleibe laienhaft in Kategorienfehlern hängen, wird in Kauf zu nehmen sein, wenn es gilt, Antworten zu formulieren, die eben diesen Grenzen als Prozesse der Vermittlung und nicht als Abschottungsversuche Rechnung tragen sollen.

534 In diesem Sinne schon James, *Varieties,* 1902, im «Post-Script», S. 520–528, und dann Taylor, *Formen des Religiösen,* 2002, S. 57–96.

535 Zur Theophysik vgl. von Greyerz, *Physico-Theology,* 2022.

536 Seitdem die Erwartung des baldigen Weltendes enttäuscht wurde und das chiliastische Konzept nicht wirklich Gestalt annehmen wollte, weil das Warten auf die Wiederkunft des messianischen Zeitalters ermattet war, benötigte es höchst bedeutende sozial- und religionspolitische Konsequenzen, die nicht nur als Fussnote der Dogmengeschichte gelten können. Auch die antiken Konzepte des Fegefeuers unterschieden sich massiv von den mittelalterlichen Erfordernissen, vor die sich das Papsttum seit dem 12. Jahrhundert gestellt sah. Die Entdeckung des Fegefeuers als dritter Ort innerhalb der heilsgeschichtlichen Geografie zwischen Himmel und Totenreich bzw. Paradies und Hölle steht deswegen im Zusammenhang mit den viel beschriebenen Neuerungen seit dem 12. Jahrhundert und einem neuartigen Weltbild, aus dem später naturphilosophische Tendenzen und eine Individualisierung der Heilsgeschichte hervorgehen sollten.

537 Dazu die Studie von Le Goff, *Geburt des Fegefeuers,* 1984. Für die mittelalterliche Geburt des Fegefeuers kommt im Sinne Le Goffs seinen antiken Vorfahren wie Cyprian und Tertullian kaum Bedeutung zu, das mittelalterliche Fegefeuer-Konzept kann wohl nur sehr schwer aus den antiken Vorstellungen erklärt werden, auch wenn unstrittig ist, dass diese Idee tatsächlich bereits seit der Antike vorhanden war. Doch die Veränderungen, denen das Welt- und Jenseitsbild der mittelalterlichen Christen im 12. Jahrhundert mit der Geburt des Fegefeuers eine Antwort bieten wollte, sind von diesen frühen antiken Hintergründen sehr verschieden.

538 Seelmann, *Der Teufel,* 2021, S. 23. Kehnel, *Geschichte der Nachhaltigkeit,* 2021, S. 262–276. Stettler, *Das letzte Gericht,* 2011, S. 270. Zur rechtskulturellen Entwicklung vgl. Hattenhauer, *Europäische Rechtsgeschichte,* 2004, S. 183–190, 355–361 sowie 369–428. Zu Ebendbildlichkeit und der kirchlichen «Inquisitio» als Fort- und Rückschritt in der Verfahrenssicherheit vgl. Angenendt, *Toleranz und Gewalt,* 2004, S. 110–121 und 263–266.

539 Vgl. unten die Achtzehnte Leinwand zur Hiob-Parabel in einem Puppenspiel.

540 Nochmals Fegefeuer: Mit seiner Erfindung wurde der Endgültigkeit eines himmlischen Gerichtsurteils ein provisorischer Aufenthalt auf Probe und Besserung entgegengestellt, auch wenn die Finanzierung dieser Operation im sogenannten Ablasshandel schliesslich zum Ärgernis werden sollte. Im längeren historischen Kontext sollte sich diese Tendenz, die entsprechende Kultbilder zur Zielscheibe der dagegen heftig und stürmisch Protestierenden machte, nach den Konfessionskriegen des 17. Jahrhunderts endlich Bahn brechen.

541 Dazu die klassisch gewordene, oft diskutierte Studie von Koselleck, *Kritik und Krise,* 1959, über die Aufklärung als Folge dieser gewalttätigen Auseinandersetzungen seit dem 16. Jahrhundert.

542 Biermann, *Victor Hugo,* 1998, S. 88.

543 Nietzsche, «Der Antichrist», in: *Sämtliche Werke,* Bd. 6, 2021, S. 132–133.

544 Zur globalen Dimension dieser Genesen vgl. Mishra, *Zeitalter des Zorns,* 2017.

545 Siehe Rawls, *Theorie der Gerechtigkeit,* 1975, S. 141; dazu Habermas, *Naturalismus und Religion,* 2005, S. 119–154.

546 Seelmann, *Theologie und Jurisprudenz,* 1997, S. 15 und zit. 34.

547 Hamilton, Madison, Jay, *Federalist Papers,* Nr. 47, 30. Januar 1788. Zur Bedeutung des östlichen Ursprungs des Westens und dem aus dem Investiturstreit hervorgegangenen Wormser Konkordat vgl. Winkler, *Geschichte des Westens,* 2009, S. 25–31 u. 53–61, zit. 61.

548 Marx, *Das Kapital,* 1971, Bd. 1, S. 783

549 Marx, *Hegelsche Rechtsphilosophie,* 1976, S. 378. Es lohnt, das Zitat in breiterer Form zu kennen: »Der Mensch, das ist die Welt des Menschen, Staat, Sozietät. Dieser Staat, diese Sozietät produzieren die Religion, ein verkehrtes Weltbewußtsein, weil sie eine verkehrte Welt sind. Die Religion ist die allgemeine Theorie dieser Welt, ihr enzyklopädisches Kompendium, ihre Logik in populärer Form, ihr spiritualistischer Point-d'honneur, ihr Enthusiasmus, ihre moralische Sanktion, ihre

feierliche Ergänzung, ihr allgemeiner Trost- und Rechtfertigungsgrund. Sie ist die phantastische Verwirklichung des menschlichen Wesens, weil das menschliche Wesen keine wahre Wirklichkeit besitzt. Der Kampf gegen die Religion ist also mittelbar der Kampf gegen jene Welt, deren geistiges Aroma die Religion ist. Das religiöse Elend ist in einem der Ausdruck des wirklichen Elends und in einem die Protestation gegen das wirkliche Elend. Die Religion ist der Seufzer der bedrängten Kreatur, das Gemüt einer herzlosen Welt, wie sie der Geist geistloser Zustände ist. Sie ist das Opium des Volkes.«

550 Das Gleichnis zum Schicksal der Bilder habe ich Picard, *Fragmente,* 1978, S. 46, entnommen.

551 Schneider, *Leonardo da Vinci,* 2002, S. 97. Dazu Wertheimer, *Europa,* 2022, S. 205–218, und Biemann, *Satyr as Prophet,* 2008, S. 45–56.

552 In der mosaischen Weisung war von individuellem Seelenheil oder Unsterblichkeit noch nicht die Rede gewesen, das Heil war auf ein Leben im gelobten Land gerichtet und wurde erst danach durch die hebräischen Schriftpropheten bis hin zum paulinischen Jesus universalisiert und individualisiert. Eben diese Entwicklung könnte ein kaum offenkundiger Energiespender für Ikonodule wie Ikonoklasten verschiedener Kulturen und Traditionen gewesen sein, wenn sie Furcht und Heil, wie sie sich im letzten Gericht verschränken, bis heute in bildprogrammatische Auseinandersetzungen um gemalte, plastische und digitalisierte Darstellungen vortrieben.

553 Kretzenbacher, *Seelenwaage,* 1958, S. 201–223. In Kontrast zu solchen Einsichten haben in den tieferen Schichten des kulturellen Lebens die älteren Gluten weiter motten können. Im Volksglauben sind bis heute die Vorstellung sinnlicher Erzählungen als feste Glaubenswirklichkeit eines Totengerichts erhalten geblieben, zum Beispiel mit der bildhaften Erzählung eines Garten Edens oder des himmlischen Jerusalems, die im Judentum mit dem Erzengel Michael und im Christentum mit dem Richter Jesus einhergehen. Die Volksfrömmigkeit stellt eben gerne eine mythische Schar der Engelschöre als Erzählgut auf die Bretterbühnen der Glaubenskultur und lässt, wie der Volkskundler Leopold Kretzenbacher mitteilt, das Jüngste Gericht in Bauernstuben und den Bretterböden des Volkstheaters auch noch bis ins 20. Jahrhundert spielen. Keltische, slawische und germanische Varianten dürften ebenfalls Einzug in solche religiöse Vorstellungswelt gehalten haben. Das Internet ist heute voll an solchen synkretistischen Aussagen, die sich auf Bilder und Sentenzen aus vielerlei Kulturen beziehen, in denen wir es mit Ahnengerichten zu tun haben. So liegt mit den Toten- und Weltengerichten eine kulturgeschichtliche Universalie vor, die an vielerlei und entfernteren Orten des Globus zu Imaginationen und Kultbildern verdichtet worden ist.

554 Zit. aus *She is my sin* im Album *Wishmaster* (2000) der finnischen Rockband Nightwish [Übersetzung JP; gehört 16. 12. 2022, Konzert in Zürich]. Die Band bot bei einem Konzert im Wembley Stadion dem Atheisten Richard Dawkins eine Plattform für seine Predigt. Zum neuen Glauben des Manifesten nach dem Gesetz der wechselseitigen Anziehung vgl. die Reportage von Esthy Rüdiger, «Manifestiere, denn das Universum hört zu», in: *Neue Zürcher Zeitung* vom 11. Juni 2022, S. 46–47.

555 Im Weiteren siehe Picard, *Gebrochene Zeit,* 2009, S. 183–201. Die szenische Umsetzung von Bela Chagalls beiden Büchern *Brennende Lichter* und *Erste Begegnung,* für die Marc Chagall einen Teil der Puppen gestaltete, gehörte zu den ersten Inszenierungen.

556 David Scheiner, «Les marionettes Hakl-Bakl ou l'effet d'un blasphème», in: *Gazette de Lausanne* v. 3. Juni 1950. Archivmaterial in: Archiv des Museum of Jewish Heritage, New York, und Archiv für Zeitgeschichte der ETH Zürich, dort Bestand des Autors.

557 Dazu siehe ausführlich die Studie von Zuckerman, *Job the Silent,* 1991, bes. S. 87–92.

558 Dürrenmatt, *Theaterprobleme,* 1998, S. 62.

559 Die später in Argentinien auf Video erhaltenen Aufzeichnungen einzelner Szenen sind im Archiv des New Yorker Museums of Jewish Heritage auffindbar (MJH: U-77, 4 A) und zeigen Szenen mit unterlegtem Originalton von 1949.

560 Deutsche Fassung in Perez, *Seelenwanderung,* 1984, S. 17 ff., zitiert S. 19. *Bontye Schweyg* ist in zahlreichen jiddischen und jüdischen Anthologien auffindbar.

561 Vgl. Jonas, *Gnosis,* 1999, S. 377–400. Kermani, *Schrecken Gottes,* 2005, bietet eine lesenswerte, durch islamische Überlieferungen inspirierte Betrachtung des Hiob-Motivs.

562 Zit. Buber, *Antwort,* 1993, S. 613. In Rosenzweigs *Stern der Erlösung* nimmt die Betrachtung von Sprache und Kunst erheblichen Raum ein, insbesondere im dritten Teil. Zur Paraphrase von Rosenzweig: «Gott erlöst, in der Erlösung der Welt durch den Menschen, des Menschen an der Welt, sich selber»; Rosenzweig, *Stern der Erlösung,* 1988, S. 266.

563 Zur jüdischen Tradition des Haderns vgl. Laytner, *Arguing with God.* Zur Erzählung nach Wiesel siehe Kuschel, *Spiegel der Dichter,* 2000, S. 244. Zur weitergehenden Einordnung siehe Walter, Link, *Dunkle Seite Gottes,* Bd. 2, S. 93.

564 Ludwig van Beethoven, *Fidelio,* op. 72, 1814, 2. Aufzug, 8. Auftritt.

565 Hobbes, *Leviathan,* 1976, S. 134.

566 Vgl. dazu Lichtblau, *Kulturkrise,* 1996, S. 36–59.

567 Gombrich, *Krise der Kulturgeschichte,* 1991, S. 144–173, und Friedländer, *Kitsch und Tod,* 1999, mit einem neuen Vorwort.

568 Im Weiteren Weigel, *Angelus novus,* 2011.

569 Dürrenmatts eigene «Sixtina», wie er sie nannte, war das «stille Örtchen», die Toilette in seinem Neuenburger Haus, deren Wände und Decke er ausgiebig bemalte.

570 Dürrenmatt, *Stoffe-Projekt,* 2021, Bd. II, S. 33–34 (zitiert «Winterkrieg in Tibet») und S. 376 (Abbildung des Ölbildes von 1968).

571 Zur Dialektik von Stoff und Form vgl. Dürrenmatt, *Stoffe,* 2021, Bd. I, S. 12–13 und 33 sowie Weber, *Dürrenmatt,* 2020, S. 299–304. Zu Varlin vgl. Labhart, *Varlin,* 2020, S. 370–373.

572 Paul Klee: *Geheim Richter,* 1933, Kleisterfarbe auf Papier und Karton, im Zentrum Paul Klee, Bern, Schenkung Livia Klee.

573 Zur Designation der ursprünglich geografischen Assoziationen von *Gehinom* und *Gehenna* zum verallgemeinerten Begriff *Hölle* vgl. Himmelfarb, *Tours of Hell,* 1985. Ebenso den Essay dieser Autorin in: Levine, Brettler, *Jewish Annotated New Testament,* 2017, S. 691–695.

574 Churchill, *Der Zweite Weltkrieg,* Bd. 1. («Der Sturm zieht auf»), S. 95 (Kursive von JP). Kershaw, *Höllensturz,* 2016, dort auch die Kapitel S. 407–552; englischer Buchtitel: *To Hell and Back: Europe 1914–1949,* London 2015.

575 In der katholischen Pfarrkirche Hittisau im Bregenzerwald, deren Deckengemälde 1940 durch den nationalsozialistisch gesinnten Waldemar Kolmsperger der Jüngere gestaltet wurde. Ich danke Werner Schlegel, Zürich, für diesen Hinweis.

576 Hubert Witts Vorwort in Sutzkever, *Wilner Getto,* 2009, S. 5. Ajchenrand, Mihaly, Hermlin, *Wir verstummen nicht,* 1945, S. 35. Arendt, *Image of Hell,* 1946, S. 291–294; dazu Sznaider, *Gedächtnisraum Europa,* 2008, S. 87–97. Kraus, *Die Fackel,* Nr. 577–82, November 1921, S. 96–98. «Reklamefahrten zur Hölle».

577 Das Bild von Neta Harari Navon wurde 2022 im Israel Museum in Jerusalem erstmals gezeigt, kuratiert von Amitai Mendelsohn, der auch in demselben Museum 2017 die Ausstellung «Jesus in der israelischen Kunst» ausrichtete; vgl. Mendelsohn, *Behold the Man,* 2017.

578 Keel, *Jahwes Entgegnung,* 1978, S. 57 f.

579 Z. B. Assmann, *Thomas Mann,* 2006, S. 188–217.

580 Freud, *Der Mann Moses,* Gesammelte Werke, 1999, S. 101–246, zit. 146. Im Weiteren: Ders., *Unbehagen,* 1999, S. 419–506. Hier wird man sich gerne an das Nachleben von Freuds Diktum in den Schriften Theodor Adornos erinnern.

581 Clair, *Freud,* 2018, S. 190–205. Wer sich heute antike Kulturgüter vor Augen führt, macht sich

bewusst, welcher Zerstörungswut sie immer wieder ausgesetzt gewesen sind, und wiederum auch wie hoch der Preis der oft raubmässig angeeigneten Ausstellungsobjekte unserer Museen sein dürfte.

582 Der Zivilisationsbegriff übrigens war seit dem frühen 20. Jahrhundert insbesondere in Nordamerika von Bedeutung, in Europa vergleichbar mit der Wiederkehr des Kulturbegriffs; in deutscher Diktion erschien er im 19. Jahrhundert auch als «Sittlichkeit», die gerne öffentlich propagiert wurde. Der Begriff der «Zivilisation» wurde 1927 populär durch zwei Publikationen von John Dewey («Philosophy and Civilization») und Mary und Charles Beard («The Rise of American Civilization»), hatte aber, wie übrigens auch der Begriff «cultures», eine Reihe von Vorläufern und Taktgebern aus unterschiedlichen intellektuellen Lagern – so in der Chicagoer Theologieschule, bei den frühen Pluralisten wie Horace Kallen und Randolph Bourne im Gefolge von philosophischen Pragmatisten wie William James und Oliver Wendell Holmes, bei den afroamerikanischen Intellektuellen und Aktivisten wie W. E. B. Dubois, Ida B. Wells und Alain Locke, den frühen amerikanischen Zionisten um Louis Brandeis sowie beim englischen Liberalen Alfred Eckhard Zimmern. Der Satz «taxes are what we pay for civilised society» des US-Verfassungsrichters Oliver Wendell Holmes steht gar als Inschrift über dem Eingang des IRS Building, der amerikanischen Steuerbehörde in Washington D. C.; vgl. United States Supreme Court, *Compania General de tabacos,* 1927.

583 Nordmann, *Leben und Tod,* 2000. Hurwitz, Picard, Steinberg, *Jüdische Ethik,* 2006.

584 Siehe Woese, *New Biology,* 2004, S. 173–186. Ähnlich bei Goldenfeld, Woese, *Biology's Next Revolution,* 2007, S. 369. Eine biotechnoide Utopie verkündet z. B. Dyson, *Our Biotech Future,* 2007, S. 4–8.

585 «Jeder von uns muss ein Picasso werden», Martin Vetterli im Interview mit Hannes Grassegger, in: *Das Magazin,* Nr. 14, Zürich 13. Mai 2023, S. 16–23, zit. 21.

586 «Wie aus einer natürlichen Peperoni eine patentierte Pflanze wurde», in: *Public Eye Magazin,* Nr. 41, April 2023, S. 28–31, Beitrag von Romeo Regenass.

587 Der Verweis darauf, dass sich die DNA des Menschen nur wenig mehr als ein Prozent von der seines nächst verwandten Primaten unterscheidet, oder die Erkenntnis, dass dem Menschen in seinem Körper Millionen von nützlichen Bakterien innewohnen, sollte eigentlich dazu führen, die Kooperation von Sapiens und Natur zum Rezept des Überlebens zu erheben.

588 Dass der Vortrag und die darin berichtete Reise inzwischen zum exegetischen Ideal einer Verbindung von Kunstgeschichte und Ethnologie erhoben worden sind, über die in den letzten Dekaden sehr viel – oft enthusiastisch, zuweilen äusserst kritisch – gesagt und geschrieben wurde, kann im Einzelnen nicht referiert werden.

589 Mundkur, *Cult of Serpent,* 1983, S. 59; Mundkur zitiert dazu zwei anthropologische Studien von Dorothy Eggan und Mary Wheelwright.

590 Warburg, *Schlangenritual,* 2011, S. 70.

591 Townsend, *Fünfte Sonne,* 2023, S. 56.

592 Campbell, *The Hero,* 2008, S. 306–311, dort zitiert nach einem Bericht in der Geschichte Neu-Spaniens von Bernardino de Sahagún von 1829.

593 Eine entsprechende Fotografie ist in der auf Jiddisch publizierten New Yorker Zeitschrift *Der Hammer* v. Juli 1928, S. 20–22, abgedruckt worden; vgl. dazu Rubinstein, *Members of Tribe,* 2010, S. 149–155.

594 Waters, *Buch der Hopi,* 1980, S. 233 f. Englischer Wortlaut in Waters, *Book of Hopi,* 1977, S. 221: «The men never moved. They just kept singing with a kind expression on their faces. The snakes began to roll on the sand, taking their bath. Then a big, yellow rattler moved slowly toward an old man singing with his eyes closed, climbed up his crossed leg, coiled in front of his breechcloth and went to sleep. Pretty soon this old man had five or six crawling over his body, raising their heads to look at his closed eyes and peaceful face, then going to sleep.»

595 Handschriftlicher Eintrag auf der Rückseite des hier abgebildeten Huicholes-Bild; übersetzt von JP.

596 Zit. Nigh, *Maya agriculture,* 1976, S. 2–3.

597 Talayesva, *Autobiography,* 1942, S. 252: «When I heard that he [Voth] was in my mother's house I went over and told him to get out. I said, ‹You break the commandments of your own God. He has ordered you never to steal nor to have any other gods before him. He has told you to avoid all graven images; but you have stolen ours and set them up in your museum. This makes you a thief and an idolator who can never go to heaven› …»

598 Die amerikanische Mehrheitsgesellschaft hat diesbezüglich noch sehr lange grosse Anstrengungen unternommen, die Existenz von *Native Americans,* den Indianern, in ihrem Land unsichtbar zu machen. Ihre Namen, ihre Leistungen, ihr Anwesenheit überhaupt wurden von den Landkarten der Neuen Welt getilgt. Es sollte bis 2020 dauern, dass sich die Smithsonian Stiftung bzw. die National Gallery of Art in Washington D. C. bemüssigte, erstmals überhaupt ein Kunstwerk einer indianischen Künstlerin zu erwerben. In Gegensatz zur vollständigen Negierung einer *Native American* Kultur und Religion durch die amerikanischen Behörden, wurden um 1920 die nicht-christliche Religionen – Baptisten, Bahaïs, Buddhisten, Hindu, Juden, Mormonen, Theosophen und weitere – zumindest in öffentlichen Berichten erwähnt. Die Native Americans firmierten damals nicht unter der – epistemisch kulturprotestantisch geprägten – Rubrik einer «amerikanischen Religion», sie erschienen in der amerikanischen Zivilisation kategorisch abwesend, ihre religiösen Praxen nichtexistent. Der Widerstand dagegen setzt nach 1900 auch auf internationaler Ebene ein und resultiert heute in Forderungen, die sich auf eine Erklärung der Vereinten Nationen v. 13. September 2007 über die Rechte der indigenen Völker stützen können, die allerdings von den USA und Kanada nicht unterstützt wurde. Dazu Mattioli, *Verlorene Welten,* 2017, und Ders., *Zeiten der Auflehnung,* 2023.

599 Freedberg, *Warburg's Mask,* 2005, S. 7.

600 Warburg, *Schlangenritual,* 2011, S. 74 f. Abbildungen von Schlangensymbolen der verschiedenen Clans bei Waters, *Buch der Hopi,* 1980, S. 114 bzw. *Book of the Hopi,* 1977, S. 104.

601 Rubinstein, *Members of the Tribe,* 2010, beleuchtet die frühe Imaginierung der «Indianer» im jüdischen Diskurs, vorab unter Jiddisch sprechenden osteuropäischen Juden in den USA, die sich mit den Indianern durch den gemeinsamen Opfer- und Exklusionsstatus identifizierten. Imhoff, *Masculinity,* 2017, deutet die nach 1950 einsetzende Funktion der Romantisierung unter amerikanischen Juden als Versuch, der eigenen Jugend die «amerikanischen» Ideale der Männlichkeit und Wehrhaftigkeit einzuimpfen, was im Kontext der Post-Holocaust-Zeit zu lesen ist. Shmuel Dayksel, *Indianishe Dertseylungen,* 1959, fasste seine früher in Zeitschriften publizierten Erzählungen und Berichte im Alter von 71 Jahren nochmals in einem jiddisch geschrieben Buch zusammen. Zum über die Jahrhunderte anhaltenden biblischen Motiv der verlorenen Stämme vgl. Ben-Dor, *The Ten Lost Tribes,* 2009.

602 Mosse, *German Jews,* 1985, S. 52: «For Aby Warburg, scholarship was a way to maintain rationality in an increasingly complex and irrational world, a means of maintaining control in a world bordering in chaos – to warn, to exorcise, to encourage, never detached from the challenge of times.»

603 Dazu Freedberg, *Pathos a Oraibi,* 2004, S. 569–611, sowie Ders., *Warburg's Mask,* 2005, S. 3–25.

604 Banken M. M. Warburg in Hamburg und Kuhn-Loeb in New York. Sechs Monate zuvor hatte bereits Felix Warburg sich mit Frieda Schiff vermählt, der Tochter von Jacob Schiff, dem Partner der Kuhn-Loeb Bank. Sie sind im Kontext der zumeist wohlhabenden Familienbiografien der deutschen Juden in New York zu situieren.

605 Mooney, *Ghost Dance Religion,* 1965. Der Herausgeber seines erst später publizierten Buches, Anthony Wallace, vermerkte einleitend: James Mooney «anticipated those later formulations which posit an essential processual similarity in revolutionary religious movements diverse in form and philosophical basis».

606 Zu den genannten Protagonisten vgl. u. a.: Picard, *Horace Kallen,* 2016, S. 220–232; Menand, *Metaphysical Club,* 2001, S. 389–392; Hansen, *Lost Promise,* 2003, S. 131–184; Hutchinson, *Harlem Renaissance,* 1995, S. 63–93; Frank, *Jews, Multiculturalism and Boasian Anthropology,* 1997, S. 731–741; und Scult, *Judaism,* 1993, S. 99–114.

607 Deutlich wird die Stellungnahme gegen Rassenideologie, Faschismus, Ku Klux Klan und Nationalsozialismus in den Schriften von Kallen und Boas; vgl. Boas, *Race,* 1940, S. 3–17, der sie als falsches Fortschrittsparadigma entlarvt.

608 Warburg, *Bilderatlas Mnemosyne,* 2020, S. 40–41 und 90–91 (Laokoon) sowie 60–61 (Kosmologie), Panels 6 und 26.

609 Cassirer besuchte 1921 Warburg in Kreuzlingen; dazu Liebeschütz, *Aby Warburg,* 1971, S. 231. Zit. Raulff, Nachwort, in: Warburg, *Schlangenritual,* S. 112. Honold, *Propaganda, Aberglaube, Schlangentanz,* 2016, S. 253–270, situiert Warburgs Vortrag im Kontext der Erfahrungen des Ersten Weltkrieges.

610 Warburg, *Schlangenritual,* 2011, S. 64.

611 Vgl. *Speculum humanae salvationis* (Catalogus Librorum Manuscriptorum Bibliothecae Sloanianae, Nr. 361) in der British Library, Add. Ms. 31303.

612 Fellous, *La représentation de Moïse,* 2015, S. 66–85. Das Thema war Gegenstand einer Ausstellung und Konferenz im Musée d'art et d'histoire du Judaïsme in Paris 2015–16.

613 Ob man sie dem Symbol der Taube gegenüberstellen will, das in der Katastrophenerzählung über die Arche als das Zeichen der Hoffnung und Errettung in die Mythenpoesie der biblischen Bücher eingegangen ist, sei dahingestellt.

614 Dies schlägt sich in Wikipedia-Beiträgen und Literatur nieder, die dem «snake handling» Aufmerksamkeit widmen. James, *Varieties of Religious Experience,* 1902, kann als Klassiker in Hinsicht der Analyse solcher Phänomene gelten.

615 Warburg, *Schlangenritual,* 2011, S. 68. – Klosterkirche St. Ulrich und St. Afra, Ölbergkapelle mit Gnadenkreuz und Kalvarienberg. Der aus Buchenstücken zu Grottenwerk gestaltete Ölberg von Innozenz Beck, mit ungefähr 30 cm hohen Statuen aus Arvenholz, 1720 bis 1730. Das Deckenbild darüber zeigt Moses mit der ehernen Schlange und stammt von Franz Ludwig Herrmann, 1761.

616 Cassirer, *Wesen und Wirkung,* 1956, S. 189 (ursprünglich: «Der Begriff der symbolischen Form im Aufbau der Geisteswissenschaften»; Vorträge der Bibliothek Warburg, 1921–1922).

617 Boas, *Anthropology and Modern Life,* 1928, S. 202–246.

618 Zu Warburgs Reise nach Oraibi in New Mexico vgl. Bredekamp, *Aby Warburg,* 2019, und kritisch Freedberg, *Pathos a Oraibi,* 2004, S. 569-61.

619 Mundkur, *Cult of the Serpent,* 1983, S. 6.

620 Ulrich Raulff, «Nachwort», in: Warburg, *Schlangenritual,* 2011, S. 103–105; Neumann, *Ursprungsgeschichte,* 1949, S. 5–35; Burkert, *Kulte,* 1998, S. 81 (Gilgamesch).

621 Nietzsches *Zarathustra* ist in mancher Hinsicht eine Gegenerzählung zum Leben und Wirken Jesu. Zarathustras Schlange und der Adler sind offenkundig Gegenfiguren zu den Tiersymbolen der vier Evangelisten.

622 Siehe die Abbildung, die nicht von Warburg stammt, in der englische Übersetzung von Warburgs Vortrag: *Images from the Region of the Pueblo Indians of North America,* hg. v. Michael P. Steinberg, Ithaka NY 2016, S. 3.

623 Seltsam, weil unter diesem Begriff, etwa auch in der Version eines «jüdisch-christlichen Abendlandes», die antiken Erbschaften und die daraus hervorgegangenen Traditionen letztlich mit der Brille christozentrischer Dominanz gelesen werden oder dann, in Abgrenzung davon, immer noch als ausschliesslich griechisch-römische Begriffsbildung hervorgekehrt werden.

624 Momigliano, *Ottavo Contributo,* 1987, S. 297.

625 Zu Montaigne vgl. Reinhardt, *Michel de Montaigne,* 2023, und die sehr lesenswerten Reflexionen von Starobinski, *Montaigne,* 1986.

626 Ein solcher aus sozialen und politischen Gründen notwendiger Synkretismus wird etwa in der Verschmelzungsgottheit Harihara anschaulich. Eine Analogie zur Trinität der christlichen Theologiegeschichte lässt sich nur schwerlich herstellen.

627 Vgl. oben die Abbildung aus Ausgarbungen von 1934–1936 im nördlichen Syrien und Irak. Weitere Fotografien und Beschreibungen vgl. Beltran, *Altamira,* 1998, und Crawford, *Eye Goddess,* 1957, S. 51–62. Zur antiken Auffassung vgl. Roeder, *Mit dem Auge sehen,* 1996.

628 Für eine Abwägung der zahlreichen Faktoren wie Klima, Migration, Genetik, Körperentwicklung, Werk- und Denkvermögen usw. vgl. Chase, *Emergence of Culture,* 2005.

629 Bredekamp, *Aby Warburg,* 2019, S. 117.

630 Zur KI-Produktion gehört nebst den Bildern, die zuweilen auch Kunst genannt werden, auch das Herstellen von Deutungsprosa wie Essays, Kunstkritiken, Poesie, Predigten und Gebeten, die über eine computergestützte «erweiterte» Realität generiert werden. So zeigen sich auch für die Theologen mithilfe Künstlicher Intelligenz neue Möglichkeiten, Sendreden zu produzieren; vgl. Adam Kovac, «The rise of the robo-rabbi? A spiritual leader turned to ChatGPT to pen a recent sermon», in: *Forward,* 16. Januar 2023; https://forward.com/news/532077/rabbi-artificial-intelligence-chatgpt-sermon-hamptons/?amp=1 [abgefragt 16. Januar 2023].

631 Trouillot, *Silencing the Past,* 1995, S. 2.

632 Gespräch des Verf. mit Léon Reich, Biel-Bienne, 05. 03. 2001. Siehe Picard, *Gebrochene Zeit,* 2009, S. 11–72.

633 Anderson, *Erfindung der Nation,* 1998, S. 178.

634 Pollack, *Kontaminierte Landschaften,* 2014, S. 19.

635 Zit. Laqueur, *Works of the Dead,* 2015, S. 420. Michelet, *Oevres complètes,* 1982, S. 268.

636 Zertal, *Nation und Tod,* 2003, zit. S. 9.

637 Nietzsche, «Zur Genealogie der Moral», in: *Sämtliche Werke,* Bd. 2, 1980, S. 295.

638 Guggenheim, *Die erblosen Vermögen,* 1954, S. 120.

639 Robinson, *Indemnification,* 1944. Dazu Diner, *Suche des Eigentums,* 2008, S. 16–23, sowie weitere Beiträge in: Diner, Wunberg, *Restitution and Memory,* 2007, und Bertz, Dormann, *Raub und Restitution,* 2008.

640 Dubnow, *Weltgeschichte des jüdischen Volkes,* 1925–1929. Die Originalfassung in Russisch war kurz vor dem Ersten Weltkrieg publiziert worden.

641 Umfassend für die politischen, rechtlichen, historischen, kunst- und kulturgeschichtlichen Implikate in der Betrachtung von Unrechtszusammenhängen vgl. die Beiträge in: Simpson, *Spoils of War,* 2009. Für spezifische Aspekte in der Bundesrepublik Deutschland siehe u. a. Goschler, *Schuld und Schulden,* 2005; Lauterbach, *Central Collecting,* 2015; und Lillteicher, *Raub, Recht, Restitution,* 2007.

642 Im Weiteren die Beiträge in Reifenberg, *Suche nach NS-Raubgut,* 2006, und Dehnel, *Jüdischer Buchbesitz,* 2006; ebenso in Bertz und Dorrmann, *Raub und Restitution,* 2008, S. 157–188. Zu den Rückgaben aus der russischen Kriegsbeute vgl. Grimsted, *Returned from Russia,* 2007.

643 Sznaider, *Fluchtpunkte,* 2022, S. 60.

644 Nicholas, *Rape of Europe,* 1994, kommt das frühe Verdienst einer Darstellung der Raubkunst in Europa zu.

645 Buomberger, *Raubkunst, Kunstraub,* 1998, S. 92. Für die Schweiz unter rechtlichen Aspekten vgl. Mosimann, Renold, Raschèr, *Kultur Kunst Recht,* 2020. Zur allgemeinen Situierung vgl. UEK, *Schweiz,* 2002, S. 441–461.

646 Keller, *Das kontaminierte Museum,* 2021. Gross, *Überprüfung,* 2024, S. 18–68. Doll, *Museen,* 2024, S. 9–29. *Mahrer,* Kunsthandel, 2024, S. 57–98. Im Weiteren auch Haller, *Kunst sind wir,*

2022. Als Überblick siehe Tanner, *Zurich's Bührle Scandal,* 2023; www.politika.io/fr/article/zurichs-buhrle-scandal-in-context.

647 Radbruch, *Gesetzliches Unrecht,* 1946, S. 105–108. Radbruch relativierte damit jene Spielarten des Rechtspositivismus, welche zwischen dem Recht, wie es war, und dem Recht, wie es sein sollte, bzw. zwischen positivem Recht und rechtsethischer Moral, keinen Zusammenhang sehen wollten. Zu ergänzen ist, dass während der Zeit der NS-Herrschaft in der Schweiz Amts- und Obergerichte die Durchsetzung und den Vollzug deutscher Gerichtsbeschlüsse, die das Vermögen von in der Schweiz lebenden, exilierten deutschen Juden betraf, ablehnten. Dies geschah mit Berufung auf den schweizerischen Ordre public, der nach 1945 allerdings auch das Argument sein konnte, Restitutionen zu verweigern. Vgl. UEK, *Die Schweiz,* 2002, S. 414.

648 Nur das Einziehungsgesetz vom 31. Mai 1938, das die Entfernung und Verwertung «entarteter Kunst» aus deutschen Museen und weiteren Institutionen ermöglichte, liess der Alliierte Kontrollrat bestehen. Die historischen Gründe dazu können hier nicht erörtert werden. Zu vermuten wäre, dass auch in den USA Museen und Sammler betroffene Werke gekauft hatten und diese nicht an das besiegte Deutschland zu restituieren gedachten. Doch auch dieser Kunstraub ist aus einem menschenverachtenden Unrechtsgesetz erfolgt, das diese Kunst und Kulturgüter aus der Perspektive des NS-Unrechtsstaates taxierte.

649 Zit. Eggimann, *Jüdische Kunsthändler,* 2021, S. 35–40. Vgl. Weber, *Kunstsammler,* 2011, S. 133–147. Im Weiteren dazu Dellheim, *Belonging and Betrayal,* 2021, was die transatlantische Geschichte der jüdischen Kunstsammler in Nordamerika angeht, und McAuley, *House of Fragile Things,* 2021, zu den französischen Sammlern und deren Schicksal.

650 Benjamin, *Gesammelte Schriften,* Bd. I/3, 1972, («Über den Begriff der Geschichte»), S. 696.

651 Dürrenmatt, *Stoffe-Projekt,* 2021, Bd. IV, Stoffe IX («Das Hirn»), S. 178–179; dazu die Chronologie in Bd. V, S. 154–157. In den Tagen seines Todes beabsichtige Dürrenmatt mit seinem Freund, dem Physiker Marc Eichelberg, seine Arbeit an den Texten «Querfahrten» bzw. «Kabbala der Physik» wieder aufzunehmen. Der letztere Arbeitstitel dürfte vermutlich durch seine Begegnungen mit Gershom Scholem inspiriert gewesen sein. Vgl. Dürrenmatt, «Kabbala der Physik», in: *Stoffe-Projekt,* 2021, Bd. III, S. 362–377.

652 Wyschogrod, *Faith and Holocaust,* 1971, S. 286–294. Dazu Katz, Biederman, Greenberg, *Wrestling with God,* 2007, S. 355–369, die in diesem Buch zahlreiche weitere Stimmen präsentieren.

653 Rosenbaum, *Hitler-Debatte,* 1999, S. 7. Koselleck, *Formen und Traditionen,* 2002, S. 21–23. Steiner, *Garten des Archimedes,* 1997, S. 308. Boltanski, Blistene, *Faire son temps,* 2019.

654 Schulz, «Die Mythisierung der Wirklichkeit», in: *Die Zimtläden,* 2008, S. 193–197, zit. S. 195. Schulz bezieht sich auf das Verfahren der Poesie, das Zitat lautet erweitert: «Die Poesie erkennt diesen verlorenen Sinn wieder, sie gibt den Worten ihren Ort zurück und fügt sie gemäß ihren früheren Bedeutungen wieder zusammen. Bei einem Dichter besinnt sich das Wort gleichsam auf seinen wesentlichen Sinn [...]. Deshalb ist jede Poesie Mythologisierung, sie trachtet danach, die Welt-Mythen wiederherzustellen. [...] Der menschliche Geist ist unermüdlich, das Leben durch Mythen zu glossieren, die Wirklichkeit mit Sinn zu versehen. [...] Die Welt mit Sinn zu versehen ist ein Prozess, der eng mit dem Wort verbunden ist.»

655 Lanzmann, *Formen,* 1998, S. 28: «Aber hätte ich zufällig einen dreiminütigen Film gefunden, gedreht von einem SS-Mann, der zeigte, wie dreitausend Menschen zusammen sterben in der Gaskammer des Krematoriums II von Birkenau,- nicht nur, daß ich ihn nicht in Shoah eingebaut hätte – ich denke, ich hätte diesen Film vernichtet. Ich hätte also genau das Gegenteil von dem getan, was Sie [Ausstellung «Verbrechen der Wehrmacht»] tun: Ich hätte Beweise vernichtet.»

656 »*Shoah* est une œuvre talmudique; le Talmud interdit la représentation. *Shoah* est une expérience allégorique du voyage des Juifs européens vers la mort. De leurs derniers instants. C'est une

résurrection»; Lanzmann zit. nach Lowy, *L'histoire infilmable,* 2001, S. 131. Zu Mimesis und Bilderverbot im Film vgl. Corell, *Holocaust als Herausforderung,* 2009, S. 14–28.

657 Klüger, *Kitsch, Kunst und Grauen,* 1995, S. B4

658 Goldschmidt, *Freiheit,* 1993, zit. S. 15. Zur Familiengeschichte der Galerie Bollag siehe Eggimann Gerber, *Jüdische Kunsthändler,* 2021, S. 111–129.

659 Vgl. Funkenstein, *Jüdische Geschichte,* 1995, S. 9.

660 Aufschlussreich ist die Lektüre von Sands, *East West Street,* 2016. Siehe im Weiteren die Beiträge in: Diner, Wunberg, *Restitution and Memory,* 2007.

661 Vgl. Young, *Texture of Memory,* 1993.

662 Halbwachs, *Das kollektive Gedächtnis,* 1967, S. 2: «Aber unsere Erinnerungen bleiben kollektiv und werden uns von anderen Menschen ins Gedächtnis zurückgerufen – selbst dann, wenn es sich um Ereignisse handelt, die allein wir durchlebt und um Gegenstände, die allein wir gesehen haben.»

663 Halbwachs, *Das kollektive Gedächtnis,* 1939, 1967, S. 5.

664 Ranke, *Geschichte,* 1885, S. VII. Zit. Halbwachs, *Das Gedächtnis,* 1925, 1985, S. 390.

665 Epikur, *Überwindung der Furcht,* 1991, S. 101.

666 Als Lektüre über das onymische Erinnern und Vergessen: Azaryahu, *Ever Lasting Name,* 2021, und Laqueur, *Work of the Dead,* 2015.

667 Mondzain, *Bild, Ikone, Ökonomie,* 2011, S. 244.

668 Wyschogrod, *Faith and Holocaust,* 1971, S. 294 (kursive Hervorhebung durch JP).

669 Taubes, *Lebendiges Judentum,* 1946, S. 15–32. Nur ein Beispiel, das Leben zurückzugewinnen: Die Durchführung von Miss-Wahlen mit Überlebenden in Yad Vashem, um zu ehren, was sie in ihrer Jugend nicht leben konnten.

670 Fackenheim, *God's Presence in History,* 1970, und Wyschogrod, *Faith and Holocaust,* 1971, S. 286–294. Dazu Katz, Biederman, Greenberg, *Wrestling with God,* 2007, S. 355–369, die in diesem Buch zahlreiche weitere Stimmen präsentieren.

671 Plaskow: *Standing again at Sinai,* 1990, ist der wohl entscheidende allgemeine Auftakt. Raphael, *Female Face of God,* 2003, ist die erste gründliche feministische Auseinandersetzung mit der Schoah.

672 Laytner, *Arguing with God,* 1990, und zu Talmud und Midrasch vgl. Kuhn, *Gottes Trauer,* 1978.

673 Moltmann, *Der gekreuzigte Gott,* 1978, steht wohl im deutschsprachigen Raum am Anfang dieser Suchbewegung. Ihm ähnlich sind Hans Urs Balthasar und die späte Dorothee Sölle. Dagegen haben sich Karl Rahner und andere gewandt, die Gott über dem Menschen stehend und nicht in die Geschichte involviert zu sehen. Weiters kann hier nicht ausgeführt werden.

674 So bei Birnbaum, *God and Evil,* 1988, S. 16–21, und Jonas, *Gottesbegriff,* 1987, S. 47.

675 Unter anderen, auf deutschem Boden erwähnenswert: Jonas, *Gottesbegriff,* 1987. Raphael, *Female Face,* 2003 zeigt als feministischer Beitrag die Ausweitung des theologischen Bedenkens. Die weitere jüdische und christliche Literatur kann hier nicht erörtert werden, wäre aber der kritischen Untersuchung wert.

676 Epstein, *New Testament,* 2017, S. 753. Vgl. Mendelssohn, *Behold the Man,* 2015, S. 221–243, und Roskies, *Against the Apocalypse,* 1984, S. 258–310.

677 Buber, *Schriften zum Christentum,* Werkausgabe, 2011, S. 76.

678 Mendelssohn, *Behold the Man,* 2015, S. 230: «A determined advocate of the Hebrew letter and the abstract textuality of Judaism, he nevertheless portrayed his own face in the Christian artistic mode of the icon.»

679 Besonders deutlich als Anspruch bei Horkheimer, *Nachgelassene Schriften,* 1985, der die notwendige Selbsterhaltung der Juden wie ebenso den besten Zugang zur Erklärung der antidemokratischen Gefühle der Masse im 20. Jahrhundert in einer sich aufklärenden Wissenschaft sieht.

680 Scholem, *Judaica 6,* 1997, S. 51 f. Weiter: «Durch die völlige Vernichtung unseres Volks ist auch die Mehrheit der frischen Kräfte, auf die wir unsere Hoffnung zur Weiterführung des Werkes setzten, vernichtet.»

681 Scholem, *Bekenntnis,* 1994. Vgl. im Weiteren Mosès, *Un retour,* 2008, S. 63. Scholem verwies gegenüber dem der hebräischen Sprache ruhig vertrauenden Franz Rosenzweig auf deren revolutionären, vulkanischen Elan, der in der neuen hebräischen Kultur unausbleiblich sein werde.

682 Berlin, *Crooked Timber of Humanity,* 1991, S. 204. Levinas, *Totalität und Unendlichkeit,* 1987, S. 277 und 317.

683 Roskies, Diamant, *Holocaust Literature,* 2012.

684 Baigell, *Jewish-American Artists,* 1997, S. 112–117 sieht eine Funktion der Kunst darin, das Wissen um das Zerstörte als Erbschaft einer nächsten Generation ästhetisch angemessen zu vermitteln.

685 Yerushalmi, *Erinnere dich!,* 1988, S. 100.

686 Ozick, *Who owns Anne Frank,* 1997. Dazu Page, *Life and Death of a Document,* 1999. Ebenso und aus Anlass der Ausstellung im Schweizerischen Nationalmuseum vgl. Arnon Grünberg, «Der wahre Verrat an Anne Frank», in: *Das Magazine,* 24, 18. Juni 2022, S. 19–21.

687 Adams, Medoff, Yoe*: We spoke out,* 2018.

688 Gautschi, *Umgang,* 2021. Vgl. auch die Beiträge in Gautschi, *Schoa und Schule,* 2013.

689 Levy, Sznaider, *Erinnerung,* 2007, S. 17.

690 Beispiele: In den USA wurde den japanischstämmigen US-Bürgern kollektive Entschädigung dafür in Aussicht gestellt, dass die USA sie im Zweiten Weltkrieg zu Tausenden von der Westküste weg deportiert und im Landesinnern zwangsinterniert hatten. Komplexe Restitutions- und Entschädigungsverfahren galten den Native Americans, den «Indianern», die vor der ihnen lange verweigerten Erteilung der US-amerikanischen Staatsbürgerschaft (1924) einen erheblichen Leidensweg hinter sich hatten. Juristisch kompliziert sind die Fälle der zumeist afrikanischen Sklaven, für die in individuellen Fällen Entschädigungen gesprochen wurden. Ähnliche Anliegen wurden von den Aborigines und Maori gegenüber Australien und Neuseeland laut, oder von südkoreanischen Frauen gegenüber Japan als ehemaliger Besatzungsmacht. Dies sind Beispiele zu Fragen der Entschädigung für individuelle Opfer oder deren Nachkommen. Sie stehen indes in einem Kontext, der das kollektive Gedenken in öffentlichen Diskursen und Räumen anrührt. An vielen Orten der Welt kehrten und kehren die Toten wieder, um den Lebenden als Mahngrund für moralische Gerechtigkeit und für politische und symbolische Anerkennung zu dienen. Auch die Fragen der nachrichtenlosen Vermögen in der Schweiz sind vor diesem allgemeinen Hintergrund zu verstehen.

691 Moses, *Problems of Genocide,* 2021. Auf diese Debatte, zu der Saul Friedländer und Dan Diner sich namhaft geäussert haben, kann hier nicht eingegangen werden. Vgl. dazu Friedländer et.al., *Verbrechen ohne Namen,* 2022. Offenkundig ist, dass das bekannte Schlagwort, dass man den Juden Auschwitz nicht verzeihen wird, in solchen Argumenten unwillentlich mitkodiert wird. Vgl. die Interviews mit A. Dirk Moses und Omer Bartov sowie Beiträge von Caspar Battegay, Yves Kugelmann, Hanno Loewy und Andreas Mink in: *Aufbau, Das Jüdische Magazin,* 87/5, Oktober/November 2021.

692 Als empirische Kleinbelege: Am 27. Januar 2024, dem internationalen Holocaust-Gedenktag, demonstrierte ein Pro-Palästina in der Stadt Zürich auf einer bewilligten Kundgebung mit Plakaten, die Israel des Holocausts beschuldigten und die Auslöschung des Zionismus bzw. des Staates Israel forderten. Zur Eröffnung des Nationalen Holocaust-Museums in den Niederlanden, mit dem an die mehr als 100'000 ermordeten niederländischen Juden erinnert wird, skandierten Demonstranten im März desselben Jahres lautstark die gleiche Botschaft. Dass die Republik Südafrika Israel beim Internationalen Strafgerichtshof wegen angeblichen Völkermordes im Gaza-Krieg anklagte, dieses Gericht aber in seiner ersten Stellungnahme nicht auf das Terrormassaker der islamistischen Hamas

vom 7. Oktober 2023 einging, legt es nahe, darin ein Dokument der versuchten Umdeutung des mimetischen Begehrens zu erkennen.

693 Juden wird, gerade weil sie abwesend gemacht werden, in dieser globalen Inszenierung des Politischen mittels Kunst eine altbekannte Rolle als Schuldbehaftete designiert und gleichzeitig von einigen Akteuren ‹postkolonialistischer› Wenden der Status einer historischen Opfergemeinschaft abgesprochen. Das deutsche Diskursproblem wiederum bestand und besteht darin, dass in letzter Konsequenz die Tür geöffnet wurde für eine erinnerungspolitisch wenig sensible Aneignung von Opfern, die in Europa einst gesetzliches Unrecht erleiden mussten und industriell zu Tode gebracht wurden.

694 Goschler, *Wiedergutmachung,* 1992, S. 134. Connerton, *Seven Types,* 2008, S. 59–71.

695 Ricœur, *Gedächtnis, Geschichte, Vergessen,* 2004, S. 684.

696 Bodenheimer, *Teilnehmen,* 1985, S. 123.

697 Vgl. Garton Ash, *Mesomnesie,* 2002, S. 40. Gegenteilig dazu der Satz von Mei Ru'ao aus dem gleichen Jahr wie Churchill, als dieser Richter des internationalen Tribunals in Tokio, das über Kriegsverbrechen urteilte, sagte: «To forget the suffering of the past is to be vulnerable to the future». Vgl. Ru'ao, *The Nanking Massacre,* 2016, S. 250.

698 Ludi, *Reparations,* 2012. Barkan, *Guilt of Nations,* 2000. Brunner, Goschler, Frei, *Globalisierung der Wiedergutmachung,* 2013. Manchmal wird Nichtvermeidbares auch palliativ in die Richtung des halbwegs Vergessenen gelenkt. Eine solche vergangenheitspolitische Abdämmung wurde, um ein Beispiel aus der Schweiz zu nennen, in der Frage der so genannten «Wiedergutmachung» zugunsten der Schweizer Opfer der NS-Verfolgung geübt.

699 Vgl. die Kontroversen in den amerikanischen Zeitschriften *Midstream* und insbesondere *Tikkun* vom Mai/Juni 1989 mit dem Feature «A Distance from the Holocaust», S. 45–70. Zu den politischen Kämpfen um die beiden amerikanischen Museen vgl. Saidel, *Never Too Late,* 1996, und Linenthal, *Preserving Memory,* 1995. In Israel ist eine ähnliche Debatte über eine mythische und angstbasierte Holocausterinnerung im Gang, neuerdings etwa in radikaler Zuspitzung durch Omri Boehm.

700 Zitierte Stelle siehe Steiner, *Garten des Archimedes,* 1997, S. 308.

701 Young, *Texture of Memory,* 1993, S. 5: «For once we assign monumental form to memory, we have to some degree divested ourselves of the obligation to remember. In shouldering the memory-work, monuments may relieve viewers of their memory burden. […] To the extent that we encourage monuments to do our memory-work for us, we become that much more forgetful». Ebenso Steiner, *Garten des Archimedes,* 1997, S. 305.

702 Pollack, *Kontaminierte Landschaften,* 2014.

703 Mougenot, *Auschwitz,* 2022, dokumentiert eindrücklich die ‹Hinterbilder› des Lagersystems in unserer Gegenwart. Dazu Knoch, *Anders sehen,* 2022, S. 81–87, im Fotobuch von Mougenot.

704 Zitiert Knigge, *Reden und Schweigen,* 1996, S. 207. Ähnlich auch Assmann, *Das kulturelle Gedächtnis,* 2007, S. 11; Nora, *Erinnerungsorte,* 2005, S. 543; Huyssen, *Denkmal,* 1994, S. 11.

705 Ähnliches gilt auch für kirchliche Umdeutungen, wenn die Häresien und die Tötung von Heiligen zwar gleichermassen erinnert und dennoch räumlich ausgegliedert werden müssen. Kenntlich wird dies also an schwerwiegenden Fällen von Sünde ohne Willen zur Umkehr (vgl. 1 Kor. 5,12) und verweist so auf die Ambivalenz von Segen und Fluch im Kirchenbann.

706 Nora, *Geschichte,* 1990, S. 7.

707 Vgl. die verschiedenen Beiträge von Judy Tydor Baumel-Schwartz, Kaspar Surber, Maoz Azaryahu, Fabienne Meyer in: Azaryahu et.al., *Erzählweisen,* 2021.

708 Vgl. die Dokumentation *Tu BiSchwat – Fest der Bäume* der Kunstsammlungen Chemnitz; https://blog.kunstsammlungen-chemnitz.de/category/tu-bishvat-fest-der-baeume/ [abgerufen 12. 12. 2023]. Im Weiteren siehe den Film von Birgit Schulz und Luzia Schmid: *Zum Glück Deutsch-*

land. Ein anderer Blick auf unser Land, 2013. Den Hinweis auf Eldar Faber erhielt ich von Olaf Schlote, ein Fotokünstler, der in seinen Ausstellungen im Landesmuseum Focke in Bremen und im Hecht Museum in Haifa Werke, die Bäume thematisieren, aufgenommen hat; vgl. Schlote, *Sichronot,* 2020.

709 Vgl. Ludi, *Reparations,* 2012. Spörri, Staubli, Tuchschmid, *KZ-Häftlinge,* 2019. Redolfi, *Töchter,* 2019. Späti, *Arrests,* 2021. Dieses neue Interesse führt zu neuen Diskursen, sei es darüber, dass die Schweizer Präsidentschaft der International Holocaust Remembrance Alliance (IHRA) es 2017 verpasste, überhaupt an die einstigen Schweizer NS-Opfer zu erinnern, oder sei es in historischer Perspektive über den dürftigen Einsatz der damaligen Schweizer Behörden zugunsten der vom Nationalsozialismus bedrohten Auslandschweizerinnen und Auslandschweizer, unter ihnen auch Schweizerinnen, die ihr angestammtes Bürgerrecht verloren, weil sie einen Ausländer geheiratet hatten. Diese Forderung impliziert Fragen nach dem Diplomatie- und Rechtsschutz in der Vergangenheit. Ein Schweizer Denkmal für die Opfer des Nationalsozialismus durch die Schweizerische Eidgenossenschaft zu schaffen, wurde 2018 als Forderung seitens der Auslandschweizer-Organisation (ASO) angestoßen.

710 Prominent sind die Schweizer Carl Lutz als Diplomat und Paul Grüninger als Polizeihauptmann sowie der Schwede Raoul Wallenberg geworden. Weniger bekannt sind Ernest Prodolliet (1905–1984) oder weitere Konsularbeamte, denen gleichfalls hoher Respekt für ihren Einsatz zukommt, so in Budapest Friedrich Born, Ernst Vonrufs, Peter Zürcher und Harald Feller. Dies zeigt auch implizit die Versuchung der Prahlerei seitens Offizieller, ebenso die Verdrängung von dadurch weniger bekannten Personen. Erinnerungspolitisch bedarf es hoher Kunst, die Ehrung der Retter und Retterinnen in Übereinstimmung mit der Ehrung der Opfer und Überlebenden zu halten, ohne Letztere in eine objektbehaftete Funktion zu designieren oder sie gar zu verdrängen.

711 Surber, *Flankenläufe,* 2021; Bickenbach, *Gerechtigkeit,* 2009; Keller, *Grüningers Fall,* 1993. Vgl. auch Loewy, Einetter, *Über die Grenze,* 2023, S. 88–92 (zu Paul Grüninger) sowie 44–49 (Beitrag von Stefan Keller).

712 Vgl. das Panorama dazu in: Katz, Biederman, Greenberg, *Wrestling with God,* 2007.

713 Azaryahu et.al., *Erzählweisen,* 2021, S. 11–38 (Einleitung).

714 Pethes, *Mnemographie,* 1999, S. 3. Gerade im Zusammenhang mit dem Holocaust hat sich die auf Wertneutralität und Objektivität bedachte Geschichtsschreibung deswegen mit einer subjektiven Gedächtnisbiographik beschäftigen müssen.

715 Reichmann, *Grösse und Verhängnis,* 1974, S. 146 f.

716 Bak, *Landscapes,* 1978, ohne Seitenangabe.

717 Padan, *Re-Placing Memory,* 2004, S. 247–263. Dengler, *Tal der Gemeinden,* 1998, S. 51.

718 Friedländer, *Gedenken,* 1993, S. 125.

719 Picard, *Riss,* 1993, S. 17. Gehring, Picard, *Auschwitz,* 2014, S. 404.

720 Roskies, *Against the Apocalypse,* 1984, bes. S. 15–52.

721 Siehe Himmelfarb, *Abraham,* 2016, S. 99–114; Susanne Plietzsch, https://bereschitrabba.hypotheses.org/1288 [abgerufen 12. 12. 2023].

722 Glatzer, *Geschichte der talmudischen Zeit,* 1937, S. 172. Zu Selbstbezichtigungen der Sündhaftigkeit vgl. Picard, *Riss,* 1993, S. 17–50. In der Hebräischen Bibel kritisieren Amos und weitere Propheten nicht nur kultbezogene Handlungen, sondern auch Rituale insgesamt, weil sie davon ausgehen, dass Menschen Kult und Rituale als schwerwiegender betrachten als ethische Versäumnisse im Handeln gegenüber Mitmenschen (Amos 5, 21, 23).

723 Biale, *Hasidism,* 2018, S. 43–75.

724 Nach Josephus erfolgte die Zerstörung des Zweiten Tempels durch die Römer am *neunten Tamus,* doch ist dieser Gedenktag durch die Rabbiner auf den *17. Tamus* gesetzt worden.

725 Die Begriffe stammen von Raphael Lemkin und Hersch Lauterpacht; vgl. Sands, *East West Street,* 2016, der die beiden Biografien, die ihren Ausgang in Lemberg nehmen, und die Begriffsbildung beleuchtet.

726 Wyrwa, *Holocaust,* S. 300 ff.; und Mondzain, *Bild, Ikone, Ökonomie,* 2011, S. 244.

727 Sznaider, *Gedächtnisraum Europa,* 2008, S. 10–11. Ob Ähnliches für die Roma und Sinti und den Porajmos am 2. August gilt, wäre zu prüfen.

728 Soloveitchik, *Lord Is Righteous,* 2006, S. 301.

729 Es wäre notwendig, an dieser Stelle das Problem des Bösen in der Geschichte zu erörtern, wie es sich die Theologen erklären. Es ist aber nicht möglich, auf so weitgehende Konzepte einzugehen, deren Geschichtsbild mehr impliziert, als hier zu befragen beabsichtigt ist.

730 Steiner, *Feststellungen und Versuche,* S. 14.

731 Azaryahu, *Ever Lasting Name,* 2021, S. 41.

732 Steiner, *Feststellungen und Versuche,* 2009, S. 13.

733 So Rubin, *Authenticity and Aestheticization,* 2021, S. 90, und Wlodarski, *Testimonial Aesthetics,* 2010, S. 99–104.

734 Vgl. Ockman, *Place,* 2006, S. 19–26.

735 Vgl. Amar, *Gebrochene Fäden,* 2020, S. 69 f.

736 Vgl. Osborne, *Midrashic Impulse,* 2017, bes. S. 65–73. Hartmann, *Midrash and Literature,* 1986. Dazu auch Jakobson, *Doppelcharakter,* 1983, S. 163.

737 Dazu Koselleck, *Formen und Traditionen,* 2002, S. 21–23 («negatives Gedächtnis»), sowie Adorno, *Gesammelte Schriften,* Bd. 6, 1970, bes. S. 205 («Negative Dialektik»).

738 Rosenzweig, *Stern der Erlösung,* 1988, S. 334 f.

739 Nietzsche, *Gesammelte Werke,* Bd. 10 (*Morgenröthe,* Gedanken über die moralischen Vorurteile), 1924, S. 3–356, zit. S. 218: «Das Ohr, das Organ der Furcht, hat sich nur in der Nacht und in der Halbnacht dunkler Wälder und Höhlen so reich entwickeln können, wie es sich entwickelt hat.» – Zum ekstatischen Charakter des Faschismus vgl. Mosse, Laqueur, *International Fascism,* 1966, S. 32. – Adolf Hitler im Vorwort von *Mein Kampf* mit dem öfters zitierten Satz: «Ich weiss, dass jede grosse Bewegung auf dieser Erde ihr Wachsen den grossen Rednern und nicht den grossen Schreibern verdankt.»

740 Es ist das Verdienst von Witt, dass Sutzkever, *Gesänge,* 2009, und das Schwarzbuch von Sutzkever, *Wilner Getto,* 2009, Pariser Fassung, in die deutsche Sprache übertragen wurden. Zu Sutzkever vgl. Roskies, *Against the Apocalypse,* 1984, S. 225–257.

741 Zum Beispiel in Schweden, das wie die Schweiz als neutrales, von Krieg und Besatzung verschontes Land und Ziel der Flucht und Integration eine Autobiografik zur Schoah generiert hat. Vgl. dazu Susanek, *Neue Heimat,* 2008.

742 Schlachter, *Schreibweisen,* 2006. Zu dieser Generation in Frankreich gehören u. a. Patrick Modiano, Henri Raczymow, Gérard Wajcman, Régine Robin und Robert Bober. Zu nennen wären auch viele Namen in weiteren Kulturräumen.

743 Rokeah, *Jerusalem. Gedichte,* 1981, S. 60. Jabès, *Buch der Fragen,* 1989, S. 41, 126.

744 Selten haben sich Dichter über Geschichte und Dichtung anders als im Gedicht äussern wollen, wie es dies zum Beispiel Paul Celan in seiner Rede anlässlich der Verleihung des Georg-Büchner-Preises («Meine Damen und Herren, Die Kunst, das ist, Sie erinnern sich, […]») im Oktober 1960 getan hat.

745 Levinas, *Difficile liberté,* 1976, S. 74.

746 Dass Rothko gegenüber dem Wissen um den Holocaust ein bestimmtes eigenes, sprich: ästhetisches Sein zu setzen wagte, das sich in der Kommunikation des Betrachters von Kunst ereignet, verweist auf die Tradition der Autonomieästhetik, in der er steht und darin einen eigenständigen Platz einnimmt. Vgl. Gehring, *Das weisse Rauschen,* 2006, S. 53–79, bes. 54; dort zitiert: Riout,

La peinture monochrome, 1996. Gehring, *Marc Rothko,* 2016, S. 393–405, verweist auf S. 402 auf die Formulierung von der Schöpfung aus Nichts, die mit dieser seit der Antike tradierten Denkfigur auch für die Modernen geeignet ist, die Autonomie des Künstlers zu symbolisieren. Siehe dazu Rothko, *Writings on Art,* 2006 S. 119, und Gehring, *Leere als symbolische Form,* 2021, S. 55–65. Vgl. oben auch meine Ausführungen im Buchteil über Fragen des Bildverbotes. Nochmals sei auch an George Steiner erinnert, der in Hinsicht auf den Betrachter oder den Kunstkritiker anfügte, dass es beim Menschen weder gleichgültiges Handeln noch emotionsloses Wahrnehmen von Kunst gebe, was jeden Betrachter zwinge, sich die eigene Neigung, Befangenheit oder politische Parteinahme auch sich selbst gegenüber klar zu machen. Steiner, *Critical/Reader,* 1979, S. 428. Fast ist man geneigt zu sagen, dass durch die mitgeteilten Emotionen die Bilder nicht nur gesehen, sondern gleichsam auch emotional hörbar werden.

747 Im Weiteren vgl. Kurz, *Wahre, Schöne, Gute,* 2015, S. 41–45.

748 Gehring, *Leere,* 2021, S. 28.

749 Lurie, Kirves, *Geschriebigtes – Gedichtigtes,* 2003. Luries Bilder wurden im KZ Buchenwald, im Jüdischen Museum Berlin und im Museum of Jewish Heritage in New York gezeigt.

750 Diesen bekannten Satz von Walter Benjamin über die Würdigung der Namenlosen hat Dani Karavan, der Schöpfer des Berliner Denkmals für die im Nationalsozialismus ermordeten Sinti und Roma Europas, auf eine Glasscheibe, die den Abgang seines Denkmals *Passages* für Walter Benjamin in Portbou verschliesst, eingravieren lassen. Benjamin, *Gesammelte Schriften,* Bd. I/3, 1972, S. 691–704, dort die Thesen von 1941 «Über den Begriff der Geschichte».

751 Im Weiteren ausführlich: Hamann, *Der Junge aus dem Warschauer Getto,* 2009, und Raskin, *A Child at Gunpoint,* 2004. Beide zeigen auch das Ölgemälde von Samuel Bak.

752 Uria, *Flashes of Memory,* 2018; die von Yad Vashem ausgerichtete Ausstellung wurde 2018 in Jerusalem und 2023 in Berlin gezeigt.

753 In gewisser Hinsicht steht die Namenlosigkeit des Jungen im Warschauer Ghetto in Kontrast zur Ikonisierung des Mädchens Anne Frank, das als Symbolfigur inzwischen gegen falsche Ansprüche, Beschuldigungen und Erklärungen, wie der ihr und ihrer Familie angetane Verrat in den Niederlanden zu verstehen wäre, verteidigt werden muss. Eben dies macht die Wichtigkeit und den Willen, als Name und Person gehört zu werden, nochmals deutlich.

754 Azaryahu, *Everlasting Names,* 2021, S. 31–87.

755 Pollack, *Kontaminierte Landschaften,* 2014, S. 108.

756 Ajchenrand, *Mimaamakim,* 2006, S. 268–269.

757 Cassirer, «Sprache und Mythos. Ein Beitrag zum Problem der Götternamen» [1925], in: *Wesen und Wirkung,* 1976, S. 143.

758 In einer religiösen Diktion ist die fundamentale Gleichheit der Menschen ebenfalls eine Frage der Intertextualität, indem zwischen Gott, Geschichte und Moral eine semiotische Beziehung hergestellt wird.

759 Radbruch, *Gesetzliches Unrecht,* 1946, S. 105–108.

DANK- UND GRUSSWORTE

Für die Entstehung und Drucklegung dieses Buches statte ich zuerst und sehr gerne meinen Dank an die Mitarbeitenden des Deutschen Kunstverlages ab, namentlich Pablo Schneider, Moritz Bensch, Arielle Thürmel und David Fesser. Für die Bereitschaft, die Werke der folgenden Künstler und Künstlerinnen zeigen zu können, sei ihnen allen, auch posthum, oder ihren Familien gedankt: Micha Bar-Am, Barak Bar-Am, Grisha Bruskin, Carl Gustafsson, Neta Harari Navon, Efrat Natan, Frédéric Mougenot, Nirmal Purja, Fishel Rabinowitz, Olaf Schlote, Anand Sonar, Predrag Sbrljanin, Ruth Schwarz-Hepner, Leora Laor Sgan-Cohen sowie der Familie von Igael Tumarkin. Im Weiteren ermöglichten mir Judy Tydor Baumel-Schwartz, Shaya Kestenbaum und Ida Pardo, einzelne Abbildungen drucken zu können. Ebenso sei den Museen, Bibliotheken, Instituten, Ministerien, Stiftungen, Sammlungen und Galerien gedankt; sie alle werden in den Bildunterschriften und Nachweisen angeführt, ebenso die Photographen und Photographinnen.

Barbara Haering hat mich auf meinem Weg bestärkt und die Entstehung des Buches liebevoll begleitet. Vieles aus gemeinsamen Reisen ist darin eingeflossen. Rachel Picard und ihre Familie mit Lou und Pina sind mir ein Glücksstern auf meinem Weg. Auf diesem Weg unterwegs sind Reto Baumann, Eva Gillis, Anja und Andreas Josuran, Anita Pascarella, Katharina Picard, Lou Picard, Pina Picard, Gabrielle und Roman Rosenstein, Orna und Edi Rosenstein, Mirjam Rosenstein und Daniel Gimpel sowie Mira Gardi und Hannah Stadler. In Erinnerung bleiben uns Henri und Ida Picard-Rawyler und Hans Rawyler. Den verstorbenen Rolf Bloch, Sylvia Baumann, Andreas Herczog, Klaus Plaar, Michael Schacht, Walter Wegmüller, Yoram Weinberg und Branco Weiss gebührt Andenken. Erwähnung verdienen die Freunde der Paul-Grüninger-Stiftung und die Mitglieder der Stiftung Doppeltür im Aargau, der Stiftung Jüdische Zeitgeschichte an der ETH Zürich sowie das Theodor Herzl Institute der Universität Haifa, Israel, und das Zürcher Institut für interreligiösen Dialog. Ferner richte ich ein Grusswort an Maoz Azaryahu, Elisabeth Barben, Angela Bhend, René Bloch, René Braginsky, Jenny Butler, Dan Diner, Ulrike Gehring, Kaspar von Greyerz, Raphael Gross, Carl Gustafsson, Tanja Hetzer, Walter Leimgruber, Amitai Mendelsohn, Bernhard Schaer, Renate Schein und Jakob Tanner. Ihre Ermutigungen zu in diesem Buch angesprochenen Fragen bleiben mir wertvoll.

BILDNACHWEISE

1, 24, 69, 71, 72 und Buchumschlag: The Israel Museum, Jerusalem, Foto: Elie Posner / 2, 53: Hamburger Kunsthalle, bpk, Foto: Elke Walford / 3, 7, 66: Zentralbibliothek Zürich / 4: The Israel Museum, Jerusalem, Foto: Avraham Hai / 5: Familie Sgan-Cohen, Abb. Israel Museum, Foto: Meidad Suchowolski / 6: Peter Hartenfelser, Foto, IMAGO / 8, 67, 89: Scan des Autors / 9: Jüdisches Museum Frankfurt, Adolf und Luisa Haeuser-Stiftung, Foto: Herbert Fischer / 10: Hammersite Auctioneers, Tel Aviv, Foto: Ina Pardo / 11: Wikimedia Commons, aus Stefan Zweig, E. M. Lilien, Goslar 1903 / 12: Reinhard Dietrich, Foto, Wikimedia Commons / 13, 17, 18, 22: Zev Radovan, Foto, asf / 14: Braginsky Collection, Zürich, Foto: Ardon Bar-Hama, Ra'anana, Israel / 15: Etan Tal, Foto, Wikimedia Commons / 16: Granger Historical Picture Archive, asf / 19: Tel Aviv Museum of Art, Tel Aviv, Wikimedia Commons / 20: Erich Lessing Culture and Fine Arts Archives, Art Resource, New York / 21: Grisha Bruev – Ryhor Bruyeu, Foto, asf / 23: Hällisch-Fränkisches Museum, Schwäbisch Hall, Creative Commons, Foto: Roman Eisele / 25: The Solomon R. Guggenheim Foundation, bpk, Art Resource, NY / 26: Museum Kraków, Polen, Foto: Eugeniusz Duda / 27: Jüdisches Museum Westfalen, Dorsten, Deutschland / 28: Florence Guggenheim Archiv, Staatsarchiv Aargau, Schweiz / 29: Kestenbaum & Company Auctioneers, New York / 30: The Jewish Museum of New York, bpk, Art Ressource NY, Foto: Miles Aronowitz / 31: Witold Scrypczak, Foto, asf / 32: Öffentliche Kunstsammlung Basel, Schweiz, Kupferstichkabinett / 33: bpk, Musée des Beaux-Arts, Grenoble / 34, 36, 37, 43, 59, 73, 74, 77: Eline Keller-Sørensen, Zürich / 35: Musée Carnavalet, Paris / 36: Grisha Bruskin, New York / 38: AP-Keystone-SDA, Zürich, Foto: Nirmal Purja, Nimsdai Project / 39: Barak Bar-Am, Tel Aviv / 40: CPA Media, asf / 41: Stichting VJ Movement Foundation, Predrag Sbrljanin / 42: AP-Keystone-SDA, Zürich / 44: Jacques Picard, Zürich / 45: Judah L. Magnes Museum, University of California, Berkeley, CA / 46, 50: VBS, Zentrum digitale Medien der Schweizer Armee DMA / 47, 48: Jüdisches Museum Prag, Creative Commons / 49: Granger Historical Picture Archive, asf / 51: Martin Bolliger, Gunten / 52: Musée d'art et d'histoire du Judaïsme, Paris, Foto: Mario Goldman / 54: Staatsgalerie Stuttgart, Inventar 2673 / 55: Peter Horree, Foto, asf / 56: Musée Picardie, Amiens, asf / 57, 96: British Library, London / 58: Scan des Autors aus Crawford, *Eye Godess,* 1957, S. 26 / 60: The Trustees of British Museum; Creative Commons / 61: Bibliothèque de l'Arsenal, Paris, asf / 62: Bibliothek ETH, Zürich / 63: Wikimedia Commons. / 64: PixaBay, 2017. / 65: Creative Commons CC BY-SA 3.0, 2009 / 66, 92: Archiv für Zeitgeschichte der ETH Zürich, Bestand Jacques Picard. / 68: Centre Dürrenmatt, Neuchâtel, CDN, Schweizerische Eidgenossenschaft / 70: Josef Sedmak, Foto, asf / 75: Aby Warburg Institute Archive, London, flexpub.com / 76: British Library, Sir Hans

Sloane Digitased Collection, London / 78: EqRoy, Shutterstock / 79: Olaf Schlote, Bremen / 80: RMN – Grand Palais, Paris, bpk, Foto: Gérard Blot / 81: The Israel Museum, Jerusalem, Foto: Yehudit Itach / 82: Rijksstudio, Rijksmuseum Amsterdam / 83: The Israel Museum, Jerusalem, Foto: Keith Levit, asf / 84: Frédéric Mougenot, Zürich / 85: Judy Tydor Baumel-Schwartz, Bar Ilan, Israel / 86: Paul Grüninger Stiftung, St. Gallen, Foto: Tobias Siebrecht / 87: Pucker Gallery, New York / 88, 95: Georges Hill, Bern / 90: Angela Bhend, Oftringen / 91: Gamaraal Stiftung, Zürich / 93: The Bories Lurie Art Foundation / 94: Instytut Pamięci Norodowej, Warschau, Wikimedia Commons.

NAMENREGISTER

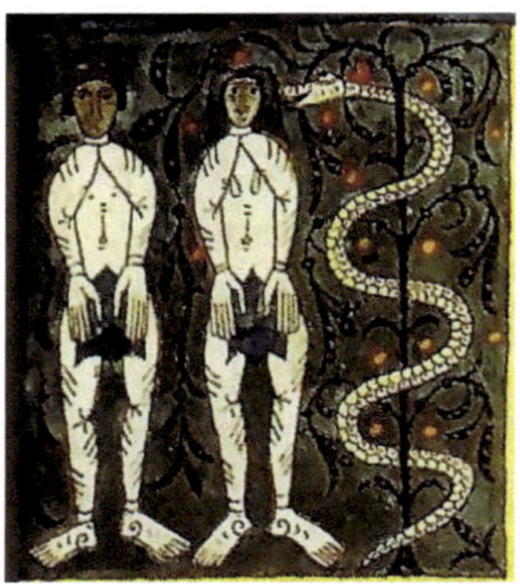

96 *Adam und Eva mit Schlange und Lebensbaum,* Detail aus einer Weltkarte von 1220 zum Kommentar der Apokalypse; British Library, London.

LITERATURVERZEICHNIS

Abdel-Samad, Hamed: Islam. Eine kritische Geschichte. München 2023.

Abu Zaid, Nasr Hamid: Gottes Menschenwort. Für ein humanistisches Verständnis des Koran. Freiburg 2008.

Abulafia, David: Das Mittelmeer. Eine Biografie. Frankfurt a. M. 2014.

Adams, Neal, Rafael Medoff, Craig Yoe: We spoke out. Comic Book and the Holocaust. San Diego 2018.

Adorno, Theodor W., Walter Benjamin: Briefwechsel 1928–1949. Hg. v. Henri Lonitz, Frankfurt a. M. 1994.

Adorno, Theodor W.: Gesammelte Schriften. Hg. v. Rolf Tiedemann u. a. Frankfurt a. M. 1970–1986.

Agostini, Giulia, Herle Christin Jesse (Hg.): Pathos. Affektformationen in Kunst, Literatur und Philosophie. Paderborn 2020.

Ahrens, Jehoschua, Arie Folger (Hg.): Rabbiner im Gespräch mit dem Vatikan. Jüdisch-katholische Beziehungen nach Nostra Aetate und Korrespondenzen mit Benedikt XVI. Berlin, Münster 2021.

Ahrens, Jehoschua: Gemeinsam gegen Antisemitismus. Die Konferenz von Seelisberg (1947) revisited. Die Entstehung des institutionellen jüdisch-christlichen Dialogs in der Schweiz und in Kontinentaleuropa. Berlin, Münster 2020.

Ajchenrand, Lajser, Jo Mihaly, Stephan Hermlin: Wir verstummen nicht. Gedichte in der Fremde. Zürich 1945.

Ajchenrand, Lajser: Mimaamakim. Aus der Tiefe rufe ich. Jiddisch und Deutsch, übertragen v. Hubert Witt, Zürich 2006.

Alejchem, Scholem: Das bessere Jenseits. Hg. v. Vera und Emanuel Hacken, Stuttgart 1984.

Alloa, Emmanuel (Hg.): Penser l'image. 3 Bde., Dijon 2010–2017.

Alloa, Emmanuel, Chiara Cappelletto (Hg.): Dynamis of the Image. Moving Images in a Global World. Berlin 2019.

Alloa, Emmanuel: Das durchscheinende Bild. Konturen einer medialen Phänomenologie. Zürich 2011.

Altendorf, Hans-Dietrich, Peter Jezler (Hg.): Bilderstreit. Kulturwandel in Zwinglis Reformation. Zürich 1984.

Amar, Ariella: Gebrochene Fäden. In: Olaf Schlote (Hg.): Sichronot, Erinnerungen, Memories. Bielefeld 2020, S. 66–77.

Anderson, Benedict: Die Erfindung der Nation. Zur Karriere eines erfolgreichen Konzepts. Berlin 1998.

Andree, Martin: Archäologie der Medienwirkung. Faszinationstypen von der Antike bis heute. München 2005.

Angenendt, Arnold: Toleranz und Gewalt. Das Christentum zwischen Bibel und Schwert. Münster 2006.

An-Na'im, Abdullahi Ahmed: Toward an Islamic Reformation. Civil Liberties, Human Rights, and International Law. Syracuse 1990.

Annen, Daniel: Theologische Aspekte in Meinrad Inglins Ingoldau-Roman. Religiöser Geschäftsbetrieb als

Sünde wider den Heiligen Geist. In: Schweizerische Zeitschrift für Religions- und Kulturgeschichte 116, 2022, S. 107–123.
Arendt, Hannah: The Image of Hell. In: Commentary 2, 1946, S. 291–294.
Arendt, Hannah: Vita activa oder Vom tätigen Leben. München, Zürich 2002.
Ariel, Yaakov: Wissenschaft des Judentums Comes to America. Kaufmann Kohler's Scholarly Projects and Jewish-Christian Relations. In: Görge K. Hasselhoff (Hg.): Die Entdeckung des Christentums in der Wissenschaft des Judentums. Berlin, New York 2010, S. 165–182.
Arya, Rina: Reflections on the Spiritual in Rothko. In: Religion and the Arts 20, 2016, S. 315–335.
Ashton, Dore: About Rothko. Cambridge 2003.
Assmann, Jan: Achsenzeit. Eine Archäologie der Moderne. München 2018.
Assmann, Jan: Ägypten. Eine Sinngeschichte. München 1996.
Assmann, Jan: Exodus. Die Revolution der Alten Welt. München 2015
Assmann, Jan: Das kulturelle Gedächtnis. Schrift, Erinnerung und politische Identität in frühen Hochkulturen. München 2007.
Assmann, Jan: Kollektives Gedächtnis und kulturelle Identität. In: Ders., Tonio Hölscher (Hg.): Kultur und Gedächtnis. Frankfurt a. M. 1988, S. 9–19.
Assmann, Jan: Moses der Ägypter. Entzifferung einer Gedächtnisspur. München 1998.
Assmann, Jan: Thomas Mann und Ägypten. Mythos und Monotheismus in den Josephsromanen. München 2006.
Assmann, Jan: Tod und Jenseits im Alten Ägypten. München 2001.
Auerbach, Erich: Mimesis. Dargestellte Wirklichkeit in der abendländischen Literatur. Bern 1946.
Azaryah, Maoz: An Everlasting Name. Cultural Remembrance and Traditions of Onymic Commemoration. Oldenburg 2021.
Azaryahu, Maoz et al. (Hg.): Erzählweisen des Sagbaren und Unsagbaren. Formen des Holocaust-Gedenkens in schweizerischen und transnationalen Perspektiven / Between Commemoration and Amnesia. Modes and Forms of Holocaust Remembrance in Swiss and Transnational Perspectives. Wien, Köln, Weimar 2021.
Baeck, Leo: Das Wesen des Judentums [1921]. 2. Aufl. Köln 1960.
Baeck, Leo: Das Evangelium als Urkunde der jüdischen Glaubensgeschichte. Berlin 1938.
Baigell, Matthew: Jewish Artists in New York. The Holocaust Years. New York 2002.
Baigell, Matthew: Jewish-American Artists and the Holocaust. New Brunswick, London 1997.
Bak, Samuel: Landscapes of Jewish History. New York 1978.
Bamberger, Fritz: Eigentümlichkeiten des Gottesdienstes. In: Die Lehren des Judentums nach den Quellen, Bd. 3. Hg. vom Verband der deutschen Juden. Leipzig 1928, S. 214–218.
Bar-Asher, Me'ir Michael: Les Juifs dans le Coran. Préface Mohammad Ali Amir-Moezzi. Paris 2019
Barbieri, Giuseppe, Silvia Burini: Grisha Bruskin. Alefbet. Alfabeto Della Memoria. The Alphabet of Memory. Trevisio 2015.
Barkan, Elazar: The Guilt of Nations. Restitution and Negotiating Historical Injustices. New York 2000.
Baron, Salo: European Jewry Before and After Hitler. In: American Jewish Year Book 63, 1962, S. 3–53.
Barth, Karl: Eine Schweizer Stimme 1938–1945. 2. Aufl., Zollikon-Zürich 1948.
Barton, John: Geschichte der Bibel. Von den Ursprüngen bis in die Gegenwart. Stuttgart 2020.
Bauer, Yehuda: The Holocaust in Historical Perspective. Seattle 1978.Beard, Mary: Zwölf Cäsaren. Gesichter der Macht von der Antike bis in die Moderne. Berlin 2022.
Becker, Adam H., Annette Y. Reed (Hg.): The Ways that Never Parted. Jews and Christians in Late Antiquity and the Early Middle Ages. Tübingen 2003.
Becker, Howard S.: Art Worlds. Berkeley 1982.
Bell, Dean Phillip, Stephen G. Burnett (Hg.): Jews, Judaism, and the Reformation in Sixteenth-Century Germany. Leiden, Boston 2006.

Bellah, Robert N., Hans Joas (Hg.): The Axial Age and Its Consequences. Cambridge, London 2012.

Bellah, Robert: Beyond Belief. Essays on Religion in a Post-Traditional World. New York 1970.

Belting, Hans: Bild-Anthropologie. Entwürfe für eine Bildwissenschaft. München 2001.

Belting, Hans: Macht und Ohnmacht der Bilder. In: Peter Blickle et al. (Hg.): Macht und Ohnmacht der Bilder. München 2002, S. 11–32.

Beltran, Antonio et al.: Altamira. Mit Aufnahmen von Pedro A. Saura. Sigmaringen 1998.

Beltz, Johannes et al. (Hg.): Jain Sein. Kunst und Leben einer indischen Religion. Zürich 2022 (Ausstellungskatalog Rietberg Museum).

Ben-Dor Benite, Zvi: The Ten Lost Tribes. A World History. Oxford 2009.

Benjamin, Chaya: The Sephardi Journey. Five Hundred Years of Jewish Ceremonial Objects. In: Sylvia A. Herskovits (Hg.): The Sephardi Journey 1492–1992. New York 1992, S. 94–135.

Benjamin, Walter: Eduard Fuchs, der Sammler und der Historiker. In: Zeitschrift für Sozialforschung 6, 1937, S. 346–381.

Benjamin, Walter: Gesammelte Schriften. Hg. v. Rolf Tiedemann u. Hermann Schweppenhäuser. Frankfurt a. M. 1972–1999.

Berek, Matthias: Moritz Lazarus. Deutsch-jüdischer Idealismus im 19. Jahrhundert. Göttingen 2020.

Berlin, Isaiah: Das Wesen der europäischen Romantik. In: Ders.: Die Macht der Ideen. Berlin 2006, S. 341–359.

Berlin, Isaiah: The Crooked Timber of Humanity. Chapters in the History of Ideas. London 1990.

Berlis, Angela, David Plüss, Christian Walti (Hg.): Gottesdienstkunst. Zürich 2012.

Bermbach, Udo: Die Entnazifizierung Richard Wagners. Die Programmhefte der Bayreuther Festspiele 1951–1976. Stuttgart 2020.

Bernhardt, Karl-Heinz: Gott und Bild. Berlin 1956.

Bernstein, Peter: Against the Gods. The remarkable Story of Risk. New York 1996.

Bertz, Inka, Michael Dormann (Hg.): Raub und Restitution. Kulturgut aus jüdischem Besitz seit 1933 bis heute. Göttingen 2008.

Betulius, Walter: Friedrich Salomon Vögelin, 1837–1888. Sein Beitrag zum schweizerischen Geistesleben in der zweiten Hälfte des 19.Jahrhunderts. Winterthur 1956.

Bhend, Angela: Triumph der Moderne. Jüdische Gründer von Warenhäusern in der Schweiz, 1890–1945. Zürich 2021.

Biale, David et al.: Hasidism. A New History. Princeton, Oxford 2018.

Biale, David: Traditionen der Säkularisierung. Jüdisches Denken von den Anfängen bis in die Moderne. Göttingen 2015.

Bickenbach, Wulff: Gerechtigkeit für Paul Grüninger. Verurteilung und Rehabilitierung eines Schweizer Fluchthelfers (1938–1998). Köln 2009.

Biemann, Asher D.: The Satyr as Prophet. Notes on the «Jewish» Michelangelo. In: Images, Journal for Jewish Art and Visual Culture 2, 2008, S. 45–6.

Biermann, Karlheinrich: Victor Hugo. Hamburg 1998.

Birnbaum, David: God and Evil. A Unified Theodicy/Theology/Philosophy. Hoboken NJ 1988.

Birr, Christine: Recht als Argument in Bartolmé de Las Casas «Tratate sobre los indios que han sido hechos esclavos». In: Kirstin Bunge et al. (Hg.): Kontroversen um das Recht / Contending for Law. Stuttgart 2013, S. 93–126.

Bland, Kalman P.: Anti-Semitism and Aniconism. The Germanophone Requiem for Jewish Visual Art. In: Catherine M. Sousloff (Hg.): Jewish Identity in Modern Art History. Berkeley, Los Angeles 1999, S. 41–66.

Bland, Kalman P.: The Artless Jews. Princeton 2000.

Blickle, Peter: Bilder und ihr gesellschaftlicher Rahmen. In: Ders. et al. (Hg.): Macht und Ohnmacht der Bilder. Reformatorischer Bildersturm im Kontext der europäischen Geschichte. München 2002, S. 1–10.

Bloch, René: Andromeda in Jaffa. Mythische Orte als Reiseziele in der jüdischen Antike. Münster 2017.

Bloch, René: Moses und der Mythos. Die Auseinandersetzung mit der griechischen Mythologie bei jüdisch-hellenistischen Autoren. Leiden 2012.

Blöcker, Susanne: Studien zur Ikonographie der Sieben Todsünden in der niederländischen und deutschen Malerei und Graphik 1450–1560. Münster 1993.

Blumenberg, Hans: Die nackte Wahrheit. Hg. v. Rüdiger Zill. Berlin 2019.

Blumenberg, Hans: Schiffbruch mit Zuschauer. Paradigma einer Daseinsmetapher. Frankfurt a. M. 1979.

Boas, Franz: Anthropology and Modern Life [1928]. With an Introduction by Ruth Bunzel. New York 1962

Boas, Franz: Race, Language and Culture. New York 1940.

Böckenförde, Ernst-Wolfgang: Geschichte der Rechts- und Staatsphilosophie. Antike und Mittelalter. Tübingen 2002.

Böckenförde, Ernst-Wolfgang: Der säkularisierte Staat. Sein Charakter, seine Rechtfertigung und seine Probleme im 21. Jahrhundert. München 2007.

Boehm, Gottfried: Die Bilderfrage. In: Ders. (Hg.): Was ist ein Bild? 2. Aufl. München 1995, S. 325–343.

Boll, Franz: Sternglaube und Sterndeutung. Die Geschichte und das Wesen der Astrologie. Unter Mitwirkung v. Carl Bezold. Leipzig 1919.

Boltanski, Christian, Bernard Blistène: Faire son temps. Paris 2019 (Catalogue de l'exposition rétrospective).

Boltansky, Luc, Arnaud Esquerre: Enrichissement. Une critique de la marchandise. Paris 2017.

Bonfil, Robert, Oded Irshai, Guy G. Stroumsa, Rina Talgam (Hg.): Jews in Byzantium. Dialectics of Minority and Majority Cultures. Boston 2012.

Bons, Eeberhard, Jan Joosten (Hg.): Die Sprache der Septuaginta – The Language of the Septuagint. Gütersloh 2016

Bopp, Petra: Fremde im Visier. Fotoalben aus dem Zweiten Weltkrieg. Bielefeld 2009.

Borchmeyer, Dieter, Ami Maayani, Susanne Vill (Hg.): Richard Wagner und die Juden. Stuttgart, Weimar 2000

Borchmeyer, Dieter: Tragödie und Öffentlichkeit. Schillers Dramaturgie im Zusammenhang seiner ästhetisch-politischen Theorie und die rhetorische Tradition. München 1973.

Bouman, Johan: Der Koran und die Juden – Geschichte einer Tragödie. Darmstadt 1990.

Bourgeois, Bernard: Hegel à Francfort. Judaïsme, christianisme, hégélianisme. Paris 1971.

Brandes, Georg: Hauptströmungen der Literatur des neunzehnten Jahrhunderts, Charlottenburg 1900.

Bredekamp, Horst: Aby Warburg, der Indianer. Berliner Erkundungen einer liberalen Ethnologie. Berlin 2019.

Bredekamp, Horst: Der Künstler als Verbrecher. Ein Element der frühmodernen Rechts- und Staatstheorie. München 2008.

Bredekamp, Horst: Theorie des Bildakts. Frankfurt a. M. 2010.

Brednich, Rolf W. (Hg.): Grundriss der Volkskunde, Einführung in die Forschungsfelder der Europäischen Ethnologie. 3. Aufl., Berlin 2001.

Brenner, David A.: Marketing Identities. The Invention of Jewish Ethnicity in «Ost und West». Detroit 1998.

Brenon, Anne: Cathars and the Representation of the Divine. Christians of the Invisible. In: Willem van Asselt, Paul van Gest, Daniela Müller, Theo Salemink (Hg.): Iconoclasm and Iconoclash. Struggle for Religious Identity. Leiden, Boston 2007, S. 247–261.

Breslin, James E. B.: Mark Rothko. A Biography. Chicago 1993.

Brettler, Marc Zvi: How to Read the Jewish Bible. Oxford, New York 2007.

Brod, Max: Über die Schönheit hässlicher Bilder [1913]. Essays zu Kunst und Ästhetik. Mit einem Vorwort von Lothar Müller. Göttingen 2014.

Brodsky, Joseph: Flucht aus Byzanz. Essays. München 1988.

Brubaker, Leslie, John F. Haldon, Robert Ousterhout (Hg.): Byzantinum in the Iconoclast Era (ca. 680–850). The Sources. An Annotated Survey. Aldershot, New York 2001.

Brubaker, Leslie, John F. Haldon: Byzantium in the Iconoclast Era. C. 680–850. A History. Cambridge 2011.

Brückner, Wolfgang: Bilddenken. Mensch und Magie oder Missverständnisse der Moderne. Münster 2013.

Brumlik, Micha: «Menschenfeindliches Zerrbild oder Satire?» Eduard Fuchs und die Juden in der Karikatur. In: Burckhard Meyer-Sichendiek, Gunnar Och (Hg.), Der jüdische Witz. Zur unabgegoltenen Problematik einer alten Kategorie, Paderborn 2015, S. 118–129.

Brumlik, Micha: Deutscher Geist und Judenhass. Das Verhältnis des philosophischen Idealismus zum Judentum. München 2000.

Brunner, Emil: Offenbarung und Vernunft. Die Lehre von der christlichen Glaubenserkenntnis. Zürich 1961.

Brunner, José, Constantin Goschler, Norbert Frei (Hg.): Die Globalisierung der Wiedergutmachung. Politik, Moral, Moralpolitik. Göttingen 2013.

Bruns, Karleberhard: Kleines Brevier für Freunde russischer Metall-Ikonen. Melsungen 1987.

Bruskin, Grisha: Life is Everywhere. St. Petersburg 2001 (State Pushkin Museum of Fine Arts, Moskau, u. a.)

Buber, Martin (Hg.): Jüdische Künstler. Berlin 1907.

Buber, Martin: Antwort. In: Paul Arthur Schlipp, Maurice Freidmann (Hg.): Martin Buber. Stuttgart 1963, S. 589–638

Buber, Martin: Ich und Du. Heidelberg 1977; Werkausgabe Bd. 4, Gütersloh 2019.

Buber, Martin: Lesser Ury. In: Ost und West 1/1, 1901, S. 113–114; Werkausgabe Bd. 7, Gütersloh 2016.

Buber, Martin: Moses. Heidelberg 1952; Werkausgabe Bd. 13, Gütersloh 2017.

Buber, Martin: Schriften zum Christentum. Werkausgabe Bd. 9, Hg. v. Karl-Josef Kuschel, Gütersloh 2011.

Buber, Martin: Von Jüdischer Kunst [1902]. In: Ders.: Die Jüdische Bewegung. Berlin 1916/1920, Bd. 1, S. 57–66.

Buber, Martin: Werkausgabe. Hg. v. Paul Mendes-Flohr, Peter Schäfer, Bernd Witte und Martina Urban. Gütersloh 2001–2020.

Buchholz, René: «Ererbtes Dissidententum» oder Beantwortung der Frage: Was ist Thora? Bonn 2020; https://www.academia.edu/4675469.

Buchholz, René: «Perte d'auréole» – Auraverlust und Massenkultur in der Ästhetik Walter Benjamins und Theodor W. Adornos. Köln 2016; https://www.academia.edu/19903255.

Buchholz, René: Die Selbstzerstörung der Bilder. Zur ästhetischen Bedeutung des Bilderverbotes nach Adorno. In: Volker Hildebrandt (Hg.): Du sollst Dir kein Bildnis machen. Ein Projekt. Köln 1994, S. 25–36.

Buchholz, René: Gegendiskurse. Jüdische Antworten auf das Christentum in der frühen Moderne. In: theologie.geschichte, Zeitschrift für Theologe und Kulturgeschichte 6, 2011, S. 79–120.Buomberger, Thomas: Raubkunst, Kunstraub. Die Schweiz und der Handel mit gestohlenen Kulturgütern zur Zeit des Zweiten Weltkrieges. Zürich 1998.

Burckhardt, Jacob: Briefe. Vollständig und kritisch bearbeitete Ausgabe mit Benützung des handschriftlichen Nachlasses hergestellt von Max Burckhardt. Basel 1949–1994.

Burkert, Walter: Kulte des Altertums. Biologische Grundlagen der Religion. München 1998.

Bussmann, Georg: «Entartete Kunst». Blick auf einen nützlichen Mythos. In: Christos M. Joachimides, Norman Rosenthal, Wieland Schmid (Hg.): Deutsche Kunst im 20. Jahrhundert. Malerei und Plastik 1905–1985. München 1986 (Ausstellungskatalog Staatsgalerie), S. 105–113.

Bußmann, Walter: Treitschke. Sein Welt- und Geschichtsbild. Göttingen 1981.

Butor, Michel: Les mosquées de New York ou l'art de Mark Rothko. Répertoire III. Paris 1968.

Caminada, Christian: Die verzauberten Täler. Die urgeschichtlichen Kulte und Bräuche im alten Rätien. Olten, Freiburg i. Br. 1961.

Campbell, Joseph: Die Masken Gottes. Basel 1991.

Campbell, Joseph: The Hero with a Thousand Faces. Third Edition, Novato CA 2008; dt.: Der Heros in tausend Gestalten. Berlin 2022.

Canetti, Elias: Das Gewissen der Worte. München, Wien 1976.

Capp, Bernard: Astrology and the Popular Press. English Almanacs, 1500–1800. London und Boston 1979.
Cassirer, Ernst: Idee und Gestalt. Goethe, Schiller, Hölderlin, Kleist [1921]. Darmstadt 1971.
Cassirer, Ernst: Wesen und Wirkung des Symbolbegriffs. Darmstadt 1956.
Chagall, Marc: What is a Jewish Artist? In: Lucy S. Dawidowicz (Hg.): The Golden Tradition. Jewish Life and Thought in Eastern Europe. Boston 1968, S. 331–332.
Chajes, J. H.: The Kabbalistic Tree, University Park, PA 2022.
Chase, Philip G.: The Emergence of Culture: The Evolution of a Uniquely Human Way of Life. Basel 2005.
Chave, Anna C.: Mark Rothko. Subjects in Abstraction. New Haven 1989.
Churchill, Winston: Der Zweite Weltkrieg. Bern 1948.
Clair, Jean: Freud. Du regarde à l'écoute. Paris 2018 (Musée d'art et d'histoire du Judaism).
Cohen, Arthur A.: From Eastern Europe to Paris and Beyond. In: Kenneth E. Silver, Romy Golan (Hg.): The Circle of Montparnasse. Jewish Artists in Paris, 1905–45. New York 1985, S. 60–67.
Cohen, Floris: Die zweite Erschaffung der Welt. Wie die moderne Naturwissenschaft entstand. Frankfurt a. M., New York 2010.
Cohen, Hermann: Ästhetik des reinen Gefühls, Berlin 1912.
Cohen, Hermann: Jüdische Schriften. Bd. 1. Hg. v. Bruno Strauss. Berlin 1924.
Cohen, Hermann: Werke. Hg. v. Hermann Cohen-Archiv am Philosophischen Seminar der Universität Zürich v. Helmuth Holzhey, Hildesheim, New York 1977 ff.
Cohen, Joseph: Le Spectre juif de Hegel. Paris 2005.
Cohen, Richard I., Mirjam Rainer: Samuel Hirszenberg, 1865–1908. A Polish Jewish Artist in Turmoil. Liverpool 2022.
Cohen, Richard I.: Jewish Icons. Art and Society in Modern Europe. Berkeley 1998.
Cohn-Wiener, Ernst: Die jüdische Kunst. Berlin 1929.
Collenberg-Plotnikov, Bernadette: Die Präsenz des Undarstellbaren in der neueren Kunst. In: Zeitschrift für Ästhetik und Allgemeine Kunstwissenschaft 54/2, 2009, S. 283–303.
Connerton, Paul: Seven Types of Forgetting. In: Memory Studies 1/1, 2008, S. 59–71.
Conway-Jones, Ann: «Wether in the body or out of the body I do not know». Corporality and Heavenly Ascent. In: Pardes, Zeitschrift der Vereinigung für Jüdische Studien 18, 2012, S. 79–90.
Corell, Catrin: Der Holocaust als Herausforderung für den Film. Formen des filmischen Umgangs mit der Schoah seit 1945. Eine Wirkungstypologie. Bielefeld 2009.
Courlander, Harold: Hopi Voices. Recollections, Traditions, and Narratives of the Hopi Indians. Albuquerque NM 1986; erw. deutsche Ausgabe, hg. v. Stefan Dömpke: Hopi. Stimmen eines Volkes. Köln 1986.
Coward, Harold: Das Leben nach dem Tod in den Weltreligionen. Erftstadt 2007.
Crawford, O. G. S: The Eye Goddess. New York 1957.
Dargis, Manohla: In «Hail, Caesar!» the Coen Brothers Revisit Old Hollywood. In: The New York Times, 4. Februar 2016.
Daxelmüller, Christoph: Volksfrömmigkeit. In: Rolf W. Brednich (Hg.): Grundriss der Volkskunde. Einführung in die Forschungsfelder der Europäischen Ethnologie. 3. Aufl., Berlin 2001, S. 491–513.
Dayksel, Sh[muel]: Indianishe Dertseylungen. New York 1959.
Dehnel, Regine (Hg.): Jüdischer Buchbesitz als Raubgut. Frankfurt a. M. 2006.
Dellheim, Charles: Belonging and Betrayal. How Jews Made the Art World Modern. Waltham, MA 2021.
Demant, Alexander: Vandalismus. Gewalt gegen Kultur. Berlin 1997.
Dengler, Karin: Das Tal der Gemeinden. In: SACHOR. Beiträge zur Jüdischen Geschichte und zur Gedenkstättenarbeit in Rheinland-Pfalz 15, 1998, S. 51–52.
Deutsches Historisches Museum (Hg.): documenta. Politik und Kunst. München, London 2021.
Diels, Hermann, Walther Kranz (Hg.): Die Fragmente der Vorsokratiker. Griechisch und Deutsch, 3 Bde. Hildesheim 2004.

Dietrich, Walter, Christian Link: Die dunkle Seite Gottes. Bd. 1: Willkür und Gewalt; Bd. 2: Allmacht und Ohnmacht. Neukirchen-Vluyn 2020.

Diner, Dan, Gotthart Wunberg (Hg.): Restitution and Memory. Material ResTorahtion in Europe. New York, Oxford 2007.

Diner, Dan: Am Grab von Max Horkheimer. In: René Bloch, Jacques Picard (Hg.): Wie über Wolken. Jüdische Lebens- und Denkwelten in Stadt und Region Bern, 1200–2000. Zürich 2014, S. 413–415.

Diner, Dan: Das Jahrhundert verstehen, Eine universalhistorische Deutung. München 1999.

Diner, Dan: Restitution. Über die Suche des Eigentums nach seinem Eigentümer. In: Inka Bertz, Michael Dormann (Hg.): Raub und Restitution. Kulturgut aus jüdischem Besitz seit 1933 bis heute. Göttingen 2008, S. 16–28.

Diósi, Dávid: Totenkult bei den Christen. Die Übernahme jüdischer und heidnischer Trauergebräuche in die römisch-christliche Sterbe- und Begräbnisliturgie. Eine religions- und liturgiegeschichtliche Untersuchung. Cluj Napoca 2010.

Doelker, Christan: Ein Bild ist mehr als ein Bild. Visuelle Kompetenz in der Multimedia-Gesellschaft. Stuttgart 1997.

Dohmen, Christoph, Thomas Sternberg (Hg.): … kein Bildnis machen. Kunst und Theologie im Gespräch. Würzburg 1987.

Dohmen, Christoph: Das Bilderverbot. Seine Entstehung und Entwicklung im Alten Testament. 2. Aufl., Frankfurt a. M. 1987.

Doll, Nikola (Hg.): Museen in der Verantwortung. Positionen im Umgang mit Verantwortung. Zürich 2024.

Dreier, Horst: Staat ohne Gott. Religion in der säkularen Moderne. München 2018.

Droysen, Johann Gustav: Historik. Vorlesungen über Enzyklopädie und Methodologie der Geschichte. Hg. v. Rudolf Hübner. Darmstadt 1958.

Dubbels, Elke: Figuren des Messianischen in Schriften deutsch-jüdischer Intellektueller 1900–1933. Berlin 2011.

Dubnow, Simon: Weltgeschichte des jüdischen Volkes. Autorisierte Übersetzung aus dem Russischen v. Aaron Steinberg. Berlin 1925–1929.

Dupeux, Cecile, Peter Jezler, Jean Wirth (Hg.): Bildersturm. Wahnsinn oder Gottes Wille? Bernisches Historisches Museum. Zürich 2000.

Durkheim, Émile: Les Formes élémentaires de la Vie réligieuse [1912]. Paris 1960.

Dürrenmatt, Friedrich: Das Stoffe-Projekt. Textgenetische Edition in fünf Bänden. Hg. V. Ulrich Weber u. Rudolf Probst. Zürich 2021.

Dürrenmatt, Friedrich: Notizen. In: Theater – Wahrheit und Wirklichkeit. Freundesgabe zum 60. Geburtstag von Kurt Hirschfeld am 10. März 1962. Zürich 1962, S. 123–128.

Dürrenmatt, Friedrich: Theaterprobleme. Zürich 1998.

Dürrenmatt, Friedrich: Über Toleranz. In: Ders.: Philosophie und Naturwissenschaft. Essays, Gedichte und Reden. Zürich 1996, S. 125–149.

Dyson, Freeman: Our Biotech Future. In: The New York Review of Books LIV/12, 19. Juli 2007, S. 4–8.

Dzidrova, Ljubinka: Inauguration of Christianity at «Heraclea Lyncestis». The Evolution of the Episcopal Complex through an Analysis of the Applied Geometric Mosaic Pavements. In: Folia Archaelogica Balcanica III. Skopje 2015, S. 289–328.

Eggimann Gerber, Elisabeth: Jüdische Kunsthändler und Galeristen. Eine Kulturgeschichte des Schweizer Kunsthandels mit einem Porträt der Galerie Aktuaryus in Zürich, 1924–46. Köln 2021.

Ehrenstein, Theodor: Über die Fresken der Synagoge zu Dura Europos. Eine Studie. Wien 1937.

Eichhorn, Mathias: Paulus und die imperiale Theologie der Evangelien. Das Neue Testament als kontroverser politischer Machtdiskurs. Berlin 2011.

Emden, Jacob: Megillat Sepher. Hg. v. A. Kahane. Warschau 1898.

Encyclopedia of the Bible and Its Reception (ERB). Hg. Von Constance M. Fleury et al. Berlin 2009 ff.

Engelmann, Jonas: Wurzellose Kosmopoliten. Von Luftmenschen, Golems und jüdischer Popkultur. Mainz 2016

Epikur: Von der Überwindung der Furcht. Übersetzt und erläutert v. Olof Gigon. Zürich 1991.

Epstein, Marc Michael: Dreams of Subversion in Medieval Jewish Art and Literature. University Park 1997.

Epstein, Marc Michael: Skies of Parchment, Seas of Ink. Jewish Manuscript Illumination. Princeton, London 2015.

Epstein, Marc Michael: The Medieval Haggadah. Art, Narrative and Religious Imagination. New Haven, London 2011.

Epstein, Marc Michael: The New Testament in the Jewish Arts. In: Amy-Jill Levine, Marc Zvi Brettler (Hg.): The Jewish Annotated New Testament. 2. erw. Aufl New York 2017, S. 750–754.

Erne, Thomas: Das Bild im Kirchenraum. Zur Idee einer liturgy specific art. In: Angela Berlis, David Plüss, Christian Walti (Hg.): Gottesdienstkunst. Zürich 2012, S. 45–61.

Even-Chen, Alexander: Seeing the Divine: A Holy Controversy. In: Willem van Asselt, Paul van Gest, Daniela Müller, Theo Salemink (Hg.): Iconoclasm and Iconoclash. Struggle for Religious Identity. Leiden, Boston 2007, S. 95–105.

Faass, Martin (Hg.): Der Jesus-Skandal. Ein Bild im Kreuzfeuer der Kritik. Berlin 2009.

Fackenheim, Emil: God's Presence in History. Jewish Affirmations and Philosophical Reflections. New York 1970.

Faerge, Torwald: Zelte. Die Architektur der Nomaden. Hamburg 1980.

Fässler, Hans: Reise in Schwarz-Weiss. Schweizer Ortstermine zur Sklaverei. Zürich 2005.

Faulkner, William: Der Bär. Übersetzt von Hermann Stresau. Frankfurt a. M. 1960.

Fellous, Sonja: La représentation de Moïse dans les traditions juives et chrétiennes. L'héritage antique et médiéval. In: Anne-Hélène Hoog, Matthieu Léglise, Matthieu Somon (Hg.), Moïse. Figures d'un prophète. Paris 2015, S. 66–85.

Feuerbach, Ludwig: Das Wesen der Religion. Ausgewählte Texte zur Religionsphilosophie. Hg. v. Albert Esser. Köln 1967.

Finkelde, Dominik: Politische Eschatologie nach Paulus. Badiou – Agamben – Žižek – Santner. Wien 2007.

Fischer, Jens M.: Richard Wagners «Das Judentum in der Musik». Eine kritische Dokumentation als Beitrag zur Geschichte des Antisemitismus. Würzburg 2015.

Flach, Kurt: Das philosophische Denken im Mittelalter. Von Augustinus bis Machiavelli. Stuttgart 1986.

Flusser, Vilém: Medienkultur. Frankfurt a. M. 1997.

Fortescu, Adrian: «Images». In: The Catholic Encyclopedia. New York 1907–1922, S. 42.

Fortis, Beniamino (Hg.): Bild und Idol. Perspektiven aus Philosophie und jüdischem Denken. Berlin u. a. 2022.

Frank, Elisa, Jacques Picard: Heimat Niemandsland? Kurt Hirschfeld zwischen Zürcher Exil und Domizil nach 1945. In: Weltbühne Zürich. Kurt Hirschfeld und das deutschsprachige Theater im Schweizer Exil, 2021, S. 37–67.

Frank, Gelya: Jews, Multiculturalism, and Boasian Anthropology. In: American Anthropologist 99-4, 1997, S. 731–741.

Freedberg, David: Pathos a Oraibi: Ciò che Warburg non vide. In: Claudia Cieri Via, Pietro Montani (Hg.): Lo Sguardo di Giano, Aby Warburg fra tempo e memoria. Turin 2004, S. 569–611.

Freedberg, David: Warburg's Mask: A Study in Idolatry. In: Mariët Westermann (Hg.): Anthropologies of Art. Williamstown, MA 2005, S. 3–25.

Frend, William H. Clifford: The rise of the Monophysite Movement. Chapters in the History of the Church in the fifth and sixth Centuries. Cambridge 1972.

Freud, Sigmund [Anonym]: Der Moses des Michelangelo. In: Imago. Zeitschrift für Anwendung der Psychoanalyse auf die Geisteswissenschaften 3, 1914, S. 15–36.

Freud, Sigmund: Das Unbehagen in der Kultur [1930]. Gesammelte Werke. Bd. 14. Hg. v. Anna Freud et al. [London 1942]. Frankfurt a. M. 1999, S. 419–506.

Freud, Sigmund: Der Mann Moses und die monotheistische Religion [1939]. Gesammelte Werke. Bd. 16. Hg. von Anna Freud et al. [London 1951], Frankfurt a. M. 1999, S. 101–246; ebenso in: Ders.: Studienausgabe. Bd. IX, Frankfurt a. M. 1974, S. 455–581.

Fricke, Beate: Ecce Fides. Die Statue von Conques. Götzendienst und Bilderkultur im Westen. Paderborn 2007; in Englisch: Fallen Idols. Risen Saints. Sainte Foy of Conques and the Revival of Monumental Sculpture in Medieval Art. Turnhout 2015.

Friedländer, Saul, Jörn Rüsen (Hg.): Richard Wagner im Dritten Reich. Ein Schloss Elmau-Symposion. München 2000.

Friedländer, Saul, Norbert Frei, Sybille Steinbacher, Dan Diner: Ein Verbrechen ohne Namen. Anmerkungen zum neuen Streit über den Holocaust. München 2022.

Friedländer, Saul: Das Gedenken an die Schoah in Israel. Symbole, Rituale und ideologische Polarisierung. In: James E. Young et al. (Hg.): Mahnmale des Holocaust. München 1993, S. 125–135.

Friedländer, Saul: Kitsch und Tod. Der Widerschein des Nazismus. Frankfurt a. M. 1999.

Friedman, Benjamin M.: Religion and the Rise of Capitalism. New York 2021.

Frisch, Max: Andorra. Stück in zwölf Bildern [1961]. Frankfurt a. M. 2015.

Frisch, Max: Notizen von den Proben. In: Theater – Wahrheit und Wirklichkeit. Freundesgabe zum sechszigsten Geburtstag von Kurt Hirschfeld am 10. März 1962. Zürich 1962, S. 79–89.

Frisch, Max: Tagebuch mit Marion. Zürich 1947.

Fromm, Erich: Eine radikale Interpretation des Alten Testaments und seiner Tradition. Stuttgart 1982.

Fuchs, Eduard: Die Juden in der Karikatur. München 1921.

Funkenstein, Amos: Jüdische Geschichte und ihre Deutungen. Frankfurt a. M. 1995.

Gäbler, Ulrich: «Auferstehungszeit». Erweckungsprediger des 19. Jahrhunderts. München 1991.

Garton Ash, Timothy: Mesomnesie: Plädoyer für ein mittleres Erinnern. In: Transit 22, 2002 (Das Gedächtnis des Jahrhunderts), S. 32–48.

Gautschi, Peter, Meik Zülsdorf-Kersting, Béatrice Ziegler (Hg.): Schoa und Schule. Lehren und Lernen im 21. Jahrhundert. Zürich 2013.

Gautschi, Peter: Umgang mit dem Thema Holocaust im digitalisierten Unterricht. In: Maoz Azaryahu et al. (Hg.): Erzählweisen des Sagbaren und Unsagbaren. Formen des Holocaust-Gedenkens in schweizerischen und transnationalen Perspektiven. Wien, Köln, Weimar 2021, S. 315–332.

Gebke, Julia: (Fremd)körper. Die Stigmatisierung der Neuchristen im Spanien der Frühen Neuzeit. Wien 2020.

Gehring, Ulrike, Jacques Picard: Auch Auschwitz liegt in der Schweiz. Das Mahnmal auf dem Jüdischen Friedhof Bern. In: René Bloch, Jacques Picard (Hg.): Wie über Wolken. Jüdische Lebens- und Denkwelten in Stadt und Region Bern, 1200–2000. Zürich 2014, S. 404–412.

Gehring, Ulrike, Peter Weibel (Hg.): Mapping Spaces. Networks of Knowledge in 17th Century Landscape Painting. München, Karlsruhe 2014.

Gehring, Ulrike: Das weisse Rauschen. Bilder zwischen Selbstauflösung und Neukonstituierung. In: Martina Weinhart, Max Hollein (Hg.): Nichts / Nothing. Frankfurt a. M. 2006, S. 53–79.

Gehring, Ulrike: Leere als symbolische Form. Zur Erfahrbarkeit des Unsichtbaren und nicht mehr Existenten. In: Maoz Azaryahu et al. (Hg.): Erzählweisen des Sagbaren und Unsagbaren. Formen des Holocaust-Gedenkens in schweizerischen und transnationalen Perspektiven. Wien, Köln Weimar 2021, S. 55–66.

Gehring, Ulrike: Mark Rothko (1903–1970): Beyond Absence. In: Jacques Picard et al. (Hg.): Makers of Jewish Modernity. Thinkers, Artists, Leaders, and the World They Made. Princeton, Oxford 2016, S. 393–405.

Gehring. Ulrike: Mapping Spaces. Art, Science and Technology in the Seventeenth Century. In: Dies., Peter Weibel (Hg.): Mapping Spaces. Networks of Knowledge in 17th Century Landscape Painting. München, Karlsruhe 2014, S. 22–101.

Gerber, Roland: Inszenierung von Glaube und Macht. Die Berner Ratsgeschlechter und der Münsterbau 1393–1470. Bern 2022.

Gero, Stephen: The Libri Carolini and the Image Controversy. In: The Greek Orthodox Theological Review 18, 1973, S. 7–34.

Ginzberg, Louis: Legends of the Bible. Philadelphia 1975. Deutsche Urfassung: Legenden der Juden. Hg. v. Andreas Kilcher u. Joanna Nowotny. Berlin 2022.

Giordano, Ralph: Die Zweite Schuld. Oder von der Last, Deutscher zu sein. Köln 2020.

Girard, René: Des choses cachées depuis la fondation du monde. Recherches avec Jean-Michel Oughourlian et Guy Lefort. Paris 1978.

Gisi, Luca M.: Niklaus Manuel und der Berner Bildersturm 1528. In: Peter Blickle et al. (Hg.): Macht und Ohnmacht der Bilder. Reformatorischer Bildersturm im Kontext der europäischen Geschichte. München 2002, S. 143–163.

Glatzer, Nahum N.: Geschichte der talmudischen Zeit. Berlin 1937.

Goethe, Johann Wolfgang von: Werke. 14 Bde. Hamburg 1962.

Goitein, S. D.: Studies in Islamic History and Institutions. Leiden 1966.

Goldenfeld, Nigel, Carl Woese: Biology's Next Revolution. In: Nature 445, 2007, S. 369–370.

Goldman-Ida, Batsheva: Hasidic Art and the Kabbalah. Leiden, Boston 2018.

Goldschmidt, Hermann Levin: Freiheit für den Widerspruch [1976]. Werke. Bd. 6. Hg. v. Willi Goetschel. Wien 1993.

Goldsmith, Emmanuel, Mel Scult, Robert Seltzer (Hg.): The American Judaism of Mordecai Kaplan. New York 1990.

Goldy, Robert: The Emergence of Jewish Theology in America. Bloomington 1990.

Gombrich, Ernst H.: Aby Warburg. Eine intellektuelle Biographie. Frankfurt a. M. 1981.

Gombrich, Ernst H.: Die Krise der Kulturgeschichte [1969]. München 1991.

Goodenough, Erwin R.: Jewish Symbols in the Greco-Roman Period, Bd. 1. New York 1954.

Goodenough, Erwin R.: Symbolism in Hellenistic Jewish Art. The Problem of Method. In: Journal of Biblical Literature, 56/2, 1937, S. 103–114.

Goodman, Martin: Rom and Jerusalem. The Clash of Ancient Civilization. London 2007.

Goschler, Constantin: Schuld und Schulden. Die Politik der Wiedergutmachung für NS-Verfolgte seit 1945. Göttingen 2005-

Goschler, Constantin: Wiedergutmachung. Westdeutschland und die Verfolgten des Nationalsozialismus (1945–1954). Berlin 1992-

Gotthelf, Jeremias: Die schwarze Spinne. Erzählungen. Hg. v. Philipp Theison, Zürich 2023.

Göttler, Christine: Die Disziplinierung des Heiligenbildes durch altgläubige Theologen nach der Reformation – ein Beitrag zur Theorie des Sakralbildes im Übergang von Mittelalter zur Frühen Neuzeit. In: Robert W. Scribner (Hg.): Bilder und Bildersturm im Spätmittelalter und in der frühen Neuzeit. Wiesbaden 1990, S. 263-297-

Gottlieb, Lynn: She Who Dwells Within. A Feminist Vision of Renewed Judaism. New York 1995.

Gotzmann, Andreas: Jüdisches Recht im kulturellen Prozeß. Die Wahrnehmung der Halacha im Deutschland des 19. Jahrhunderts. Tübingen 1997.

Goudz, Inna: Der Begriff der Jüdischen Kunst in der Kunstgeschichte. Versuch einer Definition. Berlin 2020

Graetz, Heinrich: Volkstümliche Geschichte der Juden. 3 Bde. Berlin, Wien 1888.

Graham, A. C.: Disputers of the Tao. Philosophical Argument in Ancient China. La Salle 1989.

Greiner, Bernhard, Christoph Schmidt (Hg.): Arche Noah. Die Idee der ‹Kultur› im deutsch-jüdischen Diskurs. Freiburg i. Br. 2002.

Greyerz, Hans von: Nation und Geschichte im Bernischen Denken. Vom Beitrag Berns zum schweizerischen Geschichts- und Nationalbewusstsein. Bern 1953.

Greyerz, Kaspar von: Augustin Keller, Moritz Lazarus und die Emanzipation der Juden im Aargau. In: Jacques Picard, Angela Bhend (Hg.): Jüdischer Kulturraum Aargau. Baden, Zürich 2020, S. 209–211.

Greyerz, Kaspar von: European Physico-Theology (1650 – c.1760) in Context. Celebrating between Nature and Creation. New York, Oxford 2022.

Greyerz, Kaspar von: Switzerland. In: Bob Scribner, Roy Porter, Mikuláš Teich (Hg.): The Reformation in National Context. Cambridge 1994, S. 30–46.

Grimm, Herman: Michelangelo. Sein Leben in Geschichte und Kultur seiner Zeit, der Blütezeit der Kunst in Florenz und Rom. Berlin 1945 (Kurzfassung von: Das Leben Michelangelos. Hg. v. Karl August Laux. Leipzig 1940).

Grimsted, Patricia Kennedy, F. J. Hoogewoud, Eric Ketelaar (Hg.): Returned from Russia. Nazi Archival Plunder in Western Europe and Recent Restitution. Institute of Art and Law, Builth Wells 2007.

Gross, Raphael, Daniel Wildmann (Hg.): Weltbühne Zürich. Kurt Hirschfeld und das deutschsprachige Theater im Schweizer Exil. Tübingen 2022.

Gross, Raphael, Eva Lezzi, Marc Richter (Hg.): «Eine Welt, die ihre Wirklichkeit verloren hatte». Gespräche mit jüdischen Überlebenden des Holocaust in der Schweiz. Zürich 1999.

Gross, Raphael: Überprüfung der Provenienzforschung der Stiftung E. G. Bührle. Ms. Zürich 2024

Gross, Raphael: Carl Schmitt und die Juden. Eine deutsche Rechtslehre. Frankfurt a. M. 2000.

Grunder, Hans-Ulrich: Die Verteufelung des Bildes in der Geschichte der Pädagogik. In: Paedagogica Historica 36/1, 2000, S. 53–71.

Guggenheim, Kurt: Werke. Hg. v. Charles Linsmayer. Frauenfeld 2015.

Guggenheim, Paul: Die erblosen Vermögen in der Schweiz und das Völkerrecht. In: Schweizerischer Israelitischer Gemeindebund (Hg.): Festschrift zum 50 Jährigen Bestehen, 1904–1954, Zürich 1954, S. 107–120.

Gumbrecht, Hans Ulrich: Modern, Modernität, Moderne. In: Otto Brunner, Werner Conze, Reinhart Koselleck (Hg.): Geschichtliche Grundbegriffe. Historisches Lexikon zur politisch-sozialen Sprache in Deutschland, Stuttgart 1978, Bd. VI, S. 92–131.

Gutmann, Julius: Is There a Jewish Art? In: Clare Moore (Hg.): The Visual Dimension. Aspects of Jewish Art. Boulder u. a. 1993, S. 1–19.

Gutterman, Bella, Avner Shalev (Hg.): Zeugnisse des Holocaust. Gedenken in Yad Vashem. Jerusalem 2005

Habermas, Jürgen: Zwischen Naturalismus und Religion. Frankfurt a. M. 2005.

Haddad, Gérard: L'enfant illégitime. Sources talmudiques de la psychanalyse. Suive de Lacan et le judaïsme. Paris 1991.

Haering, Theodor: Hegel. Sein Wollen und sein Werk. Eine chronologische Entwicklungsgeschichte der Gedanken und der Sprache Hegels. 2 Bde. Leipzig, Berlin 1929–1938; Neudruck Aalen 1963.

Haftmann, Werner: Malerei im 20. Jahrhundert. Eine Entwicklungsgeschichte. 4. Aufl. München 1965.

Haftmann, Werner: Mark Rothko. In: Mark Rothko. Ausstellungskatalog, Nationalgalerie Berlin, Staatliche Museen Preußischer Kulturbesitz, Berlin 1971; Museum Boymans van Beuningen, Rotterdam 1971–72, S. 8.

Halbertal, Moshe, Avishai Margalit: Idolatry. Cambridge, London 1992.

Halbwachs, Maurice: Das Gedächtnis und seine sozialen Bedingungen [1925]. Berlin 1985.

Halbwachs, Maurice: Das kollektive Gedächtnis [1939, frz.]. Stuttgart 1967.

Hallebeck, Jan: Papal Prohibitions Midway Between Rigor and Laxity. On the Issue of Depicting the Holy Trinity. In: Willem van Asselt, Paul van Gest, Daniela Müller, Theo Salemink (Hg.): Iconoclasm and Iconoclash. Struggle for Religious Identity. Leiden, Boston 2007, S. 35–382.

Haller, Lea: Die Kunst sind wir. In: NZZ Geschichte 38, 2022, S. 94–98.

Haller, Lea: Transithandel. Geld- und Warenströme im globalen Kapitalismus. Berlin 2019.

Hallo, Rudolf: Jüdische Kult- und Kunstwerke im Hessischen Landesmuseum zu Kassel. Berlin 1928 (Sonderdruck aus: Der Morgen 4/1, 1928).

Hallo, Rudolf: Jüdische Kunst aus Hessen und Nassau. Berlin 1937.
Hamann, Christoph: Der Junge aus dem Warschauer Getto. Der Stroop-Bericht und die globalisierte Ikonografie des Holocaust. In: Gerhard Paul (Hg.): Das Jahrhundert der Bilder. Göttingen 2009, Bd. 2, S. 614–623.
Hamilton, Alexander, James Madison, John Jay: The Federalist Papers [1787–1788]. New York 1982.
Hansen, Jonathan M.: The Lost Promise of Patriotism. Debating American Identity 1890–1920. Chicago, London 2003.
Hara, Kenya: Weiss. Zürich 2015.
Hartman, Geoffrey, Sanford Budick (Hg.): Midrash and Literature. New Haven, London 1986.
Hattenhauer, Hans: Europäische Rechtsgeschichte. 4. Aufl., Heidelberg 2004.
Havelange, Carl: De l'oeil et du monde. Une histoire du regard au seuil de la modernité. Paris 1998.
Haynes, John E.: Red Scare or Red Menace? American Communism and Anticommunism in the Cold War Era. Chicago 1996.
Hecht, Christian: Das Christusbild am Bronzetor. Zum byzantinischen Bilderstreit und zum theologischen Bildbegriff. In: Karl Möseneder (Hg.): Streit um Bilder. Von Byzanz bis Duchamp. Berlin 1997, S. 1–26.
Hegel, Georg W. F.: Vorlesungen über die Ästhetik. In: Ders.: Werke. Bde. 13–15. Hg. v. Eva Moldenauer, Karl M. Michel. Frankfurt a. M. 1986.
Heimann-Jelinek, Felicitas: Zum so genannten Bilderverbot. In: Michael Graetz (Hg.): Ein Leben für die jüdische Kunst. Gedenkband für Hannelore Künzl. Heidelberg 2003, S. 21–31.
Heine, Heinrich: Sämtliche Schriften. Hg. v. Klaus Briegleb. 6 Bde. München 1968–1976.
Hénaff, Marcel: Der Preis der Wahrheit. Gabe, Geld und Philosophie. Frankfurt a. M. 2009.
Herwitz, Daniel: Joel and Ethan Coen (1954-/1957-). Finding Rabbi Marshak. In: Jacques Picard et al. (Hg.): Makers of Jewish Modernity. Thinkers, Artists, Leaders, and the World They Made. Princeton, Oxford 2016, S. 629–641.
Heschel, Abraham Joshua.: The Prophets. New York 1962.
Heschel, Abraham Joshua: God in Search of Man. A Philosophy of Judaism. New York 1955.
Heschel, Abraham Joshua: Man's Quest. Studies in Prayer and Symbolism. New York 1954.
Heuberger, Georg, Anton Merk: Moritz Daniel Oppenheim. Die Entdeckung des jüdischen Selbstbewusstseins in der Kunst. Frankfurt a. M. 1999.
Heuss, Theodor: Die grossen Reden. Der Staatsmann. Tübingen 1965.
Heyden, Katharina, Maria Lissek (Hg): Jerusalem am Thunersee. Das Scherzliger Passionspanorama neu gedeutet. Basel 2021.
Hilfrich, Carola: «Lebendige Schrift». Repräsentation und Idolatrie in Moses Mendelssohns Philosophie und Exegese des Judentums. München 2000.
Himmelfarb, Martha: Abraham and the Messianism of Genesis Rabbah. In: Sarit Kattan Gribetz et al. (Hg.): Genesis Rabbah in Text and Context. Tübingen 2016, S. 99–114.
Himmelfarb, Martha: Afterlife and Resurrection. In: Amy-Jill Levine, Marc Zivi Bretter (hg.): Jewish Annotated New Testament. Oxford, New York 2017, S. 691–695.
Himmelfarb, Martha: Tours of Hell. An Apocalyptic Form in Jewish and Christian Literature. Philadelphia 1985
Hinderer, Walter (Hg.): Goethe und das Zeitalter der Romantik. Würzburg 2002.
Hirschfeld, Kurt: Anspruch und Funktion des zeitgenössischen Theaters. In: Raphael Gross, Daniel Wildmann (Hg.): Weltbühne Zürich. Kurt Hirschfeld und das deutschsprachige Theater im Schweizer Exil. Tübingen 2022, S. 165–173.
Hobbes, Thomas: Leviathan oder Stoff, Form und Gewalt eines bürgerlichen und kirchlichen Staates. Hg. v. Iring Fetscher. Frankfurt a. M. 1976.
Hoeps, Reinhard: Bild und Ikonoklasmus. Zur theologisch-kunsttheoretischen Bedeutung des Bilderverbots.

In: Christoph Dohmen, Thomas Sternberg (Hg.): … kein Bildnis machen. Kunst und Theologie im Gespräch. Würzburg 1987, S. 185–203.
Hofer, Paul: Die Kunstdenkmäler des Kantons Bern. Basel 1952.
Hoffmann-Curtius, Kathrin: Trophäen und Amulette. Die Fotografien von Wehrmachts- und SS-Verbrechen in den Brieftaschen von Soldaten. In: Fotogeschichte. Beiträge zur Geschichte und Ästhetik der Fotografie, 20. Jg., Heft 78, 2000, S. 97–110.
Hofmann, Werner (Hg.): Luther und die Folgen für die Kunst. Ausstellungskatalog Kunsthalle Hamburg, München 1983.
Holz, Hans H.: Alis Guggenheim. In: Susanne Gisel-Pfankuch: Als ob ich selber nackt in Schnee und Regen stehe …: Alis Guggenheim, 1896–1958. Jüdin, Kommunistin, Künstlerin. Baden 1996, S. 6–11.
Holzer, Anton: Das Lächeln der Henker. Der unbekannte Krieg gegen die Zivilbevölkerung 1914–1918. Darmstadt 2008.
Homolka, Walter: Die Messiasvorstellungen im Judentum der Neuzeit. In: Berliner Theologische Zeitschrift 31/01, 2014, S. 106–141.
Honold, Alexander: Propaganda, Aberglaube, Schlangentanz – magische Kriegspraktiken bei Aby Warburg. In: Hans Richard Brittnacher, Irmela von der Lühe (Hg.): Kriegstaumel und Pazifismus. Jüdische Intellektuelle im Ersten Weltkrieg, Frankfurt am Main u. a. 2016, S. 253–270.
Horkheimer, Max, Theodor W. Adorno, Dialektik der Aufklärung. Philosophische Fragmente. Mit einem Nachwort von Jürgen Habermas. Frankfurt a. M. 1986.
Horkheimer, Max: Nachgelassene Schriften 1931–1949. Gesammelte Schriften, Bd. 12. Frankfurt a. M. 1985.
Horkheimer, Max: Traditionelle und kritische Theorie. Fünf Aufsätze. Frankfurt a. M. 1992.
Horvilleur, Delphine: En tenue d'Ève. Féminin, pudeur et judaïsme. Paris 2013.
Hotam, Yotam: Moderne Gnosis und Zionismus. Kulturkrise, Lebensphilosophie und nationaljüdisches Denken. Göttingen 2010.
Huizinga, Jan: Homo ludens. Versuch einer Bestimmung des Spielelements in der Kultur. Basel 1949.
Huizinga, Johan: Herbst des Mittelalters. Studien über Lebens- und Geistesformen des 14. Und 15. Jahrhunderts in Frankreich und in den Niederlanden. Hg. v. Kurt Köster, Stuttgart 1975.
Hurwitz, Peter, Jacques Picard, Abraham Steinberg (Hg.): Jüdische Ethik und Sterbehilfe. Eine Sammlung rabbinischer, medizinischer, philosophischer und juristischer Beiträge. Basel 2006.
Hüssy, Annelies, Barbara Egli (Hg.): Kosmos Dürrenmatt. Eine Annäherung an den Denker, Dichter und Maler. Bern 2021 (Sonderausgabe Berner Zeitschrift für Geschichte 83, 3/2021).
Hutchinson, George: The Harlem Renaissance in Black and White. Cambridge. London 1995.
Huyssen Andreas: Denkmal und Erinnerung im Zeitalter der Postmoderne. In: James E. Young (Hg.): Mahnmale des Holocaust. Motive, Rituale und Stätten des Gedenkens. München 1994, S. 9–18.
Imhoff, Sarah: Masculinity and the Making of American Judaism. Bloomington 2017.
Inglin, Meinrad: Gesammelte Werke. Hg. v. Georg Schoeck. 10 Bde. Zürich 1987–2022.
Israel, Jonathan Irvine: Radical Enlightenment. Philosophy and the Making of Modernity, 1650–1750. Oxford, New York 2001.
Jabès, Edmond: Das Buch der Fragen. Frankfurt a. M. 1989.
Jakobson, Roman: Der Doppelcharakter der Sprache und die Polarität zwischen Metaphorik und Metonymik. In: Anselm Haverkamp (Hg.): Theorie der Metapher. Darmstadt 1983, S. 163–174.
James, William: The Varieties of Religious Experience. A Study in Human Nature. New York 1902.
Jeggle, Utz: Was bleibt? Die Erbschaft der Dorfjuden und der «Judendörfer». In: Manfred Bosch (Hg.): Alemannisches Judentum. Spuren einer verlorenen Kultur. Eggingen 2001, S. 489–503.
Joas, Hans: Die Macht des Heiligen. Eine Alternative zur Geschichte der Entzauberung. Berlin 2017.
Joas, Hans: Im Bannkreis der Freiheit. Religionstheorie nach Hegel und Nietzsche. Berlin 2020.
Jochum, Herbert: Benedikt XVI.: Christlich-jüdischer Dialog als Gefahr. In: Kalonymos 21/3, 2018, S. 1–6.

John, Eckhard, Heidy Zimmermann (Hg.): Jüdische Musik? Fremdbilder – Eigenbilder. Köln 2004.
Jonas, Hans: Der Gottesbegriff nach Auschwitz. Eine jüdische Stimme. Frankfurt a. M. 1987.
Jonas, Hans: Geist, Natur und Schöpfung. Kosmologischer Befund und kosmogonische Vermutung. In: Hans-Peter Dürr, Walther Ch. Zimmerli (Hg.): Geist und Natur. Über den Widerspruch zwischen naturwissenschaftlicher Erkenntnis und philosophischer Welterfahrung. Bern 1989, S. 61–77.
Jost, Hans U.: Interpretationsmuster zum Nationalsozialismus in der Geschichtsschreibung der Schweiz. In: Sigrid Weigel, Birgit R. Erdle (Hg.): Fünfzig Jahre danach. Zur Nachgeschichte des Nationalsozialismus. Zürich 1996, S. 325–346.
Jütte, Daniel: Das Zeitalter des Geheimnisses. Juden, Christen und die Ökonomie des Geheimen (1400–1800), Göttingen 2011.
Kafka, Franz: Sämtliche Werke. Frankfurt a. M. 2008.
Kampf, Avram: Jüdisches Erleben in der Kunst des 20. Jahrhunderts. Weinheim 1987.
Kampmeyer-Käding, Margret, Cilly Kugelmann (Hg.): Helden, Freaks und Superrabbis. Die jüdische Farbe des Comics. Berlin 2010.
Kaplan, Mordecai M.: Judaism as a Civilization: Toward a Reconstruction of American-Jewish Life [1934]. Philadelphia, New York 1981.
Kaplan, Mordecai M.: Meaning of God in Modern Jewish Religion. New York 1937.
Katz, Jacob: Halakah and Kabbalah as Competing Disciplines of Study. In: Arthur Green (Hg.): Jewish Spirituality, Bd. 2: From Sixteenth Century Revival to Present. New York 1989, S. 34–63.
Katz, Jakob: Tradition und Krise. Der Weg der jüdischen Gesellschaft in die Moderne. München 2002.
Katz, Steven T., Shlomo Biederman, Gershon Greenberg (Hg.): Wrestling with God. Jewish Theological Responses During and After the Holocaust. Oxford 2007.
Kaufmann, Ingrid Maria: Jüdisches Leben im mittelalterlichen Zürich im Spiegel des Zürcher SeMaK. Masterarbeit Universität Luzern 2010.
Kaufmann, Ingrid Maria: Neben dem Text: Kommentierung, Dekoration, Kritzelei. Der SeMaK (Das kleine Buch der Gebote) als Zeugnis der visuellen Schreiberkultur in Ashkenaz. Diss. Luzern 2016.
Keckeis, Peter (Hg.): Sagen aus der Schweiz: Bern. Mit einem Vorwort von Max Waibel. Zürich 1971.
Keel, Othmar, Christoph Uehlinger: Göttinnen, Götter und Gottessymbole. Neue Erkenntnisse zur Religionsgeschichte Kanaans und Israels aufgrund bislang unerschlossener ikonographischer Quellen. Freiburg 1992.
Keel, Othmar: Das biblische Kultbildverbot und seine Auslegung im rabbinisch-orthodoxen Judentum und im Christentum. In: Peter Blickle et al. (Hg.): Macht und Ohnmacht der Bilder. Reformatorischer Bildersturm im Kontext der europäischen Geschichte. München 2002, S. 65–96.
Keel, Othmar: Jahwes Entgegnung an Ijob. Eine Deutung von Ijob 38–41 vor dem Hintergrund der zeitgenössischen Bildkunst. Göttingen 1978.
Kehnel, Annette: Wir konnten auch anders. Eine kurze Geschichte der Nachhaltigkeit. München 2021.
Keller, Erich: Das kontaminierte Museum. Das Kunsthaus Zürich und die Sammlung Bührle. Zürich 2021
Keller, Stefan: Grüningers Fall. Zürich 1993.
Keller, Zsolt: Der Blutruf (Mt 27,25). Eine schweizerische Wirkungsgeschichte. Göttingen 2006.
Kelley, Page H., Daniel S. Mynatt, Timothy G. Crawford: The Masorah of Biblia Stuttgartensia. Introduction and Annotated Glossary. Cambridge 1998.
Kermani, Navid: Der Schrecken Gottes. Attar, Hiob und die metaphysische Revolte. München 2005.
Kershaw, Ian: Höllensturz. Europa 1914 bis 1949. München 2016.
Kilcher, Andreas, Gabrielle Safran (Hg.): Writing Jewish culture. Paradoxes in ethnography. Bloomington 2016.
Kitzinger, Ernst: The Cult of Images in the Ages before Iconoclasm. In: Dumbarton Oaks Papers VIII. Cambridge 1954, S. 83–150.
Klaphek, Elisa: Zur politischen Theologie des Judentums. Hamburg 2022.

Klüger, Ruth: Kitsch, Kunst und Grauen. In: Frankfurter Allgemeine Zeitung, 2. Dezember 1995, S. B4.

Klüger, Ruth: Weiter leben. Eine Jugend, München 1995.

Knigge, Volkhard, Norbert Frei (Hg.): Verbrechen erinnern. Die Auseinandersetzung mit Holocaust und Völkermord. München 2002.

Knigge, Volkhard: Vom Reden und Schweigen der Steine. Zu Denkmalen auf dem Gelände ehemaliger nationalsozialistischer Konzentrations- und Vernichtungslager. In: Sigrid Weigel, Birgit R. Erdle (Hg.): Fünfzig Jahre danach. Zur Nachgeschichte des Nationalsozialismus. Zürich 1996, S. 193–234.

Knoch, Habbo: Anders sehen. Wie die Fotografie neue Perspektiven auf Auschwitz eröffnen kann. In: Frédéric Mougenot (Hg.): Auschwitz. Bild und Hinterbild. Fotografien. Berlin 2022, S. 81–87.

Koch, Hugo: Die altchristliche Bilderfrage nach den literarischen Quellen. Göttingen 1917.

Kodan, Lionel: Beyond the Graven Image. New York 1997.

Kofman, Sarah: Le mépris des Juifs. Nietzsche, les juifs, l'antisémitisme. Paris 1994.

Kogman-Appel, Katrin: Kulturaustausch und jüdische Kunst in der Spätantike und im Mittelalter. In: Chilufim. Zeitschrift für jüdische Kulturgeschichte 4, 2008, S. 79–118.

Kogman-Appel, Katrin: The Sephardic Picture Cycles and the Rabbinic Tradition: Continuity and Innovation in Jewish Iconography. In: Zeitschrift für Kunstgeschichte, 60/4, 1997, S. 451–481.

Kohler, Kaufmann: Art, Attitude of Judaism Towards. In: The Jewish Encyclopedia, Bd. 2. New York 1901–1906, S. 146.

König, Christopher: Christ, Art and the Nation. The Berlin «Christ Exhibition» of 1896 and the Search for a Protestant Identity in Wilhelminian Germany. In: Willem van Asselt, Paul van Gest, Daniela Müller, Theo Salemink (Hg.): Iconoclasm and Iconoclash. Struggle for Religious Identity. Leiden, Boston 2007, S. 407–433.

Konikoff, Carmel: The Second Commandment and its Interpretation in the Art of Ancient Israel. Genf 1973.

Korsgaard, Christine M.: Tiere wie wir. Warum wir moralische Pflichten gegenüber Tieren haben. Eine Ethik. München 2021.

Koselleck, Reinhart: Formen und Traditionen des negativen Gedächtnisses. In: Volkhard Knigge, Norbert Frei (Hg.): Verbrechen erinnern. Die Auseinandersetzung mit Holocaust und Völkermord. München 2002, S. 21–32.

Koselleck, Reinhart: Kritik und Krise. Eine Studie zur Pathogenese der bürgerlichen Welt. Freiburg. München 1959.

Kraeling, Carl H.: The Synagogue. The Excavations at Dura Europos. Final Report. New Haven 1979.

Kraus, Karl: Die Fackel. Volltextausgabe und komplette Reproduktion der Originalseiten aller 922 Ausgaben (1899–1936) Hg. v. Christian Wagenknecht, 2. Aufl. Frankfurt a. M. 2007.

Krauthammer, Richard: Mittelalterliche Synagogen. Berlin 1927.

Kretzenbacher, Leopold: Die Seelenwaage. Zur religiösen Idee von Jenseitsgericht auf der Schicksalswaage in Hochreligion, Bildkunst und Volksglaube. Klagenfurt 1959.

Kriß, Rudolf: Die religiöse Volkskunde Altbayerns. Baden 1933.

Krochmalnik, Daniel: Zeichen der Kunst, Zeichen der Moral, Zeichen der Religion. Zur Religionsästhetik und Semiotik der Aufklärung. In: Josef Simon, Werner Stegmaier (Hg.): Zeichen und Interpretation. Bd. 5: Zeichen- Kunst. Frankfurt a. M. 1999, S. 68–111.

Krüger, Malte Dominik: Das andere Bild Christi. Spätmoderner Protestantismus als kritische Bildreligion. Tübingen 2017.

Kugel James L.: The Ladder of Jacob. Ancient Interpretations of the Biblical Story of Jacob and His Children. Princeton (NJ) 2006.

Kuhn, Konrad J.: «Jüdische Volkskunde» als Wissensraum. Vergessene Spuren einer bewahrenden Kulturforschung. In: Jacques Picard, Angela Bhend (Hg.): Jüdischer Kulturraum Aargau. Baden, Zürich 2020, S. 437–452.

Kuhn, Peter: Gottes Trauer und Klage in der rabbinischen Überlieferung (Talmud und Midrash). Leiden 1978.

Kulka, Otto Dov: Landschaften der Metropole des Todes. Auschwitz und die Grenzen der Erinnerung und Vorstellungskraft. München 2013.

Kupferberg, Yael: Zum Bildverbot. Studien zum Judentum im späten Werk Max Horkheimers. Göttingen 2022.

Kurz, Gerhard: Das Wahre, Schöne, Gute. Aufstieg, Fall und Fortbestehen einer Trias. Paderborn 2015.

Kuschel, Karl-Josef: Im Spiegel der Dichter. Mensch, Gott und Jesus in der Literatur des 20. Jahrhunderts. Düsseldorf 1997.

Kuspit, Donald: Meyer Schapiro's Jewish Unconscious. In: Catherine M. Sousloff (Hg.): Jewish Identity in Modern Art History. Berkeley, Los Angeles 1999, S. 200–217.

Labhart, Walter: Varlin alias Willy Guggenheim. Dem Menschlichen auf der Spur. In: Jacques Picard, Angela Bhend (Hg.): Jüdischer Kulturraum Aargau. Baden, Zürich 2020, S. 370–373.

Laderman, Shulamit: Biblical Controversy: A Clash Between Two Divinity Inspired Message? In: Willem van Asselt, Paul van Gest, Daniela Müller, Theo Salemink (Hg.): Iconoclasm and Iconoclash. Struggle for Religious Identity. Leiden, Boston 2007, S. 143–156.

Laderman, Shulamit: Images of Cosmology in Jewish and Byzantine Art. God's Blueprint of Creation. Leiden, Boston 2013.

Laiou, Angeliki E., Cécile Morrisson: The Byzantine Economy. Cambridge 2007.

Landsberger, Franz: History of Jewish Art. Cincinnati 1946.

Lane Fox, Robin: Pagans and Christians in the Mediterranean World from the Second Century AD to the Conversion of Constantine. London 1986.

Lang, Bernhard, Colleen McDanell: Der Himmel. Eine Kulturgeschichte des ewigen Lebens. Frankfurt a. M., Leipzig 1996.

Lange, Christian: So dass wir miteinander jenen Glauben bekennen können, der uns gemeinsam ist. Überlegungen über zwei westliche Bezeichnungen für zwei christologische Positionen des fünften und sechsten Jahrhunderts aus dem christlichen Orient. In: Ostkirchliche Studien 53, 2004, S. 287–308.

Langer, Axel (Hg.): Im Namen des Bildes. Die figürliche Darstellung in islamischen und christlichen Kulturen. Berlin, Zürich 2022.

Lanzmann, Claude: Le lieu et la parole. In: Bernard Cuau (Hg.): Au sujet de Shoah. Le film de Claude Lanzmann. Paris 1990, S. 407–426

Lanzmann, Claude: Formen von Erinnerung. Eine Diskussion mit Claude Lanzmann. Ein anderer Blick auf Gedenken, Erinnern und Erleben. Eine Tagung. Hg. v. Kulturamt der Stadt Marburg. Marburg 1998, S. 11–32.Lanzmann, Claude: Shoah. Düsseldorf 1986.

Lao Tse: Vo wage do. Tao The King. Berndeutsche Mundart von Balts Nill. Bern 2020.

Laqueur, Thomas W.: The Work of the Dead. A Cultural History of the Mortal Remains. Princeton, Oxford 2015.

Laqueur, Walter, George L. Mosse (Hg.): International Fascism 1920–1945. New York 1966.

Latour, Bruno, Peter Weibel (Hg.): Iconoclash. Beyond the Image Wars in Science, Religion, and Art. Cambridge 2002.

Latour, Bruno: Existenzweisen. Eine Anthropologie der Modernen. Berlin 2014.

Latour, Bruno: How to be Iconophilic in Art, Science and Religion. In: Caroline A. Jones, Peter Galison (Hg.): Picturing Science, Producing Art. New York 1998, S. 418–440.

Lauterbach, Iris: Der Central Collecting Point in München. Kunstschutz, Restitution, Neubeginn. Berlin 2015.

Lauterbach, Jacob Z. (Hg.): Mekhilta de-Rabbi Ishmael. Philadelphia 1949, S. 241–244.

Laytner, Anson: Arguing with God. A Jewish Tradition. Lanham, Oxford 1998.

Lazarus, Moritz: Die Ethik des Judentums. 2 Bände. Frankfurt a. M. 1898/1911.

Le Goff, Jacques: Die Geburt des Fegefeuers. Vom Wandel des Weltbildes im Mittelalter. Darmstadt 1984.

Lefkowitz, Ivan (Hg): «Mit meiner Vergangenheit lebe ich». Memoiren von Holocaustüberlebenden. Berlin 2016.

Lehmkuhl, Josef: Der Kunst-Messias. Richard Wagners Vermächtnis in seinen Schriften. Würzburg 2009.

Lehnardt, Andreas, Leviathan und Behemoth. Mythische Urwesen in der mittelalterlichen jüdischen Tradition. In: Sabine Obermaier (Hg.): Tiere und Fabelwesen im Mittelalter. Berlin 2009, S. 105–129.

Lehnertz, Andreas: Judensiegel im spätmittelalterlichen Reichsgebiet. Beglaubigungstätigkeit und Selbstrepräsentation von Jüdinnen und Juden. Wiesbaden 2020.

Leibowitz, Yeshayahu: Judaism, Human Values and the Jewish State. Hg. v. Eliezer Goldman, Cambridge MA 1992.

Leppien, Helmut R.: Der zwölfjährige Jesus im Tempel von Max Liebermann. Hamburg 1989.

Lessing, Gotthold Ephraim: Werke. Ausgewählt von Otto Mann. 3 Bde. München 1974.

Levenson, Jon D.: The Hebrew Bible, the Old Testament, and Historical Criticism. Jews and Christians in Biblical Studies. Louisville 1993.

Levinas, Emmanuel: Difficile liberté. Essais sur le judaisme. Paris 1976.

Levinas, Emmanuel: Totalité et Infini. Essai sur l'extériorité, La Haye, Den Haag 1961; Totalität und Unendlichkeit. Versuch über Exteriorität. Freiburg 1987.

Levine, Amy-Jill, Marc Zvi Brettler (Hg.): The Jewish Annotated New Testament. 2. erw. Aufl. New York 2017; Deutsch: Das Neue Testament – jüdisch erklärt. Hg. v. Wolfgang Kraus, Michael Tilly, Axel Töllner, übersetzt v. Monika Müller u. Jan Raithel, Stuttgart 2021.

Levine, Lee I.: Figural Art in Ancient Judaism. In: Ars Judaica 1, 2005, S. 9–26.

Levine, Lee I.: The Ancient Synagogue. The First Thousand Years. New Haven 2000.

LeVitte Harten, Doreet, Yigal Zalmona (Hg.): Die Neuen Hebräer. 100 Jahre Kunst in Israel. Berlin 2005.

Levy, Daniel, Nathan Sznaider: Erinnerung im globalen Zeitalter. Der Holocaust. Berlin 2007.

Lichtblau, Klaus: Kulturkrise und Soziologie um die Jahrhundertwende. Zur Genealogie der Kultursoziologie in Deutschland. Frankfurt a. M. 1996.

Liebeschütz, Hans: Aby Warburg (1866–1920) as Interpreter of Civilisation. In: Year Book of the Leo Baeck Institute XVI, 1971, S. 225–236.

Liebscher, Doris: Rasse im Recht – Recht im Rassismus. Genealogie einer ambivalenten rechtlichen Kategorie. Berlin 2021.

Lillteicher, Jürgen: Raub, Recht, Restitution. Die Rückerstattung jüdischen Eigentums in der frühen Bundesrepublik. Göttingen 2007.

Linenthal, Edward T.: Preserving Memory: The Struggle to Create America's Holocaust Museum. New York 1995.

Lingen, Kerstin von (Hg.): Transcultural Justice at the Tokyo Tribunal. The Allied Struggle for Justice 1946–48. Leiden 2017.

Liz, Gudrun: Die reformatorische Bilderfrage in den schwäbischen Reichsstädten. Tübingen 2007.

Loewy Hanno, Raphael Einetter (Hg.): Über die Grenze. 52 Fluchtgeschichten zwischen Bodensee und Gebirge 1938 bis 1945. Hohenems 2023.

López-Remiro, Miguel (Hg.): Mark Rothko. Writings on Art. New Haven 2006.

Loretan, Adrian. Martina Tollkühn: «Führer auf dem Weg zur Rationalität». Philosophische Beiträge der Theologie und der kirchlichen Rechtswissenschaft für die Entwicklung der Rechtswissenschaften. In: René Pahud de Mortanges (Hg.): Staat und Religion in der Schweiz des 21. Jahrhunderts, Zürich 2020, S. 31–56.

Lowy, Vincent: L'histoire infilmable. Les camps d'extermination nazis à l'écran. Paris 2001.

Ludewig-Kedmi, Revital, Miriam Victory Spiegel, Sylvie Tyrangiel (Hg.): Das Trauma des Holocaust zwischen Psychologie und Geschichte. Zürich 2002.

Ludi, Regula: Reparations for Nazi Victims in Postwar Europe. Cambridge 2012.

Lurie, Boris, Dietmar Kirves: Geschriebigtes – Gedichtigtes. Zu der Ausstellung in der Gedenkstätte Weimar-Buchenwald. Ergänzt mit Arbeiten seiner Freunde aus der gegenwärtigen NO!Art-Bewegung. Hg. von Volkhard Knigge im Auftrag der Gedenkstätte Weimar-Buchenwald, Stuttgart-Bad Cannstatt 2003.

Lüthy, Herbert: Vom Geist und Ungeist des Föderalismus [1964]. In: Ders.: Gesammelte Werke. Bd. IV. Zürich 2004, S. 82–102.

Lyotard, Jean-François: Das Erhabene und die Avantgarde. In: Das Inhumane. Plaudereien über die Zeit. Wien 1989, S. 159–187.

Lyotard, Jean-François: Der Augenblick, Newman [1989]. In: Karlheinz Barck et al. (Hg.): Aisthesis. Wahrnehmungen heute und Perspektiven einer anderen Ästhetik. Essais. Leipzig 1990, S. 339–358.

Lyotard, Jean-François: Immaterialität und Postmoderne. Berlin 1985.

Mack, Michael: German Idealism and the Jew. The Inner Anti-Semitism of Philosophy and German Jewish Responses. Chicago, London 2003.

Magris, Claudio: Utopie und Entzauberung, Geschichten, Hoffnungen und Illusionen der Moderne, München 2002.

Mahrer, Stefanie: Kunsthandel im Kontext. Die politischen und gesellschaftlichen Rahmenbedingungen in der Schweiz während der nationalsozialistischen Herrschaft in Deutschland. In: Nikola Doll (Hg.): Museen in der Verantwortung. Positionen im Umgang mit Raubkunst. Zürich 2024, S. 57–98.

Maimon, Moshe ben: ספר משנה תורה יד החזקה – Book of Mishneh Torah Yod Ha-Hazakah. Edited by Simon Glazer. New York 1927.

Maimonides: Mishne Torah, Bd. 1. Sefer Ha-Madah. Jerusalem, Brooklyn 2007.

Mann, Barbara: Visions of Jewish Modernism. In: Modernism / Modernity 13/4, 2006, S. 673–699.

Mann, Ulrich: Die Gegenwart des tragischen Mythos im christlichen Heilsgeschehen. In: Adolf Portmann, Rudolf Ritsema (Hg.): Denken und mythische Bildwelt. Thought and Mythic Images. Image mythique et pensée. Eranos Jahrbuch 48. Frankfurt a. M. 1981, S. 373–425.

Mann, Vivian B. (Hg.): Jewish Texts on the Visual Arts. New York 2000.

Marchart, Oliver: Hegemony Machines. Documenta X to fifteen and the Politics of Biennalization. Zürich, Berlin 2022.

Marcuse, Herbert: Kunst und Befreiung. Nachgelassene Schriften Hg. v. Peter-Erwin Jansen. Bd. 2. Hamburg 2000.

Marx, Karl: Das Kapital. Kritik der politischen Ökonomie [1867, 1890]. Bd. 1. Berlin 1971.

Marx, Karl: Zur Kritik der Hegelschen Rechtsphilosophie [1844]. Berlin 1976.

Mattioli, Aram: Verlorene Welten. Eine Geschichte der Indianer Nordamerikas 1700–1910. Stuttgart 2018.

Mattioli, Aram: Zeiten der Auflehnung. Geschichte des indigenen Widerstandes in den USA 1911–1992. Stuttgart 2023.

Mauz, Andreas: Gott erklären. Zum Perspektivitätskalkül von Dürrenmatts narrativer Theologie. In: Annelies Hüssy, Barbara Egli (Hg.): Kosmos Dürrenmatt. Eine Annäherung an den Denker, Dichter und Maler. Bern 2021, S. 89–107.

Mazur-Keblowski, Eva: Apokalypse als Hoffnung. Die russischen Aspekte der Kunst und Kunsttheorie Vassilij Kandinskijs vor 1914. Tübingen, Berlin 2000.

McAuley, James: The House of Fragile Things. Jewish Art Collectors and the Fall of France, New Haven, London 2021.

Meijer, Cornelis: L'arte di rendere I fiumi navigabili in varii modi [...]. Rom 1696.

Menand, Louis: The Metaphysical Club, A Story of Ideas in America. New York 2001.

Mendelsohn, Amitai: Behold the Man. Jesus in Israeli Art. Jerusalem 2015.

Mendelsohn, Ezra: Painting a People: Maurycy Gottlieb and Jewish Art. Hanover 1999.

Mendelssohn, Moses: Jerusalem, oder über religiöse Macht und Judentum [1783]. Hg. v. David Martyn. Bielefeld 2001.

Mendelssohn, Moses: Über das Erhabene und das Naive in den schönen Wissenschaften. In: Ästhetische Schriften. Hg. v. Otto F. Best. Darmstadt 1974, S. 243–252.
Michalszki, Sergius: Das Phänomen Bildersturm. Versuch einer Übersicht. In: Robert W. Scribner (Hg.): Bilder und Bildersturm im Spätmittelalter und in der frühen Neuzeit. Wiesbaden 1990, S. 69–125.
Michelet, Jules: Œuvres complètes. Paris 1982.
Milano, Attilo: Storia degli Ebrei in Italia. Turin 1963.
Milton, Sybil: Die Kunst im Holocaust. In: Edith Böhme, Wolfgang Motzkau-Valeton (Hg.): Die Künste und die Wissenschaften im Exil 1933–1945. Heidelberg 1992, S. 217–230.
Milton, Sybil: Eine angemessene Erinnerung? Kunst und Politik im Andenken an den Holocaust. In: Andreas Nachama, Julius H. Schoeps (Hg.): Aufbau nach dem Untergang. Deutsch-jüdische Geschichte nach 1945. Berlin 1992, S. 164–173.
Ming-Chu, Feng (Hg.): Splendors of the National Palace Museum. A New Edition. Taipei 2010.
Minta, Anna: Horror vacui. Die Unerträglichkeit von Leere und Architektur in Israel. In: kritische berichte 2, 2011 (Semantik der Absenz), S. 7–21.
Mishra, Pankaj: Zeitalter des Zorns. Eine Geschichte der Gegenwart. Frankfurt a. M. 2017.
Mitalaitė, Kristina, Anca Vasiliu (Hg.): L'icône dans la pensée et dans l'art. Constitutions, contestations, réinventions de la notion d'image divine en contexte chrétien. Turnhout 2017.
Mitchell, W. J. T.: Iconology. Image, Text, Ideology. Chicago 1987.
Miziolek, Jerzy: «When our Sun is risen»: observations on eschatological visions in the art of the first millennium. In: Arte Cristiana 82/763, 1994, S. 245–260.
Moltmann, Jürgen: Der gekreuzigte Gott. Das Kreuz Christi als Grund und Kritik christlicher Theologie. München 1972.
Momigliano, Arnaldo: Ottavo Contributo alla Storia degli Studi Classici e del Mondo Antico. Rom 1987.
Mondzain, Marie-José: Bild, Ikone, Ökonomie. Die byzantinischen Quellen des zeitgenössischen Imaginären. Zürich 2011.
Mondzain, Marie-José: The Holy Shroud. How Invisible Hands Weave the Undecidable. In: Bruno Latour, Peter Weibel (Hg.): Iconoclash. Beyond the Image Wars in Science, Religion, and Art. Cambridge 2002, S. 324–336.
Mondzain-Baudinet, Marie-José: Economie et idolâtrie durant la crise de l'iconoclasme byzantin. Paris 1983 (Images et signification : Rencontres de l'École de Louvre).
Mooney, James: The Ghost Dance Religion and the Sioux Outbreak of 1890. Hg. v. Anthony F. C. Wallace. Chicago 1965.
Moore, Clare (Hg.): The Visual Dimension. Aspects of Jewish Art. Boulder u. a. 1993.
Möseneder, Karl (Hg.): Streit um Bilder. Von Byzanz bis Duchamp. Berlin 1997.
Möseneder, Karl: Michelangelos «Jüngstes Gericht». Über die Schwierigkeit des Disegno und die Freiheit der Kunst. In: Ders. (Hg.): Streit um Bilder. Von Byzanz bis Duchamp. Berlin 1997, S. 95–118.
Moser, Walter, Klaus Albrecht Schröder (Hg): Lee Miller. Ostfildern 2015.
Moses, A. Dirk: The Problems of Genocide. Permanent Security and the Language of Transgression. Cambridge 2021.
Mosès, Stéphane: Un retour au Judaïsme. Paris 2008.
Mosimann, Peter, Marc-André Renold, Andrea F. G. Raschèr (Hg.): Kultur Kunst Recht. Schweizerisches und internationales Recht. 2. erw. Aufl. Basel 2020.
Mosimann, Peter: Kunst im Recht. In: Matthias Weller, Nicolai Kemle (Hg.): Kultur im Recht – Recht als Kultur. Tagungsband des Neunten Heidelberger Kunstrechtstags, 30. und 31. Oktober 2015. Baden-Baden 2016, S. 19–38.
Moskowitz, Golan Y.: Wild Visionary. Maurice Sendak in Queer Jewish Context. Stanford 2020.
Mosse, George L.: German Jews beyond Judaism. Bloomington 1985.

Mougenot, Frédéric: Auschwitz. Bild und Hinterbild. Fotografien. Berlin 2022.
Mundkur, Balaji: The Cult of the Serpent. An Interdisciplinary Survey of Its Manifestation and Origins. Albany 1983.
Münkler, Herfried: Marx, Wagner, Nietzsche. Welt im Umbruch. Berlin 2023.
N'Diaye, Tidiane: Der verschleierte Völkermord. Die Geschichte des muslimischen Sklavenhandels in Afrika. Reinbek bei Hamburg 2010.
Naef, Sylvia: Y-a-t-il une «question de l'image» en Islam. Paris 2004.
Nancy, Jean-Luc: Bild und Gewalt. In: Daniel Tyradellis, Burkhardt Wolf (Hg.): Die Szene der Gewalt. Bilder, Codes und Materialitäten. Frankfurt a.M. 2007, S. 33–34.
Nayman, Adam: The Coen Brothers. New York 2018.
Neher, André: L'Exile de la parole. Du silence biblique au silence d'Auschwitz. Paris 1970.
Neugebauer, Otto: A History of Ancient Mathematical Astronomy. Berlin 1975.
Neumann, Erich: Ursprungsgeschichte des Bewusstseins. Zürich 1949.
Neumann, Peter Horst: Der Preis der Mündigkeit. Über Lessings Dramen. Stuttgart 1977.
Nicholas, Lynn: The Rape of Europe. The Fate of Europe's Treasures in the Third Reich and the Second World War. New York, London 1994.
Nietzsche, Friedrich: Gesammelte Werke. Musarion-Ausgabe. München 1922–1929.
Nietzsche, Friedrich: Sämtliche Werke. Kritische Studienausgabe in 15 Bde. Hg. v. Giorgio Colli u. Mazzino Montinari. München u.a. 1967–1980 [KSA, 2021, online zugänglich, http://www.nietzschesource.org]
Nietzsche, Friedrich: Zur Genealogie der Moral. In: Ders.: Werke. Bd. 2. Hg. v. Karl Schlechta. München 1969, S. 761–900.
Nigh, Ronald Byron: Evolutionary ecology of Maya agriculture in highland Chiapas, Mexico. Ann Arbor, Stanford University 1976, Microfilm International.
Nirenberg, David: Anti-Judaismus. Eine andere Geschichte des westlichen Denkens. München 2015.
Nora, Pierre (Hg.): Erinnerungsorte Frankreichs. München 2005.
Nora, Pierre: Zwischen Geschichte und Gedächtnis. Berlin 1990.
Nordmann, Yves: Zwischen Leben und Tod. Aspekte jüdischer Medizinethik. Bern 2000.
Nossig, Alfred: Ausstellung jüdischer Künstler. In: Ost und West 7/12, Dezember 1907, S. 743–752.
Nötscher, Friedrich: «Das Angesicht Gottes schauen» nach biblischer und babylonischer Auffassung. Darmstadt 1969.
Ohana, David: Zarathustra in Jerusalem. Nietzsche and the «New Hebrews». In: Robert Wistrich, David Ohana (Hg.): The Shaping of Israeli Identity: Myth, Memory and Trauma. London 1995, S. 38–60.
Oakman, Joan: A place in the world for a world displaced. In: Moshe Safide, The Architecture of Memory, Baden 2006, S. 6–27
Ortega y Gasset, José: Vom Menschen als utopischem Wesen. Stuttgart, Zürich 1951.
Osborne, Monica: The Midrashic Impulse and the Contemporary Literary Response to Trauma. Lanham u.a. 2017.
Osbourne, Gavin: Mosaics of Power. Superstition, Magic, and Christian Power in Early Byzantine Floor Mosaics. University of Sussex DPhil, September 2014.
Ossendrijver, Matthieu: Astronomie und Astrologie in Babylonien. In: Joachim Marzahn, Gunther Schauerte (Hg.): Babylon Wahrheit. Berlin 2008 (Ausstellungskatalog Staatliche Museen zu Berlin), S. 373–392.
Ostrogorsky, Georg: Studien zur Geschichte des byzantinischen Bilderstreites. Breslau 1929; ND: Amsterdam 1964.
Ourghi, Abdel-Hakim: Die Juden im Koran. Ein Zerrbild mit fatalen Folgen. München 2023.
Ozick, Cynthia: Toward a New Yiddish. In: Dies.: Art and Ardor. Essays. New York 1983, S. 155–181.
Ozick, Cynthia: Who owns Anne Frank? In: The New Yorker, 6. Oktober 1997, S. 76–87.

Padan, Yael: Re-Placing Memory. In: Haim Yacobi (Hg.): Constructing a Sense of Place. Architecture and the Zionist Discourse. London 2004, S. 247–263.

Page, Max: The Life and Death of a Document: Lessons from the Strange Career of ‹The Diary of Anne Frank›. In: The Public Historian 21/1, 1999, S. 87–97.

Pagels, Elaine: Adam, Eve, and the Serpant. New York 1988.

Pahud de Mortanges, René et al. (Hg.): Religionsrecht. Eine Einführung in das jüdische, christliche und islamische Recht. 2. Aufl. Zürich 2018.

Papazoglou, Fanoula: Les villes de Macédoine à l'époque romaine. Athen 1988.

Pappas, Andrea: Invisible Points of Departure. Reading Rothko's Christological Imagery. In: American Jewish History 92/4, 2004, S. 401–436.

Paul, Gerhard (Hg.): Das Jahrhundert der Bilder. 2 Bde., Göttingen 2008.

Pethes, Nicolas: Mnemographie. Berlin 1999.

Picard, Jacques: Gebrochene Zeit. Jüdische Paare im Exil. Zürich 2009.

Picard, Jacques: Liturgie, Poetizität, Visualität. Eine Reflexion zu Bildern und Erzählweisen im Shoah-Gedenken. In: Maoz Azaryahu et al. (Hg.): Erzählweisen des Sagbaren und Unsagbaren. Formen des Holocaust-Gedenkens in schweizerischen und transnationalen Perspektiven. Wien, Köln, Weimar 2021, S. 47–64.

Picard, Jacques: Riss in der Geschichte. Im Widerstreit um das rechte Erinnern. In: Menora. Jahrbuch für deutsch-jüdische Geschichte 4, 1993, S. 17–50.

Picard, Jacques: Schmuggeln, rebellieren, nachfolgen – und ein Wort über die Kunst des Abschiednehmens. In: Schweizerisches Archiv für Volkskunde, 114/2, 2018, S. 25–42.

Picard, Jacques: Horace Kallen (1882–1974). Pragmatic Modernism. In: Jacques Picard, Jacques Revel, Michael P. Steinberg, Idith Zertral (Hg.): Makers of Jewish Modernity. Thinkers, Artists, Leaders and the World they made. Princeton 2016, S. 220–232.

Picard, Max: Fragmente aus dem Nachlass 1920–1965. Hg. v. Michael Picard. Zürich 1978.

Piontek, Franz: Richard Wagners «Das Judenthum in der Musik». Text, Kommentar und Wirkungsgeschichte. Leipzig 2017.

Pisano, Libera: Judentum, Entfremdung, Sprache. Der vergessene Zusammenhang zwischen Mendelssohn und Hegel. In: Judaica 4, 2016, S. 473–510.

Plaar, Klaus: Juden, Jesus, Judas. Neues Testament, christlicher Antisemitismus und rezeptionsgeschichtliche Wurzeln der Judenverfolgung von der Antike bis zur Gegenwart. 2 Bde. Hanau 2016.

Plagnieux, Philippe: Amiens. La cathédrale Notre-Dame. Fotographien von Philippe Müller. Paris 2003

Plaskow, Judith: Standing again at Sinai: Judaism from a Feminist Perspective. New York 1990.

Plietzsch, Susanne: Schönheit und Text. In: tachles, Sonderbeilage 41, Zürich 2002, S. 4–6.

Poeschel, Sabine: Handbuch der Ikonographie. Darmstadt 2005.

Pögeler, Otto: L'interprétation hégélienne du judaïsme. In: Ders.: Études hégéliennes. Paris 1985, S. 37–85.

Pohlig, Matthias (Hg.): Juden, Christen und Muslime im Zeitalter der Reformation – Jews, Christians and Muslims in the Reformation Era. Heidelberg 2020.

Pohlig, Matthias, Detlev Pollack (Hg.): Die Verwandlung des Heiligen. Die Geburt der Moderne aus dem Geist der Religion. Berlin 2020.

Pollack, Martin: Kontaminierte Landschaften. St. Pölten, Wien 2014.

Poorthuis, Marcel, Joshua Schwartz, Joseph Turner (Hg.): Interactions between Judaism and Christianity in History, Religion, Art and Literature. Leiden, Boston 2009.

Postman, Neil: Amusing Ourselves to Death. Public Discourse in the Age of Show Business. New York 1985; dt.: Wir amüsieren uns zu Tode. Urteilsbildung im Zeitalter der Unterhaltungsindustrie. Frankfurt a. M. 1985.

Potok, Chaim: Mein Name ist Asher Lev. Hamburg 1976; engl.: My Name is Asher Lev. New York 1972

Quinzio, Sergio: Die jüdischen Wurzeln der Moderne. Frankfurt a. M. 1995.

Raab, Heribert: Kirche und Staat. Von der Mitte des 15. Jahrhunderts bis zur Gegenwart. München 1966.

Radbruch, Gustav: Gesetzliches Unrecht und übergesetzliches Recht. In: Süddeutsche Juristenzeitung 1946, S. 105–108.

Ragaz, Leonhard: Von Christus zu Marx – von Marx zu Christus. Ein Beitrag. Wernigerode am Harz 1929.

Rainer, Michael J., Hans-Gerd Janssen (Hg.): Bildverbot. Jahrbuch für Politische Theologie. Münster 1997.

Ranke, Leopold von: Geschichte der romanischen und germanischen Völker von 1494 bis 1539. Leipzig 1885.

Raphael, Melissa: The Female Face of God in Auschwitz. London 2003.

Raschèr, Andrea F. G.: Raubkunst. In: Peter Mosimann, Marc-André Renold, Andrea F. G. Raschèr (Hg.): Kultur Kunst Recht. Schweizerisches und internationales Recht. 2. erw. Aufl. Basel 2020, Kap. 6 § 10.

Raskin, Richard: A Child at Gunpoint. A Case Study in the Life of a Foto. Arhus 2004.

Ratzinger, Josef, Benedikt XVI: Gnade und Berufung ohne Reue. Anmerkungen zum Traktat ‹De Judaeis›. In: Communio, Internationale Katholische Zeitschrift (IKaZ) 47, 2018, S. 387–406.

Ratzinger, Josef: Das Problem der Transsubstantiation und der Sinn der Eucharistie, in: Theologischen Quartalschrift 147, 1967, S. 129–158.

Rauterberg, Hanno: Wie frei ist die Kunst? Der neue Kulturkampf und die Krise des Liberalismus. Berlin 2018.

Rawls, John: Eine Theorie der Gerechtigkeit. Frankfurt a. M. 1975.

Rawls, John: Über Sünde, Glaube und Religion. Hg. v. Thomas Nagel. Berlin 2010.

Razumovsky, Dorothea: Credo, Kanon, Theorie und Praxis. In: Stefan Müller-Doohm (Hg.): Adorno-Portraits. Erinnerungen von Zeitgenossen. Frankfurt a. M. 2007, S. 277–283.

Rebenich, Stefan: Hieronymus und sein Kreis. Prosopografische und sozialgeschichtliche Untersuchungen. Stuttgart 1992.

Redolfi, Silke M.: Die verlorenen Töchter. Zürich 2019.

Reichmann, Eva G.: Grösse und Verhängnis deutsch-jüdischer Existenz. Zeugnisse einer tragischen Begegnung. Heidelberg 1974.

Reifenberg, Bernd (Hg.): Die Suche nach NS-Raubgut in Bibliotheken. Recherchestand, Probleme, Lösungswege. Marburg 2006.

Reindl, Josef: Das Angesicht Gottes im Sprachgebrauch des Alten Testaments. Leipzig 1970.

Reinhardt, Volker: Michel de Montaigne. Philosophie in Zeiten des Krieges. München 2023.

Rendtorff, Trutz: Das Verhältnis von liberaler Theologie und Judentum um die Jahrhundertwende. In: Ders.: Theologie in der Moderne. Über Religion im Prozeß der Aufklärung. Gütersloh 1991, S. 59–71.

Rentschler, Ingo: Weltbilder der Kunst – Erscheinungsformen der Wirklichkeit. In: Hans-Peter Dürr, Walther Ch. Zimmerli (Hg.): Geist und Natur. Über den Widerspruch zwischen naturwissenschaftlicher Erkenntnis und philosophischer Welterfahrung. Bern 1989, S. 115–134.

Ricœur, Paul: Symbolik des Bösen. Freiburg, München 1971.

Ricœur, Paul: Gedächtnis, Geschichte, Vergessen. München 2004.

Riout, Denys: La peinture monochrome. Histoire et archéologie d'un genre. Marseille 1996.

Robinson, Nehemiah: Indemnification and Reparations. Hg. v. Institute of Jewish Affairs of the American Jewish Jewish Congress and the World Jewish Congress. New York 1944.

Roeck, Bernd: Macht und Ohnmacht der Bilder. Die historische Perspektive. In: Peter Blickle et al. (Hg.): Macht und Ohnmacht der Bilder. Reformatorischer Bildersturm im Kontext der europäischen Geschichte. München 2002, S. 33–64.

Roeder, Hubert: Mit dem Auge sehen. Studien zur Semantik der Herrschaft in den Toten- und Kulttexten. Heidelberg 1996.

Rohls, Jan: Apokalypse und Jüngstes Gericht. Theologie im Bild von Dürer bis Beckmann. In: Michael Sommer, Uta Poplutz, Christina Hoegen-Rohls (Hg.): Die Johannesapokalypse. Geschichte, Theologie, Rezeption. Tübingen 2023, S. 312–358.

Rokeah, David: Jerusalem. Gedichte. München 1981.
Rosa, Hartmut: Demokratie braucht Religion. Über ein eigentümliches Resonanzverhältnis. München 2022.
Rose, Paul L.: The German-Jewish Question. Revolutionary Antisemitism in Germany from Kant to Wagner. Princeton 1990.
Rosen, Aaron: Finding Rothkowitz. The Jewish Rothko. In: Journal of Modern Jewish Studies 12/3, 2013, S. 479–492.
Rosenbaum, Ron: Die Hitler-Debatte. Auf der Suche nach dem Ursprung des Bösen. Hamburg 1999.
Rosenfeld, Gavriel D.: Defining «Jewish Art» in Ost und West. 1901–1908. A Study in the Nationalisation of Jewish Culture. In: Leo Baeck Year Book 39, 1994, S. 83–110.
Rosenthal, Stephanie: Black Paintings. Robert Rauschenberg, AD Reinhardt, Mark Rothko, Frank Stella. Ostfildern 2006.
Rosenzweig, Franz: Der Stern der Erlösung [1921]. Mit einer Einführung von Reinhold Mayer und einer Gedenkrede von Gershom Scholem. Frankfurt a. M. 1988.
Roskies, David G.: Against the Apocalypse. Responses to the Catastrophe in Modern Jewish Culture. Cambridge 1984.
Roskies, David, Naomi Diamant: Holocaust Literature. A History and Guide. Waltham 2012.
Rotenstreich, Nathan: Hegel's Image of Judaism. In: Jewish Social Studies 15, 1953, S. 33–52.
Roth, Cecil: Jewish Art. An Illustrated History [1951]. Hg. v. Bezalel Narkiss. Greenwich 1971.
Roth, Joseph: Tarabas [1934]. Werke. Bd. 5. Hg. v. Klaus Westermann. Köln 1989–1991.
Rothko, Mark: Musée d'Art moderne de la ville de Paris (14 janvier – 18 avril 1999). Paris 1999.
Rothko, Mark: Writings on Art. Hg. v. Miguel López-Remiro. New Haven 2006.
Ru'ao, Mei: The Nanking Massacre and the Tokyo Trial. In: The Tokyo Trial Research Center (Hg.): The Tokyo Trial. Recollections and Perspectives from China. Cambridge 2016, S. 242–250.
Rubenstein, Ruth: A Postmodern Metamorphosis. The Process of Michael Sgan-Cohen's Reception into the Israeli Art Field. In: *IMAGES* 10/1, 2017, S. 65–83.
Rubin, Joel E.: Between Authenticity and Aestheticization. Musical Responses to the Holocaust. In: Maoz Azaryahu et al. (Hg.): Erzählweisen des Sagbaren und Unsagbaren. Formen des Holocaust-Gedenkens in schweizerischen und transnationalen Perspektiven, Wien, Köln, Weimar 2021, S. 77–104.
Rubinstein, Rachel: Members of the Tribe. Native America in the Jewish Imagination. Detroit 2010.
Ruddies, Hartmut: Liberales Christentum und liberales Judentum. Das Beispiel Ernst Troeltsch. In: Roderich Barth, Ulrich Barth, Claus-Dieter Osthövener (Hg.): Christentum und Judentum, Akten des Internationalen Kongresses der Schleiermacher-Gesellschaft in Halle, März 2009. Berlin, Boston 2012, S. 611–621.
Rummel, Erika: Humanists, Jews, and Judaism. In: Dean Phillip Bell, Stephen G. Burnett (Hg.): Jews, Judaism, and the Reformation in Sixteenth-Century Germany. Leiden, Boston 2006, S. 3–31.
Sachs, Hannelore, Ernst Badstübner, Helga Neumann: Christliche Ikonographie in Stichworten. München, Berlin 1996.
Sadek, Vladimír: Grabsteine mit Figuralmotiven auf dem jüdischen Friedhof in Prag. In: Judaica Bohemiae 14/2, 1978, S. 76–82.
Safdie, Moshe: Yad Vashem. The Architecture of Memory. Baden, Jerusalem 2006.
Safranski, Rüdiger: Schopenhauer und die wilden Jahre der Philosophie. Eine Biographie. München 1987.
Saidel, Rochelle G.: Never Too Late To Remember. The Politic Behind New York City's Holocaust Museum. Boulder 1996.
Sands, Philippe: East West Street. On the Origins of «Genocide» and «Crimes against Humanity». New York 2016.
Schade, Herbert: Die Libri Carolini und ihre Stellung zum Bild. In: Zeitschrift für katholische Theologie 79, 1957, S. 69–78.

Schäfer, Peter: Die Schlange war klug. Antike Schöpfungsmythen und die Grundlagen des westlichen Denkens. München 2022.

Schaik, Carel von, Kai Michel: Das Tagebuch der Menschheit. Was die Bibel über unsere Evolution verrät. Reinbek b. Hamburg 2016.

Schellewald, Barbara: Johannes Chrysostomos und die Rhetorik der Bilder im Bema der Sophienkirche in Ohrid. In: Martin Wallraff, Rudolf Brändle (Hg.): Chrysostomosbilder in 1600 Jahren. Facetten der Wirkungsgeschichte eines Kirchenvaters. Berlin, New York 2008, S. 169–192.Schiller, Friedrich: Sämtliche Werke. Hg. v. Gerhard Fricke u. Herbert G. Göpfert. 5 Bde. München, Wien 1967.

Schlachter, Birgit: Schreibweisen der Abwesenheit. Jüdisch-französische Literatur nach der Shoah. Köln u. a. 2006.

Schlote, Olaf: Sichronot, Erinnerungen, Memories. Bielefeld 2020.

Schmid, Konrad, Jens Schröter: Die Entstehung der Bibel. Von den ersten Texten zu den heiligen Schriften. München 2019.

Schmidt, Matthias: Eingebildete Musik, Richard Wagner. Das jüdische Wien und die Ästhetik der Moderne. München 2019.

Schneider, Marianne: Leonardo da Vinci. Eine Biographie in Zeugnissen, Selbstzeugnissen, Dokumenten und Bildern. München 2002.

Schneider, Pablo: v. Steuern. In: Jörge Bellin, Ulrich Pfisterer (Hg.): Körperbilder der Macht in Europa, 1300–1800. Beiträge zu einer Ikonographie des Politischen in Aktion. Berlin, Boston 2023, S. 369–388.

Schnitzler, Norbert: Der Vorwurf des «Judaisierens» in den Bilderkontroversen des späten Mittelalters und der frühen Neuzeit. In: Peter Blickle et al. (Hg.): Macht und Ohnmacht der Bilder. Reformatorischer Bildersturm im Kontext der europäischen Geschichte. München 2002, S. 333–358.

Schnyder, Mireille, Leonie Rohner (Hg.): Standreden. Hinrichtungspredigten als kulturhistorische Quelle. Zürich 2023.

Schoch, Rainer: Die «belgischen» Bilder. Zu einem Prinzipienstreit der Historienmalerei des 19. Jahrhunderts. In: Karl Möseneder (Hg.): Streit um Bilder. Von Byzanz bis Duchamp. Berlin 1997, S. 161–179.

Scholem, Gershom: Alchemie und Kabbalah. In: Judaica 4, Frankfurt a. M. 1984, S. 19–128.

Scholem, Gershom: Bekenntnis über unsere Sprache. An Franz Rosenzweig zum 26. XII. 1926. In: Stéphane Mosès (Hg.): Der Engel der Geschichte. Franz Rosenzweig, Walter Benjamin, Gershom Scholem. Frankfurt a. M. 1994, S. 215–217.

Scholem, Gershom: Judaica 6. Die Wissenschaft vom Judentum. Frankfurt a. M. 1997.

Scholem, Gershom: Schöpfung aus Nichts und die Selbstverschränkung Gottes. In: Ders. (Hg.): Über einige Grundbegriffe des Judentums. Frankfurt a. M. 1970, S. 53–89.

Scholem, Gershom: Von der mystischen Gestalt der Gottheit. Frankfurt a. M. 1977.

Schöner, Petra: Visual Representations of Jews and Judaism in Sixteenth-Century Germany. In: Dean Phillip Bell, Stephen G. Burnett (Hg.): Jews, Judaism, and the Reformation in Sixteenth-Century Germany. Leiden, Boston 2006, S. 337–391.

Schopenhauer, Arthur: Die Welt als Wille und Vorstellung. In: Sämtliche Werke. Hg. v. Wolfgang Freiherr von Löhneysen, Bde. 1 u. 2. Frankfurt a. M. 1986.

Schrade, Hubert: Der verborgene Gott. Gottesbild und Gottesvorstellung in Israel und im alten Orient. Stuttgart 1949.

Schrecker, Ellen: Many Are The Crimes. McCarthyism in America. Princeton 1998.

Schreiner, Stefan: Die jüdische Bibel in islamischer Auslegung. Hg. v. Friedmann Eissler u. a. Tübingen 2012.

Schubert, Anselm (Hg.): Sabbat und Sabbatobservanz in der Frühen Neuzeit. Gütersloh 2016.

Schulz, Bruno: Die Zimtläden. Aus dem Polnischen von Doreen Daume. München 2008.

Schurte, René: «Meine Augen haben das Heil gesehenen». Bild und Bildverehrung im Katholizismus. In: Axel

Langer (Hg.): Im Namen des Bildes. Die figürliche Darstellung in islamischen und christlichen Kulturen. Berlin, Zürich 2022, S. 275–285.

Schuster, Peter-Klaus: Vom Tier zum Tod. Zur Ideologie des Geistigen bei Franz Marc. In: Erich Franz (Hg.): Kräfte der Natur. Werke 1912–1915, Ausstellungskatalog Franz Marc. Ostfildern 1993.

Schwartz, Benjamin: The World of Thought in Ancient China. Cambridge Mass. 1983.

Schwarz, Karl: Die Kunst der Juden. Berlin 1928.

Schweid, Richard: Sehnsucht nach Unsterblichkeit. Jenseitsvorstellungen in Religion und Kultur. Gütersloh 2008.

Schweizerischer Evangelischer Kirchenbund: Grundwerte aus evangelischer Sicht. Bern 2007.

Schweppenhäuser, Hermann: Ein Physignom der Dinge. Aspekte des Benjaminschen Denkens. Lüneburg 1992.

Schwinges, Rainer C.: Zwischen Privileg und Gewalt. Juden in Bern, 1200–1800. In: René Bloch, Jacques Picard (Hg.): Wie über Wolken. Jüdische Lebens- und Denkwelten in Stadt und Region Bern, 1200–2000, Zürich 2014, S. 21–53.

Scult, Mel: Judaism Faces the Twentieth Century. A Biography of Mordecai M. Kaplan. Detroit 1993.

Sed-Rajna, Gabrielle: Jewish Art. New York 1997.

Seelmann, Kurt: Theologie und Jurisprudenz an der Schwelle zur Moderne. Die Geburt des neuzeitlichen Naturrechts in der iberischen Spätscholastik. Baden-Baden 1997

Seelmann, Kurt: Der Teufel muss den besten Anwalt haben. Sogar das Jüngste Gericht verläuft nach festen Regeln. In: Neue Zürcher Zeitung v. 17. Oktober 2021.

Sela, Shlomo: Abraham Ibn Ezra and the Rise of Medieval Hebrew Science. Leiden 2003.

Sellin, Ernst: Mose und seine Bedeutung für die israelitisch-jüdische Religionsgeschichte. Leipzig: 1922.

Severi, Carlo: Das Prinzip der Chimäre. Eine Anthropologie des Gedächtnisses. Konstanz 2018.

Shalev-Eyni, Sarit: Jews among Christians. Hebrew Book Illumination from Lake Constance. Turnhout 2010.

Shatzmiller, Joseph: Cultural Exchange: Jews, Christians, and Art in the Medieval Marketplace. Princeton 2013.

Shavit, Yaacov, Mordechai Eran: Hebrew Bible reborn. From Holy Scripture to the Book of Books. A history of biblical culture over the Bible in Modern Judaism. Berlin 2007.

Shimoni, Gideon: The Zionist Ideology. Hanover NH 1995.

Silver, Kenneth E., Romy Golan (Hg.): The Circle of Montparnasse. Jewish Artists in Paris, 1905–45. New York 1985 (Ausstellung Jewish Museum New York).

Simmel, Georg: Die Grossstädte und das Geistesleben. In: Ders.: Individualismus der modernen Zeit und andere soziologische Abhandlungen [1903]. Hg. v. Otthein Rammstedt. Frankfurt a. M. 2008, S. 319–333.

Simmel, Georg: Philosophische Kultur. Gesammelte Essais. Leipzig 1911.

Simmel, Georg: Zur Philosophie der Kunst. Philosophische und Kunstphilosophische Aufsätze. Hg. v. Gertrud Simmel. Potsdam 1922.

Simpson, Elizabeth (Hg.): The Spoils of War. World War II and Its Aftermath. The Loss, Reappearance, and Recovery of Cultural Property. New York 2009.

Sloterdijk, Peter: Den Himmel zum Sprechen bringen. Über Theopoesie. Berlin 2020.

Sofer, Moses: Responsa Hatam Sofer. Likutim. Wien 1870.

Sofsky, Wolfgang: Todesarten. Über Bilder der Gewalt. Berlin 2011.

Sokolova, Alla: In search of the exotic. «Jewish houses» and synagogues in Russian travel notes. In: Andreas Kilcher, Gabrielle Safran (Hg.): Writing Jewish culture. Paradoxes in ethnography, Bloomington 2016, S. 291–321.

Soloveitchik, Joseph B. Rabbi: The Lord Is Righteous In All His Ways. Reflections on the Tish'ah be-Av Kinot. Hg. v. Jacob J. Schacter, Jersey City 2006.

Sommer, Michael, Uta Poplutz, Christina Hoegen-Rohls (Hg.): Die Johannesapokalypse. Geschichte, Theologie, Rezeption. Tübingen 2023.

Soroush, Adbolkarim: Reason, Freedom and Democracy in Islam. Oxford 2000.
Soussloff, Catherine M. (Hg.): Jewish Identity in Modern Art History. Berkeley/Los Angeles/London 1999.
Späti, Christina: Arrests, Internments and Deportations of Swiss Jews in France and the Reactions of Swiss Authorities, 1941–1944. In: Holocaust and Genocide Studies 35/1, 2021, S. 25–43.
Spieler, Reinhard: Max Beckmann 1884–1950. Der Weg zum Mythos. Köln 2002.
Spörri, Balz, René Staubli, Benno Tuchschmid: Die Schweizer KZ-Häftlinge. Vergessene Opfer des Dritten Reichs. Zürich 2019.
Stähli-Lüthi, Verena: Die Kirche Reutigen. Bern 1997.
Starobinski, Jean: Montaigne. Denken und Existenz. München 1986.
Stavrakopoulou, Francesca: God. An Anatomy. London 2021.
Steinberg, Michael P.: Aby Warburg's Kreuzlingen Lecture. A Reading. In: Aby M. Warburg: Images from the Region of the Pueblo Indians of North America, Ithaka NY 2016, S. 59–114.
Steiner, Franz Baermann: Feststellungen und Versuche. Aufzeichnungen 1943–1952. Göttingen 2009.
Steiner, George: Critical/Reader. In: New Literary History 10/3, 1979, S. 423–452.
Steiner, George: Der Garten des Archimedes. Essays. München 1997.
Steiner, George: Von realer Gegenwart. Hat unser Sprechen einen Inhalt? München, Wien 1990.
Steinheim S[alomon] L[udwig].: Moses und Michel Angelo. Aus dem Nachlass von S. L. Steinheim. In: Jahrbuch für jüdische Geschichte und Literatur 5, 1902, S. 56–77.
Stettler, Christian: Das letzte Gericht. Studien zur Endgerichtserwartung von den Schriftpropheten bis Jesus. Tübingen 2011.
Stirm, Margarete: Die Bilderfrage in der Reformation. Gütersloh 1977.
Stoellger, Philipp, Martina Kumlehn (Hg.): Bildmacht – Machtbild. Zur Deutungsmacht des Bildes. Wie Bilder glauben machen. Würzburg 2018.
Storch, Wolfgang, Burghard Damerau (Hg.): Mythos Prometheus. Texte von Hesiod bis René Char. Leipzig 1995.
Strauss, Heinrich: Die Kunst der Juden im Wandel der Zeit und der Umwelt. Tübingen 1972.
Studemund-Halévy, Michael: Grenzenlos und globalisiert. Sefardische Grabkunst in der Alten und der Neuen Welt. In: Claudia Theune, Tina Walzer (Hg.): Jüdische Friedhöfe. Kultstätte, Erinnerungsort, Denkmal. Wien 2010, S. 131–167.
Surber, Kaspar: Flankenläufe in die Zukunft. Das Gedenken an Paul Grüninger in seiner Heimat- und Grenzregion. In: Maoz Azaryahu et al. (Hg.): Erzählweisen des Sagbaren und Unsagbaren. Formen des Holocaust-Gedenkens in schweizerischen und transnationalen Perspektiven / Between Commemoration and Amnesia. Modes and Forms of Holocaust Remembrance in Swiss and Transnational Perspectives. Wien, Köln, Weimar 2021, S. 227–236.
Susanek, Corinne: Neue Heimat Schweden. Cordelai Edvardsons und Ebba Sörboms Autobiografik zur Shoah. Köln u. a. 2008.
Susman, Margarete: Das Buch Hiob und das Schicksal des jüdischen Volkes. Zürich 1946.
Susman, Margarete: Vom Geheimnis der Freiheit. Aufsätze 1914–1964. Darmstadt, Zürich 1965.
Sutzkever, Abraham: Gesänge vom Meer des Todes. Aus dem Jiddischen von Hubert Witt. Zürich 2009.
Sutzkever, Abraham: Wilner Getto 1941–1944. Zürich 2009.
Sznaider, Natan: Fluchtpunkte der Erinnerung. Über die Gegenwart von Holocaust und Kolonialismus. München 2022.
Sznaider, Natan: Gedächtnisraum Europa. Die Visionen des europäischen Kosmopolitismus. Eine jüdische Perspektive. Bielefeld 2008.
Talayesva, Don C. Sun Chief: The Autobiography of a Hopi Indian. Hg. v. Leo W. Simmons. New York 1942.
Tanner, Jakob: Geschichte der Schweiz im 20. Jahrhundert. München 2015.
Tanner, Jakob: Zurich's Bührle Scandal in Context. In: Politika, passés futurs #14, Dezember 2023.

Taubes, Jacob: Die politische Theologie des Paulus. Hg. v. Aleida Assmann. München 1993.
Taubes, Jacob: Vom Kult zur Kultur. München 1996.
Taubes, Zwi: Lebendiges Judentum. Das jüdische Zentrum und seine Erneuerung. Genf 1946.
Tavel, Rudolf von: Meischter und Ritter. Bern 1933.
Taylor, Charles: Die Formen des Religiösen in der Gegenwart. Frankfurt a. M. 2002.
Taylor, Charles: Ein säkulares Zeitalter. Berlin 2009.
Theodor, Jehuda, Chanokh Albeck: Midrash Bereschit Rabba. Critical Edition with Notes and Commentary. Jerusalem 1965; Erstdruck Berlin 1912.
Tholen, Georg C.: Jean-François Lyotard (1924–1998). In: Stefan Majetschak (Hg.): Klassiker der Kunstphilosophie. Von Platon bis Lyotard. München 2005, S. 307–325.
Thomi, Matthias: Künstler mit nonkonformistischem Gedankengut provozieren die Schweiz. Zu den Skandalen um Kurt Fahrner und Josef Felix Müller im 20. Jahrhundert. Masterarbeit, Universität Fribourg 2012.
Thümmel, Hans G.: Die Frühgeschichte der ostkirchlichen Bilderlehre. Texte und Untersuchungen zur Zeit vor dem Bilderstreit. Berlin 1992.
Tokarew, Sergei A.: Die Religion in der Geschichte der Völker. Berlin 1968.
Tomasoni, Francesco: Modernity and the Final Aim of History. The Debate over Judaism from Kant to the Young Hegelians. Dordrecht 2003.
Townsend, Camilla: Fünfte Sonne. Eine neue Geschichte der Azteken. München 2023.
Troeltsch, Ernst: Die Soziallehren der christlichen Kirchen und Gruppen [1912]. Tübingen 1991.
Trouillot, Michel-Rolph: Silencing the Past. Power and the Production of History. Boston 1995.
UEK Unabhängige Expertenkommission Schweiz-Zweiter Weltkrieg: Die Schweiz, der Nationalsozialismus und der Zweite Weltkrieg. Schlussbericht. Zürich 2002.
United States Supreme Court: Compania General de tabacos de Filipinas vs. Collector of Internal Nr. 42, November 21, 1927.
Uria, Viviane (Hg.): Flashes of Memory. Photography during the Holocaust. Jerusalem 2018.
Valéry, Paul: Die Krise des Geistes. In: Ders.: Werke. Bd. 7. Hg. v. Karl-Heinz Blüher u. Jürgen Schmidt-Radefeldt. Frankfurt a. M. 1995, S. 26–54.
van Asselt, Willem, Paul van Gest, Daniela Müller, Theo Salemink (Hg.): Iconoclasm and Iconoclash. Struggle for Religious Identity. Leiden, Boston 2007.
van Voolen, Edward: Jüdische Kunst und Kultur. München 2006.
Vermès, Géza: Jesus the Jew. A Historians Reading of the Gospel. London 1973.
Vernant, Jean Pierre, Pierre Vidal-Naquet: Mythe et tragédie en Grèce ancienne [1971]. Paris 2004.
Veyne, Paul: Les Grecs ont-ils cru à leurs mythes? Essai sur l'imagination constituante. Paris 1983.
Vinzent, Markus: Christi Thora. Die Entstehung des Neuen Testaments im 2. Jahrhundert. Freiburg i. Br. 2022.
Voß, Rebekka: Umstrittene Erlöser. Politik, Ideologie und jüdisch-christlicher Messianismus in Deutschland, 1500–1600. Göttingen 2011.
Wagner, Cosima: Die Tagebücher II. In: Richard Wagner: Werke, Schriften und Briefe. Hg. v. Sven Friedrich. Berlin 2004, Digitale Bibliothek 107, 39075.
Wagner, Richard: Religion und Kunst. Sämtliche Schriften und Dichtungen, Bd. 10. Leipzig 1911.
Waldenfels, Bernhard: Von der Wirkmacht und Wirkkraft der Bilder. In: Gottfried Boehm et al. (Hg.): Movens Bild. Zwischen Evidenz und Affekt. München 2008, S. 47–63.
Walzer, Michael: Exodus und Revolution, Berlin 1988.
Walzer, Michael: Kritik und Gemeinsinn. Drei Wege der Gesellschaftskritik. Berlin 1990.
Warburg, Aby M.: Ausgewählte Schriften und Würdigungen. Hg. v. Dieter Wuttke. Baden-Baden 1980.
Warburg, Aby: Bilderatlas Mnemosyne. Hg. v. Robert Ohrt, Axel Heil. Berlin, London 2020.

Warburg, Aby: Schlangenritual. Ein Reisebericht. Mit einem Nachwort von Ulrich Raulff und Claudia Wedepohl. Berlin 2011.
Waters, Frank: Das Buch der Hopi. Nach Berichten der Stammesältesten aufgezeichnet von Kacha Hónaw (Weisser Bär). Düsseldorf, Köln 1980; eng.: Book of the Hopi. New York 1963.
Weber, Annette, Jihan Radjai-Ordoubadi (Hg.): Jüdische Sammler und ihr Beitrag zur Kultur der Moderne. Heidelberg 2011.
Weber, Annette: Kunstsammeln als Konzept bürgerlicher Kulturentwicklung. Strategien und Intentionen deutsch-jüdischer Sammler. In: Dies., Jihan Radjai-Ordoubadi (Hg.): Jüdische Sammler und ihr Beitrag zur Kultur der Moderne. Heidelberg 2011, S. 133–147.
Weber, Berchtold: Historisch-topographisches Lexikon der Stadt Bern: Mosesbrunnen. Bern 2016.
Weber, Max: Gesammelte Aufsätze zur Wissenschaftslehre. Hg. v. Johannes Winckelmann. Tübingen 1974
Weber, Ulrich: Friedrich Dürrenmatt. Eine Biographie. Zürich 2020.
Weigel, Sigrid: Angelus novus. In: Dan Diner (Hg.): Enzyklopädie jüdischer Geschichte und Kultur. Bd. 1. Stuttgart 2011, S. 94–100.
Weil, Simone: Cahiers. Aufzeichnungen. Hg. v. Elisabeth Edl u. Wolfgang Metz. München, Wien 1991.
Weiss, Sasha: Art Spiegelman Discusses Maurice Sendak. In: The New Yorker, 27. September 1993 und 9. Mai 2012.
Weiss, Zeev: The Sephoris Synagogue. Deciphering an Ancient Message through Its Archaeological and Socio-Historical Contexts. Jerusalem 2005.8
Weldler-Steinberg, Augusta: Geschichte der Juden in der Schweiz, Bd. 1. Vom 16. Jahrhundert bis zur Emanzipation. Zürich 1966.
Wendel, Saskia: Zeugnis für das Undarstellbare. Die Rezeption jüdischer Traditionen in der postmodernen Philosophie Jean-François Lyotards. In: Joachim Valentin, Dies. (Hg.): Jüdische Traditionen in der Philosophie des 20. Jahrhunderts. Darmstadt 2000, S. 264–278.
Werblowsky, R. J. Zwi: The Safed Revival and Its Aftermath. In: Arthur Green (Hg.): Jewish Spirituality, Bd. 2: From Sixteenth Century Revival to Present. New York 1989, S. 7–33.
Werren, Sara: Henri Picard. Arzt und Reformer jüdischer Religionspraxis, in: Jacques Picard, Angela Bhend (Hg.): Jüdischer Kulturraum Aargau, Zürich 2020, S. 357–361.
Wertheimer, Jürgen: Europa. Eine Geschichte seiner Kulturen. München 2022.
Wiener: Max: Jüdische Religion im Zeitalter der Emanzipation. Berlin 1933, Reprint 2002.
Wiese, Christian: Zwiespalt und Verantwortung der Nähe. Raphael Straus' «friedvolle Betrachtung über Judentum und Christentum». In: Kalonymos. Beiträge zur deutsch-jüdischen Geschichte aus dem Salomon Ludwig Steinheim-Institut, Jg. 7, 3/4, 2004, S. 1–9.
Wigoder, Geoffrey (Hg.): The New Encyclopaedia of Judaism. Jerusalem, New York 2002
Wilke, Carsten: «Den Talmud und den Kant». Rabbinerausbildung an der Schwelle zur Moderne. Hildesheim 2003
Wilke, Jürgen: Grundzüge einer Medien- und Kommunikationsgeschichte. Von den Anfängen bis ins 20. Jahrhundert. Köln 2000.
Willoughby, Harold: «A History of Jewish Art» by Franz Landsberger. In: Journal of Biblical Literature 66/2, 1947, S. 249–251.
Winkler, Heinrich August: Geschichte des Westens. Von den Anfängen in der Antike bis zum 20. Jahrhundert. München 2009.
Wischnitzer, Rachel: From Dura to Rembrandt. Studies in the History of Art. Milwaukee, Wien, Jerusalem 1990.
Wischnitzer, Rachel: Symbole und Gestalten der jüdischen Kunst. Berlin 1935.
Wischnitzer, Rachel: The Messianic Theme of the Paintings of the Dura Synagogue. Chicago 1948.
Wischnitzer, Rachel: The Architecture of the European Synagogue. Philadelphia 1964.

Wittgenstein, Ludwig: Lectures and Conversations on Aesthetics, Psychology and Religious Belief, Oxford 1966.
Wlodarski, Ami Lynn: The Testimonial Aesthetics of Different Trains. In: Journal of American Musicological Society 63/1, 20210, S. 99–141.
Woese, Carl: A New Biology for a New Century. In: Microbiology and Molecular Biology Reviews 68/2, 2004, S. 173–186.
Wolfson, Elliot R.: Images of God's Feet. Some Observations on the Divine Body in Judaism. In: Howard Eilberg-Schwartz (Hg.): People of the Body. Jews and Judaism from an Embodied Perspective. New York 1992, S. 143–181.
Wyrwa, Ulrich: «Holocaust». Notizen zur Begriffsgeschichte. In: Jahrbuch für Antisemitismusforschung 8, 1999, S. 300–311.
Wyschogrod, Michael: Abraham's Promise: Judaism and Jewish-Christian Relations. Hg. von R. Kendall Soulen. Grand Rapids, Cambridge 2004.
Wyschogrod, Michael: Faith and the Holocaust. In: Judaism 20/3, 1971, S. 286–294.
Wyschogrod, Michael: Inkarnation aus jüdischer Sicht. In: Evangelische Theologie 55/1, 1995, S. 13–28.
Wyschogrod, Michael: The Revenge of the Animals. In: Jochen Denker et al. (Hg.): Hören und Lernen in der Schule des Namens. Mit der Tradition zum Aufbruch. Neukirchen 1999, S. 23–25.
Wyss, Beat: Trauer der Vollendung. Zur Geburt der Kulturkritik. Köln 1997.
Yerushalmi, Yosef Hayim: Freuds Moses. Endliches und unendliches Judentum. Berlin 1991.
Yerushalmi, Yosef Hayim: Zachor: Erinnere Dich! Jüdische Geschichte und jüdisches Gedächtnis. Berlin 1988.
Yonab, Michael A., Israel Shatzman: Illustrated Encyclopaedia of the Classical World. Jerusalem 1976.
Young, James E.: Die Zeitgeschichte der Gedenkstätten und Denkmäler des Holocausts. In: Ders. (Hg.): Mahnmale des Holocaust. Motive, Rituale und Stätten des Gedenkens. München 1994, S. 19–40.
Young, James E.: Jüdische Museen, Holocaust-Museen und Fragen der nationalen Identität. In: Angeli Sachs, Edward van Voolen (Hg.): Jüdische Identität in der zeitgenössischen Architektur. München 2004, S. 42–55.
Young, James E.: The Texture of Memory. Holocaust Memorials and Meaning. New Haven, London 1993
Yovel, Yirmeyahu: Dark Riddle. Hegel, Nietzsche and the Jews. University Park 1998.
Zarnegin, Kathy: Tierische Träume. Lektüren zu Gertrude Kolmars Gedichtband ‹Die Frau und die Tiere›. Tübingen 1998.
Zertal, Idith: Nation und Tod. Der Holocaust in der israelischen Öffentlichkeit. Göttingen 2003.
Zeuske, Michael: Handbuch Geschichte der Sklaverei. Eine Globalgeschichte von den Anfängen bis zur Gegenwart. Berlin 2013.
Zuckerman, Bruce: Job the Silent. A Study in Historical Counterpoint. New York, Oxford 1991.
Zweig-Strauss, Hanna: David Farbstein (1868–1953). Jüdischer Sozialist, sozialistischer Jude. Zürich 2002.

ISBN 978-3-422-80192-9
e-ISBN (PDF) 978-3-422-80193-6

Library of Congress Control Number: 2024941486

Bibliografische Information der Deutschen Nationalbibliothek
Die Deutsche Nationalbibliothek verzeichnet diese Publikation in der Deutschen Nationalbibliografie; detaillierte bibliografische Daten sind im Internet über http://dnb.dnb.de abrufbar.

Ein Verlag der Walter de Gruyter GmbH, Berlin/ Boston

Einbandabbildung: Neta Harari Navon, *Judgment Day,* Tel Aviv 2020; The Israel Museum, Jerusalem.
Einbandgestaltung: Katja Peters, Berlin
Layout und Satz: Savage Types Media, Berlin
Druck und Bindung: Beltz Grafische Betriebe GmbH, Bad Langensalza

www.deutscherkunstverlag.de
www.degruyter.com